RNB
알앤비

패턴국어
문법

- 심화편 -

목차

제1강 언어와 국어

제2강 음운론(음운)

제3강 형태론(단어)

제4강 문장론(문장)

제5강 의미론(의미)

제6강 화용론(담화)

제7강 국어의 어문 규정

제8강 바른 국어 생활

제9강 국어사

제10강 국어의 변천

책의 구성과 사용방법

01 형태소

① 형태소의 뜻

- 뜻을 가진 가장 작은 말의 단위
- 일정한 뜻을 가지고 있으면서 더 이상 나눌 수 없는 말의 단위

  예 '그 꽃이 매우 예쁘다.'라는 문장은 '그', '꽃', '이', '매우', '예쁘-', '-다'와 같이 분석할 수 있는데 이때 '그', '꽃', '이', '매우', '예쁘-', '-다' 각각은 일정한 의미를 가지는 가장 작은 말의 단위로서 형태소에 해당한다.

그 꽃이 매우 예쁘다					
그	꽃	이	매우	예쁘-	-다
관형사	명사	조사	부사	형용사 어간	종결 어미

❖ 한자어의 형태소 구분

➔ 한자어의 경우는 각각의 한자가 독립된 의미를 가지고 있으므로 이들을 하나의 형태소로 처리한다.

예 '동요(童謠)를 부르다.'라는 문장에서 '동요'는 한자어이므로 '동(童)'과 '요(謠)'가 각각 하나의 형태소이다.

1 스스로 학습할 수 있는 세밀한 개념 설명

2 예를 통해 개념을 쉽게 이해할 수 있게 구성

3 개념과 예시의 내용을 표를 통해 반복

4 어려운 개념을 한 번 더 공부할 수 있도록 정리

예 집(명사), 우리(대명사), 하나(수사), 어느(관형사), 아주(부사) 등

- 의존 형태소는 서로 어울려야 (비로소 자립할 수 있으므로) 하나의 단어가 된다.

  예 '가- + -다 → 가다'에서 '가-'와 '-다'는 의존 형태소이므로 단어가 될 수 없고, 서로 어울린 형태인 '가다'가 하나의 단어가 된다.

cf. 조사의 단어 인정 여부에 대한 두 가지 입장

조사를 단어로 인정할 수 있다는 입장	조사를 단어로 인정할 수 없다는 입장
단어의 정의에 따르면, 조사는 '자립할 수 있는 형태소에 붙어서 쉽게 분리될 수 있는 말'에 해당한다. 조사 자체는 자립성이 없지만, 준자립 형식으로 어느 정도 분리성이 인정되므로 단어로 간주할 수 있다.	단어에 비해 조사는 자립성이 없다. 체언이 자립 형식이기 때문에 조사도 자립성을 가질 수 있다고 하는 이론은 성립되지 않는다. 또한 조사는 어미의 경우처럼 문법적 관계를 표시할 뿐 실질적 의미를 지니지 못하므로 단어로 인정하기 어렵다.

5 ◈ [cf]를 통해 심화 개념을 공부할 수 있도록 방향 제시

◈ 각 교과서의 탐구 학습 내용을 총정리

2. 내신과 수능을 함께 잡을 수 있는 문제 구성과 정답 및 해설

03 확인문제

01 〈보기〉의 ⓐ~ⓓ를 참고하여 제시된 문장을 형태소 분석할 경우 ⓑ와 ⓒ에 동시에 해당되는 형태소로 적절한 것은?

보기

ⓐ 자립 형태소 : 혼자 쓰일 수 있는 형태소

ⓑ 의존 형태소 : 혼자 쓰일 수 없는 형태소

ⓒ 실질 형태소 : 구체적인 대상이나 상태를 나타내는 실질적인 의미를 지닌 형태소

ⓓ 형식 형태소 : 문법적인 의미만을 나타내는 형태소

누나는 매일 이 시간에 저녁을 먹는다.

① 누나, 시간, 저녁
② 누나, 매일, 시간, 저녁
③ 는, 에, 을, -는-, -다
④ 는, 이, 에, 을, -는-, -다
⑤ 먹-

1 ◈ [확인문제]는 기본 개념과 탐구 학습을 응용한 문제로 구성

◈ 한 권으로 내신도 완벽 대비

04 기출문제

01 2015년 3월 고3 전국연합학력평가

〈보기〉의 ㉠~㉢에 들어갈 말로 적절한 것은?

보기

선생님 : 어간은 용언의 활용 시 변하지 않는 부분을, 어근은 단어 분석 시 실질적 의미를 나타내는 중심 부분을 가리킵니다.

용언	어간	어근
솟다 (단일어)	솟-	솟-
치솟다 (파생어)	치솟-	솟-
샘솟다 (합성어)	샘솟-	샘, 솟-

위의 예에서 알 수 있듯이 어떤 용언이 단일어일 경우 어간과 어근이 일치합니다. 하지만, 용언이 파생어나 합성어일 경우 어간과 어근이 일치하지 않습니다. 그렇다면 이번에는 다음 세 단어의 어간과 어근을 분석해 볼까요?

용언	어간	어근
줄이다	줄이-	㉠
힘들다	힘들-	㉡
오가다	오가-	㉢

	㉠	㉡	㉢
①	줄이-	힘들-	오가-
②	줄이-	힘들-	오-, 가-
③	줄-	힘들-	오가-
④	줄-	힘, 들-	오-, 가-
⑤	줄-	힘, 들-	오가-

22 2015년 6월 고3 평가원모의평가

〈보기〉에 제시된 국어사전 정보를 완성한다고 할 때, ㉠~㉤에 대한 설명으로 적절하지 않은 것은? [3점]

보기

과 「조사」 (받침 있는 체언 뒤에 붙어)

1 다른 것과 비교하거나 기준으로 삼는 대상임을 나타내는 격 조사.

¶ 막내는 큰형과 닮았다. / ___㉠___

일 따위를 함께 함을 나타내는 격 조사.

¶ 나는 방에서 동생과 조용히 공부했다. / ___㉡___

상대로 하는 대상임을 나타내는 ___㉢___.

¶ 그는 거대한 폭력 조직과 맞섰다.

2 둘 이상의 사물을 같은 자격으로 이어 주는 접속 조사.

¶ 닭과 오리는 동물이다. / 책과 연필을 가져와라.

유의어 하고, ___㉣___

형태 정보 받침 없는 체언 뒤에는 '__㉤__'가 붙는다.

① ㉠에는 '그는 낯선 사람과 잘 사귄다.'를 넣을 수 있다.
② ㉡에는 '그는 형님과 고향에 다녀왔다.'를 넣을 수 있다.
③ ㉢에 들어갈 말은 '격 조사'이다.
④ ㉣에 '이랑'이 들어갈 수 있다.
⑤ ㉤에 들어갈 말은 '와'이다.

33 2016년 수능A형

다음의 (가)에 들어갈 말로 가장 적절한 것은?

보기

선생님 : 지금까지 형태소의 개념 및 유형 그리고 특성에 대해 공부했지요? 그럼, 다음 자료에서 밑줄 친 말들이 가진 공통점이 무엇인지 한번 찾아보세요.

- 하늘은 맑고 바다는 푸르다.
- 그의 말은 듣지 말고 내 말을 들어라.
- 나는 물고기를 잡았지만 놓아주었다.

학 생 : 밑줄 친 말들은 모두 (가)

① 단어의 자격을 가지고 반드시 다른 말과 결합하여 쓰이는군요.
② 단어의 자격을 가지고 실질적 의미가 아닌 문법적 의미를 나타내는군요.
③ 반드시 다른 말과 결합하여 쓰이고 음운 환경에 따라 그 형태가 바뀌는군요.
④ 음운 환경에 따라 형태가 바뀌고 실질적 의미가 아닌 문법적 의미를 나타내는군요.
⑤ 실질적 의미가 아닌 문법적 의미를 나타내고 반드시 다른 말과 결합하여 쓰이는군요.

2 ◈ [기출문제]는 2015년부터 전국연합학력평가, 평가원모의고사, 수능에서 출제된 문제를 단원별로 분류

◈ 단원의 기본 개념 이론을 공부 후, 기출 문제를 통해 학습 효과 상승

◆ 정답 및 해설

기출문제 본문 51~69쪽

01 ②	02 ④	03 ④	04 ③	05 ⑤
06 ⑤	07 ⑤	08 ①	09 ③	10 ④
11 ③	12 ③	13 ④	14 ①	15 ①
16 ④	17 ④	18 ②	19 ②	20 ④
21 ①	22 ③	23 ④	24 ②	25 ②
26 ⑤	27 ①	28 ①	29 ①	30 ④
31 ②	32 ③	33 ⑤	34 ③	35 ⑤
36 ⑤	37 ②	38 ③	39 ④	40 ④

01 ②

정답 해설

〈보기〉의 '옷하고'는 [옫하고]에서 음절의 끝소리 규칙, [오타고]에서 거센소리되기의 음운 변동이 일어난다. 따라서 이는 교체(ⓐ)와 축약(ⓓ)에 해당한다. '홑이불'은 [혼니불]에서 음절의 끝소리규칙과 ㄴ첨가, [혼니불]에서 비음화의 음운 변동이 일어난다. 따라서 이는 교체(ⓐ)와 첨가(ⓒ)에 해당한다.

'설날[설랄]'과 '좋은[조은]'에서는 유음화(교체)와 'ㅎ'탈락(탈락)의 음운 변동이 일어난다. 이 음운 변동이 함께 일어나는 단어는 자료에서 '닳는[달른]'이다. '닳는'에서는 자음군단순화(탈락)와 유음화(교체)가 함께 일어난다. 따라서 정답은 '논일[논닐]'과 '닳는[달른]'이 묶여있는 ④이다.

오답 체크

③ '칼날[칼랄]'은 유음화(교체)의 음운 변동이 일어난다.

04 ③

정답 해설

'꽃망울'은 받침 'ㅊ'이 'ㅁ' 앞에서 [ㄴ]으로 발음되어 [꼰망울]로 발음된다. 따라서 18항이 적용되었다는 설명은 타당하지만, 23항에는 해당되지 않으므로 적절하지 않은 설명이다.

오답 체크

① 받침 'ㅍ'이 'ㄴ, ㅁ' 앞에서 [ㅁ]으로 발음한다고 했으므로 '앞마당'이 18항이 적용되어 [암마당]으로 발음된다는 설명은 적절하다.
② 23항에서 받침 'ㅈ' 뒤에 연결되는 'ㄱ'은 된소리로 발음한다고 했으므로 '늦가을[늗까을]'로 발음된다는 설명은 적절하다.

3 [정답 및 해설]은 선지 해설과 오답 풀이를 통해 자기주도 학습을 할 수 있는 완벽한 교재

저자

류대곤 인천하늘고등학교 국어 교사

고려대학교 국어국문학과 및 교육대학원 국어교육과 / 저서 : 《청소년을 위한 한국고전문학사》

윤진석 용인외대부고 국어 교사

고려대학교 국어교육과 졸업 / 전 경기외고 교사

검토진

이기봉 청심국제중고등학교 / **정철** 중산고등학교 / **김은정** 진성고등학교 / **김선혜** 하남고등학교 / **최성조** 인천국제고등학교

대치동 및 강남 서초 분당의 학원에서 학생들을 지도하시는 선생님들께서도 검토해 주셨습니다.

대치	김나래 / 김홍윤 / 박소현 / 백애란 / 서승원 / 성수나 / 신희정 / 윤경훈 / 윤주영 / 윤지윤
	이경희 / 이예원 / 이수현 / 이수현 / 이정현 / 이희재 / 정장현 / 정태식 / 채상아
서초	나선애 / 배윤정 / 송남권 / 이정화 / 최동우
압구정	곽은영 / 이연주 / 이정여
반포	김기식 / 김민경 / 민지애 / 양세영
분당	김현진 / 민병억 / 서보현 / 한성환 / 함범찬 / 홍승희

초판 1쇄 2021년 6월 30일
저자 류대곤 | 윤진석

펴낸이 이상기
펴낸곳 (주)도서출판알앤비
등록 2018년 8월 22일 제 2019-000048호
주소 서울시 서초구 반포대로 300, 6층
전자주소 rnbbooks@daum.net

ISBN 979-11-968123-3-1 53710

값 16,000원

제1강
언어와 국어

01 언어와 인간

02 언어의 일반성

03 국어의 특성

04 확인문제

01 언어와 인간

언어 | 인간을 인간답게 만드는 필수 조건이자 인류의 문화유산을 계승하고 발전하게 만드는 원동력이다. 우리는 언어를 통해 사회 구성원들과 의사소통을 하며 지식과 문화를 공유하고 발전시키기 때문이다. 따라서 언어는 인간의 사고, 사회, 문화와 깊은 관계를 맺고 있다.

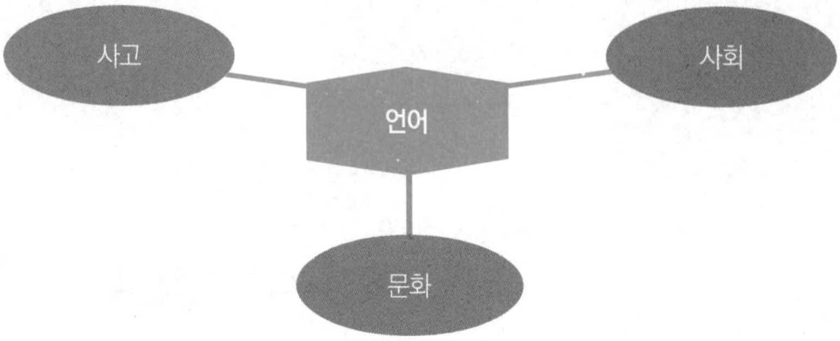

<언어의 관계>

01 언어와 사고

① 의사소통 매개체로서의 언어 → 언어와 사고의 밀접한 관계
② 언어와 사고의 상호 작용

☞ 사고력이 높아지면 언어 능력 수준도 높아지고 언어 능력 수준이 높아지면 사고력도 높아진다.

02 언어와 사회

① 사회 구성원들과 언어를 사용하여 의사소통 → 공동체의 유지 및 발전
② 언어와 사회 구조의 밀접한 관계
- 지역, 계층, 연령, 성별, 직업 등에 따라 다르게 나타나는 언어를 통해 그 사회의 특성을 알 수 있다.

☞ 언어를 사용한 사람의 연령(노년층)을 추측할 수 있다.

03 언어와 문화

① 언어는 그 언어를 사용하는 민족의 독특하고 고유한 문화를 반영한다.

언어	문화	예	비고
우리말	농경문화	모, 벼, 쌀, 밥	영어(rice)
에스키모의 언어	눈이 많이 오는 지역	가루 눈, 적은 눈, 큰 눈	영어(snow)
호주의 원주민어	눈이 많이 오는 지역	모래 관련 어휘가 많음	영어(sand)

☞ 각 나라의 언어에는 그 나라의 문화가 반영되어 있으므로, 한 나라의 언어를 학습하는 것은 언어적 지식뿐만 아니라 그 언어에 담긴 문화까지 배우는 것이라 할 수 있다.

② 언어 자체가 소중한 문화유산이므로 국어를 아끼고 가꾸어야 한다.

02 언어의 일반성

01 자의성

언어의 말소리(형식)와 의미 사이에는 필연적인 관계가 없다는 언어의 특성

언어	의미
어머니(우리말)	▪ 자기를 낳은 여성 ▪ 자식을 가진 여자를 자식에 대한 관계로 이르는 말
mother[마더](영어)	
Mutter[무터](독일어)	
母親[무친](중국어)	

☞ 언어의 의미와 형식은 절대적인 관계를 갖고 있는 것이 아니다.

말소리(형식)	의미
배	주(舟) : 사람이나 짐 따위를 싣고 물 위로 떠다니도록 나무나 쇠 따위로 만든 물건
	복(腹) : 사람이나 동물의 몸에서 위장, 창자, 콩팥 따위의 내장이 들어 있는 곳으로 가슴과 엉덩이 사이의 부위
	이(梨) : 배나무의 열매우리말

☞ 주(舟), 복(腹), 이(梨)와 같은 각각 다른 의미를 뜻하는 형식이 '배'라고 하는 하나의 형식으로 표현되는 것처럼 여러 가지 의미를 하나의 형식으로 나타낼 수도 있다.

cf.

의성어는 말소리와 의미가 밀접한 관계가 있어 보인다. 그러나 이런 어휘는 극소수에 불과하며, 그것도 엄밀히 말해서 일대일의 관계라고 말하기는 어렵다.

02 사회성

언어는 그 언어를 사용하는 사람들 사이의 사회적 약속이기 때문에 개인이 마음대로 바꿀 수 없는 언어의 특성. 언어에서 소리와 의미의 관계가 사회적으로 약속된 후에는 개인이 마음대로 바꿀 수 없는 특성

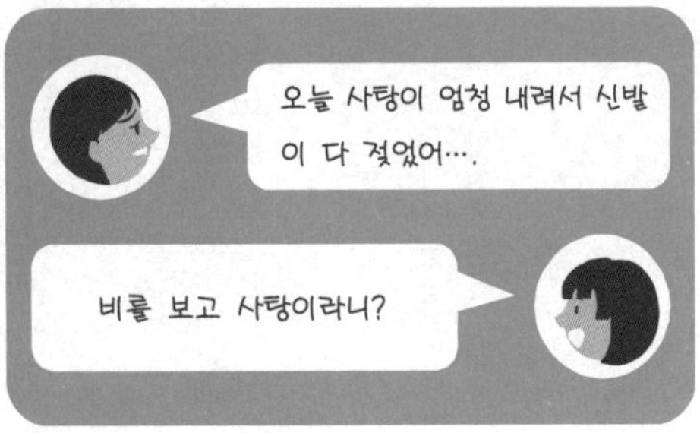

☞ 언어는 일단 사회적 약속이 성립되면 그 언어를 사용하는 사람들이 약속을 지켜야만 원활한 의사소통이 가능하다. 따라서 개인은 언어의 내용과 형식의 관계를 자의적으로 바꾸어 쓸 수 없다.

❖ '페터 빅셀'의 소설, '책상은 책상이다'

주인공인 남자는 일상이 너무나 지루해서 자신의 생활에 변화를 주기 위해, 사물의 이름을 자신이 정한 다른 단어로 바꿔 부르기로 결심하게 된다. 이 사람은 '침대'를 '사진'이라고 부르기로 결심한다. 그래서 "침대에 누울 거야."가 아닌, "사진 속으로 누울 거야."라고 말을 한다. 그런데 남자는 여기서 그치지 않고, 의자를 '괘종시계'라고 부르고, 책상을 '양탄자'라고 부르기 시작한다. 그러니까 이 남자는 아침에 '사진'을 떠나 옷을 입고, '괘종시계'에 앉아 일을 하는 것이다.

그리고 이 이야기는 다음과 같이 끝난다.

이 이야기는 슬프게 시작되어 슬프게 끝났다. 회색 외투를 걸친 이 늙은 남자가 이제는 사람들을 이해할 수 없게 되었다는 것은 그렇게 나쁘지 않았다. 이보다 훨씬 더 나쁘게 된 것은 사람들이 이제는 그를 이해할 수 없게 된 것이었다.

그래서 그는 이제 말을 하지 않았다. 그는 침묵했고, 자기 자신하고만 이야기했고, 인사조차 하지 않게 되어 버렸다.

이것은 단순한 소설의 결말이 아니라, 언어의 사회성이 지켜지지 않았을 경우 가져올 결과에 대해서 말해 주고 있는 것이다. 그 결과는 바로 언어의 가장 큰 목적인 사람과 사람 사이의 의사소통이 불가능해진다는 것이다.

03 역사성

언어가 시간의 흐름에 따라 있던 말이 사라지거나, 새로운 말이 생기거나, 소리나 의미가 변하기도 하는 언어의 특성. 언어가 시간이 흐름에 따라 음운이나 어휘 등의 측면에서 생성, 성장, 소멸하며 변화하는 특성

〈용비어천가〉 제2장 원문	현대어 풀이
불휘 기픈 남ᄀᆞᆫ ᄇᆞᄅᆞ매 아니 뮐씨 곶 됴코 여름 하ᄂᆞ니 ᄉᆡ미 기픔 므른 ᄀᆞᄆᆞ래 아니 그츨씨 내히 이러 바ᄅᆞ래 가ᄂᆞ니	뿌리 깊은 나무는 바람에 흔들리지 아니하므로, 꽃이 좋고 열매가 많으니. 샘이 깊은 물은 가뭄에 그치지 아니하므로, 내가 이루어져 바다에 가느니.

오늘날에 오면서 달라진 단어	불휘➔뿌리, ᄇᆞᄅᆞᆷ➔바람, 뮈다➔흔들리다, 곶➔꽃, 됴타➔좋다, 여름➔열매, 하다➔많다, 믈➔물, ᄀᆞ믈➔가뭄, ᄇᆞᄅᆞᆯ➔바다

04 창조성

상황에 따라 무한하게 많은 말을 새로이 만들어 낼 수 있는 언어의 특성. 새로운 낱말이나 문장을 끊임없이 만들어 낼 수 있는 특성. 인간은 이미 알고 있는 언어를 바탕으로 새로운 단어를 만들 수도 있고, 단어들을 결합해 무수히 많은 문장을 만들 수도 있다.

- 장미꽃이 피었다.
- 장미꽃이 활짝 피었다.
- 빨간 장미꽃이 활짝 피었다.
- 빨간 장미꽃이 활짝 피었고, 주변에 비눗방울이 날고 있다.

동물은 의미와 말소리의 표현은 가능하지만, 언어를 사용하거나 문장을 만들어내지 못한다. 침팬지나 원숭이에게 아무리 훈련을 시켜도 그들은 기호로써 인간의 언어와 비슷하게 의사를 전달할 수는 있지만 복잡하고 추상적인 의사를 전달하는 것은 불가능한데, 동물의 의사 전달은 단순한 모방에 의해서이고 인간은 창조력을 가지고 만들어 사용하기 때문이다. **언어의 창조성은 동물과 인간의 언어가 다름을 보여주는 언어의 특성이다.**

05 기호성

언어는 인간이 의사소통을 하는데 쓰이는 기호이며 일정한 말소리(또는 문자)와 의미의 결합으로 이루어진다. 이러한 언어의 특성을 언어의 기호성이라고 한다.

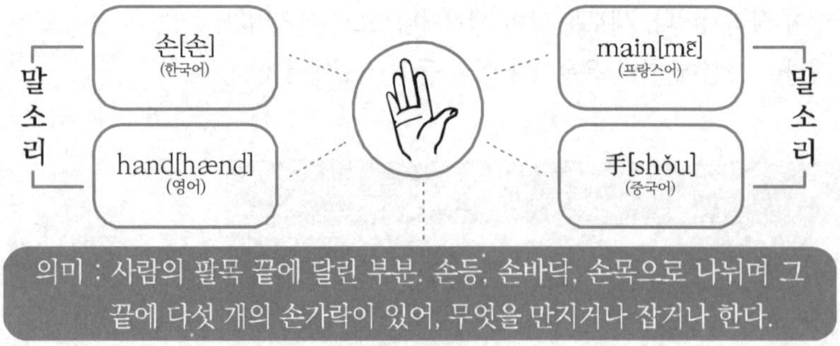

〈언어의 기호성〉

예를 들어, '손'이라는 말은 [손]이라는 말소리와 이 소리가 나타내는 뜻이 결합하여 이루어진 언어 기호인 것이다. 이때 언어의 말소리와 의미는 필연적인 관련성이 없이 자의적으로 결합하게 된다. 예를 들어 한국어로 [손]이라고 하는 말은 중국어로는 '手[shǒu]', 영어로는 'hand[hænd]' 등으로 각각 다르게 표현된다. 따라서 언어의 기호성은 언어의 자의성과 관계가 깊다.

06 분절성

연속적으로 이루어져 있는 자연의 세계를 불연속적인 것으로 끊어서 표현하는 언어의 특성

- 무지개 : 빨-주-노-초-파-남-보
- 4계절 : 봄-여름-가을-겨울
- 얼굴 : 이마-뺨-턱

언어는 객관적으로 끊어짐이 없는 연속적인 현상을 언어적으로 분절(分節)하고 있음을 알 수 있다. 이와 같이 언어는 연속적으로 이루어져 있는 객관적인 세계를 불연속적인 것으로 끊어서 표현하는 성질(분절성)을 가진다. 이러한 언어의 분절성은 언어의 기호성과 밀접한 관련을 맺고 있다.

07 체계성

언어의 각 요소가 무질서하게 존재하지 않고 일정한 원리에 따라 조직되어 있는 성질. 언어의 각 요소는 다른 요소들과 관련성을 맺으면서 일정한 체계를 이루고 있다.

- 언어의 체계적 단위들 : 음운 조직, 어휘 체계, 문법 체계
- 의미와 관련하여 : 형태소 → 단어 → 어절 → 문장
- 음성과 관련하여 : 음운 → 음절

어휘의 의미 측면에서의 체계

→ 우리는 언어를 기억할 때 우리도 인식하지 못하는 체계적인 인지 구조를 통해 언어를 보다 효율적으로 구사하고 이해할 수 있다.

아버지	어머니	부모
아들	딸	자식
남성	여성	인간

- 아버지, 어머니, 아들, 딸
  → 가족 관계를 나타내는 말로서 하나의 체계를 이룬다.

cf.

언어에서 발견되는 규칙을 종합해 보면 언어에 체계가 있음을 알 수 있다. 예를 들어, '국물, 곡면, 막내, 국난'과 같은 단어의 발음을 관찰해 보면 첫 음절의 'ㄱ'이 항상 [ㅇ]으로 변하고, 여기에는 두 번째 음절 'ㅁ'과 'ㄴ'이 영향을 끼친다. 그렇다면 이들 네 자음은 다른 자음들보다 서로 영향을 더 쉽게 끼칠 수 있는 가까운 관계에 놓여 있으리라 추정할 수 있다. 즉, 자음들이 어떠한 '체계'를 이루고 있음을 짐작할 수 있는 것이다.

08 추상성

서로 다른 개별적이고 구체적인 대상들 사이에서, 공통되는 속성을 추출하는 과정을 통해 어떠한 개념이 언어로 형성되는 특성.

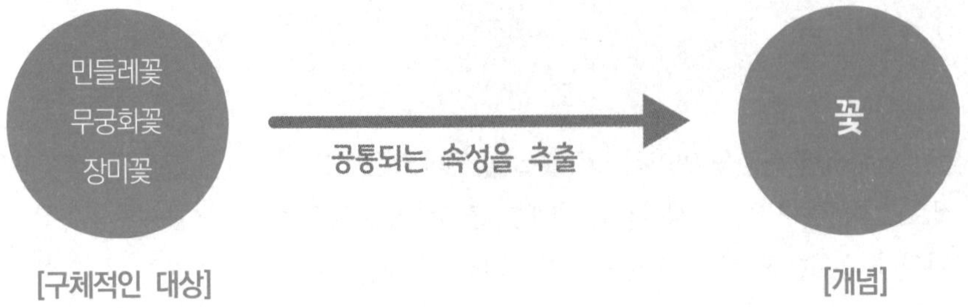

추상화 과정에서 대상을 한 번만 묶어 표현하고 끝내는 것만이 아니라 묶인 것을 다시 묶기도 한다. 처음부터 추상적인 것에서 다시 추상해 낸 '진실, 허위, 지배, 복종, 함축, 내포, 포괄' 등과 같은 개념들은 그 단어가 가리키는 형상이 얼른 떠오르지 않는다.

03 국어의 특성

01 국어 음운의 특성

① 국어의 음운에는 다른 언어에는 없는 독특한 음운 대립이 있다. 국어의 자음은 예사소리, 된소리, 거센소리가 서로 대립한다.

예사소리	된소리	거센소리
ㄱ	ㄲ	ㅋ
ㄷ	ㄸ	ㅌ
ㅂ	ㅃ	ㅍ
ㅈ	ㅉ	ㅊ
ㅅ	ㅆ	

❖ 예사소리 : 구강 내부의 기압 및 발음 기관의 긴장도가 낮아 약하게 파열되는 자음. 평음.

❖ 된소리 : 후두 근육을 긴장하면서 숨을 쉬는 일이 거의 없이 내는 자음. 경음.

❖ 거센소리 : 숨이 거세게 나오는 자음. 격음.

② 국어에는 다른 언어에 비해 마찰음이 많지 않다. 국어의 마찰음에는 /ㅅ, ㅆ, ㅎ/밖에 없는데, 영어에는 /f, v, θ, ð/ 등이 더 있다.

❖ 마찰음 : 입 안이나 목청 따위의 조음 기관이 좁혀진 사이로 공기가 비집고 나오면서 마찰하여 나는 소리.

③ 국어에서는 첫소리에 둘 이상의 자음이 오지 못한다.

국어	영어
스프링	spring
▪ 세 음절로 나누어 발음한다.	▪ 음절 하나에 여러 개의 자음이 첫소리에 올 수 있다.

2 국어 어휘의 특성

① 국어의 어휘는 크게 고유어, 한자어, 외래어로 나뉜다.

② 고유어에는 감각어와 상징어가 크게 발달되어 있다.

발갛다, 벌겋다, 빨갛다, 뻘겋다, 새빨갛다, 시뻘겋다, 붉다, 불긋불긋하다

→ 미묘한 어감의 차이를 드러낸다.

③ 의성어와 의태어의 발달이 두드러진다.

퐁당퐁당, 풍덩풍덩 / 아장아장, 어정어정

④ 한자어와 외래어의 경우 전문적인 지식이나 새로운 개념을 표현하는 데 흔히 이용된다.

03 국어 문장의 특성

① 국어의 첨가어적 특성 : 국어에는 조사와 어미가 발달하여 대부분의 문법적 기능을 담당한다.

❖ 첨가어 : 실질적인 의미를 가진 단어 또는 어간에 문법적인 기능을 가진 요소가 차례로 결합함으로써 문장 속에서의 문법적인 역할이나 관계의 차이를 나타내는 언어로, 한국어 · 터키어 · 일본어 · 핀란드어 따위가 여기에 속한다.

② 국어 문장은 대체로 '주어-목적어-서술어'의 어순으로 나타난다. 그런데 국어의 어순은 비교적 자유로워서, 서술어가 주로 문장의 맨 뒤에 오지만, 다른 성분들은 다소 자유롭게 위치를 바꿀 수 있다.

나는 형과 잠자리를 잡았다. / 나는 잠자리를 형과 잡았다.

cf.
영어 문장은 '주어-서술어-목적어'의 어순으로 나타난다.

③ 국어의 문장에서는 꾸미는 말이 대개 꾸밈을 받는 말 앞에 온다.

국어	영어
예쁜 꽃이 핀 나무	A tree with beautiful flowers

04 국어 담화의 특성

① 높임 표현이 발달되어 있다. 국어의 높임 표현에는 상대 높임법, 주체 높임법, 객체 높임법이 있다.
② 화자의 심리를 나타내는 보조사가 발달되어 있다.

과일도 먹는다. / 과일은 먹는다.

③ 일정한 맥락에서 주어의 생략이 가능하다.

04 확인문제

01 〈보기〉의 대화를 통해 A와 B 모두에 대해 알 수 있는 것으로 가장 적절한 것은?

보기

A : 선생님, 오셨어요? 오늘은 병원 진료가 없으신가요?
B : 네, 수요일 오후는 진료가 없어요. 발목은 좀 어떠세요?
A : 네, 많이 좋아졌어요. 그런데 여기는 웬일로 오셨어요?
B : 좋아지셨다니 다행이네요. 운동화 좀 하나 사려고요.
A : 그럼, 어제 새로 들어온 운동화 먼저 보여드릴게요.

① 지역 ② 계층 ③ 연령 ④ 성별 ⑤ 직업

02 언어의 '분절성'의 예로 적절한 것은?

① 계절은 봄, 여름, 가을, 겨울로 나누어진다.
② 국가 권력은 입법부, 행정부, 사법부로 나누어진다.
③ 우리 아파트 단지는 하늘마을, 달마을, 별마을로 구분되어 있다.
④ 영어의 'red'는 우리말에서 '발갛다, 빨갛다, 붉다' 등으로 세분화된다.
⑤ 독도는 동도(東島), 서도(西島), 그리고 그 주변에 산재하는 바위섬으로 이루어진 화산섬이다.

03 〈보기〉의 ( ) 안에 들어갈 말이 순서대로 알맞게 짝지어진 것은?

보기

서로 다른 개별적이고 구체적인 대상들로부터 공통되는 속성을 뽑아내는 과정을 ( ) 과정이라고 한다. 그리고 그 과정을 통해 만들어진 생각의 덩어리를 ( )이라고 한다.

① 추상화-개념 ② 추상화-정의 ③ 구체화-개념
④ 구체화-정의 ⑤ 현상화-정의

04 국어의 특징으로 적절하지 않은 것은?

① 가족 관계를 나타내는 어휘가 발달되어 있다.
② 음절의 첫소리에 둘 이상의 자음이 오지 못한다.
③ 영어의 마찰음 'f, v, th'에 해당하는 자음이 없다.
④ 고유어는 전문적인 지식을 표현하는데 주로 쓰인다.
⑤ 국어의 자음은 예사소리, 된소리, 거센소리가 서로 대립한다.

05 영어와 비교하여 〈보기〉를 통해 알 수 있는 국어의 특징으로 적절한 것은?

보기

- 내가 어제 산 책
- the book which I bought yesterday

① 어순이 비교적 자유롭다.
② 주어의 생략이 가능하다.
③ 높임 표현이 발달되어 있다.
④ 서술어가 문장의 맨 뒤에 온다.
⑤ 꾸미는 말이 꾸밈을 받는 말 앞에 온다.

06 언어의 일반성에 대한 설명으로 적절하지 않은 것은?

① 역사성 : 언어는 시간의 흐름에 따라 변한다.
② 사회성 : 언어는 사회 구성원 간의 약속이므로 마음대로 바꿀 수 없다.
③ 자의성 : 말소리와 뜻 사이에는 필연적인 관계가 없다.
④ 창조성 : 사람들은 새로운 낱말이나 문장을 끊임없이 만들 수 있다.
⑤ 체계성 : 언어는 연속적으로 이루어져 있는 세계를 불연속적인 것으로 끊어서 표현한다.

제2강
음운론(음운)

01 음성과 음운

01 음성

사람의 발음 기관을 통해 내는 구체적이고 물리적인 소리

- 발화자와 발화시에 따라 다르게 나는 소리 (≒말소리)
- 자음과 모음으로 나뉘는 성질이 있다.
- 음운의 음성적 실현 단위
  → 같은 음운이라도 환경에 따라서 다른 음성으로 발음될 수 있다.
- 구체적이고 물리적인 말소리

cf.
음성은 음향과 다르다. 음향이 자연의 소리로 비분절적임에 비해서 음성은 인간이 내는 분절적인 소리이다. 그러나 음성과 음향은 둘 다 소리라는 점과 의미와는 전혀 관련이 없다는 점에서 공통점을 지닌다.

02 음운

말의 뜻을 구별하여 주는 소리의 가장 작은 단위

- '님'과 '남'이 다른 뜻의 말이 되게 하는 'ㅣ'와 'ㅏ'
- '물'과 '불'이 다른 뜻의 말이 되게 하는 'ㅁ'과 'ㅂ'

- 의미와 관련이 있음.
- 의미의 차이를 내는 최소 문법 단위
- 최소의 의미 변별 단위
- 공통적인 요소만을 뽑아 머릿속에서 같은 소리로 인식하는 추상적이고 관념적인 말소리
- 음운은 사람들의 관념에 따라 그 수가 달라질 수 있다.
  → 우리말의 'ㄹ'을 영어에서는 'l'과 'r'의 두 개의 음운으로 인식한다.
- 음운의 종류 : 분절 음운, 비분절 음운

02 음운 체계

01 분절 음운

소리마디의 경계를 나눌 수 있는 음운. 자음과 모음처럼 다른 소리와 잘 나누어지는 음운

① 자음 체계

- 자음 : 목, 입, 혀 따위의 발음 기관에 의해 구강 통로가 좁아지거나 완전히 막히는 따위의 장애를 받으며 나는 소리
- 자음 체계표 : 자음은 조음 위치와 조음 방법에 따라서 분류할 수 있다.

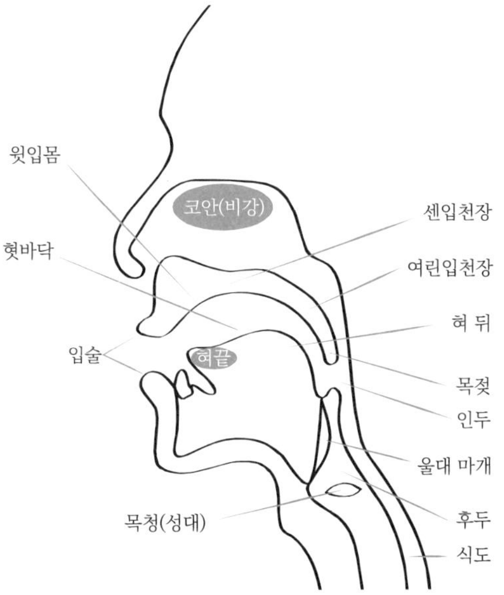

〈조음 기관 단면도〉

조음 방법 \ 조음 위치			두 입술	윗잇몸 혀끝	센입천장 혓바닥	여린입천장 혀 뒤	목청 사이
			입술소리	혀끝소리	센입천장 소리	여린입천장 소리	목청소리
안울림 소리	파열음	예사소리	ㅂ	ㄷ		ㄱ	
		된소리	ㅃ	ㄸ		ㄲ	
		거센소리	ㅍ	ㅌ		ㅋ	
	파찰음	예사소리			ㅈ		
		된소리			ㅉ		
		거센소리			ㅊ		
	마찰음	예사소리		ㅅ			ㅎ
		된소리		ㅆ			
울림 소리	비음		ㅁ	ㄴ		ㅇ	
	유음			ㄹ			

〈자음 체계표〉

- 울림소리 : 발음할 때, 목청이 떨려 울리는 소리. 국어의 모든 모음이 이에 속하며, 자음 가운데에는 'ㄴ', 'ㄹ', 'ㅁ', 'ㅇ'이 여기에 속함. 유성음(有聲音)
- 안울림소리 : 성대(聲帶)를 진동시키지 않고 내는 소리. 무성음(無聲音)
- 파열음 : 폐에서 나오는 공기를 일단 막았다가 그 막은 자리를 터뜨리면서 내는 소리. 'ㅂ', 'ㅃ', 'ㅍ', 'ㄷ', 'ㄸ', 'ㅌ', 'ㄱ', 'ㄲ', 'ㅋ'이 여기에 속한다.
- 마찰음 : 입 안이나 목청 따위의 조음 기관이 좁혀진 사이로 공기가 비집고 나오면서 마찰하여 나는 소리. 'ㅅ', 'ㅆ', 'ㅎ'이 여기에 속한다.
- 파찰음 : 막았다가 서서히 터뜨리면서 마찰을 일으켜 내는 소리. 파열음과 마찰음의 두 가지 성질을 다 가지는 소리. 'ㅈ', 'ㅉ', 'ㅊ'이 여기에 속한다.
- 비음 : 입 안의 통로를 막고 코로 공기를 내보내면서 내는 소리. 'ㄴ', 'ㅁ', 'ㅇ'이 여기에 속한다.
- 유음 : 혀끝을 잇몸에 가볍게 대었다가 떼거나, 잇몸에 댄 채 공기를 그 양옆으로 흘려 보내면서 내는 소리. 국어의 자음 'ㄹ'이 여기에 한다..
  - 탄설음 : 'ㄹ'이 음절 초성에 올 때 나는 소리. 혀끝과 잇몸 사이가 한 번 닫혔다가 열리는 동안 혀 옆으로는 공기가 새어 나가면서 나는 소리. '라면'의 'ㄹ'이 여기에 속한다.
  - 설측음 : 'ㄹ'이 종성에 올 때 나는 소리. 혀끝을 윗잇몸에 아주 붙이고, 혀 양쪽의 트인 데로 날숨을 흘려 내는 소리. '쌀', '길' 따위의 'ㄹ'이 여기에 속한다.
- 입술소리 : 두 입술 사이에서 나는 소리. 양순음.
- 혀끝소리 : 혀 끝과 윗잇몸이 맞닿아 나는 소리. 설단음, 설첨음.
- 센입천장소리 : 혓바닥과 경구개, 즉 굳은 입천장 사이에서 나는 소리. 경구개음, 구개음.
- 여린입천장소리 : 혀의 뒷부분과 연구개 사이에서 나는 소리. 연구개음.
- 목청소리 : 목청 사이에서 나오는 소리. 후음.

② 모음 체계

- 모음 : 성대의 진동을 받은 소리가 목, 입, 코를 거쳐 나오면서, 그 통로가 좁아지거나 완전히 막히거나 하는 따위의 장애를 받지 않고 나는 소리

㉠ 단모음

소리를 내는 도중에 입술 모양이나 혀의 위치가 달라지지 않는 모음

단모음	'ㅏ', 'ㅐ', 'ㅓ', 'ㅔ', 'ㅗ', 'ㅚ', 'ㅜ', 'ㅟ', 'ㅡ', 'ㅣ'

cf.
'ㅚ'와 'ㅟ'는 단모음으로 발음하는 것이 원칙이지만, 이중 모음으로 발음하는 것도 허용한다.

㉡ 이중 모음

단모음과 반모음이 결합한 것으로, 입술 모양이나 혀의 위치를 처음과 나중이 서로 달라지게 하여 내는 모음

이중 모음	'ㅑ', 'ㅒ', 'ㅕ', 'ㅖ', 'ㅘ', 'ㅙ', 'ㅛ', 'ㅝ', 'ㅞ', 'ㅠ', 'ㅢ'

ⓒ 반모음

모음과 같이 발음하지만 음절을 이루지 못하는 아주 짧은 모음

반모음	'ㅑ', 'ㅒ', 'ㅕ', 'ㅖ', 'ㅘ', 'ㅙ', 'ㅛ', 'ㅝ', 'ㅞ', 'ㅠ', 'ㅢ' 따위의 이중 모음에서 나는 'j', 'w'가 여기에 속한다.

cf. 반모음의 특징

ⓐ 음성의 성질로 보면 모음과 비슷하지만, 반드시 다른 모음에 붙어야 발음될 수 있다는 점에서 자음과 비슷하다.

ⓑ 반모음은 스스로 음절을 이루지 못하므로 온전한 모음이 되지 못한다.

ⓒ 반모음은 온전한 모음이 아니므로 'ㅗ/ㅜ, ㅣ' 위에 반달표(˘)를 하여 나타낸다.

■ 모음 사각도와 모음 체계표 : 혀의 위치, 혀의 높낮이, 입술의 모양 등에 따라 분류할 수 있다.

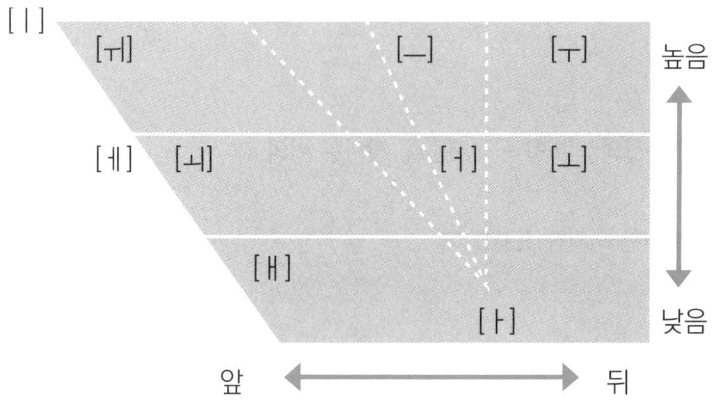

〈모음 사각도〉

혀의 앞뒤 / 입술의 모양 / 혀의 높이	전설모음		후설모음	
	평순	원순	평순	원순
고모음	ㅣ	ㅟ	ㅡ	ㅜ
중모음	ㅔ	ㅚ	ㅓ	ㅗ
저모음	ㅐ		ㅏ	

〈모음 체계표〉

02 비분절 음운

정확히 소리마디의 경계를 그을 수 없으나 음성과 달리 의미의 변별성을 가지는 음운. 소리의 길이, 억양, 성조, 강세 등과 같이 다른 소리와 잘 나누어지지 않는 음운

① 소리의 길이

소리의 길이는 뜻을 구별하여 준다는 점에서 자음이나 모음과 같은 자격을 가진다.

- 소리의 길이가 길고 짧음에 따라 뜻이 달라지는 단어

말:[言]-말[馬], 눈:[雪]-눈[眼], 손:[孫]-손[手], 밤:[栗]-밤[夜],
성:인[聖人]-성인[成人], 무:력[武力]-무력[無力], 가:정[假定]-가정[家庭]

- 긴소리는 일반적으로 단어의 첫째 음절에서 나타나는데, 특이하게도 본래 길게 발음되던 것도 둘째 음절 이하에 오면 짧은소리로 발음되는 경향이 있다.

한국+말: ➜ 한국말 함박+눈: ➜ 함박눈 구두+솔: ➜ 구둣솔

② 억양

여러 음절에 걸쳐 실현되는 음의 높낮이로서 문장의 의미를 구별해준다. 말하는 이의 감정이나 태도에 따라 억양이 달라지기도 한다.

- **평서문** : 청자에게 말하는 이가 자신의 행동에 대한 의지를 표시할 때

예 이제 집에 가.(⌒)

- **의문문** : 청자에게 어떻게 행동할 것인지 몰라서 물을 때

예 이제 집에 가?(⌣)

- **명령문** : 화자가 청자에게 명령을 할 때

예 이제 집에 가!(→)

→ 이 경우는 명령문 외에도 상황에 따라 다른 뜻이 나올 수 있다. 현재 화자는 상대방의 말대로 행동하고 싶지 않은데 상대방의 재촉에 짜증을 내며 말할 때에도 해당된다.

03 음절

01 음절의 의미 및 특징

① 음절의 의미

- 한 뭉치로 이루어진 소리의 덩어리
- 하나의 종합된 음의 느낌을 주는 말소리의 단위
- 한 번에 낼 수 있는 소리 마디를 나타내는 문법 단위

② 음절의 특징

- 모든 말은 음절 단위로 마디를 이루어서 발음된다.
- 국어에서 음절이 만들어지려면 반드시 모음이 있어야 한다.
- 음절의 숫자는 모음의 숫자와 일치한다.
- 음절은 의미와 전혀 관계가 없는 음성학적 문법 단위일 뿐이다.

③ 음절의 구조

- 국어에서 음절이 이루어지는 방법은 아래의 네 가지임.

음절 구조	용례
모음 단독	아, 에, 예, 와
자음 + 모음	가, 게, 녜, 과
모음 + 자음	악, 엑, 엘, 왈
자음 + 모음 + 자음	각, 녤, 괄, 값

04 음운의 변동

음운의 변동 | 한 음운이 일정한 환경에서 변하는 현상

- **교체** : 한 음운이 다른 음운으로 바뀌는 현상
  → 음절의 끝소리 규칙, 비음화, 유음화, 구개음화, 된소리되기 등
- **탈락** : 두 음운 중 한 음운이 없어지는 현상
  → 자음군 단순화, 'ㄹ' 탈락, 'ㅎ' 탈락, 모음 탈락
- **첨가** : 없던 음운이 새로 생기는 현상
  → 'ㄴ' 첨가, 반모음 첨가
- **축약** : 두 음운이 하나의 음운으로 줄어드는 현상
  → 거센소리되기(자음 축약), 모음 축약

01 교체

① 음절의 끝소리 규칙

받침이 되는 자음이 'ㄱ, ㄴ, ㄷ, ㄹ, ㅁ, ㅂ, ㅇ'의 일곱 가지만 올 수 있다는 규칙

- 국어에서 음절의 끝에서 발음되는 자음 : ㄱ, ㄴ, ㄷ, ㄹ, ㅁ, ㅂ, ㅇ (7개)
- 음절 끝에 일곱 소리 이외의 자음이 오면 이 일곱 자음 중의 하나로 바꾸어 발음하는 음운의 교체 현상이다.

'음절의 끝소리 규칙'과 관련된 〈표준 발음법〉 규정

제08항 받침소리로는 'ㄱ, ㄴ, ㄷ, ㄹ, ㅁ, ㅂ, ㅇ'의 7개 자음만 발음한다.

제09항 받침 'ㄲ, ㅋ', 'ㅅ, ㅆ, ㅈ, ㅊ, ㅌ', 'ㅍ'은 어말 또는 자음 앞에서 각각 대표음 [ㄱ, ㄷ, ㅂ]으로 발음한다.

	받침		조건	발음		예시
규칙	ㄲ, ㅋ	→	어말 또는 자음 앞 (음절의 끝소리에서)	[ㄱ]	→	밖→[박], 밖도→[박또]
	ㅅ, ㅆ, ㅈ, ㅊ, ㅌ			[ㄷ]		옷→[옫], 옷도→[옫또], 옷 안→[오단], 있(고)→[읻(꼬)], 낮→[낟], 꽃→[꼳], 바깥→[바깓]
	ㅍ			[ㅂ]		잎→[입], 잎도→[입또], 잎 위→[이뷔]

→ 어말 위치에서 또는 자음으로 시작된 조사나 어미 앞에서 'ㄲ, ㅋ', 'ㅅ, ㅆ, ㅈ, ㅊ, ㅌ' 및 'ㅍ'이 각각 [ㄱ, ㄷ, ㅂ]으로 발음되는 것을 규정한 것이다. 구체적으로 말하면, 받침 'ㄲ, ㅋ'은 받침 'ㄱ'과 같이 [ㄱ]으로 발음하고, 받침 'ㅅ, ㅆ, ㅈ, ㅊ, ㅌ'은 받침 'ㄷ'과 같이 [ㄷ]으로 발음하며, 받침 'ㅍ'은 받침 'ㅂ'과 같이 [ㅂ]으로 발음한다.
단, 'ㅎ'의 경우는 위의 규칙으로 일반화할 수 없다. '히읗'은 '[히읃]'으로 발음되지만, '낳다'의 경우는 받침의 'ㅎ'이 [ㄷ]으로 발음되지 않고 'ㅎ' 다음에 오는 'ㄷ'과 합쳐져서 축약이 일어나기 때문에 [나타]로 발음한다.

cf. 더 알아두어야 할 음절의 끝소리 규칙

- 받침으로 끝나는 말 다음에 모음으로 시작하는 형식 형태소가 오는 경우
  예 낫으로→[나스로], 흙이→[흘기]
- 받침으로 끝나는 말 다음에 모음으로 시작하는 실질 형태소가 오는 경우
  예 꽃 위→[꼬뒤], 값있는→[가빈는]

cf. 음절의 끝소리 규칙과 중화

- 중화 : 서로 다른 요소가 특정한 조건에서 변별 기능을 잃고 구별되지 않거나 또는 그런 현상.
- 음절의 끝소리 규칙이 대표음으로 실현된다는 점에서는 음절의 끝소리 규칙을 음운의 중화(中和)로도 볼 수 있다.
  예 '낟', '낫', '낮', '낱' 따위에 쓰인 받침소리는 모두 'ㄷ'으로 발음된다.

cf. 평파열음화

- 국어의 음절말 위치에서 파열음·파찰음·마찰음이 평음인 파열음 'ㄱ, ㄷ, ㅂ' 중의 하나로 바뀌는 음운 현상
- 음절의 끝소리 규칙을 '평파열음화' 현상이라고도 함. 평파열음은 파열음의 예사소리, 즉 평음인 'ㄱ, ㄷ, ㅂ'을 말한다.

② 자음 동화

자음과 자음이 만날 때 서로 닮게 되는 현상

- 음절 끝 자음이 그 뒤에 오는 자음과 만날 때, 어느 한쪽이 다른 쪽을 닮아서 그와 비슷하거나 같은 소리로 바뀌기도 하고, 양쪽이 서로 닮아서 두 소리가 다 바뀌기도 하는 현상

동화

- 한쪽의 음운이 다른 쪽 음운의 성질을 닮는 현상
- 말소리가 서로 이어질 때, 어느 한쪽 또는 양쪽이 영향을 받아 비슷하거나 같은 소리로 바뀌는 소리의 변화를 이르는 말
- 비음화, 유음화, 구개음화는 모두 자음이 앞이나 뒤에 오는 음운의 성질을 닮아 변동하므로 동화에 속한다.

㉠ 비음화

비음이 아닌 자음이 비음의 영향을 받아 비음으로 바뀌는 현상으로, 어떤 음의 조음(調音)에 코 안의 울림이 수반되는 현상

'비음화'와 관련된 〈표준 발음법〉 규정

제18항 받침 'ㄱ(ㄲ, ㅋ, ㄳ, ㄺ), ㄷ(ㅅ, ㅆ, ㅈ, ㅊ, ㅌ, ㅎ), ㅂ(ㅍ, ㄼ, ㄿ, ㅄ)'은 'ㄴ, ㅁ' 앞에서 [ㅇ, ㄴ, ㅁ]으로 발음한다.
[붙임] 두 단어를 이어서 한 마디로 발음하는 경우에도 이와 같다.

제19항 받침 'ㅁ, ㅇ' 뒤에 연결되는 'ㄹ'은 [ㄴ]으로 발음한다.
[붙임] 받침 'ㄱ, ㅂ' 뒤에 연결되는 'ㄹ'도 [ㄴ]으로 발음한다.

규칙 1	받침		뒤 자음		받침		뒤 자음	예시
	ㅂ	+	ㅁ ㄴ	→	ㅁ	+	ㅁ ㄴ	밥물→[밤물] 받는다→[반는다] 국물→[궁물]
	ㄷ				ㄴ			
	ㄱ				ㅇ			

→ 'ㄴ, ㅁ' 등의 비음 앞에서 받침의 소리 [ㄱ, ㄷ, ㅂ]이 각각 [ㅇ, ㄴ, ㅁ]으로 동화되어 발음됨을 규정한 것이다. 예컨대 '값만, 없는'은 우선 'ㅅ'을 탈락시키고서 'ㅁ, ㄴ'에 의하여 'ㅂ'이 [ㅁ]으로 역행 동화되어 [감만], [엄:는]으로 발음된다. [ㄷ]으로 발음되는 'ㅅ, ㅆ, ㅈ, ㅊ, ㄷ, ㅌ' 받침은 'ㄴ, ㅁ' 앞에서 모두 [ㄴ]으로 발음된다.

[붙임] 위와 같은 환경만 주어지면 단어와 단어 사이에서도 비음으로 바뀐다.

예 국 마시다[궁마시다], 옷 마르다[온마르다], 입 놀리다[임놀리다]

규칙 2	받침		뒤 자음		받침		뒤 자음	예시
	ㅁ	+	ㄹ	→	ㅁ	+	ㄴ	남루→[남누] 종로→[종노]
	ㅇ				ㅇ			

→ 한자어에서 받침 'ㅁ, ㅇ' 뒤에 결합되는 'ㄹ'을 [ㄴ]으로 발음하는 규정이다. 본래 'ㄹ'을 첫소리로 가진 한자는 'ㄴ, ㄹ' 이외의 받침 뒤에서는 언제나 'ㄹ'이 [ㄴ]으로 발음된다.

[붙임] 받침 'ㄱ, ㅂ' 뒤에서 'ㄹ'은 [ㄴ]으로 발음되는데, 그 [ㄴ] 때문에 'ㄱ, ㅂ'은 다시 [ㅇ, ㅁ]으로 역행 동화되어 발음된다.

예 막론(莫論)→[막논]→[망논]

규칙 3	받침		뒤 자음		받침		뒤 자음	예시
	ㅂ				ㅁ			섭리→[섭니]→[섬니] 몇 리(→[멷리])→[멷니]→[면니] 백로→[백노]→[뱅노]
	ㄷ	+	ㄹ	→	ㄴ	+	ㄴ	
	ㄱ				ㅇ			

→ 비음화 '규칙 3'은 '규칙 1'과 '규칙 2'가 합쳐진 형태로, 음운의 변화 과정은 먼저 뒤 자음인 'ㄹ'이 비음인 'ㄴ'으로 바뀌고, 그런 다음 'ㄴ'의 영향을 받아 받침 'ㅂ, ㄷ, ㄱ'이 비음인 'ㅁ, ㄴ, ㅇ'으로 바뀌는 것이다.

ⓛ 유음화

'ㄴ'이 'ㄹ'의 영향을 받아 유음 'ㄹ'로 바뀌어 발음되는 현상. 'ㄴ'은 'ㄹ'의 앞 또는 뒤에서 'ㄹ'의 영향을 받아 'ㄹ'로 바뀌어 발음된다.

'유음화'와 관련된 〈표준 발음법〉 규정

제20항 'ㄴ'은 'ㄹ'의 앞이나 뒤에서 [ㄹ]로 발음한다.
[붙임] 첫소리 'ㄴ'이 'ㅀ', 'ㄾ'뒤에 연결되는 경우에도 이에 준한다.
다만, 다음과 같은 단어들은 'ㄹ'을 [ㄴ]으로 발음한다.

규칙 1	받침		뒤 자음		받침		뒤 자음	예시
	ㄴ	+	ㄹ	→	ㄹ	+	ㄹ	신라→[실라] 칼날→[칼랄]
	ㄹ		ㄴ		ㄹ		ㄹ	

→ '신라'의 경우 받침 'ㄴ'이 뒤에 오는 자음 'ㄹ'에 의해서 'ㄹ'로 변한 것이고, '칼날'은 받침 'ㄹ'로 인해 뒤에 온 자음 'ㄴ'이 앞이나 뒤에 온 자음 'ㄹ'로 인해 유음 'ㄹ'로 바뀌었다.

규칙 2	받침		뒤 자음		받침		뒤 자음	예시
	ㅀ	+	ㄴ	→	ㄹ	+	ㄹ	닳는→[달른] 핥네→[할레]
	ㄾ				ㄹ			

→ 'ㅀ, ㄾ' 과 같이 자음 앞에서 [ㄹ]이 발음되는 용언 어간 다음에 'ㄴ'으로 시작되는 어미가 결합되면 그 'ㄴ'을 'ㄹ'로 동화시켜 발음한다. 즉 '앓는[알른], 앓나[알라], 앓네[알레]'와 같이 발음한다.

단, 〈표준 발음법 제20항〉의 '다만'에 따라 다음과 같은 단어들은 'ㄹ'을 [ㄴ]으로 발음한다. 이는 한자어에서 'ㄴ'과 'ㄹ'이 결합하면서도 [ㄹㄹ]로 발음되지 않고 [ㄴㄴ]으로 발음되는 예에 해당한다.

예 의견란[의:견난], 생산량[생산냥], 결단력[결딴녁], 공권력[공꿘녁], 이원론[이:원논]

❖ 동화의 종류

동화는 방향에 따라 역행 동화, 순행 동화, 상호 동화로 나뉘고, 정도에 따라 완전 동화와 부분 동화(불완전동화)로 나뉜다.

ⓐ 방향에 따라

- **역행 동화** : 어떤 음운이 뒤에 오는 음운의 영향을 받아서 그와 비슷하거나 같은 소리로 바뀌는 현상. 앞 발음이 변한다.
  - 예 곤란[골란], 국물[궁물], 끝내[끈내], 잎눈[임눈], 밭머리[반머리], 입모양[임모양]
- **순행 동화** : 어떤 음운이 앞에 오는 음운의 영향을 받아서 그와 비슷하거나 같은 소리로 바뀌는 현상. 뒷발음이 변한다.
  - 예 찰나[찰라], 남루[남누], 왕릉[왕능], 땔 나무[땔라무]
- **상호 동화** : 인접하는 두 개의 음이 서로 영향을 주고받아 닮게 되는 현상. 둘 다 변한다.
  - 예 십 리[심니], 국력[궁녁], 독립[동닙]

ⓑ 정도에 따라

- **완전 동화** : 말소리가 서로 이어질 때, 어느 한쪽이 다른 쪽의 영향을 받아 그와 같은 소리로 바뀌는 음운 현상
  - 예 신라[실라], 값만[감만], 끝나다[끈나다], 젖는[전는], 빚나게[빈나게]
- **부분 동화(불완전 동화)** : 말소리가 서로 이어질 때, 가까이 있는 두 음운이 서로 영향을 주거나 받아 서로 비슷하게 소리가 나는 음운 현상
  - 예 앞 날[암날], 먹는[멍는], 심리[심니], 맡는다[만는다], 부엌문[부엉문]

③ 구개음화

구개음이 아닌 'ㄷ', 'ㅌ'이 구개음 'ㅈ', 'ㅊ'으로 발음되는 현상

- 끝소리가 'ㄷ', 'ㅌ'인 형태소가 모음 'ㅣ'나 반모음 'ㅣ[j]'로 시작되는 형식 형태소와 만나면 그것이 구개음 'ㅈ', 'ㅊ'이 되거나, 'ㄷ' 뒤에 형식 형태소 '히'가 올 때 'ㅎ'과 결합하여 이루어진 'ㅌ'이 'ㅊ'이 되는 현상
- 구개음화는 조사나 접미사에 의해서만 일어날 수 있다.
- 합성어에서는 받침 'ㄷ, ㅌ' 다음에 '이'로 시작되는 단어가 결합되어 있더라도 구개음화가 일어날 수 없다.
  - 예 '밭이랑[반니랑], 홑이불[혼니불]' 등과 같이 'ㄴ'에 의해서 'ㅌ'이 [ㄴ]으로 발음된다.

'구개음화'와 관련된 〈표준 발음법〉 규정

제17항 받침 'ㄷ, ㅌ(ㄾ)'이 조사나 접미사의 모음 'ㅣ'와 결합되는 경우에는, [ㅈ, ㅊ]으로 바꾸어서 뒤 음절 첫소리로 옮겨 발음한다.

[붙임] 'ㄷ' 뒤에 접미사 '히'가 결합되어 '티'를 이루는 것은 [치]로 발음한다.

규칙 1	받침		뒤 모음		발음	예시
	ㄷ	+	ㅣ	→	[ㅈ]	굳이→[구지]
	ㅌ				[ㅊ]	같이→[가치]

→ '굳이'의 받침 'ㄷ'과 '같이'의 받침 'ㅌ'이 뒤에 오는 모음 'ㅣ'에 의해 각각 'ㅈ'과 'ㅊ'으로 변한다.

규칙 2	받침		접미사		발음	예시
	ㄷ	+	히	→	[치]	굳히다→[구치다], 닫히다→[다치다]

→ 받침의 'ㄷ'이 다음에 오는 'ㅎ'과 만나 [ㅌ]이 된 후, 'ㅌ'이 'ㅣ'와 결합할 때 구개음화가 일어나는 것이다.

cf. 한 음절 안에서 일어난 구개음화

- 현대 국어에서는 한 형태소 내에서나 합성어 안에서는 구개음화가 일어나지 않지만, 근대 국어에는 한 형태소 안에서도 구개음화가 일어났던 것으로 보인다.
  예 디다 → 지다
- 근대 국어 시기에 구개음화를 겪은 것들은 표기까지 구개음화된 형태로 굳어졌으나 현대 국어의 표준 발음법에서는 구개음화된 소리를 표준 발음으로 인정하되, 표기는 원형을 밝혀 적는 것을 원칙으로 하고 있다.

cf. <표준 발음법> 제 21항

제21항 위에서 지적한 이외의 자음 동화는 인정하지 않는다.

감기[감기/강기(×)], 옷감[옫깜/옥깜(×)], 있고[읻꼬/익꼬(×)], 꽃길[꼳낄/꼭낄(×)]
젖먹이[전머기/점머기(×)], 문법[문뻡/뭄뻡(×)], 꽃밭[꼳빧/꼽빧(×)]

→ 현행 표준어 규정에서는 비음화, 유음화, 구개음화 등을 제외한 다른 자음동화는 인정하지 않는다.

④ 된소리되기(경음화)

특정한 환경에서 예사소리가 된소리로 바뀌어 발음되는 현상

- 안울림 예사소리인 'ㄱ, ㄷ, ㅂ, ㅅ, ㅈ'이 된소리 'ㄲ, ㄸ, ㅃ, ㅆ, ㅉ'으로 발음되는 현상
- 된소리는 한자어로 경음(硬音)이므로 경음화(硬音化)라고도 한다.

㉠ 파열음 뒤에서

> '된소리되기'와 관련된 〈표준 발음법〉 규정-ⓐ
>
> 제17항 받침 'ㄱ(ㄲ, ㅋ, ㄳ, ㄺ), ㄷ(ㅅ, ㅆ, ㅈ, ㅊ, ㅌ), ㅂ(ㅍ, ㄼ, ㄿ, ㅄ)' 뒤에 연결되는 'ㄱ, ㄷ, ㅂ, ㅅ, ㅈ'은 된소리로 발음한다.

→ 한 단어 안에서나 체언의 곡용 및 용언의 활용에서나 위의 환경에서는 예외 없이 된소리로 발음한다.

받침	예시
ㄱ	국밥[국빱], 깎다[깍따], 넋받이[넉빠지], 삯돈[삭똔], 닭장[닥짱], 칡범[칙뻠]
ㄷ	뻗대다[뻗때다], 옷고름[옫꼬름], 있던[읻떤], 꽂고[꼳꼬], 꽃다발[꼳따발], 낯설다[낟썰다], 밭갈이[받까리], 솥전[솓쩐]
ㅂ	곱돌[곱똘], 덮개[덥깨], 옆집[엽찝], 넓죽하다[넙쭈카다], 읊조리다[읍쪼리다] 값지다[갑찌다]

㉡ 어간 끝 자음 'ㄴ(ㄵ), ㅁ(ㄻ)' 뒤에서

> '된소리되기'와 관련된 〈표준 발음법〉 규정-ⓑ
>
> 제24항 어간 받침 'ㄴ(ㄵ), ㅁ(ㄻ)' 뒤에 결합되는 어미의 첫소리 'ㄱ, ㄷ, ㅅ, ㅈ'은 된소리로 발음한다.
> 다만, 피동, 사동의 접미사 '-기-'는 된소리로 발음하지 않는다.

→ 이는 용언 어간에만 적용되는 규정이다. 체언의 경우에는 '신도[신도], 신과[신과]'라든가 '바람도[바람도], 바람과[바람과]' 등과 같이 된소리로 바꾸어 발음하지 않는다.

받침	예시
ㄴ	신고[신:꼬], 껴안다[껴안따], 앉고[안꼬], 얹다[언따]
ㅁ	삼고[삼:꼬], 더듬지[더듬찌], 닮고[담:꼬], 젊지[점:찌]

※ 〈표준 발음법〉 제24항 '다만' 규정에 따라 아래와 같이 피동, 사동의 접미사 '-기-'는 된소리로 발음하지 않는다.

예 안기다, 감기다, 굶기다, 옮기다

하지만, 일종의 활용 형식인 용언의 명사형의 경우에는 '안기[안:끼], 남기[남:끼], 굶기[굼끼]'와 같이 된소리로 발음한다.

ⓒ 어간 끝 자음 'ㄼ, ㄾ' 뒤에서

'된소리되기'와 관련된 〈표준 발음법〉 규정-ⓒ

제25항 어간 받침 'ㄼ, ㄾ' 뒤에 결합되는 어미의 첫소리 'ㄱ, ㄷ, ㅅ, ㅈ'은 된소리로 발음한다.

→ 이는 용언 어간에 한정되는 규정인데, 체언의 경우에는 '여덟도[여덜도], 여덟과[여덜과], 여덟보다[여덜보다]'처럼 된소리로 발음되지 않기 때문이다. 이 규정을 겹받침에 한정시킨 것은 홑받침 'ㄹ' 다음에서는 '알고, 알더니, 알지'와 같이 된소리로 발음되지 않기 때문이다.

받침	예시
ㄼ	넓게[널께], 떫지[떨찌]
ㄾ	핥다[할따], 훑소[훌쏘]

ⓓ 한자어 'ㄹ' 받침 뒤에서

'된소리되기'와 관련된 〈표준 발음법〉 규정-ⓓ

제25항 한자어에서, 'ㄹ' 받침 뒤에 연결되는 'ㄷ, ㅅ, ㅈ'은 된소리로 발음한다. 다만, 같은 한자가 겹쳐진 단어의 경우에는 된소리로 발음하지 않는다.

→ 한자어에서 받침 'ㄹ' 다음에 된소리로 발음되는 것을 규정한 것이다. 그러나 '결과, 물건, 불복, 설계, 열기, 절기, 출고, 팔경, 활보' 등 된소리로 발음되지 않는 예들이 많다. 된소리로 발음되는 경우에는 사전에서 그 발음을 표시하여야 한다.

받침	예시
ㄹ	갈등[갈뜽], 발동[발똥], 말살[말쌀], 일시[일씨], 갈증[갈쯩], 물질[물찔], 발전[발쩐]

※ 〈표준 발음법〉 제26항 '다만' 규정에 따라 같은 한자가 겹쳐진 아래와 같은 단어의 경우에는 된소리로 발음하지 않는다.

예 허허실실(虛虛實實)[허허실실], 절절-하다(切切-)[절절하다]

ⓜ 관형사형 '-(으)ㄹ' 뒤에서

'된소리되기'와 관련된 〈표준 발음법〉 규정-ⓔ

제27항 관형사형 '-(으)ㄹ' 뒤에 연결되는 'ㄱ, ㄷ, ㅂ, ㅅ, ㅈ'은 된소리로 발음한다.
다만, 끊어서 말할 적에는 예사소리로 발음한다.
[붙임] '-(으)ㄹ'로 시작되는 어미의 경우에도 이에 준한다.

→ 관형사형 '-ㄹ, -을' 다음에서는 'ㄱ, ㄷ, ㅂ, ㅅ, ㅈ'을 각각 예외 없이 된소리로 발음한다. '-(으)ㄹ' 다음에 오는 것이 명사가 아니라 보조 용언일 경우에도 역시 그 다음 자음을 된소리로 발음한다.

받침	예시
-(으)ㄹ	할 것을[할꺼슬], 갈 데가[갈떼가], 할 바를[할빠를], 할 수는[할쑤는]

※ 〈표준 발음법〉 제27항 '붙임' 규정에 따라 '-(으)ㄹ'로 시작되는 어미의 경우에도 뒤에 연결되는 'ㄱ, ㄷ, ㅂ, ㅅ, ㅈ'은 된소리로 발음한다.
예 할걸[할껄], 할수록[할쑤록]

cf.
■ 관형사형 어미 '-(으)ㄴ, -는, -던' 등 'ㄴ' 받침을 가진 어미 뒤에서는 된소리로 발음하지 않는다.
예 간 사람[간사(:)람], 가는 사람[가는사(:)람], 가던 사람[가던사(:)람]

cf. '된소리되기'와 <표준 발음법 제28항>
■ 다음의 경우는 <표준 발음법 제28항> 된소리되기에서 다루고 있는데, 합성어에 해당되는 경우이기 때문에 사잇소리 현상에서도 다룬다.

<표준 발음법> 제28항

제28항 표기상으로는 사이시옷이 없더라도, 관형격 기능을 지니는 사이시옷이 있어야 할(휴지가 성립되는) 합성어의 경우에는, 뒤 단어의 첫소리 'ㄱ, ㄷ, ㅂ, ㅅ, ㅈ'을 된소리로 발음한다.

→ 문-고리[문꼬리], 길-가[길까], 바람-결[바람껼], 등-불[등뿔] 등처럼 표기상으로는 사이시옷이 드러나지 않더라도, 기능상 사이시옷이 있을 만한 합성어의 경우에 된소리로 발음되는 예들이다.

❖ 사이시옷

사이시옷은 15세기의 경우에 기본적으로는 관형격의 기능을 나타냈던 것이나, 현대 국어로 내려오면서 많은 변화를 겪어서 사이시옷에 의한 된소리의 실현도 일정치가 않다. '나뭇집(나무를 파는 집)'과 '나무집(나무로 만든 집)'은 그런대로 관형격의 기능을 보여 주지만, '돌집[돌:찝](돌로 지은 집)'은 관형격의 기능이 있을 수 없음에도 된소리로 발음한다. 그러하여 사이시옷이 드러나지 않으면서 된소리로 발음되는 경우에는 사전에 그 된소리를 표시하여야 한다(한글 맞춤법 제30항 참조). 사이시옷이 표기상으로 드러난 경우에 그 사이시옷에 관련된 발음에 대한 규정은 제30항인데, '소리의 첨가'와도 관련이 있기 때문에 편의상 제28항과 분리시켜 배열한다.

⑤ 모음 동화

모음과 모음이 서로 닮게 되는 음운 변화

■ 모음 동화가 일어나는 단어들 중 일부 예를 제외하고, 모음 동화에 대해서는 표기는 물론 발음까지도 표준어와 표준 발음으로 인정하지 않는다.

㉠ 전설 모음화('ㅣ'모음 역행 동화)

앞 음절의 'ㅏ, ㅓ, ㅗ, ㅜ'가 뒤 음절의 전설 모음 'ㅣ'에 동화되어 전설 모음 'ㅐ, ㅔ ㅚ, ㅟ'로 변하는 현상

규칙 1	앞음절		뒤음절		앞음절		뒤음절	예시
	ㅏ, ㅓ, ㅗ, ㅜ	+	ㅣ	→	ㅐ, ㅔ, ㅚ, ㅟ	+	ㅑ	아비→[애비], 어미→[에미], 고기→[괴기], 죽이다→[주기다]→[쥐기다]

→ 전설 모음화는 뒤에 오는 'ㅣ'모음 때문에 앞에 오는 모음이 변하기 때문에 역행 동화에 해당한다. 그리하여 전설 모음화를 'ㅣ'모음 역행 동화라고도 한다. 전설 모음화는 필수적으로 일어나는 현상이 아니라 발화자의 편의에 따라 수의적으로 발생하는 현상이므로 표준 발음으로 인정되지 않는다.

■ 모음 동화 중 표준어로 인정되는 것들

- 'ㅣ' 모음 역행 동화된 단어를 표준어로 인정하는 경우

예 서울내기, 시골내기, 신출내기, 풋내기, 냄비, 동댕이치다, 멋쟁이, 소금쟁이, 담쟁이덩굴, 골목쟁이, 발목쟁이 등

❖ 모음 충돌에 대한 발음 규정

'모음 충돌'에 대한 〈표준 발음법〉

제27항 다음과 같은 용언의 어미는 [어]로 발음함을 원칙으로 하되, [여]로 발음함도 허용한다.

[붙임] '이오, 아니오'도 이에 준하여 [이요, 아니요]로 발음함을 허용한다.

→ 모음으로 끝난 용언 어간에 모음으로 시작된 어미가 결합될 때에 나타나는 모음 충돌에 대한 발음 규정. '되+어→되어'는 [되어]로 발음함이 원칙. 때로 모음 충돌을 피한 발음인 [되여]가 쓰이기도 하여 이를 현실적으로 허용한다는 규정이다. '이오, 아니오'의 경우에도 마찬가지이다.

예 되어[되어/되여], 피어[피어/피여], 이오[이오/이요], 아니오[아니오/아니요]

ⓛ 모음 조화

양성 모음은 양성 모음끼리 음성 모음은 음성 모음끼리 어울리는 현상

- 두 음절 이상의 단어에서, 뒤의 모음이 앞 모음의 영향으로 그와 가깝거나 같은 소리로 되는 언어 현상
- 'ㅏ', 'ㅗ' 따위의 양성 모음은 양성 모음끼리, 'ㅓ', 'ㅜ' 따위의 음성 모음은 음성 모음끼리 어울리는 현상
- 현대 국어에서 모음 조화를 보이는 예들은 대개 용언의 어간, 용언의 어미, 의성 부사, 의태 부사에서 나타난다.

  예 (파랗다/퍼렇다), (되어, 놓아, 죽어, 고와), (사각사각/서걱서걱, 소곤소곤/수군수군, 종알종알/중얼중얼), (반들반들/번들번들, 알록달록/얼룩덜룩)
- 모음 조화가 지켜지지 않는 예들

  예 고맙+어 〉 고마워(고마와(×)), 가깝+어 〉 가까워(가까와(×)) 등

cf.

모음 조화는 엄밀한 의미에서 모음 동화라고 하기는 어렵다. 앞서 언급된 동화 규칙들은 기본형이 전제되어 있고, 그 이후 다른 음운과 같거나 비슷한 성질을 띠는 것이다. 그런데, 이 모음 조화 현상을 보이는 예들은 처음부터 짝지어 만난 것이지 기본형이 주위 환경 때문에 동화되었다고 말할 수가 없다는 것이다.

⑥ 이화 현상

인접하는 두 음운이 서로 달라지려는 현상

㉠ 모음 조화 파괴 현상

표현 효과를 위해서 일부러 상이한 모음 계열을 택하는 현상

- 대개 모음 조화 파괴는 공시적 현상에서보다는 통시적 현상에서 나타난다.
- 규칙적이기보다는 불규칙적으로 나타나기 때문에 '규칙'이라고 말하기도 어렵다.

  예 남아→[나머], 작아→[자거], 소곰→[소금], 처섬→처엄→[처음]

02 탈락

① 자음군 단순화

음절 끝의 두 자음 중 하나가 탈락하고 하나만 소리 나는 현상

■ 두 자음 중 하나가 탈락할 때, 앞엣것이 탈락하기도 하고 뒤엣것이 탈락하기도 한다.

예 넋[넉], 넋과[넉꽈], 앉다[안따], 여덟[여덜], 핥다[할따], 넓죽하다[넙쭈카다] 등

'자음군 단순화'와 관련된 〈표준 발음법〉 규정

제10항 겹받침 'ㄳ', 'ㄵ', 'ㄼ, ㄽ, ㄾ', 'ㅄ'은 어말 또는 자음 앞에서 각각 [ㄱ, ㄴ, ㄹ, ㅂ]으로 발음한다.
다만, '밟-'은 자음 앞에서 [밥]으로 발음하고, '넓-'은 다음과 같은 경우(파생어나 합성어)에 [넙]으로 발음한다.
예 넓죽하다[넙쭈카다], 넓둥글다[넙뚱글다]

제11항 겹받침 'ㄺ, ㄻ, ㄿ'은 어말 또는 자음 앞에서 각각 [ㄱ, ㅁ, ㅂ]으로 발음한다.
다만, 용언의 어간 말음 'ㄺ'은 'ㄱ' 앞에서 [ㄹ]로 발음한다.

cf. 겹받침의 발음 원칙 (표준 발음법 제10항, 제11항)

■ 'ㄻ, ㄿ'→ 둘째 자음 선택

예 젊다→[점따], 읊지→[읍찌]

■ 'ㄺ, ㄼ'→ 불규칙적

예 흙→[흑], 읽지→[익찌], 읽고→[일꼬], 얇다→[얄따], 넓다→[널따], 넓고→[널꼬], 넓지→[널찌], 넓둥글다→[넙뚱글다], 넓죽하다→[넙쭈카다], 밟다→[밥따], 밟고→[밥꼬], 밟지→[밥찌]

■ 나머지 겹받침 전부 → 첫째 자음 선택

예 몫→[목], 값→[갑], 외곬→[외골], 핥지→[할찌], 않고→[안꼬]

→ 겹받침과 관련된 음운 현상은 자음군 단순화로 교체가 아니라 탈락에 해당함.

② 자음 탈락

둘 이상의 형태소가 서로 만날 때에 하나의 음운이 없어지는 현상

㉠ 'ㄹ' 탈락

실질 형태소의 끝소리 'ㄹ'이 'ㄴ, ㄷ, ㅅ, ㅈ' 등의 자음 앞에서 탈락한다.

'ㄹ'탈락과 관련된 〈표준 발음법〉 규정

제28항 끝소리가 'ㄹ'인 말과 딴 말이 어울릴 적에 'ㄹ' 소리가 나지 아니하는 것은 아니 나는 대로 적는다.

ⓐ **합성과 파생 과정에서 'ㄹ'이 탈락하는 경우**

'ㄹ'이 'ㄴ, ㄷ, ㅅ, ㅈ' 앞에서 탈락한다.

예 다달이(달-달-이), 따님(딸-님), 우짖다(울-짖다), 화살(활-살)

→ 합성어나 파생어가 만들어질 때 'ㄹ'이 탈락하는 경우에는 탈락한 발음을 표준어로 삼는다. 'ㄹ' 탈락은 '활시위(활-시위)', '돌도끼(돌-도끼)'와 같이 동일한 환경에서 'ㄹ' 탈락이 일어나지 않는 경우가 많아 규칙화하기 어렵다.

ⓑ **활용 과정에서 'ㄹ'이 탈락하는 경우**

용언 어간의 끝소리 'ㄹ'이 'ㄴ, ㄹ, ㅂ, ㅅ'로 시작하는 어미와 연결될 때 탈락한다.

예 갈다 : 가니 / 간 / 갑니다 / 가시다 / 가오 등
둥글다 : 둥그니 / 둥근 / 둥급니다 / 둥그시다 / 둥그오 등

ⓛ **'ㅎ' 탈락**

'ㅎ'을 끝소리로 가지는 어간은 모음으로 시작하는 어미나 접미사 앞에서 'ㅎ'이 탈락한다.

예 낳은[나은], 놓아[노아], 쌓이다[싸이다] 등

③ **모음 탈락**

둘 이상의 음절이 서로 만날 때 하나의 음절이 없어지는 현상

㉠ **'ㅡ' 탈락**

'ㅡ'로 끝나는 어간이 모음 'ㅏ/ㅓ'로 시작하는 어미와 결합할 때 'ㅡ'가 탈락하는 현상

예 뜨- + -어 → 떠, 잠그- + -아 → 잠가, 담그- + -아서 → 담가서,
쓰- + -어라 → 써라

■ 자음으로 시작하는 어미가 붙으면 'ㅡ'는 탈락하지 않는다.

cf. 'ㅡ' 탈락 용언

→ 'ㅡ' 탈락 용언은 어간이 'ㅡ'로 끝나는 용언인데, 어간이 'ㅡ'로 끝나는 용언이라 하여 모두 'ㅡ' 탈락은 아니다. 'ㅡ' 탈락 용언은 어간 말음 'ㅡ'가 모음으로 연결된 연결 어미 '-아-/-어-'와 과거시제 선어말어미 '-았-/-었-' 앞에서 규칙적으로 탈락한다. 어간의 'ㅡ'가 탈락하는 것은 규칙적인 변화이기 때문에 '불규칙'이라고 하지 않는다.

ⓛ **'ㅏ/ㅓ' 탈락(동음 탈락)**

'ㅏ/ㅓ'로 끝나는 어간이 모음 'ㅏ/ㅓ'로 시작하는 어미와 결합할 때 'ㅏ/ㅓ'가 탈락하는 현상

예 가- + -아 → 가, 삼가- + -아 → 삼가, 건너- + -었- + -다 → 건넜다

03 첨가

■ 표현 명료화의 원리에 따라 일어나는 음운 변동 현상

① 'ㄴ' 첨가

합성어 및 파생어에서 자음으로 끝나는 형태소 뒤에 단모음 'ㅣ'나 반모음 'ㅣ'로 시작하는 형태소가 올 때 'ㄴ'이 첨가되는 현상

'ㄴ' 첨가와 관련된 〈표준 발음법〉 규정

제29항 합성어 및 파생어에서, 앞 단어나 접두사의 끝이 자음이고 뒤 단어나 접미사의 첫 음절이 '이, 야, 여, 요, 유'인 경우에는, 'ㄴ'소리를 첨가하여 [니, 냐, 녀, 뇨, 뉴]로 발음한다. 다만, 다음과 같은 말들은 'ㄴ' 음을 첨가하여 발음하되, 표기대로 발음할 수 있다.

예 이죽-이죽[이중니죽/이주기죽] 야금-야금[야금냐금/야그먀금]
검열[검ː녈/거ː멸]욜랑-욜랑[욜랑뇰랑/욜랑욜랑] 금융[금늉/그뮹]

[붙임 1] 'ㄹ' 받침 뒤에 첨가되는 'ㄴ' 음은 [ㄹ]로 발음한다.
예 들-일→[들 ː릴], 솔-잎→[솔립], 설-익다→[설릭따]
[붙임 2] 두 단어를 이어서 한 마디로 발음하는 경우에도 이에 준한다.
예 한 일→[한닐], 옷 입다→[온닙따], 서른 여섯→[서른녀섣]
다만, 다음과 같은 단어에서는 'ㄴ(ㄹ)' 음을 첨가하여 발음하지 않는다.
예 6·25→[유기오], 3·1절→[사밀쩔]

규칙	앞 단어, 접두사의 끝		뒤 단어, 접미사의 첫 음절		앞 단어, 접두사의 끝		뒤 단어, 접미사의 첫 음절	예시
	자음	+	이 야 여 요 유	→	자음	+	니 냐 녀 뇨 뉴	솜-이불→[솜니불] 내복-약→[내 ː봉냑] 한-여름→[한녀름] 담-요→[담 ː뇨] 식용-유→[시공뉴]

→ 한자어, 합성어 및 접두 파생어에서 앞 단어나 접두사가 자음으로 끝나고 뒤 단어의 첫 음절이 '이, 야, 여, 요, 유'인 경우에 'ㄴ'을 첨가시켜 발음한다. 앞 요소의 받침은 첨가된 'ㄴ' 때문에 비음으로 발음된다.

❖ 합성어와 파생어

■ 합성어 : 둘 이상의 실질 형태소가 결합하여 하나의 단어가 된 말
예 '집안', '돌다리' 등

■ 파생어 : 실질 형태소에 접사가 결합하여 하나의 단어가 된 말
예 '덧버선', '덮개' 등

② 사잇소리 현상으로서의 'ㄴ' 첨가

두 개의 형태소 또는 단어가 어울려 합성 명사를 이룰 때, 그 사이에 사잇소리를 삽입시키는(소리가 덧나는) 현상

- 사잇소리 현상은 반드시 합성 명사에서 나타나며, 사이시옷 표기와 관련된다.
- 앞말의 끝소리가 울림소리이고 뒷말의 첫소리가 안울림 예사소리이면 뒤의 예사소리가 된소리로 변하는 현상
  → 이 경우는 첨가가 아니라 교체임. 된소리되기 참조
- 앞말이 모음으로 끝나고 뒷말이 'ㅁ, ㄴ'으로 시작되면 앞말의 끝소리에 'ㄴ' 소리가 하나 덧나는 현상
- 앞말이 모음으로 끝나고 뒷말이 모음 'ㅣ'나 반모음 'ㅣ'로 시작되면 앞말의 끝소리와 뒷말의 첫소리에 'ㄴ'이 둘 덧나는 현상
- 사잇소리 현상은 결정적 변동이 아니라, 수의적 변동에 해당하므로, '규칙'이 아니라 '현상'이라고 부른다.

'사잇소리 현상'과 관련된 〈표준 발음법〉 규정

제30항 사이시옷이 붙은 단어는 다음과 같이 발음한다.

1. 'ㄱ, ㄷ, ㅂ, ㅅ, ㅈ'으로 시작하는 단어 앞에 사이시옷이 올 때는 이들 자음만을 된소리로 발음하는 것을 원칙으로 하되, 사이시옷을 [ㄷ]으로 발음하는 것도 허용한다.
   예 냇가[내ː까/낻ː까], 콧등[코뜽/콛뜽], 대팻밥[대ː패빱/대ː팯빱], 햇살[해쌀/핻쌀], 뱃전[배쩐/밷쩐]
2. 사이시옷 뒤에 'ㄴ, ㅁ'이 결합되는 경우에는 [ㄴ]으로 발음한다.
   예 콧날[콛날→콘날], 뱃머리[밷머리→밴머리]
3. 사이시옷 뒤에 '이' 음이 결합되는 경우에는 [ㄴㄴ]으로 발음한다.
   예 깻잎[깯닙→깬닙], 나뭇잎[나묻닙→나문닙]

'사이시옷'과 관련된 〈한글 맞춤법〉 규정

제30항 사이시옷은 다음과 같은 경우에 받치어 적는다.

1. 순우리말로 된 합성어로서 앞말이 모음으로 끝난 경우
   (1) 뒷말의 첫소리가 된소리로 나는 것
   예 나룻배→[나루빼/나룯빼], 나뭇가지→[나무까지/나묻까지]
   (2) 뒷말의 첫소리 'ㄴ, ㅁ' 앞에서 'ㄴ' 소리가 덧나는 것
   예 멧나물→[멘나물], 아랫니→[아랜니]
   (3) 뒷말의 첫소리 모음 앞에서 'ㄴㄴ' 소리가 덧나는 것
   예 도리깻열→[도리깬녈], 뒷윷→[뒨뉻], 두렛일→[두렌닐]
2. 순 우리말과 한자어로 된 합성어로서 앞말이 모음으로 끝난 경우
   (1) 뒷말의 첫소리가 된소리로 나는 것
   예 귓병, 머릿방, 뱃병, 봇둑, 사잣밥
   (2) 뒷말의 첫소리 'ㄴ, ㅁ' 앞에서 'ㄴ' 소리가 덧나는 것
   예 곗날, 제삿날, 훗날, 툇마루, 양칫물
   (3) 뒷말의 첫소리 모음 앞에서 'ㄴㄴ' 소리가 덧나는 것
   예 가욋일, 사삿일, 예삿일, 훗일
3. 두 음절로 된 다음 한자어
   곳간(庫間), 셋방(貰房), 숫자(數字), 찻간(車間), 툇간(退間), 횟수(回數)

cf. '사잇소리 규칙'이 아니라 '사잇소리 현상'인 이유

→ 사잇소리 현상은 동화나 구개음화, 축약, 탈락 등과는 달리 '표현 효과의 확대' 때문에 일어난 것으로 볼 수 있다. 따라서 같은 조건인데도 사잇소리 현상이 나타나기도 하고 그렇지 않기도 한 예가 많아, 이에 대한 뚜렷한 규칙을 세우기란 쉽지 않다.

③ 반모음 첨가

주로 모음으로 끝나는 용언 어간 뒤에 '-아/-어'로 시작하는 어미가 결합할 때 반모음 'ㅣ' 또는 'ㅗ/ㅜ'가 덧붙는 현상

- 표준 발음으로 인정되지 않는 수의적 발음 현상이다.
  예 피어도 → [피여도] 좋아도 → [조와도]

04 축약

① 자음 축약(거센소리되기)

두 형태소가 서로 만날 때에 앞뒤 두 음운이 합쳐져서 하나의 음운이 되는 현상

■ 'ㅂ, ㄷ, ㅈ, ㄱ'이 인접한 음운 'ㅎ'과 서로 만나면 거센소리인 'ㅍ, ㅌ, ㅊ, ㅋ'이 된다.

	받침		뒤 자음		받침	예시
규칙	ㅂ	+	ㅎ	→	ㅍ	잡히다→[자피다]
	ㄷ				ㅌ	많다→[만타]
	ㅈ				ㅊ	좋고→[조코]
	ㄱ				ㅋ	먹히다→[머키다]

② 모음 축약

두 형태소가 서로 만날 때에 앞뒤 형태소의 두 음절이 한 음절로 줄어드는 현상

	두 음절		한 음절
규칙	아이[ai]	→	애[æ]

cf. 반모음

❖ '가시어→가셔'는 축약인가? 교체인가?

반모음은 발음할 때 공기의 흐름이 방해를 받지 않는다는 점에서는 모음과 비슷하고, 홀로 발음될 수 없다는 점에서는 자음과 비슷하다. 이처럼 모음과 자음의 중간적인 위치를 지닌다고 해서 반모음이라고 부른다.

문제는 '가시어→가셔', '쏘아→쏴'와 같이 한 음절을 줄여서 발음하는 현상을 어떻게 볼 것인가 하는 데 있다. 대부분의 문법 교과서들에서는 이 현상에 대해 모음이 '축약'되는 현상이라고 기술을 한다. 축약은 두 음운이 합쳐져 하나의 음운이 되는 현상이다. 그런데 '가시어→가셔', '쏘아→쏴'를 실제 발음해 보면 [gasiə]가 [gasɥə]가 되었고, [soa]가 [swa]가 되었다는 것을 알 수 있다. 축약이 일어났다면 음운 개수가 줄어야 정상인데, 'i'가 'ɥ'로, 'o'가 'w'로 교체되는 현상만 일어났을 뿐 음운 개수는 같다. 현행 고등학교 문법 교과서들에서는 모두 반모음을 자음, 모음과 같은 음운으로 설정을 하고 있다. 반모음을 음운으로 인정한다면 '가시어→가셔'가 되는 것은 음운 개수는 그대로이므로 축약이라고 하기는 어렵다. 그럼에도 'i'가 'ɥ'로, 'o'가 'w'로 교체되는 것을 음운의 축약으로 기술하는 모순을 보이고 있다.

한 음절에는 반드시 모음이 있어야 하므로 모음의 수가 줄면 자동적으로 음절의 수도 줄어들게 된다. 모음의 수가 줄어드는 방식은 ⓐ'가아서[gaasə]→가서[gasə]'가 되는 것처럼 모음 하나가 탈락되는 경우, ⓑ'아이[ai]→애[æ]'처럼 하나의 음운으로 축약되는 경우, 그리고 ⓒ앞에서 설명한 반모음으로 교체되는 경우로 설명할 수 있다.

❖ 음운 변동이 일어나는 이유

표현 명료화의 원리	경제성의 원리
• 뜻을 좀 더 분명하게 전달하려는 원리 • 경음화, 'ㄴ' 첨가	• 발음을 쉽고 빠르게 하기 위한 원리 • 동화, 축약, 탈락

표준 발음법과 음운의 변동

표준 발음법은 음운과 음운이 결합하는 과정에서 변화가 일어날 수 있음을 알고 이러한 경우에 어떻게 발음해야 하는지를 규정해 놓은 것이다. 따라서 표준 발음법에 맞는 정확한 발음을 하려면 국어의 음운 변동에 대한 이해가 바탕이 되어야 한다.

음운의 변동	표준 발음법 조항	음운의 변동	표준 발음법 조항
음절의 끝소리규칙	제8~16항	된소리되기 (경음화)	제12항
비음화, 유음화	제18~20항	축약과 탈락	제23~28, 30항
구개음화	제17항	음의 첨가	제29~30항

05 확인문제

01 〈보기〉에서 '금새'를 '금세'로 고쳐 쓸 때 달라지는 것은?

보기

우리는 'ㅐ'와 'ㅔ'의 발음을 잘 구별하지 못하기도 한다. '날이 금새 어두워졌다.'에서 '금새'가 아니라 '금세'가 맞는 표현이다. '금세'는 '금시(今時)에'의 준말에 해당한다.

① 혀의 앞뒤 위치
② 입술의 모양
③ 혀의 높이
④ 소리의 길이
⑤ 억양

02 다음은 국어의 모음 사각도이다. 이에 대한 설명으로 적절하지 않은 것은?

보기

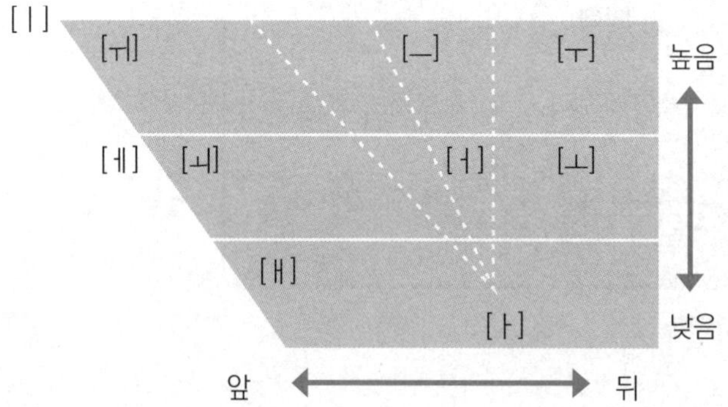

① [ㅏ]는 [ㅣ]보다 혀의 뒤에서 발음된다.
② [ㅔ]는 [ㅐ]보다 혀가 높은 위치에서 발음된다.
③ [ㅜ]는 [ㅡ]와 혀가 같은 높이에서 발음된다.
④ [ㅜ]와 [ㅗ]는 혀의 비슷한 위치에서 발음된다.
⑤ [ㅔ]는 [ㅗ]보다 혀가 낮은 위치에서 발음된다.

03 〈보기〉의 ⓐ~ⓓ에 대한 설명으로 적절하지 않은 것은?

보기

ⓐ ㅂ,ㅃ,ㅍ　　ⓑ ㄷ,ㄸ,ㅌ　　ⓒ ㅈ,ㅉ,ㅊ　　ⓓ ㅅ,ㅆ

① ⓐ와 ⓑ는 조음 방법은 같으나 조음 위치는 다르다.
② ⓐ와 ⓒ는 조음 방법은 다르나 조음 위치는 같다.
③ ⓑ와 ⓒ는 조음 방법과 조음 위치가 모두 다르다.
④ ⓑ와 ⓓ는 조음 위치는 같으나 조음 방법은 다르다.
⑤ ⓒ와 ⓓ는 조음 방법과 조음 위치가 모두 다르다.

04 〈보기〉의 ㉮~㉱는 국어에서 음절이 이루어지는 방법이다. 〈보기〉의 밑줄 친 문장에서 음절이 이루어지는 방법을 있는 대로 고른 것은?

보기

㉮ 모음 단독　　㉯ 자음+모음

㉰ 모음+자음　　㉱ 자음+모음+자음

<u>언니는 할머니께 선물을 했다.</u>

① ㉮, ㉯, ㉰　② ㉮, ㉯, ㉱　③ ㉮, ㉰, ㉱
④ ㉯, ㉰, ㉱　⑤ ㉮, ㉯, ㉰, ㉱

05 〈보기〉에 해당하는 단어와 음운 변동이 유사한 것은?

보기

키읔만 → [키읔만] → [키응만]

① 앞마당　② 물난리　③ 독립
④ 맏며느리　⑤ 법률

06 〈보기〉의 ⓐ와 ⓑ에 해당하는 것으로 알맞게 짝지어진 것은?

보기

받침으로 끝나는 말 다음에 모음으로 시작하는 ⓐ<u>**형식 형태소**</u>가 오는 경우와 ⓑ<u>**실질 형태소**</u>가 오는 경우의 발음이 다르다.

① ⓐ-꽃에[꼬체], ⓑ-앞에[아페]
② ⓐ-잎위[이뷔], ⓑ-옷안[오단]
③ ⓐ-옷안[오단], ⓑ-밖에[바께]
④ ⓐ-밥을[바블], ⓑ-겉옷[거돋]
⑤ ⓐ-겉옷[거돋], ⓑ-잎에[이페]

07 〈보기〉는 '유음화'와 관련된 표준 발음법 규정이다. 이에 따라 발음한 것이 적절하지 <u>않은</u> 것은?

보기

> 제20항 'ㄴ'은 'ㄹ'의 앞이나 뒤에서 [ㄹ]로 발음한다.
> [붙임] 첫소리 'ㄴ'이 'ㅀ', 'ㄾ' 뒤에 연결되는 경우에도 이에 준한다.

① 난로[날로]
② 광한루[광할루]
③ 긁는[글른]
④ 줄넘기[줄럼끼]
⑤ 닳는[달른]

08 〈보기〉의 '구개음화'와 관련된 표준 발음법 규정이다. 이 규정에 따라 발음해야 할 단어로 적절하지 <u>않은</u> 것은?

보기

> 제17항 받침 'ㄷ, ㅌ(ㄾ)'이 조사나 접미사의 모음 'ㅣ'와 결합되는 경우에는, [ㅈ, ㅊ]으로 바꾸어서 뒤 음절 첫소리로 옮겨 발음한다.
> [붙임] 'ㄷ' 뒤에 접미사 '히'가 결합되어 '티'를 이루는 것은 [치]로 발음한다.

① 해돋이
② 낱낱이
③ 벼훑이
④ 닫히다
⑤ 밭이랑

09 〈보기〉는 '된소리되기'와 관련된 표준 발음법 규정이다. 이에 따라 발음해야 할 단어로 적절하지 <u>않은</u> 것은?

보기

> 제24항 어간 받침 'ㄴ(ㄵ), ㅁ(ㄻ)' 뒤에 결합되는 어미의 첫소리 'ㄱ, ㄷ, ㅅ, ㅈ'은 된소리로 발음한다.

① 신다
② 껴안다
③ 앉다
④ 더듬다
⑤ 굶기다

10 **〈보기〉의 음운 변동 현상에 대한 설명으로 적절하지 <u>않은</u> 것은?**

> 보기
>
> 먹이다 → [머기다] → [메기다]

① 전설 모음화에 해당한다.
② 말하는 사람의 편의에 따라 일어나는 현상이다.
③ 동화의 방향에 따라서 볼 때 역행동화에 해당한다.
④ 표준어로는 인정되지 않지만 표준 발음으로는 인정된다.
⑤ 뒤에 오는 'ㅣ' 모음 때문에 앞에 오는 모음이 변하는 현상이다.

11 **〈보기〉를 참고할 때, 밑줄 친 단어들 중 표준어가 <u>아닌</u> 것은?**

> 보기
>
> 양성 모음은 양성 모음끼리 음성 모음은 음성 모음끼리 어울리는 현상을 모음 조화라고 하는데, 단어들 중에는 모음 조화가 지켜지지 않는 것들도 있다.

① 토끼가 <u>깡충깡충</u> 뛰어왔다.
② 그의 호소는 절규에 <u>가까웠다</u>.
③ 그는 구구단을 <u>중얼중얼</u> 외웠다.
④ 저녁노을이 하도 <u>고와서</u> 한참을 바라보았다.
⑤ 아이가 워낙 <u>슬기로와서</u> 하나를 가르치면 열을 알았다.

12 **〈보기〉의 '자음군 단순화'와 관련된 표준 발음법 규정이다. 이에 따라 발음한 것으로 적절한 것은?**

> 보기
>
> 제10항 겹받침 'ㄳ', 'ㄵ', 'ㄼ, ㄽ, ㄾ', 'ㅄ'은 어말 또는 자음 앞에서 각각 [ㄱ, ㄴ, ㄹ, ㅂ]으로 발음한다. ························ ㉠
> 다만, '밟-'은 자음 앞에서 [밥]으로 발음하고, ························ ㉡
> '넓-'은 다음과 같은 경우(파생어나 합성어)에 [넙]으로 발음한다. ······ ㉢
> 제11항 겹받침 'ㄺ, ㄻ, ㄿ'은 어말 또는 자음 앞에서 각각 [ㄱ, ㅁ, ㅂ]으로 발음한다. ························ ㉣
> 다만, 용언의 어간 말음 'ㄺ'은 'ㄱ' 앞에서 [ㄹ]로 발음한다. ·············· ㉤

① '넓적하다'는 ㉠에 따라 [널쩌카다]로 발음해야 한다.
② '밟는'은 ㉡에 따라 [밤ː는]으로 발음해야 한다.
③ '넓다'은 ㉢에 따라 [넙따]로 발음해야 한다.
④ '맑게'는 ㉣에 따라 [막께]로 발음해야 한다.
⑤ '늙지'는 ㉤에 따라 [늘찌]로 발음해야 한다.

13 **〈보기〉는 'ㄴ첨가'와 관련된 표준 발음법 규정이다. 이에 따라 발음한 것이 적절하지 않은 것은?**

보기

제24항 합성어 및 파생어에서, 앞 단어나 접두사의 끝이 자음이고 뒤 단어나 접미사의 첫 음절이 '이, 야, 여, 요, 유'인 경우에는, 'ㄴ'소리를 첨가하여 [니, 냐, 녀, 뇨, 뉴]로 발음한다. ……………… ㉠

[붙임 1] 'ㄹ' 받침 뒤에 첨가되는 'ㄴ' 음은 [ㄹ]로 발음한다. ……… ㉡

[붙임 2] 두 단어를 이어서 한 마디로 발음하는 경우에도 이에 준한다.
다만, 다음과 같은 단어에서는 'ㄴ(ㄹ)음'을 첨가하여 발음하지 않는다. 6·25 → [유기오] 3·1절 → [사밀쩔] ……… ㉢

① '삯일'은 ㉠에 따라 [상닐]로 발음해야 하겠군.
② '3 연대'는 ㉠에 따라 [삼년대]로 발음해야 하겠군.
③ '물약'은 ㉡에 따라 [물략]으로 발음해야 하겠군.
④ '서울역'은 ㉡에 따라 [서울력]으로 발음해야 하겠군.
⑤ '잘 입다'는 ㉢에 따라 [잘립따]로 발음해야 하겠군.

14 **〈보기〉는 '사잇소리 현상'과 관련된 표준 발음법 규정이다. ㉠과 ㉡ 규정에 따라 발음해야 할 단어가 순서대로 묶인 것으로 가장 적절한 것은?**

보기

제24항 사이시옷이 붙은 단어는 다음과 같이 발음한다.

1. 'ㄱ, ㄷ, ㅂ, ㅅ, ㅈ'으로 시작하는 단어 앞에 사이시옷이 올 때는 이들 자음만을 된소리로 발음하는 것을 원칙으로 하되, 사이시옷을 [ㄷ]으로 발음하는 것도 허용한다. ……… ㉠
2. 사이시옷 뒤에 'ㄴ, ㅁ'이 결합되는 경우에는 [ㄴ]으로 발음한다. … ㉡

① 샛길-베갯잇
② 뱃속-툇마루
③ 빨랫돌-깻잎
④ 아랫니-뒷윷
⑤ 도리깻열-고갯짓

15 **〈보기〉는 음운 변동에 대한 설명이다. 다음 중, ㉠~㉢이 모두 일어나는 단어는?**

보기

㉠ 교체 : 한 음운이 다른 음운으로 바뀌는 현상
㉡ 탈락 : 두 음운 중 한 음운이 없어지는 현상
■ 첨가 : 없던 음운이 새로 생기는 현상
㉢ 축약 : 두 음운이 하나의 음운으로 줄어드는 현상

① 넓히다
② 값없다
③ 흙냄새
④ 직행열차
⑤ 넓죽하다

16 **〈보기〉는 '축약'과 관련된 설명이다. 이와 같은 음운 변동 현상이 일어나는 단어로 적절하지 않은 것은?**

보기

두 형태소가 서로 만날 때에 앞뒤 두 음운이 합쳐져서 하나의 음운이 되는 현상

예 잡히다→[자피다]
많다→[만타]
좋고→[조코]

① 밝히다
② 꽂히다
③ 싫어도
④ 옷 한 벌
⑤ 꽃 한 송이

17 **<보기>의 음운 변동 현상에 대한 설명으로 적절하지 <u>않은</u> 것은?**

보기

밭머리 → [받머리] → [반머리]

① 음절 끝의 자음이 바뀌는 음운 변동이 일어난다.
② 동화의 방향에 따라 구분하면 역행 동화에 해당한다.
③ 동화의 정도에 따라 구분하면 부분 동화에 해당한다.
④ 교체에 해당하는 음운 변동 현상이 두 번 일어나고 있다.
⑤ 양쪽이 서로 닮아서 두 소리가 다 바뀌는 현상이 나타나고 있다.

18 **<보기>는 '사이시옷'과 관련된 표준 발음법 규정의 일부이다. 1-(2)의 규정을 따라야 할 단어로 적절한 것은?**

보기

제30항 사이시옷은 다음과 같은 경우에 받치어 적는다.
1. 순우리말로 된 합성어로서 앞말이 모음으로 끝난 경우
(1) 뒷말의 첫소리가 된소리로 나는 것
(2) 뒷말의 첫소리 'ㄴ, ㅁ' 앞에서 'ㄴ' 소리가 덧나는 것
(3) 뒷말의 첫소리 모음 앞에서 'ㄴㄴ' 소리가 덧나는 것

① 햇볕 ② 제삿날 ③ 댓잎 ④ 아랫방 ⑤ 잇몸

06 기출 문제

01

2015년 3월 고3 전국연합학력평가

〈보기〉와 같은 활동 과제를 수행한 결과로 적절한 것은?

보기

[활동 과제]

음운 변동의 유형에는 '교체', '탈락', '첨가', '축약'이 있다.

ⓐ : 교체 - 한 음운이 다른 음운으로 바뀌는 현상

ⓑ : 탈락 - 한 음운이 없어지는 현상

ⓒ : 첨가 - 없던 음운이 새로 생기는 현상

ⓓ : 축약 - 두 음운이 합쳐져 다른 음운으로 바뀌는 현상

다음 사례가 ⓐ~ⓓ 중, 어떤 음운 변동에 해당하는지 생각해 보자.

옷하고[오타고]　　　홑이불[혼니불]

	옷하고[오타고]	홑이불[혼니불]
①	ⓐ, ⓒ	ⓐ, ⓑ
②	ⓐ, ⓓ	ⓐ, ⓒ
③	ⓐ, ⓓ	ⓑ, ⓒ
④	ⓑ, ⓒ	ⓑ, ⓓ
⑤	ⓑ, ⓒ	ⓒ, ⓓ

02

2015년 3월 고3 전국연합학력평가

〈보기〉는 겹받침 'ㄺ'의 표준 발음 규정을 정리한 것이다. ㉠~㉤ 각각에 해당하는 표준 발음의 예로 적절하지 않은 것은?

보기

㉠ 'ㄺ'은 어말 또는 자음 앞에서 [ㄱ]으로 발음한다.

㉡ 용언의 어간 말음 'ㄺ'은 'ㄱ' 앞에서 [ㄹ]로 발음한다.

㉢ 받침 'ㄺ'이 뒤 음절 첫소리 'ㅎ'과 결합되는 경우에는 뒤엣것과 'ㅎ'을 합쳐서 [ㅋ]으로 발음한다.

㉣ 'ㄺ'이 모음으로 시작된 조사나 어미, 접미사와 결합되는 경우에는, 뒤엣것만을 뒤 음절 첫소리로 옮겨 발음한다.

㉤ 받침 'ㄺ'은 'ㄴ, ㅁ' 앞에서 [ㅇ]으로 발음한다.

① ㉠ : 햇살이 눈부시게 밝다[박따].

② ㉡ : 밝게[발께] 웃으며 인사하다.

③ ㉢ : 그는 진실을 세상에 밝혔다[발켠따].

④ ㉣ : 전등의 밝기[발끼]를 낮추다.

⑤ ㉤ : 동쪽에서 날이 밝는다[방는다].

03

2015년 4월 고3 전국연합학력평가

다음은 '음운의 변동'과 관련된 학습지의 일부이다. ㉠과 ㉡에 들어갈 단어로 적절한 것은?

음운의 변동은 어떤 음운이 놓이는 환경에 따라 다른 음운으로 바뀌는 현상을 말한다. 음운의 변동은 그 결과에 따라 교체, 축약, 첨가, 탈락으로 나눌 수 있다. 이러한 음운의 변동은 한 단어에 2개 이상이 함께 나타나기도 한다.

맨입[맨닙]	㉠
설날[설ː랄], **좋은[조은]**	㉡

1 - ㉠에는 '맨입'을 발음할 때 나타나는 음운의 변동이 일어난 단어를 자료에서 찾아 쓴다.
2 - ㉡에는 '설날'을 발음할 때와 '좋은'을 발음할 때 나타나는 음운의 변동이 함께 일어난 단어를 자료에서 찾아 쓴다.

자료
논일[논닐], 나뭇잎[나문닙], 칼날[칼랄]
늦여름[는녀름], 닿은[다은], 닳는[달른]

	㉠	㉡
①	논일[논닐]	늦여름[는녀름]
②	닿은[다은]	닳는[달른]
③	칼날[칼랄]	나뭇잎[나문닙]
④	논일[논닐]	닳는[달른]
⑤	닿은[다은]	칼날[칼랄]

04

2015년 4월 고3 전국연합학력평가

〈보기〉의 자료를 탐구한 내용으로 적절하지 않은 것은? [3점]

보기

[표준 발음법]

제18항
받침 'ㄱ(ㄲ, ㅋ, ㄳ, ㄺ), ㄷ(ㅅ, ㅆ, ㅈ, ㅊ, ㅌ, ㅎ), ㅂ(ㅍ, ㄼ, ㄿ, ㅄ)'은 'ㄴ, ㅁ' 앞에서 [ㅇ, ㄴ, ㅁ]으로 발음한다.

제23항
받침 'ㄱ(ㄲ, ㅋ, ㄳ, ㄺ), ㄷ(ㅅ, ㅆ, ㅈ, ㅊ, ㅌ), ㅂ(ㅍ, ㄼ, ㄿ,ㅄ)' 뒤에 연결되는 'ㄱ, ㄷ, ㅂ, ㅅ, ㅈ'은 된소리로 발음한다.

① '앞마당'은 18항이 적용되어 [암마당]으로 발음된다.
② '늦가을'은 23항이 적용되어 [늗까을]로 발음된다.
③ '꽃망울'은 18항과 23항이 모두 적용되어 [꼰망울]로 발음된다.
④ '맞먹다'는 18항과 23항이 모두 적용되어 [만먹따]로 발음된다.
⑤ '흙낚시'는 18항과 23항이 모두 적용되어 [흥낙씨]로 발음된다.

05

2015년 7월 고3 전국연합학력평가

다음 ㄱ~ㄷ의 음운 변동에 대한 설명으로 적절하지 않은 것은?

> **보기**
>
> ㄱ. 솥 → [솓], 잎 → [입], 동녘 → [동녁]
>
> ㄴ. 닭 → [닥], 값 → [갑], 여덟 → [여덜]
>
> ㄷ. 국화 → [구콰], 쌓다 → [싸타], 입학 → [이팍]

① ㄱ은 음절의 끝에서 한 음운이 다른 음운으로 바뀌는 현상으로, ㄱ의 예로 '꽃 → [꼳]'을 추가할 수 있다.

② ㄴ은 음절의 끝에 두 개의 자음이 올 때 이 중에서 한 자음이 없어지는 현상으로, ㄴ의 예로 '넋 → [넉]'을 추가할 수 있다.

③ ㄷ은 두 음운이 만나 하나의 음운이 되는 현상으로, ㄷ의 예로 '놓지 → [노치]'를 추가할 수 있다.

④ ㄱ과 ㄷ의 변동이 모두 일어난 예로는 '첫해 → [처태]'를 들 수 있다.

⑤ ㄴ과 ㄷ의 변동이 모두 일어난 예로는 '핥다 → [할따]'를 들 수 있다.

06

2015년 7월 고3 전국연합학력평가

다음은 〈보기〉의 한글 맞춤법 규정을 참고하여 두 친구가 나눈 대화의 일부이다. ㉠~㉤ 중 적절하지 않은 것은?

> **보기**
>
> 제27항 둘 이상의 단어가 어울리거나 접두사가 붙어서 이루어진 말은 각각 그 원형을 밝히어 적는다.
> 예 꽃잎, 헛웃음
>
> 제28항 끝소리가 'ㄹ'인 말과 딴 말이 어울릴 적에 'ㄹ' 소리가 나지 아니하는 것은 아니 나는 대로 적는다.
> 예 따님(딸-님), 화살(활-살)
>
> 제29항 끝소리가 'ㄹ'인 말과 딴 말이 어울릴 적에 'ㄹ' 소리가 'ㄷ' 소리로 나는 것은 'ㄷ'으로 적는다.
> 예 숟가락(술~), 사흗날(사흘~)

> **대화**
>
> 우진 : 수업 시간에 선생님께서 '꽃잎'은 [꼰닙]이라고 발음을 하지만 합성어는 원형을 밝혀 적기에 '꽃잎'이라고 적어야 한다고 하셨는데, 어떤 예가 또 있을까?
>
> 정인 : **㉠'칼날'을 [칼랄]이라고 발음하지만 '칼날'로 표기하는 것도 이에 해당하겠지.** 그런데 '소나무'는 합성어인데 왜 '솔나무'라고 적지 않을까?
>
> 우진 : **㉡'솔'의 끝소리가 'ㄹ'이고 '나무'와 어울릴 때 'ㄹ'이 탈락하여 소리가 나지 않기 때문이지.** 'ㄹ'이 탈락하는 다른 예가 뭐가 있을까?
>
> 정인 : 다른 예로는 '마소, 아드님'이 있어.
>
> 우진 : 그래, 그런데 '마소'와 '아드님'은 단어 형성법이 다르네.
>
> 정인 : **㉢'마소'는 '말'과 '소'가 합성어를 이루는 과정에서 'ㄹ'이 탈락한 것이고, ㉣'아드님'은 파생어로 명사 '아들'과 접미사 '-님'이 결합하면서 'ㄹ'이 탈락한 것이지.**
>
> 우진 : 그런데, '숟가락'은 '술'과 '가락'이 합성된 말인데 왜 '숟가락'이라고 적을까?
>
> 정인 : **㉤본래 끝소리가 'ㄹ'인 말과 딴 말이 어울릴 적에 'ㄹ' 소리가 'ㄷ' 소리로 나는 것은 'ㄷ'으로 적도록 한 것이지. '여닫이'도 이에 해당해.**

① ㉠ ② ㉡ ③ ㉢ ④ ㉣ ⑤ ㉤

07

2015년 7월 고3 전국연합학력평가

〈보기〉의 표준 발음 자료를 탐구한 내용으로 적절하지 않은 것은?

보기

제23항 받침 'ㄱ(ㄲ, ㅋ, ㄳ, ㄺ), ㄷ(ㅅ, ㅆ, ㅈ, ㅊ, ㅌ), ㅂ(ㅍ, ㄼ, ㄿ, ㅄ)' 뒤에 연결되는 'ㄱ, ㄷ, ㅂ, ㅅ, ㅈ'은 된소리로 발음한다. ······ ㉠

제24항 어간 받침 'ㄴ(ㄵ), ㅁ(ㄻ)' 뒤에 결합되는 어미의 첫소리 'ㄱ, ㄷ, ㅅ, ㅈ'은 된소리로 발음한다. ··· ㉡
다만, 피동, 사동의 접미사 '-기-'는 된소리로 발음하지 않는다. ······ ㉢

제27항 관형사형 '-(으)ㄹ' 뒤에 연결되는 'ㄱ, ㄷ, ㅂ, ㅅ, ㅈ'은 된소리로 발음한다. ······ ㉣
[붙임] '-(으)ㄹ'로 시작되는 어미의 경우에도 이에 준한다. ······ ㉤

① ㉠에 따르면 '꽃다발이 예쁘다.'에서 '꽃다발'의 표준 발음은 [꼳따발]이겠군.
② ㉡에 따르면 '아기를 꼭 껴안고 갔다.'에서 '껴안고'의 표준 발음은 [껴안꼬]이겠군.
③ ㉢에 따르면 '감기를 옮기다.'에서 '옮기다'의 표준 발음은 [옴기다]이겠군.
④ ㉣에 따르면 '여기 외엔 갈 데가 없다.'에서 '갈 데가'의 표준 발음은 [갈떼가]이겠군.
⑤ ㉤에 따르면 '사랑할수록 참아야지.'에서 '사랑할수록'의 표준 발음은 [사랑할수록]이겠군.

08

2015년 10월 고3 전국연합학력평가

〈보기〉의 ㉠과 ㉡에 해당하는 예가 바르게 짝지어진 것은?

보기

비음화는 ㉠ <u>홑받침 또는 쌍받침이 'ㄱ, ㄴ, ㄷ, ㄹ, ㅁ, ㅂ, ㅇ'의 일곱 자음만으로만 발음되는 현상을 겪은 후에 나타나기도 하고,</u> ㉡ <u>겹받침이 그 중 한 자음만 발음되는 현상을 겪은 후에 나타나기도 한다.</u>

	㉠	㉡
①	깎는[깡는]	흙만[흥만]
②	끝물[끈물]	앉자[안짜]
③	듣는[든는]	읊는[음는]
④	숯내[순내]	닭은[다른]
⑤	앞마당[암마당]	값이[갑씨]

09

2016년 3월 고3 전국연합학력평가

〈보기〉의 (가)~(다)에 들어갈 내용으로 적절한 것은? [3점]

보기

선생님 : 지난 시간에 배운 음운의 변동에 대해 잘 기억하는지 질문 하나 하겠습니다. '낫다'와 '낳다'가 활용될 때 공통적으로 일어나는 음운 변동은 무엇일까요?

학　생 : 둘 다 음운의 __(가)__ 현상이 일어납니다.

선생님 : 맞아요. 그래서 사람들이 가끔 혼동해서 틀리곤 하지요. __(가)__ 현상이 일어나는 용언들 가운데 불규칙 활용을 하는 것은 모두 음운 변동이 표기에 반영되는 반면, 규칙 활용을 하는 것은 표기에 반영되기도 하고 반영되지 않기도 합니다. '낫다'와 '낳다'는 다음 중 어떤 유형에 해당할까요?

표기 반영 여부 / 활용 유형	반영	미반영
규칙 활용	Ⓐ	Ⓑ
불규칙 활용	Ⓒ	(빗금)

학　생 : '낫다'는 __(나)__, '낳다'는 __(다)__ 에 해당됩니다.

	(가)	(나)	(다)
①	축약	Ⓐ	Ⓒ
②	탈락	Ⓑ	Ⓐ
③	탈락	Ⓒ	Ⓑ
④	교체	Ⓑ	Ⓒ
⑤	교체	Ⓒ	Ⓑ

10

2016년 4월 고3 전국연합학력평가

〈보기1〉은 문법 수업의 한 장면이다. 〈보기1〉을 참고하여 〈보기 〉를 탐구한 것으로 옳지 않은 것은? [3점]

보기1

선생님 : 표준 발음법에 대한 이해는 올바른 발음 생활뿐만 아니라 국어를 로마자로 표기하려고 할 때도 많은 도움을 줍니다. 국어의 로마자 표기는 표준 발음에 따라 적는 것을 원칙으로 하기 때문입니다

[표준 발음법]

제13항 홑받침이나 쌍받침이 모음으로 시작된 조사나 어미, 접미사와 결합되는 경우에는, 제 음가대로 뒤 음절 첫소리로 옮겨 발음한다.

제15항 받침 뒤에 모음 'ㅏ, ㅓ, ㅗ, ㅜ, ㅟ'들로 시작되는 실질 형태소가 연결되는 경우에는, 대표음으로 바꾸어서 뒤 음절 첫소리로 옮겨 발음한다.

제17항 받침 'ㄷ, ㅌ(ㄾ)'이 조사나 접미사의 모음 'ㅣ'와 결합되는 경우에는, [ㅈ, ㅊ]으로 바꾸어서 뒤 음절 첫소리로 옮겨 발음한다.

제18항 받침 'ㄱ(ㄲ, ㅋ, ㄳ, ㄺ), ㄷ(ㅅ, ㅆ, ㅈ, ㅊ, ㅌ, ㅎ), ㅂ(ㅍ, ㄼ, ㄿ, ㅄ)'은 'ㄴ, ㅁ' 앞에서 [ㅇ, ㄴ, ㅁ]으로 발음한다.

제29항 합성어 및 파생어에서, 앞 단어나 접두사의 끝이 자음이고 뒤 단어나 접미사의 첫 음절이 '이, 야, 여, 요, 유'인 경우에는, 'ㄴ' 소리를 첨가하여 [니, 냐, 녀, 뇨, 뉴]로 발음한다.

보기2

덮이다, 웃어른, 굳이, 집일, 색연필

① '덮이다'를 로마자로 표기하려면, 표준 발음법 제13항에 대한 이해가 필요하겠군.
② '웃어른'을 로마자로 표기하려면, 표준 발음법 제15항에 대한 이해가 필요하겠군.
③ '굳이'를 로마자로 표기하려면, 표준 발음법 제17항에 대한 이해가 필요하겠군.
④ '집일'을 로마자로 표기하려면, 표준 발음법 제13항, 제18항에 대한 이해가 필요하겠군.
⑤ '색연필'을 로마자로 표기하려면, 표준 발음법 제18항, 제29항에 대한 이해가 필요하겠군.

11

2016년 7월 고3 전국연합학력평가

〈보기〉의 ㉠~㉤의 밑줄 친 부분과 동일한 음운 변동이 일어나는 예가 모두 바르게 제시된 것은?

보기

국어에는 자음군 단순화, 구개음화, 비음화, 된소리되기, 거센소리되기 등의 음운 변동이 있다.

㉠ 우리는 자리를 **옮겨서**[옴겨서] 밥을 먹었다.
㉡ 그녀는 내 말을 **굳이**[구지] 따지려 들지는 않았다.
㉢ 그는 정계에 **입문하여**[임문하여] 활동을 시작했다.
㉣ 나는 말을 **더듬지**[더듬찌] 않고 또박또박 대답했다.
㉤ 그는 **듬직한**[듬지칸] 성품으로 주변에 친구가 많았다.

① ㉠의 예 : 굶기다, 급하다
② ㉡의 예 : 미닫이, 뻗대다
③ ㉢의 예 : 집문서, 맏누이
④ ㉣의 예 : 껴안다, 꿈같이
⑤ ㉤의 예 : 굽히다, 한여름

12

2016년 10월 고3 전국연합학력평가

㉠, ㉡에 해당하는 예만을 〈보기〉에서 골라 바르게 묶은 것은?

대화

학생 A : '볍씨'는 '벼'와 '씨'가 결합한 말이잖아? 그런데 왜 '벼씨'가 아니라 '볍씨'야?
학생 B : 그러고 보니 '살'과 '고기'가 결합한 말도 'ㄱ'이 'ㅋ'으로 바뀌어서 '살코기'로 쓰이고 있어.
학생 A : 그렇구나. 왜 두 말이 어울릴 적에 'ㅂ' 소리나 'ㅎ' 소리가 덧나는 경우가 있는 것일까?

자료

현대 국어와 달리 15세기 국어에서는 어두에 두 개 이상의 서로 다른 자음, 즉 어두 자음군이 올 수 있었다. 그러한 자음군 중 맨 앞의 'ㅂ'은 당시에는 실제로 발음되었을 것으로 추정된다. 이 'ㅂ'은 훗날 탈락하였으나 과거에 만들어진 복합어 속에 그 흔적이 남아 있는 경우가 있다. 가령, 현대 국어의 '벼+씨→볍씨'에서 'ㅂ'이 생겨나는 이유는 'ᄡᅵ>씨'의 변화와 관련이 있다. 15세기에는 'ᄡᅵ'의 어두에 'ㅂ'이 있었는데, 당시 '벼+ᄡᅵ→벼ᄡᅵ'가 만들어진 후 나중에 'ᄡᅵ'의 어두에 있는 'ㅂ'이 앞 형태소의 받침 자리로 가서 붙어 '볍씨'와 같은 어형이 생성되었다. 'ᄡᅵ>씨'에서 보듯이 훗날 단일어에서는 'ㅂ'이 탈락하였다. 그러나 ㉠**복합어 속에서는 'ㅂ'이 탈락되지 않고 그대로 남아 있는 경우**가 현대 국어에서 확인된다.

15세기 국어에는 체언 종성에 'ㅎ'을 가진 단어들이 존재했는데, 이를 'ㅎ' 종성 체언이라고 한다. 이 'ㅎ' 역시 훗날 탈락하였으나 과거에 만들어진 단어 속에 그 흔적이 남아 있는 경우가 있다. 대표적인 'ㅎ' 종성 체언이었던 '숧'을 살펴보자. 'ㅎ' 종성 체언은 단독형으로 쓰일 때는 'ㅎ'이 실현되지 않았으나 '숧+이→술히'처럼 모음으로 시작하는 말 앞에서는 연음이 되어 나타났다. 현대 국어의 '살+고기→살코기'에서 'ㄱ'이 'ㅋ'으로 바뀌는 이유 역시 '숧>살'의 변화와 관련이 있다. 'ㅎ' 종성 체언은 'ㄱ, ㄷ, ㅂ'으로 시작하는 말과 결합할 때 'ㅎ' 종성이 뒤에 오는 'ㄱ, ㄷ, ㅂ'과 결합하여 'ㅋ, ㅌ, ㅍ'으로 축약되어 나타났다. 즉 '숧'이 '고기'와 결합한 말이 만들어질 때 'ㅎ'이 'ㄱ'과 결합하여 축약되었으므로 '살코기'와 같은 어형이 생성된 것이다. 현대 국어에서 단일어의 'ㅎ' 종성은 대체로 소멸하였으나 '살코기' 외에도 ㉡**복합어 속에서 'ㅎ'이 탈락하지 않고 그대로 남아 있는 경우**가 더 있다.

보기

a. 휩쓸다 : '휘-'와 '쓸다'가 결합한 말인데, '쓸다'는 옛말 'ᄡᅳᆯ다'에서 온 말이다.
b. 햅 쌀 : '해-'와 '쌀'이 결합한 말인데, '쌀'은 옛말 'ᄡᆞᆯ'에서 온 말이다.
c. 수 퀑 : '수-'와 '꿩'이 결합한 말인데, '수'는 옛말에서 'ㅎ'을 종성으로 가지고 있었다.
d. 안 팎 : '안'과 '밖'이 결합한 말인데, '안'은 옛말에서 'ㅎ'을 종성으로 가지고 있었다.
e. 들뜨다 : '들다'와 '뜨다'가 결합한 말인데, '뜨다'는 옛말 'ᄠᅳ다'에서 온 말이다.

	㉠	㉡
①	a, b	c
②	a, e	c
③	a, b	d
④	b, e	d
⑤	a, b, e	c, d

13

2017년 4월 고3 전국연합학력평가

〈보기1〉을 참고하여 〈보기2〉의 ㉠~㉤에 대해 설명한 내용으로 가장 적절한 것은?

보기1

[구개음화]

교체 현상의 하나로, 받침이 'ㄷ', 'ㅌ'인 형태소가 모음 'ㅣ'나 반모음 'ㅣ[j]'로 시작되는 형식 형태소와 만나면 그것이 각각 구개음 [ㅈ], [ㅊ]이 되거나, 'ㄷ' 뒤에 형식 형태소 '-히-'가 올 때 'ㅎ'과 결합하여 이루어진 [ㅌ]이 [ㅊ]이 되는 현상.

보기2

- 나는 벽에 ㉠**붙인** 게시물을 떼었다.
- 교수는 문제의 원인을 ㉡**낱낱이** 밝혔다.
- 그녀는 평생 ㉢**밭이랑**을 일구며 살았다.
- 그의 말소리는 소음에 ㉣**묻히고** 말았다.
- 그는 겨울에도 방에서 ㉤**홑이불**을 덮고 잤다.

① ㉠의 '붙-'은 접미사의 모음 'ㅣ'와 만나므로 구개음화 현상이 일어나지 않는다.
② ㉡의 '-이'는 실질 형태소이므로 '낱'의 받침 'ㅌ'은 [ㅊ]으로 발음되지 않는다.
③ ㉢의 '이랑'은 모음 'ㅣ'로 시작되는 형식 형태소이므로 '밭'의 'ㅌ'은 [ㅊ]으로 발음된다.
④ ㉣의 '묻-'은 접미사 '-히-'와 만나므로 'ㄷ'이 'ㅎ'과 결합하여 이루어진 [ㅌ]은 [ㅊ]으로 발음된다.
⑤ ㉤의 '홑-'과 결합한 '이불'은 모음 'ㅣ'로 시작되는 실질 형태소이므로 '홑-'의 받침 'ㅌ'은 구개음화 현상이 일어난다.

14

2017년 7월 고3 전국연합학력평가

〈보기〉의 ㉠에 해당하는 예로 적절한 것은?

보기

음운 변동의 유형으로는 교체, 탈락, 축약, 첨가가 있다. 한 단어가 발음될 때, 이러한 음운 변동 유형들 중 ㉠**한 가지 유형만 나타나는 경우**가 있고, 두 가지 이상의 유형이 나타나는 경우가 있다. 가령 '꽃밭[꼳빧]'은 교체 한 가지만 나타나지만, '꽃잎[꼰닙]'은 교체와 첨가 두 가지가 나타난다.

① 깎다[깍따] ② 막일[망닐] ③ 색연필[생년필]
④ 값하다[가파다] ⑤ 설익다[설릭따]

15

2017년 10월 고3 전국연합학력평가

〈보기〉를 참조하여 단어의 발음을 설명한 내용으로 적절하지 않은 것은?

보기

연음은 앞 음절의 종성에 있던 자음이 모음으로 시작하는 뒤 음절의 초성으로 옮겨 가 발음되는 현상이다. 뒤에 모음으로 시작하는 형식 형태소가 오면 곧바로 연음이 일어나지만, 'ㅏ, ㅓ, ㅗ, ㅜ, ㅟ'들로 시작되는 실질 형태소가 올 때에는 '홑옷[호돋]'처럼 음절의 끝소리 규칙이 먼저 적용된 후 연음이 일어난다.

① '밭은소리'는 용언의 활용형인 '밭은'과 명사 '소리'가 결합된 단어이므로 [바든소리]로 발음한다.

② '낱'에 조사 '으로'가 붙으면 [나트로]라고 발음하지만, 어근 '알'이 붙으면 [나달]로 발음한다.

③ '앞어금니'는 어근 '앞'과 '어금니'가 결합된 단어이므로 [아버금니]로 발음한다.

④ '걷웃음'은 '웃-'이 어근이고, '-음'이 접사이므로 [거두슴]으로 발음한다.

⑤ '밭' 뒤에 조사 '을'이 붙으면 연음되어 [바틀]로 발음한다.

2018년 3월 고3 전국연합학력평가

[16] 다음 글을 읽고 물음에 답하시오.

국어에는 발음을 자연스럽게 하는 상황에서 어떠한 자음 두 개를 연달아 발음하는 것이 어려워 발생하는 음운 변동들이 있다. 가령 '국'과 '물'은 따로 발음하면 제 소리대로 [국]과 [물]로 발음되지만, '국물'처럼 'ㄱ'과 'ㅁ'을 연달아 발음하게 되면 예외 없이 비음화가 일어나 'ㄱ'이 [ㅇ]으로 바뀐다. 이것은 국어에서 장애음*과 비음을 자연스럽게 연달아 발음하는 것이 어려워 일어나는 현상이다. '국화[구콰]', '좋다[조:타]'처럼 예사소리와 'ㅎ'이 거센소리로 축약되는 현상도 국어에서 연달아 발음하는 것이 어려운 자음들이 이어질 때 발생하는 음운 변동으로 볼 수 있다. 비음화와 자음 축약은 장애음 뒤에 비음이 이어질 때, 'ㅎ'의 앞이나 뒤에서 예사소리가 이어질 때와 같이 음운과 관련된 조건만으로 규칙성을 파악할 수 있다.

국어에서 일어나는 된소리되기를 살펴보면, 예사소리인 파열음 'ㅂ, ㄷ, ㄱ' 뒤에 예사소리 'ㅂ, ㄷ, ㄱ, ㅅ, ㅈ'이 연달아 발음되기 어려워, 뒤에 오는 예사소리가 반드시 된소리로 바뀐다. 예를 들면, '국밥'은 반드시 [국빱]으로 발음된다. 이와 같은 현상은 필수적으로 일어나기 때문에 [갑짜기]로 발음되는 단어를 '갑자기'로 표기하더라도 발음할 때에는 예외 없이 [갑짜기]가 된다.

한편 자음의 본래 소리대로 발음할 수 있음에도 불구하고 일어나는 된소리되기가 존재한다. '(신을) 신고'가 [신:꼬]로 발음되는 것처럼, 용언의 어간이 비음으로 끝나고 뒤에 오는 어미가 예사소리로 시작하면 예사소리가 된소리로 바뀐다. 그런데 명사인 '신고(申告)'는 [신고]로 발음되듯이, 국어의 자연스러운 발음에서 비음과 예사소리는 그대로 발음될 수도 있다. 따라서 비음 뒤의 예사소리가 된소리로 발음되는 현상의 규칙성을 파악하기 위해서는 음운과 관련된 조건뿐만 아니라 용언의 어간과 어미가 결합한다는 것과 같은 형태소와 관련된 조건까지 알아야 한다.

국어의 규칙적인 음운 변동 중에는 어떠한 자음 두 개를 연달아 발음하는 것이 어려워 발생하는 것도 있고, 자음의 본래 소리대로 발음할 수 있음에도 불구하고 발생하는 것도 있다. 이와 같은 음운 변동이 일어난 발음들은 모두 표준 발음으로 인정된다.

* 장애음 : 구강 통로가 폐쇄되거나 마찰이 생겨서 나는 소리. 일반적으로 장애의 정도가 큰 파열음, 마찰음, 파찰음을 이름.

16 〈보기〉의 ㉠~㉣에 대한 설명으로 적절한 것은?

보기

음운의 변동은 한 음운이 다른 음운으로 바뀌는 교체, 한 음운이 없어지는 탈락, 새로운 음운이 생기는 첨가, 두 음운이 하나의 음운으로 합쳐지는 축약으로 구분된다. 한 단어가 발음될 때 이 네 가지 변동 중 둘 이상이 나타나는 경우도 있고, 하나의 음운이 두 번 이상의 음운 변동을 겪기도 한다.

㉠ 낱낱이→[난:나치] ㉡ 넋두리→[넉뚜리]
㉢ 입학식→[이팍씩] ㉣ 첫여름→[천녀름]

① ㉠과 ㉣에서는 공통적으로 음운이 첨가되는 현상이 나타난다.
② ㉡과 ㉢에서 공통적으로 나타나는 음운의 변동은 탈락이다.
③ ㉠에서 발음된 'ㅊ'과 ㉢에서 발음된 'ㅍ'은 공통적으로 음운이 축약된 것이다.
④ ㉠에서 'ㅌ'이 'ㄴ'으로, ㉣에서 'ㅅ'이 'ㄴ'으로 발음될 때 일어나는 음운 교체의 횟수는 같다.
⑤ ㉡에서 'ㄳ'이 'ㄱ'으로, ㉢에서 'ㅅ'이 'ㅆ'으로 발음될 때 일어나는 음운 변동의 횟수는 다르다.

17 2018년 7월 고3 전국연합학력평가

〈보기〉는 표준 발음법 중 '된소리되기'의 일부이다. 이를 바탕으로 표준 발음을 이해한 내용으로 적절하지 않은 것은?

보기

㉠ 받침 'ㄱ(ㄲ, ㅋ, ㄳ, ㄺ), ㄷ(ㅅ, ㅆ, ㅈ, ㅊ, ㅌ), ㅂ(ㅍ, ㄼ, ㄿ, ㅄ)' 뒤에 연결되는 'ㄱ, ㄷ, ㅂ, ㅅ, ㅈ'은 된소리로 발음한다.
㉡ 어간 받침 'ㄴ(ㄵ), ㅁ(ㄻ)' 뒤에 결합되는 어미의 첫소리 'ㄱ, ㄷ, ㅅ, ㅈ'은 된소리로 발음한다.
㉢ 어간 받침 'ㄼ, ㄾ' 뒤에 결합되는 어미의 첫소리 'ㄱ, ㄷ, ㅅ, ㅈ'은 된소리로 발음한다.
㉣ 관형사형 '-(으)ㄹ' 뒤에 연결되는 'ㄱ, ㄷ, ㅂ, ㅅ, ㅈ'은 된소리로 발음한다. '-(으)ㄹ'로 시작되는 어미의 경우에도 이에 준한다.

① '국밥'과 '(계란을) 삶고'에서의 된소리되기는 각각 ㉠, ㉡에 따른 것이다.
② '꽃다발'과 '(그릇을) 핥지만'에서의 된소리되기는 각각 ㉠, ㉢에 따른 것이다.
③ '(시를) 읊조리다'와 '(죽을) 먹을지언정'에서의 된소리되기는 각각 ㉠, ㉣에 따른 것이다.
④ '(바닥에) 앉을수록'과 '(몸을) 기댈 곳이'에서의 된소리되기는 각각 ㉡, ㉣에 따른 것이다.
⑤ '(샅샅이) 훑다'와 '(내가) 떠날지라도'에서의 된소리되기는 각각 ㉢, ㉣에 따른 것이다.

18

2018년 10월 고3 전국연합학력평가

〈보기〉의 자료에 나타난 음운 변동을 탐구한 내용으로 적절하지 않은 것은?

보기

ⓐ 놓고[노코], 낳던[나:턴], 쌓지[싸치]

ⓑ 닿소[다:쏘], 좋소[조:쏘]

ⓒ 놓는[논는], 쌓네[싼네]

ⓓ 않는[안는], 많네[만:네]

ⓔ 낳은[나은], 놓아[노아], 쌓이다[싸이다]

① ⓐ를 보니, 받침 'ㅎ' 뒤에 'ㄱ, ㄷ, ㅈ'이 오는 경우에는 축약이 일어나는군.

② ⓑ를 보니, 받침 'ㅎ' 뒤에 'ㅅ'이 오는 경우에는 교체와 축약이 일어나는군.

③ ⓒ를 보니, 받침 'ㅎ' 뒤에 'ㄴ'이 오는 경우에는 교체가 두 번 일어나는군.

④ ⓓ를 보니, 받침 'ㄶ' 뒤에 'ㄴ'이 오는 경우에는 탈락이 일어나는군.

⑤ ⓔ를 보니, 받침 'ㅎ' 뒤에 모음으로 시작하는 형식 형태소가 오는 경우에는 탈락이 일어나는군.

2019년 3월 고3 전국연합학력평가

[19] 다음 글을 읽고 물음에 답하시오.

현대 국어에서는 음절의 종성에서 실제로 발음되는 소리가 제한되어 있다. ㉠ **음절의 종성에 마찰음, 파찰음이 오거나 파열음 중 된소리나 거센소리가 오면 모두 예사소리 'ㄱ, ㄷ, ㅂ'으로 교체**되고, ㉡ **음절의 종성에 자음군이 올 때는 한 자음이 탈락**한다. 그런데 모음으로 시작하는 형식 형태소가 뒤에 오면 앞 음절의 종성에 있던 자음이 곧바로 연음된다. 이렇게 연음되어 뒤 음절의 초성에서 소리 나는 자음은 제 음가대로 발음된다.

연음이 일어나는 조건이 갖추어지더라도 다른 현상이 일어나 제 음가대로 발음이 되지 않는 경우도 있다. 가령, ㉢ **'ㄷ, ㅌ'으로 끝나는 말 뒤에 'ㅣ'로 시작하는 형식 형태소가 오면 'ㄷ, ㅌ'이 'ㅈ, ㅊ'으로 변하는 구개음화**가 일어난다. 또한 용언 어간 말음 'ㅎ'은 모음으로 시작하는 형식 형태소가 뒤에 오면 연음되지 않고 탈락한다. ㉣ **용언 어간 말음 'ㅎ' 뒤에 'ㄱ, ㄷ, ㅈ'으로 시작하는 어미가 오면 'ㅎ'과 'ㄱ, ㄷ, ㅈ'이 거센소리로 축약**되는데 이를 통해 용언 어간 말음 'ㅎ'이 존재함을 간접적으로 알 수 있다.

연음과 음운 변동에 대한 지식을 활용하여 중세 국어 자료를 검토해 보면 현대 국어에서 찾아보기 어려운 형태의 단어를 발견할 수 있다. 예를 들어, 현대 국어에서는 'ㅎ'을 말음으로 가진 체언을 찾아보기 어렵다. 그러나 중세 국어 자료를 살펴보면 '돓(돌)', '나랗(나라)'와 같이 'ㅎ'을 말음으로 가진 체언을 확인할 수 있다.

중세 국어 시기에는 체언 말음 'ㅎ'이 모음으로 시작하는 조사와 결합하면 '나라히'와 같이 연음되어 나타나는 것을 확인할 수 있다. 또한 'ㅎ'을 말음으로 가진 체언이 '과', '도'와 같은 조사와 결합하면 'ㅎ'이 뒤에 오는 'ㄱ, ㄷ'과 축약되어 'ㅋ, ㅌ'으로 나타났는데, 이를 통해서 'ㅎ'의 존재를 간접적으로 확인할 수 있다. 하지만 어떤 체언이 'ㅎ'을 말음으로 가지고 있다고 하더라도, 그 체언이 단독으로 쓰이거나 관형격 조사 'ㅅ'과 결합하여 쓰였을 때는 'ㅎ'이 실현되지 않아서 'ㅎ'을 말음으로 가지지 않은 체언과 구별되지 않았다. 해당 체언이 연음이나 축약이 일어나는 자리에 쓰인 사례를 검토해야 체언 말음 'ㅎ'의 존재 여부를 알 수 있다.

19

㉠~㉣에 대한 이해로 적절한 것은?

① '한몫[한목]'을 발음할 때, ㉠이 일어난다.

② '놓기[노키]'를 발음할 때, ㉣이 일어난다.

③ '끓지[끌치]'를 발음할 때, ㉡과 ㉢이 일어난다.

④ '값할[가팔]'을 발음할 때, ㉡과 ㉣이 일어난다.

⑤ '맞힌[마친]'을 발음할 때, ㉢과 ㉣이 일어난다.

20

2019년 4월 고3 전국연합학력평가

〈보기1〉의 탐구 과정을 바탕으로 〈보기2〉의 ㉠~㉥을 바르게 분류한 것은?

보기1

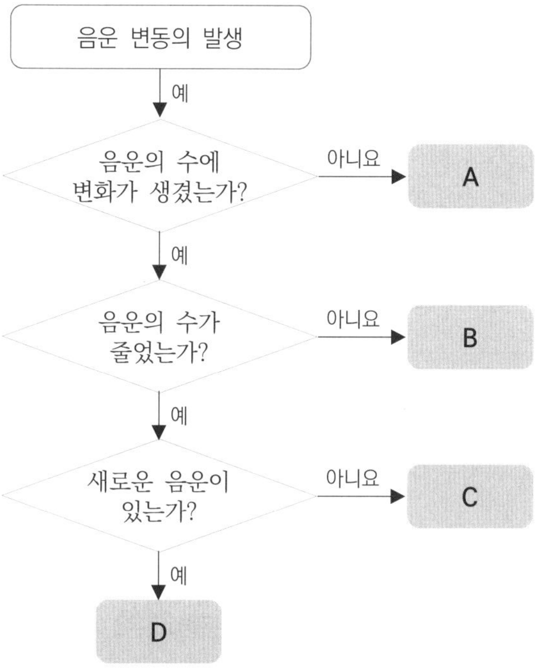

보기2

◦그는 열심히 ㉠**집안일**을 했다.
◦그녀는 기분 ㉡**좋은** 웃음을 지었다.
◦그는 나에게 말을 하지 ㉢**않고** 떠났다.
◦세월이 화살과 ㉣**같이** 빠르게 지나간다.
◦집이 추워서 오래된 ㉤**난로**에 불을 지폈다.
◦면역력이 떨어지면 병이 ㉥**옮는** 경우가 있다.

	A	B	C	D
①	㉠	㉢	㉣, ㉤	㉡, ㉥
②	㉡, ㉥	㉠	㉣, ㉤	㉢
③	㉡, ㉥	㉣, ㉤	㉠	㉢
④	㉣, ㉤	㉠	㉡, ㉥	㉢
⑤	㉣, ㉤	㉡, ㉥	㉢	㉠

21

2019년 7월 고3 전국연합학력평가

〈보기〉의 ㉠, ㉡에 해당하는 예로 적절한 것은?

보기

국어에서 'ㄴ'과 'ㄹ' 소리를 연달아 내는 것은 어려운 일이다. 그래서 'ㄹ'과 'ㄴ'이 연쇄적으로 발음될 때 순행적 유음화가 일어나고, 반대로 'ㄴ'과 'ㄹ'이 연쇄적으로 발음될 때 ㉠**역행적 유음화**가 일어난다. 그런데 표면적으로 순행적 유음화나 역행적 유음화가 일어날 조건이 충족된다고 하더라도 용언의 활용이나 합성어, 파생어 형성 과정에서 순행적 유음화가 아닌 'ㄹ' 탈락이 일어나기도 하고, 역행적 유음화가 아닌 ㉡**'ㄹ'의 비음화**가 일어나기도 한다.

	㉠	㉡
①	산란기	표현력
②	줄넘기	입원료
③	결단력	생산량
④	의견란	향신료
⑤	대관령	물난리

22

2019년 10월 고3 전국연합학력평가

〈보기〉의 ⓐ~ⓓ를 발음할 때 일어나는 음운 변동을 탐구한 내용으로 적절한 것은?

보기

◦ ⓐ**밭일**을 하며 발에 ⓑ**밟힌** 벌을 보았다.
◦ ⓒ**숱한** 시련을 이겨 내 승리를 ⓓ**굳혔다**.

① ⓐ에서는 뒷말의 초성이 앞말의 종성과 조음 방법이 같아지는 비음화가 일어난다.
② ⓐ에서는 '일'이 실질 형태소이기 때문에 구개음화가 일어나지 않고 'ㅌ'이 연음된다.
③ ⓑ와 ⓒ에서는 모두 음운 변동의 결과 전체 음운의 개수가 줄어든다.
④ ⓑ와 ⓓ에서는 모두 어떤 음운이 다른 음운으로 바뀌는 교체 현상이 일어난다.
⑤ ⓒ와 ⓓ에서는 모두 거센소리되기가 먼저 일어난 후 구개음화가 일어난다.

23

2015년 6월 고3 평가원모의평가

〈보기〉의 [가]에 들어갈 말로 가장 적절한 것은?

보기

선생님 : 어떤 음운이 주위에 있는 다른 음운의 영향을 받아 그것과 동일한 음운으로 바뀌거나, 조음 위치 또는 조음 방법이 그것과 같은 음운으로 바뀌는 현상을 동화라고 합니다. 그럼 ㉠~㉤ 중에서 하나를 골라 그것이 동화인지 아닌지 판단해 보고 그 이유를 말해 봅시다.

㉠ 듣+고 → [듣꼬]　　㉡ 놓+고 → [노코]
㉢ 훑+네 → [훌레]　　㉣ 뽑+느라 → [뽐느라]
㉤ 넓+더라 → [널떠라]

학생 : ____________[가]____________

① ㉠은 동화입니다. 왜냐하면 'ㄱ'이 'ㄷ'의 영향을 받아 'ㄱ'과 같은 위치에서 소리 나는 'ㄲ'으로 바뀌기 때문입니다.
② ㉡은 동화입니다. 왜냐하면 'ㅎ'이 'ㄱ'의 영향을 받아 'ㅎ'과 거센소리라는 점이 같은 'ㅋ'으로 바뀌기 때문입니다.
③ ㉢은 동화입니다. 왜냐하면 'ㄴ'이 'ㅌ'의 영향을 받아 'ㅌ'과 같은 위치에서 소리 나는 'ㄹ'로 바뀌기 때문입니다.
④ ㉣은 동화입니다. 왜냐하면 'ㅂ'이 'ㄴ'의 영향을 받아 'ㄴ'과 콧소리라는 점이 같은 'ㅁ'으로 바뀌기 때문입니다.
⑤ ㉤은 동화입니다. 왜냐하면 'ㅂ'이 'ㄷ'의 영향을 받아 'ㄷ'과 동일한 소리인 'ㄷ'으로 바뀌기 때문입니다.

24

2015년 9월 고3 평가원모의평가

〈보기〉의 ㉠~㉤의 밑줄 친 부분과 동일한 음운 변동이 일어난 예가 모두 바르게 제시된 것은? [3점]

보기

국어에는 거센소리되기, 자음군 단순화, 된소리되기, 비음화, 유음화 등의 음운 변동이 있다.
㉠ 내가 좋아하는 음식은 <u>**밥하고**</u>[바파고] 떡이다.
㉡ 옷에 <u>**흙까지**</u>[흑까지] 묻히고 시내를 쏘다녔다.
㉢ 우리는 손을 <u>**잡고**</u>[잡꼬] 마냥 즐거워하였다.
㉣ 그는 고전 음악을 즐겨 <u>**듣는다**</u>[든는다].
㉤ <u>**칼날**</u>[칼랄]에 다치지 않도록 조심하여야 한다.

① ㉠ : 먹히다, 목걸이　　② ㉡ : 값싸다, 닭똥
③ ㉢ : 굳세다, 솜이불　　④ ㉣ : 겁내다, 맨입
⑤ ㉤ : 잡히다, 설날

25

2015년 9월 고3 평가원모의평가

〈보기〉의 표준 발음법을 바르게 적용한 것은?

보기

㉠ 받침 'ㄷ, ㅌ'이 조사의 모음 'ㅣ'와 결합되는 경우에는, [ㅈ, ㅊ]으로 바꾸어서 뒤 음절 첫소리로 옮겨 발음한다. 예) 밭이[바치]
㉡ 받침 'ㄷ, ㅌ(ㄾ)'이 접미사의 모음 'ㅣ'와 결합되는 경우에는, [ㅈ, ㅊ]으로 바꾸어서 뒤 음절 첫소리로 옮겨 발음한다. 예) 미닫이[미다지]
㉢ 받침 'ㄷ' 뒤에 접미사 '히'가 결합되어 '티'를 이루는 것은 [치]로 발음한다. 예) 묻히다[무치다]

① '같이 걷다'의 '같이'는 ㉠에 따라 'ㅌ'을 [ㅊ]으로 바꿔 [가치]로 발음해야겠군.
② '솥이나 냄비를 준비하다'의 '솥이나'는 ㉠에 따라 'ㅌ'을 [ㅊ]으로 바꿔 [소치나]로 발음해야겠군.
③ '그것은 팥이다'의 '팥이다'는 ㉡에 따라 'ㅌ'을 [ㅊ]으로 바꿔 [파치다]로 발음해야겠군.
④ '자전거에 받히다'의 '받히다'는 ㉡에 따라 '티'를 [치]로 바꿔 [바치다]로 발음해야겠군.
⑤ '우표를 붙이다'의 '붙이다'는 ㉢에 따라 '티'를 [치]로 바꿔 [부치다]로 발음해야겠군.

26
2016년 6월 고3 평가원모의평가

〈보기〉의 ㉠~㉣에 대한 설명으로 적절하지 않은 것은? [3점]

보기

㉠ 맑+네→[망네] ㉡ 낮+일→[난닐]
㉢ 꽃+말→[꼰말] ㉣ 긁+고→[글꼬]

① ㉠ : '값+도→[갑또]'에서처럼 음절 끝에 둘 이상의 자음이 오지 못하기 때문에 일어난 음운 변동이 있다.
② ㉠, ㉢ : '입+니→[임니]'에서처럼 인접하는 자음과 조음 방법이 같아진 음운 변동이 있다.
③ ㉡ : '물+약→[물략]'에서처럼 자음이 교체된 음운 변동이 있다.
④ ㉡, ㉢ : '팥+죽→[판쭉]'에서처럼 음절 끝에 올 수 있는 자음이 제한되어 있기 때문에 일어난 음운 변동이 있다.
⑤ ㉣ : '잃+지→[일치]'에서처럼 자음이 축약된 음운 변동이 있다.

27
2017년 6월 고3 평가원모의평가

〈보기〉를 바탕으로 음운 변동 사례에 대해 이해한 내용으로 적절한 것은?

보기

교체, 탈락, 축약, 첨가의 음운 변동이 일어나는 경우 음운 개수의 변화가 나타나기도 한다. 먼저 '집일[짐닐]'은 첨가 및 교체가 일어나 음운의 개수가 늘었다. 그런데 '닭만[당만]'은 탈락 및 교체가 일어나 음운의 개수가 줄었고, '뜻하다[뜨타다]'는 교체 및 축약이 일어나 음운의 개수가 줄었다. 한편 '맡는[만는]'은 교체가 두 번 일어나 음운의 개수가 변하지 않았다.

① '훑하고[흐카고]'는 탈락 및 축약이 일어나 음운의 개수가 두 개 줄었군.
② '저녁연기[저녕년기]'는 첨가 및 교체가 일어나 음운의 개수가 두 개 늘었군.
③ '부엌문[부엉문]'과 '볶는[봉는]'은 교체가 한 번 일어나 음운의 개수가 변하지 않았군.
④ '얹지[언찌]'와 '묽고[물꼬]'는 교체 및 축약이 일어나 음운의 개수가 각각 한 개 줄었군.
⑤ '넓네[널레]'와 '밝는[방는]'은 탈락 및 교체가 일어나 음운의 개수가 각각 두 개 줄었군.

28
2018년 6월 고3 평가원모의평가

〈보기〉의 [1가지 조건]으로 적절하지 않은 것은?

보기

'한글 맞춤법'에 따르면, 사이시옷은 아래의 조건 ⓐ~ⓓ가 모두 만족되어야 표기된다. 단, '곳간, 셋방, 숫자, 찻간, 툇간, 횟수'는 예외이다.

○ 사이시옷 표기에 고려되는 조건
ⓐ 단어 분류상 '합성 명사'일 것.
ⓑ 결합하는 두 말의 어종이 다음 중 하나일 것.
- 고유어+고유어 • 고유어+한자어
- 한자어+고유어
ⓒ 결합하는 두 말 중 앞말이 모음으로 끝날 것.
ⓓ 두 말이 결합하며 발생하는 음운 현상이 다음 중 하나일 것.
- 앞말 끝소리에 'ㄴ' 소리가 덧남.
- 앞말 끝소리와 뒷말 첫소리에 각각 'ㄴ' 소리가 덧남.
- 뒷말 첫소리가 된소리로 바뀜.

㉠~㉤ 각각의 쌍은 위 조건 ⓐ~ⓓ 중 [1가지 조건]만 차이가 나서 사이시옷 표기 여부가 갈린 예이다.

	사이시옷이 없는 단어	사이시옷이 있는 단어
㉠	도매가격[도매까격]	도맷값[도매깝]
㉡	전세방[전세빵]	아랫방[아래빵]
㉢	버섯국[버섣꾹]	조갯국[조개꾹]
㉣	인사말[인사말]	존댓말[존댄말]
㉤	나무껍질[나무껍찔]	나뭇가지[나무까지]

① ㉠ : ⓐ ② ㉡ : ⓑ ③ ㉢ : ⓒ
④ ㉣ : ⓓ ⑤ ㉤ : ⓓ

29

2018년 6월 고3 평가원모의평가

〈보기〉의 ⓐ~ⓒ에 들어갈 말로 적절한 것은?

보기

○ 탐구 과제

겹받침을 가진 용언을 발음할 때 어떤 음운 변동이 나타나야 표준 발음에 맞는지 혼동되는 경우가 있다. 자음군 단순화, 된소리되기, 비음화, 유음화, 거센소리되기 등의 음운 변동으로 비표준 발음과 표준 발음을 설명해 보자.

○ 탐구 자료

	비표준 발음	표준 발음
㉠ 긁는	[글른]	[긍는]
㉡ 짧네	[짬네]	[짤레]
㉢ 끊기고	[끈기고]	[끈키고]
㉣ 뚫지	[뚤찌]	[뚤치]

○ 탐구 내용

㉠의 비표준 발음과 ㉡의 표준 발음에는 자음군 단순화 후 (ⓐ)가 나타난다. 이에 비해, ㉠의 표준 발음과 ㉡의 비표준 발음에는 자음군 단순화 후 (ⓑ)가 나타난다. ㉢과 ㉣의 표준 발음은 (ⓒ)만 일어난 발음이다.

	ⓐ	ⓑ	ⓒ
①	유음화	비음화	거센소리되기
②	유음화	비음화	된소리되기
③	비음화	유음화	거센소리되기
④	비음화	유음화	된소리되기
⑤	비음화	된소리되기	거센소리되기

30

2019년 6월 고3 평가원모의평가

〈보기〉에 대한 이해로 적절하지 않은 것은?

보기

㉠ 풀잎[풀립] ㉡ 읊네[음네] ㉢ 벼훑이[벼훌치]

① ㉠, ㉡에서는 음운 변동이 각각 세 번씩 일어났군.
② ㉠, ㉡에서는 인접한 자음과 조음 방법이 같아지는 음운 변동이 일어났군.
③ ㉠에서 첨가된 음운과 ㉡에서 탈락된 음운은 서로 다르군.
④ ㉠, ㉢에서는 음운 개수가 달라지는 음운 변동이 일어났군.
⑤ ㉠은 'ㄹ'로 인해, ㉢은 모음 'ㅣ'로 인해 동화되는 음운 변동이 일어났군.

31

2019년 9월 고3 평가원모의평가

〈보기〉의 ㉠에 들어갈 말로 적절한 것은? [3점]

보기

선생님 : 오늘은 일상생활에서 흔하게 들을 수 있는 부정확한 발음에 대해 알아볼까요? 우선 아래 표에서 부정확한 발음과 정확한 발음을 확인해 보세요.

예	찰흙이	안팎을	넋이	끝을	숲에
부정확한 발음	[찰흐기]	[안파글]	[너기]	[끄츨]	[수베]
	⬇	⬇	⬇	⬇	⬇
정확한 발음	[찰흘기]	[안파끌]	[넉씨]	[끄틀]	[수페]

다 봤나요? 그럼 정확한 발음을 참고하여, 부정확한 발음을 하게 된 이유를 말해 볼까요?

학 생 : ㉠

선생님 : 네, 맞아요. 그럼 이제 정확한 발음을 일상생활에서 실천해 보세요.

① '찰흙이'는 자음군 단순화를 적용하고 연음해야 하는데, [찰흐기]는 자음군 단순화를 적용하지 않고 연음을 했습니다.
② '안팎을'은 음절의 끝소리 규칙을 적용하지 않고 연음해야 하는데, [안파글]은 음절의 끝소리 규칙을 적용하고 연음을 했습니다.
③ '넋이'는 연음을 하고 된소리되기를 적용해야 하는데, [너기]는 음절의 끝소리 규칙을 적용하고 연음을 했습니다.
④ '끝을'은 연음을 하고 구개음화를 적용해야 하는데, [끄츨]은 구개음화를 적용하고 연음을 했습니다.
⑤ '숲에'는 거센소리되기를 적용하지 않고 연음해야 하는데, [수베]는 거센소리되기를 적용하고 연음을 했습니다.

32

2015년 수능A형

다음의 ⓐ에 해당하는 것을 ㉠~㉣ 중에서 고른 것은?

보기

[모음의 변동]

단모음으로 끝나는 어간과 단모음으로 시작하는 어미가 결합하면 모음의 변동이 자주 일어난다. 모음 변동의 결과 두 개의 단모음 중 하나가 없어지기도 하고, ⓐ**두 개의 단모음이 합쳐져 이중 모음이 되기도 하며**, 단모음 사이에 반모음이 첨가되기도 한다.

[모음 변동의 사례]

㉠ 기+어 → [기여]　　㉡ 살피+어 → [살펴]
㉢ 배우+어 → [배워]　　㉣ 나서+어 → [나서]

① ㉠, ㉡　② ㉠, ㉢　③ ㉡, ㉢　④ ㉡, ㉣　⑤ ㉢, ㉣

33

2015년 수능B형

〈보기〉의 표준 발음 자료를 탐구한 내용으로 적절하지 않은 것은?

보기

표준 발음법 제8항 받침소리로는 'ㄱ, ㄴ, ㄷ, ㄹ, ㅁ, ㅂ, ㅇ'의 7개 자음만 발음한다.

해설 이 조항은 ⓐ**받침 발음의 원칙**을 규정한 것이다. 어말이나 자음 앞에서 모든 받침은 제시된 7개의 자음 중 하나로만 발음할 수 있을 뿐이다. 이 원칙을 지키기 위해 두 가지 음운 변동이 적용된다. 하나는 ㉠**자음이 탈락**되는 것이고 다른 하나는 ㉡**자음이 다른 자음으로 교체**되는 것이다.

표준 발음 자료

읽다[익따], 옮는[옴ː는], 닦지[닥찌], 읊기[읍끼], 밟는[밤ː는]

① '읽다[익따]'는 ⓐ를 지키기 위해 ㉠이 적용되었다.
② '옮는[옴ː는]'은 ⓐ를 지키기 위해 ㉠이 적용되었다.
③ '닦지[닥찌]'는 ⓐ를 지키기 위해 ㉡이 적용되었다.
④ '읊기[읍끼]'는 ⓐ를 지키기 위해 ㉠, ㉡이 모두 적용되었다.
⑤ '밟는[밤ː는]'은 ⓐ를 지키기 위해 ㉠, ㉡이 모두 적용되었다.

34

2016년 수능A형

다음 ㉠~㉤에서 일어나는 음운 변동에 대한 설명으로 적절한 것은? [3점]

보기

㉠ 옳지 → [올치], 좁히다 → [조피다]
㉡ 끊어 → [끄너], 쌓이다 → [싸이다]
㉢ 숯도 → [숟또], 옷고름 → [옫꼬름]
㉣ 닭는 → [당는], 부엌문 → [부엉문]
㉤ 읽지 → [익찌], 훑거나 → [훌꺼나]

① ㉠, ㉡ : 'ㅎ'과 다른 음운이 결합하여 한 음운으로 축약되는 현상이 일어난다.
② ㉠, ㉢, ㉤ : 앞 음절의 종성에 따라 뒤 음절의 초성이 된소리로 되는 현상이 일어난다.
③ ㉢, ㉣ : '깊다 → [깁따]'에서처럼 음절 끝에서 발음되는 자음이 7개로 제한되는 현상이 일어난다.
④ ㉣ : '겉모양 → [걷모양]'에서처럼 앞 음절의 종성이 뒤 음절의 초성과 조음 위치가 같아지는 현상이 일어난다.
⑤ ㉣, ㉤ : '앉고 → [안꼬]'에서처럼 받침 자음의 일부가 탈락하는 현상이 일어난다.

35

2016년 수능B형

〈보기〉에 따라 겹받침의 표준 발음에 대하여 단계별로 학습하였다. 각 예에 적용된 내용과 그 발음이 모두 바른 것은? [3점]

보기

◦ 겹받침이 모음으로 시작된 조사나 어미, 접미사와 결합되는 경우에는 뒤엣것만을 뒤 음절 첫소리로 옮겨 발음한다. 이 경우, 'ㅅ'은 [ㅆ]으로 발음한다. ············ ⓐ

◦ 겹받침 'ㄳ, ㄺ', 'ㄼ', 'ㅄ'은 어말 또는 자음 앞에서 각각 [ㄱ, ㄹ, ㅂ]으로 발음한다. ······························· ⓑ

이 후에는 다음과 같이 발음한다.

- [ㄱ, ㅂ]은 'ㄴ, ㅁ' 앞에서 각각 [ㅇ, ㅁ]으로 발음한다. ······························· ⓒ
- [ㄱ, ㅂ] 뒤에 연결되는 'ㄱ, ㄷ, ㅂ, ㅅ, ㅈ'은 각각 [ㄲ, ㄸ, ㅃ, ㅆ, ㅉ]으로 발음한다. ·················· ⓓ
- [ㄱ, ㅂ]은 'ㅎ'과 결합되는 경우, 두 음을 합쳐서 각각 [ㅋ, ㅍ]으로 발음한다. ···························· ⓔ

	예	적용 내용	발음
①	여덟+이	ⓐ	[여더리]
②	몫+을	ⓐ	[목슬]
③	흙+만	ⓑ, ⓒ	[흑만]
④	값+까지	ⓑ, ⓓ	[갑까지]
⑤	닭+하고	ⓑ, ⓔ	[다카고]

36

2017년 수능

〈보기〉의 (가), (나)를 중심으로 음운 변동을 이해한 내용으로 적절한 것은? [3점]

보기

국어의 음운 변동은 교체, 탈락, 첨가, 축약으로 구분된다. 이 중에는 음의 종성과 관련된 음운 변동이 있다.

[가] 음절의 종성에 마찰음, 파찰음이 오거나 파열음 중 거센소리나 된소리가 올 경우, 모두 파열음의 예사소리로 교체된다. 이는 종성에서 발음될 수 있는 자음의 종류가 제한됨을 알려 준다.

[나] 또한 음절의 종성에 자음군이 올 경우, 한 자음이 탈락한다. 이는 종성에서 하나의 자음만이 발음될 수 있음을 알려 준다.

① '꽂힌[꼬친]'에는 (가)에 해당하는 음운 변동이 있다.
② '몫이[목씨]'에는 (나)에 해당하는 음운 변동이 있다.
③ '비옷[비옫]'에는 (나)에 해당하는 음운 변동이 있다.
④ '않고[안코]'에는 (가), (나) 모두에 해당하는 음운 변동이 있다.
⑤ '읊고[읍꼬]'에는 (가), (나) 모두에 해당하는 음운 변동이 있다.

37

2018년 수능

〈보기〉의 음운 변동을 분석한 것으로 적절하지 <u>않은</u> 것은?

보기

㉠ 흙일 → [흥닐]
㉡ 닳는 → [달른]
㉢ 발야구 → [발랴구]

① ㉠~㉢은 각각 2회 이상의 음운 변동이 일어났다.
② ㉠~㉢에 공통으로 일어난 음운 변동은 첨가이다.
③ 음운 변동의 결과 음운의 개수에 변화가 없는 것은 ㉠이다.
④ ㉡과 ㉢에서 일어난 음운 변동의 횟수는 같다.
⑤ ㉢에서 첨가된 음운은 ㉠에서 첨가된 음운과 같다.

38

2019년 수능

〈보기〉의 ㉠에 들어갈 말로 적절하지 않은 것은?

보기

선생님 : 최소 대립쌍이란 하나의 소리로 인해 뜻이 구별되는 단어의 짝을 말해요. 가령 최소 대립쌍 '살'과 '쌀'은 'ㅅ'과 'ㅆ'으로 인해 뜻이 달라지는데, 이때의 'ㅅ', 'ㅆ'은 음운의 자격을 얻게 되죠. 이처럼 최소 대립쌍을 이용해 음운들을 추출하면 음운 체계를 수립할 수 있어요. 이제 고유어들을 모은 [A]에서 최소 대립쌍들을 찾아 음운들을 추출하고, 그 음운들을 [B]에서 확인해 봅시다.

[A] 쉬리, 마루, 구실, 모래, 소리, 구슬, 머루

[B] 국어의 단모음 체계

혀의 앞뒤 / 입술 모양 / 혀의 높낮이	전설 모음		후설 모음	
	평순	원순	평순	원순
고모음	ㅣ	ㅟ	ㅡ	ㅜ
중모음	ㅔ	ㅚ	ㅓ	ㅗ
저모음	ㅐ		ㅏ	

[학생의 탐구 내용]

추출된 음운들 중 (㉠)을 확인할 수 있군.

① 2개의 전설 모음
② 2개의 중모음
③ 3개의 평순 모음
④ 3개의 고모음
⑤ 4개의 후설 모음

39

2020년 수능

〈보기〉의 [A]에 들어갈 말로 적절한 것은?

보기

선생님 : 음절은 발음할 수 있는 최소의 언어 단위인데, 음절의 유형은 크게 분류하면 '1 모음, 2 자음+모음, 3 모음+자음, 4 자음+모음+자음'이 있어요. 예를 들면 '꽃[꼳]'은 4, '잎[입]'은 3에 속하지요. 그런데 복합어 '꽃잎'은 음운 변동이 일어나 [꼰닙]으로 발음돼요. 이때 [닙]은 4에 해당하며 음운의 첨가로 음절 유형이 바뀐 것이지요.
이제 아래 단어들을 탐구해 봅시다.

밥상(밥+상), 집일(집+일), 의복함(의복+함),
국물(국+물), 화살(활+살)

학 생 : [A]
선생님 : 네, 맞아요.

① '밥상[밥쌍]'에서의 [쌍]은 첨가의 결과이고, 음절 유형이 단일어인 '상[상]'과 달라졌어요.
② '집일[짐닐]'에서의 [닐]은 교체의 결과이고, 음절 유형이 단일어인 '일[일]'과 달라졌어요.
③ '의복함[의보캄]'에서의 [캄]은 축약의 결과이고, 음절 유형이 단일어인 '함[함]'과 달라졌어요.
④ '국물[궁물]'에서의 [궁]은 교체의 결과이고, 음절 유형이 단일어인 '국[국]'과 같아요.
⑤ '화살[화살]'에서의 [화]는 탈락의 결과이고, 음절 유형이 단일어인 '활[활]'과 같아요.

40

2020년 9월 고3 평가원모의평가

〈보기〉의 ㉮에 들어갈 말로 적절한 것은?

보기

선생님 : 용언 어간 뒤에 '-아/어'로 시작하는 어미가 결합할 때, 단모음이 반모음으로 교체되는 음운 변동이 일어날 수 있어요. 가령, 어간 '오-'와 어미 '-아'가 결합해 [와]로 발음될 때, 단모음 'ㅗ'가 반모음 'w'로 교체되는 것이지요. 우리말의 반모음은 'j'도 있으니까 반모음 'j'로 교체되는 예도 있겠죠? 그럼 용언 어간의 단모음이 '-아/어'로 시작하는 어미와 결합할 때 반모음 'j'로 교체되는 예를 들어 볼까요?

학 생 : 네, [㉮]로 발음되는 예를 들 수 있어요.

① 어간 '뛰-'와 어미 '-어'가 결합해 [뛰여]
② 어간 '차-'와 어미 '-아도'가 결합해 [차도]
③ 어간 '잠그-'와 어미 '-아'가 결합해 [잠가]
④ 어간 '견디-'와 어미 '-어서'가 결합해 [견뎌서]
⑤ 어간 '키우-'와 어미 '-어라'가 결합해 [키워라]

제3강
형태론(단어)

01 단어의 짜임

01 형태소

① 형태소의 뜻

- 뜻을 가진 가장 작은 말의 단위
- 일정한 뜻을 가지고 있으면서 더 이상 나눌 수 없는 말의 단위

예 '그 꽃이 매우 예쁘다.'라는 문장은 '그', '꽃', '이', '매우', '예쁘-', '-다'와 같이 분석할 수 있는데 이때 '그', '꽃', '이', '매우', '예쁘-', '-다' 각각은 일정한 의미를 가지는 가장 작은 말의 단위로서 형태소에 해당한다.

그 꽃이 매우 예쁘다					
그	꽃	이	매우	예쁘-	-다
관형사	명사	조사	부사	형용사 어간	종결 어미

❖ 한자어의 형태소 구분

→ 한자어의 경우는 각각의 한자가 독립된 의미를 가지고 있으므로 이들을 하나의 형태소로 처리한다.

예 '동요(童謠)를 부르다.'라는 문장에서 '동요'는 한자어이므로 '동(童)'과 '요(謠)'가 각각 하나의 형태소이다.

❖ 형태소의 이형태

- 이형태 : 하나의 형태소이지만, 다른 형태를 가진 형태소

음운론적 이형태	형태론적 이형태
앞, 뒤의 음운 환경에 따라 그 이형태가 결정되는 유형 예 자음+'이' / 모음+'가' 자음+'을' / 모음+'를'	하나의 형태소가 다른 환경에서 다른 모습을 띠는 변이 형태 예 먹었다 / 하였다 먹어라 / 오너라

→ 형태론적 이형태는 음운론적으로 설명될 수 없는 것들이다.

② 형태소의 종류

㉠ 자립성의 유무에 따라

ⓐ **자립 형태소**

혼자 쓰일 수 있는 형태소

예 '그', '꽃', '매우'

ⓑ **의존 형태소**

혼자 쓰일 수 없는 형태소(반드시 다른 말에 기대어 쓰이는 형태소)

예 '이', '예쁘-', '-다'

㉡ 의미의 유형에 따라

ⓐ **실질 형태소**

구체적인 대상이나 상태를 나타내는 실질적인 의미를 지닌 형태소

예 '그', '꽃', '매우', '예쁘-'

ⓑ **형식 형태소**

형식적인 의미, 즉 문법적인 의미만을 나타내는 형태소

예 '이', '-다'

cf. 접사 ➜ 형식 형태소

접사는 일반적으로 문법적 의미를 가지고 있다고 본다. 접사는 단독으로 쓰이지 아니하고 항상 다른 어근이나 단어에 붙어 새로운 단어를 구성하는 부분으로 보조적 역할을 한다. 따라서 접사는 문법적 의미를 가지고 있는 형식 형태소로 본다.

02 단어

- 자립할 수 있는 말이나 자립할 수 있는 형태소에 붙어서 쉽게 분리할 수 있는 말들
- 최소 자립 단위로서 혼자서 쓰일 수 있는 말
- 자립 형태소는 그대로 하나의 단어가 된다.
  예 집(명사), 우리(대명사), 하나(수사), 어느(관형사), 아주(부사) 등
- 의존 형태소는 서로 어울려야 (비로소 자립할 수 있으므로) 하나의 단어가 된다.
  예 '가- + -다 → 가다'에서 '가-'와 '-다'는 의존 형태소이므로 단어가 될 수 없고, 서로 어울린 형태인 '가다'가 하나의 단어가 된다.

cf. 조사의 단어 인정 여부에 대한 두 가지 입장

조사를 단어로 인정할 수 있다는 입장	조사를 단어로 인정할 수 없다는 입장
단어의 정의에 따르면, 조사는 '자립할 수 있는 형태소에 붙어서 쉽게 분리될 수 있는 말'에 해당한다. 조사 자체는 자립성이 없지만, 준자립 형식으로 어느 정도 분리성이 인정되므로 단어로 간주할 수 있다.	단어에 비해 조사는 자립성이 없다. 체언이 자립 형식이기 때문에 조사도 자립성을 가질 수 있다고 하는 이론은 성립되지 않는다. 또한 조사는 어미의 경우처럼 문법적 관계를 표시할 뿐 실질적 의미를 지니지 못하므로 단어로 인정하기 어렵다.

03 단어의 형성

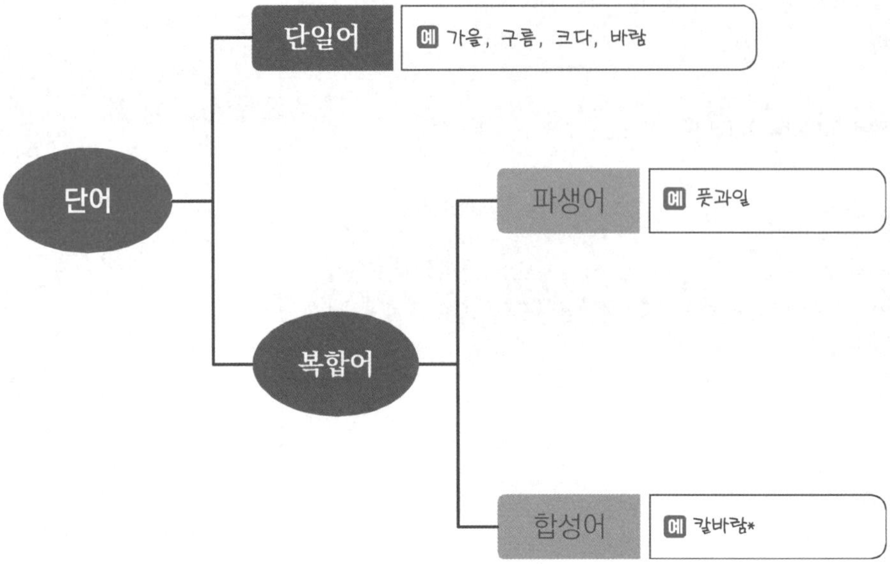

※ 칼바람 : 1 몹시 매섭고 독한 바람.
2 아주 혹독한 박해를 비유적으로 이르는 말.

<단어의 분류>

① 단일어

- 하나의 어근으로 된 단어
- 더 쪼개면 뜻을 알 수 없게 되거나 뜻이 달라진다.

예 '자국'은 '자'와 '국'으로 나누면 각각 원래의 뜻이 사라지게 된다.

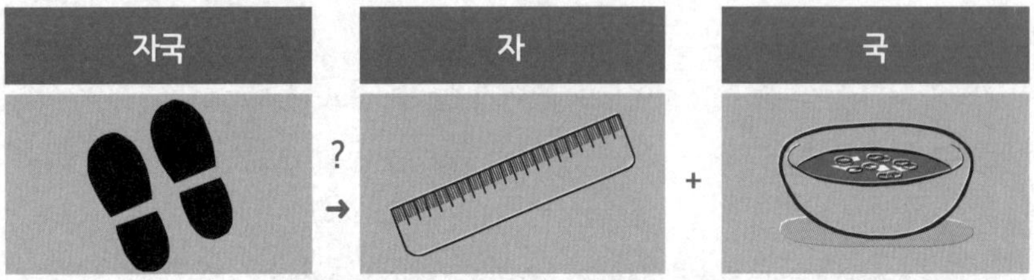

❖ **어근** : 단어에서 실질적인 의미를 나타내며 변하지 않는 부분. '접사'와 짝을 이룸. 조사를 제외한 모든 품사

② 복합어

- 둘 이상의 어근이나, 어근과 파생 접사로 이루어진 단어

㉠ **파생어**

어근의 앞이나 뒤에 파생 접사가 붙어서 만들어진 단어

ⓐ 접두 파생어

- 파생어 중에서 접사가 어근 '앞'에 붙어서 이루어진 단어
- **접두사** : 어근의 앞에 붙는 파생 접사로 뜻을 한정하는 의미적 기능을 한다.
- 접두사는 일반적으로 어근의 품사를 바꿀 수 없다.

접두사	의미/기능	접두 파생어
군-	'쓸데없는', '가외로 더한'	군것/군말/군살/군침/군불/군사람/군식구
돌-	'품질이 떨어지는', '야생의'	돌배/돌미역/돌조개.
홀-	'짝이 없이 혼자뿐인'	홀몸/홀시아버지/홀시어머니/홀아비/홀어미
시-	'남편의'	시아버지/시어머니/시동생/시누이
양-	'서양의', '외국에서 들어온'	양변기/양약/양송이/양담배/양배추/양말
헛-	'이유 없는', '보람 없는', '잘못'	헛기침/헛수고/헛돌다/헛디디다
맨-	'다른 것이 없는'	맨발/맨손/맨땅/맨주먹/맨입
풋-	㉠ '처음 나온', 또는 '덜 익은' ㉡ '미숙한', '깊지 않은'	풋감/풋고추/풋과실/풋김치/풋나물/풋콩 풋사랑/풋잠/*풋내기

ⓑ 접미 파생어

- 파생어 중에서 접사가 어근 '뒤'에 붙어서 이루어진 단어
- 접미사 : 어근의 뒤에 붙는 파생 접사로 뜻을 더하는 의미적 기능을 한다.
- 접미사는 일반적으로 어근의 품사를 바꾸기도 한다.

접미사	의미/기능	접미 파생어
-(으)ㅁ	명사를 만드는 접미사	걸음/믿음/싸움/기쁨/슬픔/꿈/삶/앎
-거리-	'동작이 반복적으로 이루어짐'	꿈틀거리다/머뭇거리다/반짝거리다
-롭-	'어근의 속성이 풍부한 상태'	평화롭다/자유롭다/신비롭다/풍요롭다
-이	㉠ 명사를 만드는 접미사 ㉡ '사람', '사물', '일'의 뜻을 더함	길이/높이/먹이/벌이/많이 때밀이/젖먹이/재떨이/옷걸이/목걸이
-기	명사를 만드는 접미사	굵기/달리기/모내기/줄넘기/크기
-개	㉠ '그러한 행위를 하는 간단한 도구' ㉡ '그러한 행위를 특성으로 지닌 사람'	날개/덮개/지우개 오줌싸개/코흘리개
-이	부사성 어근 + 명사화 접미사	개구리/매미/기러기/뜸부기/부엉이
-하다	㉠ 동사를 만드는 접미사 ㉡ 형용사를 만드는 접미사	공부하다/생각하다/사랑하다/빨래하다 건강하다/순수하다/정직하다/행복하다

cf. 파생 접사와 굴절 접사

파생 접사	굴절 접사
■ 파생 접사는 단어를 파생하는 접사로서, 일반적으로 어근에 붙어 새로운 단어를 만들어 낸다. ■ 접미사가 결합된 '먹이'는 명사로 품사가 바뀐다. ■ 파생어를 만드는 것은 파생 접사이다.	■ 굴절 접사는 일반적으로 용언의 어간 뒤에 붙는 어미를 말한다. ■ 어미가 결합된 '먹고'는 여전히 동사이다.('먹다'의 '-다' 또한 굴절 접사이다.) ■ 용언을 활용하게 만드는 것은 굴절 접사이다.

㉡ 합성어

접사 없이 둘 이상의 어근이 결합하여 이루어진 단어

ⓐ 어근과 어근의 연결 방식에 따라

㉮ **통사적 합성어** : 우리말의 일반적인 어순이나 단어 배열법과 일치하는 합성어

■ 두 어근 또는 단어가 연결된 방식이 문장에서의 구나 어절의 구성방식과 일치하는 합성어를 말한다.

예시	분석	구성
작은집	작은(용언의 관형사형) + 집(명사) → 작은집(명사)	관형어 + 체언
들어가다	들-(어간) + -어(어미) + 가-(어간) + -다(어미) → 들어가다(동사)	어간 + 어미(연결어미) + 어간 + 어미
새해	새(관형사) + 해(명사) → 새해(명사)	관형사 + 체언
밤낮	밤(명사) + 낮(명사) → 밤낮(부사)	명사 + 명사
멍들다	멍(명사) + 들다(동사) → 멍들다(동사)	주어 + 서술어
힘쓰다	힘(명사) + 쓰다(동사) → 힘쓰다(동사)	목적어 + 서술어
잘되다	잘(부사) + 되다(동사) → 잘되다(동사)	부사 + 용언
배부르다	배(명사) + 부르다(형용사) → 배부르다(형용사)	주어 + 서술어
다시없다	다시(부사) + 없다(형용사) → 다시없다(형용사)	부사 + 용언
송이송이	송이(명사) + 송이(명사) → 송이송이(부사)	명사 + 명사
퐁당퐁당	퐁당(부사) + 퐁당(부사) → 퐁당퐁당(부사)	부사 + 부사
고서(古書)	고(형용사, 오래된) + 서(명사, 책) → 고서(명사)	수식어 + 피수식어

㉯ 비통사적 합성어 : 우리말의 일반적인 어순이나 단어 배열법에서 벗어난 합성어

예시	분석	구성
늦더위	늦-(용언의 어간) + 더위(명사)	어간 + 체언
꺽쇠	꺽-(용언의 어간) + 쇠(명사)	어간 + 체언
검붉다	검-(어간)+붉-(어간) + -다(어미)	어간 + 어간 + 어미
높푸르다	높-(어간) + 푸르-(어간) + -다(어미)	어간 + 어간 + 어미
굶주리다	굶-(어간) + 주리-(어간) + -다(어미)	어간 + 어간 + 어미
산들바람	산들(부사) + 바람(명사) → 산들바람(명사)	부사 + 체언
독서(讀書)	독(동사, 읽다) + 서(명사, 책)	서술어 + 목적어
등산(登山)	등(동사, 오르다) + 산(명사, 산)	서술어 + 목적어

ⓑ 어근과 어근의 의미 관계에 따라

㉮ 병렬 합성어 : 앞뒤 어근의 의미가 대등하게 결합한 합성어

예 흑백, 남녀, 안팎, 화살, 여닫다

㉯ 종속 합성어 : 앞 어근의 의미가 뒤 어근에 종속되어 나타나는 합성어

예 꽃병, 종이컵, 밤나무, 고무신

㉰ 융합 합성어 : 어근과 어근이 결합하여 제3의 의미를 생성하는 합성어

예 춘추(연세), 돌아가다(죽다)

종류	결합 구조	결합 결과
병렬 합성어	A+B일때	A이고 B이다가 성립(A와 B의 본래 뜻을 유지)
종속 합성어	A+B일때	A의 B가 성립(A가 B를 수식)
융합 합성어	A+B일때	C (A, B의 의미와 다른 의미(C)를 가진다. A와 B의 본래 뜻 상실)

■ 합성어와 구(句)의 구별

두 어근이 결합할 때 의미 변화의 유무	두 어근 사이에 다른 성분이 들어갈 수 있는지의 여부
• 의미 변화가 있으면 합성어 - 큰집(맏집, 종가를 이르는 말) → 붙여서 써야 한다. • 의미 변화가 없으면 구(句) - 큰 집(크기가 큰 집) → 띄어서 써야 한다.	• 들어갈 수 있으면 구(句) - 큰 우리 집(○) • 들어갈 수 없으면 합성어 - 큰 우리 집(×)

04 새말의 형성

■ 새말 : 새로운 사물이나 개념을 표현하기 위해 새로 만들어 사용하는 말

① 새말의 형성 과정

㉠ 새로운 사물이 들어오거나 새로운 개념이 생길 경우

ⓐ 외국말을 그대로 빌려서 쓴다.

예 텔레비전, 인터넷, 인터체인지 등

ⓑ 차용한 외국말과 기존 우리말의 단어를 결합한다.

예 실버산업(silver産業, 노인을 상대로 노인을 위한 상품을 제조·판매하거나 의료·복지 시설을 세우는 따위의 산업)

ⓒ 우리말의 기존 단어를 활용한다.

예 외벌이

㉡ 국어 순화의 결과로 만들어지는 경우

ⓐ 기존에 사용되던 한자어를 고유어로 순화한 경우

예 노견(路肩) → 갓길

ⓑ 차용된 외국말을 순화하여 같은 의미의 새말을 만든 경우

예 홈페이지 → 누리집 / 이모티콘 → 그림말 / 이북 → 전자책
스타일리스트 → 맵시가꿈이

② 새말의 형성 방식

㉠ 둘 이상의 어근을 결합하는 방식

예 꿀피부(꿀 + 피부), 꽃미남(꽃 + 미남)

㉡ 어근과 파생 접사를 결합하는 방식

예 대인배(대인 + -배), 몸치(몸 + -치)

㉢ 단어들의 머리글자를 결합하는 방식

예 심쿵(심장이 쿵), 강추(강력 추천), 개취(개인의 취향)

㉣ 단어의 일부를 결합하는 방식

예 네티켓(네트워크 + 에티켓), 쫄볶이(쫄면 + 떡볶이)

③ 어종에 따른 새말의 유형

㉠ 고유어

예 외벌이

㉡ 한자어

예 강추(强推)

㉢ 외래어

예 네티즌(netizen)

㉣ 혼종어

예 셀카족

02 품사

01 품사의 개념과 분류

① 품사의 개념

- 단어들을 성질이 공통된 것끼리 모아 분류한 것
- 성질이 비슷한 단어들을 모아서 형태, 기능, 의미 등의 기준에 따라 나눈 갈래

② 품사의 분류

㉠ 형태에 따른 구분

ⓐ **불변어** : 활용을 하지 않아 형태가 변하지 않는 말

ⓑ **가변어** : 활용을 하여 형태가 변하는 말

❖ 조사는 불변어에 속하지만, 조사 중 예외적으로 서술격 조사 '이다'는 활용을 하므로 가변어에 속한다.

㉡ 기능에 따른 구분

ⓐ **체언** : 문장에서 주어 따위의 기능을 하는 말

ⓑ **용언** : 문장에서 서술어의 기능을 하는 말

ⓒ **수식언** : 뒤에 오는 말을 수식하거나 한정하기 위하여 첨가하는 말

ⓓ **관계언** : 문장에 쓰인 단어들의 관계를 나타내는 기능을 하는 말

ⓔ **독립언** : 독립적으로 쓰이는 말

㉢ 의미에 따른 구분

- 명사, 대명사, 수사, 동사, 형용사, 관형사, 부사, 감탄사, 조사

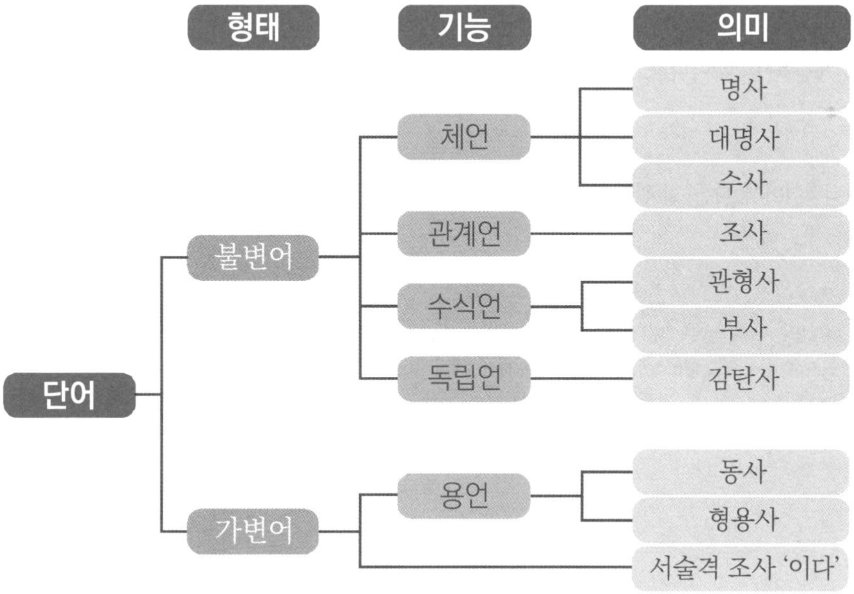

〈품사의 분류〉

02 품사의 종류와 특성

① 체언 : **명사, 대명사, 수사**

- 문장에서 사용될 때 그 형태가 변하지 않는 불변어이다.
- 문장에서 주로 주어가 되는 자리에 오며 목적어, 보어, 서술어 등의 자리에도 온다.
- 문장에서 동작이나 상태의 주체(누가/무엇이), 동작의 대상(누구를/무엇을)을 나타내거나, '되다/아니다' 앞에서 문장을 보충하는 역할을 한다.
- 주로 관형사의 꾸밈을 받는다.
- 조사와 결합할 수 있다.

㉠ 명사

사람이나 사물의 이름을 나타내는 품사

ⓐ 명사의 특징

- 체언 중 가장 일반적인 부류이다.
- 구체적인 대상의 이름이라는 점에서 다른 체언과 구별된다.

ⓑ 명사의 종류

- **고유 명사** : 특정 대상을 다른 개체와 구별하여 붙인 이름
  예 인명, 지명, 상호 등

- **보통 명사** : 공통된 특성을 지닌 대상들을 아울러 대표하는 이름
  예 사람, 나라, 도시, 강, 지하철 등

- **자립 명사** : 다른 말의 도움을 받지 아니하고 단독으로 쓰일 수 있는 명사
  예 동네, 문방구, 공책 등

- **의존 명사** : 의미가 형식적이어서 다른 말(관형어) 아래에 기대어 쓰이는 명사
  예 것, 바, 줄, 수, 따름, 뿐, 데 등

cf. 의존 명사를 자립 형태소로 본다?

- 의존 명사는 의존적인 성격을 지니고 있지만 형태소 구분을 할 때는 자립형태소로 구분한다.
- 의존 명사도 명사이기 때문에 현행 학교문법에서는 자립형태소로 보지만, 관형어가 없이는 쓰이지 못하기 때문에 실제 자립성이 있느냐에 대해서는 충분히 논란의 여지가 있다.

ⓛ 대명사

사람, 사물, 장소 등의 이름을 대신 나타내는 품사

ⓐ 지시 대명사 : 어떤 사물이나 처소 따위를 이르는 대명사

예 그, 이것, 어디, 무엇 등

ⓑ 인칭 대명사 : 사람을 가리키는 대명사

1인칭	나, 저, 우리, 저희, 소인, 짐(朕)
2인칭	너, 자네, 그대, 당신, 너희, 여러분
3인칭	이, 그, 저, 이분, 저분, 그분, 이이, 저이, 그이

미지칭	대상의 이름이나 신분을 모를 때 사용하는 인칭 대명사. 주로 의문문에 쓰인다.	누구
부정칭	특정 대상을 가리키지 않는 인칭 대명사	아무
재귀칭	한 문장 안에서 앞에 나온 명사나 대명사를 다시 가리킬 때 쓰이는 인칭 대명사. 대개 3인칭 주어로 쓰인 명사나 명사구를 다시 가리키는 데에 쓰인다.	저, 저희, 자기, 당신 예 돌아가신 아버님은 소나무를 좋아하셨어. 저 소나무도 당신께서 심으셨지.

ⓒ 수사

사물의 수량이나 순서를 나타내는 품사

ⓐ 양수사 : 수량을 나타내는 수사

예 하나, 둘, 셋, 일, 이, 삼 등

ⓑ 서수사 : 순서를 나타내는 수사

예 첫째, 둘째, 셋째, 제일, 제이, 제삼 등

② 관계언 : 조사

- 체언이나 부사, 어미 따위에 붙어 그 말과 다른 말과의 문법적 관계를 표시하거나 그 말의 뜻을 도와주는 품사
- 자립성이 없어 대개 체언 뒤에 붙여 쓴다.
- 경우에 따라서는 부사나 조사, 용언 또는 문장 뒤에 붙기도 한다.
- 국어는 조사가 발달되어 있다.
- 그 기능과 의미에 따라 격조사, 보조사, 접속 조사로 분류한다.

㉠ 격조사

체언이나 체언 구실을 하는 말 뒤에 붙어 앞에 오는 체언이 문장 안에서 일정한 자격을 갖도록 해주는 조사

주격 조사	이/가, 께서, 에서	관형격 조사	의
목적격 조사	을/를	부사격 조사	에, 에서, (으)로, 와/과, 보다
보격 조사	이/가	호격 조사	아, 야
서술격 조사	이다 ※ 서술격 조사는 '이고', '이니', '이면', '이지', '이어서', '이어라' 등과 같이 활용하며, 모음 아래에서는 어간 '이'가 생략되기도 한다.		

❖ '이다'를 서술격 조사로 부르는 이유

- 체언에 붙어서 문장 안에서의 관계를 나타낸다. – '격조사'
- 용언처럼 활용한다. – '서술'

➜ '서술격 조사'는 '이다'의 특성을 반영한 명칭이다.

㉡ 보조사

앞말(체언, 부사, 활용 어미 따위)에 붙어 특별한 의미를 덧붙여 주는 조사

ⓐ 성분 보조사 : 문장 성분에 붙는 보조사

예 은/는(대조), 만/뿐(단독), 도(역시), 부터(시작, 먼저), 까지(미침), 조차(추종), 마다(균일), 마저(추종), 은커녕/는커녕(물론), 밖에(더없음), 을랑/랑(지적) 등

ⓑ 종결 보조사 : 문장 맨 끝에 붙는 보조사

예 마는(불만), 그려(강조), 그래(강조)

- 영화를 보고는 싶지<u>마는</u> 시간이 안 난다.
- 앞으로는 자주 만납시다<u>그려</u>.
- 그것참 신통하군<u>그래</u>.

ⓒ 통용 보조사 : 문장의 맨 끝 및 모든 문장 성분에 붙는 보조사

예 요(높임) / 내가<u>요</u> 지금<u>요</u> 집에를<u>요</u> 가야만<u>요</u> 하거든<u>요</u>.

ⓒ **접속 조사**

둘 이상의 단어나 구 따위를 같은 자격으로 이어 주는 구실을 하는 조사

예 와/과, 하고, (이)나, (이)랑 등

cf. 접속 조사 '와/과'와 부사격 조사 '와/과'

접속 조사 '와/과'	부사격 조사 '와/과'
■ 둘 이상의 사물이나 사람을 같은 자격으로 이어줄 때 예 개와 고양이 예 나는 자유와 평등의 실현을 위해 싸웠다. ■ '와'는 경우에 따라 생략이 가능하며, 생략된 자리에는 쉼표를 찍는다. 예 개, 고양이 ■ 문장을 나눌 수 있다. 예 나는 자유의 실현을 위해 싸웠다. + 나는 평등의 실현을 위해 싸웠다.	■ 다른 것과 비교하거나 기준으로 삼는 대상임을 나타낼 때 예 개는 늑대와 비슷하게 생겼다. ■ 일 따위를 함께 함을 나타낼 때 예 나는 오빠와 함께 청소를 했다. ■ 상대로 하는 대상임을 나타낼 때 예 그녀와 헤어진 후 그는 마음을 잡았다. ■ 문장을 나눌 수 없다. 예 개는 비슷하게 생겼다. + 늑대는 비슷하게 생겼다.

③ 용언 : **동사, 형용사**

- 문장에서 사용될 때 그 형태가 변하는 가변어로 활용한다.
- 문장에서 **서술어의 기능**을 한다.
- 문장에서 '(누가/무엇이) 어찌하다', '(누가/무엇이) 어떠하다'와 같이 주로 사물이나 사람의 움직임, 상태, 성질을 설명하는 역할을 한다.
- 형태가 변하지 않는 어간과 어간에 붙어서 형태가 변하는 어미로 이루어진다.
- 주로 부사의 꾸밈을 받는다.

❖ 서술어의 기능

- 서술어는 동사, 형용사, 서술격 조사의 종결형으로 나타난다.

  예 "철수가 웃는다."에서 '웃는다', "철수는 점잖다."에서 '점잖다', "철수는 학생이다."에서 '학생이다' 따위.

❖ 어간과 어근

- 어간 : 활용어가 활용할 때에 변하지 않는 부분
  예 '자다', '자니', '자고'에서 '자-'와 '보다', '보니', '보고'에서 '보-' 등
- 어근 : 단어를 분석할 때, 실질적 의미를 나타내는 중심이 되는 부분
  예 '지우개'의 '지우-', '자랑스럽다'의 '자랑' 등

예시	어간	어근
먹다	먹-	먹-
먹이다	먹이-	먹-

❖ 용언의 구분

- 뜻과 쓰임에 따라
  - **본용언** : 문장의 주체를 주되게 서술하면서 보조 용언의 도움을 받는 용언으로 보조 용언의 앞에 위치한다.
  - **보조 용언** : 혼자는 쓰이지 못하고, 본용언과 연결되어 그것의 뜻을 보충하는 역할을 하는 용언
    - 보조 동사 : 본동사와 연결되어 그 풀이를 보조하는 동사
      예 '감상을 적어 두다.'의 '두다', '그는 학교에 가 보았다.'의 '보다' 따위
    - 보조 형용사 : 본용언과 연결되어 의미를 보충하는 역할을 하는 형용사
      예 '먹고 싶다'의 '싶다', '예쁘지 아니하다'의 '아니하다' 따위

  → **보조적 연결 어미** : 본용언과 보조 용언이 결합할 때 본용언에 연결되는 어미

- 성질에 따라

동사	자동사	형용사	성상 형용사
	타동사		지시 형용사

- 어미의 변화(활용) 여부에 따라

동사	규칙 동사	형용사	규칙 형용사
	불규칙 동사		불규칙 형용사

㉠ 동사

사물의 동작이나 작용을 나타내는 품사

ⓐ 자동사 : 동사가 나타내는 동작이나 작용이 주어에만 미치는 동사

예 '꽃이 피다'의 '피다', '해가 솟다'의 '솟다'

ⓑ 타동사 : 동작의 대상인 목적어를 필요로 하는 동사

예 '밥을 먹다'의 '먹다', '노래를 부르다'의 '부르다'

㉡ 형용사

사물의 성질이나 상태를 나타내는 품사

ⓐ 성상 형용사 : 사물의 성질이나 상태를 나타내는 형용사

예 '맛이 달다'의 '달다', '나뭇잎이 붉다'의 '붉다'

ⓑ 지시 형용사 : 사물의 성질, 시간, 수량 따위가 어떠하다는 것을 형식적으로 나타내는 형용사

예 '사건의 전모는 이러하다'의 '이러하다', '인간적으로 그러하다'의 '그러하다'

㉢ 동사와 형용사의 구분

- 첫째, 동사는 주어의 동작이나 작용(과정)을, 형용사는 성질이나 상태를 나타낸다.
- 둘째, 기본형에 현재 시제 선어말 어미 '-는-/-ㄴ-', 관형사형 어미 '-는'과 결합할 수 있으면 동사이고, 결합할 수 없으면 형용사
- 셋째, '의도'를 뜻하는 '-려'나 '목적'을 뜻하는 어미 '-러'와 함께 쓰일 수 있으면 동사, 그렇지 못하면 형용사
- 넷째, 동사는 명령형 어미 '-어라'와 청유형 어미 '-자'와 결합할 수 있는 데 반하여, 형용사는 이러한 어미와 결합할 수 없다.

➜ 동사와 형용사를 구분하는 기준은 위와 같이 몇 가지 제시할 수는 있지만, 모든 용언을 이 규칙에 의거하여 동사와 형용사로 구분하려 해서는 안 된다. 용언의 문법적인 용법과 의미를 함께 고려하여 품사를 결정하도록 해야 한다.

㉣ 용언의 활용

용언의 어간에 여러 어미가 번갈아 결합하는 현상

어간	어미
■ 활용할 때 형태가 변하지 않는 부분	■ 활용할 때 형태가 변하는 부분
예 기본형 : 읽다 ➜ 읽-(어간) + -고/-으면/-으니/-으면/-어서/-어라(어미)	

❖ 기본형

- 용언이 문장에서 여러 형태로 변화(활용)할 때, 그 다양한 활용형 중에서 어간에 어미 '-다'가 결합한 것을 기본형이라고 한다. 기본형은 모든 활용형을 대표하여 표제어로 사전에 오른다.

예 가니, 가고, 가서, 가며 ➜ 기본형 : 가다

ⓐ **규칙 활용** : 동사와 형용사가 활용을 할 때 어간과 어미의 형태가 규칙적이다. 어간과 어미의 모습이 달라지는 것을 국어의 일반적인 음운 규칙으로 설명할 수 있다.

‘으’ 탈락
어말 어미 ‘-아/-어’ 앞, 어미의 첫소리 ‘-아/-어’ 앞, 선어말 어미 ‘-았-/-었-’ 앞에서 ‘으’가 규칙적으로 탈락한다.

‘ㄹ’ 탈락
어미의 첫소리 ‘ㄴ, ㅂ, ㅅ’ 및 ‘-(으)오, -(으)ㄹ’ 앞에서 ‘ㄹ’이 규칙적으로 탈락한다.

ⓑ **불규칙 활용** : 용언이 활용할 때 어간이나 어미의 기본 형태가 달라지며, 어간, 어미의 형태가 변화하는 현상을 일정한 규칙으로 설명할 수 없다.

■ 어간이 바뀌는 경우

불규칙 활용			규칙 활용
구분	내용(조건)	예시	
‘ㅅ’ 불규칙	‘ㅅ’이 모음 어미 앞에서 탈락한다.	잇+어 → 이어, 짓+어 → 지어, 낫+아 → 나아	벗+어 → 벗어, 씻+어 → 씻어
‘ㄷ’ 불규칙	‘ㄷ’이 모음 어미 앞에서 ‘ㄹ’로 변한다..	듣+어 → 들어, 걷+어 → 걸어, 묻[問]+어 → 물어, 깨닫다, 싣다[載]	묻+어 → 묻[埋]어, 얻+어 → 얻어
‘ㅂ’ 불규칙	‘ㅂ’이 모음 어미 앞에서 ‘오/우’로 변한다.	눕+어 → 누워, 줍+어 → 주워, 돕+아 → 도와, 덥+어 → 더워	잡+아 → 잡아, 뽑+아 → 뽑아
‘르’ 불규칙	‘르’가 모음 어미 앞에서 ‘ㄹㄹ’ 형태로 변한다.	이르+어 → 일러, 빠르+아 → 빨라, 나르+아 → 날라, 고르+아 → 골라	따르+아 → 따라, 치르+어 → 치러
‘우’ 불규칙	‘우’가 모음 어미 앞에서 탈락한다.	푸+어→퍼	주+어 → 주어, 누+어 → 누어

■ 어미가 바뀌는 경우

불규칙 활용			규칙 활용
구분	내용(조건)	예시	
‘여’ 불규칙	‘하-’뒤에 오는 어미 ‘-아/-어’가 ‘-여’로 변한다.	공부하+어 → 공부하여, ‘하다’와 ‘-하다’가 붙는 모든 용언	파+아 → 파
‘러’ 불규칙	어간이 ‘르’로 끝나는 일부 용언에서, 어미 ‘-어’가 ‘러’로 변한다.	이르+어 → 이르러, 누르+어 → 누르러	치르+어 → 치러
‘너라’ 불규칙	명령형 어미인 ‘-거라’가 ‘-너라’로 변한다.	오+거라 → 오너라	가+거라 → 가거라, 있+거라 → 있거라
‘오’ 불규칙	‘달-/다-’의 명령형 어미가 ‘오’로 변한다.	다+아(라)→다오	주어라

■ 어간과 어미가 바뀌는 경우

불규칙 활용			규칙 활용
구분	내용(조건)	예시	
'ㅎ' 불규칙	'ㅎ'으로 끝나는 어간에 '-아/-어'가 오면 어간의 일부인 'ㅎ'이 없어지고 어미도 변함.	하얗+아서 → 하얘서, 파랗+아 → 파래	좋+아서 → 좋아서

ⓜ 어미의 종류

ⓐ **어말 어미** : 활용 어미에 있어서 맨 뒤에 오는 어미. 선어말 어미와 대립되는 용어로서 보통은 어미라고 불리며, 반드시 있어야 한다.

종결 어미	■ 한 문장을 종결되게 하는 어말 어미 ■ 동사에는 평서형 · 감탄형 · 의문형 · 명령형 · 청유형이 있고, 형용사에는 평서형 · 감탄형 · 의문형이 있다.
연결 어미	■ 어간에 붙어 다음 말에 연결하는 구실을 하는 어미 예 -게, -고, -(으)며, -(으)면, -(으)니, -아/어, -지 등 ■ 대등적 · 종속적 · 보조적 연결어미
전성 어미	■ 용언의 어간에 붙어 다른 품사의 기능을 수행하게 하는 어미 예 -기, -(으)ㅁ, -(으)ㄴ, -는, -(으)ㄹ, -아/어, -게, -지, -고 등 ■ 명사형 전성 어미, 관형사형 전성 어미, 부사형 전성 어미

ⓑ **선어말 어미** : 어말 어미 앞에 나타나는 어미

■ 높임법에 관한 것 : -시-, -옵- 등

■ 시상(時相)에 관한 것 : -았-, -는-, -더-, -겠- 등

❖ 어미의 발달

■ 우리말은 어미의 쓰임이 발달되어 있으며, 헤아리는 방식에 따라 다르지만 최소한 500개 이상이 존재한다.

④ 수식언 : **관형사, 부사**

㉠ **관형사**

체언 앞에 놓여서, 그 체언의 내용을 자세히 꾸며 주는 품사

■ 체언 중에서 주로 명사를 꾸미는데, 그 뜻을 '어떠한'의 방식으로 꾸며 준다.

■ 활용하지 않는다.

■ 조사가 붙지 않는다.

ⓐ **성상 관형사** : 사람이나 사물의 모양, 상태, 성질을 나타내는 관형사

예 새 옷, 헌 구두, 순 살코기 등

ⓑ **지시 관형사** : 특정한 대상을 지시하여 가리키는 관형사

예 이 사과, 저 아이, 그 책, 다른 생각 등

ⓒ **수 관형사** : 사물의 수나 양을 나타내는 관형사

예 두 사람, 세 근, 다섯째 사위, 제삼 한강교 등

cf. 관형사와 접두사의 차이

관형사	접두사
• 하나의 단어이므로 띄어쓰기를 할 수 있으며 그 사이에 다른 말이 들어갈 수 있다. • 자립성과 분리성을 가진다. 예 맨 쓰레기밖에 없다. → 맨 더러운 쓰레기밖에 없다.(○) *맨 : '모두, 온통'의 의미	• 어떤 단어의 앞에 붙어 새로운 단어가 되게 하는 말 • 자립성과 분리성을 갖지 않는다. 예 맨손 체조 → 맨 깨끗한 손 체조(×) *맨 : '다른 것이 섞이지 않은'의 의미

→ 관형사와 접두사를 나누는 기준은 결과론적인 현상일 뿐 근본적인 근거가 되지는 못한다. 왜냐하면, 실제로 어원적으로 볼 때 국어의 접두사는 과거에 모두 실제적 의미를 가지고 있는 어근이었다고 알려져 있기 때문이다. 국어에 접두사가 존재한다는 주장을 펼칠 수 있으려면 어근의 의미와 접두사의 의미는 과연 어떻게 다른지가 밝혀져야만 한다.

ⓛ **부사**

용언 또는 다른 말 앞에 놓여 그 뜻을 분명하게 하는 품사

- 용언이나 문장을 수식하는 것을 본래의 기능으로 한다.
- 용언 앞에서 그 뜻을 '어떻게'의 방식으로 꾸며 준다.
- 부사 중에는 다른 부사, 관형사를 수식하거나 일부는 체언을 수식하기도 한다.
- 활용하지 않는다.

ⓐ **성분 부사** : 문장의 어느 한 성분만을 수식하는 부사

종류	의미	예시
성상 부사	사람이나 사물의 모양, 상태, 성질을 한정하여 꾸미는 부사	잘, 매우, 모두, 다, 참, 많이, 겨우, 바로, 아주, 특히 등
지시 부사	처소(공간)나 시간을 가리켜 한정하거나 앞의 이야기에 나온 사실을 가리키는 부사	이리, 그리, 저리, 여기, 저기, 거기 / 언제, 아까, 문득, 장차, 매일, 내일 등
부정 부사	용언의 앞에 놓여 그 내용을 부정하는 부사	아니, 안, 못 등

ⓑ 문장 부사 : 문장 전체를 수식하는 부사

종류		의미	예시
양태 부사		화자(話者)의 태도를 나타내는 문장 부사	과연, 설마, 제발, 정말, 결코, 모름지기, 응당, 어찌 등
접속부사	문장	앞 문장의 뜻을 뒤 문장에 이어 주면서 뒤의 말을 꾸며 주는 부사	그러나, 그런데, 그리고, 하지만, 더욱이, 게다가 등
	단어	앞 체언의 뜻을 뒤 체언에 이어 주면서 뒤의 말을 꾸며 주는 부사	곧, 즉, 또, 또한, 또는, 혹 등

⑤ 독립언 : 감탄사

㉠ 감탄사

말하는 이의 본능적인 놀람이나 느낌, 부름, 응답 따위를 나타내는 품사

예 여보, 우리 적게 먹어야 할 것 같아요. (부름)
아, 시간이 정말 빠르게 가는구나! (느낌)
네, 그렇게 하는 것이 좋겠습니다. (대답)

ⓐ 감정 감탄사 : 상대방을 의식하지 않고 감정을 표출하는 감탄사
예 허허, 에끼, 아이고, 후유, 에구머니, 아뿔사 등

ⓑ 의지 감탄사 : 상대방을 의식하며 자기의 생각을 표시하는 감탄사
- 상대방에게 어떻게 행동할 것을 요구하는 감탄사
  예 아서라, 자, 여보, 여보세요, 이봐 등
- 상대방의 이야기에 대해 긍정이나 부정 혹은 의혹을 표시하는 감탄사
  예 응, 네, 그래, 천만에 등

ⓒ 의미 없는 감탄사 : 입버릇이나 더듬거리는 의미 없는 소리의 감탄사
예 뭐, 말이지, 있지, 어디, 어, 아, 에, 에헴 등

㉡ 감탄사의 특징

ⓐ 문장 속의 다른 성분에 얽매이지 않고 독립성을 가진다.
ⓑ 형태가 변하지 않는다.
ⓒ 조사가 붙지 않고, 언제나 독립어로만 쓰인다.
ⓓ 문장 첫머리에 놓이는 경우가 가장 많지만 문장 속에 놓이기도 한다.

03 품사의 통용

하나의 단어가 두 가지 이상의 품사로 쓰이는 것

- 명사, 대명사, 수사, 동사, 형용사, 관형사, 부사, 감탄사, 조사의 아홉 품사는 각 부류에 소속되는 단어들의 문법적 성질이 일정하다고 생각하고 분류한 것인데, 단어 가운데 하나 이상의 문법적 성질을 함께 가지고 있는 것을 '품사의 통용'이라고 한다.

종류	예시	
명사 / 조사	나도 참을 만큼 참았다.	나도 그 사람만큼 될 수 있다.
	들은 대로 다 적었다.	내 말대로 하여라.
명사 / 관형사	그는 이지적이다.	그는 이지적 인간이다.
명사 / 부사	그의 한 평생이 행복스러웠다.	그런 이야기는 평생 처음 듣는다.
명사 / 감탄사	천세나 만세를 누리소서!	만세! 대한독립 만세!
대명사 / 부사	거기가 어디예요?	나도 거기 갑니다.
수사 / 관형사	그 애는 하나를 배우면 열을 안다.	열 사람이 나란히 자전거를 탄다.
	둘에 다섯을 더하면 일곱이다.	여기에 사과 일곱 개가 있다.
형용사 / 동사	오늘은 달이 매우 밝다.	벌써 날이 밝는다.
	가구가 커서 방에 들어가지 않는다.	너는 커서 무엇이 되고 싶니?
부사 / 감탄사	바람이 아니 분다.	아니! 어디 가겠단 말이냐.
조사 / 부사	지영이가 예리보다 키가 크다.	보다 빠르게 뛰어라.

03 확인문제

01 〈보기〉의 ⓐ~ⓓ를 참고하여 제시된 문장을 형태소 분석할 경우 ⓑ와 ⓒ에 동시에 해당되는 형태소로 적절한 것은?

> **보기**
>
> ⓐ 자립 형태소 : 혼자 쓰일 수 있는 형태소
> ⓑ 의존 형태소 : 혼자 쓰일 수 없는 형태소
> ⓒ 실질 형태소 : 구체적인 대상이나 상태를 나타내는 실질적인 의미를 지닌 형태소
> ⓓ 형식 형태소 : 문법적인 의미만을 나타내는 형태소
>
> 누나는 매일 이 시간에 저녁을 먹는다.

① 누나, 시간, 저녁
② 누나, 매일, 시간, 저녁
③ 는, 에, 을, -는-, -다
④ 는, 이, 에, 을, -는-, -다
⑤ 먹-

02 단어의 형성과 관련한 설명으로 적절하지 <u>않은</u> 것은?

① 단일어는 하나의 어근으로 이루어진 단어를 일컫는다.
② 단일어는 뜻이 달라지기 때문에 더 이상 쪼갤 수 없다.
③ 파생어는 어근의 앞이나 뒤에 접사가 붙어 만들어진 단어이다.
④ 파생어에 붙는 접사는 어근의 품사를 바꿀 수 없다.
⑤ 합성어는 둘 이상의 어근이 결합하여 이루어진 단어이다.

03 〈보기〉의 밑줄 친 단어처럼 접사가 어근의 품사를 바꾸는 것으로 적절한 것은?

> **보기**
>
> 지영이는 성적이 <u>**높이**</u> 올랐다.

① 이른 아침에 빨리 <u>달리기</u>는 쉽지 않다.
② 오늘따라 학생들의 <u>걸음</u>이 가벼워 보였다.
③ 그는 멋쩍게 <u>웃음</u>으로써 답변을 회피했다.
④ 어머니는 딸이 만화책에 깊이 <u>빠짐</u>을 염려하셨다.
⑤ 영수는 자신의 특기가 "춤을 잘 <u>춤</u>"이라고 말했다.

04 <보기>는 의미 관계에 따른 합성어의 종류이다. ㉢에 해당하는 단어로 적절한 것은?

보기

결합 구조	결합 결과
㉠ A+B	A와 B의 본래 뜻 유지
㉡ A+B	A가 B를 수식
㉢ A+B	A와 B의 본래 뜻 상실

① 손발 ② 돌다리 ③ 오가다
④ 소나무 ⑤ 보릿고개

05 <보기>에서 밑줄 친 단어들을 품사의 분류 기준에 따라 분류할 경우 '체언, 수식언, 용언'의 개수를 순서대로 묶어놓은 것은?

보기

저것은 벽 / 어쩔 수 없는 벽이라고 **우리**가 느낄 때 / 그때 / 담쟁이는 말없이 **그** 벽**을** 오른다. // 물 한 방울 없고 씨앗 **한** 톨 살아 남을 수 없는 / 저것은 절망**의** 벽이라고 말할 때 / 담쟁이는 서두르지 않고 앞으로 **나아간다**. // 한 뼘이라도 **꼭** 여럿이 함께 **손**을 잡고 올라간다. / **푸르게** 절망을 다 덮을 때**까지** / **바로** 그 절망을 잡고 놓지 않는다. // 저것은 넘을 수 없는 벽이라고 고개를 떨구고 있을 때 / 담쟁이 잎 **하나**는 담쟁이 잎 수천 개를 이끌고 / 결국 그 벽을 **넘는다**.

-도종환, '담쟁이'

① 4-4-3 ② 4-3-3 ③ 4-4-2
④ 3-4-3 ⑤ 3-3-3

06 <보기>의 밑줄 친 단어와 명사의 종류가 같은 것은?

보기

▪ 지수는 "**네로**야" 하고 자기 집 강아지를 불렀다.

위 문장에서 '네로'는 고유 명사이고, '강아지'는 보통 명사이다.

① 이번 태풍으로 문패가 떨어져 버렸다.
② 우리나라 보물 제1호는 흥인지문이다.
③ 타향이라서 모든 것이 낯설고 서먹서먹하다.
④ 경복궁은 1867년에 흥선 대원군이 재건하였다.
⑤ 동생 일인데 강 건너 불구경으로 있으면 어떻게 하냐.

07 〈보기〉의 조사들 중, 기능이 다른 하나는?

보기

• 혜지가 시장에서 할머니의 짐을 들어드렸어요.

① 가 ② 에서 ③ 의 ④ 을 ⑤ 요

08 〈보기〉의 밑줄 친 말에 대한 설명으로 적절하지 않은 것은?

보기

㉠ 그는 친구**에게** 생일 선물**을** 주었다.
㉡ 나**는** 사과**만** 좋아한다.
㉢ 엄마**와** 동생은 시장에 갔다.

① ㉠의 '에게'와 '을'은 앞말과 다른 말의 문법적 관계를 표시한다.
② ㉡의 '는'과 '만'은 앞말에 붙어 특별한 의미를 더해준다.
③ ㉡의 '만' 대신 '를'을 쓰면 기능상에 변화가 생긴다.
④ ㉢의 '와'는 '엄마'와 '동생'을 같은 자격으로 이어준다.
⑤ ㉠~㉢의 밑줄 친 말은 모두 체언에 붙어 있다.

09 ㉠~㉥에 대한 설명으로 적절하지 않은 것은?

보기

㉠ 집에 **가다**./**간다**. ㉡ 키가 **작다**./***작는다**. ㉢ 밥을 **먹어라**./**먹자**.
㉣ 키 좀 ***작아라**./***작자**. ㉤ 점심을 **먹으려고** ㉥ 얼굴을 ***검으려고**

① ㉠의 '가다'는 동작을 나타내므로 동사이다.
② ㉡의 '작다'는 사물의 성질이나 상태를 나타내므로 형용사이다.
③ ㉠의 '가다'에는 현재 시제 선어말 어미 '-ㄴ-/-는-'이 붙지만 ㉡의 '작다'에는 붙지 않는다.
④ ㉢의 '먹다'와 달리 ㉣의 '작다'에는 명령형이나 청유형 어미가 쓰이지 않는다.
⑤ ㉤과 ㉥처럼 성질이 같은 단어라도 동일한 어미를 취하는 것은 아니다.

10 다음 밑줄 친 단어 중, 불규칙 활용을 하는 용언에 해당하는 것은?

① 어머니는 내 손을 꼭 잡으셨다.
② 그 시인이 요즘에는 소설을 짓고 있다.
③ 공이 너무 딴딴해서 바람을 조금 뺐았다.
④ 아이는 어머니의 가슴에 얼굴을 묻었다.
⑤ 그는 열흘만 지나면 병역의 의무를 벗는다.

11 다음 중, 〈보기〉의 밑줄 친 경우에 해당하는 것은?

> 보기
>
> 용언이 활용할 때, 어간의 모양은 바뀌지 않고 어미만 교체되며 어미는 모든 어간에 공통되는 형식으로 결합한다는 원칙이 있다. 그런데 이 원칙에서 벗어나는 경우가 있는데, 어간의 모양만 바뀌는 경우, **<u>어미의 모양만 바뀌는 경우</u>**, 어간과 어미의 모양이 모두 바뀌는 경우가 그것이다.

① 사장은 관계자의 책임을 <u>물었다</u>.
② 그는 여느 때보다 <u>이르게</u> 학교에 도착했다.
③ 아이들에게 위험한 데서 놀지 말라고 <u>일렀다</u>.
④ 목적지에 <u>이르러서야</u> 두고 온 물건이 생각났다.
⑤ 그는 화를 <u>누르지</u> 못하고 버럭 소리를 질렀다.

12 〈보기〉의 밑줄 친 말을 통해 '부사'에 관한 탐구학습을 수행한 결과로 적절하지 <u>않은</u> 것은?

> 보기
>
> ㉠ 비가 **<u>참</u>** **<u>많이</u>** 내리네.
> ㉡ 어제는 **<u>너무</u>** 바빴어요.
> ㉢ 혜빈이가 좋아하는 사람은 **<u>바로</u>** 너야.
> ㉣ **<u>과연</u>** 이 일이 앞으로 어떻게 전개될까요?
> ㉤ 인문, 사회, 과학 **<u>및</u>** 예술

① ㉠의 '참'은 다른 부사를 수식하는군.
② ㉠의 '많이'와 ㉡의 '너무'는 모두 용언을 수식하는군.
③ ㉢의 '바로'는 문장의 어느 곳에 위치해도 의미가 변하지 않는군.
④ ㉣의 '과연'은 뒤에 오는 문장 전체를 수식하는군.
⑤ ㉤의 '및'은 앞말과 뒷말을 이어 주는 역할을 하는군.

13 〈보기〉의 '품사의 통용'에 해당하지 않는 것은?

보기

단어 가운데 하나 이상의 문법적 성질을 함께 가지고 있는 것을 '**품사의 통용**'이라고 한다.

① • 나도 너만큼 할 수 있어.
  • 그것을 할 만큼 여유롭지 않아.

② • 경제적 성장이 우선이다.
  • 제일 목표는 경제적인 성장이다.

③ • 둘에 셋을 더하면 다섯이다.
  • 농구는 한 팀에 다섯 사람이 경기를 한다.

④ • 엄마, 여기가 어디예요?
  • 나도 여기에 왔어요.

⑤ • 그가 내 손을 잡았다.
  • 그 사람이 내 손을 잡았다.

14 〈보기〉는 학교에서 A와 B가 나누는 대화이다. 다음 중, 가리키는 대상이 동일한 것이 아닌 것은?

보기

A : ㉮**선배님**은 ㉯**취미**가 뭐예요?

B : 취미? 나는 시간 날 때마다 배드민턴을 자주 하니까 ㉰**이것**을 취미라고 해야겠네. ㉱**너**는 어떤 걸 즐겨하는데?

A : 네, ㉲**저**는 나무와 함께 하는 것을 좋아해요. 커가는 나무를 보면 제 마음도 함께 커가는 거 같아요.

B : 그래서 네가 점심시간마다 운동장가에 있는 소나무 밑에 자주 가는구나!

A : 네 맞아요. ㉳**아버님**도 소나무를 좋아하셔서 집 앞마당에 있는 ㉴**소나무**도 ㉵**당신**께서 심으셨어요.

B : 그래, 그럼 ㉶**나**도 오늘부터 점심 먹은 후에는 너와 함께 ㉷**그** 밑에 가볼까?

① ㉮-㉶　② ㉯-㉰　③ ㉱-㉲
④ ㉳-㉵　⑤ ㉴-㉷

15 **〈보기〉는 조사를 탐구하기 위한 자료의 일부이다. 이에 대한 이해로 적절하지 <u>않은</u> 것은?**

> 보기
>
> ㉠ 보건소**<u>에서</u>**는 10월 1일**<u>부터</u>** 독감 예방 접종을 실시합니다.
>
> ㉡ 영우는 운동장**<u>에서</u>** 축구를 하고 있다.
>
> ㉢ 일하는 솜씨가 제법**<u>이다</u>**.
>
> ㉣ 시간은 정말 순식간**<u>이야</u>**.
>
> ㉤ 그것은 내가 할 수 있는 마지막 방법**<u>이었다</u>**.

① ㉠에서처럼 '에서' 뒤에는 다른 조사가 올 수 있다.
② ㉠의 '부터'는 앞말에 붙어 '시작'이라는 의미를 덧붙여 준다.
③ ㉠과 ㉡의 '에서'는 형태는 동일하지만 문장에서의 기능이 다르다.
④ ㉢~㉤의 밑줄 친 말들은 모두 명사와 결합되어 있다.
⑤ ㉣의 '이야'와 ㉤의 '이었다'는 ㉢의 '이다'가 활용된 형태이다.

04 기출문제

01

2015년 3월 고3 전국연합학력평가

〈보기〉의 ㉠~㉢에 들어갈 말로 적절한 것은?

보기

선생님 : 어간은 용언의 활용 시 변하지 않는 부분을, 어근은 단어 분석 시 실질적 의미를 나타내는 중심 부분을 가리킵니다.

용언	어간	어근
솟다 (단일어)	솟-	솟-
치솟다 (파생어)	치솟-	솟-
샘솟다 (합성어)	샘솟-	샘, 솟-

위의 예에서 알 수 있듯이 어떤 용언이 단일어일 경우 어간과 어근이 일치합니다. 하지만, 용언이 파생어나 합성어일 경우 어간과 어근이 일치하지 않습니다. 그렇다면 이번에는 다음 세 단어의 어간과 어근을 분석해 볼까요?

용언	어간	어근
줄이다	줄이-	㉠
힘들다	힘들-	㉡
오가다	오가-	㉢

	㉠	㉡	㉢
①	줄이-	힘들-	오가-
②	줄이-	힘들-	오-, 가-
③	줄-	힘들-	오가-
④	줄-	힘, 들-	오-, 가-
⑤	줄-	힘, 들-	오가-

02

2015년 4월 고3 전국연합학력평가

다음은 접사와 어근의 결합 양상에 대해 수업 중 발표한 내용이다. 이에 대한 학생들의 반응으로 적절하지 않은 것은?

발표 내용

발표 1 : 어근에 접두사가 결합되면 어근에 의미가 더해집니다. 예를 들어 '선무당'은 어근 '무당'에 접두사 '선-'이 결합하여 '서툰'이라는 의미가 더해진 것입니다. '군말', '군살'도 그 예에 속합니다.

발표 2 : 어근에 접미사가 결합되면 어근에 의미가 더해집니다. 예를 들어 '꾀보'는 어근 '꾀'에 접미사 '-보'가 결합하여 '그것을 즐기거나 그 정도가 심한 사람'의 의미가 더해진 것입니다.

발표 3 : 어근에 접미사가 결합하면 품사가 바뀌기도 합니다. 예를 들어 '사랑'은 '-하다'가 붙으면 명사에서 동사로 품사가 바뀝니다.

① '발표 1'의 내용 중 '군말', '군살'의 '군-'은 '쓸데없는'의 의미를 어근에 더해 주는군.
② '발표 1'과 '발표 2'를 종합해 보면, 접두사와 접미사는 어근과 결합하여 새로운 단어를 만드는군.
③ '발표 2'의 단어에 '멋쟁이', '장난꾸러기'를 더 추가할 수 있겠군.
④ '발표 2'와 '발표 3'을 종합해 보면, '꾀보'는 '-보'에 의해 의미가 더해지고 품사가 바뀌었군.
⑤ '발표 3'에는 '숙제하다'를 더 추가할 수 있겠군.

03

2015년 7월 고3 전국연합학력평가

〈보기1〉을 바탕으로 ㉠과 품사가 같은 것만을 〈보기2〉에서 고른 것은?

보기1

수관형사는 수사와 형태가 같은 경우가 많아 혼동하기 쉽다. 문장에서 둘 다 활용을 하지 않고 사물의 수량이나 순서를 가리키지만, 수관형사는 수사와 달리 단위를 나타내는 의존 명사와 함께 쓰인다는 차이가 있다.

- 이 일을 마치는 데에 ㉠칠 개월 걸렸다. (수관형사)
- 육에 일을 더하면 칠이다. (수사)

보기2

- 명호는 바둑을 ㉮다섯 판이나 두었다.
- 윤배가 고향을 떠난 지 ㉯팔 년이 지났다.
- 은주는 시장에서 토마토를 ㉰하나 사 왔다.
- 현수는 달리기 시합에서 ㉱셋째로 들어왔다.

① ㉮, ㉯
② ㉮, ㉰
③ ㉯, ㉰
④ ㉯, ㉱
⑤ ㉰, ㉱

04

2015년 10월 고3 전국연합학력평가

〈보기〉를 바탕으로 하여 조사의 특성에 대해 탐구한 내용이 적절하지 않은 것은?

보기

- 형(은/*는) 학교에 가고, 나(*은/는) 집에 갔다.
- 민수(가/는) 운동(을/은) 싫어한다.
- 나는 점심에 국수 먹었는데 너는 무엇을 먹었어?
- 어서요 읽어 보세요.
- 빵만으로 살 수 없다.

(*는 비문법적인 표현임.)

① 격 조사 자리에 보조사가 올 수도 있군.
② 격 조사는 담화 상황에 따라 생략할 수도 있군.
③ 앞에 오는 말의 받침 유무에 따라 조사를 선택하기도 하는군.
④ 보조사는 체언뿐 아니라 부사 뒤에도 붙을 수 있군.
⑤ 보조사는 격 조사와 결합할 때 격 조사 뒤에만 붙을 수 있군.

05

2015년 10월 고3 전국연합학력평가

〈보기〉의 설명에 따라 학습지를 푼 결과 중, 바르지 않은 것은?

보기

선생님 : 본용언과 보조 용언은 띄어 쓰는 것이 원칙이지만 경우에 따라 붙여 쓰는 것도 허용하고 있어요. 그렇지만 앞말에 조사가 붙거나 앞말이 합성 동사인 경우에 그 뒤에 오는 보조 용언은 띄어 써야 해요. 예를 들어, '도와 드리다'의 경우 '드리다'가 보조 용언이니까 '도와 드리다'로 쓰는 것이 원칙이지만 '도와드리다'도 허용하는 것이지요. 그럼 선생님 설명을 얼마나 잘 이해했는지 확인해 볼까요?

학습지

다음은 보조 용언이 쓰인 문장이다. 띄어쓰기에 맞는 표현을 모두 찾아 ○표 하시오.

ㅇ 활활 타던 불이 (꺼져 갔다 / 꺼져갔다).	…… ①
ㅇ 의자를 뒤로 (밀어내 버렸다 / 밀어내버렸다).	…… ②
ㅇ 네가 그 일에 (덤벼들어 보아라 / 덤벼들어보아라).	…… ③
ㅇ 책을 여러 번 (읽어도 보았다 / 읽어도보았다).	…… ④
ㅇ 공책에 (기록해 두었다 / 기록해두었다).	…… ⑤

06

2016년 3월 고3 전국연합학력평가

밑줄 친 말 가운데 <보기>의 [A]의 사례로 추가하기에 적절하지 않은 것은?

보기

합성어의 품사는 합성어를 구성하는 어근의 품사와 관계없이 새로운 품사가 되기도 하지만, **[A]일차적으로 직접 구성 성분* 분석을 했을 때 맨 끝 구성 성분의 품사에 따라 결정되는 경우**가 많다. 그 사례는 아래와 같다.

단어	직접 구성 성분 분석	단어의 품사
큰집	큰(형용사) + 집(명사)	명사
본받다	본(명사) + 받다(동사)	동사
⋮	⋮	⋮

* 직접 구성 성분 : 어떤 언어 단위를 층위를 두고 분석할 때 일차적으로 분석되어 나오는 성분.

① 입학했던 때가 엊그제 같은데 어느새 3학년이구나.
② 그는 농구는 몰라도 축구 실력만큼은 남달랐다.
③ 아침에 늦잠이 들어 하마터면 지각할 뻔했다.
④ 길을 가는데 낯선 사람이 알은척을 했다.
⑤ 하루빨리 여름방학이 왔으면 좋겠다.

07

2016년 7월 고3 전국연합학력평가

<보기>의 밑줄 친 부분에 해당하는 예로 적절하지 않은 것은? [3점]

보기

국어의 조사 중에는 주로 체언 뒤에 결합하여 문법적인 관계를 나타내는 격 조사와 체언, 부사, 활용 어미 따위에 붙어서 어떤 특별한 의미를 더해주는 **보조사**가 있다.

① '국수라도 먹으렴.'에서의 '라도'
② '영어야 철수가 도사지.'에서의 '야'
③ '그 과자를 먹어는 보았다.'에서의 '는'
④ '일을 빨리만 하면 안 된다.'에서의 '만'
⑤ '그는 아이처럼 순진하다.'에서의 '처럼'

08

2017년 3월 고3 전국연합학력평가

<보기>의 ⓐ, ⓑ가 사용된 예를 ㉠~㉤에서 바르게 고른 것은?

보기

선생님 : 여러분이 헷갈려 하는 것들 중 ⓐ**용언의 어간과 결합하는 명사형 어미 '-(으)ㅁ', '-기'**와 ⓑ**어근과 결합하여 명사를 만드는 접미사 '-이', '-음', '-기'**가 있어요. 전자는 용언의 품사를 바꾸지 않으며, 전자가 결합해 활용된 용언은 서술하는 기능이 유지되고 부사어의 수식을 받을 수 있어요. 한편 후자가 결합하여 만들어진 명사는 관형어의 수식을 받을 수 있어요.

선생님 : ◦ 세상은 홀로 ㉠**살기**가 어렵다.
◦ 형은 충분히 ㉡**잠**으로써 피로를 풀었다.
◦ 날씨가 더워 시원한 ㉢**얼음**이 필요하다.
◦ 우리에게 건전한 ㉣**놀이** 문화가 필요하다.
◦ 이곳은 풍경이 매우 ㉤**아름답기**로 유명하다.

	ⓐ	ⓑ
①	㉠, ㉡	㉢, ㉣, ㉤
②	㉠, ㉤	㉡, ㉢, ㉣
③	㉢, ㉣	㉠, ㉡, ㉤
④	㉠, ㉡, ㉤	㉢, ㉣
⑤	㉡, ㉢, ㉣	㉠, ㉤

09
2017년 3월 고3 전국연합학력평가

〈보기〉를 참고할 때, 밑줄 친 부분이 바르게 쓰인 것은?

보기

채 「의존 명사」
이미 있는 상태 그대로 있다는 뜻을 나타내는 말.

체 「의존 명사」
그럴듯하게 꾸미는 거짓 태도나 모양.

-째 「접사」
'그대로', 또는 '전부'의 뜻을 더하는 접미사.

① 사과를 껍질째로 먹었다.
② 나는 앉은 체로 잠이 들었다.
③ 그녀는 혼자 똑똑한 채를 한다.
④ 사나운 멧돼지를 산 째로 잡았다.
⑤ 곰이 다가오자 그는 죽은 채를 했다.

10
2017년 4월 고3 전국연합학력평가

(가)는 학생의 메모이고, (나)는 추가로 조사한 자료이다. (가)와 (나)를 참고하여 〈보기〉에 대해 탐구한 것으로 적절하지 않은 것은? [3점]

(가) 두 용언이 연결 어미로 이어진 경우

유 형	특 징
본용언 + 본용언	• 각각의 용언이 주어와 호응한다. • 두 용언 사이에 다른 문장 성분이 올 수 있다. • 반드시 띄어 쓴다.
본용언 + 보조 용언	• 앞의 용언만으로 문장이 성립되고, 뒤의 용언만으로는 문장이 성립되지 않는다. • 보조 용언은 띄어 쓰는 것이 원칙이지만 경우에 따라 붙여 쓰는 것도 허용한다.
합성 동사	• 국어사전에 하나의 단어로 등재되어 있다. • 반드시 붙여 쓴다.

(나) 표준국어대사전 검색 결과

검색

▾ 표준국어대사전 검색

• **'집어먹다'에 대한 검색 결과입니다.(1건)**

집어-먹다「동사」【…을】
「1」 남의 것을 가로채어 제 것으로 만들다.
「2」 겁, 두려움 따위를 가지게 되다.

• **'잊어먹다'에 대한 검색 결과입니다.(0건)**

보기

◦ 온순했던 청년들은 지레 겁을 ㉠**집어먹었다**.
◦ 나는 시험 준비를 하느라 잠자는 것도 ㉡**잊어 먹었다**.
◦ 그는 그녀에게 진 빚을 갚기 위해 공금을 ㉢**집어먹었다**.
◦ 그는 굶주림에 지쳐 땅 위에 버려진 빵을 ㉣**집어 먹었다**.
◦ 그들은 서로 만나기로 했던 사실을 새까맣게 ㉤**잊어먹었다**.

① ㉠은 국어사전에 단어로 등재되어 있는 합성 동사이므로 두 용언을 붙여 쓴 것이겠군.
② ㉡은 뒤의 용언만으로 문장이 성립되지 않으므로 원칙에 따라 두 용언을 띄어 쓴 것이겠군.
③ ㉢은 각각의 용언이 모두 주어인 '그는'과 호응하고 있으므로 두 용언을 붙여 쓴 것이겠군.
④ ㉣은 두 용언 사이에 '허겁지겁'과 같이 다른 문장 성분이 올 수 있으므로 두 용언을 띄어 쓴 것이겠군.
⑤ ㉤은 사전에 등재된 단어가 아니고, 뒤의 용언만으로 문장이 성립하지 않으므로 두 용언을 띄어 써야 하지만 붙여 쓴 것을 허용한 것이겠군.

2017년 7월 고3 전국연합학력평가

[11~12] 다음 글을 읽고 물음에 답하시오.

[A] 공통된 성질을 가진 단어들을 모아 갈래 지어 놓은 것을 품사라고 한다. 국어의 품사는 단어의 형태, 기능, 의미를 기준으로 분류한다.

첫째, 단어는 형태 변화의 여부에 따라 형태가 변하지 않는 말인 불변어와, 활용하여 형태가 변하는 말인 가변어로 나뉜다. 둘째, 단어는 문장 속에서 해당 단어가 수행하는 기능에 따라 문장에서 주로 주어의 기능을 하는 체언, 문장의 주어를 서술하는 기능을 하는 용언, 다른 말을 수식하는 기능을 하는 수식언, 문장에 쓰인 단어들의 관계를 나타내는 기능을 하는 관계언, 다른 성분에 얽매이지 않고 독립적으로 쓰이는 독립언으로 나뉜다. 셋째, 단어는 개별 단어가 어떤 의미를 갖고 있느냐에 따라 대상의 이름을 나타내는 명사, 명사를 대신하여 그것을 가리키는 대명사, 대상의 수량이나 순서를 나타내는 수사, 사람이나 사물 따위의 움직임이나 작용을 나타내는 동사, 성질이나 상태를 나타내는 형용사, 주로 체언을 꾸며 주는 관형사, 주로 용언이나 문장을 꾸며 주는 부사, 앞말에 붙어 그 말과 다른 말과의 문법적 관계를 나타내거나 특별한 뜻을 더하는 조사, 말하는 이의 놀람이나 느낌, 부름, 응답 따위를 나타내는 감탄사로 나뉜다.

단어는 하나의 품사로 사용되는 경우가 일반적이지만 둘 이상의 품사로 사용되는 경우도 있다. 가령 '그는 모든 원인을 자기의 잘못으로 돌렸다.'의 '잘못'은 조사와 결합하는 명사이지만, '그는 길을 잘못 들어서 한참 헤맸다.'의 '잘못'은 용언을 수식하는 부사이다. '잘못'이 ㉠**명사와 부사로 쓰인 것**이다. 또한 '노력한 만큼 대가를 얻다.'의 '만큼'은 관형어의 수식을 받는 명사이지만, '집을 대궐만큼 크게 짓다.'의 '만큼'은 앞말과 비슷한 정도나 한도임을 나타내는 조사이다. '만큼'이 ㉡**명사와 조사로 쓰인 것**이다. 이 밖에도 국어에는 부사와 조사로 쓰이는 경우, 수사와 관형사로 쓰이는 경우와 같이 두 개 이상의 품사로 쓰이는 단어들이 존재한다.

11

[A]를 바탕으로 〈보기〉의 ⓐ~ⓒ를 이해한 내용으로 적절하지 않은 것은? [3점]

보기

ⓐ 아직까지는 그 사실을 **아무**도 모르고 있다.
ⓑ 할머니께서 **온갖** 재료로 만두를 곱게 빚으셨다.
ⓒ (대화 중) "들어가도 됩니까?" / "**네**, 어서 오십시오."

① ⓐ에서 '아무'는 문장에서 주어의 기능을 하는 체언이다.
② ⓑ에서 '온갖'은 문장에서 다른 말을 수식하는 수식언이다.
③ ⓒ에서 '네'는 말하는 이의 응답을 나타내는 감탄사이다.
④ ⓐ와 ⓑ에서 조사는 각각 3개씩이다.
⑤ ⓐ와 ⓑ에서 가변어는 각각 2개씩이다.

12

㉠, ㉡에 해당하는 예로 적절한 것은?

① ㉠ ┌ 둘에 다섯을 더하면 일곱이다.
　　 └ 여기에 사과 일곱 개가 있다.
② ㉠ ┌ 너 커서 무엇이 되고 싶니?
　　 └ 가구가 커서 방에 들어가지 않는다.
③ ㉠ ┌ 식구 모두가 여행을 떠났다.
　　 └ 그릇에 담긴 소금을 모두 쏟았다.
④ ㉡ ┌ 나를 처벌하려면 법대로 해라.
　　 └ 큰 것은 큰 것대로 따로 모아 두다.
⑤ ㉡ ┌ 모두 같이 학교에 갑시다.
　　 └ 얼음장같이 차가운 방바닥이 생각난다.

13

2018년 3월 고3 전국연합학력평가

〈보기〉의 밑줄 친 부분과 관련한 탐구로 적절하지 않은 것은?

보기

선생님 : 지난 시간에 모둠별로 〈그림〉의 대상을 지칭하는 새말을 만드는 활동을 했어요. **이번 시간에는 지난 시간에 만든 새말들의 단어 구조에 대해 탐구해 봅시다.**

○ 모둠 활동 결과

		새말
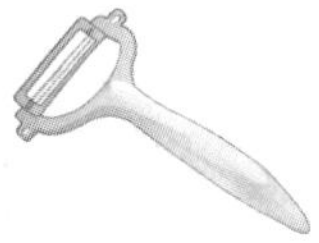 〈그림〉	㉠	오이칼, 껍질칼
	㉡	갉작갉작칼, 사각사각칼
	㉢	까개, 깎개
	㉣	긁도구, 밀도구
	㉤	박박이, 쓱쓱이

① ㉠은 명사 어근들을 결합하여 만든 통사적 합성어입니다.
② ㉡은 부사 어근과 명사 어근을 결합하여 만든 비통사적 합성어입니다.
③ ㉢은 동사 어근에 접사를 결합하여 만든 파생어입니다.
④ ㉣은 명사 어근에 접사를 결합하여 만든 파생어입니다.
⑤ ㉤은 부사 어근에 접사를 결합하여 만든 파생어입니다.

14

2018년 4월 고3 전국연합학력평가

〈보기〉의 ㉠과 ㉡에 모두 해당하는 단어로 적절한 것은?

보기

복합어는 어근과 어근이 결합되거나 어근에 접사가 결합되어 만들어진다. 이런 결합 관계는 여러 번에 걸쳐 일어나기도 해서, ㉠**어근과 어근이 결합한 데 다시 접사가 붙는 경우**도 있고, 어근과 접사가 결합한 데 다시 접사가 붙는 경우도 있다. 이때 ㉡**접사가 결합되어 어근의 품사가 변하는 경우**도 있다.

① 군것질 ② 바느질 ③ 겹겹이
④ 다듬이 ⑤ 헛웃음

15

2018년 10월 고3 전국연합학력평가

〈보기〉의 ㉠~㉤에 대한 수정 방안으로 적절하지 않은 것은?

보기

결석해서 무엇을 공부해야 ㉠**할 지** 모르는 나에게 승호는 필기한 공책을 ㉡**주고 갔다**. 승호는 역시 듬직한 ㉢**형 같다**. 이제 내가 심혈을 ㉣**기울일것**은 ㉤**공부 뿐이다**.

① ㉠ : '-ㄹ지'가 하나의 어미이기 때문에 '할'과 '지'를 붙여 '할지'로 수정한다.
② ㉡ : '갔다'가 본동사이기 때문에 '주고'와 '갔다'를 붙여 '주고갔다'로 수정한다.
③ ㉢ : '같다'가 형용사이기 때문에 '형'과 띄어 '형 같다'로 수정한다.
④ ㉣ : '것'이 의존 명사이기 때문에 '기울일'과 띄어 '기울일 것'으로 수정한다.
⑤ ㉤ : '뿐'이 조사로 쓰였기 때문에 '공부'와 붙여 '공부뿐이다'로 수정한다.

2018년 7월 고3 전국연합학력평가

[16] 다음 글을 읽고 물음에 답하시오.

단어를 이루는 형태소 중에 실질적인 의미를 나타내는 중심 부분을 어근이라고 하는데, 어근이 두 개 이상 결합한 단어를 합성어라고 한다.

[A] 합성어는 형성 방법과 종류가 매우 다양하다. 그 중 국어의 일반적인 단어 배열법에 따라 어근을 결합한 합성어를 통사적 합성어라 하고, 그렇지 않은 것을 비통사적 합성어라고 한다. 예를 들어, 명사와 명사가 결합한 '논밭', 용언의 관형사형과 명사가 결합한 '군은살', 용언의 연결형과 용언의 어간이 결합한 '스며들다' 등은 국어 문장에서 흔히 나타나는 배열법으로서 통사적 합성어에 해당한다. 반면에 용언의 어간이 명사에 직접 결합한 '덮밥', 용언의 어간과 어간이 연결 어미 없이 결합한 '오르내리다' 등은 국어의 문장 구성 방식에 없는 단어 배열법으로 비통사적 합성어에 해당한다.

이러한 단어 합성법은 중세 국어에서도 찾아볼 수 있다. 명사와 명사가 결합한 '바ᄂᆞ실(바느실)', 용언의 관형사형과 명사가 결합한 '져므니(젊은이)', 용언의 연결형과 용언의 어간이 결합한 '니러셔다(일어서다)' 같은 통사적 합성어와 '빌먹다(빌어먹다)'와 같이 용언의 어간과 어간이 연결 어미 없이 결합한 비통사적 합성어가 그러한 예이다.

한편 중세 국어에서 '뛰다'와 '놀다'의 합성어 형태로는 비통사적으로 결합한 '뛰놀다' 하나만 확인되고 있는데 현대 국어에는 비통사적 합성어인 '뛰놀다'와 통사적 합성어인 '뛰어놀다'의 두 가지 합성어 형태가 모두 쓰이는 것을 확인할 수 있다. 이와 반대로 현대 국어에는 하나의 합성어 형태로만 쓰이는 단어가 중세 국어에는 두 가지 합성어 형태로 모두 쓰였던 경우도 찾아볼 수 있다.

16

[A]를 바탕으로 다음 단어를 분석한 것으로 적절하지 <u>않은</u> 것은?

	단어	결합 방식	합성어의 종류
①	어깨동무	명사 + 명사	통사적 합성어
②	건널목	용언의 관형사형 + 명사	통사적 합성어
③	보살피다	용언의 연결형 + 용언의 어간	통사적 합성어
④	여닫다	용언의 어간 + 용언의 어간	비통사적 합성어
⑤	검버섯	용언의 어간 + 명사	비통사적 합성어

17

2018년 10월 고3 전국연합학력평가

〈보기〉에 제시된 ㉮와 ㉯의 사례를 올바르게 짝지은 것은?

보기

파생어는 어근에 접사가 붙어 이루어진 말이다. 파생어 형성의 결과 품사가 달라지는 경우가 있고, 문장에 사용된 어떤 단어가 파생어로 바뀌면 그 파생어로 인해 문장 구조가 달라지는 경우도 있다. 예컨대 형용사 '괴롭다'는 동사 '괴롭히다'로 파생된다. 또한 '마음이 괴롭다.'의 '괴롭다'를 '괴롭히다'로 바꾸면 '마음을 괴롭히다.'와 같이 문장 구조가 달라진다.

품사	문장 구조	
○	○	……………… ㉮
○	×	
×	○	……………… ㉯
×	×	

(○ : 달라짐. × : 달라지지 않음.)

	㉮	㉯
①	(풀을) 깎다 → (풀이) 깎이다	(발을) 밟다 → (발이) 밟히다
②	(풀을) 깎다 → (풀이) 깎이다	(불이) 밝다 → (불을) 밝히다
③	(방이) 넓다 → (방을) 넓히다	(책을) 팔다 → (책이) 팔리다
④	(방이) 넓다 → (방을) 넓히다	(굽이) 높다 → (굽을) 높이다
⑤	(음이) 낮다 → (음을) 낮추다	(문을) 밀다 → (문을) 밀치다

18

2019년 3월 고3 전국연합학력평가

〈보기〉의 선생님 물음에 대한 답으로 가장 적절한 것은?

보기

선생님 : 지난 시간에 형태소와 단어에 대해 공부했는데, 이를 바탕으로 다음 자료에서 ㉠, ㉡, ㉢의 공통점과 차이점이 무엇인지 말해볼까요?

[자료]

◦ 이 문제는 나한테 묻(㉠)지 말고 그에게 물(㉠)어라.

◦ 귀로는 음악을 들었(㉡)고 눈으로는 풍경을 보았(㉡)다.

◦ 나는(㉢) 산으로 가자고 했지만 동생은(㉢) 바다로 갔다.

① 공통점은 단어의 자격을 가진다는 것이고, 차이점은 ㉠만 실질적 의미를 나타낸다는 것입니다.
② 공통점은 문법적 의미를 나타낸다는 것이고, 차이점은 ㉢만 단어의 자격을 가진다는 것입니다.
③ 공통점은 단어의 자격을 갖지 못한다는 것이고, 차이점은 ㉡, ㉢만 문법적 의미를 나타낸다는 것입니다.
④ 공통점은 음운 환경에 따라 그 형태가 바뀐다는 것이고, 차이점은 ㉡, ㉢만 문법적 의미를 나타낸다는 것입니다.
⑤ 공통점은 반드시 다른 말과 결합하여 쓰인다는 것이고, 차이점은 ㉡, ㉢만 음운 환경에 따라 그 형태가 바뀐다는 것입니다.

2019년 4월 고3 전국연합학력평가

[19] 다음 글을 읽고 물음에 답하시오.

하나의 형태소가 환경에 따라 다르게 나타나기도 하는데, 그 모습들을 이형태라고 한다. 이형태가 성립하기 위해서는 하나의 형태소가 다른 모습으로 나타나더라도 그 의미가 서로 동일해야 한다. '이'와 '가'는 주어의 자격을 나타내는 조사로 그 의미가 서로 동일하다. 하지만 의미의 동일성만으로는 이형태를 구분하기 힘든 경우가 있다. 이럴 때는 각각의 형태가 상보적 분포를 보이는지 확인하면 이형태인지를 알 수 있다. 주격 조사 '이'는 자음 뒤에만 나타나고 주격 조사 '가'는 모음 뒤에만 나타나므로, 이 두 형태가 나타나는 음운 환경은 서로 겹치지 않는다. 따라서 '이'와 '가'는 상보적 분포를 보이고, 의미가 동일하기 때문에 이형태 관계에 있다. 이형태는 음운 환경에 따라 다른 모습으로 나타나는 경우가 많은데 이를 음운론적 이형태라고 한다. '막았다'의 '-았-'과 '먹었다'의 '-었-'은 앞말 모음의 성질이 양성인지 음성인지에 따라 형태가 결정되므로 음운론적 이형태이다. 이와 달리 음운론적으로 설명할 수 없는 예외적인 환경에서 나타나는 이형태를 형태론적 이형태라고 한다. '하였다'의 '-였-'은 '하-'라는 특정 형태소와 어울려서 음운론적으로 설명할 수 없는 경우이므로, '-였-'은 '-았- / -었-'과 형태론적 이형태의 관계에 있다.

이형태는 중세 국어에서도 나타났는데 현대 국어와 차이점을 보이기도 했다. 현대 국어에서 부사격 조사 '에'는 이형태가 존재하지 않는다. 하지만 중세 국어에서는 앞말 모음의 성질에 따라 이형태가 존재했다. 앞말의 모음이 양성 모음일 때는 '애'가, 음성 모음일 때는 '에'가, 단모음 'ㅣ' 또는 반모음 'ㅣ'일 때는 '예'가 사용되었다.

19

윗글을 바탕으로 〈보기〉의 자료를 탐구한 내용으로 적절하지 않은 것은? [3점]

보기

◦ 이 사과는(㉠) 민수한테(㉡) 주는 선물이다.

◦ 네 일은(㉢) 네가 알아서 하여라(㉣).

◦ 영수야(㉤) 내 손을 꼭 잡아라(㉥).

◦ 영숙아(㉦) 민수에게(㉧) 책을 주어라(㉨).

① ㉠은 모음 뒤에만 나타나고 ㉢은 자음 뒤에만 나타나기 때문에 서로가 나타나는 음운 환경이 겹치지 않겠군.
② ㉡과 ㉧은 상보적 분포를 보이지 않으므로 이형태의 관계가 아니라고 할 수 있겠군.
③ ㉣은 ㉥, ㉨과 비교했을 때, 특정 형태소와 어울려서 음운론적으로 설명할 수 없는 이형태라고 볼 수 있겠군.
④ ㉤과 ㉦은 손아랫사람을 부를 때 쓰는 호격 조사로 형태론적 이형태의 관계이겠군.
⑤ ㉥과 ㉨은 앞말 모음의 성질에 따라 형태가 결정되겠군.

2019년 7월 고3 전국연합학력평가

[20] 다음 글을 읽고 물음에 답하시오.

용언은 문장에서 사용될 때 다양한 모습으로 변화한다. 이때 변하지 않고 고정된 부분을 어간이라고 하고, 그 뒤에 붙어서 변화하는 부분을 어미라고 한다. 어간에 다양한 어미들이 결합하는 것을 활용이라고 하는데, '씻다'처럼 활용할 때 어간이나 어미의 기본 형태가 유지되거나, '쓰다'처럼 활용할 때 기본 형태가 달라진다 해도 그 현상을 일반적인 음운 규칙으로 설명할 수 있으면 이를 규칙 활용이라고 한다.

반면 특정한 환경이나 조건에서 불규칙적으로 어간이나 어미의 형태 변화가 일어나는 것은 불규칙 활용이라고 한다. 불규칙 활용은 '싣다'와 같은 'ㄷ' 불규칙, '젓다'와 같은 'ㅅ' 불규칙, '돕다'와 같은 'ㅂ' 불규칙, '푸다'와 같은 '우' 불규칙처럼 어간이 바뀌는 경우, '하다'와 같은 '여' 불규칙처럼 어미가 바뀌는 경우, '파랗다'와 같은 'ㅎ' 불규칙처럼 어간과 어미가 모두 바뀌는 경우로 구분할 수 있다.

현대 국어에서 기본 형태가 달라지는 용언의 규칙 활용과 불규칙 활용은 중세 국어 용언의 활용과 밀접한 관련이 있다. 중세 국어에서도 단모음과 단모음이 결합할 때 하나의 모음이 탈락하는 현상이 활발하게 일어났다. 대표적으로 '쓰다'가 '써'처럼 활용하는 'ㅡ' 탈락이 있는데 이는 현대 국어의 'ㅡ' 탈락에 대응한다.

또한 중세 국어에서 '싣다'의 어간이 자음으로 시작하는 어미 앞에서는 '싣-', 모음으로 시작하는 어미 앞에서는 '실-'로 교체되는 현상은 현대 국어의 'ㄷ' 불규칙으로 이어진다. '돕다'와 '젓다' 역시 자음으로 시작하는 어미 앞에서는 어간의 기본 형태를 유지하지만, 그 외의 경우에는 '돟-'과 '젛-'으로 교체된다. 이러한 교체는 'ㅸ'이 'ㅏ' 또는 'ㅓ' 앞에서 반모음 'ㅗ̆/ㅜ̆[w]'로 변화하거나 'ㆍ' 또는 'ㅡ'와 결합하여 'ㅗ' 또는 'ㅜ'로 바뀌어 현대 국어에서 'ㅂ' 불규칙으로 나타난다. 그리고 'ㅿ'은 소실되어 현대 국어에서 'ㅅ' 불규칙으로 나타난다. 또한 어간이거나 어간의 일부인 'ᄒᆞ-'에 모음으로 시작하는 어미가 결합할 때 어미가 '-아'가 아닌 '-야'로 나타나는 것은 현대 국어의 '여' 불규칙으로 이어진다.

20

〈보기〉는 윗글을 바탕으로 용언의 활용에 대해 탐구한 내용이다. ㉠~㉢에 들어갈 말로 적절한 것은?

보기

[탐구 과제]

다음 자료를 보고, 용언의 활용 양상을 탐구해 보자.

[탐구 자료]

따르다	:	따르- + -고 따르- + -어	→	따르고 따라
푸르다	:	푸르- + -고 푸르- + -어	→	푸르고 푸르러
묻다[問]	:	묻- + -고 묻- + -어	→	묻고 물어
묻다[埋]	:	묻- + -고 묻- + -어	→	묻고 묻어

[탐구 결과]

'따르다'는 (㉠)처럼 'ㅡ'가 모음으로 시작하는 어미 앞에서 탈락하는 규칙 활용을 하는 반면, '푸르다'는 (㉡)에서 '따르다'와 다른 활용 양상을 보인다는 점에서 불규칙 활용을 한다. 또한 '묻다[問]'는 (㉢)에서 '묻다[埋]'와 다른 활용 양상을 보인다는 점에서 불규칙 활용을 한다.

	㉠	㉡	㉢
①	잠그다	어간	어미
②	다다르다	어간	어미
③	부르다	어미	어간
④	들르다	어미	어간
⑤	머무르다	어미	어간

21

2019년 10월 고3 전국연합학력평가

〈보기〉의 밑줄 친 단어의 품사에 대한 이해로 적절하지 않은 것은?

보기

ㄱ. 그곳에서는 빵을 아주 쉽게 구울 수 있다.
ㄴ. 그 사람은 자기가 잠을 잘 잤다고 말했다.
ㄷ. 멋진 형이 근처 식당에서 밥을 지어 왔다.

① ㄱ의 '그곳'과 ㄴ의 '그'는 어떤 처소나 대상을 지시하는 대명사이다.
② ㄱ의 '아주'와 ㄴ의 '잘'은 용언 앞에 놓여서 그 뜻을 한정하는 부사이다.
③ ㄱ의 '구울'과 ㄷ의 '지어'는 용언의 어간이 불규칙적으로 활용되는 동사이다.
④ ㄱ의 '쉽게'와 ㄷ의 '멋진'은 어떤 대상의 성질이나 상태를 나타내는 형용사이다.
⑤ ㄴ의 '가'와 ㄷ의 '에서'는 앞말과 다른 말과의 문법적인 관계를 나타내는 조사이다.

22

2015년 6월 고3 평가원모의평가

〈보기〉에 제시된 국어사전 정보를 완성한다고 할 때, ㉠~㉤에 대한 설명으로 적절하지 않은 것은? [3점]

보기

과 「조사」 (받침 있는 체언 뒤에 붙어)

1 다른 것과 비교하거나 기준으로 삼는 대상임을 나타내는 격 조사.
¶ 막내는 큰형과 닮았다. / ___㉠___
일 따위를 함께 함을 나타내는 격 조사.
¶ 나는 방에서 동생과 조용히 공부했다. / ___㉡___
상대로 하는 대상임을 나타내는 ___㉢___.
¶ 그는 거대한 폭력 조직과 맞섰다.

2 둘 이상의 사물을 같은 자격으로 이어 주는 접속 조사.
¶ 닭과 오리는 동물이다. / 책과 연필을 가져와라.

유의어 하고, ___㉣___

형태 정보 받침 없는 체언 뒤에는 '_㉤_'가 붙는다.

① ㉠에는 '그는 낯선 사람과 잘 사귄다.'를 넣을 수 있다.
② ㉡에는 '그는 형님과 고향에 다녀왔다.'를 넣을 수 있다.
③ ㉢에 들어갈 말은 '격 조사'이다.
④ ㉣에 '이랑'이 들어갈 수 있다.
⑤ ㉤에 들어갈 말은 '와'이다.

23

2015년 9월 고3 평가원모의평가

밑줄 친 부분이 〈보기〉의 ㉠에 해당하지 않는 것은?

보기

국어에서는 의존 명사가 수량을 표하는 말 뒤에 쓰여 수효나 분량 따위의 단위를 나타내는 경우가 일반적이지만, ㉠**자립 명사가 단위를 나타내는 경우**도 있다. 예를 들어 '사람'은 자립 명사로 쓰이기도 하지만 수량을 표현하는 말 뒤에 쓰여 사람을 세는 단위를 나타낼 수도 있다.

- 의존 명사 : 그 아이는 올해 아홉 **살**이다.
- 자립 명사 : 그는 **사람**을 부리는 재주가 있다.
- 자립 명사가 단위를 나타내는 경우
  : 친구 다섯 **사람**과 함께 도서관에 갔다.

① 이 글에는 여러 군데 잘못이 있다.
② 앉은자리에서 밥 두 그릇을 다 먹었다.
③ 시장에서 수박 세 덩어리를 사 가지고 왔다.
④ 할아버지께서는 밥을 몇 숟가락 겨우 뜨셨다.
⑤ 나는 서너 발자국 뒤로 물러서다가 냅다 도망쳤다.

24

2016년 6월 고3 평가원모의평가

〈보기〉의 ㉠에 해당하는 예로 적절한 것은?

보기

합성어는 어근과 어근이 결합하여 형성되는데, 어근들의 결합 방식에 따라 다음과 같이 둘로 나눌 수 있다.

◦ 통사적 합성어 : 어근들의 결합 방식이 일반적인 문장 구성 방식과 같은 합성어
◦ ㉠**비통사적 합성어** : 어근들의 결합 방식이 일반적인 문장 구성 방식과 다른 합성어

① 아이들이 뛰노는 소리가 밖에서 들렸다.
② 서로 몰라볼 정도로 세월이 많이 흘렀다.
③ 저마다의 타고난 소질을 계발하는 것이 중요하다.
④ 지난달부터 공부를 열심히 했더니 자신감이 생겼다.
⑤ 망치질을 자주 하다 보니 손바닥에 굳은살이 박였다.

2016년 9월 고3 평가원모의평가

[25] 다음 글을 읽고 물음에 답하시오.

여러 형태소로 이루어진 단어나 여러 단어들로 이루어진 문장은 그 구조를 명확히 파악하기 어렵다. 가령, '민물고기'가 합성어인지 파생어인지를 판별하기 어렵고 "언니가 찾던 책이 여기 있구나."와 같은 문장에서 주어가 무엇인지를 파악하기 쉽지 않다. 이처럼 복잡한 단어나 문장의 구조를 명확히 파악하기 위한 효과적인 방법으로 직접 구성 요소 분석이 있다.

직접 구성 요소란 어떤 말을 직접 이루고 있는 두 부분으로 나누었을 때 나오는 두 요소이다. 위의 '민물고기'에서는 '민물'과 '고기'가 직접 구성 요소가 된다. 이 분석은 '민물'에 대해서도 더 적용할 수 있다. 이렇게 직접 구성 요소를 분석해 보면 한 단어에 합성과 파생 과정이 모두 있는 '민물고기'는 파생어가 아닌 합성어임을 알 수 있다.

직접 구성 요소 분석 시에는 특히 두 가지를 고려해야 한다. 첫째, 직접 구성 요소로 분석되는 말이 실제로 존재하는가 하는 점이다. 가령, '살얼음'은 '살-'과 '얼음'으로 분석해야 하는데, 만약 '살얼-'과 '-음'으로 분석하면 '살얼다'가 존재하지 않으므로 잘못된 분석이 된다. 둘째, 직접 구성 요소들과 그 전체 구성의 의미가 서로 통하는가 하는 점이다. '벽돌집'을 직접 구성 요소로 나누면 '벽돌'과 '집'이 분석된다. 이를 '벽'과 '돌집'으로 나누면 '벽돌로 만든 집'이라는 의미를 갖지 못한다.

긴 문장도 직접 구성 요소 분석을 통해 그 구조를 알 수 있다. 일반적으로 문장에는 주어와 서술어가 나타나므로, 문장의 직접 구성 요소는 주어와 서술어가 된다. 그런데 서술어는 홀로 나오기도 하지만 주어 이외의 필수 성분과 결합하여 나오는 경우도 있다. 따라서 "내 동생은 엄마의 칭찬을 많이 받았다."는 첫 분석 층위에서 주어 '내 동생은'과 '엄마의 칭찬을 많이 받았다'로 그 직접 구성 요소가 분석된다. 또 '엄마의 칭찬을 많이 받았다'는 한 층위 아래에서 '엄마의 칭찬을'과 '많이 받았다'로 나뉜다. 또한 '내 동생'의 직접 구성 요소는 '내'와 '동생'인데, 이처럼 꾸미는 말과 꾸밈을 받는 말이 인접하면 그 두 요소는 바로 위 층위의 말을 이루는 직접 구성 요소가 된다. 이렇게 직접 구성 요소를 분석해 보면 "언니가 찾던 책이 여기 있구나."에서 '언니가'는 관형사절 속

에 포함된 주어일 뿐이며 문장 전체의 주어, 즉 가장 위 층위에 있는 직접 구성 요소는 '언니가 찾던 책이'임을 알 수 있다.

25

〈보기〉는 윗글을 바탕으로 진행된 학습 활동이다. ⓐ~ⓔ에 대한 이해로 적절한 것은?

보기

학 생 : '민물고기'에 있는 접두사 '민-'은 '민물고기'의 직접 구성 요소가 아니라, '민물'을 직접 구성 요소로 분석할 때 나오는 것이군요. 이제 왜 '민물고기'가 파생어가 아니라 합성어인지 알겠어요.

선생님 : 직접 구성 요소 분석에 대해 잘 이해했구나. 그럼 아래의 단어들도 분석해 보자.

ⓐ 나들이옷　ⓑ 눈웃음　ⓒ 드높이다
ⓓ 집집이　ⓔ 놀이터

① ⓐ는 그 직접 구성 요소 중 하나가 합성어인 합성어이다.
② ⓑ는 그 직접 구성 요소 중 하나가 파생어인 합성어이다.
③ ⓒ는 그 직접 구성 요소 중 하나가 합성어인 파생어이다.
④ ⓓ는 그 직접 구성 요소 중 하나가 파생어인 파생어이다.
⑤ ⓔ는 그 직접 구성 요소 중 하나가 합성어인 파생어이다.

26

2016년 9월 고3 평가원모의평가

〈보기〉의 ㉠~㉤에 쓰인 ⓐ, ⓑ에 대한 설명으로 옳지 않은 것은?

보기

용언은 어간에 어미가 붙어 다양한 의미를 나타내며 활용된다. 어미는 ⓐ**선어말 어미**와 ⓑ**어말 어미**로 나뉜다. 어말 어미는 다시 종결 어미, 연결 어미, 전성 어미로 나뉜다. 용언의 활용형에서 선어말 어미는 없는 경우가 있어도 어말 어미는 반드시 있어야 한다.

㉠ 민수가 그 나무를 **심었구나!**
㉡ 저기서 **청소하는** 아이가 내 동생이야.
㉢ 그 친구가 설마 그 음식을 다 **먹었겠니?**
㉣ 그가 나에게 권한 책은 이미 **읽은** 책이다.
㉤ 주말에 바람은 **불겠지만** 비는 오지 않을 것이다.

① ㉠에는 과거 시제를 나타내는 '-었-'이 ⓐ로 쓰였고, 감탄형 종결 어미 '-구나'가 ⓑ로 쓰였다.
② ㉡에는 ⓐ는 없고 동사의 현재 시제를 나타내는 관형사형 전성 어미 '-는'이 ⓑ로 쓰였다.
③ ㉢에는 과거 시제를 나타내는 '-었-'과 주체의 의지를 나타내는 '-겠-'이 ⓐ로 쓰였고, 의문형 종결 어미 '-니'가 ⓑ로 쓰였다.
④ ㉣에는 ⓐ는 없고 동사의 과거 시제를 나타내는 관형사형 전성 어미 '-은'이 ⓑ로 쓰였다.
⑤ ㉤에는 추측의 의미를 나타내는 '-겠-'이 ⓐ로 쓰였고, 대등적 연결 어미 '-지만'이 ⓑ로 쓰였다.

2017년 9월 고3 평가원모의평가

[27~28] 다음 글을 읽고 물음에 답하시오.

선생님 : 여러분, 현대 사회에서 인공위성이 다양하게 활용되고 있다는 것은 잘 알죠? 그런데 '인공위성'은 옛날에는 쓰이지 않았던 말입니다. '인공위성'이라는 말이 어떻게 쓰이게 되었는지 생각해 봅시다. 행성의 궤도를 도는 인공적 물체가 처음 만들어졌을 때, 그 물체를 가리키는 말이 필요해서 '인공위성'이라는 말이 생긴 거겠죠? 이 말은 어떻게 만들어졌을까요?

학생1 : '인공'과 '위성'을 합쳐 만든 것입니다.

선생님 : 맞아요. 그래서 오늘은 '인공위성'이라는 말을 만든 것처럼 새 단어를 만드는 원리를 알아볼 텐데, 그중에서도 실생활에서 자주 사용되는 합성 명사가 어떻게 만들어지는지를 먼저 알아보려고 합니다. 합성 명사는 어떻게 만들어질까요?

학생2 : 선생님, 합성 명사는 명사와 명사가 합쳐진 말 아닌가요?

선생님 : 네, 그런 경우가 많지요. 예를 들어 '논밭, 불고기'처럼 명사에 명사가 결합하는 경우가 있어요. 그 밖에 용언의 활용형이 명사와 결합한 '건널목, 노림수, 섞어찌개'와 같은 경우도 있고 '새색시'처럼 명사를 꾸며 주는 관형사가 앞에 오는 경우도 있어요.

학생3 : 그런데 선생님, 말씀하신 합성 명사들을 보니 뒤의 말이 모두 명사네요?

선생님 : 그래요. 우리말에서 합성어의 품사는 뒤에 오는 말의 품사와 같은 것이 원칙이에요. 앞에서 말한 예들이 다 그래요. 그런데 이러한 일반적인 경우와는 달리 <u>**㉠명사가 아닌 품사들로만 이루어진 합성 명사**</u>도 있답니다.

학생4 : 아, 그렇군요. 그런데 선생님, 생각해 보니 요즘 자주 쓰는 말들은 그런 방식과는 다르게 만들어지는 것 같아요.

선생님 : 맞아요. 여러분들이 자주 쓰는 '인강'이라는 말은 '인터넷'과 '강의'가 합쳐지면서 줄어든 말인데, 앞말과 뒷말의 첫 음절만 따서 만들어진 것이에요. 또한 컴퓨터를 잘 다루지 못하는 사람이라는 뜻의 '컴시인'은 '컴퓨터'와 '원시인'이 합쳐지면서 줄어든 말인데, 앞말의 첫 음절과 뒷말의 둘째, 셋째 음절을 따서 만들어진 것이에요.

27

〈보기〉의 ㄱ~ㅁ 중 윗글에서 설명한 단어 형성 방법의 사례에 해당하는 것만을 있는 대로 고른 것은?

보기

ㄱ. '선생님'을 줄여서 '샘'이라는 말을 만들었다.
ㄴ. '개-'와 '살구'를 결합하여 '개살구'라는 말을 만들었다.
ㄷ. '사범'과 '대학'을 결합하여 '사대'라는 말을 만들었다.
ㄹ. '점잖다'라는 형용사로부터 '점잔'이라는 말을 만들었다.
ㅁ. '비빔'과 '냉면'을 결합하여 '비빔냉면'이라는 말을 만들었다.

① ㄱ, ㄹ　② ㄷ, ㅁ　③ ㄱ, ㄴ, ㄷ
④ ㄴ, ㄷ, ㅁ　⑤ ㄴ, ㄹ, ㅁ

28

밑줄 친 단어 중 ㉠의 예로 적절한 것은?

① 자기 <u>잘못</u>은 자기가 책임져야 한다.
② 언니는 가구를 전부 <u>새것</u>으로 바꿨다.
③ 아이가 <u>요사이</u>에 몰라보게 훌쩍 컸다.
④ <u>오늘날</u>에는 교육에서 창의성이 중시된다.
⑤ 나는 <u>갈림길</u>에서 어디로 가야 할지 몰랐다.

2018년 6월 고3 평가원모의평가

[29] 다음 글을 읽고 물음에 답하시오.

국어에서 '-(으)ㅁ'이나 '-이'가 결합된 단어들 중에 형태는 같으나 품사가 다른 경우가 있다. 예를 들어 명사 '걸음'과 동사의 명사형 '걸음', 명사 '높이'와 부사 '높이'가 그러하다. 이는 용언에 결합하는 명사 파생 접미사 '-(으)ㅁ'과 명사형 전성 어미 '-(으)ㅁ'의 형태가 같고, '높다' 등의 일부 형용사에 결합하는 명사 파생 접미사 '-이'와 부사 파생 접미사 '-이'의 형태가 같기 때문이다.

[A] 이들의 품사를 구별하기 위해서는 각 단어의 다음과 같은 문법적 특징을 고려해야 한다. 명사는 서술격 조사가 결합하는 경우를 제외하고는 서술어로 쓰일 수 없고, 관형어의 수식을 받는다. 반면 ㉠**동사나 형용사는 명사형이라 하더라도 문장이나 절에서 서술어로 쓰이고**, 부사어의 수식을 받는다. 그리고 부사는 격조사와 결합할 수 없고 다른 부사어나 서술어 등을 수식한다.

한편 이들 '-(으)ㅁ'과 '-이'가 중세 국어에서는 그 쓰임에 따라 형태가 다르기 때문에 일반으로 그 형태만으로 품사를 구별할 수 있다. 현대 국어의 두 가지 '-(으)ㅁ'은 중세 국어의 명사 파생 접미사 '-(ᄋᆞ/으)ㅁ'과 명사형 전성 어미 '-옴/움'에 각각 대응한다. 이러한 구별은 'ᄒᆞᆫ 거름 나소 거룸(한 걸음 나아가도록 걸음)'에서 확인된다. '걷-'과 달리, 마지막 음절의 모음이 양성 모음인 어근이나 용언 어간에는 모음 조화에 따라 '-(ᄋᆞ)ㅁ'과 '-옴'이 각각 결합한다.

앞서 말한 현대 국어의 두 가지 '-이' 역시 중세 국어의 명사 파생 접미사 '-ᄋᆡ/의'와 부사 파생 접미사 '-이'에 각각 대응한다. 이러한 구별은 '나못 노ᄑᆡ(나무의 높이)'와 '노피 ᄂᆞᄂᆞᆫ 져비(높이 나는 제비)'에서 확인된다. '높-'과 달리, 마지막 음절의 모음이 음성 모음인 어근에는 모음 조화에 따라 명사 파생 접미사 '-의'가 결합한다. 그런데 부사 파생 접미사는 '-이' 하나여서 모음 조화에 상관없이 '-이'가 결합한다.

29

[A]를 참고할 때, 밑줄 친 부분이 ㉠에 해당하는 예로만 묶인 것은?

① 많이 앎이 항상 미덕인 것은 아니다 / 그의 목소리는 격한 슬픔으로 떨렸다.

② 멸치 볶음은 맛도 좋고 건강에도 좋다. / 오빠는 몹시 기쁨에도 내색을 안 했다.

③ 요즘은 상품을 큰 묶음으로 파는 가게가 많다 / 무용수들이 군무를 춤과 동시에 조명이 켜졌다.

④ 어려운 이웃을 도움으로써 보람을 찾는 이도 있다. / 나는 그를 온전히 믿음에도 그 일은 맡기고 싶지 않다.

⑤ 아이가 울음 섞인 목소리로 빨리 오라고 소리쳤다. / 수술 뒤 친구가 밝게 웃음을 보니 나도 마음이 놓였다.

2018년 9월 고3 평가원모의평가

[30~31] 다음 글을 읽고 물음에 답하시오.

단어를 공통된 성질에 따라 분류한 것을 '품사'라 한다. 품사 분류의 기준으로는 일반적으로 '형태, 기능, 의미'가 있다. '형태'는 단어가 활용하느냐 활용하지 않느냐에 관한 것이고 '기능'은 단어가 문장에서 하는 역할과 관련된다. '의미'는 단어의 구체적인 의미가 아니라 단어 부류가 가지는 추상적인 의미를 말한다.

이러한 기준의 전체 혹은 일부를 적용하여 ㉠**활용하지 않으며 사물의 이름을 나타내는 말**, ㉡**활용하고 사물의 동작이나 작용을 나타내는 말**, ㉢**활용하지 않으며 수량이나 순서를 나타내는 말**, ㉣**활용하지 않으며 앞말에 붙어 앞말과 다른 말의 문법적 관계를 나타내거나 특수한 의미를 덧붙이는 말**, ㉤**활용하지 않으며 뒤에 오는 체언을 수식하는 말** 등으로 개별 품사를 분류할 수 있다.

[A]
그런데 실제로 단어의 품사를 분류할 때에는 분류가 쉽지 않은 것들도 있다. 동사와 형용사의 구별이 대표적인데 사물의 속성이나 상태를 나타내는 형용사와 사물의 작용의 일종인 상태 변화를 나타내는 일부 동사는 의미상 매우 밀접하여 좀 더 세밀하게 구분하여야 한다. 가령 '햇살이 밝다'에서의 '밝다'는 상태를 나타내는 형용사이고, '날이 밝는다'에서의 '밝다'는 상태의 변화를 나타내는 동사이다. 동사와 형용사를 구별하는 또 다른 기준으로 활용 양상을 내세우기도 한다. 동사와 달리 형용사는 원칙적으로 선어말 어미 '-ㄴ/는-', 관형사형 어미 '-는', 명령형·청유형 종결 어미, 의도나 목적을 나타내는 연결 어미 등과 결합하여 쓰이지 않는다.

다만, '있다'의 경우는 품사를 분류할 때 더욱 주의해야 한다. '존재', '소유'와 같이 상태의 의미를 나타내는 '있다'는 형용사로, '한 장소에 머묾'의 의미인 '있다'는 동사로 분류 되는데, 동사 '있다'뿐만 아니라 형용사의 '있다'가 관형사형 어미 '-는'과 결합하기 때문이다. 형용사 '없다'의 경우도 반의어인 형용사 '있다'와 동일한 활용 양상을 보여 준다.

30

다음 문장에서 ㉠~㉤에 해당하는 예를 찾아 이를 설명한 내용으로 적절하지 않은 것은?

> 옛날 사진을 보니 즐거운 기억 하나가 떠올랐다.

① '옛날, 사진, 기억'은 ㉠에 해당하고 명사이다.
② '보니, 떠올랐다'는 ㉡에 해당하고 동사이다.
③ '하나'는 ㉢에 해당하고 수사이다.
④ '을, 가'는 ㉣에 해당하고 조사이다.
⑤ '즐거운'은 ㉤에 해당하고 관형사이다.

31

[A]를 참고하여 〈보기〉를 이해한 내용으로 적절하지 않은 것은?

보기

ⓐ 영희가 밥을 먹었다. / 꽃이 예뻤다.
　 영희가 밥을 먹는다. / *꽃이 예쁜다

ⓑ 영희야, 밥 먹어라 /*영희야, 좀 예뻐라
　 영희야, 밥 먹자. / *우리 좀 예쁘자.

ⓒ 밥먹으려고 식당으로 갔다. / *예쁘려고 미용실에 갔다.
　 밥 먹으러 식당에 갔다. / *예쁘러 미용실에 갔다.

ⓓ 나에게는 돈이 있다. / 돈이 있는 사람
　 나에게는 돈이 없다. / 돈이 없는 사람

ⓔ 나무가 크다. / 나무가 쑥쑥 큰다.
　 머리카락이 길다. / 머리카락이 잘 긴다.

※ '*'는 비문임을 나타냄.

① ⓐ : 동사와는 달리 형용사는 현재를 나타내는 선어말 어미와 결합할 수 없다.
② ⓑ : 동사와는 달리 형용사는 명령형·청유형 어미와 결합할 수 없다.
③ ⓒ : 동사와는 달리 형용사는 의도·목적을 나타내는 연결 어미와 결합할 수 없다.
④ ⓓ : '있다'와 '없다'는 상태의 의미를 나타내지만 동사로 쓰이고 있다.
⑤ ⓔ : '크다'와 '길다'는 형용사, 동사로 모두 쓰이고 있다.

32

2019년 9월 고3 평가원모의평가

〈보기〉의 ㉠과 ㉡을 모두 충족하는 예로 적절한 것은?

보기

'붙잡다'의 어간 '붙잡-'은 어근 '붙-'과 어근 '잡-'으로 나뉘고, '잡히다'의 어간 '잡히-'는 어근 '잡-'과 접사 '-히-'로 나뉜다. 이렇듯 어떤 말을 둘로 나누었을 때 나누어진 두 요소 각각을 직접 구성 요소라 하는데, 어근과 어근으로 분석되는 말을 합성어라 하고 어근과 접사로 분석되는 말을 파생어라 한다.

그런데 ㉠**어간이 3개 이상의 구성 요소로 이루어진 경우**가 있다. 이때 ㉡**직접 구성 요소가 먼저 어근과 어근으로 분석되면** 합성어이고 어근과 접사로 분석되면 파생어이다. 예컨대 '밀어붙이다'는 직접 구성 요소가 먼저 어근과 어근으로 분석되므로 합성어이다.

① 밤새 거센 비바람이 내리쳤다.
② 책임을 남에게 떠넘기면 안 된다.
③ 차바퀴가 진흙 바닥에서 헛돌았다.
④ 거리에는 매일 많은 사람이 오간다.
⑤ 그들은 끊임없이 짓밟혀도 굴하지 않았다.

33

2016년 수능A형

다음의 (가)에 들어갈 말로 가장 적절한 것은?

보기

선생님 : 지금까지 형태소의 개념 및 유형 그리고 특성에 대해 공부했지요? 그럼, 다음 자료에서 밑줄 친 말들이 가진 공통점이 무엇인지 한번 찾아보세요.

- 하늘은 맑고 바다는 푸르다.
- 그의 말은 듣지 말고 내 말을 들어라.
- 나는 물고기를 잡았지만 놓아주었다.

학 생 : 밑줄 친 말들은 모두 (가)

① 단어의 자격을 가지고 반드시 다른 말과 결합하여 쓰이는군요.
② 단어의 자격을 가지고 실질적 의미가 아닌 문법적 의미를 나타내는군요.
③ 반드시 다른 말과 결합하여 쓰이고 음운 환경에 따라 그 형태가 바뀌는군요.
④ 음운 환경에 따라 형태가 바뀌고 실질적 의미가 아닌 문법적 의미를 나타내는군요.
⑤ 실질적 의미가 아닌 문법적 의미를 나타내고 반드시 다른 말과 결합하여 쓰이는군요.

34

2016년 수능B형

〈보기〉는 한글 맞춤법 제1항이 파생어와 합성어에 적용된 예를 찾아본 것이다. ㉠~㉤에 들어갈 예로 적절한 것은?

보기

제1항 한글 맞춤법은 표준어를 ⓐ**소리대로 적되**, ⓑ**어법에 맞도록 함**을 원칙으로 한다.

	파생어	합성어
ⓐ만 충족한 경우	㉠	㉡
ⓑ만 충족한 경우	㉢	㉣
ⓐ, ⓑ 모두 충족한 경우	㉤	줄자(줄+자), 눈물(눈+물)

① ㉠ : 이파리(잎+아리), 얼음(얼+음)
② ㉡ : 마소(말+소), 낮잠(낮+잠)
③ ㉢ : 웃음(웃+음), 바가지(박+아지)
④ ㉣ : 옷소매(옷+소매), 밥알(밥+알)
⑤ ㉤ : 꿈(꾸+ㅁ), 사랑니(사랑+이)

2017년 수능

[35~36] 다음 글을 읽고 물음에 답하시오.

국어에서 동사나 형용사에 붙어 새로운 단어를 형성하는 접미사는 다양한 문법적 특징을 지니고 있다. 그 특징은 다음과 같다.

첫째로, 접미사는 동사나 형용사에 붙어 새로운 어간을 형성한다. 예를 들면, '녹다'의 어근 '녹-'에 접미사 '-이-'가 붙어 새로운 어간 '녹이-'가 형성된다. 이렇게 만들어진 '녹이다'의 어간 '녹이-'는 '녹다'의 어간 '녹-'과 구별된다. 둘째로, 접미사는 동사나 형용사의 어근에 붙어 품사를 바꾸기도 한다. 예를 들면, 명사 '먹이'나 '넓이'는 각각 동사와 형용사의 어근에 접미사 '-이'가 붙어 형성된 단어이다. 이때 '먹이'와 '넓이'의 '먹-'과 '넓-'은 서술어로 기능하지 못한다. 셋째로, ㉠**접미사는 동사나 형용사에 붙어 사동의 의미를 더하기도 한다**. 예를 들면, 동사 '익다'와 '먹다'의 어근에 각각 접미사 '-히-'와 '-이-'가 붙어 형성된 '익히다'와 '먹이다'는 '고기를 익히다.'와 '아이에게 밥을 먹이다.'에서와 같이 사동의 의미를 가진다. 넷째로, ㉡ **접미사는 타동사에 붙어 피동의 의미를 더하기도 한다**. 예를 들면, '안다'의 어근 '안-'에 접미사 '-기-'가 붙어 형성된 '안기다'는 '아기가 엄마한테 안기다.'와 같이 피동의 의미를 가진다. 이때 피동을 나타내는 접미사는 '눕다', '식다'와 같은 자동사에는 결합하지 않는다.

한편, 하나의 접미사가 모든 동사나 형용사에 자유롭게 결합하는 것은 아니다. 예를 들면, 접미사 '-히-'는 '읽다'의 어근 '읽-'에 붙어 '읽히다'를 만들 수 있지만, '살다'의 어근 '살-'에는 붙지 못한다. 어근 '살-'에는 접미사 '-리-'가 붙어 '살리다'가 형성된다. 한 어근과 접미사 사이에는 다른 형태소가 끼어들 수 없다. 가령, 어근 '읽-'과 접미사 '-히-' 사이에 '-시-'와 같은 선어말 어미가 끼어든 '읽시히-'와 같은 것은 만들어지지 않는다.

35

윗글을 바탕으로 〈보기〉의 ⓐ~ⓔ를 이해한 내용으로 적절한 것은?

보기

ⓐ 달콤한 휴식을 위해 시간을 **비워** 놓았다.
ⓑ 아주 **높이** 나는 새라야 멀리 볼 수 있다.
ⓒ 마을 앞 공터를 **놀이** 공간으로 조성했다.
ⓓ 멀리서 찾아온 손님을 위해 차를 **끓였다**.
ⓔ 할아버지께서는 오늘 일찍 **오시기** 힘들다.

① ⓐ에서 '비워'의 어간은 '시간이 빈다.'에서 '비다'의 어간과 같다.
② ⓑ에서 '높이'는 형용사 '높다'의 어근 '높-'에 접미사 '-이'가 붙어 형성된 명사이다.
③ ⓒ에서 '놀이'는 명사이므로 '놀이' 속의 '놀-'은 서술어로 기능하지 못한다.
④ ⓓ에서 '끓였다'의 어근에 붙은 접미사 '-이-'는 모든 동사에 자유롭게 결합한다.
⑤ ⓔ에서 '오시기'는 '오-'와 '-기' 사이에 다른 형태소가 끼어든 것이므로 명사이다.

36

밑줄 친 부분이 ㉠, ㉡에 해당하는 예로 적절한 것은?

① ㉠ : 형이 동생을 울렸다.
㉡ : 그는 지구본을 돌렸다.

② ㉠ : 이제야 마음이 놓인다.
㉡ : 우리는 용돈을 남겼다.

③ ㉠ : 공책이 가방에 눌렸다.
㉡ : 옷이 못에 걸려 찢겼다.

④ ㉠ : 바위 뒤에 동생을 숨겼다.
㉡ : 피곤해서 눈이 자꾸 감겼다.

⑤ ㉠ : 나는 종이비행기를 하늘로 날렸다.
㉡ : 그는 소년에게 중요한 임무를 맡겼다.

2018년 수능

[37~38] 다음 글을 읽고 물음에 답하시오.

국어의 단어들은 ㉠**어근과 어근이 결합**해 만들어지기도 하고 어근과 파생 접사가 결합해 만들어지기도 한다. 어근과 파생 접사가 결합한 단어는 ㉡**파생 접사가 어근의 앞에 결합**한 것도 있고, ㉢**파생 접사가 어근의 뒤에 결합**한 것도 있다. 어근이 용언 어간이나 체언일 때, 그 뒤에 결합한 파생 접사는 어미나 조사와 혼동될 수도 있다. 그러나 파생 접사는 주로 새로운 단어를 만든다는 점에서 차이가 있다. 이에 비해 ㉣**어미는 용언 어간과 결합**해 용언이 문장 성분이 될 수 있도록 해 주고, ㉤**조사는 체언과 결합**해 체언이 문장 성분임을 나타내 줄 뿐 새로운 단어를 만들지는 않는다. 이 점에서 어미와 조사는 파생 접사와 분명하게 구별된다.

이러한 일반인 상황과는 달리, 용언 어간에 어미가 결합한 형태나, 체언에 조사가 결합한 형태가 시간이 지나면서 새로운 단어가 된 경우도 있다. 먼저 용언의 활용형이 역사적으로 굳어져 새로운 단어가 된 예가 있다. 부사 '하지만'은 '하다'의 어간에 어미 '-지만'이 결합했던 것이었는데, 시간이 지나면서 굳어져 새로운 단어가 되었다. 다음으로 체언에 조사가 결합한 형태가 역사적으로 굳어져 새로운 단어가 된 예도 있다. 명사 '아기'에 호격 조사 '아'가 결합했던 형태인 '아가'가 시간이 지나면서 새로운 단어가 되었다.

[A] 또 다른 예로 미지칭의 인칭 대명사에, 의문문을 만드는 보조사 '고/구'가 결합한 형태가 굳어져 새로운 인칭 대명사가 된 경우를 들 수 있다. '이는 엇던 사룸고(이는 어떤 사람인가?)'에서 볼 수 있듯이 중세 국어에서 보조사 '고/ 구'는 문장에 '엇던', '므슴', '어느' 등과 같은 의문사가 있을 때, 체언 또는 의문사 그 자체에 결합해 의문문을 만들었다. 이와 같은 방식의 의문문 구성은 근대 국어를 거쳐 현대 국어의 일부 방언에까지 지속되고 있다.

37

다음 문장에서 ㉠~㉤에 해당하는 예를 찾아 이를 설명한 내용으로 적절하지 않은 것은?

> 아기장수가 맨손으로 산 위에 쌓인 바위를 깨뜨리는 모습이 멋졌다.

① '아기장수가'의 '아기장수'는 ㉠에 해당하는 예로, 어근 '아기'와 어근 '장수'가 결합했다.

② '맨손으로'의 '맨손'은 ㉡에 해당하는 예로, 파생 접사 '맨-'이 어근 '손' 앞에 결합했다.

③ '쌓인'의 어간은 ㉢에 해당하는 예로, 파생 접사 '-이-'가 어근 '쌓-' 뒤에 결합했다

④ '깨뜨리는'은 ㉣에 해당하는 예로, 어미 '-리는'이 용언 어간 '깨뜨-'와 결합했다.

⑤ '모습이'는 ㉤에 해당하는 예로, 조사 '이'가 체언 '모습'과 결합했다.

38

[A]를 바탕으로 〈보기〉의 '자료'를 탐구한 '탐구 내용'으로 적절하지 않은 것은? [3점]

보기

[탐구 목표]

현대 국어의 인칭 대명사 '누구'의 형성에 대해 이해한다.

[자료]

(가) 중세 국어 : 15세기 국어

- 누를 니ᄅᆞ더뇨 (누구를 이르던가?)
- 네 스승이 누고 (네 스승이 누구인가?)
- ᄂᆞ문 누구 (남은 누구인가?)

(나) 근대 국어

- 이 벗은 누고고 (이 벗은 누구인가?)
- 져 ᄒᆞᆫ 벗은 누구고 (저 한 벗은 누구인가?)

(다) 현대 국어

- 누구를 찾으세요? / • 누구에게 말했어요?

[탐구 내용]

[탐구 결과]

미지칭의 인칭 대명사에 의문문을 만드는 보조사 '고/구'가 결합했던 형태인 '누고', '누구'는 시간이 지나면서 점점 굳어져 새로운 단어가 되었는데, 오늘날에는 '누구'만 남게 되었다.

① (가)에서 미지칭의 인칭 대명사의 형태는 '누', '누고', '누구'이다.

② (나)에서 미지칭의 인칭 대명사의 형태는 '누고', '누구'이다.

③ (다)에서 미지칭의 인칭 대명사의 형태는 '누구'이다.

④ (가)에서 (나)로의 변화를 보니, '누고', '누구'는 체언과 보조사가 결합한 형태였다가 새로운 단어가 되었다.

⑤ (나)에서 (다)로의 변화를 보니, 현대 국어에서는 미지칭의 인칭 대명사로 '누고'는 쓰이지 않고 '누구'만이 쓰이고 있다.

2019년 수능

[39] 다음 글을 읽고 물음에 답하시오.

국어사적 사실이 현대 국어의 일관되지 않은 현상을 이해하는 데 도움이 되는 경우가 많다. 예를 들어 'ㄹ'로 끝나는 명사 '발', '솔', '이틀'이 ㉠'**발가락**', ㉡'**소나무**', ㉢'**이튿날**'과 같은 합성어들에서는 받침 'ㄹ'의 모습이 일관되지 않는데, 이를 이해하기 위해서는 이들 단어의 옛 모습을 알아야 한다.

'소나무'에서는 '발가락'에서와는 달리 받침 'ㄹ'이 탈락하였고, '이튿날'에서는 받침이 'ㄹ'이 아닌 'ㄷ'이다. 모두 'ㄹ' 받침의 명사가 결합한 합성어인데 왜 [이러한 차이]를 보이는 것일까? 현대 국어에는 받침 'ㄹ'이 'ㄷ'으로 바뀌거나, 명사와 명사가 결합할 때 'ㄹ'이 탈락하는 규칙이 없기 때문에 이러한 차이는 현대 국어의 규칙만으로는 설명할 수 없다.

'발가락'은 중세 국어에서 대부분 '밠 가락'으로 나타난다. 중세 국어에서 'ㅅ'은 관형격 조사로 사용되었으므로 '밠 가락'은 구로 파악된다. 이는 '밠 엄지 가락(엄지발가락)'과 같은 예를 통해 잘 알 수 있다. 이후 'ㅅ'은 점차 관형격 조사의 기능을 잃고 합성어 내부의 사이시옷으로만 흔적이 남았는데, 이에 따라 중세 국어 '밠 가락'은 현대 국어 '발가락[발까락]'이 되었다.

[A]
'소나무'는 중세 국어에서 명사 '솔'에 '나무'의 옛말인 '나모'가 결합하고 'ㄹ'이 탈락한 합성어 '소나모'로 나타난다. 중세 국어에서는 현대 국어와 달리 명사와 명사가 결합하여 합성어가 될 때 'ㄴ, ㄷ, ㅅ, ㅈ' 등으로 시작하는 명사 앞에서 받침 'ㄹ'이 탈락하는 규칙이 있었기 때문에 '솔'의 'ㄹ'이 탈락하였다.

'이튿날'은 중세 국어에서 자립 명사 '이틀'과 '날' 사이에 관형격 조사 'ㅅ'이 결합한 '이틄 날'로 많이 나타나는데, 이 'ㅅ'은 '이틄 밤', '이틄 길'에서의 'ㅅ'과 같은 것이다. 중세 국어에서 '이틄 날'은 '이틋 날'로도 나타났는데, 근대 국어로 오면서는 'ㄹ'이 탈락한 합성어 '이틋날'로 굳어지게 되었다. 이와 함께 'ㅅ'이 관형격 조사의 기능을 잃어 가고, 받침 'ㅅ'과 'ㄷ'의 발음이 구분되지 않게 되었다. 이에 따라 「한글 맞춤법」에서는 '이틋날'의 표기와 관련하여 "끝소리가 'ㄹ'인 말과 딴 말이 어울릴 적에 'ㄹ' 소리가 'ㄷ' 소리로 나는 것"으로 보아 이를 '이튿날'로 적도록 했다.

그러나 이때의 'ㄷ'은 'ㄹ'이 변한 것으로 설명되지 않으므로 중세 국어 '뭀 사룸'에서 온 '뭇사람'에서처럼 'ㅅ'으로 적는 것이 국어의 변화 과정을 고려한 관점에 부합한다고 할 수 있다.

39

윗글을 참고할 때, ㉠~㉢과 같이 [이러한 차이]를 보이는 예를 〈보기〉에서 각각 하나씩 찾아 그 순서대로 제시한 것은?

보기

무술(물+술)	쌀가루(쌀+가루)
낟알(낟+알)	솔방울(솔+방울)
섣달(설+달)	푸나무(풀+나무)

① 솔방울, 무술, 낟알
② 솔방울, 푸나무, 섣달
③ 푸나무, 무술, 섣달
④ 쌀가루, 푸나무, 낟알
⑤ 쌀가루, 솔방울, 섣달

40

2020년 수능

〈학습 활동〉을 해결한 내용으로 적절한 것은?

학습 활동

관형사형 어미의 형태는 시제 및 단어의 품사에 의해 결정된다. [자료]에서 밑줄 친 단어의 품사와 시제를 분석하여 그 단어에 쓰인 어미가 [표]의 ㉠~㉢ 중 어느 것에 해당하는지 확인해 보자.

[자료]

ⓐ 하늘에 <u>뜬</u> 태양
ⓑ 우리가 즐겨 <u>부르던</u> 노래
ⓒ 늘 <u>푸르던</u> 하늘
ⓓ 운동장에 <u>남은</u> 아이들
ⓔ 네가 <u>읽는</u> 소설
ⓕ 이미 아이들로 가득 <u>찬</u> 교실
ⓖ 달리기가 제일 <u>빠른</u> 친구

[표] 형사형 어미 체계

	동사	형용사
현재	-는	㉠
과거	㉡	㉢
	-던	
미래	-(으)ㄹ	-(으)ㄹ

① ⓐ의 '뜬'에 쓰인 어미 '-(으)ㄴ'은 ㉠에 해당한다.
② ⓑ의 '부르던'과 ⓒ의 '푸르던'에 쓰인 어미 '-던'은 ㉢에 해당한다.
③ ⓓ의 '남은'과 ⓕ의 '찬'에 쓰인 어미 '-(으)ㄴ'은 ㉡에 해당한다.
④ ⓔ의 '읽는'에 쓰인 어미 '-는'은 ㉡에 해당한다.
⑤ ⓖ의 '빠른'에 쓰인 어미 '-(으)ㄴ'은 ㉢에 해당한다.

2020년 9월 고3 평가원모의평가

[41~42] 다음 글을 읽고 물음에 답하시오.

사전의 뜻풀이 대상이 되는 표제 항목을 '표제어'라고 한다. 『표준국어대사전』의 표제어에는 붙임표 '-'가 쓰인 경우와 그렇지 않은 경우가 있다. 붙임표는 표제어의 문법적 특성, 띄어쓰기, 어원 및 올바른 표기에 대한 정보를 제공한다.

표제어에 붙임표가 쓰이는 대표적인 경우는 다음과 같다. 첫째, 접사와 어미처럼 자립적으로 쓰이지 않고 언제나 다른 말과 결합해야 하는 표제어에는 다른 말과 결합하는 부분에 붙임표가 쓰인다. 접사 '-질'과 연결 어미 '-으니'가 이러한 예이다. 다만 조사도 자립적으로 쓰이지 않지만 단어이므로 그 앞에 붙임표가 쓰이지 않는다. 용언 어간도 자립적으로 쓰이지 않지만 어미 '-다'와 결합한 기본형이 표제어가 되고, 용언 어간과 어미 '-다' 사이에 붙임표가 쓰이지 않는다.

둘째, 둘 이상의 구성 성분으로 이루어진 표제어에는 가장 나중에 결합한 구성 성분들 사이에 붙임표가 한 번만 쓰인다. '이등분선'은 '이', '등분', '선'의 세 구성 성분으로 이루어진 복합어이다. 이 복합어의 표제어 '이등분-선'에서 붙임표는 '이등분'과 '선'이 가장 나중에 결합했다는 정보를 제공한다. 복합어의 붙임표는 구성 성분들을 반드시 붙여 써야 한다는 점도 알려 준다.

한편 '무덤', '노름', '이따가'처럼 기원적으로 두 구성 성분이 결합한 단어이지만 붙임표가 쓰이지 않는 경우가 있다. '한글 맞춤법'에서는 현대 국어에서 새로운 단어를 만들지 못하는 접미사가 결합한 경우나 ㉠**<u>단어의 의미가 어근이나 어간의 본뜻과 멀어진 경우</u>**에 해당하는 단어를 소리대로 적는 것을 원칙으로 하고 있다. 이처럼 소리대로 적는 단어들은 구성 성분들이 원래 형태의 음절로 나누어지지 않으므로 표제어에 붙임표가 쓰이지 않는다.

'무덤'의 접미사 '-엄'은 현대 국어에서 새로운 단어를 만들지 못한다. 따라서 어근 '묻-'과 접미사 '-엄'이 결합한 '무덤'은 소리대로 적고 표제어에 붙임표가 쓰이지 않는다. '-엄'과 비슷한 접미사에는 '-암', '-억', '-우' 등이 있다.

'노름'은 어근 '놀-'의 본뜻만으로는 그 의미가 '돈이나 재물 따위를 걸고 서로 내기를 하는 일'이라는 사실을 알기 어렵다. '조금 지난 뒤에'를 뜻하는 '이따가'도 어간 '있-'의 본뜻과 멀어졌다. 따라서 '노름'과 '이따가'는 소리대로 적고 표제어에 붙임표가 쓰이지 않는다.

41

윗글을 읽고 추론한 내용으로 적절하지 <u>않은</u> 것은?

① '맨발'에서 분석되는 접두사의 뜻풀이를 표제어 '맨-'에서 확인할 수 있겠군.
② '나만 비를 맞았다.'에서 쓰인 격 조사의 뜻풀이를 표제어 '를'에서 확인할 수 있겠군.
③ '저도 학교 앞에 삽니다.'에서 쓰인 동사의 뜻풀이를 표제어 '살다'에서 확인할 수 있겠군.
④ '앞'과 '집'이 결합한 단어를 '앞 집'처럼 띄어 쓰면 안 된다는 정보를 표제어 '앞-집'에서 확인할 수 있겠군.
⑤ '논둑'과 '길'이 결합한 '논둑길'의 구성 성분이 '논', '둑', '길'이라는 정보를 표제어 '논-둑-길'에서 확인할 수 있겠군.

42

〈보기〉의 [자료]에서 ㉠에 해당하는 단어만을 있는 대로 고른 것은? [3점]

보기

[자료]는 '조차', '자주', '차마', '부터'가 쓰인 문장과 이 단어들의 어원이 되는 용언이 쓰인 문장의 쌍들이다.

[자료]

나**<u>조차</u>** 그런 일들을 할 수는 없었다.
동생도 누나의 기발한 생각을 **<u>좇았다</u>**.

누나는 휴일에 이 책을 **<u>자주</u>** 읽었다.
동생은 늦잠 때문에 지각이 **<u>잦았다</u>**.

나는 **<u>차마</u>** 그의 눈을 볼 수 없었다.
언니는 쏟아지는 졸음을 잘 **<u>참았다</u>**.

그 일은 나**<u>부터</u>** 모범을 보여야 했다.
부원 모집 공고문이 게시판에 **<u>붙었다</u>**.

① 자주, 부터 ② 차마, 부터
③ 조차, 자주, 차마 ④ 조차, 차마, 부터
⑤ 조차, 자주, 차마, 부터

[43] 다음 글을 읽고 물음에 답하시오. 2021년 수능

> 우리는 단어의 의미와 유래를 통해 단어에 담긴 언중의 인식과 더불어 시대상을 짐작할 수 있다. 그리고 단어의 구조를 통해 단어 구성 방식도 이해할 수 있다.
>
> 유길준의 『서유견문』(1895)에는 '원어기(遠語機)'라는 말이 등장하는데, 이것은 영어의 'telephone'에 해당하는 단어로 '말을 멀리 보내는 기계'라는 뜻이다. 오늘날의 '전화기(電話機)'가 '전기를 통해 말을 보내는 기계'의 뜻이라는 점과 비교해 보면 '원어기'는 말을 '멀리' 보낸다는 점에, '전화기'는 말을 '전기로' 보낸다는 점에 초점을 맞춘 단어이다. 이처럼 대상을 어떻게 인식하느냐에 따라 그것을 표현하는 단어는 달라지기도 한다. 또한 개화기 사전에 등장하는 '소졋메쥬(소젖메주)'처럼 새롭게 유입된 대상을 일상의 단어로 표현한 경우도 있다. '소졋메쥬'는 '치즈(cheese)'에 대응하는 단어인데, 간장과 된장의 재료인 '메주'라는 일상의 단어를 통해 대상을 인식했음을 보여 준다.
>
> 한편, 『가례언해』(1632)에 따르면 '총각(總角)'은 '머리를 땋아 갈라서 틀어 맴'을 이르는 말이었으나 그러한 의미는 사라지고 오늘날에는 '결혼하지 않은 성년 남자'를 뜻한다. 특정한 행위를 나타내던 단어가 이와 관련된 사람을 지시하는 말로 그 의미가 변화한 것이다. 여기에서 남자도 머리를 땋아 묶었던 과거의 관습을 짐작할 수 있다. 또한 '부대찌개' 역시 한국 전쟁 이후 미군 부대에서 나온 재료로 찌개를 끓였던 것에서 유래한 단어라는 점에서 시대의 흔적을 담고 있다.
>
> 우리는 단어의 구조를 통해 단어가 구성되는 방식도 파악할 수 있다. 『한불자전』(1880)에는 이전 시기의 문헌에서는 볼 수 없었던 '두길보기'와 '산돌이'가 등장한다. "양쪽 모두의 눈치를 보는 사람"으로 풀이된 '두길보기'의 '두길'은 ㉠**관형사가 후행하는 명사를 수식**하는 것으로 분석된다. "같은 장소를 일 년에 한 번만 지나가는 큰 호랑이"로 풀이된 '산돌이'는 ㉡**단어의 구성 요소들이 의미상 목적어와 서술어의 관계**로 이루어져 '산을 돌다'라는 의미를 나타내고 있다. 이와 같이 예전에도 오늘날처럼 다양한 방식으로 단어를 만들어 생각을 표현하고 있었던 셈이다.

43

㉠과 ㉡을 모두 충족하는 단어만을 〈보기〉에서 있는 대로 고른 것은?

> **보기**
>
> 새해맞이, 두말없이, 숨은그림찾기, 한몫하다

① 새해맞이, 숨은그림찾기, 한몫하다
② 두말없이, 숨은그림찾기, 한몫하다
③ 두말없이, 숨은그림찾기
④ 새해맞이, 한몫하다
⑤ 새해맞이

44

2021년 수능

ⓐ~ⓔ는 잘못된 표기를 바르게 고친 것이다. 고치는 과정에서 해당 단어에 적용된 용언 활용의 예로 적절하지 않은 것은?

> **'국물 떡볶이' 만드는 법**
>
> • 떡을 물에 (담궈) 둔다. → ⓐ 담가
>
> • 멸치를 물에 넣고 끓인 다음 체에 (거러서) 육수를 준비한다. → ⓑ 걸러서
>
> • 육수에 고추장, (갈은) 마늘, 불린 떡, 어묵을 넣는다. → ⓒ 간
>
> • (하앴던) 떡이 빨갛게 될 때까지 잘 (젓어) 익힌다. → ⓓ 하얬던, ⓔ 저어

① ⓐ : 예쁘-+-어도 → 예뻐도
② ⓑ : 푸르-+-어 → 푸르러
③ ⓒ : 살-+-니 → 사니
④ ⓓ : 동그랗-+-아 → 동그래
⑤ ⓔ : 긋-+-은 → 그은

제4강
문장론(문장)

01 문장론의 문법 단위

02 문장성분의 종류와 특성

03 문법 요소의 기능과 의미

04 확인문제

05 기출문제

01 문장론의 문법 단위

01 어절, 구, 절, 문장

① 어절(語節)

문장을 구성하고 있는 각각의 마디

- 문장 성분의 최소 단위로서 띄어쓰기 단위와 일치한다.
- 조사나 어미와 같이 문법적 기능을 하는 요소들은 앞말에 붙어서 한 어절을 이룬다.

② 구(句)

둘 이상의 단어가 모여 절이나 문장의 일부분을 이루는 토막

- 두 개 이상의 어절이 모여서 하나의 단어와 동등한 기능을 하는 것
- 구는 자체 내에 주어와 서술어 관계를 가지지 못한다.

③ 절(節)

주어와 서술어를 갖추었으나 독립하여 쓰이지 못하고 다른 문장의 한 성분으로 쓰이는 단위

- 문장을 구성하는 기본적인 문법 단위
- 두 개 이상의 어절이 모여 하나의 의미 단위를 이룬다.
- 주어와 서술어의 관계를 갖는 단위를 설정할 수 있다.
- 겹문장 안에서 존재할 뿐이며 하나의 문장 성분이 될 수 있다.

④ 문장

생각이나 감정을 말과 글로 표현할 때 완결된 내용을 나타내는 최소의 단위

- 주어와 서술어를 갖추고 있는 것이 원칙이나 때로 이런 것이 생략될 수도 있다.
- 문장의 끝에 '.', '?', '!' 따위의 문장 부호를 찍어 문장이 끝났음을 드러낸다.

		형식상		의미상
문장	=	문장이 끝났음을 나타내는 표지가 있는 것	+	완결된 내용을 갖추고 있는 것

문장	소녀의 눈동자가 초롱초롱 빛났다.			
구	소녀의 눈동자가(주어부)		초롱초롱 빛났다(서술부)	
어절	소녀의	눈동자가	초롱초롱	빛났다

❖ 구(句), 절(節), 그리고 문장의 공통점과 차이점

<table>
<tr><th>구(句)</th><th>절(節)</th><th>문장</th></tr>
<tr><td colspan="2">• 두 개 이상의 어절이 모여 하나의 의미 단위를 이룬다.
• 독립적으로 사용되지 못한다.
• 하나의 문장 성분이 될 수 있다.</td><td>• 독립적으로 사용된다.</td></tr>
<tr><td>• 주어와 서술어를 갖고 있지 않는다.</td><td colspan="2">• 주어와 서술어를 갖고 있다.
• 절은 주어와 서술어를 갖고 있지만, 더 큰 문장 속에 들어 있다는 점에서 문장과 구별된다.</td></tr>
</table>

01 문장의 종류

〈문장 분류〉

① 홑문장

주어와 서술어가 각각 하나씩 있어서 둘 사이의 관계가 한 번만 이루어지는 문장

■ 절이 아닌 관형어나 부사어는 아무리 많이 나타난다 하더라도 그 문장은 홑문장이다.

예
- 하늘이(주어) 맑다(서술어).
- 그는(주어) 아주 새사람이 되었다(서술어).
- 우리 동네 뒷산에는 아직도 고라니가(주어) 산다(서술어).

② 겹문장

한 문장의 성분 속에 두 개 이상의 절이 종속적인 관계로 겹쳐진 문장

- 겹문장에는 한 개의 홑문장이 다른 문장 속에 한 성분으로 들어가 있는 '안은문장'과 홑문장이 서로 이어져 있는 '이어진문장'이 있다.
- 홑문장들이 모여 하나의 겹문장이 되는 과정을 문장의 확대라고 한다.

예
- 인생은(주어) 짧고,(서술어) 예술은(주어) 길다.(서술어)
- 사공이(주어) 많으면(서술어) 배가(주어) 산으로 간다.(서술어)
- 향기가(주어) 좋다(서술어) + 꽃이(주어) 예쁘다(서술어) → 향기가 좋은 꽃이 예쁘다.

㉠ 안은문장

하나의 문장 안에 주어와 서술어의 관계가 두 번 이상 이루어지며 성분 절(안긴문장)을 가진 문장

- **안긴문장** : 안은문장 속에 절(節)의 형태로 포함되어 있는 문장
- 안은문장은 홑문장을 포함한 문장이고, 안긴문장은 다른 문장 속에 들어가 하나의 성분처럼 쓰이는 홑문장을 말한다.

ⓐ 명사절을 안은문장

- **명사절** : 명사 구실을 하는 절
  - 명사절은 명사형 어미 '-(으)ㅁ', '-기'가 붙어서 만들어진다.
  - 명사절은 문장에서 주어, 목적어, 부사어 등 다양한 기능을 한다.

예
- 밖에 나가기가 싫다. (주어)
- 우리는 그가 정당했음을 깨달았다. (목적어)
- 지금은 학교에 가기에 이른 시간이다. (부사어)

cf. 명사절을 구성하는 '-(으)ㅁ', '-기'의 의미 차이

-(으)ㅁ	-기
■ 완료 의미를 나타냄 예 그는 좋은 시절이 다 <지나갔음을/지나갔기를*> 알았다.	■ 미완료 의미를 나타냄 예 농부들은 비가 <오기를/옴을*> 기다렸다.

*는 비문임.

ⓑ 관형절을 안은문장

■ **관형절** : 관형사형 어미와 결합하여 관형어의 구실을 하는 절

- 관형절은 관형사형 전성 어미 '-(으)ㄴ', '-는', '-(으)ㄹ', '-던'이 붙어서 만들어진다.
- 관형절은 문장에서 무조건 관형어의 기능만 한다.

■ 관형절의 유형

유형	예시
■ 종결형 어미로 끝난 문장에 '-는' 같은 관형사형 전성 어미가 결합하는 경우	■ 그는 철수가 온다는 소식을 들었다.
■ 종결형 어미가 올 자리에 '-(으)ㄹ, -(으)ㄴ' 같은 관형사형 전성 어미가 결합하여 뒤의 체언을 꾸미는 경우	■ 네가 좋아할 일이 생겼다.

❖ **관형사형 전성 어미**

■ 관형사형 전성 어미 '-(으)ㄴ', '-는', '-(으)ㄹ', '-던'은 과거, 현재, 미래, 회상의 시간을 표현하는 데에 사용된다.

예 이 책은 내가 {읽**은**/읽**는**/읽**을**/읽**던**} 책이다.

ⓒ 부사절을 안은문장

■ **부사절** : 절 전체가 부사어의 구실을 하는 절

- 부사절은 부사형 어미 '-아서/-어서', '-도록', '-게', '-이' 등이 붙어서 만들어진다.
- 부사절은 서술어를 수식하는 기능을 한다.

예 ■ 길이 비가 와**서** 질다.
■ 나는 발에 땀이 나도**록** 뛰었다.
■ 그곳은 그림이 아름답**게** 장식되었다.
■ 바람이 소리도 없**이** 분다.

cf. 부사절의 범주

- 현행 학교 문법에서는 종속적으로 이어진문장의 앞 절(소위 종속절)을 부사절로 볼 수 있는 면을 인정하여, 결국 종속적 연결 어미를 부사형 어미로 볼 수 있다고 하였다.
- 더 나아가 대등적 연결 어미에 의한 대등절도 부사절로 볼 수 있고 대등적 연결 어미나 보조적 연결 어미도 결국 부사형 어미로 볼 수 있다.

ⓓ 서술절을 안은문장

■ **서술절** : 문장에서 서술어 구실을 하는 절

- 서술절을 안은문장은 한 문장에 주어가 두 개 있는 것처럼 보이는데, 앞에 나오는 주어를 제외한 나머지 부분이 서술절에 해당한다.
- 서술절은 **절 표지가 따로 없다**는 점에서 다른 안긴문장과 차이를 보인다.

예 ■ 영수가 마음이 넓다.
■ 코끼리는 코가 길다.

cf. 서술절에 대한 의견들

- 서술절 문제는 학계에서 이중 주어문 문제와 더불어 많이 언급되는 내용이다.
- 현행 학교 문법에서 말하는 서술절을 안은문장은 엄밀히 말하면 주어와 서술어의 구조가 두 번 나타나는 것이 아니기 때문에 논란의 여지가 있다.
- 따라서 서술절을 설정하지 않는 입장에서는 맨 앞에 나오는 주어를 주제어로 처리하기도 한다. 하지만 이렇게 되면 주제어를 문장 성분의 하나로 설정해야 하는 문제가 제기된다.
- 그리고 서술절을 설정하지 않는 입장에서 또 하나의 견해는 하나의 서술어에 주어가 두 개 존재하는 이중 주어문으로 처리하기도 한다.

ⓔ 인용절을 안은문장

■ **인용절** : 남의 말이나 글에서 직접 또는 간접으로 따온 절

- 인용절은 주어진 문장에 인용 부사격 조사 '라고'와 '고'가 붙어서 만들어진다.

직접 인용절	간접 인용절
■ 문장을 직접 인용할 때 '라고'가 붙음.	■ 문장을 간접 인용할 때 '고'가 붙음.
예 수지는 "집이 참 예뻐요."라고 말했다.	예 수지는 집이 참 예쁘다고 말했다.

- 서술격 조사 '이다'로 끝난 간접 인용절에서는 '이다고'가 아니라 '이라고'로 나타난다.

예 ■ 그 학생은 자기가 성인이라고 말했다.
■ 그 학생은 자기가 성인이다*고 말했다.

cf. 인용절에 대한 이견

- 인용절은 결국 부사절의 일종이라는 것이다.
  예 나는 한결이가 학교에 간다고 말했다. 나는 "한결이가 학교에 간다."라고 말했다.
- 위 예에서 밑줄친 부분이 인용절인데, 이것은 후행하는 '말했다'를 수식하고 있다. 따라서 의미상 명칭인 인용절은 통사상 명칭인 부사절에 포함시킬 수 있다는 것이다.

㉡ 이어진문장

둘 이상의 절이 연결 어미에 의하여 결합된 문장

■ 이어진문장에서 중복되는 성분은 생략될 수 있다.

❖ 연결 어미

■ 개념

- 앞 절과 뒤 절을 연결하는 어미

■ 종류

- 대등적 연결 어미 : '-고', '-(으)며', '-(으)나', '-든지', '-지만' 등
- 종속적 연결 어미 : '-아서/-어서', '-(으)면', '-(으)려고', '-는데', '-(으)ㄹ지라도' 등
- 보조적 연결 어미 : '-아/-어', '-게', '-지', '-고' 등

■ 기능

- 대등적 연결 어미와 종속적 연결 어미는 절을 연결하여 겹문장을 이루고, 보조적 연결 어미는 본용언과 보조용언을 연결하여 홑문장을 이룬다.

ⓐ 대등하게 이어진문장

■ **대등하게 이어진문장** : 앞 절과 뒤 절의 의미 관계가 대등하게 연결된 문장

- 대등하게 이어진문장에서 앞 절은 뒤 절과 '나열, 대조, 선택' 등의 의미 관계를 가진다.

예 ■ 인생은 짧고, 예술은 길다. (나열)

■ 눈이 내리지만, 날씨가 춥지 않다. (대조)

■ 비가 오거나, 눈이 온다. (선택)

ⓑ 종속적으로 이어진문장

■ **종속적으로 이어진문장** : 앞 절과 뒤 절의 의미 관계가 독립적이지 못하고 종속적인 관계에 있는 문장

- 종속적으로 이어진문장에서 앞 절은 뒤 절과 '원인, 조건, 의도, 배경, 양보' 등의 의미 관계를 가진다.

예 ■ 비가 와서, 길이 질다. (원인)

■ 봄이 오면, 꽃이 핀다. (조건)

■ 집을 마련하려고, 나는 저축을 한다. (의도)

■ 내가 텔레비전을 보고 있는데, 전화벨이 울렸다. (배경)

■ 경기에 질지라도, 우리는 정당하게 싸워야 한다. (양보)

- 종속적으로 이어진문장에서는 앞 절이 뒤 절 속으로 이동하기도 하고, 앞 절과 뒤 절에 같은 말이 있으면 그 말이 다른 말로 교체되거나 생략될 수도 있다.

예 ■ 비가 와서, 길이 질다. → 길이 비가 와서 질다. (앞 절이 뒤 절 속으로 이동)

■ 나는 철수를 자주 만나서, (그를) 격려하곤 한다. ('그'로 대치하거나 생략)

cf. 종속적으로 이어진문장의 특별한 경우

- 국어에서 종속적 연결 어미에 의하여 종속적으로 이어진문장들은 부사절로도 볼 수 있는 면이 있다.

예 ▪ 비가 와서 길이 질다. (종속적으로 이어진문장)
▪ 길이 비가 와서 질다. (부사절을 안은문장)

- 종속적으로 이어진문장에는 다음과 같이 명사절이나 관형절로 된 것도 있다.

예 ▪ 비가 오기 때문에, 길이 질다.(명사절)
▪ 비가 오는 가운데, 행사는 예정대로 열렸다.(관형절)

02 문장 성분의 종류와 특성

- 문장 성분 : 문장을 구성하는 기능적 단위
- 문장은 문장 안에서 일정한 문법적 기능을 하는 부분들, 즉 '문장 성분'으로 이루어진다.
- 문장 성분은 문장을 이루는 데 골격이 되는 성분인 주성분, 주로 주성분의 내용을 수식하는 성분인 부속 성분, 그리고 다른 문장 성분과는 직접적인 관련이 없는 성분인 독립 성분으로 나뉜다.

01 주성분

① 서술어

한 문장에서 주어의 움직임, 상태, 성질 따위를 서술하는 말

㉠ 서술어의 양상

- 서술어는 주로 동사, 형용사, 서술격 조사의 종결형으로 나타난다.

국어의 문장		서술어
무엇이 어찌한다. (지수가 웃는다.)	→	어찌한다 (웃는다)
무엇이 어떠하다. (지수는 점잖다.)	→	어떠하다 (점잖다)
무엇이 무엇이다. (지수는 학생이다.)	→	무엇이다 (학생이다)

㉡ 서술어의 자릿수

서술어가 그 성격에 따라서 필요로 하는 문장 성분들의 개수

종류	필요한 문장 성분	예문
한 자리 서술어	주어	예쁘구나 : 걸음걸이가 참 예쁘구나.
두 자리 서술어	주어+목적어 주어+부사어 주어+보어	보았다 : 그는 영화를 보았다. 같다 : 사랑은 눈물과 같다. 되었다 : 물이 얼음이 되었다.
세 자리 서술어	주어+부사어+목적어	주셨다 : 아버지께서 우리들에게 용돈을 주셨다.

ⓐ 국어를 서술어 중심 언어라고 말할 정도로 서술어를 중요하게 여기는 이유는 서술어의 자릿수에 따라서 나머지 필수 성분들이 결정되기 때문이다.

ⓑ 물론 부속 성분이긴 하지만 소위 필수적인 부사어도 서술어 자릿수에 영향을 끼친다.

ⓒ 그뿐만 아니라 관형어도 의존 명사 앞에서와 같이 반드시 필요한 경우가 있으므로 항상 수의적이라고 말하기도 어렵다.

② 주어

서술어가 나타내는 동작 또는 상태나 성질의 주체가 되는 말

㉠ 개념

- "무엇이 어찌한다.", "무엇이 어떠하다.", "무엇이 무엇이다."의 문장에서 '무엇이'에 해당하는 말

예 '철수가 운동을 한다.'에서 '한다'의 주체가 되는 '철수가'가 이 문장의 주어이다.

㉡ 실현 방법

ⓐ 체언+주격 조사 '이/가', '께서'

예 누가 이 시를 썼느냐? / 아버님께서 신문을 보신다.

ⓑ 체언+보조사

예 나는 거칠 것 없는 바다의 사나이다.

ⓒ 체언+단체 무정명사

예 이번 대회는 우리 학교에서 우승을 차지했다.

ⓓ 단어(체언) 하나 또는 구나 절

예 이 사람들이 왔다.(구)

비가 오기가 무슨 별이 한꺼번에 떨어지는 것 같다.(절)

③ 목적어

타동사가 쓰인 문장에서 동작의 대상이 되는 말

㉠ 개념

- 타동사는 목적어를 요구하는 서술어를 뜻한다.
- 구체적으로 목적격 조사 '을/를'을 요구하는 서술어가 타동사이다.
- 문장에서 '무엇을', '누구를'에 해당하는 말

예 '지우가 영희를 좋아한다.'에서 '좋아한다'의 대상이 되는 '영희를'이 이 문장의 목적어이다.

㉡ 실현 방법

ⓐ 체언에 목적격 조사 '을/를'이 붙는 경우

예 나는 과일을 먹는다.

ⓑ 체언에 보조사가 붙는 경우

예 나는 과일도 먹는다. 나는 과일도을 먹는다.(×)

ⓒ 체언 다음에 보조사가 나오고 그 뒤에 목적격 조사가 나오는 경우

예 동생은 과일만을 좋아한다. 동생은 과일을만/과일을만을 좋아한다.(×)

ⓓ 목적격 조사 없이 체언 혼자만 나타나는 경우

예 난 과일 좋아해.

ⓔ 구나 절로 실현되는 경우

예 나는 그 과일을(구) 좋아한다. 나는 그녀가 착함을(절) 안다.

㉢ 목적어와 목적격 조사 '을/를'의 특성

(가) 나는 학교에 갔다.
나는 학교를 갔다.
(나) 예진이는 편지를 하민이에게 주었다.
예진이는 편지를 하민이를 주었다.

→ 밑줄 친 '학교를, 하민이를'은 목적어이고, '학교에, 하민이에게'는 부사어이다. 그리고 이 때 '을/를'은 보조사적 성격을 띠는 목적격 조사라고 말할 수 있다.

cf. 목적격 조사 '을/를'이 붙으면 무조건 목적어일까?

- ㉢-(가)의 '학교를' 같은 표현에서 '을/를'을 목적격 조사로 보기는 좀 어렵다고 주장하는 학자들도 있다. '학교를'이 의미적으로나 기능적으로 부사어 '학교에'와 다를 바 없으며, ㉢-(나)의 '하민이를' 같은 경우도 필수적 부사어로 보아야만 세 자리 서술어인 '주다'를 만족시킬 수 있기 때문이다.
- 그래서 이 학자들은 '을/를'을 목적격 조사 '을/를'과 강조 의미를 나타내는 보조사 '을/를'로 나누어 파악하여야 일관성 있게 설명할 수 있다고 주장한다.
- 하지만 학교 문법에서는 '을/를'을 목적격 조사로 보되, 이 중 '학교를, 하민이를'의 '를'은 목적격 조사의 보조사적 용법 정도로 간주하고 있다.

④ 보어

주어와 서술어만으로는 뜻이 완전하지 못한 문장에서, 그 불완전한 곳을 보충하여 뜻을 완전하게 하는 수식어

㉠ 개념

- '되다', '아니다' 앞에 조사 '이', '가'를 취하여 나타나는 문장 성분을 말한다.
  예 '철수가 지도자가 되었다'의 '지도자가'가 이 문장의 보어이다.

㉡ 보어와 보격 조사의 특성

- 물이 얼음이 되었다.
- 물이 얼음으로 되었다.

→ 서술어 '되다, 아니다' 앞에 오면서, 보격 조사 '이/가'를 갖고 있는 성분이 보어이기 때문에 '얼음이'는 보어이고, '얼음으로'는 필수적 부사어가 된다. 이 둘의 공통점은 모두 서술어 자릿수를 채워 주는 기능을 한다는 것이며, 차이점은 각각 '이,(으)로'라는 조사가 쓰인다는 것이다. 만약 이 둘을 모두 보어로 보고, '이/가, (으)로'를 모두 보격 조사로 본다면, '집으로 가다'의 '(으)로'와 동일한 형태를 갖게 되어 혼란을 초래할 수 있을 것이다.

cf. 서술어 '되다, 아니다' 앞에 오면 무조건 보어일까?

- 일반적으로 서술어 '되다, 아니다' 앞에 오는 문장 성분을 보어라고 생각한다.
- 그러나 무조건 그렇게 생각하는 것은 틀린 것이다. 왜냐하면 앞에 오는 말이 반드시 보격 조사 '이/가'를 갖고 있어야 하기 때문이다.

02 부속 성분

① 관형어

체언 앞에서 체언의 뜻을 꾸며 주는 구실을 하는 문장 성분

㉠ 관형어의 특징

- 체언 없이 단독으로 쓰일 수 없다.
- 반드시 체언 앞에 놓여 다음의 체언을 꾸민다. (관형어+체언)
- 체언이 의존 명사이면 관형어가 필수적으로 나타난다.

  예 노력한(관형어) 만큼(의존 명사) 대가를 얻다.
- 관형어가 겹칠 때에는 지시 → 수 → 성상의 순서를 취한다.

  예 저 두 젊은 사람
- 관형사형은 시제를 동반한다. (상대적 시제)

㉡ 관형어의 실현 방법

ⓐ 관형사가 그대로 관형어가 되는 경우

예 새 기분으로 일을 시작하다.

ⓑ 체언에 관형격 조사 '의'가 결합되어 실현되는 경우

예 여러분, 그들에게 우리의 각오를 행동으로 보여줍시다.

ⓒ 관형격 조사 '의' 없이 '체언+체언'의 구성으로 된 경우

예 여러분, 그들에게 우리 각오를 행동으로 보여줍시다.

ⓓ 용언 어간에 관형사형 전성 어미(-(으)ㄴ/-는/-던/-(으)ㄹ)가 결합되어 실현되는 경우

예 나는 이번에 그녀에게 청혼할 생각이다.

② 부사어

용언의 내용을 한정하는 문장 성분

㉠ 부사어의 특징

- 보조사와 비교적 자유롭게 결합한다.

  예 너는 참 빨리도 왔구나.
- 자리 이동이 비교적 자유롭다. 특히, 문장 부사어가 성분 부사어보다 자리 이동이 더 자유롭다.

  예 과연 그 실력으로 취직 시험에 합격할 수 있을까?
  그 실력으로 과연 취직 시험에 합격할 수 있을까?
  그 실력으로 취직 시험에 과연 합격할 수 있을까?
- 부사가 다른 부사어나 관형어, 체언을 꾸밀 때와 부정 부사는 자리 이동이 불가능하다.
- 부사어는 관형어와 달리 단독으로 쓰일 때가 있다.

  예 혜빈아, 숙제 얼마나 했어? 조금.

ⓛ 부사어의 종류

ⓐ 수식하는 범위에 따라

성분 부사어	▪ 특정한 문장 성분을 수식하는 부사어 예 가을 하늘이 참 높아 보인다. 연이 매우 높이 날았다. 그는 아주 새 사람이 되었다. 우리들은 오후에 여행에서 돌아왔다. 그 놈 예쁘게 생겼네. 비가 소리도 없이 내린다.
문장 부사어	▪ 문장 전체를 꾸며 주는 부사어 예 과연 그 아이는 똑똑하구나. 확실히 오늘 경기는 신나는 한 판이었어. 만일 네가 계속 이런 식으로 나온다면 더 이상은 참을 수 없어. 모름지기 젊은이는 커다란 포부를 가져야 한다. ▪ 문장 부사어는 대개 말하는 사람의 심리적 태도를 나타내는 부사들이 주류를 이루며 특별한 말들과 호응 관계를 이루는 경우가 많다.

ⓑ 기능에 따라

접속 부사어	▪ 문장을 이어주거나 단어를 이어주는 기능을 하는 부사어 예 그러나 희망이 아주 사라진 것은 아니다. 정치, 경제, 및 문화가 발달하여야 선진국이다. 그 사실을 아는 것은 철수 그리고 영희뿐이다.

ⓒ 필수적인지의 여부에 따라

필수적 부사어	▪ 문장을 구성하는 데 꼭 필요한 부사어 예 나는 나, 너와는 다르다. ('다르다'는 두 자리 서술어) 그녀는 아버지와 닮았다. ('닮았다'는 두 자리 서술어) 아버지는 그 아이를 수양딸로 삼으셨다. ('삼으셨다'는 세 자리 서술어)
수의적 부사어	▪ 문장에 쓰이지 않아도 상관없는 부사어 예 나는 나, 너와는 많이 다르다. ('다르다'는 두 자리 서술어) 그녀는 아버지와 꼭 닮았다. ('닮았다'는 두 자리 서술어) 아버지는 일찍이 그 아이를 수양딸로 삼으셨다. ('삼으셨다'는 세 자리 서술어)

cf. 필수적 부사어를 보어로 보아야 한다?

- 현행 학교 문법에서는 예에서 보는 바와 같이 '얼음으로, 학교에, 영수에게, 어머니와'를 모두 필수적 부사어로 보고 있다. 그러나 부사어는 주성분이 아닌 부속 성분이라는 기본적인 정의를 어겨 가면서까지 '필수적 부사어'를 설정할 필요가 없다고 보는 견해가 있다. 왜냐하면 이것들은 보어로 보면 되기 때문이라는 것이다. 보어는 서술어 자릿수에 따라 반드시 요청되는 필수적인 주성분이다.

  예 물이 얼음으로 되었다. / 나는 학교에 갔다. / 선생님께서 영수에게 상을 주셨다. / 선희는 어머니와 닮았다.

cf. 체언을 꾸미는 것은 무조건 관형사, 관형어?

- 부사는 일반적으로 체언을 수식하지 않는 것으로 알려져 있다. 왜냐하면, 체언을 수식하는 것은 관형사이기 때문이다. 하지만, 우리말 중에는 '바로, 다만, 단지, 오직, 특히'처럼 체언을 수식하는 부사들이 있다.

  예 바로 오너라.(여기서 '바로'는 용언을 수식하므로 부사이고 부사어이다.) / 그건 바로 너의 책임이다.(체언을 수식하면 보통 관형사이지만, 여기서 '바로'는 부사이고 부사어이다.)
- 학자들 중에는 '바로'처럼 의미상으로는 동일하나, 다른 말과 맺는 기능에 있어서 차이를 보이고 있는 것에 주목하자는 견해가 있다. 따라서 용언 앞에 올 경우는 부사어로, 체언 앞에 올 경우는 관형어로 처리하는 것이 논리의 일관성을 갖는다는 것이다.

㉢ 부사어의 실현 방법

ⓐ 부사가 그대로 부사어가 되는 경우

예 바쁘신데 이렇게 많이 모여 주셔서 참 감사합니다.

ⓑ 체언에 부사격 조사 '에, 에서, 에게, (으)로'가 결합되어 나타나는 경우

예 나는 그의 의견에 찬성한다.

ⓒ 용언의 어간에 부사형 어미 '-이, -게, -(아)서, -도록'이 결합하여 나타나는 경우

예 날이 추우니까 옷을 따뜻하게 입어.

ⓓ 부사에 보조사가 결합되어 나타나는 경우

예 세월이 빨리도 흐르는구나.

01 독립 성분

① **독립어**

문장의 다른 성분과 밀접한 관계없이 독립적으로 쓰는 말

㉠ 독립어의 특징

- 독립어를 생략해도 문장은 완전히 성립한다.

  예 (여보게), 이게 얼마 만인가?
- 독립어는 그것을 뒤따르는 문장의 한 성분이 되지 못한다. 하지만 문장 부사어는 뒷부분을 수식하므로 문장의 한 성분으로 될 수 있다.

  예 불행하게 사고를 당했다. → 사고를 당한 것은 불행하다.

㉡ 독립어의 실현 방법

ⓐ 감탄사가 그대로 독립어가 되는 경우

예 아아, 드디어 우리가 기다리던 소풍날이 왔다.

쯧쯧, 젊은이가 시간을 낭비하면 되는가?

글쎄, 철수가 게임을 너무 많이 해요.

ⓑ 체언에 호격 조사 '아(야)'가 결합하여 나타나는 경우

예 영수야, 지각하겠다. 빨리 가자.

신이시여, 우리에게 은혜를 내려 주소서.

ⓒ 제시어 또는 단어 하나로 나타나는 경우

예 청춘, 이것은 듣기만 해도 가슴이 설레는 말이다. (제시어)

조용히!, 어서!, 싫어!(단어 하나로 이루어진 문장)

03 문법 요소의 기능과 의미

01 종결 표현

① 개념

- 국어의 문장에서 제일 마지막에 오는 표현
- 국어의 문장은 종결 표현에 따라 전체 문장의 의미가 좌우된다.
- 종결 표현을 구체적으로 결정하는 것은 '종결 어미'이다.

❖ 종결 어미

- 개념
  - 한 문장을 종결되게 하는 어말 어미
- 종류
  - 평서형 종결 어미 : '-다', '-오' 따위의 예사로운 종결 어미가 붙어, 있는 사실을 그대로 진술하는 문장 형태
  - 의문형 종결 어미 : 의문을 나타내는 종결 어미 '-느냐', '-ㄴ가' 따위가 붙은 꼴
  - 감탄형 종결 어미 : 감탄을 나타내는 종결 어미 '-구나', '-도다' 따위가 붙은 꼴
  - 명령형 종결 어미 : 명령이나 요구를 나타내는 종결 어미 '-아라(어라)', '-게', '-오', '-ㅂ시오' 따위가 붙은 꼴
  - 명령형 청유형 종결 어미 : 화자가 청자에게 같이 행동할 것을 요청하는 뜻을 나타내는 종결 어미 '-자', '-자꾸나', '-세', '-읍시다' 따위가 붙는 꼴

  ※ 동사에는 평서형, 의문형, 감탄형, 명령형, 청유형이 있고, 형용사에는 평서형, 의문형, 감탄형이 있다.

② 종결 표현의 종류

㉠ **평서문**

화자가 청자에게 특별히 요구하는 바 없이 하고 싶은 말을 단순하게 진술하는 문장

예 사람은 생각하는 동물이다.
건강은 건강할 때 지키는 것이 중요하오.

㉡ **의문문**

화자가 청자에게 질문하여 그 대답을 요구하면서 언어 내용을 전달하는 문장

설명 의문문	■ 상대의 구체적인 설명을 요구하는 의문문. '어디', '언제', '누구', '무엇', '어떻게', '왜' 따위의 의문사를 쓴 문장 예 최종 회의는 언제, 어디에서 열리나요?
판정 의문문	■ 상대편에게 '예', '아니요'의 대답을 요구하는 의문문 예 내일 가니? / 숙제는 했니?
수사 의문문 (반어 의문문)	■ 문장의 형식은 물음을 나타내나 답변을 요구하지 아니하고 강한 긍정 진술을 내포하고 있는 의문문 예 철수한테 책 한 권 못 사 줄까?

ⓒ 감탄문

화자가 청자를 별로 의식하지 않거나 거의 독백 상태에서 자기의 느낌을 표현하는 문장. 감탄문은 본질적으로 청자를 비롯한 다른 사람과 관계없이 화자 자신만의 감정을 표현한다.

예 경치가 참 아름답구나! / 네가 벌써 대학생이구나!

ⓔ 명령문

화자가 청자에게 무엇을 시키거나 행동을 요구하는 문장.

ⓐ 직접 명령문 : 직접 청자를 보고 명령하는 문장

예 (의사가 환자에게) 건강한 생활을 위해 골고루 먹어라.
(수업 시간에) 알맞은 답을 골라라.

ⓑ 간접 명령문 : 담화 현장에는 없는 누군가에게 명령하는 문장

예 (신문 칼럼에서) 건강한 생활을 위해 골고루 먹으라.
(시험지에서) 알맞은 답을 고르라.

ⓜ 청유문

화자가 청자에게 어떤 행동을 함께하도록 요청하는 문장

예 귀중한 문화재 빠짐없이 등록하자. / 철수야, 학교 가자.

◆ 문장의 종류가 실제 언어생활에서의 기능과 반드시 일치하는 것은 아니다. 예를 들어, "교실로 갈까?"의 경우, 문장의 형식은 의문문이지만, 실제로는 학생들에게 교실로 가자는 청유 혹은 교실로 가라는 명령의 기능을 수행한다. 따라서 문장이 실제 사용되는 맥락에서 어떤 기능을 하는지 파악할 필요가 있다.

❖ 명령문과 청유문의 문법적 제약

명령문	청유문
• 주어는 항상 청자가 되어야 함. • 서술어로는 동사만 올 수 있음. • 시간 표현의 '-었-, -더-, -겠-'과 함께 나타나는 일이 없음.	• 주어는 화자와 청자가 함께 포함되어야 함. • 서술어로는 동사만 올 수 있음. • 시간 표현인 '-었-, -더-, -겠-'과 함께 사용되지 못함.

02 높임 표현

① 개념

- 화자가 어떤 대상이나 상대에 대하여 그의 높고 낮은 정도에 따라 언어적으로 구별하는 표현
- 높임법은 우리말의 특징 가운데 하나로 모든 언어 가운데 우리말의 높임법이 가장 잘 발달되어 있다고 알려져 있다.
- 높임법을 실현시키는 방법으로는 선어말 어미 '-시-'를 통한 방법, 다양한 종결 표현을 통한 방법, '께, 께서'와 같은 조사를 통한 방법, '계시다, 드리다'와 같은 어휘를 통한 방법 등이 있다.
- 높임법은 누구를 높이느냐에 따라 상대 높임법, 주체 높임법, 객체 높임법으로 나뉜다.

② 높임 표현의 종류

㉠ 상대 높임법

화자가 청자인 상대방에 대하여 높이거나 낮추어 말하는 방법

- 국어의 높임법 가운데 가장 발달되어 있다.
- 상대 높임법은 주로 종결 표현에 의하여 실현된다.
- 상대 높임법은 크게 격식체와 비격식체로 나뉜다.
  - 격식체 : 의례적 용법으로 청자와의 심리적인 거리감을 나타낸다.
  - 비격식체 : 격식을 덜 차리는 상황에서 사용하여 청자와의 심리적 거리가 가까운 것을 나타낸다.(친근감을 나타낸다.)

		평서형	의문형	명령형	청유형	감탄형
격식체	하십시오체 (아주 높임)	가십니다	가십니까?	가십시오	(가시지요)	
	하오체 (예사 높임)	가(시)오	가(시)오?	가(시)오, 가구려	갑시다	가는구려
	하게체 (예사 낮춤)	가네, 감세	가는가?, 가나?	가게	가세	가는구먼
	해라체 (아주 낮춤)	간다	가냐?, 가니?	가(거라), 가렴, 가려무나	가자	가는구나
비격식체	해요체 (두루 높임)	가요	가요?	가(세/셔)요	가(세/셔)요	가(세/셔)요
	해체 (두루 낮춤)	가, 가지	가?, 가지?	가, 가지	가, 가지	가, 가지

❖ '하오체'와 '하게체'

- '하오체'와 '하게체'는 지위가 더 낮은 사람을 존중하여 대우하는 의미로 쓰이는 경우가 있다.
  예 어서 오시오. / 자네가 먼저 가게.

❖ 보조사 '요'의 쓰임

- ((주로 '해'할 자리에 쓰이는 종결 어미나 일부 '하게'할 자리에 쓰이는 종결 어미 뒤에 붙어)) **청자에게 존대의 뜻을 나타내는 보조사**. 격식을 갖추어야 하는 상대에게는 잘 쓰지 않는다.
  예 돈이 없어요. / 기차가 참 빨리 가지요. / 잠이 안 오는걸요.
- ((체언이나 부사어, 연결 어미 따위의 뒤에 붙어)) **청자에게 존대의 뜻을 나타내는 보조사**.
  예 마음은요 더없이 좋아요. / 어서요 읽어 보세요. / 그렇게 해 주시기만 하면요 정말 감사하겠어요.

㉡ 주체 높임법

서술의 주체를 높이는 방법

- 서술의 주체가 화자보다 나이나 사회적 지위 등이 높을 때 사용한다.
- 주체 높임법은 기본적으로 서술어에 선어말 어미 '-(으)시-'가 붙어 실현된다.
- 부수적으로 주격 조사 '께서'가 쓰이기도 하고 주어 명사에 '-님'이 덧붙기도 한다.
- '계시다, 주무시다' 등 일부 특수 어휘를 통해 실현되기도 한다.
- 주체 높임법에는 직접 높임과 간접 높임이 있다.

직접 높임	■ 말하는 이가 주체를 직접 높일 때에 사용 예 아버지께서 집에 (계시다, 있으시다*)
간접 높임	■ 주체와 밀접한 관련이 있는 대상(신체 부분, 성품, 심리, 소유물 등)을 높임으로써 주체를 간접적으로 높일 때에 사용 예 아버지께서는 걱정거리가 (있으시다, 계시다*) 회장님의 말씀이 (있으시겠습니다, 계시겠습니다*)

→ 주체 높임법에서 '주체'를 '주어'라고 하는 것은 옳지 않다.

ⓒ 객체 높임법

목적어나 부사어가 지시하는 대상, 즉 서술의 객체를 높이는 방법

- 객체 높임법은 국어의 높임법 가운데 제일 발달되지 않은 방법이다.
- 객체 높임법에는 주로 특수 어휘, 그 중에서도 특수한 동사를 사용한다.
- 객체 높임법에는 사용되는 특수 어휘로는 '모시다, 드리다, 여쭈다, 뵈다' 등이 있다.
- 객체 높임법에서는 조사 '에게' 대신 '께'를 사용하기도 한다.

03 시간 표현

① 개념

- 시간을 나타내기 위한 언어 표현
- **시제** : 어떤 일이 과거에 일어난 일인지, 현재 일어나고 있는 일인지, 앞으로 일어날 일인지를 나타내는 언어적 표현을 시제라고 한다. 화자가 발화시를 기준으로 하여 사건시의 앞뒤를 제한하는 문법 기능
- **발화시** : 말하는 이가 말하는 시점
  → 과거니 미래니 할 때는 기준이 되는 시점이 필요하다. '어제'는 '오늘'을 기준으로 하면 과거지만, '그저께'를 기준으로 하면 미래이기 때문이다. 대개 시제는 말을 하고 있는 시점인 "발화시"를 기준으로 삼는다.
- **사건시** : 동작이나 상태가 일어나는 시점

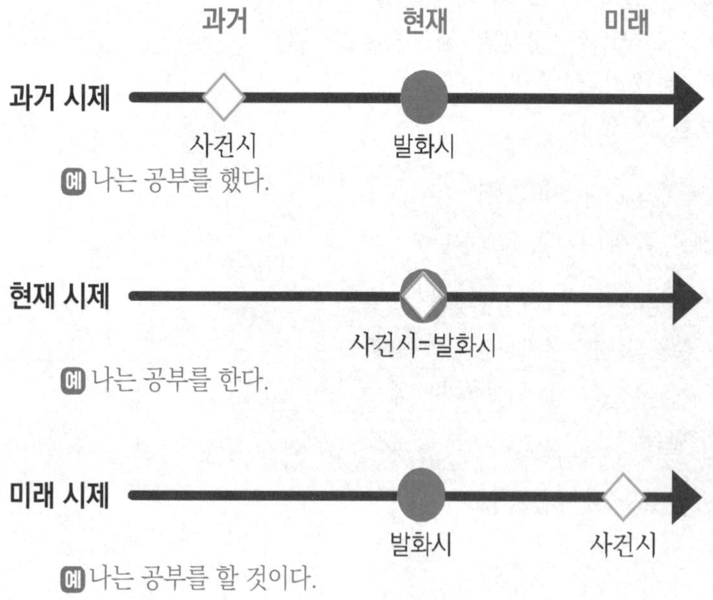

〈절대적 시제〉

cf. 시간과 시제

시간	시제
• 연속적인 자연의 흐름	• 시간을 인위적으로 구분하는 문법 범주

➜ 시간은 자연에 존재하는 현상이고 시제는 그 시간을 인위적으로 구분한 언어 표현이므로 이 둘을 구별하여 생각해야 한다.

cf. 절대적 시제와 상대적 시제

절대적 시제	상대적 시제
• 일반적으로 발화시를 기준으로 하여 결정되는 시제를 말한다.	• 주문장의 사건시에 의존하여 상대적으로 결정되는 시제를 말한다.

예 그 책을 다 읽은 사람들이 많다.

➜ '읽은'은 종결형 '많다'를 중심으로 한 절대적 시제 입장에서는 분명히 과거 시제이지만, 책을 읽은 사건이 일어난 사건시에서 보면 '읽은'은 분명히 현재 표현이 되는 것이다.

② 시간 표현의 종류

㉠ 과거 시제

ⓐ 개념 : 사건시가 발화시보다 앞서 있는 시제

ⓑ 실현 방법

- 과거 시제 선어말 어미 '-았-/-었-'과 '-더-'를 통해
  ➜ '-았었-/-었었-'도 과거를 나타내는 표현인데, 발화시보다 훨씬 전에 발생하여 현재와 단절된 사건을 표현하는 데 쓰여 '-았-/-었-'과 의미 차이를 보인다. 선어말 어미 '-더-'는 과거 어느 때의 일이나 경험을 회상할 때 쓰인다.
- 동사 어간에 붙는 관형사형 어미 '-(으)ㄴ'을 통해
- 용언의 어간이나 서술격 조사에 붙는 '-던'을 통해
- 시간을 나타내는 부사어 '어제, 엊그제' 등을 통해

ⓒ 예시

- 나는 어제 책을 읽었다.
- 네 동생이 도서관에서 공부하더라.
- 아까 네가 먹은 우유는 동생이 사 온 거야.
- 당시 학생이던 사람들이 이제는 성인이 되었다.
- 작년만 해도 이 저수지에는 물고기가 많았었는데 이제는 볼 수가 없다.

❖ '-았-/-었-'의 의미

- '-았-/-었-'은 일반적으로 과거 시제를 나타내지만, 완결된 상황이 지속되거나 미래 실현에 대한 확신이 있을 때에도 사용된다.

  예 저는 엄마를 닮았어요. / 숙제를 안 했으니 넌 내일 학교에 가면 혼났다.

ⓛ 현재 시제

ⓐ 개념 : 발화시와 사건시가 일치하는 시제

ⓑ 실현 방법

- 동사에서는 선어말 어미 '-는-/-ㄴ-' 및 관형사형 어미 '-는'을 통해서
- 형용사나 서술격 조사에서는 관형사형 어미 '-(으)ㄴ'이 쓰이거나 또는 선어말 어미 없이 현재 의미를 나타낸다.
- 시간을 나타내는 부사어 '지금, 현재' 등을 통해

ⓒ 예시

- 학생들은 지금 도서관에서 공부를 한다. / 공부를 하는 학생들
- 우리 아기 잘도 자는구나. / 잠을 자는 아기
- 꽃이 참 예쁘다. / 예쁜 꽃
- 동생은 중학생이다. / 중학생인 동생

ⓒ 미래 시제

ⓐ 개념 : 사건시가 발화시보다 나중인 시제

ⓑ 실현 방법

- 선어말 어미 '-겠-'을 통해 실현되는 것이 일반적이다.
- 관형사형 어미 '-(으)ㄹ'을 통해
- 관형사형 어미 '-(으)ㄹ'과 의존 명사 '것'이 결합된 '-(으)ㄹ 것'을 통해
- 시간을 나타내는 부사어 '내일'을 통해

ⓒ 예시

- 내일 오겠습니다.
- 갈 사람은 빨리 가세요.
- 제가 있을 것입니다.

❖ '-겠-'의 다양한 의미

- 미래의 일이나 추측을 나타낸다.
  예 지금 떠나면 새벽에 도착하겠구나
- 주체의 의지를 나타낸다.
  예 이번 달까지 목표치를 달성하겠다
- 가능성이나 능력을 나타낸다.
  예 이걸 어떻게 혼자 다 하겠니?
- 완곡하게 말하는 태도를 나타낸다.
  예 네가 말해도 되겠니?
- 헤아리거나 따져 보면 그렇게 된다는 뜻을 나타낸다.(상대에게 의아스럽거나 불만스러운 상태임을 나타낸다)
  예 별사람을 다 보겠다.

❖ 선어말 어미 '-(으)리-'

- '-(으)리-'는 '-(으)리다, -(으)리라, -(으)리까, -(으)리니' 등과 같이 한정된 표현에서 미래 시제를 나타내는 데에 사용되며, 예스러운 표현으로 쓰인다.

예 내일은 비가 오리다. / 내일 다시 전화하리다.

㉣ 동작상

ⓐ **개념** : 발화시를 기준으로 동작이 일어나는 모습을 나타낸다. 시간의 흐름 속에서 그 동작이 진행되고 있는지 완결된 것이지 등 동작이 일어나는 모습을 표현한다.

ⓑ 실현 방법

- 주로 보조 용언을 사용하여 동작상을 표현한다.
- **진행상** : 동작의 진행을 나타낸다. 대체로 현재 시제와 일치한다.
- **완료상** : 동작의 완료를 나타낸다. 대체로 과거 시제와 일치한다.
- **예정상** : 동작의 예정을 나타낸다. 대체로 미래 시제와 일치한다.

ⓒ 예시

- 바람이 세게 불고 있다. / 빨래가 다 말라 간다. (진행상)
- 밥을 다 먹어 버렸다. / 주미는 지금 의자에 앉아 있다. (완료상)
- 나도 거기에 다니게 되었다. / 저도 거기에 가려고 계획을 세우고 있습니다. (예정상)

cf.

현행 학교교육과정에서 '예정상'은 따로 설정되어 있지 않다. 동작상을 진행상, 완료상, 예정상으로 나누는 구분은 '남기심·고영근' 교수의 이론을 따른 것이다.

04 피동 표현

① 개념

- 주어가 다른 대상에 의해 동작이나 행위를 당하는 것을 나타내는 표현
- 문장은 동작이나 행위를 누가 하느냐에 따라 능동문과 피동문으로 나뉜다.
- **피동** : 주어가 다른 대상에 의해서 동작을 당하게 되는 것
- **능동** : 주어가 동작을 제힘으로 하는 것

② 특징

- 피동 표현은 동작의 대상을 강조하고 싶을 때, 동작의 주체가 분명하지 않거나 밝힐 필요가 없을 때, 또는 동작의 주체를 밝히지 않으려 할 때 사용한다.
- 국어에서는 피동사가 있는 능동사보다 피동사가 없는 능동사가 훨씬 많다.
- 피동사는 하나의 단어로 인정하여 사전에 등재한다.

③ 피동문의 종류

㉠ 파생적 피동문(단형 피동)

- 능동사의 어근에 피동 접미사 '-이-, -히-, -리-, -기-'가 붙어서 만들어진 피동문

> 능동문 : 고양이가 쥐를 잡았다.
>
> 피동문 : 쥐가 고양이에게 잡혔다.

- 능동문이 피동문으로 바뀔 때
  - 능동문의 주어('고양이가')는 피동문의 부사어('고양이에게')가 되고, 능동문의 목적어('쥐를')는 피동문의 주어('쥐가')가 된다.
  - 능동사 '잡다'에 피동 접미사 '-히-'가 붙어 피동사 '잡히다'가 만들어진다.
  - 피동문의 부사어는 '에게, 한테, 에, -에 의해서'가 붙어서 이루어진다.

㉡ 통사적 피동문(장형 피동)

- 용언 어간에 '-어지다', '-게 되다'가 붙어서 만들어진 피동문

  예 기분이 풀어졌다. / 사건의 진실이 곧 드러나게 된다.

> cf. 피동문의 의미 해석
>
> ㉮ 포수 열 명이 (모두) 토끼 한 마리를 잡았다.
>
> ㉯ 토끼 한 마리가 포수 열 명에게 잡혔다.
>
> ㉰ 철수는 그 문제를 풀 수 없다.
>
> ㉱ 그 문제는 철수에게 풀릴 수 없다.
>
> → 위 예문은 수량사 표현과 부정 표현이 왔을 때, 능동문과 피동문의 의미 차이가 있다는 것을 보여 준다. ㉮는 포수 열 명이 토끼 한 마리씩 잡거나 모두 합해서 한 마리만 잡은 것으로 해석되는 데 비해, ㉯는 포수 열 명에게 토끼 한 마리만 잡힌 것으로 해석된다. 그리고 ㉰는 능력 부정을 나타내나 ㉱는 가능성 부정으로 해석되어 차이가 있다.

05 사동 표현

① 개념

- 주어가 남에게 동작을 하도록 시키는 것을 나타내는 표현
- 문장은 주어가 동작이나 행위를 직접 하느냐, 아니면 다른 사람에게 하도록 하느냐에 따라 주동문과 사동문으로 나뉜다.
- **주동** : 주어가 동작을 직접 하는 것
- **사동** : 주어가 동작을 남에게 시키는 것

② 특징

- 피동사와 마찬가지로 주동사에 대응하는 사동사도 아주 제한적으로 존재한다.
- 사동사도 피동사와 마찬가지로 하나의 단어로 인정하여 사전에 등재한다.
- 일부 자동사는 두 개의 사동 접미사가 붙어서 사동사가 되기도 한다.

  예 자다 : 자-+-이-+-우-+-다 → 재우다

③ 사동문의 종류

㉠ 파생적 사동문(단형 사동)

- 주동사의 어근에 사동 접미사 '-이-, -히-, -리-, -기-, -우-, -구-, -추-'가 붙어서 만들어진 사동문

㉮ 얼음이 녹는다.

㉯ (난로불이) 얼음을 녹인다.

㉰ 담이 높다.

㉱ (아저씨가) 담을 높였다.

㉲ 혜빈이가 책을 읽는다.

㉳ (선생님이) 혜빈이에게 책을 읽힌다.

- 주동문이 사동문으로 바뀔 때
  - 사동문이 주동문에서 변화하는 방법은 ㉮~㉳에서처럼 여러 가지로 나뉜다.
  - ㉯, ㉱, ㉳에서처럼 주동문에 없던 새로운 주어가 사동문에 등장한다.(괄호로 묶인 부분들) 이 현상은 주동문의 용언 종류에 관계 없이 모두 동일하다.
  - ㉮, ㉰와 같이 **주동문의 용언이 자동사나 형용사이면** 주동문의 주어는 ㉯와 ㉱에서처럼 사동문의 목적어가 된다.
  - ㉲와 같이 **주동문의 용언이 타동사이면** 주동문의 주어가 사동문에서는 '에게'가 붙은 부사어로 변함. 물론 '에게'는 '한테, -로 하여금' 등으로 바뀔 수가 있다.
  - 주동사 '녹다, 높다, 읽다'에 사동 접미사 '-이-'나 '-히-'가 붙어 사동사 '녹이다, 높이다, 읽히다'가 만들어진다.

㉡ 통사적 사동문(장형 사동)

- '-게 하다'에 의해서 만들어진 사동문
- **-게 하다** : 연결 어미(-게) + 보조 용언(하다)

  예 아버지가 아이에게 밥을 먹게 한다.

cf. 단형 사동과 장형 사동의 의미 차이

㉮ 딸이 옷을 입었다.

㉯ 어머니가 딸에게 옷을 입혔다. / 어머니가 딸에게 옷을 입혔는데, 딸이 입었다. / *어머니가 딸에게 옷을 입혔는데, 딸은 입지 않았다.

㉰ 어머니가 딸에게 옷을 입게 하였다. / 어머니가 딸에게 옷을 입게 했는데, 딸이 입었다. / 어머니가 딸에게 옷을 입게 했는데, 딸은 입지 않았다.

㉱ 언니가 아이에게 옷을 입혔다. / 언니가 아이에게 직접 옷을 입혔다. / 언니가 아이에게 옷을 입으라고 말해서 아이가 직접 옷을 입었다.

㉲ 언니가 아이에게 옷을 입게 하였다. / * 언니가 직접 아이에게 옷을 입혔다. / 언니가 아이에게 옷을 입으라고 시켜서 아이가 직접 옷을 입었다.

㉳ 선생님께서 철수에게 책을 읽히셨다. / * 선생님께서 철수에게 직접 책을 읽어 주셨다. / 선생님께서 철수로 하여금 책을 읽으라고 말해서 철수가 직접 책을 읽었다.

㉴ 선생님께서 철수에게 책을 읽게 하셨다. / *선생님께서 철수에게 직접 책을 읽어 주셨다. / 선생님께서 철수로 하여금 책을 읽으라고 말해서 철수가 직접 책을 읽었다.

- '*'은 비문임.

→ 단형 사동문과 장형 사동문이 반드시 똑같은 의미를 지니고 있지는 않다. 대개 단형 사동은 주어가 객체에게 직접적인 행위를 한 것이고, 장형 사동은 간접적인 행위를 한 것으로 알려져 있다. 단형 사동문과 장형 사동문의 의미는 현재로서는 용언과 그와 함께 나타나는 다른 문장 성분들과의 의미 관계 속에서 파악될 수밖에 없다.

cf. 사동사와 피동사의 형태가 같을 경우 어떻게 처리할 것인가의 문제

㉮ 아기가 엄마에게 안겼다.

㉯ 엄마는 나리에게 아기를 안겼다.

→ ㉮와 ㉯에서 '안기다'는 피동사로도 쓰였고, 사동사로도 쓰였다. 이렇게 형태가 같을 경우 처리하는 방법은 보통 세 가지이다. 둘을 동음이의어로 보는 견해, 둘 중 하나를 기본형으로 삼고 다른 하나는 여기서 파생된 것으로 보는 견해, 그냥 하나로 보면서 상황에 따라 이렇게 저렇게 쓰인다고 보는 견해 등이 바로 그 예들이다. 이중에 첫 번째 견해로 보는 것이 가장 무난한데, 그 이유는 둘째와 셋째 견해로 보는 방법은 인위적인 새로운 문법 범주(영파생 접사, 중립 동사)를 만들어내야 하는데, 첫째 견해는 그럴 필요가 없기 때문이다. '안기다'처럼 동음이의어로 쓰이는 단어들로는 '보이다, 잡히다, 업히다, 끌리다, 뜯기다' 등이 있다.

06 부정 표현

① 개념

- 부정의 뜻을 나타내는 표현
- 부정의 요소가 결합되어 어떤 언어적 대상을 부정하는 표현
- '안'이나 '못'이 결합되어 문장의 내용, 의미를 부정하는 문법 기능
- 긍정문에 부정을 나타내는 말을 써서 내용 전체 또는 일부를 부정하는 문장을 부정문이라고 한다.

② 특징

- 부정문은 종결 표현에 따라 그리고 서술어의 종류에 따라 일정한 제약을 받는 경우가 있다.
- 능력 부정이든 의지 부정이든 간에 형용사와 서술격 조사문에서는 사용되지 않는다.

예 영희는 미인이다.
영희는 *안/*못 미인이다.
영희는 미인이지 *않다/*못하다.
미인이지 *마라/*말자.
영희는 미인이 아니다. (상태 부정)

예 영희는 예쁘다.
영희는 안/*못 예쁘다. (상태 부정)
영희는 예쁘지 않다/*못하다. (상태 부정)
예쁘지 *마라/*말자.

- 부정 표현이지만 실제 의미로는 부정을 나타내지 않는 경우도 있다. 상위 서술어가 '걱정되다, 두렵다, 의심스럽다, 무섭다' 등과 같은 경우는 부정 표현이 쓰였다고 하더라도 결국 수사 의문문으로 사용된 것이기 때문에 부정 의미가 없다. 또한 '않다'가 수사 의문문으로 쓰인 것도 부정의 의미가 없다.

예 철수가 가지 않았을까 걱정된다. (수사 의문문)
철수가 갔지 않을까 걱정된다. (수사 의문문)
영희가 갔지 않니? (수사 의문문)
영희가 가지 않았니? (부정 의문문)

③ 부정문의 종류

㉠ 형태에 따른 분류

종류	짧은 부정(문)	긴 부정(문)
방식	부정 부사 '안'과 '못'을 사용	부정 용언 '아니하다'와 '못하다'를 사용 ※ 명령문, 청유문에서는 '마/마라, 말자'를 사용
예시	• 나는 그를 안 만났다. • 나는 그를 못 만났다.	• 나는 그를 만나지 않았다. • 나는 그를 만나지 못했다. • 그를 만나지 마라./*못해라/*아니해라 (명령문) • 그를 만나지 말자./*못하자/*아니하자 (청유문)

ⓛ 의미에 따른 분류

의지 부정		능력 부정	
부정 부사	안, 아니	부정 부사	못
부정 용언	-지 아니하다, 않다, 안하다	부정 용언	-지 못하다

④ 부정문에서 부정의 범위

■ 부정문에서는 부정의 범위가 어디까지인지 쉽게 확정하기 어렵다. 아래 예에서 '안, 아니하다'가 부정하는 내용은 '동생'이 될 수도 있고, '책'이 될 수도 있으며, '읽다'가 될 수도 있다.

예 동생이 책을 안 읽었다. / 동생이 책을 읽지 않았다.

→ 위의 예에서 중의성은 '동생, 책, 읽다'의 어느 하나에 강세를 주어 구별하거나, 보조사 '는, 도, 만'을 넣어서 해소할 수 있다.

07 인용 표현

① 개념

■ 남의 말이나 글을 자신의 말이나 글 속에 직접 혹은 간접으로 끌어 쓴 표현

② 특징

■ 인용 표현을 할 때에는 원작자의 의도를 손상하거나 내용의 일부만 뽑아서 자기가 전달하고 싶은 뜻에 끼워 맞추는 행위 등을 하지 않도록 유의해야 한다.

■ 인용한 내용의 출처를 반드시 밝혀 원작자의 저작권을 침해하지 않아야 한다.

③ 인용 표현의 종류

㉠ **직접 인용 표현** : 다른 사람의 말이나 글을 원래의 형식과 내용 그대로 유지한 채 인용하는 것

예 미애는 지우에게 "나도 내일 당신을 따라 갈래요."라고 어제 말했다.

→ 직접 인용 표현을 할 때에는 인용절에 큰따옴표를 하여 표시하고, 조사 '라고'를 쓴다.

㉡ **간접 인용 표현** : 다른 사람의 말이나 글을 인용할 때 그 형식은 유지하지 않고 내용만 끌어다 쓰는 것

예 미애는 지우에게 자기도 오늘 그를 따라 가겠다고 말했다.

→ 간접 인용 표현을 할 때에는 조사 '고'를 쓴다. 직접 인용 표현을 간접 인용 표현으로 바꾸어 서술할 때에는 인용 조사뿐 아니라 인칭 표현, 지시 표현, 시간 표현, 높임 표현, 종결 표현 등을 상황에 맞게 적절히 바꾸어야 한다.

08 기본 문형과 어순

① 개념

- 홑문장 가운데서 가장 기본이 되는 문형
- 다양한 홑문장은 이 기본 문형을 통해서 확대된다.
- 다양하고 복잡한 겹문장 역시 기본 문형을 기본으로 하여 확대된다.

② 국어의 기본 문형

유형	어순	예시
1유형	주어+서술어	새가 날아간다.
2유형	주어+목적어+서술어	나는 그를 좋아한다.
3유형	주어+보어+서술어	물이 얼음이 되었다.
4유형	주어+목적어+보어+서술어	나는 선물을 그녀에게 주었다.

04 확인문제

01 다음 중, 문장의 종류가 〈보기〉와 같은 것은?

> **보기**
> 영수야, 계속 무리하면 건강에 문제가 생겨.

① 봄은 오고, 꽃은 핀다.
② 선생님은 키가 크시다.
③ 비가 소리도 없이 내린다.
④ 눈이 와도 반드시 갈게요.
⑤ 그것은 내가 입던 옷이다.

02 〈보기〉의 문장에 대한 설명으로 적절하지 <u>않은</u> 것은?

> **보기**
> 나는 어제 도서관에서 빌려 온 책을 다 읽었다.

① 문장 전체의 주어는 '나는'이다.
② 문장 전체의 서술어는 '읽었다'이다.
③ 문장 속에서 '어제 도서관에서 빌려 온'은 부사어의 기능을 한다.
④ 문장 전체의 주어와 절 속의 주어는 일치한다.
⑤ 절 속에는 문장 전체의 목적어와 같은 문장 성분이 생략되어 있다.

03 〈보기〉의 (가)와 (나)에 대한 설명으로 적절하지 <u>않은</u> 것은?

> **보기**
> (가) 윤주는 나에게 "나 지우 좋아해."라고 말했다.
> (나) 윤주는 나에게 자기가 지우를 좋아한다고 말했다.

① (가)와 (나)는 모두 인용절을 안은문장이다.
② (가)에서 '라고'는 이 문장이 직접 인용절을 포함하고 있음을 나타낸다.
③ (나)에서 '고'는 이 문장이 간접 인용절을 포함하고 있음을 나타낸다.
④ (가)와 달리 (나)는 인용절의 주어가 다른 형태로 바뀌어 나타난다.
⑤ (나)와 달리 (가)는 인용절의 주어를 생략할 수 있다.

04 〈보기〉는 이어진 문장이다. 이에 대한 설명으로 가장 적절한 것은?

보기

㉠ 눈이 와서 길이 막힌다.
㉡ 비가 오면 약속은 취소하자.
㉢ 책을 빌리려고 도서관에 갔다.
㉣ 날이 갈수록 병세가 심해진다.

① ㉠~㉣은 모두 앞 절과 뒤 절의 의미가 대등적인 관계에 있는 문장이다.
② ㉠의 앞 절은 뒤 절 속으로 이동해도 의미의 변화가 없다.
③ ㉡과 ㉢의 앞 절과 뒤 절에서 생략된 문장 성분은 모두 목적어이다.
④ ㉡에서 앞 절과 뒤 절은 '의도'의 의미 관계를 가진다.
⑤ ㉢에서 앞 절과 뒤 절의 의미 관계를 나타내주는 표지는 '-고'이다.

05 ㉠~㉤의 공통점에 대한 설명으로 가장 적절한 것은?

보기

㉠ 내 나이는 그의 나이와 같다.
㉡ 너에게 어제 산 인형을 선물로 줄게.
㉢ 그는 정직을 삶의 신조로 삼고 있다.
㉣ 빨간색 티셔츠가 청바지와 아주 잘 어울린다.
㉤ 올림픽조직위원회는 올림픽 종목에 태권도를 넣었다.

① ㉠~㉤은 모두 홑문장에 해당한다.
② ㉠~㉤에는 주어가 모두 생략되어 있다.
③ ㉠~㉤의 서술어는 모두 두 자리 서술어이다.
④ ㉠~㉤의 서술어는 모두 세 자리 서술어이다.
⑤ ㉠~㉤의 서술어는 모두 부사어를 반드시 필요로 한다.

06 ㉠~㉤에 대한 설명으로 적절하지 <u>않은</u> 것은?

보기

㉠ 어제 산 인형을 너에게 선물로 줄게.

㉡ 어제 산 인형 너에게 선물로 줄게.

㉢ 어제 산 인형은 너에게 선물로 줄게.

㉣ 학교를 다니다가 집안 형편상 그만두었다.

㉤ 아무리 해도 흥분이 가라앉지를 않았다.

① ㉠의 '인형을'은 문장에서 꼭 필요한 필수 성분이다.

② ㉡의 '인형'은 조사가 생략되었지만 문장 성분은 목적어이다.

③ ㉢의 '인형은'은 '줄게'의 주체에 해당하므로 문장 성분은 주어이다.

④ ㉣의 뒤 절에는 앞 절과 중복되는 목적어 '학교를'이 생략되었다.

⑤ ㉤의 '가라앉지를'의 '를'은 목적격 조사가 아니라 앞말을 강조하는 보조사이다.

07 ㉠~㉣에 대한 설명으로 적절하지 <u>않은</u> 것은?

보기

㉠ 그녀는 세차게 내리는 비를 좋아한다.

㉡ 어머니는 여러 재료를 이용해 찌개를 만드셨다.

㉢ 불이 꺼지면 세상은 암흑이 된다.

㉣ 불이 꺼지면 세상은 암흑으로 된다.

① ㉠은 ㉡~㉣과 달리 안은문장에 해당한다.

② ㉠에는 목적어가 1개 있고, ㉡에는 목적어가 2개 있다.

③ ㉢과 ㉣은 의미상으로 볼 때 차이가 없다.

④ ㉢의 '암흑이'는 필수 성분이지만, ㉣의 '암흑으로'는 필수 성분이 아니다.

⑤ ㉠의 '좋아한다', ㉡의 '만드셨다', ㉢과 ㉣의 '된다'는 모두 두 자리 서술어이다.

08 〈보기〉의 밑줄 친 ⓐ~ⓔ에 해당하는 예로 적절하지 않은 것은?

보기

관형어가 되는 경우는 여러 가지가 있다. ⓐ**관형사가 그대로 관형어가 되기도 하며**, ⓑ**체언이 그대로 관형어로 쓰이기도 하고** ⓒ**체언에 관형격 조사 '의'가 결합된 형태**나 ⓓ**용언의 관형사형(용언 어간 + 관형사형 어미 '-(으)ㄴ, -는, -(으)ㄹ, -던')으로도 나타난다**. 그리고 ⓔ**관형절은 문장 속에서 언제나 관형어로만 쓰인다.**

① ⓐ : 공무원의 정치적 중립성은 법률이 정하는 바에 의하여 보장된다.
② ⓑ : 언젠가 자네가 우리 부부를 초대한 적이 있었지.
③ ⓒ : 그런데 왜 가을이 독서의 계절일까?
④ ⓓ : 그는 자기 일 밖의 다른 일에는 관심이 없다.
⑤ ⓔ : 나는 어제 간 전시회에서 첫사랑을 만났다.

09 〈보기〉를 통해 살펴본 '부사어'의 특징으로 적절하지 않은 것은?

보기

㉠ 일의 정황을 **빨리도** 파악했구나.
㉡ **모름지기** 학생은 공부를 열심히 해야 한다.
㉢ 그는 일 년 동안 **오직** 공부에만 열중했다.
㉣ 지영아, 몇 명 왔어? **다**.

① ㉠의 '빨리도'에서처럼 보조사와도 결합한다.
② ㉡의 '모름지기'는 자리 이동이 자유롭다.
③ ㉢은 ㉠과 달리 자리 이동이 자유롭다.
④ ㉣의 '다'처럼 부사어는 홀로 쓰일 수 있다.
⑤ ㉠~㉢에서처럼 부사어는 꾸미는 대상이 다양하다.

10 〈보기〉의 밑줄 친 예로 가장 적절한 것은?

보기

독립어는 일반적으로 감탄사, **체언의 단독 형태**, 그리고 체언에 호격 조사가 결합된 형태로 나타난다.

① 그게, 음, 어렵네요.
② 엄마, 이것 좀 보세요.
③ 여보, 오늘은 일찍 들어오세요.
④ 아뿔싸! 이건 생각지 못한 일이네요.
⑤ 두껍아, 두껍아, 헌 집 줄게, 새 집 다오.

11 **〈보기〉의 ㉠에 해당하는 의문문으로 적절한 것은?**

> 보기
>
> 의문문은 일반적으로 화자가 청자에게 질문하여 대답을 요구하는 문장이다. 의문문의 종류로는 긍정이나 부정의 대답을 요구하는 의문문, 듣는 이에게 설명하는 대답을 요구하는 의문문, ㉠**서술, 명령, 감탄 등의 효과를 나타내는 의문문** 등이 있다.

① 삼촌께서는 집으로 가셨니?
② 저기 있는 사람은 누구니?
③ 누가 그 일을 못하겠어?
④ 귀고리가 나한테 어울려요?
⑤ 우리 어떤 게임 할까요?

12 **〈보기〉의 ㉠~㉢에 대한 설명으로 적절하지 않은 것은?**

> 보기
>
> ㉠ 제발 공부 좀 해라.
> ㉡ 우리 오늘 점심은 수제비 먹자.
> ㉢ (자습시간에 떠드는 아이들에게) 조용히 좀 하자.

① ㉠의 주어는 청자로 한정된다.
② ㉡의 주어는 화자와 청자를 함께 포함한다.
③ ㉢의 주어는 화자만을 포함한다.
④ ㉠과 ㉡의 서술어는 모두 목적어를 필요로 한다.
⑤ ㉠~㉢의 서술어는 모두 동사이다.

13 〈보기〉의 ㉠~㉤에 대한 설명으로 가장 적절한 것은?

보기

㉠ 아빠, 봉사활동 다녀올게요.
㉡ 어머니는 지금 부엌에 계십니다.
㉢ 할머니께 용돈을 더 드려야겠어요.
㉣ 네가 벌써 대학생이구나!
㉤ 누나가 할머니를 모시고 오기로 했어요.

① ㉠은 '요'를 사용하여 상대인 '아빠'를 높이고 있다.
② ㉡은 '계시다'를 사용하여 상대인 '어머니'를 높이고 있다.
③ ㉢은 '드리다'를 사용하여 주체인 '할머니'를 높이고 있다.
④ ㉣은 '이구나'를 사용하여 상대인 '너'를 높이고 있다.
⑤ ㉤은 '모시다'를 사용하여 상대인 '할머니'를 높이고 있다.

14 〈보기〉를 바탕으로 시간 표현에 대해 설명한 것으로 적절하지 <u>않은</u> 것은?

보기

㉠ 나는 어제 그를 만났다.
㉡ 나는 지금 그를 만나고 있다.
㉢ 나는 내일 그를 만날 것이다.

① ㉠~㉢의 시제는 말하는 이가 말하는 시점을 기준으로 삼고 있다.
② ㉠에서 사건이 일어난 시점은 '어제'에 해당한다.
③ ㉡에서 사건이 일어난 시점과 말하는 이가 말하는 시점은 일치한다.
④ ㉢에서 사건이 일어난 시점을 기준으로 보면, 발화시의 시제는 과거가 된다.
⑤ ㉠~㉢에서 발화시가 가장 앞서는 것은 ㉠이다.

15 〈보기〉의 ㉠~㉤을 바탕으로 과거 시제에 대해 설명한 것으로 적절하지 않은 것은?

보기

㉠ 그 일은 어제 끝났다.

㉡ 모임에는 몇 명이나 왔더냐?

㉢ 어머니는 털실로 짠 옷을 입으셨다.

㉣ 저것은 제가 읽던 책입니다.

㉤ 우리는 전에는 시골에 살았었다.

① ㉠에서는 시간을 나타내는 부사어 '어제'와 과거 시제 선어말 어미 '-았-'을 통해 과거 시제가 실현되고 있다.

② ㉡에서는 과거 회상을 나타내는 선어말 어미 '-더-'를 통해 과거 시제가 실현되고 있다.

③ ㉢에서는 동사 어간에 붙는 관형사형 어미 '-ㄴ'과 과거 시제 선어말 어미 '-었-'을 통해 과거 시제가 실현되고 있다.

④ ㉣에서는 서술격 조사에 붙는 '-던'을 통해 과거 시제가 실현되고 있다.

⑤ ㉤에서는 선어말 어미 '-았었-'을 통해 발화시보다 훨씬 전에 발생하여 현재와 단절된 사건을 표현하고 있다.

16 〈보기〉의 문장과 시제가 같은 것은?

보기

• 엄마가 소파의 먼지를 털고 있다.

① 저 지금 도서관에 가고 있어요.

② 뒷산에 진달래꽃이 피어 있다.

③ 동생은 이번 달 용돈을 이미 다 써 버렸다.

④ 저도 그 일을 하게 되었습니다.

⑤ 포수가 참새를 잡으려고 방아쇠를 당겼다.

17 〈보기〉에 대한 설명으로 적절하지 않은 것은?

보기

• 능동문 : 개가 주인을 물었다.

• 피동문 : 주인이 개에게 물렸다.

① 능동문의 주어는 피동문에서 부사어가 되었다.

② 능동문의 목적어는 피동문의 주어가 되었다.

③ 능동사 '물다'에 피동 접미사 '-리-'가 붙어 피동사 '물리다'가 만들어졌다.

④ 피동문의 부사어에는 '에게' 대신에 '한테'를 쓸 수 있다.

⑤ 피동문과 달리 능동문의 서술어는 두 자리 서술어이다.

18 〈보기〉에 대한 설명으로 적절하지 않은 것은?

보기

- 주동문 : 물이 유리잔에 가득 찼다.
- 사동문 : 동생이 물을 유리잔에 가득 채웠다.

① 주동문의 주어는 사동문의 목적어가 되었다.
② 사동문의 주어는 새롭게 도입되었다.
③ 주동문의 부사어는 사동문에서 그대로 유지되었다.
④ 주동문과 달리 사동문의 서술어는 세 자리 서술어이다.
⑤ 주동사 '차다'에 사동접미사 '-우-'가 붙어 사동사 '채우다'가 만들어졌다.

19 〈보기〉의 ㉠~㉥에 대한 설명으로 적절하지 않은 것은?

보기

㉠ 나는 그를 못 만났다.
㉡ 나는 그를 안 만났다.
㉢ 나는 그를 만나지 못했다.
㉣ 나는 그를 만나지 않았다.
㉤ 그를 만나지 마라. (명령문)
㉥ 그를 만나지 말자. (청유문)

① ㉠과 ㉡은 부정 부사를 사용하여 만들어진 부정문이다.
② ㉢과 ㉣은 부정 용언을 사용하여 만들어진 부정문이다.
③ ㉠을 ㉢으로, ㉡을 ㉣로 바꾸면 문장의 의미가 달라진다.
④ ㉠과 ㉢은 능력 부정을, ㉡과 ㉣은 의지 부정을 나타낸다.
⑤ ㉤과 ㉥에서처럼 명령문과 청유문에서는 '~지 말다' 형태의 부정 표현만 사용된다.

20 〈보기〉의 문장에 대한 설명으로 적절하지 않은 것은?

보기

㉠ 개나리가 활짝 피었다.
㉡ 닭이 모이를 먹는다.
㉢ 나는 그의 보호자가 아닙니다.
㉣ 사장은 직원에게 중요한 임무를 맡겼다.

① ㉠~㉣을 통해서 볼 때, 국어 문장은 주어와 서술어를 꼭 필요로 한다.
② ㉠의 '활짝'은 문장에서 빼도 의미가 통한다.
③ ㉡의 세 어절은 문장에서 꼭 필요한 요소들이다.
④ ㉢의 '아닙니다' 대신 '되었다'를 넣어도 문장에서 꼭 필요한 성분은 변함이 없다.
⑤ ㉣의 '맡겼다'는 ㉡의 '먹는다'처럼 목적어를 필요로 하는 두 자리 서술어이다.

05 기출문제

01

2015년 3월 고3 전국연합학력평가

〈보기〉를 참고하여 ㉠~㉣에 대해 탐구한 결과로 적절하지 않은 것은? [3점]

보기

문장은 동작이나 행위를 누가 하느냐에 따라 능동문과 피동문으로 나누어진다. 주어가 동작을 제힘으로 하는 문장을 능동문이라고 하고, 다른 주체에 의해 동작이 이루어지거나 영향을 받는 문장을 피동문이라고 한다.

	능동문	피동문
㉠	눈이 온 세상을 덮었다.	온 세상이 눈에 덮였다.
㉡	두 학생이 참새 네 마리를 잡았다.	참새 네 마리가 두 학생에게 잡혔다.
㉢	낙엽이 바람에 난다.	낙엽이 바람에 날린다.
㉣	해당 사례 없음.	오늘은 날씨가 갑자기 풀렸다.

① ㉠의 피동문은 능동문에 비해 주어의 동작성이 잘 드러나지 않는다.
② ㉠과 ㉡은 모두 능동문의 주어가 피동문에서 부사어로 나타나는 사례이다.
③ ㉡과 ㉢은 모두 능동문과 달리 피동문이 여러 가지 의미로 해석될 수 있다.
④ ㉢은 자동사를 피동사로 만들 수 있음을 보여 주는 사례이다.
⑤ ㉣은 피동문에 대응하는 능동문을 상정할 수 없는 경우가 있음을 보여 주는 사례이다.

02

2015년 4월 고3 전국연합학력평가

〈보기〉의 ㉠~㉣에 대한 설명으로 적절하지 않은 것은? [3점]

보기

- 영수는 ㉠**집에 가기**를 원한다.
- 친구는 ㉡**밥을 먹기**에 바쁘다.
- 영희는 ㉢**동생이 산** 빵을 먹었다.
- 그는 ㉣**우리가 돌아온** 사실을 모른다.

① ㉠은 조사 '를'과 결합하여 안은 문장의 목적어로 쓰이고 있다.
② ㉡은 조사 '에'와 결합하여 안은 문장의 서술어를 수식하고 있다.
③ ㉢은 안은 문장의 목적어를 수식하는 관형절이다.
④ ㉡과 달리 ㉣의 주어는 안은 문장의 주어와 다르다.
⑤ ㉢과 달리 ㉣에서 생략된 문장 성분은 안은 문장의 목적어이다.

03

2015년 7월 고3 전국연합학력평가

다음 ㄱ~ㄹ의 문장 성분과 문장 구조에 대한 설명으로 옳지 않은 것은? [3점]

보기

ㄱ. 그가 마침내 대학생이 되었다.
ㄴ. 이 전시장은 창문이 아주 많다.
ㄷ. 우리는 그가 정당했음을 깨달았다.
ㄹ. 절약은 부자를 만들고, 절제는 사람을 만든다.

① ㄱ은 보어가 있고, ㄷ은 보어가 없다.
② ㄴ은 목적어가 없고, ㄹ은 목적어가 있다.
③ ㄱ과 ㄴ은 부사어가 있고, ㄷ과 ㄹ은 부사어가 없다.
④ ㄱ과 ㄴ은 주어와 서술어의 관계가 한 번만 나타나고, ㄷ과 ㄹ은 두 번 이상 나타난다.
⑤ ㄷ은 절이 전체 문장 속에 안겨 있고, ㄹ은 두 개의 절이 대등한 관계로 이어져 있다.

04
2015년 7월 고3 전국연합학력평가

〈보기〉를 통해 부정 표현의 특성에 대해 탐구한 내용으로 적절하지 않은 것은?

보기

ㄱ. 나는 수학 공부를 안 했다.
　나는 수학 문제가 어려워서 못 풀었다.
ㄴ. 여기에는 이제 해가 비치지 {않는다/못한다}.
ㄷ. 그녀를 만나지 {*않아라/*못해라/마라}.
ㄹ. 그는 결코 그 일을 {*했다/안 했다}.
　그는 분명히 그 일을 {했다/안 했다}.
ㅁ. 교실이 {안/*못} 깨끗하다.

*비문법적 표현.

① ㄱ을 보니, '안' 부정문은 '의지 부정'을 나타내고, '못' 부정문은 '능력 부정'을 나타내는군.
② ㄴ을 보니, 행동 주체의 의지를 부정할 때는 '긴 부정문'만 쓸 수 있군.
③ ㄷ을 보니, 명령문의 부정 표현은 보조 용언 '말다'를 활용하여 사용하는군.
④ ㄹ을 보니, 어떤 부사는 반드시 부정 표현과 함께 쓰여야 하는군.
⑤ ㅁ을 보니, 형용사를 부정할 때에는 부사 '못'을 사용하여 부정 표현을 나타낼 수 없군.

05
2015년 10월 고3 전국연합학력평가

〈보기〉를 이해한 내용으로 적절한 것은? [3점]

보기

ㄱ. 지훈이가 눈이 크다.
ㄴ. 그는 지훈이가 성실하고 눈이 크다는 사실을 알고 있었다.

① ㄱ의 '크다'와 ㄴ의 '알고 있었다'는 전체 문장의 서술어 역할을 한다.
② ㄱ은 주어와 서술어의 관계가 한 번만 나타나므로 홑문장이다.
③ ㄴ의 '성실하고'와 '크다'의 주어는 모두 '지훈이가'로 동일하다.
④ ㄴ의 안긴문장에서 앞뒤 절은 종속적으로 이어져 있다.
⑤ ㄴ의 안긴문장은 목적어를 가지지 않는다.

06
2016년 3월 고3 전국연합학력평가

〈보기〉를 참고할 때, 다음 중 '이어진문장'에 해당하지 않는 것은?

보기

'우리는 자유와 평화를 원한다.'라는 문장은 서술어가 하나뿐이어서 홑문장처럼 보이지만, 실제로는 '우리는 자유를 원한다.'와 '우리는 평화를 원한다.'라는 두 홑문장이 결합된 **이어진문장**이다. 이때의 '와/과'는 접속 조사로, '자유'와 '평화'를 같은 자격으로 이어준다. 한편, '와/과'는 '빠르기가 번개와 같다.'나 '그는 당당히 적과 맞섰다.'처럼 비교의 대상이나 행위의 상대임을 나타내는 격 조사로도 쓰이는데, 이때는 서술어가 하나이면 홑문장이 된다.

① 나는 시와 소설을 좋아한다.
② 그녀는 집과 도서관에서 공부했다.
③ 고향의 산과 하늘은 예전 그대로였다.
④ 성난 군중이 앞문과 뒷문으로 들이닥쳤다.
⑤ 그 사람과 나는 오래 전부터 서로 사귀어 왔다.

07

2016년 4월 고3 전국연합학력평가

〈보기〉의 ㉠~㉤에 대한 설명으로 옳지 않은 것은?

보기

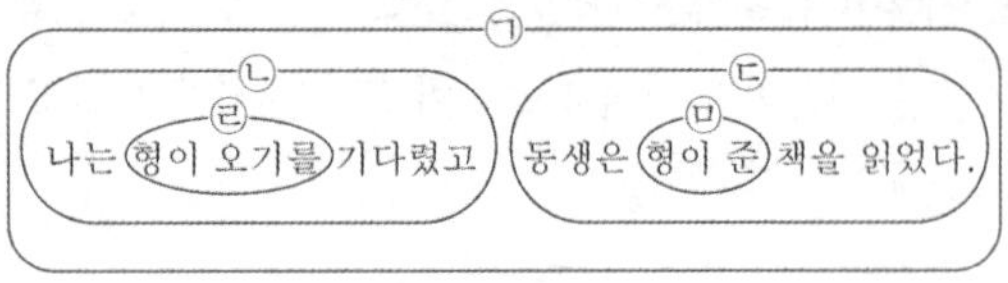

① ㉠은, ㉡과 ㉢이 대등하게 연결된 이어진문장이다.
② ㉡은, '나는'의 서술어인 ㉣을 안고 있다.
③ ㉡과 ㉢은, 각각 '주어-서술어'의 관계가 두 번 이상 나타난다.
④ ㉣과 ㉤은, '주어-서술어'의 관계가 한 번씩만 나타난다.
⑤ ㉤은, '책'을 수식하는 관형어 역할을 하면서 ㉢에 안겨 있다.

08

2016년 10월 고3 전국연합학력평가

〈보기〉의 ㄱ~ㅁ에 대한 설명으로 적절하지 않은 것은?

보기

ㄱ. 그가 이 사건의 범인임이 밝혀졌다.
ㄴ. 언니가 빵을 먹은 사실이 드러났다.
ㄷ. 오빠가 동생이 가게에서 산 빵을 먹었다.
ㄹ. 나는 집에 가기만을 기다렸다.
ㅁ. 누나가 집에 가기에 바쁘다.

① ㄱ과 ㄴ의 안긴문장은 각각의 안은문장에서 다른 문장 성분으로 쓰인다.
② ㄴ과 ㄷ의 안긴문장은 각각의 안은문장에서 동일한 문장 성분으로 쓰인다.
③ ㄴ의 안긴문장은 ㄷ의 안긴문장과 달리 안긴문장 속에 생략된 필수 성분이 없다.
④ ㄷ과 ㅁ의 안긴문장의 주어는 각각의 안은문장의 주어와 다르다.
⑤ ㄹ과 ㅁ의 안긴문장은 각각의 안은문장에서 다른 문장 성분으로 쓰인다.

09

2016년 7월 고3 전국연합학력평가

〈보기〉의 ㉠~㉤에 대한 설명으로 옳지 않은 것은?

보기

높임법은 화자가 높이려는 대상이 누구인지에 따라 주체 높임법, 상대 높임법, 객체 높임법으로 구분된다. 주체 높임법은 주어가 나타내는 대상인 주체를 높이는 것이며, 상대 높임법은 대화의 상대인 청자를 높이거나 낮추는 것이고, 객체 높임법은 문장의 목적어나 부사어가 나타내는 대상인 객체를 높이는 것이다.

㉠ 할머니께서 책을 읽고 계신다.
㉡ 누나는 어머니께 모자를 선물로 드렸다.
㉢ 할아버지께서 월요일 오후에 병원에 가신다.
㉣ (선생님과의 대화 중) 선생님, 제가 드릴 말씀이 있습니다.
㉤ (아버지와의 대화 중) 아버지, 저는 아버지를 예전부터 존경해 왔습니다.

① ㉠은 주체인 '할머니'를 높이는 데에 '께서'와 '계시다'를 사용하고 있다.
② ㉡은 객체인 '어머니'를 높이는 데에 '께'와 '드리다'를 사용하고 있다.
③ ㉢은 주체인 '할아버지'를 높이는 데에 '께서'와 '-시-'를 사용하고 있다.
④ ㉣은 주체인 '선생님'을 높이는 데에 '말씀'을 사용하고 있다.
⑤ ㉤은 상대인 '아버지'를 높이는 데에 '-습니다'를 사용하고 있다.

10

2017년 3월 고3 전국연합학력평가

〈보기〉의 ㉠~㉤에 대한 탐구로 적절하지 않은 것은? [3점]

보기

서술어의 자릿수란 서술어가 필수적으로 요구하는 문장 성분의 개수를 의미한다. 그런데 서술어는 문장에서 사용되는 의미에 따라 필수적으로 요구하는 문장 성분이 달라지기도 한다.

	의미	예문
살다	불 따위가 타거나 비치고 있는 상태에 있다.	바람 때문에 불씨가 다시 ㉠**살았다**.
	본래 가지고 있던 특징 따위가 그대로 있거나 뚜렷이 나타나다.	이 한 구절로 글이 ㉡**살았다**.
	어떤 직분이나 신분의 생활을 하다.	그는 조선 시대에 오랫동안 벼슬을 ㉢**살았다**.
놓다	계속해 오던 일을 그만두고 하지 아니하다.	그는 잠시 일손을 ㉣**놓았다**.
	잡거나 쥐고 있던 물체를 일정한 곳에 두다.	형은 책을 책상 위에 ㉤**놓았다**.

① ㉠은 주어만 필수적으로 요구하는 한 자리 서술어이군.
② ㉡은 주어와 부사어를 필수적으로 요구하는 두 자리 서술어이군.
③ ㉢은 주어와 목적어를 필수적으로 요구하는 두 자리 서술어이군.
④ ㉣은 주어와 목적어를 필수적으로 요구하는 두 자리 서술어이군.
⑤ ㉤은 주어, 목적어, 부사어를 필수적으로 요구하는 세 자리 서술어이군.

11

2017년 4월 고3 전국연합학력평가

〈보기〉는 '학습 활동'에 대해 짝토론을 한 것이다. ㉠~㉢에 알맞은 말을 골라 바르게 연결한 것은?

[학습 활동] 다음 문장의 짜임에 대해 알아보자.

그가 아끼던 제자가 상을 받았음을 그녀가 알려 줬다.

보기

학생 1 : 어제 보았던 거꾸로 수업 동영상 강의에서 문장 속에 들어가 있는 절을 '안긴문장'이라고 하고, 절을 포함하고 있는 문장을 '안은문장'이라고 했지?
학생 2 : 그래. 그리고 어떤 문장의 짜임을 이해하려면 그 문장의 주어와 서술어를 파악하는 것이 중요하다고 했어. 그럼, 먼저 주어를 서술하는 기능을 가진 단어부터 찾아보자. 음……. '알려 줬다'와 '받았음' 이렇게 두 개인가?
학생 1 : 아니야. '아끼던'도 서술 기능이 있잖아.
학생 2 : 그렇구나. 그러면 그중에서 문장 전체의 서술어는 '알려 줬다'이고, 그것의 주어는 (㉠)이겠다.
학생 1 : 맞아. 그럼 '받았음'의 주어는 (㉡)이겠지?
학생 2 : 응. 명사절이 문장 전체의 목적어 역할을 하며 안겨 있는 거지.
학생 1 : 명사절 외에 관형절도 있잖아. 그러면 이 관형절의 주어는 (㉢)이겠다.
학생 2 : 그래. 국어의 안은문장은 이렇게 여러 개의 안긴 문장으로 이루어질 수 있는 거구나.

	㉠	㉡	㉢
①	그녀가	제자가	그가
②	그녀가	그가	제자가
③	그가	그녀가	제자가
④	그가	제자가	그녀가
⑤	제자가	그녀가	그가

2017년 4월 고3 전국연합학력평가

[12] 다음 글을 읽고 물음에 답하시오.

화자가 어떤 대상에 대하여 높임의 태도를 나타내는 문법 기능을 높임법이라 한다. 높임법은 높임이나 낮춤의 대상이 누구냐에 따라 주체 높임법, 객체 높임법, 상대 높임법으로 나누어진다.

주체 높임법은 화자가 문장의 주어인 서술의 주체에 대하여 높임의 태도를 나타내는 방법이다. 현대 국어에서는 선어말 어미 '-시-'를 통해 높임이 실현되는 것이 가장 일반적인 형태이지만, '주무시다'와 같은 특수한 어휘나 조사 '께서'에 의해 주체 높임법이 실현되기도 한다. 중세 국어의 경우에도 주로 '-시-'와 특수한 어휘가 사용된다는 점에서 현대 국어와 유사하다.

객체 높임법은 문장의 목적어나 부사어가 지시하는 대상, 곧 서술의 객체에 대하여 높임의 태도를 나타내는 방법이다. 현대 국어에서는 '드리다'와 같은 특수한 어휘나 조사 '께' 등을 통해 실현된다. 중세 국어의 경우에는 대표적으로 객체 높임 선어말 어미 '-숩-'을 통해 객체 높임이 실현되었으며, '-숩-'은 앞뒤의 음운적 환경에 따라 '-숩-, -줍-, -숳-, -슣-, -줗-'으로 실현되기도 하였다. 또한 현대 국어와 같이 특수한 어휘들이 사용되어 객체 높임이 실현되기도 하였다.

상대 높임법은 화자가 청자인 상대방에 대하여 높이거나 낮추어 말하는 법을 일컫는다. 현대 국어에서 상대 높임법은 종결 표현에 의해 실현된다. 중세 국어의 경우에는 종결 표현이나 상대 높임 선어말 어미 '-이-, -잇-' 등을 통해 실현되었다.

12

윗글과 〈보기1〉을 바탕으로 〈보기2〉에서 사용된 높임의 양상을 바르게 분석하여 제시한 것은?

보기1

주체 높임에는 서술의 주체를 직접 높이는 직접 높임과, 높여야 할 대상의 신체 부분, 개인적 소유물 등을 높임으로써 해당 인물을 높이는 간접 높임이 있다.

보기2

아버지는 허리가 아프셔서 한영이가 아버지 대신 할아버지를 뵙고 왔습니다.

	주체 높임		객체 높임	상대 높임
	직접 높임	간접 높임		
①	×	○	○	높임
②	×	○	×	낮춤
③	○	×	○	높임
④	×	○	×	낮춤
⑤	○	×	○	낮춤

13

2017년 7월 고3 전국연합학력평가

〈보기〉의 [A]에 들어갈 말로 적절한 것은?

보기

선생님 : 두 개의 홑문장을 하나의 겹문장으로 만들 때, 두 홑문장 중 한 문장에서 특정 성분이 생략되는 경우가 있습니다. 다음은 홑문장 ㉠, ㉡을 하나의 겹문장 ㉢으로 만든 예인데요, ㉢에 대해 설명해 볼까요?

> ㉠ 철수가 공원에서 산책을 하였다.
>
> \+
>
> ㉡ 공원은 학교 뒤에 있다.
>
> ↓
>
> ㉢ 철수가 산책을 한 공원은 학교 뒤에 있다.

학생 : [A]

① ㉠이 ㉡에 관형절로 안기면서 ㉠의 목적어가 생략되었습니다.
② ㉠이 ㉡에 관형절로 안기면서 ㉠의 부사어가 생략되었습니다.
③ ㉠이 ㉡에 부사절로 안기면서 ㉠의 부사어가 생략되었습니다.
④ ㉠이 ㉡에 부사절로 안기면서 ㉡의 주어가 생략되었습니다.
⑤ ㉠이 ㉡에 명사절로 안기면서 ㉡의 주어가 생략되었습니다.

14

2017년 10월 고3 전국연합학력평가

㉠~㉣에 대해 이해한 내용으로 적절한 것은?

> ㉠ 드디어 나도 일을 끝냈다.
> ㉡ 벌써 바깥이 칠흑같이 어둡다.
> ㉢ 신임 장관은 이번 회의에 참석한다.
> ㉣ 새 컴퓨터가 순식간에 고물이 되었다.

① ㉠과 ㉡에서 주어는 명사구에 조사가 붙은 형태이다.
② ㉠과 ㉢에서 격조사가 문장의 주어를 나타내 주고 있다.
③ ㉡과 ㉢에서 주어는 서술어가 나타내는 동작의 주체이다.
④ ㉢과 ㉣에서 주어는 체언 구실을 하는 구에 조사가 붙은 형태이다.
⑤ ㉣에서는 상태의 변화를 의미하는 서술어의 영향으로 주어가 두 번 쓰였다.

15

2017년 10월 고3 전국연합학력평가

다음의 학습 활동을 수행한 결과로 적절하지 <u>않은</u> 것은?

학습 활동 : 어떠한 두 사건을 '-다가'나 '-아서/-어서'에 의해 연결할 때, 두 사건의 시제가 문장에서 어떻게 나타나고, 두 사건의 의미가 어떠한 관계를 맺게 되는지 (가)~(라)에서 살펴봅시다.

> (가) 찌개를 먹다가 혀를 데었다.
> (나) 찌개를 끓였다가 다시 식혔다.
> (다) 그는 종이를 접어서 주머니에 넣었다.
> (라) 내가 문을 쾅 닫아서 동생이 잠을 깼다.

① (가)와 (나)에서는 앞 절과 뒤 절의 사건이 모두 과거에 일어났지만, (가)에는 (나)와 달리 '-다가'로 연결된 앞 절에 현재 시제 선어말 어미가 나타났어.
② (가)와 (다)에서는 뒤 절의 시제가 과거임을 확인해야 '-다가'와 '-아서/-어서'가 쓰인 앞 절의 사건이 과거에 일어났음을 알 수 있어.
③ (가)와 (라)에서는 모든 사건이 과거에 일어났는데도, '-다가'와 '-아서/-어서'가 쓰인 앞 절에 과거 시제 선어말 어미를 사용하지 않았어.
④ (나)와 (다)에서는 '-다가'와 '-아서/-어서'가 쓰인 앞 절의 사건이 끝난 후 뒤 절의 사건이 일어나고 있어.
⑤ (다)와 (라)에서는 앞 절과 뒤 절이 모두 '-아서/-어서'로 이어졌지만, (라)는 (다)와 달리 앞 절의 사건이 뒤 절의 사건의 원인이나 이유로 이해될 수 있어.

2017년 10월 고3 전국연합학력평가

[16] 다음 글을 읽고 물음에 답하시오.

현대 국어에서 사동 표현은 주동문의 동사나 형용사 어근에 사동 접미사 '-이-, -히-, -리-, -기-, -우-, -구-, -추-'가 붙거나, '-게 하다'에 의해 만들어진다.

서술어가 형용사나 자동사인 주동문을 사동문으로 바꿀 때, 주동문의 주어가 사동문의 목적어가 되며 사동문의 주어가 새로 도입된다. 이는 주동문 (ㄱ)과 사동문 (ㄴ)을 살펴보면 알 수 있는데, 서술어의 자릿수에도 변화가 일어난다.

(ㄱ) 얼음이 녹는다.
(ㄴ) 아이들이 얼음을 녹인다.

한편 서술어가 타동사인 주동문을 사동문으로 바꿀 때, 주동문의 주어는 사동문의 부사어가 되고 주동문의 목적어는 그대로 사동문의 목적어가 되며 사동문의 주어가 새로 도입된다. 이는 주동문 (ㄷ)과 사동문 (ㄹ)을 살펴보면 알 수 있는데, 서술어의 자릿수에도 변화가 일어난다.

(ㄷ) 영희가 책을 읽었다.
(ㄹ) 선생님께서 영희에게 책을 읽히셨다.

한편 주동문의 동사나 형용사 어근에 사동 접미사가 붙은 사동사에 의한 사동을 단형 사동이라 하고, '-게 하다'에 의한 사동을 장형 사동이라 한다. 사동을 일으키는 주체가 사동 행위를 받는 대상의 행위에 함께 참여하는 의미를 표현하는 경우를 직접 사동이라 하고 그렇지 않은 경우를 간접 사동이라 하는데, 단형 사동은 맥락에 따라 직접 사동과 간접 사동의 두 가지 의미를 모두 표현할 수 있으나 장형 사동은 간접 사동의 해석만을 허용한다.

15세기 국어에서 사동 범주는 주동문의 동사나 형용사 어근에 사동 접미사 '-이-, -히-, -기-, -오-/-우-, -호-/-후-, -ᄋᆞ-/-으-'가 붙어서 만들어지거나 현대 국어의 '-게 하다'에 해당하는 '-게 ᄒᆞ다'에 의해 만들어졌다.

16

윗글을 바탕으로 〈보기〉의 ㉠~㉣을 탐구한 내용으로 적절하지 않은 것은?

보기

㉠ 얼음 위에서 팽이가 돈다.
㉡ 지원이가 그 일을 맡았다.
㉢ 엄마가 아이에게 우유를 먹였다.
㉣ 엄마가 아이에게 우유를 먹게 하였다.

① ㉠을 '아이들이'를 주어로 삼는 단형 사동문으로 바꿀 때, ㉠의 주어는 목적어로 바뀔 것이다.
② ㉠을 '아이들이'를 주어로 삼는 단형 사동문으로 바꿀 때, 서술어의 자릿수가 한 자리에서 두 자리로 바뀔 것이다.
③ ㉡을 '선생님께서'를 주어로 삼는 단형 사동문으로 바꿀 때, ㉡의 주어는 부사어로 바뀔 것이다.
④ ㉡을 '선생님께서'를 주어로 삼는 단형 사동문으로 바꿀 때, 서술어의 자릿수가 두 자리에서 세 자리로 바뀔 것이다.
⑤ ㉣은 ㉢과 달리 직접 사동과 간접 사동의 의미 모두로 해석될 수 있을 것이다.

17

2018년 3월 고3 전국연합학력평가

㉠~㉣의 문장 성분과 문장 구조에 대한 설명으로 적절하지 않은 것은?

㉠ 내가 빌린 자전거는 내 친구의 것이다.
㉡ 우리는 공연이 시작되기 전에 극장에 도착했다.
㉢ 피아노를 잘 치는 영수는 손가락이 누구보다 길다.
㉣ 파수꾼이 마을에 사는 사람들을 속였음이 드러났다.

① ㉠, ㉢에는 모두 서술어의 기능을 하는 안긴문장이 있다.
② ㉠, ㉣에는 모두 체언을 수식하는 안긴문장이 있다.
③ ㉡의 안긴문장에는 부사어가 없지만, ㉢의 안긴문장에는 부사어가 있다.
④ ㉡에는 관형어의 기능을 하는 안긴문장이 있고, ㉣에는 조사와 결합하여 주어의 기능을 하는 안긴문장이 있다.
⑤ ㉢, ㉣에는 모두 주어가 생략된 안긴문장이 있다.

2018년 4월 고3 전국연합학력평가

[18] 다음 글을 읽고 물음에 답하시오.

문장은 주어와 서술어 관계가 한 번 나타나는 홑문장과 두 번 이상 나타나는 겹문장으로 나뉘는데, 겹문장에는 이어진문장과 안은문장이 있다.

이어진문장은 둘 이상의 문장이 연결 어미에 의해 대등하게 혹은 종속적으로 결합된 문장을 말한다. 대등하게 이어진 문장은 앞뒤 문장이 '나열', '대조' 등의 대등한 의미 관계를 가지며, '-고', '-지만' 등의 연결 어미에 의해 이어진다. 종속적으로 이어진 문장은 앞 문장이 뒤 문장의 원인, 조건, 목적 등의 의미를 가지며, '-아서/-어서', '-(으)면', '-(으)러' 등의 연결 어미에 의해 이어진다.

[A] 한 문장이 하나의 성분처럼 기능하는 다른 문장을 안고 있을 때 그것을 안은문장이라 하고, 이때 하나의 성분처럼 기능하는 문장을 안긴문장이라 한다. 안긴문장에는 명사절, 관형절, 부사절, 서술절, 인용절이 있다. 명사절은 '-(으)ㅁ', '-기'가 붙어 만들어지며 문장 안에서 조사와 결합하여 주어, 목적어, 부사어와 같은 다양한 기능을 한다. 관형절은 '-(으)ㄴ', '-는', '-(으)ㄹ' 등이 붙어 뒤의 체언을 꾸민다. 부사어처럼 용언을 수식하는 기능을 하는 부사절은 '-이', '-게', '-도록' 등이 결합하여 이루어진다. 그리고 절 전체가 서술어의 기능을 하는 서술절은 다른 절들과 달리 특별한 표지(標識)가 붙지 않는다. 끝으로 다른 사람의 말이나 자신의 생각 등을 인용한 것을 인용절이라고 하는데, 문장을 그대로 인용하는 직접 인용절에는 '라고'나 '하고'와 같은 조사가, 말하는 사람의 표현으로 바꾸어 인용하는 간접 인용절에는 '고'와 같은 조사가 쓰인다. 한편 안긴문장의 한 요소가 안은문장의 요소와 동일한 경우 생략될 수 있으며, 하나의 안긴문장 안에 또 다른 문장이 안기기도 한다.

중세 국어의 문법 자료에서도 겹문장이 확인된다. 이어진문장은 현대 국어와 마찬가지로 둘 이상의 문장이 연결 어미에 의해 결합되는데, 현대 국어에 사용되지 않는 어미가 붙어 성립되기도 하였다. 안은문장의 경우 명사절이 '-옴/-움'이나 '-디', '-기'에 기대어 나타났으며, 관형절은 '-(으)ㄴ' 외에 'ㅅ'에 기대어 나타나는 경우가 있었다. 그리고 부사절은 현대 국어와 유사한 방식으로 나타났으며, 인용절이나 서술절은 조사나 어미와 같은 표지 없이 나타났다.

18

[A]를 바탕으로 〈보기〉를 이해한 내용으로 적절하지 않은 것은? [3점]

보기

ㄱ. 잘 다져진 음식은 아이가 먹기에 알맞다.
ㄴ. 나는 그가 소리도 없이 사라졌음을 알았다.
ㄷ. 운동장을 달리는 나에게 그가 발밑을 조심하라고 외쳤다.

① ㄱ은 ㄴ과 달리, 명사절에 조사가 붙어 부사어로 기능하고 있다.
② ㄴ은 ㄱ과 달리, 부사절이 사용되어 용언을 수식하고 있다.
③ ㄷ은 ㄴ과 달리, 다른 사람의 말을 말하는 사람의 표현으로 바꾸어 인용한 절이 있다.
④ ㄱ과 ㄷ은 모두 체언을 수식하는 안긴문장의 주어가 생략되어 있다.
⑤ ㄴ과 ㄷ은 모두 하나의 안긴문장 안에 또 다른 문장이 안겨 있다.

2018년 10월 고3 전국연합학력평가

[19] 다음 글을 읽고 물음에 답하시오.

중세 국어에서는 주체나 객체로 표현되는 인물이 신분이나 지위가 높은 경우, 대개 그 인물을 직접적으로 높여 표현하였다. 그런데 어떤 때에는 현대 국어의 간접 높임에서처럼 높임의 대상이 되는 인물의 신체 부분, 소유물, 생각 등을 높임으로써 실제 높여야 할 인물을 간접적으로 높이기도 하였다.

(1) 太子(태자)ㅣ 東門(동문) 밧긔 나가시니
(태자께서 동문 밖에 나가시니)
(2) 부텻 누니 비록 ᄇᆞᆯᄀᆞ시나
(부처의 눈이 비록 밝으시나)

(1)의 '-시-'와 (2)의 '-ᄋᆞ시-'는 모두 현대 국어의 '-(으)시-'처럼 주체를 높이기 위한 선어말 어미이다. 그러나 (1)과 (2)에 쓰인 '-(ᄋᆞ)시-'의 쓰임에는 차이가 있다. 즉 (1)에서는 주체인 '太子(태자)'를 직접적으로 높이고 있지만, (2)에서는 '부텨'의 신체 부분인 '눈'을 주체 높임 선어말 어미를 통해 높임으로써 실제 높이고자 하는 대상인 '부텨'를 간접적으로 높이고 있다.

한편 현대 국어에서는 객체 높임을 나타내기 위해 주로 '모시다', '뵙다' 등의 특수 어휘를 활용하지만 중세 국어에서는 주로 객체 높임 선어말 어미를 활용하였다.

(3) 너희 스승을 보ᅀᆞᆸ고져 ᄒᆞᄂᆞ니
(너희 스승을 뵙고자 하나니)
(4) 부텻 敎化(교화)ᄅᆞᆯ 돕ᄉᆞᆸ고
(부처의 교화를 돕고)

(3)의 '-ᅀᆞᆸ-'과 (4)의 '-ᄉᆞᆸ-'은 중세 국어의 객체 높임 선어말 어미이다. (3)과 (4)는 모두 객체 높임 선어말 어미를 통해 객체에 해당하는 인물을 높이고 있다는 공통점이 있지만, 그 인물을 직접적으로 높이느냐 간접적으로 높이느냐에 차이가 있다. 즉 (3)에서 '-ᅀᆞᆸ-'은 객체인 '스승'을 직접적으로 높이는 데 비해, (4)에서 '-ᄉᆞᆸ-'은 '敎化(교화)'를 높임으로써 실제 높이고자 하는 대상인 '부텨'를 간접적으로 높이고 있다.

19

다음은 윗글과 관련된 [활동]과 이를 수행하는 학생들의 대화이다. '학생 2'의 분류 기준으로 가장 적절한 것은? [3점]

[활동] 문맥을 고려하여 ⓐ~ⓓ에 사용된 '높임 표현'을 기준을 세워 분류하시오.

- 우리 할아버지의 치아는 여전히 ⓐ<u>튼튼하시다</u>.
- 언니가 고모님을 공손하게 안방으로 ⓑ<u>모시다</u>.
- 아버지께서는 저녁거리를 사러 장에 ⓒ<u>가시다</u>.
- 형님께서 부르신 그분의 생각이 ⓓ<u>타당하시다</u>.

학생 1

나는 'ⓑ, ⓒ', 'ⓐ, ⓓ'의 두 부류로 나누어 봤어.

나는 'ⓑ'와 'ⓐ, ⓒ, ⓓ'의 두 부류로 나누어 봤어.

학생 2

① 소유물을 높인 표현이 사용되는가의 여부
② 높임 대상을 직접적으로 높이는가의 여부
③ 객체에 해당하는 인물을 높이는가의 여부
④ 신체 부분을 높인 표현이 사용되는가의 여부
⑤ 객체 높임 선어말 어미가 활용되는가의 여부

20
2018년 7월 고3 전국연합학력평가

〈보기〉의 사례를 탐구한 내용으로 적절하지 않은 것은?

보기

㉠ 똑같은 일을 반복하니 지루하다 못해 졸리다.
㉡ 나는 자전거를 {못 탄다 / 타지 못한다}.
㉢ 컴퓨터를 너무 오래하지 {*않아라 / *못해라 / 마라}.
㉣ 시간이 {*못 넉넉하다 / 넉넉하지 못하다}.
㉤ ┌ 그녀는 결코 거짓말을 {*했다 / 하지 않았다}.
　 └ 그녀는 분명히 거짓말을 {했다 / 하지 않았다}.

'*' 는 비문법적 표현임.

① ㉠을 보니, '못하다'는 앞말의 상태에 미치지 아니함을 나타내어 뒷말을 부정하기도 하는구나.
② ㉡을 보니, 부정 표현은 부정 부사를 통해 실현되기도 하고, 부정 용언을 통해 실현되기도 하는구나.
③ ㉢을 보니, 명령문의 부정 표현에서는 '않다'나 '못하다'가 아니라 '말다'를 사용하는 것이 자연스럽구나.
④ ㉣을 보니, 서술어가 형용사인 경우에는 부정 부사 대신 부정 용언을 사용하는 것이 자연스럽구나.
⑤ ㉤을 보니, 부사에 따라 반드시 부정 표현이 함께 쓰여야 하는 경우가 있겠구나.

21
2019년 3월 고3 전국연합학력평가

사전 자료의 일부인 〈보기〉를 바탕으로 어미의 쓰임을 탐구한 학습지 활동의 결과로 적절하지 않은 것은? [3점]

보기

-ㄴ-「어미」
이야기하는 시점에서 볼 때 사건이나 행위가 현재 일어남을 나타내는 어미.
¶ 일을 마치고 집으로 간다.

-ㄴ「어미」
[1] 사건이나 행위가 과거 또는 말하는 이가 상정한 기준 시점보다 과거에 일어남을 나타내는 어미.
¶ 이것은 털실로 짠 옷이다.
[2] 현재의 상태를 나타내는 어미.
¶ 누나는 유명한 성악가이다.

[학습지]
각 질문에 대해 '예'는 ○, '아니요'는 ×로 표시하시오.

질문	-ㄴ-	-ㄴ [1]	-ㄴ [2]	
◦ 다른 어미 앞에 붙을 수 있는가?	○	×	×	…… ㉠
◦ 어미 '-(으)시-' 뒤에 붙을 수 있는가?	○	○	○	…… ㉡
◦ 어간에 붙어 관형어 구실을 하게 하는가?	×	○	○	…… ㉢
◦ 받침 없는 용언의 어간 뒤에 붙어 현재 시제를 나타내는가?	○	×	○	…… ㉣
◦ 예문으로 '흰 눈이 내립니다.'를 추가할 수 있는가?	○	×	×	…… ㉤

① ㉠　② ㉡　③ ㉢　④ ㉣　⑤ ㉤

22
2019년 3월 고3 전국연합학력평가

〈보기〉의 ㉮~㉰에 대한 설명으로 적절하지 않은 것은?

보기

㉮ **그 사람이 범인임**이 확실히 밝혀졌다.
㉯ **부상을 당한** 선수는 장애물 달리기를 포기하였다.
㉰ 학생들은 **성적이 많이 오르기**를 마음속으로 빌었다.

① ㉮는 명사절 속에 관형어가 한 개 있다.
② ㉮에는 주어의 기능을 하는 안긴문장이 있다.
③ ㉯에는 주어가 생략된 안긴문장이 있다.
④ ㉰는 ㉮와 달리 안긴문장 속에 부사어가 있다.
⑤ ㉯와 ㉰에는 목적어의 기능을 하는 안긴문장이 있다.

23
2019년 4월 고3 전국연합학력평가

〈보기〉는 문법 수업의 일부이다. 선생님의 설명에 따라 ㉠~㉣을 이해한 내용으로 가장 적절한 것은?

보기

선생님 : 오늘은 사동문과 피동문의 서술어 자릿수에 대해 공부해 봅시다. 주동문이 사동문으로 바뀔 때나, 능동문이 피동문으로 바뀔 때는 서술어 자릿수가 변하기도 합니다. 이 점을 고려하면서 다음 문장들을 살펴봅시다.
㉠ 얼음이 매우 빠르게 녹았다.
㉡ 아이들이 얼음을 빠르게 녹였다.
㉢ 사람들은 산을 멀리서 보았다.
㉣ 그 산이 잘 보였다.

① ㉠은 피동문이며, ㉣과 서술어 자릿수가 서로 같다.
② ㉡은 사동문이며, ㉢과 서술어 자릿수가 서로 같다.
③ ㉡은 피동문이며, ㉣과 서술어 자릿수가 서로 다르다.
④ ㉣은 사동문이며, ㉡과 서술어 자릿수가 서로 같다.
⑤ ㉣은 사동문이며, ㉢과 서술어 자릿수가 서로 다르다.

24
2019년 7월 고3 전국연합학력평가

〈보기〉의 ㉠~㉤에 대한 이해로 적절하지 않은 것은?

보기

㉠ 담장이 낮다. → 동네 사람들이 담장을 낮춘다.
㉡ 아이가 옷을 입었다. → 엄마가 아이에게 옷을 입히었다.
㉢ 사람들이 방으로 이삿짐을 옮긴다.
㉣ 선생님께서 철수에게 책을 [읽히셨다 / 읽게 하셨다].
㉤ 아기가 웃는다. ➔ 아빠가 아기를 웃긴다.
   철수가 짐을 졌다. ➔ 형이 철수에게 짐을 지웠다.

① ㉠ : 형용사에 사동 접사가 결합되어 사동사가 되었군.
② ㉡ : 주동문이 사동문으로 바뀌면 서술어가 필요로 하는 문장 성분의 개수가 달라지는군.
③ ㉢ : 사동문 중에는 대응하는 주동문을 만들 수 없는 경우가 있군.
④ ㉣ : 접사에 의한 사동 표현은 직접 사동의 의미로, '-게 하다'에 의한 사동 표현은 간접 사동의 의미로 해석되는군.
⑤ ㉤ : 주동문의 서술어가 자동사인지 타동사인지에 따라 주동문의 주어는 사동문에서 그 문장 성분이 달라지는군.

2019년 10월 고3 전국연합학력평가

[25] 다음 글을 읽고 물음에 답하시오.

관형사형 어미는 용언의 어간에 붙어 용언이 관형사와 같은 기능을 수행하게 하는 어미이다. 현대 국어에서 관형사형 어미는 '-(으)ㄴ', '-는', '-(으)ㄹ' 등으로, 이들이 용언의 어간에 붙으면 관형절이 만들어진다. 일반적으로 관형절은 '관계 관형절'과 '동격 관형절'로 분류된다. 수식을 받는 체언이 관형절 속의 한 성분으로 쓰일 수 있으면 관계 관형절이고, 그렇지 않으면 동격 관형절이다. 한편 동격 관형절은 관형절이 만들어지는 과정에서 원래 문장의 종결 어미가 그대로 유지되는 관형절과, 그렇지 않은 관형절로 다시 나눌 수 있다.

중세 국어에서도 현대 국어에서처럼 관형절을 관계 관형절과 동격 관형절로 구분할 수 있다. 중세 국어의 대표적인 관형사형 어미는 '-(ᄋᆞ/으)ㄴ'과 '-(ᄋᆞ/으)ㄹ'로, 각각 과거 시제와 미래 시제를 나타내는 것과 관련된다. 또한 관형절에서 현재 시제는 동사의 경우 '-ㄴ' 앞에 선어말 어미 '-ᄂᆞ-'를 붙여 나타냈다. 예컨대 '八婇女의 기론 찻므리 모ᄌᆞ랄씨(팔채녀가 길은 찻물이 모자라므로)'에서 '八婇女의 기론'은 사건시가 발화시보다 앞서는 시제가 나타난 관계 관형절이고, '주글 싸ᄅᆞ미어니(죽을 사람이니)'에서 '주글'은 발화시가 사건시보다 앞서는 시제가 나타난 관계 관형절이다. 그리고 '本來 求ᄒᆞ논 ᄆᆞᅀᆞᆷ 업다이다(본래 구하는 마음 없었습니다)'에서 '本來 求ᄒᆞ논'은 발화시와 사건시가 일치하는 시제가 나타난 동격 관형절이다.

한편 중세 국어에서는 현대 국어에서와 달리 '-ㄴ'이 명사절을 이끄는 경우도 있었다. 곧 '-ㄴ'이 붙은 절 뒤에 절의 수식을 받는 체언이 없는 상태로, '그딋 혼 조ᄎᆞ(그대 한 것 좇아)'에서 '그딋 혼'을 예로 들 수 있다. '혼'[ᄒᆞ-+-오-+-ㄴ]에서 선어말 어미 뒤에 쓰인 '-ㄴ'은 '~ㄴ 것' 정도로 해석된다. 더불어 '威化 振旅ᄒᆞ시ᄂᆞ로(위화도에서 군대를 돌이키신 것으로)'에서처럼 명사절을 이끄는 '-ㄴ' 뒤에 조사가 붙은 경우도 있었다. 'ᄒᆞ시ᄂᆞ로'[ᄒᆞ-+-시-+-ㄴ+ᄋᆞ로]는 '-ㄴ' 바로 뒤에 부사격 조사가 붙어 있는 예이다.

25

윗글을 근거로 〈보기〉의 ㉠~㉣을 바르게 분류한 것은?

보기

[탐구 자료]

- ㉠**힘찬** 함성이 운동장에 울려 퍼졌다.
- 누나는 ㉡**자동차가 전복된** 기억을 떠올렸다.
- 나는 ㉢**형이 조사한** 자료를 보고서에 인용했다.
- ㉣**내가 그 일을 한다는** 사실은 확실히 변함없다.

[탐구 과정]

동격 관형절에 해당합니까? — 아니요 ⇨ [A]

⇩ 예

관형절이 만들어지는 과정에서 원래 문장의 종결 어미가 그대로 유지됩니까? — 아니요 ⇨ [B]

⇩ 예

[C]

	[A]	[B]	[C]
①	㉠	㉡	㉢, ㉣
②	㉠	㉡, ㉢	㉣
③	㉢	㉠, ㉣	㉡
④	㉠, ㉢	㉡	㉣
⑤	㉠, ㉢	㉣	㉡

26

2015년 9월 고3 평가원모의평가

밑줄 친 부분이 〈보기〉의 ㉠에 해당하지 않는 것은?

> **보기**
>
> 동사의 어간에 연결 어미 '-(으)며'가 결합할 때, **㉠앞 문장과 뒤 문장의 주어가 서로 같고, '-(으)며'를 연결 어미 '-(으)면서'로 바꾸어 쓸 수 있는 경우에 '-(으)며'는 앞뒤 문장의 동작이 동시에 일어남을 나타낸다.**
>
> 예 철수가 음악을 듣는다. + 철수가 커피를 마신다.
> → 철수가 음악을 들으며(들으면서) 커피를 마신다.

① 우리는 함께 걸으며 희망에 대해 이야기했다.
② 모두들 음정에 주의하며 노래를 제대로 부르자.
③ 아는 사람 하나가 미소를 지으며 내게 다가왔다.
④ 마라톤 선수가 가쁜 숨을 몰아쉬며 결승선을 통과했다.
⑤ 출근할 때, 일부는 버스를 이용하며 일부는 지하철을 이용한다.

27

2015년 9월 고3 평가원모의평가

〈보기〉를 참고할 때 밑줄 친 서술어의 문형 정보를 바르게 추출한 것은? [3점]

> **보기**
>
> 서술어의 필수적 문장 성분은 사전의 문형 정보에 제시되어 있다. 이러한 문형 정보를 추출하는 과정을 '지내다'의 예로 간략히 보이면 아래와 같다.
>
> **['지내다'의 문형 정보 추출 과정]**
>
> **예문**
> • 민수가 요즘에 조용하게 지낸다.
> • 할아버지가 노년에 편하게 지내신다.
>
> ↓
>
> **문장 성분 분석**
> • 주어 : 민수가, 할아버지가
> • 부사어 : 요즘에, 조용하게, 노년에, 편하게
>
> ↓
>
> **필수적 문장 성분 추출**
> • 주어 : 민수가, 할아버지가
> • 필수적 부사어 : 조용하게, 편하게
>
> ⬇ ← 주어 제외
>
> **문형 정보** 【-게】

	예문	문형 정보
①	• 이 나라는 국토가 대부분 산으로 되어 있다. • 요즘에 가죽으로 된 지갑이 인기다.	➡ 【…으로】
②	• 모두 그 속임수에 아무지 않게 넘어갔다. • 제 꾀에 자기가 자연스럽게 넘어간 꼴이다.	➡ 【-게】
③	• 나는 언니와 옷 때문에 다투기도 했다. • 그는 군가와 한밤에 다투곤 했다.	➡ 【…에】
④	• 가방에 지갑이 사은품으로 딸려 있다. • 그 책에 단어장이 부록으로 딸려 있다.	➡ 【…으로】
⑤	• 옷에서 때가 깨끗하게 빠졌다. • 청바지에서 물이 허게 빠졌다.	➡ 【-게】

2016년 9월 고3 평가원모의평가

[28] 다음 글을 읽고 물음에 답하시오.

여러 형태소로 이루어진 단어나 여러 단어들로 이루어진 문장은 그 구조를 명확히 파악하기 어렵다. 가령, '민물고기'가 합성어인지 파생어인지를 판별하기 어렵고 "언니가 찾던 책이 여기 있구나."와 같은 문장에서 주어가 무엇인지를 파악하기 쉽지 않다. 이처럼 복잡한 단어나 문장의 구조를 명확히 파악하기 위한 효과인 방법으로 직접 구성 요소 분석이 있다.

직접 구성 요소란 어떤 말을 직접 이루고 있는 두 부분으로 나누었을 때 나오는 두 요소이다. 위의 '민물고기'에서는 '민물'과 '고기'가 직접 구성 요소가 된다. 이 분석은 '민물'에 대해서도 더 적용할 수 있다. 이렇게 직접 구성 요소를 분석해 보면 한 단어에 합성과 파생 과정이 모두 있는 '민물고기'는 파생어가 아닌 합성어임을 알 수 있다.

직접 구성 요소 분석 시에는 특히 두 가지를 고려해야 한다. 첫째, 직접 구성 요소로 분석되는 말이 실제로 존재하는가 하는 점이다. 가령, '살얼음'은 '살-'과 '얼음'으로 분석해야 하는데, 만약 '살얼-'과 '-음'으로 분석하면 '살얼다'가 존재하지 않으므로 잘못된 분석이 된다. 둘째, 직접 구성 요소들과 그 전체 구성의 의미가 서로 통하는가 하는 점이다. '벽돌집'을 직접 구성 요소로 나누면 '벽돌'과 '집'이 분석된다. 이를 '벽'과 '돌집'으로 나누면 '벽돌로 만든 집'이라는 의미를 갖지 못한다.

긴 문장도 직접 구성 요소 분석을 통해 그 구조를 알 수 있다. 일반적으로 문장에는 주어와 서술어가 나타나므로, 문장의 직접 구성 요소는 주어와 서술어가 된다. 그런데 서술어는 홀로 나오기도 하지만 주어 이외의 필수 성분과 결합하여 나오는 경우도 있다. 따라서 "내 동생은 엄마의 칭찬을 많이 받았다."는 첫 분 석 층위에서 주어 '내 동생은'과 '엄마의 칭찬을 많이 받았다'로 그 직접 구성 요소가 분석된다. 또 '엄마의 칭찬을 많이 받았다'는 한 층위 아래에서 '엄마의 칭찬을'과 '많이 받았다'로 나뉜다. 또한 '내 동생'의 직접 구성 요소는 '내'와 '동생'인데, 이처럼 꾸미는 말과 꾸밈을 받는 말이 인접하면 그 두 요소는 바로 위 층위의 말을 이루는 직접 구성 요소가 된다. 이렇게 직접 구성 요소를 분석해 보면 "언니가 찾던 책이 여기 있구나."에서 '언니가'는 관형사절 속에 포함된 주어일 뿐이며 문장 전체의 주어, 즉 가장 위 층위에 있는 직접 구성 요소는 '언니가 찾던 책이'임을 알 수 있다.

28

윗글의 관점에서 〈보기〉의 ㉠~㉤을 분석한 것으로 옳지 않은 것은?

보기

㉠ 지희는 목소리가 곱다.
㉡ 소포가 도착했다고 들었다.
㉢ 동수가 미애에게 선물을 주었다.
㉣ 그가 익명의 기부자임이 밝혀졌다.
㉤ 인생은 짧고 예술은 길다는 말은 명언이다.

① ㉠은 '지희는'과 '목소리가 곱다'로 분석되겠군.
② ㉡은 '소포가'와 '도착했다고 들었다'로 분석되겠군.
③ ㉢은 '동수가'와 '미애에게 선물을 주었다'로 분석되겠군.
④ ㉣은 '그가 익명의 기부자임이'와 '밝혀졌다'로 분석되겠군.
⑤ ㉤은 '인생은 짧고 예술은 길다는 말은'과 '명언이다'로 분석되겠군.

29

2016년 6월 고3 평가원모의평가

〈보기〉의 ㉠~㉢에 해당하는 예로 적절하지 않은 것은?

보기

(가)~(다)는 관형절을 안은 문장이고 [A]~[C]는 안긴 문장인 관형절을 완결된 문장으로 바꾼 것이다. 이를 보면 (가)의 '동생', (나)의 '책', (다)의 '도서관'은 완결된 문장 [A], [B], [C]에서 뒤에 붙는 조사와 함께 각각 ㉠**주어**, ㉡**목적어**, ㉢**부사어**로 기능을 하고 있다.

(가) 어제 책만 읽은 **동생**에게 오늘은 쉬라고 했다.
[A] 동생이 어제 책만 읽었다.
(나) 아이가 읽은 **책**은 동화책이다.
[B] 아이가 책을 읽었다.
(다) 형이 책을 읽은 **도서관**은 집 근처에 있다.
[C] 형이 도서관에서 책을 읽었다.

① ㉠ ┌ 어제 결혼한 그들에게 나는 미리 선물을 주었다.
└ 누나를 많이 닮은 친구를 우리는 오늘도 만났다.

② ㉠ ┌ 나무로 된 탁자에 동생이 낙서를 하고 있다.
└ 그들은 시대에 뒤떨어진 생각을 여전히 하고 있다.

③ ㉡ ┌ 두 사람이 어제 헤어진 공원이 지금 공사 중입니다.
└ 나는 어제 부모님이 시키신 일을 오늘에야 다 끝냈다.

④ ㉡ ┌ 친구가 나에게 준 옷이 나는 마음에 든다.
└ 누나는 털실로 짠 장갑도 내게 주었습니다.

⑤ ㉢ ┌ 아이들이 운동장에서 공을 찬 주말을 기억해 보세요.
└ 그는 관중이 쓰레기를 남긴 경기장을 열심히 청소했다.

30

2016년 9월 고3 평가원모의평가

〈보기〉의 ⓐ~ⓓ에 들어갈 말을 올바르게 짝지은 것은? [3점]

보기

㉠ 영희 어머니께서는 "네 동생은 착해."라고 말씀하셨다.
㉡ 영희 어머니께서는 내 동생이 착하다고 말씀하셨다.

㉠은 영희 어머니의 발화를 그대로 옮긴 직접 인용이고, ㉡은 영희 어머니의 발화를 풀어 쓴 간접 인용이다. 그런데 직접 인용을 간접 인용으로 바꿀 때나 간접 인용을 직접 인용으로 바꿀 때는 인용절 속의 어미, 인용 조사, 대명사, 지시 표현, 높임 표현 등에 변화가 생길 수 있다.

직접 인용	아들이 어제 저에게 "내일 사무실에 계십시오."라고 말했습니다.

⇩

간접 인용	아들이 어제 저에게 (ⓐ) 사무실에 (ⓑ) 말했습니다.

직접 인용	언니는 어제 "나의 휴대 전화에 메시지를 꼭 남겨라."라고 나에게 말했다.

⇩

간접 인용	언니는 어제 (ⓒ) 휴대 전화에 메시지를 꼭 (ⓓ) 나에게 말했다.

	ⓐ	ⓑ	ⓒ	ⓓ
①	오늘	있으라고	자기의	남기라고
②	어제	계시라고	자기의	남겨라고
③	오늘	있으라고	나의	남겨라고
④	오늘	계시라고	자기의	남겨라고
⑤	어제	계시라고	나의	남기라고

31

2017년 6월 고3 평가원모의평가

㉠~㉣의 문장 성분과 문장 구조에 대한 설명으로 적절하지 않은 것은? [3점]

보기

㉠ 그녀는 따뜻한 봄이 빨리 오기를 기다린다.
㉡ 내가 만난 친구는 마음이 정말 착하다.
㉢ 피곤해하던 동생이 엄마가 모르게 잔다.
㉣ 그가 시장에서 산 배추는 값이 비싸다.

① ㉠과 ㉡은 체언을 수식하는 안긴문장이 있다.
② ㉢과 ㉣은 서술어의 기능을 하는 안긴문장이 있다.
③ ㉠은 명사절 속에 부사어가 있고, ㉡은 서술절 속에 부사어가 있다.
④ ㉠은 주어가 생략된 안긴문장이 있고, ㉣은 목적어가 생략된 안긴문장이 있다.
⑤ ㉢은 부사어의 기능을 하는 안긴문장이 있고, ㉣은 관형어의 기능을 하는 안긴문장이 있다.

32

2017년 9월 고3 평가원모의평가

밑줄 친 말에 주목하여 〈보기〉의 ㉠~㉤에 대해 탐구한 결과로 적절하지 않은 것은?

보기

㉠ 거기에는 눈이 **왔겠다**.
지금 거기에는 눈이 **오겠지**.
㉡ 그가 집에 **갔다**.
막차를 놓쳤으니 나는 집에 다 **갔다**.
㉢ 내가 **떠날** 때 비가 올 것이다.
내가 **떠날** 때 비가 왔다.
㉣ 그는 지금 학교에 **간다**.
그는 내년에 **진학한다고** 한다.
㉤ 오늘 보니 그는 키가 **작다**.
작년에 그는 키가 **작았다**.

① ㉠을 보니, 선어말 어미 '-겠-'이 미래의 사건을 추측하는 데에 쓰이고 있군.
② ㉡을 보니, 선어말 어미 '-았-'이 과거 시제를 나타내지 않는 경우도 있군.
③ ㉢을 보니, 관형사형 어미 '-ㄹ'이 붙을 때 미래의 사건을 나타내지 않는 경우도 있군.
④ ㉣을 보니, 현재 시제 선어말 어미 '-ㄴ-'이 미래의 사건을 나타낼 때도 쓰이고 있군.
⑤ ㉤을 보니, 형용사에서 현재 시제를 나타낼 때 시제 선어말 어미가 나타나지 않고 있군.

33

2018년 6월 고3 평가원모의평가

〈보기〉의 ㉠~㉤의 예로 적절하지 않은 것은? [3점]

보기

선어말 어미 '-더-'는 시간 표현, 주어의 인칭, 용언의 품사, 문장 종결 표현 등과 다양하게 관련을 맺는다.

예컨대 '아까 달력을 보니 내일이 언니 생일이더라.'와 같이 ㉠**새삼스럽거나 새롭게 알게 된 내용이 비록 미래의 일이라도 그것을 안 시점이 과거이면 '-더-'가 쓰일 수 있다**. 또한 '-더-'가 쓰인 문장에는 특정 인칭의 주어만 나타나는 경우가 있다. 가령, ㉡**본인만이 직접 느껴 알 수 있는 감정이나 감각을 표현하는 형용사가 서술어일 때, 평서문에는 1인칭 주어만이 '-더-'와 함께 쓰인다**. ㉢**이 경우, 의문문에는 2인칭 주어만이 '-더-'와 함께 쓰인다**. 단, ㉣**이때도 수사 의문문에는 '-더-'와 함께 1인칭 주어가 나타날 수 있다**. 한편, '꿈에서 내가 하늘을 날더라.'처럼 ㉤**꿈속의 일이나 무의식중에 일어난 일을 말할 때, 화자가 자신의 행동이나 상태를 타인이 관찰하듯이 진술할 경우 '-더-'가 1인칭 주어와 쓰일 수 있다**.

① ㉠ : 아까 수첩을 보니 다음 주에 약속이 있더라.
② ㉡ : 나는 그의 합격이 놀랍더라.
③ ㉢ : 영수야, 넌 내가 그리 말했는데도 안 밉더냐?
④ ㉣ : 기어이 우승한 그날, 우리 어찌 아니 기쁘더냐?
⑤ ㉤ : 내가 어제 마신 약은 생각보다 안 쓰더라.

34

2018년 9월 고3 평가원모의평가

〈보기〉의 자료를 탐구한 결과로 적절한 것은?

보기

○ 탐구 과제

하나의 문장이 안긴문장으로 다른 문장에 안길 때, 원래 있던 문장 성분이 생략되는 경우가 있다. 아래의 각 문장에서 안긴문장을 파악한 후, 생략된 문장 성분이 있다면 무엇인지 확인해 보자.

○ 자료

㉠ 부모님은 자식이 건강하기를 바란다.
㉡ 그 친구는 연락도 없이 그곳에 안 왔다.
㉢ 동생은 자신의 판단이 옳았음을 깨달았다.
㉣ 그는 내가 늘 쉬던 공원에서 산책을 했다.
㉤ 그 사람들은 아주 어려운 과제를 금방 끝냈다.

		안긴문장의 종류	생략된 문장 성분
①	㉠	부사절	없음
②	㉡	명사절	없음
③	㉢	명사절	주어
④	㉣	관형절	부사어
⑤	㉤	관형절	목적어

35

2019년 6월 고3 평가원모의평가

〈보기〉의 ㉠, ㉡에 해당하는 예끼리 묶인 것으로 적절한 것은? [3점]

보기

[선생님의 설명]

여러분, '쓰이다'라는 단어를 어떻게 해석해야 할까요? 우선 '쓰이다'는 피동사이기도 하고 사동사이기도 하므로 이를 구별해야겠죠? 또한 '쓰다'는 동음이의어나 다의어이므로 그 의미에도 유의해야 합니다. 단어를 이해할 때, 이러한 점들을 모두 고려해야 해요. 그럼 이와 관련된 학습 활동을 해 볼까요?

[학습 활동]

다음은 국어사전의 일부이다. 제시된 단어의 의미에 유의하여 각각의 피동사와 사동사가 포함된 예를 들어 보자.

갈다1 동 【…을 …으로】 어떤 직책에 있는 사람을 다른 사람으로 바꾸다.

깎다 동 1 【…을】 값이나 금액을 낮추어서 줄이다.

묻다1 동 【…에】 가루, 풀, 물 따위가 그보다 큰 다른 물체에 들러붙거나 흔적이 남게 되다.

물다2 동 1 【…을】 윗니와 아랫니 사이에 끼운 상태로 상처가 날 만큼 세게 누르다.

쓸다2 동 【…을】 비로 쓰레기 따위를 밀어내거나 한데 모아서 버리다.

피동문	사동문
㉠	㉡

① ㉠ : 학생회 임원이 새 친구로 갈렸다.
   ㉡ : 삼촌이 형에게 그 텃밭을 갈렸다.

② ㉠ : 용돈이 이달에 만 원이나 깎였다.
   ㉡ : 나는 저번 실수로 점수를 깎였다.

③ ㉠ : 내 친구는 가래떡에 꿀만 묻혔다.
   ㉡ : 누나는 붓에 먹물을 듬뿍 묻혔다.

④ ㉠ : 아빠가 아이 입에 사탕을 물렸다.
   ㉡ : 큰형이 동네 개에게 발을 물렸다.

⑤ ㉠ : 큰 마당의 눈이 빗자루에 쓸렸다.
   ㉡ : 내 동생에게 거실 바닥만 쓸렸다.

36

2019년 9월 고3 평가원모의평가

〈보기〉의 ㉠~㉤에 해당하는 문장으로 적절하지 않은 것은?

보기

[학습 활동]

겹문장은 홑문장보다 복잡한 생각을 효과적으로 표현할 수 있는 장점이 있다. 〈자료〉에 제시된 홑문장을 활용하여 〈조건〉에 해당하는 겹문장을 만들어 보자.

〈자료〉	〈조건〉
• 날씨가 춥다.	㉠ 명사절을 안은문장
• 형은 물을 마셨다.	㉡ 관형절을 안은문장
• 동생은 얼음을 먹었다.	㉢ 부사절을 안은문장
• 동생은 추위와 상관없다.	㉣ 인용절을 안은문장
• 형은 동생에게 불평을 했다.	㉤ 대등하게 이어진문장

① ㉠ : 동생은 추운 날씨에도 얼음을 먹었다.
② ㉡ : 형은 얼음을 먹는 동생에게 불평을 했다.
③ ㉢ : 동생은 추위와 상관없이 얼음을 먹었다.
④ ㉣ : 형은 동생에게 날씨가 춥다고 불평을 했다.
⑤ ㉤ : 형은 물을 마셨지만 동생은 얼음을 먹었다.

37

2015년 수능A

밑줄 친 부분이 〈보기〉의 ⓐ~ⓒ에 해당하는 예로 적절하지 않은 것은?

보기

선어말 어미 '-았-/-었-'은 여러 가지 의미를 지닌다.

(가) 오늘 아침에 누나는 밥을 안 **먹었어**요.

(나) 들판에 안개꽃이 아름답게 **피었습니다**.

(다) 이렇게 비가 안 오니 농사는 다 **지었다**.

(가)에서와 같이 ⓐ**사건이나 상태가 과거의 것임**을 나타내기도 하고, (나)에서와 같이 ⓑ**과거에 일어난 사건의 결과 상태가 현재까지 지속되고 있음**을 나타내기도 한다. (가)의 경우와 달리 (나)의 경우에는 '-았-/-었-'을 보조 용언 구성 '-아/-어 있-'이나 '-고 있-'으로 교체하여도 의미가 달라지지 않는다. 또한 (다)에서와 같이 ⓒ**미래의 일을 확정적인 사실로 받아들임**을 나타내기도 한다.

① ⓐ A : 어제 뭐 했니?
B : 하루 종일 텔레비전만 보았어.

② ⓐ A : 너 아까 집에 없더라.
B : 할머니 생신 선물 사러 갔어.

③ ⓑ A : 감기 걸렸다며?
B : 응, 그래서인지 아직도 목이 잠겼어.

④ ⓑ A : 소풍날 날씨는 괜찮았어?
B : 아주 나빴어.

⑤ ⓒ A : 너 오늘도 바빠?
B : 응, 과제 준비하려면 오늘도 잠은 다 잤어.

38

2015년 수능A

다음 ㉠, ㉡의 문장 성분과 문장 구조에 한 설명이 옳은 것은? [3점]

보기

㉠ 친구들은 내가 노래 부르기를 원한다.

㉡ 우리는 이 지역 토양이 벼농사에 적합함을 몰랐다.

① ㉠에는 부사어가 있지만 ㉡에는 부사어가 없다.

② ㉠에는 명사절이 안겨 있지만 ㉡에는 부사절이 안겨 있다.

③ ㉠에는 서술절이 안겨 있지만 ㉡에는 관형절이 안겨 있다.

④ ㉠의 안긴문장 속에는 관형어가 있지만 ㉡의 안긴문장 속에는 관형어가 없다.

⑤ ㉠의 안긴문장 속에는 목적어가 있지만 ㉡의 안긴문장 속에는 목적어가 없다.

39
2015년 수능A,B

〈보기〉의 내용을 근거로 하여 잘못된 문장을 수정한 예로 적절하지 <u>않은</u> 것은?

보기

서술어의 자릿수는 문법으로 정확하지 못한 문장을 수정하는 데 고려해야 할 중요한 기준이다. 서술어의 자릿수란 서술어가 반드시 갖추어야 하는 문장 성분의 수를 의미하는데, 다음과 같은 예를 들 수 있다.

- 한 자리 서술어 : 꽃이 **<u>피었다</u>**.
- 두 자리 서술어 : 고양이가 쥐를 **<u>잡았다</u>**.
- 세 자리 서술어 : 동생은 나에게 책을 **<u>주었다</u>**.

서술어가 요구하는 문장 성분이 빠져 있으면 문법적으로 정확하지 못한 문장이 되므로 그 성분을 보충하여야 한다.

① 그들은 양식이 다 떨어지자 식량 공급을 요청했다.
 → 그들은 양식이 다 떨어지자 정부에 식량 공급을 요청했다.

② 문제는 우리가 예의를 지키지 못하는 경우가 많다.
 → 문제는 우리가 예의를 지키지 못하는 경우가 많다는 사실이다.

③ 나는 오늘 점심을 먹으면서 내 친구를 소개하였다.
 → 나는 오늘 점심을 먹으면서 내 친구를 누나에게 소개하였다.

④ 우리는 전화위복의 계기로 삼아 지금보다 강해질 것이다.
 → 우리는 그 일을 전화위복의 계기로 삼아 지금보다 강해질 것이다.

⑤ 형은 이곳에 온 지 얼마 되지 않아 어두울 수밖에 없다.
 → 형은 이곳에 온 지 얼마 되지 않아 동네 지리에 어두울 수밖에 없다.

40
2016년 수능A

〈보기〉의 ⓐ~ⓒ에 해당하는 예로 적절하지 <u>않은</u> 것은?

보기

보조 용언 구성 '-고 있-'은 크게 두 가지 의미를 지닌다.

(가) 민수는 지금 떡국을 먹고 **<u>있다</u>**.
(나) 선생님은 너를 믿고 **<u>있다</u>**.
(다) 지혜는 모자를 <u>쓰고</u> **<u>있다</u>**.

(가)에서처럼 ⓐ'**<u>어떤 동작이 진행되고 있음</u>**'을 나타내기도 하고, (나)에서처럼 ⓑ'**<u>어떤 상태가 지속되고 있음</u>**'을 나타내기도 한다. (가)의 '-고 있-'은 '-는 중이-'로 교체하여도 ⓐ의 의미가 유지되지만, (나)의 '-고 있-'은 교체하면 부자연스러운 문장이 되거나 ⓑ의 의미가 유지되지 않는다. 한편 (가), (나)에서는 특정한 문맥이 주어지지 않아도 그 의미를 확정할 수 있는 데 반해, (다)에서는 문맥이 충분히 주어지지 않으면 '-고 있-'이 ⓒ**<u>두 가지 의미 모두로 해석될 수 있다</u>**.

① ⓐ A : 아빠 들어오실 때 형은 뭐 하고 있었니?
 B : 형은 양치질을 하<u>고 있</u>었어요.

② ⓑ A : 오빠가 너한테 화가 많이 났나 봐.
 B : 오빠는 지금 날 오해하<u>고 있</u>는 것 같아.

③ ⓑ A : 내일이 고모님 생신이라고 하네.
 B : 아, 나 그거 이미 알<u>고 있</u>어.

④ ⓒ A : 너 안경 잃어버렸다며? 괜찮아?
 B : 눈이 아주 나쁘진 않아서 안경 벗<u>고 있</u>어도 괜찮아.

⑤ ⓒ A : 저 중에 신입 사원이 누구야?
 B : 저기에 있잖아. 넥타이를 매<u>고 있</u>네.

41

2018년 수능

다음은 부사어에 대해 탐구한 것이다. 탐구 내용으로 적절하지 않은 것은?

①	• 하늘이 눈이 부시게 푸른 날이다. ⇨ 절인 '눈이 부시게'가 부사어로 쓰였군.
②	• 함박눈이 하늘에서 펑펑 내리고 있다. ⇨ 부사격 조사가 결합한 '하늘에서'와 부사 '펑펑'이 부사어로 쓰였군.
③	• 그는 너무 헌 차를 한 대 샀다. ⇨ 부사어 '너무'가 서술어 '샀다'를 수식하는군.
④	㉠ 영이는 엄마와 닮았다. / *영이는 닮았다. ㉡ 영이는 취미로 책을 읽는다. / 영이는 책을 읽는다. ⇨ ㉠의 '엄마와', ㉡의 '취미로'는 둘 다 부사어인데, ㉠의 '엄마와'는 ㉡의 '취미로'와 달리 필수 성분이군.
⑤	㉠ 모든 것이 재로 되었다. / *모든 것이 되었다. ㉡ 모든 것이 재가 되었다. / *모든 것이 되었다. ⇨ ㉠의 '재로'는 부사어이고 ㉡의 '재가'는 보어로서, 문장 성분은 서로 다르지만 서술어가 반드시 필요로 하는 성분이라는 점에서는 같군.

※ '*'는 비문임을 나타냄.

42

2019년 수능

〈보기〉의 ⓐ~ⓒ를 이해한 내용으로 적절하지 않은 것은?

보기

ⓐ 그는 위기를 좋은 기회로 삼았다.
ⓑ 바다가 눈이 부시게 파랗다.
ⓒ 동주는 반짝이는 별을 응시했다.

① ⓐ의 '삼았다'는 주어 이외에도 두 개의 문장 성분을 필수적으로 요구하는군.
② ⓑ의 '바다가'와 '눈이'는 각각 다른 서술어의 주어이군.
③ ⓒ의 '별을'은 안긴문장의 목적어이면서 안은문장의 목적어이군.
④ ⓐ의 '좋은'과 ⓒ의 '반짝이는'은 안긴문장의 서술어이군.
⑤ ⓑ의 '눈이 부시게'와 ⓒ의 '반짝이는'은 수식의 기능을 하는군.

2020년 6월 고3 평가원모의평가

[43] 다음 글을 읽고 물음에 답하시오.

담화는 하나 이상의 발화나 문장으로 이루어진다. 담화가 그 내용 면에서 완결성을 갖추기 위해서는 담화를 이루는 발화나 문장들이 일관된 주제 속에 내용상 유기적인 관련을 맺고 있어야 한다. 이때 각 발화나 문장 간의 관련성을 보여 주는 형식적 장치가 필요하다. 이러한 장치에는 지시, 대용, 접속 표현이 있다.

우선 지시 표현은 담화 장면을 구성하는 화자, 청자, 사물, 시간, 장소 등의 요소를 직접 가리키는 표현이다. 그리고 대용 표현은 담화에서 언급된 말, 혹은 뒤에서 언급될 말을 대신하는 표현이다. 대표적인 지시 표현으로는 '이, 그, 저' 등이 있다. 이들이 담화에서 언급되는 말을 대신할 때는 대용 표현이 된다. 가령 친구가 든 꽃을 보면서 화자가 "이 꽃 예쁘네."라고 말했다면, '꽃'을 직접 가리키는 '이'는 지시 표현이다. 그러나 화자가 "그런데 지난번 꽃도 예쁘던데, 그때 그거는 어디서 샀어?"라고 발화를 곧장 이어 간다면 이때의 '그거'는 앞선 발화의 '지난번 꽃'이라는 말을 대신하는 대용 표현이다. 끝으로 접속 표현은 문장과 문장, 발화와 발화를 연결해 주는 표현으로, '그리고' 등과 같은 접속 부사가 대표적인 예이다. 앞서 언급된 두 번째 발화의 '그런데'도 앞의 발화를 뒤의 발화와 이어 주는 접속 표현에 속한다.

한편, 담화 전개 과정에서 화자는 청자 및 맥락을 고려하면서 발화나 문장을 통해 자신의 의도를 효과적으로 구현한다. 이때 여러 문법 요소가 활용된다. 가령 화자는 "아버지! 진지 드세요."라는 발화에서 '드세요'의 '드시-'를 통해 문장의 주체인 '아버지'를, 종결 어미 '-어요'를 통해 청자인 '아버지'를 높이고 있다. 이와 같이 화자는 특정 어휘나 조사, 어미 등을 사용하여 어떤 대상에 대해 높이거나 낮추는 태도를 드러낸다. 아울러 위의 '드세요'의 '-어요'는 화자가 청자에게 어떠한 행동을 요구하고 있음도 보여 준다. 즉, 종결 어미는 청자에게 답변을 요구하거나, 어떠한 사실을 새롭게 알게 되었다는 점을 두드러지게 나타내는 등 화자의 의도를 구현할 때도 쓰인다. 화자, 청자 및 맥락이 발화나 문장에서 문법 요소와 맺고 있는 관련성은 ㉠<u>**"할아버지께서 마침 방에 계셨구나! 과일 좀 드리고 오렴."**</u>과 같이 연속된 발화로 이루어진 담화에서 더욱 다양하게 나타날 수 있다.

43

㉠에 대한 이해로 적절하지 <u>않은</u> 것은?

① '할아버지께서'의 '께서'를 통해 화자가 문장의 주체인 '할아버지'를 높이고 있다.
② '계셨구나'의 '계시-'를 통해 화자가 문장의 주체인 '할아버지'를 높이고 있다.
③ '계셨구나'의 '-구나'를 통해 화자가 문장의 주체인 '할아버지'에 관한 사실을 새롭게 알게 되었음을 부각하고 있다.
④ '드리고'의 '드리-'를 통해 화자가 문장의 주체인 '할아버지'를 높이고 있다.
⑤ '오렴'의 '-렴'을 통해 화자가 청자에게 어떠한 행동을 요구하고 있다.

44

2020년 6월 고3 평가원모의평가

〈보기〉의 ㉠~㉤과 관련된 설명으로 적절한 것은? [3점]

보기

주기적으로 운동하기가 ㉠<u>**건강의 첫걸음이다**</u>. 그것을 꾸준하게 ㉡<u>**실천하기**</u> ㉢<u>**원한다면**</u> 제대로 ㉣<u>**된**</u> 계획 세우기가 ㉤<u>**선행되어야 한다.**</u>

① ㉠이 서술어인 문장에서 명사절이 주어 기능을 하고 있다.
② ㉡이 서술어인 문장에서 명사절이 목적어 기능을 하고 있다.
③ ㉢이 서술어인 문장에서 명사절이 부사어 기능을 하고 있다.
④ ㉣이 서술어인 문장에서 명사절이 보어 기능을 하고 있다.
⑤ ㉤이 서술어인 문장에서 명사절이 관형어 기능을 하고 있다.

45

2020년 9월 고3 평가원모의평가

〈학습 활동〉을 수행한 결과로 적절한 것은?

학습 활동

품사는 다양한 방식을 통해 문장 성분으로 실현된다. 품사가 어떻게 문장 성분으로 실현되는지 다음 밑줄 친 부분을 중심으로 알아보자.

ⓐ **빵은** 동생이 간식으로 제일 좋아한다.
ⓑ 형은 **아주** 옛 물건만 항상 찾곤 했다.
ⓒ 나중에 **어른** 돼서 우리 다시 만나자.
ⓓ 친구가 내게 준 선물은 **장미였다**.
ⓔ 다람쥐 **세** 마리가 나무를 오른다.

① ⓐ : 명사가 격 조사와 결합해 목적어로 쓰였다.
② ⓑ : 부사가 관형사를 수식하는 부사어로 쓰였다.
③ ⓒ : 명사가 조사와 결합 없이 주어로 쓰였다.
④ ⓓ : 명사가 어미와 직접 결합해 서술어로 쓰였다.
⑤ ⓔ : 수사가 명사를 수식하는 관형어로 쓰였다.

46

2021년 수능

〈학습 활동〉을 수행한 결과로 적절하지 않은 것은? [3점]

학습 활동

겹문장은 다른 문장 속에 들어가 안긴문장으로 쓰일 수 있다. 또한 겹문장은 안은문장에서 다양한 문장 성분으로도 쓰인다. 다음 밑줄 친 겹문장 ⓐ~ⓔ의 쓰임을 설명해 보자.

◦ 기상청은 ⓐ**내일은 따뜻하지만 비가 온다는** 예보를 했다.
◦ 시민들은 ⓑ**공원이 많고 거리가 깨끗한** 도시를 만들었다.
◦ ⓒ**바람이 거세지고 어둠이 내리기** 전에 산에서 내려갔다.
◦ 나는 나중에야 ⓓ**그녀는 왔으나 그가 안 왔음**을 깨달았다.
◦ 삼촌은 주말에 ⓔ**꽃이 피고 새가 지저귀는** 들판을 거닐었다.

① ⓐ는 인용절로 쓰이고 있다.
② ⓑ는 관형절로 쓰이고 있다.
③ ⓒ는 명사절로 쓰이고 있다.
④ ⓓ는 조사와 결합하여 주성분으로 쓰이고 있다.
⑤ ⓔ는 조사와 결합 없이 부속 성분으로 쓰이고 있다.

제5강
의미론(의미)

01 어휘 의미론

01 언어와 의미

① 언어의 의미

㉠ 언어

말소리와 의미로 이루어짐.

말소리	+	의미(意味)
언어의 형식		언어의 내용

㉡ 의미

- 의미는 실체를 가지고 있는 것이 아니기 때문에 학자마다 설명하는 방식이 다르다.
- 표현과 그 표현이 지시하는 대상 사이의 관계가 반드시 일대일 관계인 것은 아니다.
- 한 표현이 지시하는 대상의 의미 영역은 그 경계선이 분명하지 않은 경우가 있을 뿐 아니라, 그 의미의 속성이 고정되어 있지 않고 변하는 경우도 있다.
- 어떤 표현은 관습, 상황, 그리고 말하는 이의 의도나 심리적 태도에 따라 기본 의미와 전혀 다른 것을 의미하는 경우도 있다.

② 언어의 의미를 보는 관점

ⓐ **지시설**

지시 대상(指示對象)이 언어의 의미라고 보는 관점

지시 대상이 존재하는 것	이순신, 세종 대왕, 물, 돌, 바람 등
지시 대상이 존재하지 않는 것	• 현실 속에서 사물이 존재하지 않는 것 : 춘향, 별주부, 용, 도깨비, 견우와 직녀 등 • 문법적 허사 : 는, 에, 에게, 을/를, 부터 등
추상적인 것	향수(鄕愁), 추억, 사랑, 평화, 의지, 관계, 아름다움 등

→ 지시 대상이 존재하지 않는 경우나 문법적 기능만 가진 말도 있고, 구체적인 지시 대상을 생각하기 어려운 경우도 있기 때문에 언어의 의미를 포괄하기 어려운 관점이다.

ⓑ **개념설**

개념을 언어의 의미라고 보는 관점

- '개념(槪念)'이란 '어떤 사물 현상에 대한 일반적인 지식. 우리의 머릿속에서 만들어지고 저장된 생각'을 의미한다.
- **개념** : 모든 사람들이 가지고 있는 공통 의미. 추상화된 특성

cf. 의미의 삼각형

- 의미는 개념과 기호(말소리 혹은 문자로 나타남), 지시 대상으로 구성된다.
- 이 중에서 기호와 지시 대상은 자의적인 관계를 지닌다.
- 단어의 의미란 지시물 자체가 아니라 지시물의 심리적 영상(마음속의 추상화 된 형상)이다.
- 소시르(1916)는 음성은 시니피앙이고, 의미는 시니피에라는 용어를 사용한다.

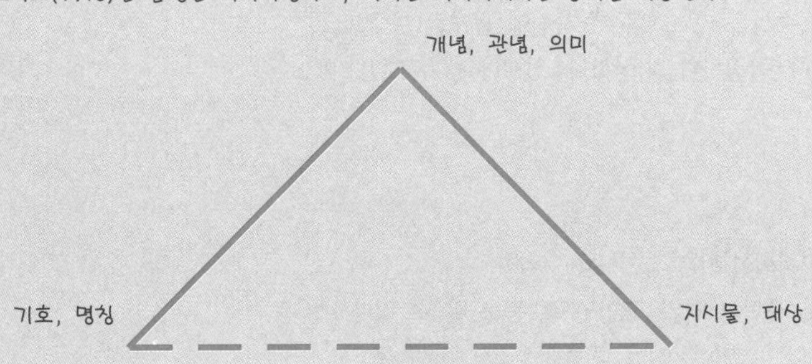

[오그덴과 리차즈의 '의미의 삼각형']

③ 의미의 종류

㉠ 중심적 의미와 주변적 의미

ⓐ 중심적 의미

가장 기본적이며 핵심적인 의미

ⓑ 주변적 의미

중심적 의미를 제외한 여러 가지의 다른 의미

손	중심적 의미	손에 땀이 나다.(手, 신체의 일부)
	주변적 의미	손이 모자란다.(노동력) 그 사람과 손을 끊겠다.(관계) 그 사람은 손이 크다.(씀씀이) 손윗사람(기준)

㉡ 사전적 의미와 함축적 의미

ⓐ 사전적 의미

어떤 낱말이 지니고 있는 가장 기본적이고 객관적인 의미. 외연적 의미, 개념적 의미, 인지적 의미라고도 한다.

- 정보 전달이 주가 되는 설명문 같은 경우에는 주로 이러한 사전적 의미로 의사소통이 이루어진다.
- 사전적 의미는 보편성을 띠기 때문에 사전에 등재될 수 있다.

예 여성 : 사람, 남성과 대립되는 말

ⓑ 함축적 의미

사전적 의미에 덧붙어서 연상이나 관습 등에 의하여 형성되는 의미. 내포적 의미, 연상적 의미라고도 한다.

- 시 같은 문예문의 경우, 주로 이러한 함축적 의미에 의지하여 작품을 창작하고 이해하며 감상한다.
- 함축적 의미는 개별성과 특수성을 띠기 때문에 사전에 등재될 수 없다.
  예 여성 : 모성 본능이 있다, 꼼꼼하다, 자상하다, 섬세하다, 부드럽다 등

ⓒ 사회적 의미와 정서적 의미

ⓐ 사회적 의미

말이 그것을 사용하는 사람의 사회적 환경과 관련되는 의미

➜ 말하는 사람의 출신 지역, 사회적 지위, 교양 수준 등을 알 수 있다.

- 사회적 의미를 드러내주는 요소 : 연령, 직업, 친숙성, 장소, 말씨 등

ⓑ 정서적 의미

언어 표현을 통해서 화자나 청자의 개인적인 태도나 감정 등을 알 수 있게 해주는 의미

➜ 말을 할 때 심리적 상태나 상대에 대한 공손함 등을 표현하기 위하여 다른 어조를 선택하는 경우

- 정서적 의미를 드러내주는 요소 : 어조, 세기, 부사나 감탄사 등

ⓔ 주제적 의미와 반사적 의미

ⓐ 주제적 의미

같은 표현이라 하더라도 특별히 말하는 사람이나 글 쓴 사람의 의도가 드러나는 의미

➜ 흔히 어순을 바꾸거나 특정 부분을 강조하여 발음함으로써 드러난다.

ⓑ 반사적 의미

어떤 말을 사용할 때 그 말의 원래의 뜻과는 아무런 관계없이 특정한 반응을 불러일으키게 되는 의미

➜ 말소리만 듣고 다른 의미를 불러일으키는 이름 같은 것. 예 임신중(林信重)

02 동음이의어와 다의어

① 동음이의어(同音異議語)

소리는 같지만 의미가 서로 다른 단어

ⓐ 허겁지겁 뛰었더니 땀에 흠뻑 젖었다.
ⓑ 바느질을 한 땀 한 땀 정성 들여 했다.

➜ ⓐ와 ⓑ의 '땀'은 소리는 같지만 서로 뜻의 관련성이 없기 때문에 동음이의어이다.

② 다의어(多義語)

하나의 단어가 두 가지 이상의 여러 가지 의미를 가진 단어

ⓐ 현우는 손이 커서 큰 장갑을 사야 한다.
ⓑ 그 일은 손이 많이 간다.
ⓒ 요즘은 일이 바빠서 손이 많이 필요하다.

➜ 다의어의 의미는 중심적 의미와 주변적 의미로 나뉜다. ⓐ의 '손'은 단어의 가장 보편적이고 핵심적인 의미에 해당하므로 중심적 의미라고 한다. 반면 ⓑ와 ⓒ의 '손'은 중심적인 의미에서 확장된 의미에 해당하므로 주변적 의미라고 한다.

cf. 동음이의어와 다의어의 차이

동음이의어는 의미상으로는 상관성을 찾기 어렵지만 다의어는 하나의 의미에서 의미가 분화된 것이다. 그래서 사전에서 동음이의어는 별개의 표제어로 실리지만 다의어는 하나의 표제어로 실린다.

손01「명사」 — 동음이의어 — 손02「명사」

손01「명사」

「1」 사람의 팔목 끝에 달린 부분. 손등, 손바닥, 손목으로 나뉘며 그 끝에 다섯 개의 손가락이 있어, 무엇을 만지거나 잡거나 한다.
예 손으로 잡다. / 손으로 가리키다.

「2」 손끝의 다섯 개로 갈라진 부분. 또는 그것 하나하나.=손가락.
예 손에 반지를 끼다.

「3」 일을 하는 사람.=일손
예 손이 부족하다. / 손이 달리다.

「4」 어떤 일을 하는데 드는 사람의 힘이나 노력, 기술.
그 일은 손이 많이 간다.

「5」 어떤 사람의 영향력이나 권한이 미치는 범위.
예 범인은 경찰의 손이 미치지 않는 곳으로 도망갔다.

「6」 사람의 수완이나 꾀.
예 장사꾼의 손에 놀아나다.

손02「명사」

「1」 다른 곳에서 찾아온 사람.
예 손을 맞다. / 우리 집에는 늘 자고 가는 손이 많아.

「2」 여관이나 음식점 따위의 영업하는 장소에 찾아온 사람.
예 그 가게는 손이 많다.

「3」 나가다가 잠시 들른 사람
예 주인은 상이 하나밖에 더 없어서 외상으로 대접 못한다고 발명하여 말하고 황천왕동이는 일시 지나가는 손을 너무도 정숙하게 대접한다고 치사하여3 말하였다. 《홍명희, 임꺽정》

「4」 '천연두'를 일상적으로 이르는 말.=손님마마.

다의어

03 단어의 의미 관계

① 유의 관계

㉠ 개념

- **유의어(類義語)** : 말소리는 다르지만 의미가 서로 비슷한 말
- **유의 관계** : 의미가 같거나 비슷한 둘 이상의 단어가 맺는 의미 관계
  예 가끔 - 더러 - 이따금 - 드문드문 - 때로 - 간혹 - 자주
- 유의 관계의 대부분은 개념적 의미의 동일성을 전제로 한다.
- 유의 관계를 이루는 단어들을 어느 경우에나 서로 바꾸어 쓸 수 있는 것은 아니다.

> cf. 유의어와 동의어(同義語)
> 뜻이 같은 말을 '동의어(同義語)'라고 하는데, 의미가 완전히 동일한 경우를 찾기 어렵기 때문에, '뜻이 서로 비슷한 말'을 의미하는 '유의어'를 주로 사용한다.

㉡ 유의어의 특징

- 기본 의미는 비슷하다.
- 가리키는 대상의 범위가 다르다.
- 미묘한 느낌의 차이를 보이기도 한다.

㉢ 유의어를 파악하는 방법

ⓐ **계열 관계(수직 관계)를 이용하는 방법** : 대치가 가능한 단어들을 유의어로 파악하는 방법. 유의어인지 아닌지를 판별하는 방법
예 '그가 죽었다 ; 그가 숨졌다 ; 그가 사망했다'에서 '죽다, 숨지다, 사망하다'는 계열 관계 차원에서 유의어가 된다.

ⓑ **결합 관계(수평 관계)를 이용하는 방법** : 유의어들의 미묘한 의미 차이를 파악하는 방법

결합할 수 있는 말 \ 단어	잡다	쥐다
공을	○	○
손끝으로	○	×
도둑을	○	×
자리를	○	×

※ '잡다'와 '쥐다'는 유의 관계에 놓여 있지만 옆에서 보는 바와 같이 미묘한 의미의 차이가 있어 쓰임이 다르다.

cf. 우리말에서 유의어가 발달한 이유

- 고유어와 함께 한자어와 외래어가 섞여 쓰이고 있다.
  예 어머니-모친-마마, 아내-처-와이프
- 높임법이 발달하여 있다.
  예 나/저/본인/이사람
- 감각어가 발달하여 있다.
  예 노랗다/노르께하다/노르스름하다/노릇하다/노릇노릇하다/노릿하다/노리끼리하다
- 국어 순화를 위하여 정책적으로 말을 만들어 내었다.
  예 세모꼴-삼각형, 쪽-페이지
- 금기(禁忌, taboo) 때문에 생기기도 하였다.
  예 어린 사내아이를 보고 '고추' 보자고 하는 것

② 반의 관계

㉠ 개념

■ **반의어(反意語)** : 그 뜻이 서로 정반대되는 관계에 있는 말. 한 쌍의 말 사이에 서로 공통되는 의미 요소가 있으면서 동시에 서로 다른 한 개의 의미 요소가 있어야 한다.

예 '남자'와 '여자', '위'와 '아래', '작다'와 '크다' 따위

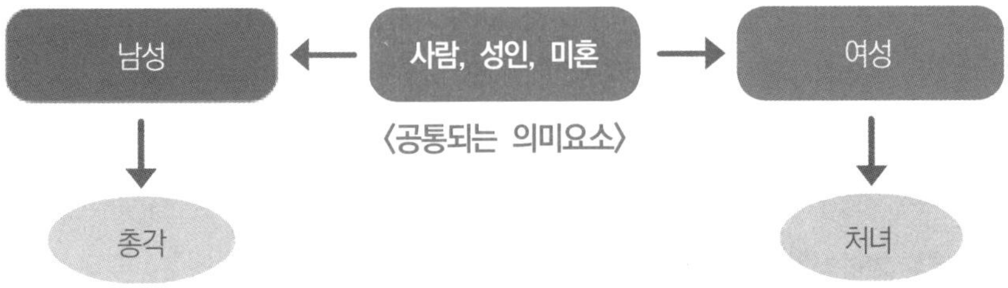

■ **반의 관계** : 둘 이상의 단어에서 의미가 서로 짝을 이루어 대립하는 관계

㉡ 특성

■ 반의 관계가 성립되려면 한 쌍의 반의어 사이에 하나의 의미 자질만 다르고 나머지 의미 자질들은 공통적이어야 한다.

❖ **의미 자질**

■ 의미 자질은 단어의 의미를 구성하는 최소 성분으로, 해당 자질을 가지고 있으면 '+'로, 가지고 있지 않으면 '–'로 표시한다.

예 숙녀[+사람][+여성][+성숙] / 신사[+사람][–여성][+성숙]

■ 반의 관계는 두 단어의 비교 기준이 한 개일 경우에만 성립하므로 비교 기준이 분명해야 한다.

예 '개체 발생'과 '개체 소멸'은 '발생'과 '소멸'의 의미 요소만 반의 관계를 이루고 있다.

■ 반의어는 반드시 한 쌍으로만 존재하는 것이 아니라, 한 단어에 여러 개의 단어가 대립하는 경우도 있다.

예 '고유어'는 '외래어, 한사어'와, '개체'는 '군체, 전체, 집단'과, '개체주의'는 '전체주의, 보편주의'와 대립한다.

■ 어떤 단어가 다의어(多義語)이면 그에 따라 반의어가 달라질 수 있다.

㉢ 반의어의 기능

- 반의어는 사람들이 세상에서 일어나는 현상이나 사물을 대립되는 짝으로 나누어 파악하려는 경향에 영향을 받아 생겨난다.
  → 그러므로 반의어는 원 단어의 의미를 좀 더 명확히 파악할 수 있도록 도와주는 기능뿐만 아니라, 사고(思考)를 명확하게 하고 어휘력을 발달시키는 도구가 되기도 한다.

③ 상하 관계

㉠ 개념

- **상의어(上義語)** : 포함하는 단어
- **하의어(下義語)** : 포함되는 단어
- **상하 관계** : 한쪽이 의미상 다른 쪽을 포함하거나 다른 쪽에 포함되는 의미 관계

㉡ 특성

- 상하 관계를 형성하는 단어들은 상의어일수록 일반적이고 포괄적인 의미를 지니며, 하의어일수록 개별적이고 한정적인 의미를 지닌다.
- 따라서 하의어는 상의어를 의미적으로 함의(含意)하게 된다. 즉 상의어가 가지고 있는 의미 특성을 하의어가 자동적으로 가지게 된다. 또한 하의어는 그 의미가 개별적, 구체적이기 때문에 상의어에 비해 자세하다.

예술	문학	시가	서정시, 산문시, 서사시, 극시, 시조
		소설	장편 소설, 단편 소설, 중편 소설
		수필	경수필, 중수필, 부(賦), 설(說)
		희곡	비극, 희극, 희비극
	미술	회화	동양화, 민화, 서양화, 인물화, 산수화, 삽화
		조각	목조, 석조, 환조, 부조
		공예	수공예, 목공예, 금속 공예, 도예
		서예	전서, 예서, 해서, 행서, 초서

→ 가장 상위에 있는 '예술'이라는 상의어는 하위에 있는 모든 단어들의 상의어이다. 즉 '문학'은 '시가', '소설', '수필', '희곡'의 상의어이면서 동시에 '예술'의 하의어가 된다. 도식에서 '예술'쪽으로 갈수록 포괄하는 의미 범위가 넓고, 그 반대쪽으로 갈수록 의미가 개별적이고 구체적이다.

02 문장 의미론

01 문장 의미의 성격

■ 문장의 의미는 독립적으로 나타나 있는 단어의 의미로만은 정확히 확인할 수 없다. 다시 말하면, 단어 하나만이 아니라, 단어와 단어가 이어지는 원리를 알아야 진정한 문장 의미를 알게 된다.

> ㉮ 철수가 영희를 때렸다.
> ㉯ 영희가 철수를 때렸다.
> ㉰ 철수가 영희와 순이를 좋아한다.
> ㉱ [철수가 영희와] 순이를 좋아한다.
> ㉲ 철수가 [영희와 순이를] 좋아한다.

■ 문장의 의미는 단어 의미를 단순히 더해 놓은 것은 아니다. ㉮와 ㉯의 의미가 다른 것은 단어의 배열 순서가 문장의 의미에 어떤 영향을 끼치고 있음을 보여준다. 따라서 ㉮와 ㉯의 의미 차는 **배열의 차이**에 의한 것이다.

■ ㉰는 겉으로는 하나의 문장이지만, ㉱와 ㉲ 각각으로 다르게 해석될 수 있다. ㉱에서는 주체가 '철수, 영희' 둘이고 대상이 '순이' 하나이지만, ㉲에서는 주체가 '철수' 하나이고 대상이 '영희, 순이' 둘이다. 따라서 ㉱와 ㉲의 의미 차는 **묶음의 차이**에 의한 것이다.

■ 문장의 의미는 단순히 단어 의미의 합이라고 말할 수 없다. 낱낱의 단어 의미는 물론이고, 거기에 배열이나 묶음의 원리를 덧붙여서 완전한 문장의 의미가 형성되는 것이다

02 문장 간의 의미 관계

① 문장의 유의성

㉠ 개념

■ **유의문(類義文)** : 문장에서 뜻이 비슷한 것. 단어에서 뜻이 비슷한 말을 유의어라고 하는 것과 마찬가지이다.

㉡ 특성

■ 단어에서와 마찬가지로 완전히 똑같은 의미를 가지는 동의문은 존재하지 않는다.

■ 능동문과 피동문은 각각 표현에 따라서 강조하고자 하는 의미가 다르다.

■ 풀어쓰기 문장도 그냥 단어를 표현한 문장과 의미가 똑같다고는 할 수 없다.

㉢ 유형

㉮ 나는 엄마를 좋아한다.
㉯ 나는 아빠의 아내를 좋아한다.
㉰ 나는 할아버지의 아들의 아내를 좋아한다.

㉱ 영수는 빵을 먹었다.
㉲ 빵이 영수에게 먹혔다.
㉳ 빵이 영수에게 먹어졌다.

㉴ 어서 집에 가거라.
㉵ 집에 어서 가거라.

㉶ 그는 불쌍하게 죽었다.
㉷ 불쌍하게 그는 죽었다.

㉸ 해인이는 음악회에서 희정이를 만나지 못했다.
㉹ 해인이는 음악회에서 희정이를 못 만났다.

㉺ 해인이는 음악회에서 희정이를 만나지 않았다.
㉻ 해인이는 음악회에서 희정이를 안 만났다.

- 단어를 동의 표현으로 풀어 쓰는 것 : ㉮ ➜ ㉯, ㉰
- 능동문과 피동문의 경우(수량 표현의 경우는 제외) : ㉱ ➜ ㉲, ㉳
- 부사어 이동으로 인한 문장들(성분 부사어일 경우는 유의문을 이루나, 문장 부사어일 경우는 그러지 못할 경우도 있다.) : ㉴, ㉵ / ㉶, ㉷
- 부정 표현에서 장형과 단형 : ㉸, ㉹ / ㉺, ㉻
  ➜ ㉸와 ㉹, ㉺와 ㉻는 서로 유의문이지만, ㉸와 ㉺, ㉹와 ㉻는 의미 차이(의지, 능력)로 인해 서로 유의문을 구성하지 못한다.

② 문장의 반의성

㉠ 개념

- **반의문(反義文)** : 문장에서 서로 반대되는 의미를 가진 문장

㉡ 특성

- 반의문은 유의문과 달리 반드시 한 문장에 하나의 반의문만 존재한다.
- 이는 하나의 문장이 어떤 한 가지 기준에 의해서 하나의 반대 의미를 지닌 문장을 가진다는 것을 뜻한다.

㉢ 유형

ⓐ 반의어를 통해서 반의문이 이루어지는 경우

㉮ 철수가 영희를 좋아한다.
㉯ 철수가 영희를 싫어한다.

㉰ 그가 남쪽에 있는 학교로 천천히 갔다.
㉱ 그가 북쪽에 있는 학교로 천천히 갔다.

㉲ 그가 남쪽에 있는 학교로 빨리 갔다.
㉳ 그가 북쪽에 있는 학교로 빨리 갔다.

ⓑ 부정 표현을 통해서 반의문이 이루어지는 경우

㉮ 그가 학교에 간다.

㉯ 그가 학교에 안 간다.
㉰ 그가 학교에 가지 않는다.

㉱ 그가 학교에 못 간다.
㉲ 그가 학교에 가지 못한다.

ⓒ 보조사를 통해서 반의문이 이루어지는 경우

㉮ 그가 키가 크다.
㉯ 그가 키도 크다.
㉰ 그가 키만 크다.

→ ㉯는 긍정의 의미를, ㉰는 부정의 뜻을 나타낸다. 따라서 ㉯와 ㉰는 반의문이라고 할 수 있다.

③ 문장의 중의성

㉠ 개념

- **중의문(重義文)** : 의미가 여러 개로 해석될 수 있는 문장

㉡ 특성

- 문장의 유의성이 여러 개 문장이 동일한 의미를 나타내는 특성이라고 한다면, 문장의 중의성은 반대로 하나의 문장이 여러 개의 의미를 나타내는 특성이다.
- 형식은 하나인데 의미는 여러 개라는 말이다.

㉢ 유형

ⓐ 단어의 중의성으로 인하여 문장의 중의성이 생기는 경우

㉮ 그녀는 손이 크다.
㉯ 그가 가는 길이 험하다.

→ ㉮의 '손'은 신체의 일부를 뜻할 수도 있고, '힘, 역량, 능력'의 의미로도 파악될 수 있다. ㉯의 '길'은 사람들이 걸어 다니는 길일 수도 있고, 인생 여정을 뜻할 수도 있다.

ⓑ 문장의 구조 차이로 인한 통사적 중의성이 생기는 경우

㉮ 철수는 영수와 순이를 좋아한다.
㉯ [철수는 영수와] 순이를 좋아한다.
㉰ 철수는 [영수와 순이를] 좋아한다.

㉱ 아빠는 엄마보다 나를 더 좋아한다.
㉲ [아빠는 엄마보다] 나를 더 좋아한다.
㉳ 아빠는 [엄마보다 나를] 더 좋아한다.

㉴ 아름다운 그녀의 목소리를 듣고 싶다.
㉵ [아름다운 그녀의] 목소리를 듣고 싶다.
㉶ [아름다운 [그녀의 목소리]를 듣고 싶다.

→ ㉮는 ㉯와 ㉰의 의미로 해석될 수 있다. ㉯는 순이를 좋아하는 주체가 철수와 영수 두 사람임을 뜻하고, ㉰는 철수 혼자서 영수와 순이 두 사람을 좋아한다는 것을 뜻한다. ㉱도 두 가지 뜻으로 해석되는데, ㉲는 엄마가 나를 좋아하는 것보다 아빠가 나를 더 좋아한다는 뜻이고, ㉳는 아빠가 엄마를 좋아하기는 하지만 나를 더 좋아한다는 뜻이다. ㉴는 수식하는 것이 무엇이냐에 따라서 의미가 달라지는 현상을 보여주는데, ㉵는 '아름다운'이 '그녀'를 수식하고 있고, ㉶는 '아름다운'이 '목소리'를 수식하고 있다.

ⓒ 국어의 특이한 현상으로 부정 표현으로 인한 문장의 중의성이 생기는 경우

㉮ 나는 어제 공원에서 그녀를 만나지 않았다.
㉯ 학생들이 다 오지 않았다.

→ ㉮에서 '않았다'라는 부정어가 부정하는 것은 '나, 어제, 공원, 그녀, 만나다' 각각의 단어가 모두 해당한다. 무엇을 부정한 것인지는 문맥에 따라 확인할 수 있을 뿐이다. ㉯에서는 부정되는 것이 '학생들, 다, 오다' 각각인 것은 당연한데, 특이하게 양화사(수량사) '다'가 쓰여 독특한 특성을 띤다. '다'만 관심을 갖고 살펴보면, 학생이 아무도 안 왔다는 뜻도 되고, 학생들이 많이 오긴 왔는데 몇 명 오지 않은 사람도 있다는 뜻이다.

ⓓ 상황에 따른 중의성

㉮ 그는 구두를 신고 있다.
㉯ 그는 구두를 신고 있는 중이다.
㉰ 그는 구두를 신고서 (신은 채로) 있다.

→ ㉮는 ㉯와 ㉰의 두 가지로 해석될 수 있다. 이 경우는 문장 안에서의 의미 해석의 중의성을 유발하는 유형으로 설정해야 할 것이다. 물론 정확한 의미의 파악은 상황이 어떠하냐에 따라 이루어질 수 있을 것이다.

03 의미 변화의 원인과 유형

01 의미 변화의 원인

① 언어적 원인

하나의 단어가 다른 단어와 자주 인접하여 나타남으로써 그 의미까지 변화된 경우를 지칭한다.

예-1. 전혀 … 하지 않다. / 별로 … 아니다. // (제) 나름대로

예-2. 주책없다(주책이다), 엉터리없다(엉터리다), 우연치않게(우연하게), 티브이(텔레비전), 아파트(아파트먼트), 버스(옴니버스(omnibus))

② 역사적 원인

단어가 가리키는 대상은 변모하였음에도 불구하고 단어는 그대로 남아 있는 경우 필연적으로 그 단어에 의미 변화가 일어나는 것을 지칭한다. 다시 말하면, 과거에는 존재했었으나 지금은 없는 실체를 지칭하는 단어가 지금에도 사용될 때 나타나는 것을 뜻한다.

예-1. 바가지('박' 속을 비워 만든 물 뜨는 용기) ➜ 현대의 '바가지'는 플라스틱으로 된 용기로 대용하지만 여전히 '바가지'라는 단어는 사용한다.

예-2. 배(과거에는 나무로 만든 배만을 뜻함) ➜ 현대의 '배'는 쇠로 만든 배는 물론이고 우주선도 가리킨다.

예-3. '신발, 역, 화랑, 집현전' 등

③ 사회적 원인

일반적인 단어가 특수 사회 집단에서 사용되거나 반대로 특수 집단에서 사용되던 단어가 일반 사회에서 사용됨으로써 의미에 변화가 일어나는 경우를 말한다. 즉 단어 의미가 특수화하거나 일반화하는 것을 뜻한다.

예-1. 단어의 의미가 특수화한 것 : 얼굴(형상(形象), 형체(形體) ➜ 안(顔)), 영감(나이든 남편이나 남자 노인 ➜ 판사나 검사), 성경(종교상 신앙의 최고 법전이 되는 책 ➜ 기독교에서는 '신구약')

예-2. 단어의 의미가 일반화한 것 : 안타(야구 용어), 공양(供養)(불교 용어)

④ 심리적 원인

비유적 용법이나 완곡어법 등에 자주 사용되는 동안 해당 단어의 의미에 대한 인식이 변화하면서 단어의 의미까지 변화하게 된 경우를 뜻한다.

예 '곰, 형광등'(둔한 사람을 지칭할 때), '컴퓨터'(똑똑한 사람을 지칭할 때), '똥, 오줌' ➜ '대변, 소변', 사(死) ➜ 숫자에서 '사(4)'를 피함, '죽다' ➜ '돌아가시다', '동무, 인민, 빨갱이, 노랭이'

02 의미 변화의 유형

① 의미의 확대

단어의 의미 영역이 넓어지는 일반화 현상으로, 대개 해당 단어의 사용 영역이 넓어지는 현상

• 놀부(구체적 인물) • 입(식구(食口)) • 손(수(手), 신체의 일부) • 길 • 십자가 • 약주	➜	• 놀부(욕심과 심술이 많은 사람) • 입(가족, 사람) • 손(손이 모자란다, 노동력) • 도로, 방법, 도리 • 희생 • 술 전체

② 의미의 축소

단어의 의미 영역이 좁아지는 특수화 현상으로, 대개 해당 단어의 사용 영역이 좁아지는 현상

• 얼굴(형체(形體)) • 미인(남자나 여자 공통) • 음료수(마시는 물)	➜	• 얼굴(안(顔)) • 미인(예쁜 여자에게만) • 음료수(제품화되어 나온 마실 물)

③ 의미의 이동(전이)

단어의 의미 영역이 넓어지거나 좁아지는 일 없이 단어의 의미가 변화하는 현상

• 두꺼비집(두꺼비의 집) • 감투(벼슬아치가 머리에 쓰는 모자)	➜	• 두꺼비집(전기개폐기) • 감투(벼슬)

04 확인문제

01 〈보기〉의 ㉠~㉤에 대한 설명으로 가장 적절한 것은?

보기

- 동생은 ㉠배에 힘을 주었다.
- 나는 ㉡배가 불룩한 돌기둥에 기대어 서 있었다.
- 태풍 때문에 ㉢배가 뜨지 못했다.
- 할아버지는 물이 많고 단 ㉣배를 좋아하신다.
- 물가가 ㉤배로 올라서 돈 쓰는 것이 망설여진다.

① ㉠과 ㉡은 동음이의어에 해당한다.
② ㉠은 ㉢~㉤과 다의어 관계에 있다.
③ ㉡은 ㉢과 동음이의어에 해당한다.
④ ㉡은 ㉣~㉤과 다의어 관계에 있다.
⑤ ㉢은 ㉣~㉤과 다의어 관계에 있다.

02 다음 중, '반의 관계'의 유형이 같은 것끼리 묶어 놓은 것은?

보기

반의 관계는 어떤 개념을 상호 배타적으로 양분하는 관계, 상대적 정도 개념의 양극단을 나타내는 관계, 상호 의존적으로 반대 방향을 나타내는 관계 등 크게 세 가지 유형으로 나뉩니다. 그럼 아래의 예들은 어떤 유형에 속하는지 구분해 볼까요?

㉠ 출석-결석　　㉡ 판매-구매　　㉢ 넓다-좁다
㉣ 크다-작다　　㉤ 오른쪽-왼쪽

① ㉠, ㉡　② ㉡, ㉢　③ ㉢, ㉣　④ ㉣, ㉤　⑤ ㉠, ㉤

03 〈보기〉의 ㉠~㉧에 대한 설명으로 적절하지 않은 것은?

보기

- ㉠**계절**은 ㉡**벌써** ㉢**여름**을 지나 가을로 향하고 있다.
- 어둠이 ㉣**아직** 가시지 않아서 ㉤**앞**을 볼 수가 없다.
- 그녀는 ㉥**뒤**도 돌아보지 않고 ㉦**곧장** 떠났다.
- 학교가 끝나면 ㉧**곧바로** 집으로 와라.

① ㉠은 ㉢의 상의어이다.　② ㉢은 ㉠의 하의어이다.　③ ㉡은 ㉣의 유의어이다.
④ ㉤은 ㉥의 반의어이다.　⑤ ㉦은 ㉧의 유의어이다.

04 〈보기〉의 ㉠~㉢에 대한 설명으로 가장 적절한 것은?

보기

㉠ 포수가 토끼를 잡았다. ㉡ 토끼가 포수에게 잡혔다.

㉢ 토끼가 포수에게 잡아졌다.

① ㉠과 ㉡은 의미가 완전히 똑같은 동의문이다.
② ㉡은 ㉠을 풀어쓴 문장이다.
③ ㉢은 ㉡을 풀어쓴 문장이다.
④ ㉠~㉢은 강조하고자 하는 의미가 각각 다르다.
⑤ ㉠~㉢은 묶음의 원리가 의미에 영향을 미친다.

05 〈보기〉의 ㉠~㉣에 대한 설명으로 적절하지 않은 것은?

보기

㉠ 나는 밥을 안 먹었다. ㉡ 나는 밥을 먹지 않았다.

㉢ 나는 밥을 못 먹었다. ㉣ 나는 밥을 먹지 못했다.

① ㉠과 ㉡은 유의문이다.
② ㉢과 ㉣은 유의문이다.
③ ㉠과 ㉢은 의미에 차이가 있다.
④ ㉡과 ㉣은 의미에 차이가 있다.
⑤ ㉠~㉣의 의미 차이는 배열에 따른 것이다.

06 〈보기〉의 ㉠~㉤에 대한 설명으로 적절하지 않은 것은?

보기

㉠ 그는 발이 넓다.
㉡ 그녀는 칼을 갈고 있다.
㉢ 나는 철수와 영희를 만났다.
㉣ 동생은 사과보다 배를 더 좋아한다.
㉤ 예쁜 너의 눈동자를 계속 보고싶다.

① ㉠의 '발'은 신체의 일부를 뜻할 수도 있고, '활동 범위'로 파악될 수도 있다.
② ㉡의 '칼'은 '도구'를 뜻할 수도 있고, '복수'를 뜻할 수도 있다.
③ ㉢은 만나는 대상이 철수와 영희이거나 영희일 수 있다.
④ ㉣은 좋아하는 대상이 사과일 수도 있고, 배일 수도 있다.
⑤ ㉤은 예쁜 대상이 너일 수도 있고, 너의 눈동자일 수도 있다.

07 〈보기〉의 내용과 관련이 깊은 의미 변화의 원인으로 가장 적절한 것은?

보기

학생 : 선생님, 엘리베이터를 타면 4층이 없거나 4층 위치에 'F'라고 되어 있는 경우가 종종 있는데요. 이유가 무엇인지 알고 싶습니다.

교사 : 우리나라 사람들은 4라는 숫자를 '죽을 사(死)'자와 연관 지어 생각하기 때문에 숫자 4를 꺼리는 경향이 있기 때문이지요.

① 언어적 원인
② 역사적 원인
③ 사회적 원인
④ 문화적 원인
⑤ 심리적 원인

08 〈보기〉의 ㉠~㉤ 중, '의미의 이동'에 해당하는 것으로 적절한 것은?

보기

나랏말ᄊᆞ미 ㉠**<u>中듕國귁</u>**에 달아 文문字ᄍᆞᆼ와로 서르 ᄉᆞᄆᆞᆺ디 아니ᄒᆞᆯᄊᆡ 이런 ㉡**<u>젼ᄎᆞ</u>**로 ㉢**<u>어린</u>** 百ᄇᆡᆨ姓셩이 ㉣**<u>니르고져</u>** ᄒᆞᇙ 배 이셔도 ᄆᆞᄎᆞᆷ내 제ᄠᅳ들 ㉤**<u>시러</u>** 펴디 몯ᄒᆞᇙ 노미 하니라

(현대어 풀이)

나라의 말이 중국과 달라 한자와는 서로 통하지 아니하여서 이런 까닭으로 어리석은 백성이 말하고자 하는 바가 있어도 마침내 제 뜻을 능히 펴지 못하는 사람이 많다.

① 中듕國귁
② 젼ᄎᆞ
③ 어린
④ 니르고져
⑤ 시러

05 기출문제

01

2015년 3월 고3 전국연합학력평가

다음은 '달다'에 관한 사전 자료의 일부분이다. 이를 탐구한 결과로 적절하지 않은 것은?

보기

달다1 형 【…에 …을】 [달아, 다니, 다오]

㉠ 물건을 일정한 곳에 걸거나 매어 놓다.

예 배에 돛을 달다.

㉡ 이름이나 제목 따위를 정하여 붙이다.

예 작품에 제목을 달다.

달다2 동 [달아, 다니, 다오]

㉠ 꿀이나 설탕의 맛과 같다.

예 아이스크림이 달다.

속 달면 삼키고 쓰면 뱉는다.

㉡ 흡족하여 기분이 좋다.

예 나른한 식곤에 잠이 달았다.

① '달다1'과 '달다2'는 별개의 표제어로 기술된 걸 보니 동음이의어에 해당하는군.

② '달다1'과 '달다2'는 모두 연결 어미 '-니'가 결합되면 '다니'로 활용되는군.

③ '달다1' ㉠의 용례로 '소금의 무게를 저울에 달아 보았다.'를 추가할 수 있겠군.

④ '달다2' ㉠의 속담은 '달다'와 '쓰다'의 반의 관계를 이용한 것이군.

⑤ '달다1' ㉡은 '달다2' ㉡보다 서술어가 필수적으로 요구하는 문장 성분의 개수가 더 많군.

02

2015년 4월 고3 전국연합학력평가

〈보기〉에 제시된 국어사전의 정보를 완성한다고 할 때, ㉠~㉤에 대한 설명으로 적절하지 않은 것은?

보기

주다

1 동사

① 【…에/에게 …을】물건 따위를 남에게 건네어 가지거나 누리게 하다.

¶ 친구에게 선물을 주다.

반의어 주다 ↔ [㉠]

② 남에게 어떤 자격이나 권리, 점수 따위를 가지게 하다.

¶ 일등 항해사에게 가산점을 주다. / [㉡]

③ 좋지 아니한 영향을 미치게 하다.

¶ 동생과 싸웠다고 어머니가 나에게 핀잔을 주다. / [㉢]

받다

1 동사

① 【 …에서/에게서/…으로부터 …을】다른 사람이 주거나 보내오는 물건 따위를 가지다.

¶ 남자 친구로부터 선물을 받다.

② 【 …을】공중에서 밑으로 떨어지거나 자기 쪽으로 향해 오는 것을 잡다.

¶ 날아오는 공을 받다.

반의어 받다 ↔ [㉣]

③ 【 [㉤] 】 흐르거나 쏟아지거나 하는 것을 그릇 따위에 담기게 하다.

¶ 따끈한 차를 찻잔에 받다.

① '주다 1 ①'의 뜻풀이와 용례로 보아 ㉠에 들어갈 말은 '받다 1 ①'이다.

② ㉡에는 '약을 사 먹으라고 누나가 나에게 돈을 주다.'를 넣을 수 있다.

③ ㉢에는 '아무렇지도 않게 내뱉은 말이 다른 사람에게 상처를 주다.'를 넣을 수 있다.

④ '받다 1 ②'의 용례로 보아 ㉣에는 '던지다'를 넣을 수 있다.

⑤ ㉤에 들어갈 말은 '…을 …에'이다.

03

2015년 10월 고3 전국연합학력평가

〈보기〉의 국어사전 자료를 탐구한 내용으로 적절하지 않은 것은?

보기

배1 [배] 명

「1」 사람이나 동물의 몸에서 위장, 창자, 콩팥 따위의 내장이 들어 있는 곳으로 가슴과 엉덩이 사이의 부위.

¶ 배가 나오다.

「2」 긴 물건 가운데의 볼록한 부분.

¶ 배가 부른 마대 자루.

배2 [배] 명

사람이나 짐 따위를 싣고 물 위로 떠다니도록 나무나 쇠 따위로 만든 물건.

¶ 배를 띄우다.

배3(倍) [배:] 명

(주로 고유어 수 뒤에 쓰여) 일정한 수나 양이 그 수만큼 거듭됨을 이르는 말.

¶ 힘이 세 배나 들다.

① '배1'은 하나의 표제어 아래 여러 뜻을 지니고 있으므로 다의어라고 볼 수 있겠군.

② '배1'의 「2」의 용례로는 '배가 불룩한 돌기둥'을 들 수 있군.

③ '배2'를 활용한 속담으로 '사공이 많으면 배가 산으로 간다'를 들 수 있군.

④ '배3'은 소리의 길이에 의해 '배1', '배2'와 의미가 변별될 수 있겠군.

⑤ '배1', '배2', '배3'은 모두 의미적 연관성이 있으므로 사전에 각각 등재하는군.

04

2016년 3월 고3 전국연합학력평가

〈보기〉를 바탕으로 '속'과 '안'에 대해 탐구한 내용으로 적절하지 않은 것은?

보기

ㄱ. 건물 {속/안}으로 들어가다.

ㄴ. 한 시간 {*속/안}에 돌아올게.

ㄷ. 벙어리 냉가슴 앓듯 혼자 {속/*안}을 썩였다.

ㄹ. 오랜만에 과식했더니 {속/*안}이 더부룩하다.
외국에 살아도 우리나라 {*속/안}의 일을 훤히 안다.

ㅁ. 겉으로는 태연한 척하지만 속으로는 겁을 먹었다.
어제는 바깥에 나가지 않고 온종일 집 안에 있었다.

* 는 부자연스러운 쓰임

① ㄱ을 보니 '속'과 '안'은 '사물이나 영역의 내부'라는 공통 의미를 지닌 유의어로군.

② ㄴ을 보니 '속'과 달리 '안'은 시간적 범위를 한정할 때 쓰이는군.

③ ㄷ을 보니 '안'과 달리 '속'은 관용구에 사용되어 사람의 마음을 가리킬 때 쓰이는군.

④ ㄹ을 보니 '속'은 추상적인 대상, '안'은 구체적인 대상의 내부를 가리키는군.

⑤ ㅁ을 보니 '속'은 '겉', '안'은 '바깥'과 각각 반의 관계에 있군.

05

2016년 10월 고3 전국연합학력평가

〈보기〉는 사전 자료의 일부분이다. 이에 대한 이해로 가장 적절한 것은?

보기

크다 [커, 크니]

[Ⅰ] 형용사

사람이나 사물의 외형적 길이, 넓이, 높이, 부피 따위가 보통 정도를 넘다.

예 키가 크다.

[Ⅱ] 동사

동식물이 몸의 길이가 자라다.

예 날씨가 건조하면 나무가 크지 못한다.

키우다【…을】 [키우어(키워), 키우니]

크다 [Ⅱ]의 사동사

① '크다'[Ⅰ]과 '크다'[Ⅱ]는 별도의 품사로 기술된 걸 보니 동음이의어이겠군.
② '크다'[Ⅰ]과 '크다'[Ⅱ]의 반의어로는 모두 '작다'가 가능하겠군.
③ '크다'[Ⅰ]의 용례로 '키가 몰라보게 컸구나.'를 추가할 수 있겠군.
④ '크다'[Ⅱ]는 사동사로 바뀌면 서술어의 자릿수가 하나 늘어나는군.
⑤ '크다'와 '키우다'는 모두 어미 '-어'가 결합하면 어간 끝의 모음이 탈락하는군.

06

2016년 4월 고3 전국연합학력평가

다음은 '사전 활용하기' 학습 활동을 위한 자료이다. 이에 대한 이해로 옳지 않은 것은?

보기

하다01

[1]「동사」【…을】

① 사람이나 동물, 물체 따위가 행동이나 작용을 이루다.
¶ 운동을 하다. / 사랑을 하다.

② 먹을 것, 입을 것, 땔감 따위를 만들거나 장만하다.
¶ 나무를 하다. / 밥을 하다.

③ 표정이나 태도 따위를 짓거나 나타내다.
¶ 어두운 얼굴을 하다.

[2]「보조동사」

① (동사나 형용사 뒤에서 '-게 하다' 구성으로 쓰여)앞말의 행동을 시키거나 앞말이 뜻하는 상태가 되도록 함을 나타내는 말.
¶ 숙제를 하게 하다. / 노래를 부르게 하다. / 몸을 청결하게 하다.

-하다02「접사」

① (일부 명사 뒤에 붙어)동사를 만드는 접미사.
¶ 운동하다. / 사랑하다.

② (일부 명사 뒤에 붙어)형용사를 만드는 접미사.
¶ 건강하다. / 순수하다.

③ (의성 · 의태어 이외의 일부 성상 부사 뒤에 붙어)동사나 형용사를 만드는 접미사.
¶ 달리하다. / 빨리하다.

④ (몇몇 의존 명사 뒤에 붙어)동사나 형용사를 만드는 접미사.
¶ 체하다. / 척하다. / 듯하다.

① '하다01[1]'은 두 개 이상의 의미를 갖는 다의어이겠군.
② '하다01[2]'는 '하다01[1]'과는 달리 혼자 쓰이지 못하고 다른 용언 뒤에 붙어 사용되겠군.
③ '-하다02'는 앞 단어에 붙어 품사를 바꾸는 기능을 하겠군.
④ '하다01[1]②'의 용례로 '새 옷을 한 벌 했다.'를 추가할 수 있겠군.
⑤ '물에 빠질 뻔하다.'의 '뻔하다'는 '-하다02②'의 용례라고 할 수 있겠군.

07

2016년 7월 고3 전국연합학력평가

다음은 '사전 활용하기' 학습 활동을 위한 자료이다. 이에 대해 탐구한 내용으로 적절하지 않은 것은? [3점]

보기

이르다1 [이르러, 이르니] 동 【…에】

① 어떤 장소나 시간에 닿다.

¶ 목적지에 이르다.

② 어떤 정도나 범위에 미치다.

¶ 결론에 이르다.

이르다2 [일러, 이르니] 동

① 【…에게 …을】【…에게 -고】 무엇이라고 말하다.

¶ 나는 아이들에게 내가 알고 있는 것을 모두 일러 주었다. ‖ 아이들에게 주의하라고 이르다.

② 【…을 -고】 어떤 대상을 무엇이라고 이름 붙이거나 가리켜 말하다.

¶ 이를 도루묵이라 이른다.

이르다3 [일러, 이르니] 형 【…보다】【-기에】

① 대중이나 기준을 잡은 때보다 앞서거나 빠르다.

¶ 그는 여느 때보다 이르게 학교에 도착했다. ‖ 아직 포기하기엔 이르다.

① '이르다^{1}①'과 '이르다^{1}②'의 유의어로 '다다르다'가 있겠군.
② '이르다^1'과 '이르다^2'와 '이르다^3'은 서로 동음이의 관계이겠군.
③ '이르다^1'은 규칙 활용을 하지만 '이르다^2'와 '이르다^3'은 불규칙 활용을 하겠군.
④ '이르다^1'과 '이르다^2'는 움직임을 나타내는 단어이고, '이르다^3'은 성질 혹은 상태를 나타내는 단어이겠군.
⑤ '이르다^3'의 용례로 '올해는 예년보다 첫눈이 이른 감이 있다.'를 추가할 수 있겠군.

08

2018년 4월 고3 전국연합학력평가

〈보기1〉은 '사전 활용하기' 학습 활동을 위한 자료이다. 이를 바탕으로 〈보기2〉의 ㉠~㉤을 탐구한 내용으로 적절하지 않은 것은?

보기1

1. 밖 명사

「1」 어떤 선이나 금을 넘어선 쪽.

¶ 이 선 밖으로 나가시오.

「2」 겉이 되는 쪽. 또는 그런 부분.

¶ 옷장 안은 깨끗했으나, 밖은 긁힌 자국으로 엉망이었다.

「3」 일정한 한도나 범위에 들지 않는 나머지 다른 부분이나 일.

¶ 예상 밖으로 일이 복잡해졌다.

2. 밖에 조사

(주로 체언이나 명사형 어미 뒤에 붙어) '그것 말고는', '그것 이외에는', '기꺼이 받아들이는', '피할 수 없는'의 뜻을 나타내는 보조사.

¶ 공부밖에 모르는 학생

3. 뜻밖-에 부사

생각이나 기대 또는 예상과 달리. ≒ 의외로.

¶ 아버지께 여행을 가겠다고 조심스럽게 말씀드렸는데 뜻밖에도 흔쾌히 허락하셨다.

보기2

출입문 ㉠**밖** 복도는 시끌시끌하다. 이런 생기를 느낄 수 있는 날도 ㉡**며칠 밖에** 남지 않았다. 졸업이 가까워지면 후련할 줄 알았는데 ㉢**뜻밖에도** 아쉬움이 더 크다. 추억이 많으니 그럴 ㉣**수밖에** 없는 것 같다. 하지만 졸업 후 주어질 ㉤**기대 밖의 선물** 같은 시간들을 그려 보며 남은 시간을 잘 마무리해야겠다.

① ㉠은 〈보기 1〉의 1-「1」의 의미로 쓰인 것이군.
② ㉡은 〈보기 1〉의 2가 사용되었으므로 '며칠'과 '밖에'를 붙여 써야겠군.
③ ㉢은 〈보기 1〉의 3이 사용되었으므로 '의외로'라고 바꿔 쓸 수 있겠군.
④ ㉣은 〈보기 1〉의 1-「2」의 의미이므로 '수'와 '밖에'를 띄어 써야겠군.
⑤ ㉤은 〈보기 1〉의 1-「3」의 용례로 추가할 수 있겠군.

09

2019년 4월 고3 전국연합학력평가

〈보기1〉은 '사전 활용하기' 학습을 위한 자료이다. 이를 바탕으로 〈보기2〉의 ㉠~㉤에 대해 탐구한 내용으로 적절하지 않은 것은?

보기1

지1 「의존 명사」
(어미 '-은' 뒤에 쓰여) 어떤 일이 있었던 때로부터 지금까지의 동안을 나타내는 말.

-지2「어미」
「1」 (용언의 어간이나 어미 '-으시-', '-었-' 뒤에 붙어) 그 움직임이나 상태를 부정하거나 금지하려 할 때 쓰이는 연결 어미. '않다', '못하다', '말다' 따위가 뒤따른다.
「2」 상반되는 사실을 서로 대조적으로 나타내는 연결 어미.

-지3「어미」
('이다'의 어간, 용언 어간이나 어미 '-으시-', '-었-', '-겠-' 뒤에 붙어) 어떤 사실을 긍정적으로 서술하거나 묻거나 명령하거나 제안하는 따위의 뜻을 나타내는 종결 어미. 서술, 의문, 명령, 제안 따위로 두루 쓰인다.

보기2

- 내일은 비가 오겠지㉠?
- 눈길을 걸은 지㉡도 꽤 오래되었지㉢.
- 친구 사이는 대등한 관계이지㉣ 종속 관계가 아니다.
- 이곳에 쓰레기를 버리지㉤ 마시오.

① ㉠은 어떤 움직임이나 상태를 부정하거나 금지하려 할 때 쓰이는 〈보기 1〉의 '-지²-「1」'에 해당하겠군.
② ㉡은 어떤 일이 있었던 때부터 지금까지를 의미하는 것으로 보아 〈보기 1〉의 '지¹'에 해당하겠군.
③ ㉢은 '-었-' 뒤에 붙어 쓰인 종결 어미에 해당하므로 〈보기 1〉의 '-지³'에 해당하겠군.
④ ㉣은 상반되는 사실을 서로 대조적으로 연결하는 것으로 보아 〈보기 1〉의 '-지²-「2」'에 해당하겠군.
⑤ ㉤은 용언의 어간과 결합하고 '마시오'가 뒤따르는 것으로 보아 〈보기 1〉의 '-지²-「1」'에 해당하겠군.

10

2019년 7월 고3 전국연합학력평가

〈보기 1〉은 '사전 활용하기' 학습 활동을 위한 자료이다. 〈보기 1〉을 바탕으로 〈보기 2〉의 ㉠~㉥을 이해한 내용으로 적절하지 않은 것은?

보기1

한01 관
1 (일부 단위를 나타내는 말 앞에 쓰여) 그 수량이 하나임을 나타내는 말.
2 '어떤'의 뜻을 나타내는 말.
3 '같은'의 뜻을 나타내는 말.
4 (수량을 나타내는 말 앞에 쓰여) '대략'의 뜻을 나타내는 말.

한02 명
1 ('-는 한이 있더라도' 또는 '-는 한이 있어도' 구성으로 쓰여) 어떤 일을 위하여 희생하거나 무릅써야 할 극단적 상황을 나타내는 말.
2 (주로 '-는 한' 구성으로 쓰여) 조건의 뜻을 나타내는 말.

보기2

결승점을 ㉠한 200미터 앞두고 달리고 있다. ㉡한 이불을 덮고 자며 훈련했던 동료 선수들의 응원 속에 나는 온 힘을 다해 ㉢한걸음씩 내딛고 있다. 쓰러지는 ㉣한이 있더라도 힘이 남아 있는 ㉤한 포기는 하지 말라고 외치던 ㉥한 친구의 말을 떠올리며 나는 힘을 낸다.

① ㉠은 '한01-4'의 뜻으로, ㉡은 '한01-3'의 뜻으로 쓰였겠군.
② 뒤에 오는 체언을 수식한다는 점에서 ㉠과 ㉤의 품사는 모두 관형사이겠군.
③ ㉡과 ㉣은 서로 동음이의 관계이겠군.
④ ㉢의 '한'은 '한01-1'의 의미를 가지므로 '한∨걸음'으로 띄어 써야겠군.
⑤ '옛날 강원도의 한 마을에 효자가 살고 있었다.'의 '한'은 ㉥과 같은 의미로 쓰였겠군.

11

2019년 10월 고3 전국연합학력평가

〈보기〉에 제시된 '선생님'의 질문에 대한 답으로 적절하지 않은 것은?

보기

선생님 : 남북한의 사전을 탐구하는 활동을 하고자 합니다. (가)와 (나)의 자료를 비교해 볼까요?

(가) 표준국어대사전

대로1 「의존 명사」
(1) 어떤 모양이나 상태와 같이. ¶ 본 대로.
(2) (어미 '-는' 뒤에 쓰여) 어떤 상태나 행동이 나타나는 그 즉시. ¶ 집에 도착하는 대로 전화해라.
(3) (어미 '-는' 뒤에 쓰여) 어떤 상태나 행동이 나타나는 족족. ¶ 틈나는 대로 찾아보다.
대로10 「조사」 (체언 뒤에 붙어)
(1) 앞에 오는 말에 근거하거나 달라짐이 없음을 나타내는 보조사. ¶ 처벌하려면 법대로 해라.
(2) 따로따로 구별됨을 나타내는 보조사. ¶ 큰 것은 큰 것대로 따로 모아 두다.

(나) 조선말대사전

대로6 [명](불완전*)
(1) (앞에 오는 단어가 뜻하는것과) 다름없이. ‖ 명령대로 집행하다.
(2) (앞에 오는 단어가 나타내는 대상이나 현상과) 같은 모양대로. | 책이 그가 펼쳐놓은대로 있었다.
(3) 앞에 온 단어가 나타내는 행동이나 상태가 일어나는족족. ‖ 생각나는대로 적다.
(4) 《서로 구별되게 따로따로》의 뜻을 나타낸다. | 우리는 우리대로 그들은 그들대로 초소는 달랐다.

* 불완전 : 의존 명사를 뜻하는 말.

① 용례를 보니 (가)의 '대로10'과 (나)의 '대로6'은 앞말에 붙여 사용되었습니다.
② 뜻풀이와 용례를 보니 (가)의 '대로10-(1)'은 (나)의 '대로6-(4)'와 쓰임이 유사합니다.
③ 품사 정보를 보니 (가)의 '대로1', '대로10'과 (나)의 '대로6'은 문장의 첫머리에 쓰일 수 없는 말입니다.
④ 뜻풀이를 보니 (가)의 '대로1', '대로10'과 (나)의 '대로6'은 하나의 표제어에 두 가지 이상의 뜻이 있는 말입니다.
⑤ 뜻풀이와 용례를 보니 '너는 너대로 나는 나대로 길을 가다.'의 '대로'는 (가)에서는 조사이지만, (나)에서는 명사입니다.

2017년 6월 고3 평가원모의평가

[12~13] 다음 글을 읽고 물음에 답하시오.

단어의 의미 관계 중 상하 관계는 의미상 한 단어가 다른 단어를 포함하거나 다른 단어에 포함되는 관계를 말한다. 이때 다른 단어의 의미를 포함하는 단어를 상의어라 하고 다른 단어의 의미에 포함되는 단어를 하의어라 하는데, 상의어일수록 일반적이고 포괄적인 의미를 지니며 하의어일수록 구체적이고 한정적인 의미를 지닌다.

상하 관계에 있는 단어들은 상의어와 하의어가 상대적으로 정해진다. 이를테면 '구기'는 '스포츠'와의 관계 속에서 하의어가 되지만, '축구'와의 관계 속에서는 상의어가 된다. 그런데 '구기'의 하의어에는 '축구' 외에 '야구', '농구' 등이 더 있다. 이때 상의어인 '구기'에 대해 하의어 '축구', '야구', '농구' 등은 같은 계층에 있어 이들을 상의어 '구기'의 공하의어라 하며, 이들 공하의어 사이에는 ㉠**비양립 관계**가 성립한다. 곧 어떤 구기가 '축구'이면서 동시에 '야구'나 '농구'일 수는 없다.

한편 상하 관계에서는 하의어들이 상의어의 의미를 이어받아 상의어를 의미적으로 함의한다. 일례로 어떤 새가 '장끼'이면 그 '장끼'는 상의어 '꿩'의 의미를 이어받으므로 '꿩'을 의미적으로 함의하는 것이다. 그러나 어떤 새가 '꿩'이라 해서 그것이 꼭 '장끼'여야 하는 것은 아니므로, 상의어는 하의어를 의미적으로 함의하지 못한다. 이를 '[ ]'로 표현하는 의미 자질로 설명하면, 하의어 '장끼'는 상의어 '꿩'의 의미 자질들을 가지면서 [수컷]이라는 의미 자질을 더 가져, 결국 하의어 '장끼'는 상의어 '꿩'보다 의미 자질 개수가 많다. 곧 상의어보다 의미 자질이 많은 하의어는 상의어를 의미적으로 함의하는 것이다.

그런데 앞에서 살폈듯이 '구기'의 공하의어가 여러 개인 것과 달리, '꿩'의 공하의어는 성별로 구분했을 때 '장끼'와 '까투리' 둘뿐이다. '구기'의 공하의어인 '축구', '야구' 등과 마찬가지로 '장끼', '까투리'는 '꿩'의 공하의어로서 비양립 관계에 있다. 그러나 '장끼'와 '까투리'의 경우, '장끼'가 아닌 것은 곧 '까투리'이고 그 역도 성립한다는 점에서 ㉡**상보적 반의 관계**에 있다. 따라서 한 상의어가 같은 계층의 두 단어만을 공하의어로 포함하면, 그 공하의어들은 상보적 반의 관계에 있다고 할 수 있다.

12

윗글을 바탕으로 다음 자료를 탐구한 것으로 적절하지 않은 것은?

악기(樂器) [-끼] 명

[음악] 음악을 연주하는 데 쓰는 기구를 통틀어 이르는 말. 연주법에 따라 일반적으로 현악기, 관악기, 타악기로 나눈다.

타-악기(打樂器) [타:-끼] 명

[음악] 두드려서 소리를 내는 악기를 통틀어 이르는 말. 팀파니, 실로폰, 북이나 심벌즈 따위이다.

① '타악기'는 '실로폰'의 상의어로서 '실로폰'보다 포괄적인 의미를 갖겠군.
② '북'은 '타악기'의 하의어이므로 [두드림]을 의미 자질 중 하나로 갖겠군.
③ '기구'는 '악기'를 의미적으로 함의하고 '악기'는 '북'을 의미적으로 함의하겠군.
④ '타악기'와 '심벌즈'는 모두 '기구'의 하의어이지만, '기구'의 공하의어는 아니겠군.
⑤ '현악기'와 '관악기'는 '악기'의 공하의어이므로 모두 '악기'의 상의어 '기구'보다 의미 자질의 개수가 많겠군.

13

윗글을 바탕으로 할 때 ㉠과 ㉡을 모두 만족시키는 단어 쌍만을 〈보기〉에서 있는 대로 고른 것은?

보기

ⓐ**여름**에 고향을 출발한 그가 마침내 ⓑ**북극**에 도달했다는 소식에 나는 다급해졌다. 지구의 양극 중 ⓒ**남극**에는 내가 먼저 가야 했다. 남극 대륙은 ⓓ**계절**이 여름이어도 내 고향의 ⓔ**겨울**만큼 바람이 찼다. 남극 대륙에서 나를 위로해 준 것은 썰매를 끄는 ⓕ**개**들과 귀여운 몸짓을 하는 ⓖ**펭귄**들, 그리고 먹이를 찾아 날아다니는 ⓗ**갈매기**들뿐이었다.

① ⓑ - ⓒ
② ⓐ - ⓔ, ⓑ - ⓒ
③ ⓑ - ⓒ, ⓖ - ⓗ
④ ⓐ - ⓓ, ⓑ - ⓒ, ⓖ - ⓗ
⑤ ⓐ - ⓔ, ⓑ - ⓒ, ⓕ - ⓗ

2019년 6월 고3 평가원모의평가

[14~15] 다음 글을 읽고 물음에 답하시오.

어린 말은 망아지, 어린 소는 송아지, 어린 개는 강아지라고 한다. 이들은 모두 사람들이 친숙하게 기르는 가축이라는 공통점이 있으며, 새끼를 나타내는 단어가 모두 '-아지'로 끝난다는 점이 흥미롭다. 그런데 돼지도 흔한 가축인데, 현대 국어에서 어린 돼지를 가리키는 고유어 단어는 따로 없다. '가축과 그 새끼'를 나타내는 고유어 어휘 체계에서 '어린 돼지'의 자리는 빈자리로 남아 있는 것이다. 그렇다고 해서 어린 돼지를 사람들이 인식하지 못하는 것은 아니다. 다만 어린 돼지를 가리키는 고유어 단어가 없을 뿐인데, 이게 한 언어의 어휘 체계 내에서 개념은 존재하지만 실제 단어가 존재하지 않는 경우를 '어휘적 빈자리'라고 한다.

어휘적 빈자리는 계속 존재하기도 하지만, 다양한 방식으로 채워지기도 한다. 그렇다면 **어휘적 빈자리가 채워지는 방식**에는 어떤 것들이 있을까? 첫 번째 방식은 단어가 아닌 구를 만들어 빈자리를 채우는 방식이다. 어떤 언어에는 '사촌, 고종사촌, 이종사촌'에 해당하는 각각의 단어는 존재하지만, 외사촌을 지시하는 단어는 없다.

그래서 그 언어에서 외사촌을 지시할 때에는 '외삼촌의 자식'이라고 말한다고 한다. 현대 국어에서 어린 돼지를 가리킬 때 '아기 돼지, 새끼 돼지' 등으로 말하는 것도 이러한 방식에 해당된다.

두 번째 방식은 한자어나 외래어를 이용하여 빈자리를 채우는 방식이다. 무지개의 색채를 나타내는 현대 국어의 어휘 체계는 '빨강-주황-노랑-초록-파랑…'인데 이 중 '빨강, 노랑, 파랑'은 고유어이지만 '빨강과 노랑의 중간색', '풀의 빛깔과 같이 푸른 빛을 약간 띤 녹색' 등을 나타내는 고유어는 없기 때문에 한자어 '주황(朱黃)'과 '초록(草綠)' 등이 쓰이고 있다.

세 번째 방식은 상의어로 하의어의 빈자리를 채우는 방식이다. '누이'는 원래 손위와 손아래를 모두 가리키는 단어인데, 손위를 의미하는 '누나'라는 단어는 따로 있으나 '손아래'만을 의미하는 단어는 없어서 상의어인 '누이'가 그대로 빈자리에 들어가게 되었다. 이후 의미 구별을 위해 손아래를 의미하는 '누이동생'이 생겨나기는 했지만, 여전히 '누이'는 상의어로도 쓰이고, 하의어로도 쓰인다.

14

윗글을 바탕으로 〈보기〉에 대해 이해한 내용으로 적절한 것은?

보기

지금의 '돼지'를 의미하는 말이 예전에는 '돝'이었고, '돝'에 '-아지'가 붙어 '돝의 새끼'를 의미하는 '도야지'가 쓰였다. 그런데 현대 국어의 표준어에서는 '돝'이 사라지고, '돝'의 자리를 '도야지'의 형태가 바뀐 '돼지'가 차지하게 되었다.

① '예전'의 '도야지'에 해당하는 개념이 지금은 사라졌다.
② '예전'의 '돝'은 '도야지'의 하의어로, 의미가 더 한정적이다.
③ 지금의 '돼지'와 '예전'의 '도야지'가 나타내는 개념은 다르다.
④ 지금의 '어린 돼지'에 해당하는 어휘적 빈자리는 '예전'부터 있었다.
⑤ '예전'의 '도야지'의 개념을 나타내기 위해 지금은 하나의 고유어 단어가 사용된다.

15

윗글의 어휘적 빈자리가 채워지는 방식이 적용된 사례만을 〈보기〉에서 있는 대로 고른 것은?

보기

ㄱ. 학생 1은 할머니 휴대 전화에 번호를 저장해 드리면서 할머니의 첫 번째, 네 번째 사위는 각각 '맏사위', '막냇사위'라고 입력했지만, 두 번째, 세 번째 사위를 구별하여 가리키는 단어가 없어 '둘째 사위', '셋째 사위'라고 입력하였다.
ㄴ. 학생 2는 '꿩'에 대한 보고서를 작성할 때 꿩의 하의어로 수꿩에 해당하는 '장끼'와 암꿩에 해당하는 '까투리'는 알고 있었지만, 꿩의 새끼를 나타내는 단어를 몰라 국어사전에서 고유어 '꺼병이'를 찾아 사용하였다.
ㄷ. 학생 3은 태양계의 행성을 가리키는 어휘 체계인 '수성-금성-지구-화성…'을 조사하면서 '금성'의 고유어로 '샛별'과 '개밥바라기'가 있음을 알았는데, '개밥바라기'라는 단어는 생소하여 '샛별'만을 기록하였다.

① ㄱ　② ㄱ, ㄴ　③ ㄱ, ㄷ
④ ㄴ, ㄷ　⑤ ㄱ, ㄴ, ㄷ

16

2015년 6월 고3 평가원모의평가

<보기>의 ㉠, ㉡에 해당하는 예로 적절하지 않은 것은?

보기

단어는 다양한 맥락에서 사용되면서 ㉠**중심적 의미**가 ㉡**주변적 의미**로 확장되어 다의 관계를 이루기도 한다. 일례로 자연과 관련된 단어가 자연물이나 자연현상을 그대로 나타내는 중심적 의미로 쓰이다가 비유적으로 확장되어 주변적 의미로 사용되기도 한다.

(가) 여름이 오기 전에 **홍수**를 대비한다.
(나) 우리는 정보의 **홍수** 시대에 살고 있다.

(가)의 '홍수'는 중심적 의미로, (나)의 '홍수'는 주변적 의미로 사용되었다.

① ㉠ : 천체 망원경으로 밤하늘의 별을 관찰했다.
㉡ : 어제 물리학계의 큰 별이 졌다.

② ㉠ : 천둥과 번개를 동반한 비가 내렸다.
㉡ : 그는 도망가는 데만큼은 정말 번개야.

③ ㉠ : 그는 자신의 뿌리를 찾고자 노력한다.
㉡ : 잡초가 다시 자라지 않도록 뿌리를 뽑았다.

④ ㉠ : 일출을 기다리는 우리 앞에 붉은 태양이 떠올랐다.
㉡ : 그녀는 그가 자기 마음의 태양이라고 말했다.

⑤ ㉠ : 들판에는 풀잎마다 이슬이 맺혔다.
㉡ : 그녀의 두 눈에 맺힌 이슬이 뜨겁게 흘러내렸다.

17

2015년 수능A,B

<보기>에 제시된 국어사전의 정보를 완성한다고 할 때, ㉠~㉤에 대한 설명으로 적절하지 않은 것은?

보기

더-하다

[1] ㉠

【…보다】 어떤 기준보다 정도가 심하다.

¶ 추위는 작년보다 올해가 더하다.

[2] 동사

① ___㉡___ 【…을 (…과)】 ((‘…과’가 나타나지 않을 때는 목적어가 복수의 의미를 지닌다)) 더 보태어 늘리거나 많게 하다.

¶ 둘에 셋을 더하면 다섯이다./2만 원을 3만 원과 더하면 5만 원이다./아래의 숫자들을 모두 더하시오.

② 【…을】【…에/에게 …을】 어떤 요소가 더 있게 하다.

¶ 너의 격려는 나의 자신감을 더해 준다. / ___㉢___ /그의 표정은 우리에게 행복감을 더해 주었다.

③ 어떤 정도나 상태가 더 크거나 심하게 되다.

¶ 그는 갈수록 고약한 잠버릇이 더했다./ ___㉣___

덜하다 형용사

【…보다】 어떤 기준이나 정도가 약하다.

¶ 찌개 맛이 어제보다 덜하다.

반의어 ___㉤___

① ㉠에 들어갈 말은 '형용사'이다.
② ㉡에 들어갈 말은 '【…에 …을】'이다.
③ ㉢에는 '그의 등장은 영화에 재미를 더했다.'를 넣을 수 있다.
④ ㉣에는 '그들의 횡포가 점점 더한다.'를 넣을 수 있다.
⑤ ㉤에 들어갈 말은 '더하다[2]-②'이다.

18

2016년 수능A,B

다음은 '사전 활용하기' 학습 활동을 위한 자료이다. 이에 대한 이해로 적절하지 않은 것은?

보기

같이[가치]

1 부

① 둘 이상의 사람이나 사물이 함께.

¶ 친구와 같이 사업을 하다.

② 어떤 상황이나 행동 따위와 다름이 없이.

¶ 예상한 바와 같이 주가가 크게 떨어졌다.

2 조

① '앞말이 보이는 전형적인 어떤 특징처럼'의 뜻을 나타내는 격 조사.

¶ 얼음장같이 차가운 방바닥

② 앞말이 나타내는 그때를 강조하는 격 조사.

¶ 새벽같이 떠나다.

같이-하다[가치--] 동【(…과)…을】

① 경험이나 생활 따위를 얼마 동안 더불어 하다. =함께하다. = 함께하다①

¶ 친구와 침식을 같이하다/평생을 같이한 부부

② 서로 어떤 뜻이나 행동 따위를 동일하게 가지다. =함께하다. = 함께하다②

¶ 그와 의견을 같이하다/견해를 같이하다

① '같이'의 품사 정보와 뜻풀이를 보니, '같이'는 부사로도 쓰이고 부사격 조사로도 쓰이는 말이로군.

② '같이'의 뜻풀이와 용례를 보니, '같이2-①'의 용례로 '매일같이 지하철을 타다'를 추가할 수 있겠군.

③ '같이'와 '같이하다'의 표제어 및 뜻풀이를 보니, '같이하다'는 '같이'에 '하다'가 결합한 복합어로군.

④ '같이하다'의 문형 정보 및 용례를 보니, '같이하다'는 두 자리 서술어로도 쓰일 수 있고, 세 자리 서술어로도 쓰일 수 있군.

⑤ '같이하다'의 뜻풀이와 용례를 보니, '평생을 같이한 부부'의 '같이한'은 '함께한'으로 교체하여 쓸 수 있겠군.

19

2017년 수능

〈보기〉의 ㉠, ㉡에 해당하는 예로 적절한 것은?

보기

학　생 : 선생님, 다음 두 문장을 보면 모두 '가깝다'가 쓰였는데 의미가 좀 다른 것 같아요.
(1) 우리 집은 학교에서 가깝다.
(2) 그의 말은 거의 사실에 가깝다.

선생님 : (1)의 '가깝다'는 "어느 한 곳에서 다른 곳까지의 거리가 짧음"을 뜻하고, (2)의 '가깝다'는 "성질이나 특성이 기준이 되는 것과 비슷함"을 뜻한단다. 이는 본래 ㉠**공간과 관련된 중심적 의미를 지니던 것**이 ㉡**추상화되어 주변적 의미도 지니게 된 것**이라고 할 수 있지.

학　생 : 아, 그렇군요. 그러면 '가깝다'는 여러 의미를 지닌 단어로군요.

선생님 : 그렇지. 그래서 '가깝다'는 다의어란다.

	㉠	㉡
①	물은 **낮은** 곳으로 흐른다.	환경에 대한 관심도가 **낮다**.
②	그는 성공할 가능성이 **크다**.	힘든 만큼 기쁨이 **큰** 법이다.
③	두 팔을 최대한 **넓게** 벌렸다.	도로 폭이 **넓어서** 좋다.
④	내 **좁은** 소견을 말씀드렸다	마음이 **좁아서는** 곤란하다.
⑤	**작은** 힘이라도 보태고 싶다.	우리 학교는 운동장이 **작다**.

20
2018년 수능

〈보기〉는 사전의 개정 내용을 정리한 자료의 일부이다. ㉠~㉤에 대한 이해로 적절하지 않은 것은?

보기

	개정 전	개정 후
㉠	긁다 동 「1」 손톱이나 뾰족한 기구 따위로 바닥이나 거죽을 문지르다. ⋮ 「9」 ……	긁다 동 「1」 손톱이나 뾰족한 기구 따위로 바닥이나 거죽을 문지르다. ⋮ 「9」 …… 「10」 물건 따위를 구매할 때 카드로 결제하다.
㉡	김-밥[김:밥] 명 ……	김-밥[김:밥/김:빱] 명 …
㉢	냄새 명 「1」 코로 맡을 수 있는 온갖 기운. 「2」 어떤 사물이나 분위기 따위에서 느껴지는 특이한 성질이나 낌새.	냄새 명 「1」 코로 맡을 수 있는 온갖 기운. 「2」 어떤 사물이나 분위기 따위에서 느껴지는 특이한 성질이나 낌새.
	내음 명 '냄새'의 방언(경상).	내음 명 코로 맡을 수 있는 나쁘지 않거나 향기로운 기운. 주로 문학적 표현에 쓰인다.
㉣	태양-계 명 태양과 그것을 중심으로 공전하는 천체의 집합. 태양, 9개의 행성, ……	태양-계 명 태양과 그것을 중심으로 공전하는 천체의 집합. 태양, 8개의 행성, ……
㉤	(표제어 없음)	스마트-폰 명 휴대 전화에 여러 컴퓨터 지원 기능을 추가한 지능형 단말기.

* 사전의 개정 내용은 표준어와 표준 발음의 최신 정보를 반영한 것임.

① ㉠ : 표제어의 뜻풀이가 추가되어 다의어의 중심적 의미가 수정되었군.
② ㉡ : 표준 발음이 추가로 인정되어 기존의 표준 발음과 함께 제시되었군.
③ ㉢ : 방언이었던 단어가 표준어의 지위를 얻고 뜻풀이도 새롭게 제시되었군.
④ ㉣ : 과학적 정보를 반영하여 뜻풀이 일부가 갱신되었군.
⑤ ㉤ : 새로운 문물을 지칭하는 신어가 표제어로 추가되었군.

21
2019년 수능

〈보기〉를 활용하여 국어사전을 만드는 활동을 하였다. 표제어 ⓐ와 예문 ⓑ, ⓒ에 들어갈 말로 적절한 것은?

보기

㉠ 약속 날짜를 너무 **받게** 잡았다.
㉡ 서로 **받게** 앉아 더위를 참기 어려웠다.
㉢ 시간이 더 필요한데 제출 기한을 너무 **바투** 잡았다.
㉣ 어머니는 아들에게 **바투** 다가가 두 손을 움켜쥐었다.

ⓐ
[1] 두 대상이나 물체의 사이가 썩 가깝게.
¶ ⓑ
[2] 시간이나 길이가 아주 짧게.
⋮

밭다 형
[1] 시간이나 공간이 다붙어 몹시 가깝다.
¶ ⓒ
[2] 길이가 매우 짧다.
¶ 새로 산 바지가 **밭아** 발목이 다 보인다.
[3] 음식을 가려 먹는 것이 심하거나 먹는 양이 적다.
¶ 우리 아들은 입이 너무 **밭아서** 큰일이야.

	ⓐ	ⓑ	ⓒ
①	받게 부	㉠	㉡
②	받게 부	㉡	㉢
③	받게 부	㉡	㉣
④	바투 부	㉢	㉠
⑤	바투 부	㉣	㉠

2020년 수능

[22~23] 다음 글을 읽고 물음에 답하시오.

다의어란 두 가지 이상의 의미를 가진 단어를 말한다. 다의어에서 기본이 되는 핵심 의미를 중심 의미라고 하고, 중심 의미에서 확장된 의미를 주변 의미라고 한다. 중심 의미는 일반적으로 주변 의미보다 언어 습득의 시기가 빠르며 사용 빈도가 높다. 그러면 다의어의 특징에 대해 좀 더 알아보자.

첫째, 주변 의미로 사용되었을 때는 문법적 제약이 나타나기도 한다. 예를 들면 '한 살을 먹다'는 가능하지만 '한 살이 먹히다'나 '한 살을 먹이다'는 어법에 맞지 않는다. 또한 '손'이 '노동력'의 의미로 쓰일 때는 '부족하다, 남다' 등 몇 개의 용언과만 함께 쓰여 중심 의미로 쓰일 때보다 결합하는 용언의 수가 적다.

둘째, 주변 의미는 기존의 의미가 확장되어 생긴 것으로서, 새로 생긴 의미는 기존의 의미보다 추상성이 강화되는 경향이 있다. '손'의 중심 의미가 확장되어 '손이 부족하다', '손에 넣다'처럼 각각 '노동력', '권한이나 범위'로 쓰이는 것이 그 예이다.

셋째, 다의어의 의미들은 서로 관련성을 갖는다.

줄 **명**
① 새끼 따위와 같이 무엇을 묶거나 동이는 데에 쓸 수 있는 가늘고 긴 물건.
  예 줄로 묶었다.
② 길이로 죽 벌이거나 늘여 있는 것.
  예 아이들이 줄을 섰다.
③ 사회생활에서의 관계나 인연.
  예 내 친구는 그쪽 사람들과 줄이 닿는다.

예를 들어 '줄'의 중심 의미는 위의 ①인데 길게 연결되어 있는 모양이 유사하여 ②의 의미를 갖게 되었다. 또한 연결이라는 속성이나 기능이 유사하여 ③의 뜻도 지니게 되었다. 이때 ②와 ③은 '줄'의 주변 의미이다.

그런데 ㉠**다의어의 의미들이 서로 대립적 관계를 맺는 경우**가 있다. 예를 들어 '앞'은 '향하고 있는 쪽이나 곳'이 중심 의미인데 '앞 세대의 입장', '앞으로 다가올 일'에서는 각각 '이미 지나간 시간'과 '장차 올 시간'을 가리킨다. 이것은 시간의 축에서 과거나 미래 중 어느 방향을 바라보는지에 따른 차이로서 이들 사이의 의미적 관련성은 유지된다.

22

윗글을 참고하여 추론한 내용으로 적절하지 않은 것은?

① 대부분의 아이들이 '별'의 의미 중 '군인의 계급장'이라는 의미보다 '천체의 일부'라는 의미를 먼저 배우겠군.
② '앉다'의 의미 중 '착석하다'의 의미로 쓰이는 빈도가 '요직에 앉다'처럼 '직위나 자리를 차지하다'의 의미로 쓰이는 빈도보다 더 높겠군.
③ '결론에 이르다'와 '포기하기에는 아직 이르다'에서 '이르다'의 의미들은 서로 관련성이 없으니, 이 두 의미는 중심 의미와 주변 의미의 관계로 볼 수 없겠군.
④ '팽이를 돌리다'는 어법에 맞는데 '침이 생기다'라는 의미의 '돌다'는 '군침을 돌리다'로 쓰이지 않으니, '군침이 돌다'의 '돌다'는 주변 의미로 사용된 것이겠군.
⑤ 사람의 감각 기관을 뜻하는 '눈'의 의미가 '눈이 나빠져서 안경의 도수를 올렸다'에서의 '눈'의 의미로 확장되었으니, '눈'의 확장된 의미는 기존 의미보다 더 구체적이겠군.

23

밑줄 친 단어들의 의미를 고려하여 ㉠의 예에 해당하는 것만을 〈보기〉에서 있는 대로 고른 것은? [3점]

보기

영희 : 자꾸 말해 미안한데 모둠 발표 자료 좀 줄래?
민수 : 너 빚쟁이 같다. 나한테 자료 맡겨 놓은 거 같네.
영희 : 이틀 뒤에 발표 사전 모임이라고 금방 문자 메시지가 왔었는데 지금 또 왔어. 근데 빚쟁이라니, 내가 언제 돈 빌린 것도 아니고…….
민수 : 아니, 꼭 빌려 준 돈 받으러 온 사람 같다고. 자료 여기 있어. 가현이랑 도서관에 같이 가자. 아까 출발했다니까 금방 올 거야.
영희 : 그래. 발표 끝난 뒤에 다 같이 밥 먹자.

① 빚쟁이　② 빚쟁이, 금방　③ 뒤, 돈
④ 뒤, 금방, 돈　⑤ 빚쟁이, 뒤, 금방

2021년 수능

[24] 다음 글을 읽고 물음에 답하시오.

우리는 단어의 의미와 유래를 통해 단어에 담긴 언중의 인식과 더불어 시대상을 짐작할 수 있다. 그리고 단어의 구조를 통해 단어 구성 방식도 이해할 수 있다.

유길준의 『서유견문』(1895)에는 '원어기(遠語機)'라는 말이 등장하는데, 이것은 영어의 'telephone'에 해당하는 단어로 '말을 멀리 보내는 기계'라는 뜻이다. 오늘날의 '전화기(電話機)'가 '전기를 통해 말을 보내는 기계'의 뜻이라는 점과 비교해 보면 '원어기'는 말을 '멀리' 보낸다는 점에, '전화기'는 말을 '전기로' 보낸다는 점에 초점을 맞춘 단어이다. 이처럼 대상을 어떻게 인식하느냐에 따라 그것을 표현하는 단어는 달라지기도 한다. 또한 개화기 사전에 등장하는 '소졋메쥬(소젖메주)'처럼 새롭게 유입된 대상을 일상의 단어로 표현한 경우도 있다. '소졋메쥬'는 '치즈(cheese)'에 대응하는 단어인데, 간장과 된장의 재료인 '메주'라는 일상의 단어를 통해 대상을 인식했음을 보여 준다.

한편, 『가례언해』(1632)에 따르면 '총각(總角)'은 '머리를 땋아 갈라서 틀어 맴'을 이르는 말이었으나 그러한 의미는 사라지고 오늘날에는 '결혼하지 않은 성년 남자'를 뜻한다. 특정한 행위를 나타내던 단어가 이와 관련된 사람을 지시하는 말로 그 의미가 변화한 것이다. 여기에서 남자도 머리를 땋아 묶었던 과거의 관습을 짐작할 수 있다. 또한 '부대찌개' 역시 한국 전쟁 이후 미군 부대에서 나온 재료로 찌개를 끓였던 것에서 유래한 단어라는 점에서 시대의 흔적을 담고 있다.

우리는 단어의 구조를 통해 단어가 구성되는 방식도 파악할 수 있다. 『한불자전』(1880)에는 이전 시기의 문헌에서는 볼 수 없었던 '두길보기'와 '산돌이'가 등장한다. "양쪽 모두의 눈치를 보는 사람"으로 풀이된 '두길보기'의 '두길'은 ㉠**관형사가 후행하는 명사를 수식**하는 것으로 분석된다. "같은 장소를 일 년에 한 번만 지나가는 큰 호랑이"로 풀이된 '산돌이'는 ㉡**단어의 구성 요소들이 의미상 목적어와 서술어의 관계**로 이루어져 '산을 돌다'라는 의미를 나타내고 있다. 이와 같이 예전에도 오늘날처럼 다양한 방식으로 단어를 만들어 생각을 표현하고 있었던 셈이다.

24

윗글과 〈보기〉를 바탕으로 추론한 내용으로 적절하지 않은 것은?

보기

- '립스틱'을 여성들이 입술에 바르던 염료인 '연지'라는 단어를 사용해 '입술연지'라고도 했다.
- '변사'는 무성 영화를 상영할 때 장면에 맞추어 그 내용을 설명하던 직업을 가진 사람을 뜻한다.
- '수세미'는 박과의 한해살이 덩굴풀을 뜻하는데, 그 열매 속 섬유로 그릇을 닦았다. 오늘날 공장에서 만든 설거지 도구도 '수세미'라고 한다.
- '혁대'의 순화어로 '가죽으로 만든 띠'라는 뜻의 '가죽띠'와 '허리에 매는 띠'라는 뜻의 '허리띠'가 제시되어 있다.
- '양반'은 조선시대 사대부를 이르는 말이었지만 지금은 '점잖은 사람'의 뜻으로 주로 쓰인다.

① '입술연지'는 '소졋메쥬'처럼 일상의 단어로 새로운 대상을 인식한 예로 볼 수 있겠군.
② '변사'는 무성 영화와 관련해 쓰인 단어라는 점에서 시대상이 반영된 예에 해당하겠군.
③ '수세미'는 기존의 의미에 새로운 의미가 더해졌다는 점에서 '총각'과 유사하겠군.
④ '가죽띠'는 '재료'에, '허리띠'는 '착용하는 위치'에 초점을 둔 단어라는 점에서 서로 다른 인식이 반영된 것이겠군.
⑤ '양반'은 신분의 구분이 있었던 사회의 모습을 엿볼 수 있다는 점에서 시대의 흔적을 담고 있겠군.

제6강
화용론(담화)

01 담화의 개념과 구성 요소

02 담화의 맥락

03 담화의 통일성과 응집성

04 담화의 유형과 기능

05 확인문제

06 기출문제

01 담화의 개념과 구성 요소

01 담화의 개념

① 담화

둘 이상의 문장이나 발화가 연속해서 이루어지는 말의 단위

- 일상에서 경험하는 다양한 의사소통 행위들이 모두 담화에 해당한다.
- 발화가 모여 있다고 해서 모두 담화라고 하지는 않는다. 화자가 어떤 목적을 가지고 자신의 생각을 청자에게 전달할 때 비로소 온전한 담화가 된다.
- 담화는 말을 매개로 하는 구어 담화와 문자를 매개로 하는 문어 담화로 나누기도 한다.

② 발화

소리를 내어 말을 하는 현실적인 언어 행위.

- 화자의 생각, 느낌 등이 의사소통 상황에서 실제 언어 표현으로 나타난 것을 말한다.
- 입 밖으로 나오지 않은 상태의 추상적인 말이 생각이라면, 이러한 머릿속의 생각이 실제로 문장 단위로 실현된 것이 발화이다.

㉠ 직접 발화

발화의 형식과 화자의 의도가 일치하는 것. 즉 화자가 자신의 의도를 직접적으로 표현하는 방법

예 조용히 좀 해줄래.

㉡ 간접 발화

발화 의도와 관련된 언어 형식을 쓰지 않고 화자의 의도를 드러내는 방법

예 나 책을 좀 읽고 싶은데.(조용히 해달라는 간접적인 표현일 경우)

02 담화의 구성 요소

① 화자(글쓴이)

발화를 생산하고 전달하는 역할을 한다.

② 청자(독자)

발화를 이해하는 역할을 한다.

❖ 화자와 청자는 담화 생산자와 수용자로서 담화에서 반드시 필요한 요소이다. 화자와 청자는 일상의 대화에서도 알 수 있듯이 화자와 청자가 뚜렷이 구별되지 않을 때도 있다.

③ 발화(언어)

문장 단위로 실현된 말. 언어로 표현된 내용

④ 맥락

의사소통이 이루어지는 배경이나 환경. 담화가 이루어지는 시간적, 공간적인 상황

- 맥락은 담화의 의미를 명확하게 한다.
- 맥락은 담화의 흐름이나 의미 해석에 결정적인 역할을 한다.

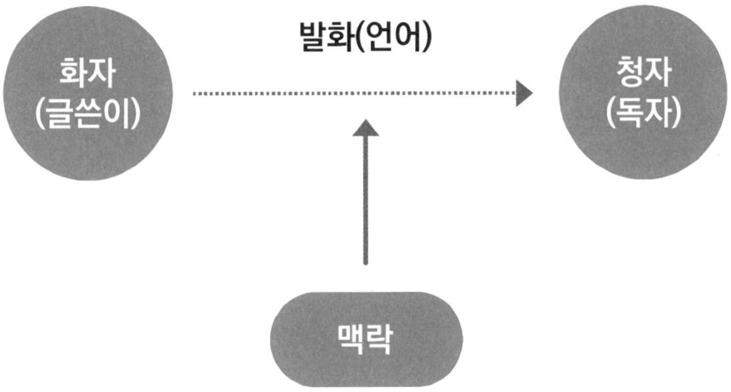

담화의 구성 요소

02 담화의 맥락

01 언어적 맥락

담화 내에서 어떤 발화의 앞뒤에 놓인 발화를 통해 파악할 수 있는 맥락

① 담화 내 맥락

담화 내의 응집성과 관련을 맺고 있다.

② 담화 간 맥락

담화 간의 관계와 그 관계로부터 도출되는 가정을 의미한다.

02 비언어적 맥락

① 상황 맥락

의사소통이 일어나는 시간과 장소, 주제, 목적 등을 포함하는 것으로 담화 주제와 관련하여 누가, 어떤 방식으로 관계를 맺고 있는지를 말한다.

예 (남자) 아, 너무 추워.

(여자) 내가 오늘 춥다고 했잖아. 그렇게 옷을 얇게 입고 오다니 참 잘했다.

➜ '참 잘했다'라는 말은 대화의 상황을 고려했을 때, 반어적 표현을 통한 부정의 의미로 해석할 수 있다.

② 사회·문화적 맥락

의사소통 참여자들이 공유하는 역사적·사회적 상황과 이념, 공동체의 가치와 신념 등을 말한다. 담화의 해석과 가치 판단에 영향을 주는 제도적·정신적 맥락으로서 의사소통 참여자들이 공유하고 있는 문화적 원형이나 그 시대의 담론, 특정 담화 공동체의 인식 구조 등을 말한다.

예 한국인 아, 너무 추워.

외국인 추워? 찻집에서 따뜻한 차 한 잔 사 줄까? 저기 들어가자.

한국인 아니야, 괜찮아.

외국인 그래? 알았어. 그럼 나는 차 한 잔 마시고 올게.

➜ 우리나라에서는 상대가 베푸는 호의를 한 번쯤 거절하는 태도를 겸손하다고 여기는 문화가 있다. 그런데 위의 담화에서 '외국인'은 이러한 사회·문화적 맥락을 이해하지 못하여 '한국인'의 거절을 그대로 받아들이고 있다.

03 담화의 통일성과 응집성

01 통일성

- 담화 심층에 존재하는 언어 내용들의 연결 관계와 관련된 것으로서, 주제에 대한 일관성을 가리킨다.
- 통일된 주제는 담화가 갖추어야 할 기본 조건이다.
- 주제의 일관성에서 벗어난 발화는 담화의 통일성을 해친다.
- 응집성이 형식적 측면이라면, 통일성은 내용적 측면에 해당한다.

02 응집성

- 언어 형식들의 연결 관계와 관련된 것으로서, 형태·통사적 연결 관계에 의해 드러난다.

① **지시 표현**

사물을 본래 명칭이 아닌 다른 말로 지칭하는 것

➜ 지시 표현은 '이, 그, 저'로 대표되는데, 반드시 앞뒤 맥락을 통해서만 구체적인 내용을 확인할 수 있다.

② **대용 표현**

이미 언급한 내용의 반복을 피하고자 다른 표현으로 대신하는 것

➜ 대용 표현은 간결한 지시어로 표현되는 경우가 많다.

③ **접속 표현**

두 문장을 이어주는 기능을 하는 것

➜ '그리고, 그래서' 등의 접속 부사로 앞뒤 문장의 내용을 연결하며 발화 사이의 논리적 관계를 나타낸다.

04 담화의 유형과 기능

유형	기능	예
정보 제공	무엇에 대한 정보나 지식을 전달하는 기능	강의, 뉴스 보도
호소	상대의 마음을 움직여 무엇인가를 하도록 유도 하는 기능	광고, 설교, 연설
약속	일정한 행위를 하겠다고 약속하는 기능	맹세, 선서, 계약
사교	친근감이나 감사, 미안함 등 심리적 상태를 표현하는 기능	잡담, 인사말, 환영 인사
선언	세상일에 어떤 새로운 사태를 불러일으키는 기	계엄령 선포, 선전 포고

05 확인문제

01 〈보기〉는 '발화'에 대한 설명이다. ㉠에 해당하는 것으로 가장 적절한 것은?

> **보기**
>
> 발화는 두 가지 유형으로 나뉘는데, 하나는 직접 발화이고 다른 하나는 간접 발화이다. 직접 발화는 발화의 형식과 화자의 의도가 일치하는 것이고 ㉠**간접 발화**는 발화의 의도와 관련된 언어 형식을 쓰지 않고 화자의 의도를 드러내는 방법이다.

① (진영이를 바라보며) 진영아, 나 국어책 좀 빌려줄래?
② (에스컬레이터앞 안내판) 에스컬레이터의 각 계단에는 한 사람씩만 타세요.
③ (교실 창문이 열린 창가에 앉은 사람에게) 교실이 좀 추운 것 같지 않니?
④ (옷가게를 손으로 가리키며) 엄마, 저 청바지 사주시면 안돼요?
⑤ (선생님에게) 저는 내일 농구장에 선우와 함께 갈게요.

02 다음 중 담화의 기능으로 적절하지 않은 것은?

① 정보를 전달하는 기능
② 청자를 감화하는 기능
③ 행동 실천을 선언하는 기능
④ 상대에게 친근감을 표시하는 기능
⑤ 일탈 행위를 감시하는 기능

03 〈보기〉의 담화에 대한 이해로 적절하지 않은 것은?

> **보기**
>
> 엄마 : 민호야, 우산 챙겨서 가렴.
> 민호 : 우산이요? 하늘이 구름 한 점 없이 맑은데요.
> 엄마 : 그래? 어제 9시 뉴스 일기예보에서 오늘 오후에 비 온다고 했었거든. 그러니까 챙겨가렴.
> 민호 : 네, 알겠어요. 그런데, 지난번처럼 또 버스에 우산을 놓고 내리면 어쩌죠.

① '민호'의 말을 통해서 볼 때, 현재 하늘은 맑고 깨끗함을 알 수 있군.
② '엄마'가 전날 저녁에 일기예보를 시청한 것은 결과적으로 '민호'의 행동에 영향을 주게 되었군.
③ '민호'의 첫 번째 대화는 사전에 '엄마'와 정보 공유를 하지 못한데서 오는 반응이겠군.
④ 엄마의 첫 번째 대화는 '민호'에게 일어날지도 모르는 예기치 않은 상황을 대비하기 위한 말이겠군.
⑤ '민호'의 두 번째 대화에서 '민호'가 일어나지도 않은 일을 걱정하는 것은 과거의 경험에서 비롯된 것이겠군.

04 **〈보기〉는 친구들끼리 모여서 취미 생활을 주제로 대화를 나누고 있는 상황이다. 대화의 상황에서 벗어난 말을 하고 있는 사람은 누구인가?**

보기

길수 : 나는 매일 한 시간씩 축구를 해.

영미 : 난 한 달에 한 번 연극을 보러 가.

진혁 : 그래? 나도 연극 좋아하는데, 지난달에 "캣츠"를 봤거든.

종민 : 야, 그건 연극이 아니라 뮤지컬이잖아. 나는 키우던 고양이를 버리는 사람들이 제일 싫어.

지윤 : 다들 자신만의 즐길 거리들을 갖고 있구나. 나는 주말이면 종종 아빠랑 산에 가는데, 정상에 올라가면 정말 기분이 상쾌하고 좋아.

① 길수 ② 영미 ③ 진혁 ④ 종민 ⑤ 지윤

06 기출문제

01

2015년 3월 고3 전국연합학력평가

〈보기〉의 담화 상황으로 볼 때, ㉠~㉤에 대한 설명으로 적절하지 않은 것은?

보기

A : 영희가 말도 없이 책을 가져갔다고 민수가 화가 많이 났더라. 그런데 ㉠**그것**이 사실이야?

B : 아니, 내가 영희에게 민수 말이 맞느냐고 물어봤는데, ㉡**자기**는 분명히 말하고 가져갔다고 그러더라.

A : 서로 의사소통이 잘 안됐나 보다. ㉢**아무나** 좋으니 일단 나서서 민수와 영희의 오해를 풀어주는 게 좋겠다. 그나저나 어제 저녁에 교실에 있었던 애들이 ㉣**누구**였는지 기억나?

B : 나도 ㉤**거기**에 누가 있었는지는 기억이 안 나네.

① ㉠은 '민수가 화가 많이 난 것'을 간단히 표현하려고 사용한 대명사이다.

② ㉡은 B가 앞서 언급한 '영희'를 도로 나타내기 위해 사용한 대명사이다.

③ ㉢은 화자가 불특정 대상을 가리키기 위해 사용한 대명사이다.

④ ㉣은 화자가 지시 대상을 정확히 모르고 있어서 사용한 대명사이다.

⑤ ㉤은 A가 앞서 언급한 '교실'을 가리키기 위해 사용한 대명사이다.

02

2015년 4월 고3 전국연합학력평가

〈보기1〉을 바탕으로 〈보기2〉의 ㉠~㉤에 대해 설명한 내용으로 적절하지 않은 것은?

보기1

지칭어와 호칭어, 높임 표현이 발달한 우리말에서는 특히 담화 상황에서 화자, 청자, 맥락 등을 종합적으로 고려해야 한다. 다른 사람에게 그 대상을 가리킬 때 사용하는 말인 지칭어와 그 대상을 직접 부를 때 사용하는 말인 호칭어를, 화자와 청자, 담화에 언급된 대상의 상황을 종합적으로 고려하여 선택해야 한다. 또한 높임 표현은 청자나 담화 속 주체와 객체의 높임 관계를 고려하여 어미, 조사, 어휘 등을 적절하게 사용해야 한다.

보기2

혜연 : 삼촌, 어서 오세요. 좀 늦으셨네요?

삼촌 : 생각보다 차가 밀리더구나. 다들 오셨니?

혜연 : 아니요. 차가 밀리는지 ㉠**할머니**께서도 아직 도착하지 못하셨어요.

삼촌 : ㉡**어머니는 어디 계시니?**

혜연 : ㉢**할아버지를 모시고 조금 전에 결혼식장에 들어가셨어요.**

삼촌 : 아침부터 너희 ㉣**어머니**께서 많이 바쁘셨겠네. 너도 언니 결혼식 때문에 옆에서 이것저것 도와주느라 힘들었지?

혜연 : 아니에요. 그것보다 삼촌께서 이렇게 멀리서 와 주셔서 ㉤**언니가 정말 기뻐할 것 같아요.**

① ㉠에서는 화자가 자신을 기준으로 대상을 파악하여 지칭어를 사용하고 있군.

② ㉡에서 문장의 주체는 화자가 높여야 할 대상이므로 특수한 어휘를 통해 높임을 실현하고 있군.

③ ㉢에서 문장의 객체는 화자가 높여야 할 대상이므로 조사를 통해 높임을 실현하고 있군.

④ ㉣에서는 화자가 청자를 기준으로 대상을 파악하여 지칭어를 사용하고 있군.

⑤ ㉤에서는 청자가 화자보다 높은 대상이므로 종결 어미를 통해 높임을 실현하고 있군.

03

2016년 4월 고3 전국연합학력평가

〈보기1〉을 바탕으로 〈보기2〉의 ㉠~㉤을 이해한 것으로 적절하지 않은 것은?

보기1

선생님 : 담화에서 화자가 자신의 의도를 직접 드러내고자 하는 상황이라면 종결 표현과 화자의 의도를 일치시켜 명시적으로 표현합니다. 반면 명령이나 요청 등과 같이 청자에게 부담을 주거나 예의에 어긋날 수 있는 상황이라면 화자의 의도와는 다른 종결 표현을 사용하거나, '저기', '만', '좀'과 같은 언어 표현을 사용하여 완곡하게 표현합니다.

보기2

어머니 : (지연을 토닥이며) ㉠**저기, 지연아 이제 좀 일어나라.**

지 연 : (힘없이 일어나며) ㉡**엄마, 선생님께 학교에 조금 늦을 거 같다고 전화해 주시겠어요?**

어머니 : (걱정스러운 표정으로) 어디 아프니?

지 연 : 네, 그런 것 같아요. 열도 좀 나고요.

어머니 : ㉢**그럼 선생님께 전화 드리고 엄마랑 병원에 가자.**

지 연 : 네, 그렇게 해야 할 것 같아요.

소 연 : (거실에서 큰 소리로) 지연아, 학교 늦겠다. ㉣ **빨리 가라.**

어머니 : 소연아! ㉤**동생이 아프다니까 조금만 작은 소리로 말해 주면 참 좋겠다.**

① ㉠ : 명령의 의도를 '저기', '좀' 등의 언어 표현을 사용하여 표현함으로써 청자에게 부담을 주려 하지 않고 있군.

② ㉡ : 요청의 의도를 의문형 종결 표현을 사용하여 완곡하게 표현하고 있군.

③ ㉢ : 화자의 의도와 종결 표현을 일치시켜 청유의 의도를 직접 드러내고 있군.

④ ㉣ : 화자의 명령에 대한 청자의 부담을 덜어주기 위해 화자의 의도와 종결 표현을 일치시키지 않고 있군.

⑤ ㉤ : 명령의 의도를 평서형 종결 표현과 '만'과 같은 언어 표현을 사용하여 부드럽게 표현하고 있군.

04

2015년 6월 고3 평가원모의평가

담화 상황을 고려할 때, 〈보기〉의 ㉠~㉤에 대한 이해로 적절하지 않은 것은?

보기

A : 어제 낮엔 많이 바빴니? 전화를 바로 끊더라.

B : 아니야, 끊은 게 아니라 ㉠**끊어진 거야**. 바로 전화 못해서 미안해. 표정이 심각해 보이는데 무슨 일 있었어?

A : 아니, ㉡**저기**, 심각한 건 아니고. 어제 점심에 도서관에서 만나기로 했잖아. 기다려도 안 오길래 말이야.

B : ㉢**아차**! 내가 먼저 얘기하려고 했는데 깜빡했네. 가려고 했는데 ㉣**못 갔어**.

A : ㉤**자세히 말해 볼래**?

B : 동생이 갑자기 아파서 병원에 데리고 가야 했거든.

A : 그런 일이 있었구나. 동생은 좀 괜찮니?

① ㉠ : 피동 표현을 사용하여 상황이 B의 의지와 무관하게 일어났음을 나타낸다.

② ㉡ : 지시 대명사를 사용하여 B로부터 멀리 떨어져 있는 곳으로 관심을 유도한다.

③ ㉢ : 감탄사를 사용하여 A의 발화를 듣고 어떤 것을 갑자기 깨달았음을 나타낸다.

④ ㉣ : 부정 부사 '못'을 사용하여 B에게 일어난 상황이 불가피했음을 나타낸다.

⑤ ㉤ : 의문 표현을 사용하여 B에게 일의 까닭을 상세히 말해 달라고 요청한다.

05
2015년 9월 고3 평가원모의평가

밑줄 친 부분이 〈보기〉의 ㉠에 해당하는 예로 적절하지 않은 것은?

보기

일반적으로 의문문은 화자가 청자에게 질문에 대한 대답을 요청하는 문장인데, 화자가 청자에게 행동을 요청할 때 쓰이기도 한다. 청유문은 화자가 청자에게 함께 행동할 것을 요청하는 문장이다. 그러므로 이 문장 유형들은 ㉠**화자가 청자에게 요청을 할 때 쓰이는 것**이라는 점에서 공통적이다.

① A : 괜찮다면, 우리 여기서 잠깐 기다릴래요?
B : 좋아요. 10분만 더 기다려요.

② A : 다친 곳은 어떤가? 한번 보세.
B : 보시다시피 많이 좋아졌습니다.

③ A : 저기요. 먼저 좀 내립시다.
B : 아, 예. 저도 여기서 내려요.

④ A : 저 혹시, 모자를 벗어 주실 수 있을까요?
B : 제가 방해가 되었군요. 미안합니다.

⑤ A : 어디 보자. 내가 다 챙겼나?
B : 거기서 혼자 뭐 해요. 빨리 나와요.

06
2018년 9월 고3 평가원모의평가

〈보기〉의 담화 상황에서 ⓐ~ⓔ가 가리키는 대상이 같은 것끼리 바르게 짝지은 것은?

보기

(수빈, 나경, 세은이 대화를 하고 있다.)

수빈 : 나경아, 머리핀 못 보던 거네. 예쁘다.

나경 : 고마워. ⓐ**우리** 엄마가 얼마 전 새로 생긴 선물 가게에서 사 주셨어.

세은 : 너희 어머니 참 자상하시네. 나도 그런 머리핀 하나 사고 싶은데 ⓑ**우리** 셋이 지금 사러 갈까?

수빈 : 미안해. 나도 같이 가고 싶은데 ⓒ**우리** 집에 일이 있어 못 갈 것 같아.

세은 : 그래? 그럼 할 수 없네. ⓓ**우리**끼리 가지, 뭐.

나경 : 그래, 수빈아. 다음엔 꼭 ⓔ**우리** 다 같이 가자.

① ⓐ - ⓑ ② ⓐ - ⓓ ③ ⓑ - ⓔ
④ ⓒ - ⓓ ⑤ ⓒ - ⓔ

07

2016년 수능B

〈보기〉의 ㉠~㉧에 대한 설명으로 적절하지 않은 것은?

보기

(엄마와 아들이 둘이서 걸어가며)

아들 : 엄마, 올해 마지막 날 엄마와 쇼핑 나와서 참 좋아요.

엄마 : ㉠**엄마**도 영수랑 같이 나오니까 참 좋다.

아들 : 어, 저거 뭐지? 엄마, 옷 가게 광고판 좀 보세요.

엄마 : 뭐? ㉡**저거**?

아들 : 네, ㉢**저거**요. '2015년 12월 30일, ㉣**오늘** 하루만 50% 할인'이라고 쓰여 있는데요.

엄마 : 그래? 그러면 ㉤**어제**였네. ㉥**누나** 옷 사야 되는데.

아들 : 엄마, 그 옆 가게는 오늘까지 할인하는데요. 그런데 제 옷도 사 주시면 안 돼요?

엄마 : 그래. 알았어, ㉦**우리 아들**. ㉧**영수**도 옷 사 줘야지.

아들 : 와, 잘됐다. 다음 주 여행 갈 때 입고 가야겠다.

① ㉠과 ㉥은 청자의 관점에서 사용한 지칭어이다.
② ㉠과 ㉦은 현재의 담화 상황에 참여하고 있는 사람을 가리킨다.
③ ㉡과 ㉢은 동일한 대상을 가리킨다.
④ ㉣과 ㉤은 동일한 날을 가리킨다.
⑤ ㉥과 ㉧은 화자와 청자를 제외한 제삼자를 가리킨다.

2020년 6월 고3 평가원모의평가

[08] 다음 글을 읽고 물음에 답하시오.

담화는 하나 이상의 발화나 문장으로 이루어진다. 담화가 그 내용 면에서 완결성을 갖추기 위해서는 담화를 이루는 발화나 문장들이 일관된 주제 속에 내용상 유기적인 관련을 맺고 있어야 한다. 이때 각 발화나 문장 간의 관련성을 보여 주는 형식적 장치가 필요하다. 이러한 장치에는 지시, 대용, 접속 표현이 있다.

우선 지시 표현은 담화 장면을 구성하는 화자, 청자, 사물, 시간, 장소 등의 요소를 직접 가리키는 표현이다. 그리고 대용 표현은 담화에서 언급된 말, 혹은 뒤에서 언급될 말을 대신하는 표현이다. 대표적인 지시 표현으로는 '이, 그, 저' 등이 있다. 이들이 담화에서 언급되는 말을 대신할 때는 대용 표현이 된다. 가령 친구가 든 꽃을 보면서 화자가 "이 꽃 예쁘네."라고 말했다면, '꽃'을 직접 가리키는 '이'는 지시 표현이다. 그러나 화자가 "그런데 지난번 꽃도 예쁘던데, 그때 그거는 어디서 샀어?"라고 발화를 곧장 이어 간다면 이때의 '그거'는 앞선 발화의 '지난번 꽃'이라는 말을 대신하는 대용 표현이다. 끝으로 접속 표현은 문장과 문장, 발화와 발화를 연결해 주는 표현으로, '그리고' 등과 같은 접속 부사가 대표적인 예이다. 앞서 언급된 두 번째 발화의 '그런데'도 앞의 발화를 뒤의 발화와 이어 주는 접속 표현에 속한다.

한편, 담화 전개 과정에서 화자는 청자 및 맥락을 고려하면서 발화나 문장을 통해 자신의 의도를 효과적으로 구현한다. 이때 여러 문법 요소가 활용된다. 가령 화자는 "아버지! 진지 드세요."라는 발화에서 '드세요'의 '드시-'를 통해 문장의 주체인 '아버지'를, 종결 어미 '-어요'를 통해 청자인 '아버지'를 높이고 있다. 이와 같이 화자는 특정 어휘나 조사, 어미 등을 사용하여 어떤 대상에 대해 높이거나 낮추는 태도를 드러낸다. 아울러 위의 '드세요'의 '-어요'는 화자가 청자에게 어떠한 행동을 요구하고 있음도 보여 준다. 즉, 종결 어미는 청자에게 답변을 요구하거나, 어떠한 사실을 새롭게 알게 되었다는 점을 두드러지게 나타내는 등 화자의 의도를 구현할 때도 쓰인다. 화자, 청자 및 맥락이 발화나 문장에서 문법 요소와 맺고 있는 관련성은 ㉠**"할아버지께서 마침 방에 계셨구나! 과일 좀 드리고 오렴."**과 같이 연속된 발화로 이루어진 담화에서 더욱 다양하게 나타날 수 있다.

08

윗글을 바탕으로 <보기>의 ⓐ~ⓕ에 대해 설명한 내용으로 적절하지 않은 것은?

보기

(두 친구가 만나서 주말 나들이 장소를 정하는 상황)

선희 : 우리, 이번 주말 나들이 장소로 어디가 좋을까?

영선 : (딴생각을 하다가) ⓐ**지금 저녁 먹으러 가자.**

선희 : 그게 뭔 소리야? 주말 나들이로 어디 갈 거냐고.

영선 : (머쓱해하며) 아, 그럼 놀이동산 갈까?

선희 : 음, ⓑ**거기** 말고, (사진을 보여 주며) ⓒ**여기**는 어때?

영선 : ⓓ**거기**? 해수욕장은 아직 좀 춥잖아. ⓔ**그리고** 너무 멀잖아. (선희를 바라보며) 아, 작년에 같이 갔던 수목원은 어때?

선희 : 그래, ⓕ **거기**가 좋겠다. 그럼, 토요일에 보자. 안녕.

① ⓐ는 '주말 나들이 장소 정하기'라는 내용에 부합하지 않아서 담화의 완결성을 떨어뜨리고 있다.

② ⓑ는 '영선'이 발화한 '놀이동산'을 대신하는 대용 표현이다.

③ ⓒ, ⓓ는 발화 간의 관련성을 높이는 형식적 장치로서 형태가 다른 표현이지만 동일한 장소를 나타내고 있다.

④ ⓔ는 '해수욕장은 아직 좀 춥잖아.'와 '너무 멀잖아.'를 대등하게 이어 주는 접속 표현이다.

⑤ ⓕ는 '작년에 같이 갔던 수목원'을 직접 가리키는 지시 표현이다.

제7강
국어의 어문 규정

01 한글 맞춤법

02 표준어 규정

03 외래어 표기법

04 국어의 로마자 표기법

05 확인문제

06 기출문제

01 한글 맞춤법

01 개념

- 우리말을 한글로 적을 때 지켜야 할 기준을 정해 놓은 규정
- 한글로 우리말을 표기하는 규칙의 전반을 이르는 말
- 현재의 맞춤법은 1933년의 〈한글 맞춤법 통일안〉을 기본으로 하여 1988년 1월 문교부가 확정·고시한 것임.

02 한글 맞춤법의 내용

제1장 총칙

제1항 한글 맞춤법은 표준어를 소리대로 적되, 어법에 맞도록 함을 원칙으로 한다.

제2항 문장의 각 단어는 띄어 씀을 원칙으로 한다.

제3항 외래어는 '외래어 표기법'에 따라 적는다.

제2장 자모

제3장 소리에 관한 것

제4장 형태에 관한 것

제5장 띄어쓰기

제6장 그 밖의 것

[부록] 문장 부호

Ⅰ. 마침표 Ⅱ. 쉼표 Ⅲ. 따옴표 Ⅳ. 묶음표

Ⅴ. 이음표 Ⅵ. 드러냄표 Ⅶ. 안드러냄표

① 제1장 총칙

㉠ **제1항**

"표준어를 소리대로 적되, 어법에 맞도록 함을 원칙으로 한다"라고 하여 표음주의와 표의주의를 함께 표방하고 있다.

예-1. '소쩍새, 거꾸로'처럼 뚜렷한 까닭 없이 나는 된소리는 된소리 표기로 적는다.(표음주의)

예-2. '굳이, 해돋이' 같이 문법적 설명이 충분히 가능한 경우에는 'ㄷ, ㅌ'이 'ㅈ, ㅊ'으로 소리나더라도 그 형태를 밝혀 적는다.(표의주의)

예-3. '꼬치'가 아니라 '꽃이'가 올바른 표기인 것은 '꽃'이라는 체언과 '이'라는 조사가 뚜렷이 구분되기 때문이다.

❖ **표음주의와 표의주의**

- **표음주의(表音主義)** : 단어를 소리 나는 대로 적어야 한다는 주장. 같은 단어라도 다르게 발음되면 소리 나는 대로 적는다.
- **표의주의(表意主義)** : 단어를 어법에 맞도록 적어야 한다는 주장

ⓛ 제2항

단어의 띄어쓰기에 대한 원칙을 제시한 것으로 각 단어는 띄어 쓰는 것을 원칙으로 하고 있다. 그러나 학교 문법에서는 단어로 인정되고 있는 조사만은 예외적으로 붙여 쓰고 있으며, 보조 용언도 띄어쓰기가 원칙이지만 붙여 쓰는 것도 허용하고 있다. 띄어쓰기에 관한 구체적인 내용은 제5장에서 자세하게 설명하고 있다.

❖ 틀리기 쉬운 띄어쓰기 원칙 몇 가지

- 성과 이름은 붙여 써야 한다. 다만 성과 이름을 구분할 필요가 있을 경우에만 띄어 쓰는 것을 허용하고 있다.
  예 류성룡(○), 류 성룡(×) / 남궁 억(○)
- 순서를 나타내는 경우나 숫자와 어울려 쓰는 경우 띄어 쓰는 것이 원칙이고, 붙여 쓰는 것도 허용하고 있다.
  예 제일 과, 제일과; 이 학년, 이학년 / 100 원, 100원; 403 동 1303 호, 403 동 1303호; 제3 실습실, 제3실습실; 1446 년 10 월 9 일, 1446년 10월 9일
- 체언이 여러 개 연결되어 있을 때 단어대로 띄어 쓰는 것이 원칙이고, 단위별로 묶을 수도 있다.
  예 한국 대학교 사범 대학, 한국대학교 사범대학
- 서양어는 해당 언어를 쓸 때 띄어 쓰지만, 동양어는 그냥 붙여 쓴다.
  예 에스파냐 어, 이탈리아 어 / 일본어, 중국어

② 제2장 자모

- 한글 자모 스물넉 자의 이름 가운데 'ㄱ(기역), ㄷ(디귿), ㅅ(시옷)'을 제외하고 나머지는 모음 'ㅣ, ㅡ'를 중심으로 자음을 앞과 아래에 붙여 읽는다.
  예 '니은, 리을, 미음, 비읍, 이응, 지읒, 치읓, 키읔, 티읕, 피읖, 히읗'

cf. 'ㄱ(기역), ㄷ(디귿), ㅅ(시옷)'의 명칭 사용 유래

- 'ㄱ(기역), ㄷ(디귿), ㅅ(시옷)'을 따르는 것은 최세진의 「훈몽자회」에서 제시된 '其役, 池末, 時衣' 표기 때문이다. 이에 비해 북한은 모든 자음의 명칭을 모음 'ㅣ, ㅡ'를 중심으로 자음을 앞과 아래에 붙이는 통일된 방법을 제시하고 있다.
  예 ㄱ(기윽), ㄷ(디읃), ㅅ(시읏)

③ 제3장 소리에 관한 것

■ 소리 부분에서는 '된소리, 두음 법칙, 겹쳐 나는 소리, 구개음화, 'ㄷ' 소리 받침, 모음'에 관한 올바른 맞춤법을 제시하고 있다.

㉠ 소리 나는 대로 적는 경우

■ **된소리** : 이따금(○), 이다금(×)

■ **두음 법칙** : 여자(○), 녀자(×) / 남녀(○), 남여(×) / 실패율(○), 실패률(×) / 백분율(○), 백분률(×)

> • 본래 두음 법칙은 단어의 첫머리에 적용되는 것이 원칙이다. 단어의 첫머리 이외의 경우에는 본음대로 적는 것이 원칙이다. 다만, 모음이나 'ㄴ' 받침 뒤에 이어지는 '렬, 률'은 '열, 율'로 적게 되는 예외 규정이 있다. 이는 물론 발음을 고려했기 때문이다. 한글 맞춤법 제11항 참조
> 예 양심, 이발 / 개량, 진리 / 나열(羅列), 치열(齒列), 선율(旋律)

■ **겹쳐 나는 소리** : 놀놀하다(○), 놀롤하다(×)

㉡ 본래의 형태를 밝혀 적도록 하는 경우

■ **구개음화** : 핥이다(○), 할치다(×)

■ **'ㄷ' 소리 받침** : 핫옷(○), 핟옷(×)

■ **모음** : 계수(○), 게수(×) / 연몌(連袂)(○), 연메(×) / 늴리리(○), 닐리리(×)

④ 제4장 형태에 관한 것

■ 형태 부분에서는 '체언과 조사, 어간과 어미, 접미사가 붙어서 된 말, 합성어 및 접두사가 붙은 말, 준말'을 표기하는 방법에 대하여 원칙을 제시하고 있다.

㉠ **조사와 어미** : 의미를 나타내는 표의주의를 지향하는 원칙에 따라 체언 및 어간을 밝혀 적는다.

예 꽃이, 앎아

㉡ **불규칙 용언** : 소리나는 대로 적는다.

예 둥그니, 둥근 / 하야니, 하얀 / 구워, 구웠다 / 푸르러 / 일러

㉢ **접미사** : 원형을 알 수 있는 것은 그것을 밝혀 적지만, 그 뜻을 알기 어려운 것은 원형을 밝히지 않는다.

예 벼훑이, 땀받이, 좋이, 작히 / 굽도리, 무녀리

㉣ **합성어 및 접두사** : 원형을 알 수 있는 것은 그것을 밝혀 적지만, 그 뜻을 알기 어려운 것은 원형을 밝히지 않는다.

예 꺾꽂이, 새파랗다 / 아재비, 며칠

㉤ **준말** : 본말은 물론이고 준말도 준 대로 적는 것을 인정하고 있다.

예 뭐이/무에, 가았다/갔다, 흔하였다/흔했다, 꼬아/꽈, 싸이다/쌔다, 그렇지 않은/그렇잖은, 간편하게/간편케, 넉넉하지 않다/넉넉지 않다

- 어간의 끝음절 '하'의 'ㅏ'가 줄고 'ㅎ'이 다음 음절의 첫소리와 어울려 거센소리로 될 적에는 (ㄱ)에서처럼 거센소리로 적는다. 이 경우에는 본말과 준말이 모두 올바른 표기가 된다. 한편, 어간의 끝음절 '하'가 아주 줄 적에는 (ㄴ)에서처럼 준 대로 적는다. (한글 맞춤법 제40항 참조)
  (ㄱ) 간편하게, 간편케; 연구하도록, 연구토록; 가하다, 가타; 다정하다, 다정타; 정결하다, 정결타; 흔하다, 흔타
  (ㄴ) 거북하지, 거북지; 생각하건대, 생각건대; 생각하다 못해, 생각다 못해; 깨끗하지 않다, 깨끗지 않다; 넉넉하지 않다, 넉넉지 않다; 못하지 않다, 못지 않다; 섭섭하지 않다, 섭섭지 않다; 익숙하지 않다, 익숙지 않다

⑤ 제6장 그 밖의 것

■ 이 부분에서는 틀리기 쉬운 단어들의 표기를 제시하고 있다.

㉠ '-이'나 '-히'로 끝나는 파생 부사 : 기본적으로 소리 나는 대로 적는다.

예 깨끗이, 반듯이, 번거로이 / 딱히, 작히 (→ 명확히 구분하여 적음.)

㉡ '-이, -히' 양쪽으로 소리 나는 것 : '-히'로 적도록 하고 있다.

예 솔직히, 과감히, 고요히

㉢ 그 외의 헷갈리는 표현들

예 일꾼, 객쩍다
맞추다(입을 맞춘다, 양복을 맞춘다)
부딪치다(차와 차가 부딪쳤다)
부딪히다(마차가 화물차에 부딪혔다)

⑥ [부록] 문장 부호

■ 이 부분에서는 문장의 의미를 정확하게 나타내는 데 필요한 부호들을 제시하고 있다.

[부록] 문장 부호

Ⅰ. 마침표 - 1. 온점(.) 고리점(｡) 2. 물음표(?) 3. 느낌표(!)
Ⅱ. 쉼표 - 1. 반점(,) 모점(、) 2. 가운뎃점(·) 3. 쌍점(:) 4. 빗금(/)
Ⅲ. 따옴표 - 1. 큰따옴표(" "), 겹낫표(『 』) 2. 작은 따옴표(' '), 낫표(「 」)
Ⅳ. 묶음표 - 1. 소괄호(( )) 2. 중괄호({ }) 3. 대괄호([ ])
Ⅴ. 이음표 - 1. 줄표(—) 2. 붙임표(-) 3. 물결표(~)
Ⅵ. 드러냄표 - 1. 드러냄표(˙ , ˚)
Ⅶ. 안드러냄표 - 1. 숨김표(××, ○○) 2. 빠짐표(□) 3. 줄임표(……)

※ '고리점, 모점, 겹낫표, 낫표'는 세로로 작성된 문장에서의 문장 부호임.

02 표준어 규정

01 개념

- 표준어 : 한 나라에서 공용어로 쓰는 규범으로서의 언어를 말한다.
- 원활한 의사소통과 올바른 언어생활을 위해 제정되었다.
- 현행 '표준어 규정'(1988년)은 제1부 표준어 사정 원칙과 제2부 표준 발음법으로 나누어져 있다.
- 제1부에서는 주로 표준어의 형태에 관한 내용을 다루고 있고, 제2부에서는 표준어의 발음에 대한 원칙을 다루고 있다.

02 표준어 규정의 내용

제1부 **표준어 사정 원칙**
　제1장 총칙
　　제1항 표준어는 교양 있는 사람들이 두루 쓰는 현대 서울말로 정함을 원칙으로 한다.
　　제2항 외래어는 따로 정한다.
　제2장 발음 변화에 따른 표준어 규정
　제3장 어휘 선택의 변화에 따른 표준어 규정

제2부 **표준 발음법**
　제1장 총칙
　제2장 자음과 모음
　제3장 소리의 길이
　제4장 받침의 발음
　제5장 소리의 동화
　제6장 된소리되기
　제7장 소리의 첨가

① 표준어 사정 원칙

㉠ 제1장 총칙

- 표준어는 교양 있는 사람들이 두루 쓰는 현대 서울말로 정함을 원칙으로 한다.

• 시대적으로 ➜ 현대	• 지역적으로 ➜ 서울말
• 계층적으로 ➜ 교양 있는 사람들	• 보편적으로 ➜ 두루 쓰는

- 표준어는 시대성, 지역성, 계층성, 보편성을 특성으로 갖고 있다.
- 서울말이라고 해서 모두 표준어인 것은 물론 아니다.

ⓛ 제2장 발음 변화에 따른 표준어 규정

■ '자음, 모음, 준말, 단수 표준어, 복수 표준어'에 대하여 하나하나 원칙을 제시하고 있다.

ⓐ 소리 나는 것을 기본 원칙으로 한다.

예 강낭콩(○), 강남콩(×) / 사글세(○), 삭월세(×) / 돌(○), 돐(×) / 셋째(○), 세째(×)

ⓑ 어원 의식이 강하게 작용하는 것들은 소리보다는 의미(또는 형태)를 강조하고 있다.

예 부조(扶助)(○), 부주(×) / 사돈(査頓)(○), 사둔(×) / 삼촌(三寸)(○), 삼춘(×)

ⓒ 기술자에는 '-장이', 그 외에는 '-쟁이'가 붙는 형태를 표준어로 삼는 경우

예 미장이(○), 미쟁이(×) / 유기장이(○), 유기쟁이(×) / 멋쟁이(○), 멋장이(×) / 담쟁이덩굴(○), 담장이덩굴(×)

ⓓ 한자 '句'가 붙은 단어는 '귀'로 읽는 것을 인정하지 않고 '구'로 통일시키고 있으며, 완전히 '귀'로 읽는 것이 굳어져 버린 것은 '귀'로 적는다.

예 대구(對句)(○), 대귀(×) / 글귀(○), 글구(×)

ⓔ 준말과 본말은 사용 정도에 따라 표준어를 정하고 있다.

■ 준말만 표준어로 인정하는 경우 : 귀찮다(○), 귀치 않다(×) / 무(○), 무우(×)
■ 본말만 표준어로 인정하는 경우 : 경황없다(○), 경없다(×) / 뒤웅박(○), 뒝박(×)
■ 준말과 본말 모두 표준어로 인정하는 경우 : 노을(○), 놀(○) / 막대기(○), 막대(○) / 시누이(○), 시뉘(○), 시누(○)

ⓕ 단수 표준어와 복수 표준어도 사용 정도에 따라 설정하는 것이 원칙이다.

■ 단수 표준어를 설정한 경우 : 천장(天障)(○), 천정(×) / 잠투정(○), 잠주정(×)
■ 복수 표준어를 설정한 경우 : 네(○), 예(○) / 쇠고기(○), 소고기(○) // 고가(○), 꼬까(○) / 나부랭이(○), 너부랭이(○)

ⓒ 제3장 어휘 선택의 변화에 따른 표준어 규정

■ 이 부분에서는 '고어, 한자어, 방언, 단수 표준어, 복수 표준어'에 대하여 다루고 있다.

ⓐ 기본적으로 언어의 역사성 차원에서 현재 생명력을 잃은 단어는 표준어로 인정하지 않는다는 것을 원칙으로 삼고 있다. 사어(死語)가 되어 버린 고유어는 표준어에서 제외해 버리는 것이 원칙이다.

예 낭떠러지(○), 낭(×) / 애달프다(○), 애닯다(×) / 자두(○), 오얏(×)

ⓑ 고유어와 한자어 계열의 단어가 있을 때 고유어 계열의 단어만을 표준어로 인정하는 경우와 한자어 계열의 단어만을 표준어로 인정하는 경우

예 가루약(○), 말약(×) / 박달나무(○), 배달나무(×) // 개다리소반(○), 개다리밥상(×) / 부항단지(○), 뜸단지(×)

ⓒ 방언에 있어서도 표준어보다 더 널리 쓰이게 된 것은 표준어로 삼는다. 원래의 표준어가 안 쓰이게 되면 방언만을 표준어로 삼는다.

예 멍게(○), 우렁쉥이(○) / 물방개(○), 선두리(○) / 애순(○), 어린순(○) // 귀밑머리(○), 귓머리(×) / 빈대떡(○), 빈자떡(×)

■ 어휘 선택의 변화에 따른 표준어 선정의 기준은 기본적으로 현재 널리 쓰이고 있는가의 여부이다.

ⓓ 단수 표준어로 인정되는 것들은 현재 생명력이 있는 것들이거나 압도적으로 널리 쓰이게 되는 것들이다.

예 고구마(○), 참감자(×) / 길잡이(○), 길앞잡이(×) / 붉으락푸르락(○), 푸르락붉으락(×)

ⓔ 복수 표준어는 양쪽 다 생명력이 있는 경우라고 할 수 있다.

예 가는허리(○), 잔허리(○) / 거위배(○), 횟배(○) / 곰곰(○), 곰곰이(○)

② 표준 발음법

㉠ 제1장 총칙

■ 표준 발음법은 표준어의 실제 발음을 따르되, 국어의 전통성과 합리성을 고려하여 정함을 원칙으로 하고 있다.

㉡ 제2장 자음과 모음

ⓐ **자음 19개** : ㄱ, ㄲ, ㄴ, ㄷ, ㄸ, ㄹ, ㅁ, ㅂ, ㅃ, ㅅ, ㅆ, ㅇ, ㅈ, ㅉ, ㅊ, ㅋ, ㅌ, ㅍ, ㅎ

ⓑ **모음 21개** : ㅏ, ㅐ, ㅑ, ㅒ, ㅓ, ㅔ, ㅕ, ㅖ, ㅗ, ㅘ, ㅙ, ㅚ, ㅛ, ㅜ, ㅝ, ㅞ, ㅟ, ㅠ, ㅡ, ㅢ, ㅣ

ⓒ **단모음 10개** : ㅏ, ㅐ, ㅓ, ㅔ, ㅗ, ㅚ, ㅜ, ㅟ, ㅡ, ㅣ('ㅚ, ㅟ'는 이중 모음으로 발음할 수 있음)

ⓓ 예외적으로 용언 활용형에 나타나는 '져, 쪄, 쳐'는 [저, 쩌, 처] 단모음으로 발음한다.

예 가지어→가져[가저], 찌어→쪄[쩌], 다치어→다쳐[다처]

㉢ 제3장 음의 길이

■ 이 부분에서는 소리의 장단에 대해 말하고 있다.

ⓐ 장음은 단어의 첫음절에서만 나는 것을 원칙으로 한다.

예 눈보라[눈ː보라], 말씨[말ː씨] / 첫눈[천눈], 참말[참말]

ⓑ 합성어의 경우에는 둘째 음절 이하에서도 분명히 긴소리로 나는 것은 그대로 인정한다.

예 반신반의[반ː신바ː늬/반ː신바ː니], 재삼재사[재ː삼재ː사]

ⓒ 용언의 단음절 어간에 어미 '-아/-어'가 결합되어 한 음절로 축약되는 경우 긴소리로 발음한다.

예 보아→봐[봐ː], 기어→겨[겨ː], 되어→돼[돼ː]

❖ 다만, '오아→와[와], 지어→져[저], 찌어→쪄[쩌], 치어→쳐[처]'는 긴소리로 발음하지 않는다.

㉣ 제4장 받침의 발음('제2강 음운론, 4. 음운의 변동, 겹받침 발음 원칙' 참조)

■ 이 부분에서는 받침소리 'ㄱ, ㄴ, ㄷ, ㄹ, ㅁ, ㅂ, ㅇ' 7개 대표음을 기본으로 하여 다양한 발음 양상을 제시하고 있다.

ⓐ 겹받침 'ㄾ, ㄼ'의 경우 : 앞의 'ㄹ'만 발음하는 게 원칙

예 핥다, 핥고, 핥는, 핥지 → [할따], [할꼬], [할른], [할찌]
넓다, 넓고, 넓게, 넓지 → [널따], [널꼬], [널께], [널찌]

❖ 다만, '넓죽하다[넙쭈카다], 넓둥글다[넙뚱글다], 밟다[밥ː따]' 용언에서만은 예외적으로 뒤의 'ㅂ'을 발음한다.

ⓑ 겹받침 'ㄺ, ㄻ, ㄿ'의 경우 : 어말 또는 자음 앞에서 각각 뒤에 있는 [ㄱ, ㅁ, ㅂ]으로 발음한다.

예 밝다, 밝는, 밝지, 밝습니다 → [박따], [방는], [박찌], [박씀니다]
닭, 맑다, 늙지, 삶, 젊다, 읊다 → [닥], [막따], [늑찌], [점따], [읍따]

❖ 다만, 용언의 어간 말음 'ㄺ'은 'ㄱ'앞에서 앞에 있는 'ㄹ'로 발음한다.
밝구나, 밝게, 맑게, 묽고 → [발꾸나], [발께], [말께], [물꼬]

ⓒ 한글 자모의 이름의 받침이 연음될 때 나는 소리 : 대개의 경우는 '기역이[기여기], 니은이[니으니]'에서처럼 그 받침소리를 연음하지만, 'ㄷ, ㅈ, ㅊ, ㅋ, ㅌ, ㅍ, ㅎ'의 경우에는 이질적인 양상을 보인다. 'ㄷ, ㅈ, ㅊ, ㅌ, ㅎ'이면 'ㅅ'으로 변하여 뒤로 연음되고, 'ㅋ, ㅍ'이면 각각 'ㄱ, ㅂ'으로 대표음화된 다음에 연음이 된다.

예 디귿이[디그시], 지읒이[지으시], 치읓이[치으시], 키읔이[키으기], 티읕이[티으시], 피읖이[피으비], 히읗이[히으시]

㉤ 제5장 소리의 동화('제2강 음운론, 4. 음운의 변동' 참조)

■ 이 부분에서는 구개음화, 비음화, 유음화 등 다양한 동화 현상에 대해 다루고 있다.

㉥ 제6장 된소리되기('제2강 음운론, 4. 음운의 변동' 참조)

㉦ 제7장 소리의 첨가('제2강 음운론, 4. 음운의 변동' 참조)

03 외래어 표기법

외래어 표기법

우리말의 어휘는 고유어, 한자어, 외래어로 나뉜다. 이 가운데 외래어를 우리글인 한글로 적는 규칙을 따로 정해 놓았다. 한글 맞춤법과 표준어 규정에는 외래어에 대한 내용이 배제돼 있다. 이는 외래어가 고유어, 한자어와 그 성격이 크게 다른 데 따른 것이다. 외래어는 따로 사정하여 '외래어 표기법'에 따라 적도록 한 것이다. 그러나 아직까지 외래어를 사정하는 특별한 절차나 규정이 마련돼 있지 않다. 다만, 외래어의 어형을 통일하기 위한 외래어 표기법이 마련돼 있을 뿐이다.

01 개념

- 외국에서 들어온 말을 한글로 표기하는 방법에 대한 규정
- 외래어 표기법은 한글 맞춤법과 병행하는, 우리말의 외래어에 적용하는 우리말 표기법의 하나이다.
- '외래어 표기법'은 더 정확히 말하면 '외래어의 한글 표기법'이다.

02 외래어 표기법의 필요성

- 외래어는 다른 여러 나라들과 사회·문화적으로 교류를 하는 과정에서 들어온 어휘이다.
- 외래어는 다른 나라의 말을 일컫는 외국어와 구별된다.
- 외국에서 들어왔으나 국어 안에서 일반적으로 사용되면서 국어 어휘로 받아들인 것을 말한다.
  → 외래어에는 국어의 음운과 문법 체계가 반영되어 있다.
- 외국에서 새로운 문화와 함께 말이 들어와 쓰이면 처음에는 그 말에 대한 발음과 표기가 제각각인 경우가 많을 수밖에 없다. → 이러한 혼란을 피하기 위해서 외래어의 표기를 하나로 통일할 필요가 있다.

03 외래어 표기법의 내용

제1장 표기의 기본 원칙

제1항 외래어는 국어의 현용 24자모만으로 적는다.

제2항 외래어의 1음운은 원칙적으로 1기호로 적는다.

제3항 받침에는 'ㄱ, ㄴ, ㄹ, ㅁ, ㅂ, ㅅ, ㅇ'만을 쓴다.

제4항 파열음 표기에는 된소리를 쓰지 않는 것을 원칙으로 한다.

제5항 이미 굳어진 외래어는 관용을 존중하되, 그 범위와 용례는 따로 정한다.

제2장 표기 일람표

제3장 표기 세칙

제4장 인명, 지명 표기의 원칙

① 외래어 표기법의 원칙

현재 사용하는 외래어 표기법은 1986년 고시된 것이다.

㉠ 제1항 외래어는 국어의 현용 24자모만으로 적는다.

➜ 국어에서 현재 사용하고 있는 24자모만을 사용하겠다는 것은 [f, v, ʃ, ʧ, ɔ, ʌ]처럼 국어에 없는 외국어 소리를 적기 위하여 별도의 문자를 만들지 않겠다는 뜻이다. 외래어는 국어의 어휘이므로 이를 표기하기 위하여 새로운 표기 문자를 만들 필요가 없으며 새로운 글자를 만들게 되면 국어 사용자에게도 부담을 줄 수 있기 때문이다.

㉡ 제2항 외래어의 1음운은 원칙적으로 1기호로 적는다.

➜ 'fighting'이라는 말을 어떤 사람은 '파이팅'으로, 어떤 사람은 '화이팅'으로 쓴다면 혼란스러울 것이다. 또 'fighting'은 '화이팅'으로, 'film'은 '필름'으로 쓴다면 국어 사용자들은 영어 'f'를 국어로 어떻게 표기할지 혼란스러울 것이다.

외래어의 1음운을 1기호로 적는 원칙은 이러한 혼란을 막기 위한 것이다. 물론 외래어를 원어에 가깝게 적는 것이 이상적이지만, 외래어 표기법은 국어에 정착된 발음을 통일하기 위한 표기법이므로 원어에 일치시킬 수 없으며 그럴 필요도 없다.

㉢ 제3항 받침에는 'ㄱ, ㄴ, ㄹ, ㅁ, ㅂ, ㅅ, ㅇ'만을 쓴다.

➜ 현대 국어의 음절 끝소리에서는 'ㄱ, ㄴ, ㄷ, ㄹ, ㅁ, ㅂ, ㅇ' 일곱 가지 소리만 실현되는데, 외래어 표기법은 그중 'ㄷ'만 'ㅅ'으로 바꾸어 표기하도록 하였다. 예를 들어, 'robot'의 끝음절은 [t]로 소리 나므로 국어의 음절의 끝소리 규칙을 고려하면 'ㄷ'으로 써야 할 것 같지만, 모음으로 된 형식 형태소가 결합할 경우 '로봇이, 로봇을'을 '[로보시], [로보슬]'과 같이 읽게 된다는 점을 고려하여 '로봇'으로 표기하도록 하였다.

㉣ 제4항 파열음 표기에는 된소리를 쓰지 않는 것을 원칙으로 한다.

➜ 무성 파열음 [p, t, k]은 영어, 독일어에서는 'ㅍ, ㅌ, ㅋ'에 가깝게 들리고, 프랑스어, 러시아어, 이탈리아 어에서는 'ㅃ, ㄸ, ㄲ'에 가깝게 들린다. 그러나 어떤 경우에는 된소리로 적고, 어떤 경우에는 거센소리로 적는다면 혼란을 초래할 수 있기 때문에 파열음 표기에 된소리를 쓰지 않는 것을 원칙으로 한다. '유성 파열음[b, d, g]'의 경우 'bus, gas'를 '뻐스, 까스'라고 쓰지 않고 '버스, 가스'라고 써야 하며, 'jam, sign pen'의 경우 '잼, 싸인펜'이라고 쓰지 않고 '잼, 사인펜'으로 써야 한다. 'jazz, jam' 등 유성 파찰음[dʒ]를 된소리로 흔히 발음하지만, 마찬가지로 표기에서는 'ㅈ'으로 하고 마찰음 [s]가 들어가는 단어도 표기에서는 된소리를 쓰지 않는다.

㉤ 제5항 이미 굳어진 외래어는 관용을 존중하되, 그 범위와 용례는 따로 정한다.

➜ 외래어는 원어에 가깝게 쓰면 좋겠지만 오래전에 들어와 널리 쓰이고 있는 외래어를 다시 원어의 발음과 유사하게 표기법을 바꿀 경우 국어의 현실을 반영하지 못할 수 있기 때문에 이미 굳어진 외래어 표기는 관용을 따르도록 한다. 가령, 'camera[kæmərə]'의 경우 '캐머러'라고 쓰는 것이 원어에 가깝겠지만, '카메라'로 오래 사용해 온 우리의 현실을 반영하여 관용을 따르도록 한다.

자음			반모음		모음	
국제 음성기호	한글		국제 음성기호	한글	국제 음성기호	한글
	모음 앞	자음 앞 또는 어말				
p	ㅍ	ㅂ, ㅍ	i	이*	i	이
b	ㅂ	브	E	위	y	위
t	ㅌ	ㅅ, 트	w	오, 우*	e	에
d	ㄷ	드			ø	외
k	ㅋ	ㄱ, 크			ε	에
g	ㄱ	그			ε	앵
f	ㅍ	프			œ	외
v	ㅂ	브			ǽ	욍
X	ㅅ	스			æ	애
	ㄷ	드			a	아
s	ㅅ	스			ɑ	
z	ㅈ	즈			ɑ̃	앙
r	시	슈, 시			ʌ	어
ᴛ	ㅈ	지			ɔ	오
i	ㅊ	츠			ɔ̃	옹
ŕ	ㅈ	즈			o	오
ï	ㅊ	치			u	우
є	ㅈ	지			∂**	어
m	ㅁ	ㅁ			∂	의
n	ㄴ	ㄴ				
T	니*	뉴				
3	ㅇ	ㅇ				
l	ㄹ, ㄹㄹ	ㄹ				
r	ㄹ	ㄹ				
h	ㅎ	흐				
S	ㅎ	히				
x	ㅎ	흐				

주 : * [j], [w]의 '이'와 '오,우' 그리고 [T]의 '니'는 모음과 결합할 때 표기 세칙에 따른다.
** 독일어의 경우에는 '에', 프랑스어의 경우에는 '으'로 적는다.

<국제음성기호와 한글대조표>

② 제2장 표기 일람표

■ 표기 일람표는 국제음성기호와 한글대조표, 에스파냐어 자모와 한글대조표, 이탈리아어 자모와 한글대조표, 일본어의 가나와 한글대조표, 중국어의 주음부호(注音符號)와 한글대조표 등 5개의 표를 싣고 있다.

③ 제3장 표기 세칙

■ 이 부분에서는 영어·독일어·프랑스어·에스파냐어·이탈리아어·일본어·중국어 등의 표기 세칙을 밝히고 있다. 이 표기 세칙이 1958년 제정의 표기법 및 『편수자료』 제3집의 표기 세칙과 달라진 것 중에서 중요한 사항만을 지적하면 다음과 같다.

㉠ 무성파열음([p, t, k])은 짧은 모음 뒤의 어말 위치나, 짧은 모음과 유음·비음 이외의 자음 사이에서는 받침으로 적고, 그 밖의 자리에서는 '으'를 붙여 적기로 하며, 유성파열음([b, d, g])은 어말이나 모든 자음 앞에서 모두 '으'를 붙여 적게 한다.

㉡ 장모음의 장음은 일절 따로 적지 않기로 한다(team[tiːm], 팀).

㉢ 중모음은 각 단모음의 음가를 살려서 적되 오우[ou]는 '오'로 아우어[auə]는 '아워'로 적기로 한다.(이 원칙에 따르면 'boat'는 '보우트'가 아닌 '보트'가 되고, 'tower'는 '타우어'가 아닌 '타워'가 된다).

㉣ 따로 설 수 있는 말의 합성으로 이루어진 복합어는 그것을 구성하고 있는 말이 단독으로 쓰일 때의 표기대로 적기로 한다.

㉤ 일본어의 'カ, タ'를 어두에서는 '가, 다'로 적게 한다

④ 제4장 인명·지명 표기의 원칙

■ 이 부분에서 특기할 사항은, 중국 및 일본의 지명 가운데 한국한자음으로 읽는 관용이 있는 것은 이를 허락한다는 것이다(黃河, 황허·황하 / 東京, 도쿄·동경).

04 국어의 로마자 표기법

현재 사용하는 국어의 로마자 표기법은 2000년 개정 고시된 것이다.

01 개념

- 국어를 로마자로 어떻게 적을 것인지를 규정한 표기법
- 국어를 로마자로 적는 방법에는 전자법과 전음법의 두 가지가 있다.

1959년 문교부 안은 전자법을 따랐으나, 1984년 문교부 안에서는 전음법을 채택하였으며, 현행의 로마자 표기법도 전음법을 따르고 있다.

① 전자법

- 국어 단어의 글자대로 전사하는 방법
- 한글로 적은 것을 그대로 로마자로 옮기면 되기 때문에, 쓰기에 편리하고 로마자 표기를 한글로 복원하기도 쉽다.
- 발음을 비슷하게 유도하기가 어렵다는 단점이 있다. 예를 들어, '독립문'의 표기를 'Doklibmun'으로 적는데, '[동님문]'이라는 원래 발음을 내지 못하고 '도그리브문'으로 읽기 쉽다.

② 전음법

- 국어 단어의 발음대로 전사하는 방법
- 우리말의 발음에 따라 적었기 때문에 우리말을 모르는 사람도 읽기가 쉽다.
- 원래 국어 철자를 알기 어려울 뿐만 아니라, 음운 변화를 반영해서 적어야 하기 때문에 일반인들이 쓰기에는 어려워서 불편함이 따른다. 예를 들어, '독립문'을 'Dongnimmun'으로 적는데, 발음은 [동님문]으로 내기가 쉽지만, 원래 표기를 알기는 쉽지 않다.

01 로마자 표기법의 필요성

- 세계와의 교류가 활발해지면서 명함, 지도, 안내 책자 등에 인명, 지명 등의 고유 명사를 국제 문자인 로마자로 표기해야 할 경우가 생기는데, 이때 국어를 로마자로 어떻게 적을 것인지를 통일하는 것이 필요하다.

03 로마자 표기법의 내용

제1장 표기의 기본 원칙
　　제1항 국어의 로마자 표기는 국어의 표준 발음에 따라 적는 것을 원칙으로 한다.
　　제2항 로마자 이외의 부호는 되도록 사용하지 않는다.
제2장 표기 일람
제3장 표기상의 유의점

① 로마자 표기법의 원칙

㉠ 제1항 국어의 로마자 표기는 국어의 표준 발음법에 따라 적는 것을 원칙으로 한다.

➜ 현재 국어의 로마자 표기법은 기본적으로 전음법을 따른다. 그러나 음운의 변동 중 된소리되기는 국어의 로마자 표기법에 반영하지 않는다.

㉡ 제2항 로마자 이외의 부호는 되도록 사용하지 않는다.

➜ 국어를 로마자로 표기할 때에는 로마자 이외의 부호는 쓰지 않으며 1음운 1기호의 대응을 원칙으로 한다. 즉 과거의 표기법에서 사용하던 반달표(˘)와 어깻점(')과 같은 특수 부호를 사용하지 않도록 하였고, 표기를 쉽게 하기 위하여 하나의 음운은 하나의 기호로 쓰는 것을 원칙으로 한다.

② 제2장 표기 일람

ㅂ	ㅍ	ㅃ	ㄷ	ㅌ	ㄸ	ㄱ	ㅋ	ㄲ	
b, p	p	pp	d, t	t	tt	kg, k	k	kk	
ㅈ	ㅊ	ㅉ	ㅅ	ㅆ	ㅎ	ㄴ	ㅁ	ㅇ	ㄹ
j	ch	jj	s	ss	h	n	m	ng	r, l

[자음의 로마자 표기]

ㅏ	ㅓ	ㅐ	ㅔ	ㅗ	ㅜ	ㅚ	ㅟ	ㅡ	ㅣ	
a	eo	æ	e	o	u	oe	wi	eu	i	
ㅑ	ㅕ	ㅒ	ㅖ	ㅛ	ㅠ	ㅘ	ㅝ	ㅙ	ㅞ	ㅢ
ya	yeo	yae	ye	yo	yu	wa	wo	wae	we	ui

[모음의 로마자 표기]

③ 제3장 표기상의 유의점

㉠ 'ㄱ, ㄷ, ㅂ, ㄹ'의 표기 방식

- 'ㄱ, ㄷ, ㅂ'의 경우 모음 앞에서는 'g, d, b'로 쓰고, 자음 앞이나 어말에서는 'k, t, p'로 적는다.
- 'ㄹ'은 모음 앞에서는 'r'로 적고, 자음 앞이나 낱말의 끝에서는 'l'로 적으며, 'ㄹㄹ'은 'll'로 적는다.

㉡ 모음을 로마자로 표기할 때의 유의점

- 'ㅢ'는 'ㅣ'로 소리 나더라도 'ui'로 적는다.
  예 광희문(Gwanghuimun)
- 장모음의 표기는 따로 하지 않는다.

05 확인문제

01 〈보기〉의 내용에 대한 이해로 적절하지 않은 것은?

보기

<한글 맞춤법 제1항>

한글 맞춤법은 표준어를 소리대로 적되, 어법에 맞도록 함을 원칙으로 한다.

① '소리대로 적'는다고 한 것은 표음주의에 바탕을 둔 것이군.
② '어법에 맞도록 한다'는 것은 표의주의에 바탕을 둔 것이군.
③ '설거지'를 '설겆이'라고 적지 않은 것은 소리대로 적는데 근거한 것이겠군.
④ '같이'를 [가치]로 발음하는 것은 어법에 맞도록 하는데 근거를 둔 것이겠군.
⑤ '앞으로'는 어법에 맞도록 해야 하기 때문에 '아프로'로 적으면 안 되겠군.

02 다음 중, 소리 나는 대로 적어야 하는 것끼리 묶어놓은 것은?

① 된소리-접미사
② 두음 법칙-접두사
③ 합성어-구개음화
④ 된소리-불규칙 용언
⑤ 조사-어미

03 〈보기〉를 근거로 할 때, 표기 방법이 다른 하나는?

보기

접두사, 접미사, 그리고 합성어는 원형을 알 수 있는 것은 그것을 밝혀 적지만, 그 뜻을 알기 어려운 것은 원형을 밝히지 않는다.

① 높이　　② 해돋이　　③ 무녀리
④ 뛰놀다　　⑤ 새카맣다

04 다음 중 밑줄 친 단어의 표기가 바른 것은?

① 그는 어머니께서 주신 물건을 고히 간직하고 있다.
② 단전호흡으로 마음을 고요히 가라앉혔다.
③ 할아버지께서는 눈을 지긋이 감았다.
④ 이 집에는 문이 하나밖에 없는 데다 더우기 매우 좁다.
⑤ 지나가는 행인에게 부딪쳐 뒤로 넘어졌다.

05 다음 밑줄 친 단어가 표준어에 해당하는 것은?

① 오늘은 <u>상치쌈</u>으로 점심밥을 먹었다.
② 그 아주머니는 아무에게나 <u>주착없이</u> 말을 가리지 않고 수다를 떨었다.
③ 회장은 마라톤 출발 신호로 <u>호루루기</u>를 불었다.
④ 우리 집 <u>윗층</u>에는 신혼 부부가 세 들어 살고 있다.
⑤ 우리는 밭에 있는 <u>무</u>를 뽑아 먹었다.

06 다음 짝지어진 단어 중, 복수 표준어에 해당하지 <u>않는</u> 것은?

① 쇠고기-소고기
② 죄다-조이다
③ 거슴츠레하다-게슴츠레하다
④ 고까신-꼬까신
⑤ 봉선화-봉숭화

07 다음 밑줄 친 부분의 발음이 긴소리로 발음되는 것은?

① 여름에는 문에 <u>발</u>을 늘어뜨리고 지낸다.
② 아이는 <u>손</u>을 흔들며 친구에게 작별 인사를 했다.
③ 무슨 일이든 첫<u>발</u>을 잘 디뎌야 한다.
④ 우리 반 지영이는 <u>눈</u>이 초롱초롱하다.
⑤ 신랑은 신부의 손등에 <u>입</u>을 맞췄다.

08 다음 단어의 발음 중, 적절하지 <u>않은</u> 것은?

① 밟다[밥따]
② 늙다[늘따]
③ 삶과[삼과]
④ 흙 위[흐귀]
⑤ 맑는[망는]

09 **〈보기〉는 외래어 표기의 기본 원칙이다. 이를 바탕으로 외래어 표기 방법에 대해 설명한 것으로 적절하지 않은 것은?**

보기

㉠ 받침에는 'ㄱ, ㄴ, ㄹ, ㅁ, ㅂ, ㅅ, ㅇ'만을 쓴다.
㉡ 파열음 표기에는 된소리를 쓰지 않는 것을 원칙으로 한다.
㉢ 이미 굳어진 외래어는 관용을 존중하되, 그 범위와 용례는 따로 정한다.

① 'rocket'은 ㉠의 원칙에 따라 '로켙'으로 적지 않고, '로켓'으로 적는다.
② 'coffee shop'은 ㉠의 원칙에 따라 '커피숖'으로 적는다.
③ 'badge'는 ㉡의 원칙에 따라 '빼지'로 적지 않고, '배지'로 적는다.
④ 'cycle'은 ㉡의 원칙에 따라 '싸이클'로 적지 않고, '사이클'로 적는다.
⑤ 'radio'는 ㉢의 원칙에 따라 '라디오'로 적지 않고, '레이디오'로 적는다.

10 **다음 중, 외래어 표기법에 맞게 표기한 것은?**

① cake → 케익
② target → 타겟
③ message → 메시지
④ flash → 플래쉬
⑤ placard → 플랜카드

11 **국어의 로마자 표기법에 대한 설명으로 적절하지 않은 것은?**

① 국어를 로마자로 적는 것을 규정한 것이다.
② 국어를 로마자로 적는 방법에는 전자법과 전사법이 있다.
③ 전자법은 국어 단어의 글자대로 전사하는 방법이다.
④ 전사법은 국어 단어의 발음대로 전사하는 방법이다.
⑤ 현행 로마자 표기법은 전자법을 따르고 있다.

12 **다음 중, 로마자 표기가 바르지 않은 것은?**

① 백마 → Baengma
② 알약 → allyak
③ 같이 → gachi
④ 좋고 → joko
⑤ 압구정 → Apkkujeong

06 기출문제

01

2015년 3월 고3 전국연합학력평가

〈보기〉는 한글 맞춤법에 대한 설명이다. 한글 맞춤법 조항의 내용과 ㉠, ㉡을 적절하게 연결하지 못한 것은?

보기

한글 맞춤법은 표준어를 ㉠**소리대로 적되**, ㉡**어법에 맞도록 함**을 원칙으로 한다. 표준어를 소리대로 적는다는 것은 표준어의 발음대로 적는다는 뜻이다. 그리고 각 형태소가 지닌 뜻이 분명히 드러나도록 하기 위하여, 그 본 모양을 밝혀 어법에 맞도록 적는다는 또 하나의 원칙이 추가되었다.

①	‘ㄷ, ㅌ’ 받침 뒤에 종속적 관계를 가진 ‘-이(-)’나 ‘-히-’가 올 적에는, 그 ‘ㄷ, ㅌ’이 ‘ㅈ, ㅊ’으로 소리 나더라도 ‘ㄷ, ㅌ’으로 적음. 예 맏이, 굳이, 묻히다	㉡
②	자음을 첫소리로 가지고 있는 음절의 ‘ㅢ’는 ‘ㅣ’로 소리 나는 경우가 있더라도 ‘ㅢ’로 적음. 예 희망, 하늬바람	㉠
③	체언은 조사와 구별하여 적음. 예 떡이, 손이, 팔이	㉡
④	어간에 ‘-이’나 ‘-음’이 붙어서 명사로 바뀐 것이라도 그 어간의 뜻과 멀어진 것은 원형을 밝히어 적지 아니함. 예 목거리(목병), 노름(도박)	㉠
⑤	둘 이상의 단어가 어울리거나 접두사가 붙어서 이루어진 말은 각각 그 원형을 밝히어 적음. 예 꽃잎, 헛웃음, 굶주리다	㉡

02

2015년 4월 고3 전국연합학력평가

〈보기〉에 제시된 수업 내용을 바탕으로 학생이 탐구한 결과로 적절한 것은?

보기

선생님 : 지난 시간에 부사화 접미사 ‘-이’와 ‘-히’의 표기에 대해 공부했습니다. 한글맞춤법 51항의 해설을 통해 ‘-하다’가 붙지 않는 용언의 어간이나 ‘ㅅ’ 받침 뒤에서는 ‘-이’로 적는다고 배웠는데, 여기에는 다음의 세 가지 경우가 더 제시되어 있습니다.

㉮ (첩어 또는 준첩어인) 명사 뒤
예 샅샅이, 다달이

㉯ 부사 뒤
예 더욱이, 히죽이

㉰ ‘ㅂ’ 불규칙 용언의 어간 뒤
예 가벼이, 새로이

판서 내용을 참고하여, 다음의 단어들을 ㉮~㉰로 구분해 봅시다.

나날이, 오뚝이, 일찍이, 즐거이, 겹겹이

	㉮	㉯	㉰
①	나날이, 오뚝이	일찍이	즐거이, 겹겹이
②	나날이, 즐거이	겹겹이	오뚝이, 일찍이
③	나날이, 겹겹이	오뚝이, 일직이	즐거이
④	오뚝이, 겹겹이	일찍이, 즐거이	나날이
⑤	겹겹이	오뚝이, 즐거이	나날이, 일찍이

03

2015년 10월 고3 전국연합학력평가

〈보기〉를 바탕으로 하여 단어들의 표기 원리를 이해한 것으로 적절한 것은?

보기

<한글 맞춤법의 '접미사가 붙어서 된 말' 중 일부>

㉠ 어간에 '-이'나 '-음/-ㅁ'이 붙어서 명사로 된 것 중, 어간의 뜻을 유지하는 경우에는 그 어간의 원형을 밝히어 적는다.

예 길이, 믿음

㉡ 어간에 '-이'나 '-음'이 붙어서 명사로 바뀐 것이라도 그 어간의 뜻과 멀어진 것은 그 어간의 원형을 밝히어 적지 아니한다.

예 목거리(병의 일종), 거름(비료)

㉢ '-이'나 '-음/-ㅁ' 이외의 모음으로 시작된 접미사가 붙어서 다른 품사로 바뀐 것은 그 어간의 원형을 밝히어 적지 아니한다.

예 나머지, 올가미

① '맞다'에서 파생된 '마중'은 어간의 원형을 밝히어 적은 것으로, ㉠에 따른 것이다.
② '걷다'에서 파생된 '걸음'은 어간의 원형을 밝히어 적지 않은 것으로, ㉡에 따른 것이다.
③ '막다'에서 파생된 '마개'는 어간의 원형을 밝히어 적지 않은 것으로, ㉡에 따른 것이다.
④ '넘다'에서 파생된 '너머'는 어간의 원형을 밝히어 적지 않은 것으로, ㉢에 따른 것이다.
⑤ '놀다'에서 파생된 '노름'은 어간의 원형을 밝히어 적지 않은 것으로, ㉢에 따른 것이다.

04

2015년 10월 고3 전국연합학력평가

〈보기1〉을 참고할 때, 〈보기2〉의 ㉠~㉤ 중, 표준 발음에 해당하지 않는 것은?

보기1

표준 발음법

제5항 'ㅑ, ㅒ, ㅕ, ㅖ, ㅘ, ㅙ, ㅛ, ㅝ, ㅞ, ㅠ, ㅢ'는 이중 모음으로 발음한다.

다만 1 용언의 활용형에 나타나는 '져, 쪄, 쳐'는 [저, 쩌, 처]로 발음한다.

다만 2 '예, 례' 이외의 'ㅖ'는 [ㅔ]로도 발음한다.

다만 3 자음을 첫소리로 가지고 있는 음절의 'ㅢ'는 [ㅣ]로 발음한다.

다만 4 단어의 첫음절 이외의 '의'는 [ㅣ]로, 조사 '의'는 [ㅔ]로 발음함도 허용한다.

보기2

○ 긍정적인 마음을 ㉠**가져야[가저야]**한다.
○ ㉡**협의[혀비]**를 거쳐서 결정한 사안이다.
○ 젊은이들에게 ㉢**희망[희망]**과 용기를 불어넣다.
○ 문화 유적에는 조상들의 ㉣**지혜[지헤]**가 담겨 있다.
○ ㉤**우리의[우리에]** 힘을 합치면 못할 일이 뭐가 있겠어요?

① ㉠ ② ㉡ ③ ㉢ ④ ㉣ ⑤ ㉤

05

2016년 10월 고3 전국연합학력평가

〈보기〉를 바탕으로 ㄱ~ㅁ을 이해한 내용으로 적절하지 <u>않은</u> 것은? [3점]

보기

한글 맞춤법 제15항 용언의 어간과 어미는 구별하여 적는다.

[붙임 2] 종결형에서 사용되는 어미 '-오'는 '요'로 소리 나는 경우가 있더라도 그 원형을 밝혀 '오'로 적는다.

예 이것은 책이오. / 이것은 책이 아니오.

[붙임 3] 연결형에서 사용되는 '이요'는 '이요'로 적는다.

예 이것은 책이요, 저것은 붓이요, 또 저것은 먹이다.

선생님의 설명 : 제15항 [붙임 2]에서 설명하는 어미 '-오'는 하오체 종결 어미입니다. 이 어미 '-오'는 [오]로 발음하는 것이 원칙이지만 [요]로 발음할 수도 있습니다. 그리고 이 '-오'가 '이다', '아니다'의 어간 뒤에 붙어 '-이오'로 활용할 때, '차(車)'처럼 모음으로 끝나는 체언과 결합하는 경우 '차이오→차요'와 같이 '-이오'가 '-요'로 줄어 쓰이기도 합니다. 이때 '-이오'가 줄어든 형태인 '-요'는 청자에게 존대의 뜻을 나타내는 보조사 '요'와 그 형태나 발음이 동일하기 때문에 언어생활에서 주의가 필요합니다.

이제 다음 제시된 자료를 분석해 봅시다. 단, ㄹ과 ㅁ은 모두 말하는 도중에 상대 높임의 등급을 바꾸지 않는다고 가정합니다.

ㄱ. 이것은 들판이요, 저것은 하늘<u>**이오**</u>.
ㄴ. 선배 : 고향이 어디니? / 후배 : 서울<u>**요**</u>.
ㄷ. (고향을 묻는 물음에 대한 답) <u>**부산이오**</u>.
ㄹ. 무얼 좋아하시오? 소설이오? 아니면 영화<u>**요**</u>?
ㅁ. 무얼 좋아하세요? 소설<u>**요**</u>? 아니면 영화<u>**요**</u>?

---

① ㄱ의 밑줄 친 '이오'는 [이요]로 발음할 수 있다.
② ㄴ의 밑줄 친 '요'를 '이요'로 바꾸어 적을 수 있다.
③ ㄷ의 밑줄 친 '부산이오'는 하오체 문장에 해당한다.
④ ㄹ의 밑줄 친 '요'는 모음으로 끝나는 체언 뒤에서 '-이오'가 줄어든 형태에 해당한다.
⑤ ㅁ의 밑줄 친 '요'는 둘 다 청자에게 존대의 뜻을 나타내는 보조사에 해당한다.

06

2016년 4월 고3 전국연합학력평가

〈보기〉의 한글 맞춤법 규정을 적용한 것으로 옳지 <u>않은</u> 것은?

보기

제19항 어간에 '-이'나 '-음/-ㅁ'이 붙어서 명사로 된 것과 '-이'나 '-히'가 붙어서 부사로 된 것은 그 어간의 원형을 밝히어 적는다. ······················ ㉠

[붙임] 어간에 '-이'나 '-음' 이외의 모음으로 시작된 접미사가 붙어서 다른 품사로 바뀐 것은 그 어간의 원형을 밝히어 적지 아니한다. ········ ㉡

제20항 명사 뒤에 '-이'가 붙어서 된 말은 그 명사의 원형을 밝히어 적는다. ································· ㉢

[붙임] '-이' 이외의 모음으로 시작된 접미사가 붙어서 된 말은 그 명사의 원형을 밝히어 적지 아니한다. ··· ㉣

제21항 명사나 혹은 용언의 어간 뒤에 자음으로 시작된 접미사가 붙어서 된 말은 그 명사나 어간의 원형을 밝히어 적는다.································· ㉤

① '다듬이'로 표기하는 것은 ㉠의 규정을 적용한 것이군.
② '마개'를 '막애'로 표기하지 않는 것은 ㉡의 규정을 적용한 것이군.
③ '삼발이'를 '삼바리'로 표기하지 않는 것은 ㉢의 규정을 적용한 것이군.
④ '귀머거리'로 표기하는 것은 ㉣의 규정을 적용한 것이군.
⑤ '덮개'로 표기하는 것은 ㉤의 규정을 적용한 것이군.

07

2018년 7월 고3 전국연합학력평가

〈보기〉는 수업의 한 장면이다. 선생님의 질문에 대한 답을 바르게 짝지은 것은?

보기

선생님 : 국어를 로마자로 표기할 때는 국어의 표준 발음법에 따라 적는 것을 원칙으로 합니다. 따라서 음운 변동의 결과를 표기에 반영하지요. 이때, 'ㄱ, ㄷ, ㅂ'은 모음 앞에서는 'g, d, b'로, 자음 앞이나 어말에서는 'k, t, p'로 적습니다. 'ㄹ'은 모음 앞에서는 'r'로, 자음 앞이나 어말에서는 'l'로 적으며, 'ㄹㄹ'은 'll'로 적지요.

그럼 아래의 표기 일람을 참고할 때, '독립문'과 '대관령'의 로마자 표기는 어떻게 될까요?

ㄱ	ㄴ	ㄷ	ㄹ	ㅁ	ㅂ	ㅇ
g, k	n	d, t	r, l	m	b, p	ng

ㅐ	ㅕ	ㅗ	ㅘ	ㅜ	ㅣ
ae	yeo	o	wa	u	i

	독립문	대관령
①	Dongnimmun	Daegwallyeong
②	Dongnimmun	Daegwalryeong
③	Dongrimmun	Daegwallyeong
④	Dongrimmun	Daegwanryeong
⑤	Doknipmun	Daegwanryeong

2018년 3월 고3 전국연합학력평가

[8] 다음 글을 읽고 물음에 답하시오.

국어에는 발음을 자연스럽게 하는 상황에서 어떠한 자음 두 개를 연달아 발음하는 것이 어려워 발생하는 음운 변동들이 있다. 가령 '국'과 '물'은 따로 발음하면 제 소리대로 [국]과 [물]로 발음되지만, '국물'처럼 'ㄱ'과 'ㅁ'을 연달아 발음하게 되면 예외 없이 비음화가 일어나 'ㄱ'이 [ㅇ]으로 바뀐다. 이것은 국어에서 장애음*과 비음을 자연스럽게 연달아 발음하는 것이 어려워 일어나는 현상이다. '국화[구콰]', '좋다[조ː타]'처럼 예사소리와 'ㅎ'이 거센소리로 축약되는 현상도 국어에서 연달아 발음하는 것이 어려운 자음들이 이어질 때 발생하는 음운 변동으로 볼 수 있다. 비음화와 자음 축약은 장애음 뒤에 비음이 이어질 때, 'ㅎ'의 앞이나 뒤에서 예사소리가 이어질 때와 같이 음운과 관련된 조건만으로 규칙성을 파악할 수 있다.

국어에서 일어나는 된소리되기를 살펴보면, 예사소리인 파열음 'ㅂ, ㄷ, ㄱ' 뒤에 예사소리 'ㅂ, ㄷ, ㄱ, ㅅ, ㅈ'이 연달아 발음되기 어려워, 뒤에 오는 예사소리가 반드시 된소리로 바뀐다. 예를 들면, '국밥'은 반드시 [국빱]으로 발음된다. 이와 같은 현상은 필수적으로 일어나기 때문에 [갑짜기]로 발음되는 단어를 '갑자기'로 표기하더라도 발음할 때에는 예외 없이 [갑짜기]가 된다.

한편 자음의 본래 소리대로 발음할 수 있음에도 불구하고 일어나는 된소리되기가 존재한다. '(신을) 신고'가 [신ː꼬]로 발음되는 것처럼, 용언의 어간이 비음으로 끝나고 뒤에 오는 어미가 예사소리로 시작하면 예사소리가 된소리로 바뀐다. 그런데 명사인 '신고(申告)'는 [신고]로 발음되듯이, 국어의 자연스러운 발음에서 비음과 예사소리는 그대로 발음될 수도 있다. 따라서 비음 뒤의 예사소리가 된소리로 발음되는 현상의 규칙성을 파악하기 위해서는 음운과 관련된 조건뿐만 아니라 용언의 어간과 어미가 결합한다는 것과 같은 형태소와 관련된 조건까지 알아야 한다.

국어의 규칙적인 음운 변동 중에는 어떠한 자음 두 개를 연달아 발음하는 것이 어려워 발생하는 것도 있고, 자음의 본래 소리대로 발음할 수 있음에도 불구하고 발생하는 것도 있다. 이와 같은 음운 변동이 일어난 발음들은 모두 표준 발음으로 인정된다.

* 장애음 : 구강 통로가 폐쇄되거나 마찰이 생겨서 나는 소리. 일반적으로 장애의 정도가 큰 파열음, 마찰음, 파찰음을 이름.

08

윗글을 바탕으로 〈보기〉의 '한글 맞춤법'을 이해한 내용으로 적절한 것은?

[3점]

보기

제1항 한글 맞춤법은 표준어를 소리대로 적되, 어법에 맞도록 함을 원칙으로 한다.

제5항 한 단어 안에서 뚜렷한 까닭 없이 나는 된소리는 다음 음절의 첫소리를 된소리로 적는다.

1. 두 모음 사이에서 나는 된소리
   예 가끔, 어찌
2. 'ㄴ, ㄹ, ㅁ, ㅇ' 받침 뒤에서 나는 된소리
   예 잔뜩, 훨씬

다만, 'ㄱ, ㅂ' 받침 뒤에서 나는 된소리는, 같은 음절이나 비슷한 음절이 겹쳐 나는 경우가 아니면 된소리로 적지 아니한다.

예 국수, 몹시

제13항 한 단어 안에서 같은 음절이나 비슷한 음절이 겹쳐 나는 부분은 같은 글자로 적는다. (ㄱ을 취하고, ㄴ을 버림.)

ㄱ	ㄴ
딱딱	딱닥

① 두 모음 사이에 예사소리가 오면 예외 없이 된소리가 되므로 '가끔'은 표기에 된소리를 밝혀 적는다.

② 예사소리인 파열음 뒤에서 된소리되기가 일어날 때 규칙성을 찾을 수 없으므로 '몹시'는 예사소리로 적는다.

③ '딱딱'은 '딱닥'으로 적으면 표준 발음이 [딱닥]이 될 수도 있으므로 두 번째 음절 첫소리를 예사소리로 적지 않는다.

④ '국수'는 두 번째 음절 첫소리를 된소리로 적지 않더라도 표준 발음인 [국쑤]로 발음되므로 표기에 된소리를 밝혀 적지 않는다.

⑤ '잔뜩'은 비음으로 끝난 용언의 어간 뒤의 예사소리가 된소리로 변했다는 뚜렷한 까닭이 있으므로 표기에 된소리를 밝혀 적는다.

09

2015년 6월 고3 평가원모의평가

〈보기〉에 따라 표준 발음을 이해한 내용으로 적절한 것은?

[3점]

보기

<표준 발음법의 '된소리되기' 중 일부>

㉠ 어간 받침 'ㄴ(ㄵ), ㅁ(ㄻ)' 뒤에 결합되는 어미의 첫소리 'ㄱ, ㄷ, ㅅ, ㅈ'은 된소리로 발음한다.

㉡ 어간 받침 'ㄼ, ㄾ' 뒤에 결합되는 어미의 첫소리 'ㄱ, ㄷ, ㅅ, ㅈ'은 된소리로 발음한다.

㉢ 관형사형 '-(으)ㄹ' 뒤에 연결되는 'ㄱ, ㄷ, ㅂ, ㅅ, ㅈ'은 된소리로 발음한다. '-(으)ㄹ'로 시작되는 어미의 경우도 이에 준한다.

① '(가슴에) 품을 적에'와 '(며느리로) 삼고'에서의 된소리되기는 모두 ㉠에 따른 것이다.

② '(방이) 넓거든'과 '(두께가) 얇을지라도'에서의 된소리되기는 모두 ㉡에 따른 것이다.

③ '(신을) 신겠네요'와 '(땅을) 밟지도'에서의 된소리되기는 모두 ㉢에 따른 것이다.

④ '(남들이) 비웃을지언정'과 '(먼지를) 훑던'에서의 된소리되기는 각각 ㉠, ㉡에 따른 것이다.

⑤ '(물건을) 얹지만'과 '(자리에) 앉을수록'에서의 된소리되기는 각각 ㉠, ㉢에 따른 것이다.

10

2015년 6월 고3 평가원모의평가

〈보기〉의 선생님의 설명을 바탕으로 할 때, ㉠에 들어갈 말로 적절하지 않은 것은?

보기

학 생 : '되어요, 돼요, 되요' 중에서 어느 게 맞는지 궁금해요.

선생님 : "어간 모음 'ㅚ' 뒤에 '-어'가 붙어서 'ㅙ'로 줄어지는 것은 'ㅙ'로 적는다."라는 맞춤법 규정에 따르면 '되어요'는 어간 '되-'에 '-어요'가 결합된 것이므로 '돼요'로 줄어들 수 있어. 그러니까 '되어요, 돼요'는 맞는 말이지만 '되요'는 틀린 말이지. '(바람을) 쐬다, (턱을) 괴다, (나사를) 죄다, (어른을) 뵈다, (명절을) 쇠다' 등도 이 규정에 따라 적으면 돼.

학 생 : 아, 그러면 ______㉠______.

① '쐬어라'는 '쐬-'와 '-어라'가 결합된 것이므로 '쐐라'로 줄어들 수 있겠네요.
② '괴-'와 '-느냐'가 결합될 때는 '어'가 들어갈 수 없으므로 '괘느냐'는 틀린 말이겠네요.
③ '좨도'는 '죄-'와 '-어도'가 결합된 말이 줄어든 것이겠네요.
④ '뵈-'가 '-어서'와 결합되면 '봬서'로 줄어들 수 있겠네요.
⑤ '쇠-'와 '-더라도'가 결합될 때는 '쇄더라도'로 적으면 틀린 것이겠네요.

11

2015년 9월 고3 평가원모의평가

〈자료〉의 밑줄 친 발음 표시 부분을 맞춤법에 맞게 표기할 때에 적용되는 원칙을 〈보기〉에서 찾아 바르게 짝지은 것은?

자료

㉠ 이것은 유명한 책이 [아니요].
㉡ 영화 구경 [가지요].
㉢ 이것은 [설탕이요], 저것은 소금이다.

보기

◦ 용언의 어간과 어미는 구별하여 적는다.
  • 종결형에서 사용되는 어미 '-오'는 '요'로 소리 나는 경우가 있더라도 그 원형을 밝혀 '오'로 적는다. … ⓐ
  이리로 오시오. (○)
  이리로 오시요. (×)

  • 연결형에서 사용되는 '이요'는 '이요'로 적는다. … ⓑ
  이것은 책이요, 저것은 붓이다. (○)
  이것은 책이오, 저것은 붓이다. (×)

◦ 어미 뒤에 덧붙는 조사 '요'는 '요'로 적는다. ………… ⓒ
읽어 읽어요   먹을게 먹을게요

① ㉠-ⓐ ② ㉠-ⓑ ③ ㉡-ⓑ ④ ㉢-ⓐ ⑤ ㉢-ⓒ

12

2015년 수능B

밑줄 친 부분이 한글 맞춤법에 맞게 쓰인 것은?

① 엇저녁에는 고향 친구들과 만나서 식사를 했다.
② 그가 발의한 안건은 다음 회의에 부치기로 했다.
③ 적잖은 사람들이 그 의견에 찬성의 뜻을 보였다.
④ 동생은 누나가 직접 만든 깍뚜기를 먹어 보았다.
⑤ 저기 넙적하게 생긴 바위가 우리들의 놀이터였다.

13

2018년 9월 고3 평가원모의평가

〈보기〉의 ㉠~㉤에 대한 설명으로 적절한 것은? [3점]

보기

<로마자 표기 한글 대조표>

자음		ㄱ	ㄷ	ㅂ	ㄸ
표기	모음 앞	g	d	b	tt
	그 외	k	t	p	

ㄴ	ㅁ	ㅇ	ㅈ	ㅊ	ㅌ	ㅎ
n	m	ng	j	ch	t	h

모음	ㅏ	ㅐ	ㅗ	ㅣ
표기	a	ae	o	i

<로마자 표기의 예>

	한글 표기	발음	로마자 표기
㉠	같이	[가치]	gachi
㉡	잡다	[잡따]	japda
㉢	놓지	[노치]	nochi
㉣	맨입	[맨닙]	maennip
㉤	백미	[뱅미]	baengmi

① ㉠에서 일어나는 음운 변동은 '땀받이[땀바지]'에서도 일어나고, 로마자 표기에 반영되었다.

② ㉡에서 일어나는 음운 변동은 '삭제[삭쩨]'에서도 일어나고, 로마자 표기에 반영되었다.

③ ㉢에서 일어나는 음운 변동은 '닳아[다라]'에서도 일어나고, 로마자 표기에 반영되었다.

④ ㉣에서 일어나는 음운 변동은 '한여름[한녀름]'에서도 일어나고, 로마자 표기에 반영되지 않았다.

⑤ ㉤에서 일어나는 음운 변동은 '밥물[밤물]'에서도 일어나고, 로마자 표기에 반영되지 않았다.

14

2020년 6월 고3 평가원모의평가

〈보기〉의 [A]에 들어갈 말로 적절한 것만을 있는 대로 고른 것은?

보기

학 생 : 선생님, 자기 소개서를 써 봤는데, 띄어쓰기가 맞는지 가르쳐 주시겠어요? 헷갈리는 부분을 표시해 왔어요.

> 양로원에 가서 봉사 활동을 했습니다. 사실 그 시간에 ㉠**봉사 보다는** 게임을 하고 싶었습니다. 그저 작은 일을 ㉡**도울 뿐이었는데** ㉢**너 밖에** 없다며 행복해하시는 어르신들의 말씀을 들을 ㉣**때 만큼은** 마음이 뿌듯해졌습니다.

선생님 : 한글 맞춤법에 따르면, 문장의 각 단어는 띄어 써야 하지만, 조사는 예외적으로 그 앞말에 붙여 쓴단다.

학 생 : 아, 그럼 [A] 은/는 앞말에 붙여 써야 하는군요.

① ㉠의 '보다', ㉢의 '밖에'

② ㉡의 '뿐', ㉢의 '밖에'

③ ㉡의 '뿐', ㉣의 '만큼'

④ ㉠의 '보다', ㉡의 '뿐', ㉣의 '만큼'

⑤ ㉠의 '보다', ㉢의 '밖에', ㉣의 '만큼'

제8강
바른 국어 생활

01 발음

01 음운의 발음

① 어말 또는 자음 앞의 겹받침 발음('제2강 음운론, 4. 음운의 변동, 겹받침 발음 원칙' 참조)

순서	겹받침	내용		예시
ⓐ	ㄺ	원칙	'ㄺ' 받침의 발음은 [ㄱ]으로 발음한다.	닭[닥], 흙과[흑꽈], 맑다[막따], 밝다[박따], 밝습니다[박씀니다], 밝지[박찌]
		예외	다만, 용언의 어간 말음 'ㄺ'은 'ㄱ'앞에서 [ㄹ]로 발음한다.	맑게[말께], 묽고[물꼬], 얽거나[얼꺼나], 밝고[발꼬], 밝게[발께], 밝기[발끼]
ⓑ	ㄼ	원칙	'ㄼ' 받침은 [ㄹ]로 발음한다.	넓다[널따], 넓게[널께], 넓고[널꼬], 넓지[널찌], 넓습니다[널씀니다]
		예외	다만, 동사 '밟다'의 경우와 '넓다'의 다음 경우에만은 예외로 [ㅂ]으로 발음한다.	밟다[밥ː따], 밟소[밥ː쏘], 밟지[밥ː찌], 밟는→[밥ː는]→[밤ː는], 밟게[밥ː께], 밟고[밥ː꼬]
				넓죽하다[넙쭈카다], 넓둥글다[넙뚱글다]
ⓒ	ㄾ	원칙	'ㄾ' 받침은 [ㄹ]로 발음한다.	핥다[할따], 핥고[할꼬], 핥게[할께], 핥기[할끼], 핥지[할찌], 핥습니다[할씀니다]
ⓓ	ㄿ	원칙	'ㄿ' 받침은 [ㅂ]으로 발음한다.	읊다[읍따], 읊게[읍께], 읊고[읍꼬], 읊기[읍끼], 읊지[읍찌], 읊습니다[읍씀니다]
		예외	단, 뒤에 유성 자음이 오면 자음 동화 현상을 겪는다.	읊는[음는]
ⓔ		'ㄶ, ㅀ' 뒤에 'ㄱ, ㄷ, ㅈ'이 올 경우 이들은 각각 'ㅋ, ㅌ, ㅊ'로 발음하며,		많고[만ː코], 않던[안턴], 닳지[달치]
		'ㄶ, ㅀ' 뒤에 'ㅅ'이 올 때는 'ㅎ'은 발음하지 않으며 'ㅅ'은 [ㅆ]으로 발음하고,		많소[만ː쏘], 싫소[실쏘]
		'ㄶ, ㅀ' 뒤에 'ㄴ'이 올 때는 'ㅎ'을 발음하지 않는다.		않네[안네], 않는[안는], 뚫네→[뚤네]→[뚤레], 뚫는→[뚤는]→[뚤른]

② 뒤에 모음으로 시작하는 형태소가 올 때의 겹받침 발음

순서	내용	예시
ⓐ	겹받침이 모음으로 시작된 조사나 어미, 접미사와 결합하는 경우에는, 뒤엣것만을 뒤 음절 첫 자리로 옮겨 발음한다. 이 경우, 'ㅅ'은 된소리로 발음한다.	앉아[안자], 닭을[달글], 젊어[절머], 핥아[할타], 읊어[을퍼]
		넋이[넉씨], 곬이[골씨], 값을[갑쓸], 없어[업ː써]
ⓑ	'ㄶ, ㅀ' 뒤에 모음으로 시작된 어미나 접미사가 결합되는 경우, 'ㅎ'을 발음하지 않는다.	않은[아는], 닳아[다라], 싫어도[시러도]
ⓒ	겹받침 뒤에 실질 형태소가 올 경우에는, 그 중 하나만을 옮겨 발음한다.	넋 없다→[넉 업따]→[너겁따], 닭 앞에→[닥 아페]→[다가페], 값어치→[갑어치]→[가버치], 값있는→[갑읻는]→[가빈는]

➜ ⓐ~ⓒ를 통해서 볼 때, 받침 다음에 어떤 형태소가 오느냐에 따라 받침의 발음이 달라진다. 어말이거나 자음이 오거나, 또는 실질 형태소가 오면 해당 받침의 7개 대표음으로 발음되고, 모음으로 시작되는 형식 형태소가 오면 해당 받침이 연음되어 발음된다. 이러한 기본적인 원리는 받침이 홑자음일 때도 적용된다.

③ 모음 발음의 예외 규정(표준 발음법 제4항과 제5항 참조)

순서	내용	예시
ⓐ	이중 모음은 이중 모음으로 발음해야 하나, 용언의 활용형에 나타나는 '져, 쪄, 쳐'는 [저, 쩌, 처]로 발음한다.	가져[가저], 쪄[쩌], 다쳐[다처]
ⓑ	자음을 첫소리로 가지고 있는 음절의 'ㅢ'는 [ㅣ]로 발음한다.	희망, 유희, 늴큼, 무늬, 씌어, 틔어, 희어, 늴리리, 띄어쓰기
ⓒ	단모음 10개 중 'ㅚ, ㅟ'는 이중 모음으로 발음할 수 있다.	금괴[금괴/금궤]
ⓓ	'예, 례' 이외의 'ㅖ'는 [ㅔ]로도 발음한다.	계집[계ː집/게ː집], 계시다[계ː시다/게ː시다], 시계[시계/시게](時計), 연계[연계/연게](連繫), 메별[메별/메별](袂別), 개폐[개폐/개페](開閉), 혜택[혜택/헤택](惠澤), 지혜[지혜/지헤](智慧)
ⓔ	단어의 첫음절 이외의 '의'는 [ㅣ]로, 조사의 '의'는 [ㅔ]로 발음함도 허용한다.	주의[주의/주이], 협의[혀븨/혀비], 우리의[우리의/우리에], 강의의[강ː의의/강ː이에]

④ 음운 변동의 발음(표준 발음법 제19항, 제20항, 제22항, 제29항 참조)

순서	내용	예시
ⓐ	받침 'ㅁ, ㅇ' 뒤에 연결되는 'ㄹ'은 [ㄴ]으로 발음한다.	담력[담:녁], 침략[침:냑], 강릉[강능], 항로[항:노], 대통령[대:통녕]
ⓑ	'ㄴ'은 'ㄹ'의 앞이나 뒤에서 [ㄹ]로 발음하는 것이 원칙이다. 다음과 같은 단어들은 'ㄹ'을 [ㄴ]으로 발음한다.	의견란[의:견난], 임진란[임:진난], 생산량[생산냥], 결단력[결딴녁], 공권력[공꿘녁], 동원령[동:원녕], 상견례[상견녜], 횡단로[횡단노], 이원론[이:원논], 입원료[이붠뇨], 구근류[구근뉴]
ⓒ	다음과 같은 용언의 어미는 [어]로 발음함을 원칙으로 하되, [여]로 발음함도 허용한다. 단, '이오, 아니오'도 이에 준하여 [이요], [아니요]로 발음함을 허용한다.	되어[되어/되여], 피어[피어/피여]
ⓓ	합성어 및 파생어에서, 앞 단어나 접두사의 끝이 자음이고 뒤 단어나 접미사의 첫음절이 '이, 야, 여, 요, 유'인 경우에는, 'ㄴ'음을 첨가하여 [니, 냐, 녀, 뇨, 뉴]로 발음한다.	솜이불[솜:니불], 홑이불[혼니불], 막일[망닐], 삯일[상닐], 꽃잎[꼰닙], 내복약[내:봉냑], 한여름[한녀름], 색연필[생년필], 담요[담:뇨], 영업용[영엄뇽], 식용유[시공뉴], 국민-윤리[궁민뉼리]

02 소리의 길이(표준 발음법 제6항, 제7항 참조)

순서		내용	예시
ⓐ		모음의 장단을 구별하여 발음하되, 단어의 첫 음절에서만 긴소리가 나타나는 것을 원칙으로 한다.	눈보라[눈:보라], 말씨[말:씨], 밤나무[밤:나무], 많다[만:타], 멀리[멀:리], 벌리다[벌:리다], 첫눈[천눈], 참말[참말], 쌍동밤[쌍동밤]
			반신반의[반:신바:늬/반:신바:니], 재삼재사[재:삼재:사]
ⓑ		용언의 단음절 어간에 어미 '-아/-어'가 결합되어 한 음절로 축약되는 경우에도 긴소리로 발음한다.	보아→봐[봐:], 기어→겨[겨:], 되어→돼[돼:], 두어→둬[둬:], 하여→해[해:]
ⓒ	㉮	긴소리를 가진 음절이라도, 단음절인 용언 어간에 모음으로 시작된 어미가 결합되는 경우, 짧게 발음한다.	감다[감:따]-감으니[가므니], 밟다[밥:따]-밟으면[발브면], 신다[신:따]-신어[시너], 알다[알:다]-알아[아라]
ⓓ	㉯	긴소리를 가진 음절이라도, 용언 어간에 피동, 사동의 접미사가 결합되는 경우, 짧게 발음한다.	감다[감:따]-감기다[감기다], 꼬다[꼬:다]-꼬이다[꼬이다], 밟다[밥:따]-밟히다[발피다]

03 외래어의 발음(외래어 표기법 제3장 제1절 가운데 제1항, 제3항, 제7항, 제8항 참조)

순서	내용	예시
ⓐ	짧은 모음 다음의 어말 무성 파열음 [p, t, k]는 받침으로 적는다.	gap[gæp] 갭, cat[kæt] 캣, book[buk] 북
ⓑ	어말 또는 자음 앞의 [s, z, f, v, θ, ð]는 '으'를 붙여 적는다.	mask[mæsk] 마스크, jazz[dʒæz] 재즈, graph[græf] 그래프, olive[ɔliv] 올리브, thrill[θril] 스릴, bathe[beið] 베이드
ⓒ	모음은 각 단모음의 음가를 살려서 적되, [ou]는 '오'로, [auə]는 '아워'로 적는다.	time[taim] 타임, house[haus] 하우스 boat[bout] 보트, tower[tauə] 타워
ⓓ	장모음의 장음은 따로 표시하지 않는다.	team[tiːm] 팀, route[ruːt] 루트

02 단어

01 맞춤법에 맞는 단어

① 한글 맞춤법은 소리대로 적는 표음주의와 어법에 맞도록 쓰는 표의주의가 적절히 섞여 있다.

→ 한글 맞춤법은 표준어를 소리대로 적되, 어법에 맞도록 함을 원칙으로 한다.(한글 맞춤법 제1항)

어법	예시
표음주의	목거리(목병), 무녀리, 코끼리, 거름(비료), 노름(도박), 귀머거리, 무덤, 주검, 거뭇거뭇, 바투, 비로소, 나마, 조차
표의주의	길이, 다듬이, 땀받이, 벼훑이, 살림살이, 믿음, 만듦, 실없이, 짓궂이, 좋이, 밝히, 작히

② 문장의 각 단어는 띄어 씀을 원칙으로 한다.(한글 맞춤법 제2항)

㉠ 현행 학교 문법에서는 단어로 품사 9개를 인정하고 있다.

㉡ 조사는 항상 붙여 써야 하는 형식 형태소이다.

→ "조사는 그 앞말에 붙여 쓴다."(한글 맞춤법 제5장 제41항)

㉢ 띄어쓰기의 원칙과 허용 예시

내용	원칙	허용
순서 단위 명사	두 시 삼십 분 오 초, 제 일 과, 1446 년 10 월 9 일, 406 동 1303 호	두시 삼십분 오초, 제이과, 1446년 10월 9일, 406동 1303호
단음절어	그 때 그 곳, 좀 더 큰 것, 이 말 저 말, 한 잎 두 잎	그때 그곳, 좀더 큰것, 한잎 두잎, 이말 저말
보조 용언	불이 꺼져 간다, 깨뜨려 버렸다 비가 올 듯하다, 비가 올 성싶다	불이 꺼져간다, 깨뜨려버렸다, 비가 올듯하다, 비가 올성싶다
성과 이름	남궁억, 독고영재, 황보혜정	남궁 억, 독고 영재, 황보 혜정
고유 명사	한국 대학교 사범 대학	한국대학교 사범대학
전문 용어	만성 골수성 백혈병, 중거리 탄도 유도탄	만성골수성백혈병, 중거리탄도유도탄

③ 표준어는 교양 있는 사람들이 두루 쓰는 현대 서울말을 정함을 원칙으로 한다.(표준어 규정 제1항)

→ 시대적-현대, 지역적-서울말, 계층적-교양 있는 사람들, 보편적-두루 쓰는

㉠ 발음 변화에 따른 표준어

기준	표준어	비표준어	표준어	비표준어
자음 차이	끄나풀	끄나불	새벽녘	새벽녁
	사글세	삭월세	적이	저으기
	수캉아지	숫강아지	수키와	숫기와
	수평아리	숫병아리	숫양	수양
모음 차이	깡충깡충	깡총깡총	막둥이	막동이
	오뚝이	오똑이	주춧돌	주촛돌
	서울내기	서울나기	냄비	남비
	온종일	왼종일	미숫가루	미싯가루
	윗도리	웃도리	윗니	웃니
	웃어른	윗어른	웃옷	윗옷
준말	김	기음	똬리	또아리
	생쥐	새앙쥐	온갖	온가지
본디말	기이개	귀개	뒷물대야	뒷대야
준말/본디말	거짓부리/거짓불		노을/놀	
	시누이/시뉘/시누		오누이/오뉘/오누	

기준	표준어	비표준어	표준어	비표준어
자음 차이	부엌	부억	강낭콩	강남콩
	휴지	수지	돌	돐
	수탉	숫닭	수퇘지	숫돼지
	숫쥐	수쥐		
모음 차이	귀둥이	귀동이	보퉁이	보통이
	부조	부주	사돈	사둔
	아지랑이	아지랭이	미장이	미쟁이
	상추	상치	구절	귀절
	위짝	웃짝	위통	웃통
	대구법	댓구법	시구	시귀, 싯구
준말	무	무우	뱀	배암
	장사치	장사아치	솔개	소리개
본디말	죽살이	죽살	부스럼	부럼
준말/본디말	머무르다/머물다		외우다/외다	
	이기죽거리다/이죽거리다			

ⓛ 어휘 선택의 변화에 따른 표준어

기준	표준어	비표준어	표준어	비표준어	표준어	비표준어
현대어 선택	애달프다	애닯다	자두	오얏	난봉	봉
고유어 선택	길품삯	보행삯	밥소라	식소라	떡암죽	병암죽
한자어 선택	개다리소반	개다리밥상	부항단지	뜸단지	윤달	군달
원래 표준어 및 방언 모두 선택	멍게/우렁쉥이		물방개/선두리		애순/어린순	
원래 방언 선택	귀밑머리	귀머리	까뭉개다	까무느다	빈대떡	빈자떡
	코주부	코보				

02 단어의 바른 사용

① 바르지 못한 문장들

㉠ 문장에 적합한 단어를 사용하지 못한 예들

- 오늘 낮에는 눈이 많이 내리더니 밤에는 강추위까지 겹쳤다. (→ 추위)
- 벽지가 잘 붙게 풀솔에 풀을 듬뿍 묻혀 칠해라. (→ 솔 또는 귀얄[1])
- 이 생선은 가시를 골라 내기가 쉽지 않다. (→ 발라 내기)
- 나 연필 한 개만 빌려 줘. (→ 자루)
- 인천에서 오클랜드까지 비행기 값이 얼마냐? (→ 비행기 삯)
- 대통령은 장병들의 노고를 치하하였다. (→ 위로하였다)
- 선생님 수고[2] 많이 하세요. (→ 선생님 안녕히 계세요.)
- 지금부터 교장 선생님의 말씀이 계시겠습니다. (→ 있으시겠습니다.)
- 자기들 나름대로의 방증[3]을 제시하면서 반박하였다. (→ 반증(反證))
- 성실하지 못한 사람은 언젠가는 그 보답을 받을 것이고 (→ 대가를 치를)

ⓛ 한자어에 대한 정확한 이해가 부족한 단어들을 사용한 예들

- 부조(扶助)(○), 부주(×)
  사돈(査頓)(○), 사둔(×)
  삼촌(三寸)(○), 삼춘(×)
- 그는 이웃 사람들과 발길을 일체 끊고 산다.(→ 일절)
- 안주 일절(→ 일체)
  ➜ 일체 : 모든 것, 온갖 사물 / 일절 : 아주, 도무지, 전혀, 결코

1 귀얄 : 풀이나 옻을 칠하는 데 쓰는 솔
2 수고 : 일을 하느라 힘을 들이고 애를 쓴다는 의미임. 따라서 아래 사람이 윗사람에게 쓰는 단어로 부적당함.
3 방증 : 사실을 증명할 수 있는 증거가 되지는 않지만, 주변의 상황을 밝힘으로써 범죄의 증명에 간접적으로 도움이 되는 증거

㉢ 단어가 문장의 다른 성분과 제대로 호응하지 못하는 예들

- *사랑스러운 그녀의 앙칼진 목소리가 귓전에 와 닿았다.(앙칼지다 : 모질고 날카롭다.)
- *유익한 주말이 되십시오.(→ 유익한 주말이 되시기 바랍니다.)

㉣ 조사와 어미의 사용이 잘못된 예들

- 도서관에 가야겠다라고 생각했어요.(→ ~고)
  ➜ 라고 : 직접 인용 / 고 : 간접 인용
- 재해 지역 선포를 대통령에 요청했다.(→ ~에게)
  ➜ 에 : 무정 명사 뒤에서 쓰인다. / 에게 : 유정 명사 뒤에서 쓰인다.
- 어디를 가던지 자기 하기 나름이다.(→ ~든지)
  ➜ 든지 : 선택 의미를 나타내는 어미
- 어제는 머리가 아프니까 결석을 하였습니다.(→ ~어서)
  ➜ 니까 : 선행절이 결과를, 후행절이 원인을 의미할 때 사용
  어서 : 선행절이 원인을, 후행절이 결과를 의미할 때 사용

② 자연스럽지 못한 문장들

㉠ 같은 의미를 가진 표현들이 불필요하게 중복되어 사용된 예들

- 늦은 만추
- 죽지 않은 불사신
- 짧게 약술하겠다.
- 배에 승선하다.
- 돌이켜 회고해 보건대
- 그 안건은 과반수 이상의 찬성표를 얻었다.
  ➜ 위의 예들은 모두 '만추(晩秋), 불사신(不死身), 약술(略述), 승선(乘船), 회고(回顧), 과반수(過半數)'라는 한자어에 대한 정확한 이해가 없거나, 습관적으로 밑줄 친 반복 표현들을 사용하고 있는 것이다. 밑줄친 부분을 빼고 사용하면 자연스런 문장이 될 것이다.

㉡ 외국어의 영향을 받은 표현들

- 날씨가 나쁜 관계로 여행을 떠나지 못하였다. (→ 날씨가 나빠서 여행을 떠나지 못하였다.)
- 영이의 책의 표지의 무늬가 무척 아름답다. (→ 영이의 책 표지 무늬가 무척 아름답다.)
- 일이 잘 진행되어지고 있습니다. (→ 진행되고)
- 우리 공장에서는 기계를 하루 종일 가동시키고 있습니다. (→ 가동하고)
- 동일한 사고를 공유하는 사람들이 집합하였다. (→ 같은 생각을 가진 사람들이 모였다.)
  ➜ 한자어나 추상어를 지나치게 많이 사용하고 있다.

03 문장

01 문법에 맞는 문장

① 서술어를 중심으로 문장 성분들이 호응을 잘 이루어야 한다.

- 인간은 자연에 복종도 하고, 지배도 하며 살아간다.(→ 인간은 자연에 복종도 하고, **자연을** 지배도 하며 살아간다.)
- 내가 하고 싶은 말은 다름이 아니라, 아직 늦지 않았으니 새로 시작하기를 바란다.(→ 내가 하고 싶은 말은 다름이 아니라, 아직 늦지 않았으니 새로 시작하기를 바란다**는 것이다**.)
- 운전기사와 잡담을 하거나 과속을 금지한다.(→ **(승객이)** 운전기사와 잡담을 하거나 **(운전기사가) 과속을 하는** 것을 금지한다.)
- 영이는 노래를 **하고**, 순이는 키가 **크다**.(앞 절 : 동사문, 뒤 절 : 형용사문)
  ➜ 대등 연결되는 대상의 성격이 다르기 때문에 문법에 맞지 않는 문장이 된다.
- 이 배는 사람이나 짐을 싣고 하루에 다섯 번씩 운행한다.(→ 이 배는 사람을 **태우거나** 짐을 **싣고** 하루에 다섯 번씩 운행한다.)
- 이를 씻다.(→ 이를 **닦다**.)

② 조사나 어미가 제대로 사용되지 않은 예들

- 우리는 그 학교**에게** 선물을 증정했다.(→ 학교에)
- **알맞는** 답을 고르시오.(→ 알맞은)
- **푸르른** 들판을 마음껏 달려 보자.(→ 푸른)

③ 시제나 높임 표현이 잘못 사용된 예들

- 아직 학교에 **도착하고 있지 않습니다**.(→ **아직** 학교에 **도착하지 않았습니다**.)
- 너 선생님이 빨리 **오래**.(→ 너 선생님이 빨리 **오라고 하셔**.)

④ 특정한 부사어가 특정한 서술어를 요구하는 예들

- 나는 **반드시** 그 일을 하고 **말겠다**.
- **절대로** 그를 용서할 수 **없어**.
- 우리는 **결코** 그 일을 하지 **말아야 해**.
- 누군가 **혹시** 그것을 먹는다 **해도**

• 결코 ~ 않다	• 마치 ~ 같다	• 여간 ~ 않다
• 과연 ~ 구나	• 만약 ~ (ㄴ)라면	• 일절 ~ 않다(못하다)
• 그다지 ~ 하지 않다	• 부디 ~ 하여라	• 차라리 ~ -ㄹ지언정
• 도대체 ~ 이냐	• 비록 ~ 일지라도	• 차마 ~ 않다
• 드디어 ~ 하다	• 아마 ~ -ㄹ 것이다	• 혹시 ~ 거든

⑤ 의미론적으로 모순이 되는 문장들

- *노처녀와 홀아비는 드디어 이혼을 하고 말았다.
- *귀신과 용은 동물로서 생물이고, 냉정한 그 여자는 인간이지만 무생물이다.
- *영자는 철수의 오른편에 있었으나, 철수는 영자의 왼편에 있지 않다.
- *우리 회사에서는 정화시킨 오염 폐수만을 내보낸다.
- *이 옷에는 회색으로 무늬를 화사하게 넣었다.

02 명확한 문장

- 명확한 문장이란 기본적으로 한 가지로 해석되는 문장을 말한다.

① 두 가지 이상으로 해석되는 중의적인 문장의 예들

- 아름다운 고향의 하늘을 생각한다.
  - ➜ '아름다운'의 대상이 '고향'인지 '하늘'인지 명확하지 않다.
- 철수는 영수와 순이를 좋아한다.
  - ➜ 철수와 영수가 함께 순이를 좋아하는 것인지, 아니면 철수 혼자서 영수와 순이를 좋아하는 건지 알 수가 없다.
- 이것은 **아버지의 초상화**이다.
  - ➜ '아버지의 초상화'는 '아버지를 그린 그림', '아버지가 그린 초상화', '아버지가 갖고 계신 초상화' 등 그 의미가 여러 가지로 해석된다.

② 필요한 문장 성분을 지나치게 생략함으로써 문장의 의미가 불명확해진 예들

- 그것을 해 나가자면, 엉키지 않을 수가 없다.
  - ➜ 필요한 성분을 지나치게 생략하여 무엇이, 어디에, 어떻게 엉켰는지 확실하지 않다.
- 나는 집에서 요리를 하는 것을 좋아하나, 그는 먹는 것을 좋아한다.
  - ➜ 먹는 장소가 집인지 밖인지 명확히 알 수가 없다.

❖ 위와 같은 문장들은 앞 뒤 문맥을 통해서 명확한 의미를 확인할 수 있을 뿐이다.

③ 문법적으로는 이상이 없으나 의미상으로는 쉽게 용납되기 어려운 문장들

- 쥐가 고양이를 잡아먹었다.
- **바가지를 긁는 아내**에게 남편은 **마음의 창을 닫아 버렸다.**
  - ➜ '아내가 바가지를 긁는다.'는 일차적인 의미로 해석하면 아주 이상한 문장이 되지만, '마음의 창을 닫다.'라는 표현과 함께 관용 표현으로 이해하여 이차적인 의미로 해석하면 자연스런 문장이 된다.

④ 구체적이지 못하고 추상적인 문장들

- 우리 민족은 매우 우수하고 열성적이다.
  - ➜ 우리 민족이 어떤 면에서 우수하고 열성적인지 모호하다.
- 모든 국민은 신체의 자유를 가진다.
  - ➜ '신체의 자유'가 구체적으로 무엇을 뜻하는지 불명확하다.
- 그림같이 아름다운 항구
  - ➜ '항구'가 구체적으로 어디가 어떻게 아름다운지 알 수 없다.

⑤ 가능한 한 피해야 할 외국어투의 문장

- ~ 가운데 하나
- 한 권의 책
- ~을 배제할 수 없다.
- ~은 아무리 강조해도 지나치지 않다.

04 확인 문제

01 **〈보기〉의 ㉠과 ㉡에 따라 발음해야 하는 단어를 순서대로 묶어놓은 것은?**

보기

㉠ ‘ㄺ’ 받침의 발음은 [ㄱ]으로 발음한다.

㉡ 용언의 어간 말음 ‘ㄺ’은 ‘ㄱ’앞에서 [ㄹ]로 발음한다.

① 맑고, 맑지
② 흙위, 흙에서
③ 닭장, 닭고기
④ 밝지, 묽게
⑤ 읽고, 읽다

02 **〈보기〉의 규칙에 따라 발음할 때, 적절하지 <u>않은</u> 것은?**

보기

겹받침이 모음으로 시작된 조사나 어미, 접미사와 결합하는 경우에는, 뒤엣것만을 뒤음절 첫 자리로 옮겨 발음한다. 이 경우, ‘ㅅ’은 된소리로 발음한다.

① 바닥에 <u>앉아서</u>[안자서] 책을 읽었다.
② <u>닭이</u>[달기] 헤집어 놓은 것 같다.
③ 한 쌍의 <u>젊은</u>[절믄] 남녀가 걸어가고 있다.
④ 저는 망국의 한을 <u>읊은</u>[을픈] 시를 선택했습니다.
⑤ 이 차는 낡아서 <u>값이</u>[갑시] 좀 헐하다.

03 **〈보기〉를 바탕으로 음운 변동을 이해한 것으로 적절한 것은?**

보기

㉠ 이중 모음은 이중 모음으로 발음해야 하나, 용언의 활용형에 나타나는 ‘져, 쪄, 쳐’는 [저, 쩌, 처]로 발음한다.

㉡ 자음을 첫소리로 가지고 있는 음절의 ‘ㅢ’는 [ㅣ]로 발음한다.

㉢ 단모음 10개 중 ‘ㅚ, ㅟ’는 이중 모음으로 발음할 수 있다.

㉣ ‘예, 례’ 이외의 ‘ㅖ’는 [ㅔ]로도 발음한다.

㉤ 단어의 첫음절 이외의 ‘의’는 [ㅣ]로, 조사의 ‘의’는 [ㅔ]로 발음함도 허용한다.

① ‘살쪄서 바지가 작다.’의 ‘살쪄서’는 ㉠에 따라 [살쪄서]로 발음한다.
② ‘희망 사항’의 ‘희망’은 ㉡에 따라 [히망]으로도 발음할 수 있다.
③ ‘금괴 시장’의 ‘금괴’는 ㉢에 따라 [금궤]로 발음해야 한다.
④ ‘국기에 대한 경례’에서 ‘경례’는 ㉣에 따라 [경레]로 발음해야 한다.
⑤ ‘민주주의의 의의’에서 ‘의의’는 ㉤에 따라 [의이]로 발음해야 한다.

04 **〈보기〉를 바탕으로 음운의 변동을 이해한 것으로 적절하지 <u>않은</u> 것은?**

보기

㉠ 받침 'ㅁ, ㅇ' 뒤에 연결되는 'ㄹ'은 [ㄴ]으로 발음한다.
㉡ 'ㄴ'은 'ㄹ'의 앞이나 뒤에서 [ㄹ]로 발음하는 것이 원칙이다.

① '종로'는 ㉠에 따라 [종노]로 발음해야 한다.
② '남루'는 ㉠에 따라 [남누]로 발음해야 한다.
③ '칼날'은 ㉡에 따라 [칼랄]로 발음해야 한다.
④ '신라'는 ㉡과 달리 [신나]로 발음해야 한다.
⑤ '공권력'은 ㉡과 달리 [공꿘녁]으로 발음해야 한다.

05 **〈보기〉의 단어에서 일어나는 음운의 변동이 일어나는 단어끼리만 묶어놓은 것은?**

보기

막일 → [막닐] → [망닐]
(ㄴ첨가) (비음화)

① 삯일, 꽃잎, 색연필
② 꽃잎, 담요, 식용유
③ 삯일, 솜이불, 색연필
④ 담요, 색연필, 영업용
⑤ 삯일, 식용유, 솜이불

06 **〈보기〉의 원칙에 따라 발음할 때, '소리의 길이'가 <u>다른</u> 하나는?**

보기

모음의 장단을 구별하여 발음하되, 단어의 첫 음절에서만 긴소리가 나타나는 것을 원칙으로 한다. 다만, 합성어의 경우에는 둘째 음절 이하에서도 분명한 긴소리를 인정한다.

① <u>말</u>씨
② <u>발</u>자국
③ <u>밤</u>나무
④ <u>눈</u>사람
⑤ 재삼<u>재</u>사

07 〈보기〉의 ㉠에 따라 적고 있는 단어로 적절한 것은?

> **보기**
>
> (한글 맞춤법 제1항)
>
> 한글 맞춤법은 표준어를 소리대로 적되, ㉠**어법에 맞도록 함**을 원칙으로 한다.

① 농부들은 아침 일찍부터 밭에 거름을 내고 있었다.
② 그는 노름으로 전 재산을 날렸다.
③ 지붕 위에 쌓였던 눈이 녹고 있다.
④ 부두에는 마중 나온 사람들로 가득 찼다.
⑤ 그녀는 끝내 믿음을 저버리고 말았다.

08 다음 중, 밑줄 친 말이 표준어인 것은?

① 동이 틀 녘이면 모두 밭에 나가 일을 한다.
② 낭만적인 분위기를 즐기는 그는 멋장이로 소문나 있다.
③ 여보, 케케묵은 이야기를 꺼내서 어떻게 하려고 그러세요?
④ 윗층으로 올라가는 계단은 어둡고 삭막했다.
⑤ 그는 일을 마치면 으례 동료들과 술 한잔을 한다.

09 다음 문장에 사용된 단어들 중에서 적절하지 않은 것은?

① 봄보리는 겨울의 강추위에서 얼어 죽지 않고 줄기를 파릇파릇 내밀고 있었다.
② 이 중에서 색깔이 다른 것을 골라내기는 쉽지 않습니다.
③ 교수님은 지금 댁에 계실 겁니다.
④ 나는 그녀에게 양말 열 개를 선물했다.
⑤ 먼 길까지 오느라 수고가 많았다.

10 다음 중, 자연스러운 문장은?

① 행복해지려면 우선 자신의 건강부터 먼저 신경 써야 한다.
② 예상치 못한 갑작스러운 출장으로 옷가지를 챙겨 오지 못했다.
③ 우리는 전쟁에서 이기기 위해 죽기를 각오하고 결사적으로 싸웠다.
④ 부유층에게는 세금을 아무리 많이 물려도 괜찮다는 쪽으로 사회 분위기가 몰리는 것도 문제다.
⑤ 연일 비가 오거나 흐린 장마철에는 무기력하게 늘어져 활력이 떨어지고 우울해지기 쉽다.

11 **다음 중, 문장 성분 간의 호응이 적절하지 않은 것은?**

① 너희가 기억할 것은 좋은 지도자는 실패하더라도 좌절하지 않는다는 점이다.
② 네가 아무리 우겨 봐도 어쩔 수가 없다.
③ 상대방의 함정에 빠진 그들은 머리를 모아 탈출 방법을 궁리하기 시작했다.
④ 그것은 오래 전에 불려지던 노래이다.
⑤ 비록 사소한 것일지라도 아버지와 의논해야지.

12 **다음 중, 밑줄 친 단어가 표준어가 아닌 것은?**

① 이 자리를 빌어 감사의 말씀을 드립니다.
② 날씨가 좋을런지 모르겠다.
③ 아침 햇빛이 눈부시다.
④ 그 사람은 괴팍하다.
⑤ 그는 아직 한창 일할 나이이다.

13 **다음 중, 문법에 맞는 문장이 아닌 것은?**

① 작품을 보니 소문에 듣던 대로 이 사람은 과연 훌륭한 예술가로구나!
② 그러니까, 도대체 네가 하고 싶은 말이 무엇이냐?
③ 그는 부끄러워 차마 얼굴을 들 수가 없었다.
④ 지진이 일어난 뒤에는 반드시 해일이 일어난다.
⑤ 그 남자는 아마 아직도 널 기다리고 있지 않다.

14 **다음 중, 문법적으로는 이상이 없으나, 의미론적으로는 모순이 되는 문장은?**

① 학교의 뒤쪽에는 은행이 있고, 은행의 앞쪽에는 시립도서관이 있다.
② 이번 설날에도 고향을 찾아가는 사람들로 고속도로는 극심한 정체를 빚었다.
③ 착한 사람은 죽어서 하늘로 올라가 행복하게 산다는 할머니의 말씀은 어린 손자에게 신비롭게 들렸다.
④ 그는 어제 산책길에 만났던 그녀와 다시 마주쳤다.
⑤ 친구가 가자고 조르는 바람에 할 수 없이 자리에서 일어났다.

05 기출문제

01

2015년 3월 고3 전국연합학력평가

㉠~㉤의 사례로 적절하지 않은 것은?

보기

문장을 어법에 어긋나거나 부자연스럽게 사용한 대표적 유형으로는, ㉠**주어와 서술어가 호응하지 않는 경우**, ㉡**부사어와 서술어가 호응하지 않는 경우**, ㉢**서술어가 요구하는 문장 성분이 부적절하게 생략된 경우**, ㉣**서술어가 부적절하게 생략된 경우**, ㉤**불필요하게 의미가 중복되는 경우** 등이 있다.

① ㉠ : 내가 하고 싶은 말은 다른 사람을 배려해서 행동하자.
② ㉡ : 새벽에 잠을 깬 사람은 비단 나뿐이었다.
③ ㉢ : 나는 집에 오자마자 들고 있던 가방을 두었다.
④ ㉣ : 새로 산 자동차에 짐과 동생을 태우고 여행을 떠났다.
⑤ ㉤ : 착한 너의 후배를 나한테 빨리 소개해 주었으면 좋겠다.

02

2015년 4월 고3 전국연합학력평가

㉠~㉤에 들어갈 문장으로 적절하지 않은 것은?

보기

원래 문장	표현하려는 의미	수정한 문장
현우는 새로 산 옷을 입고 있다.	옷을 입는 동작이 진행 중임을 나타내고자 함.	㉠
영철이는 지수보다 야구 경기를 더 좋아한다.	영철이가 더 좋아하는 것은 지수가 아니라 야구 경기임.	㉡
친구들이 약속 장소에 다 나오지 않았다.	친구들이 일부만 참석함.	㉢
민수는 아침에 윤서가 여행에서 돌아왔다고 말했다.	돌아온 사실을 말한 시점이 아침임.	㉣
그는 내게 장미와 튤립 두 송이를 주었다.	받은 꽃의 개수가 세 송이임.	㉤

① ㉠ : 현우는 새로 산 옷을 입고 있는 중이다.
② ㉡ : 영철이는 지수를 좋아하는 것보다 야구 경기를 더 좋아한다.
③ ㉢ : 친구들이 약속 장소에 다는 나오지 않았다.
④ ㉣ : 윤서가 아침에 여행에서 돌아왔다는 것을 민수는 말했다.
⑤ ㉤ : 그는 내게 장미 한 송이와 튤립 두 송이를 주었다.

03

2015년 7월 고3 전국연합학력평가

다음은 잘못된 문장 표현을 고쳐 쓴 것이다. 적절하지 않은 것은?

◦ 문장 성분 간의 호응이 잘못된 경우
예 그는 마음먹은 일은 절대로 하고 만다.
→ 그는 마음먹은 일은 반드시 하고 만다. ……… ①

◦ 활용 어미의 사용이 잘못된 경우
예 알맞는 답을 고르시오.
→ 알맞은 답을 고르시오. ……………………………… ②

◦ 불필요한 어휘가 중복된 경우
예 이 사람의 장점은 노래를 잘한다는 것이 장점이다.
→ 이 사람의 장점은 노래를 잘한다는 것이다. …. ③

◦ 시간 표현이 잘못된 경우
예 철수가 어제 집에 오지 않습니다.
→ 철수가 어제 집에 오지 않았습니다. …………… ④

◦ 필수적인 문장 성분이 지나치게 생략된 경우
예 인사 발령이 나서 가게 되었다.
→ 인사 발령이 나서 급히 가게 되었다. ………… ⑤

04

2015년 10월 고3 전국연합학력평가

〈보기〉의 ㉠~㉤은 모두 중의적인 문장이다. 괄호의 의미만을 나타내도록 수정한 방법으로 적절하지 않은 것은?

보기

㉠ 교실에 학생들이 다 오지 않았다.
(→ 학생들이 한 명도 오지 않았다는 의미로)
㉡ 현규와 숙희는 어제 결혼하였다.
(→ 현규가 숙희의 남편이 되었다는 의미로)
㉢ 이것은 선생님의 그림이다.
(→ 그림 속 인물이 선생님이라는 의미로)
㉣ 아버지께서 귤과 사과 두 개를 가져오셨다.
(→ 과일 세 개 중 두 개가 사과라는 의미로)
㉤ 그녀는 밝은 표정으로 환영하는 사람들에게 인사했다.
(→ 표정이 밝은 사람은 그녀라는 의미로)

① ㉠ : '않았다'를 '못했다'로 바꾼다.
② ㉡ : '현규와 숙희는'을 '현규는 숙희와'로 교체한다.
③ ㉢ : '선생님의'를 '선생님을 그린'으로 교체한다.
④ ㉣ : '귤과 사과 두 개'를 '귤 한 개와 사과 두 개'로 바꾼다.
⑤ ㉤ : '밝은 표정으로'를 '사람들에게'의 뒤로 옮긴다.

05

2016년 3월 고3 전국연합학력평가

〈보기〉는 문법적으로 바르지 않은 문장 유형 중 일부이다. 〈보기〉의 어느 경우에도 해당하지 않는 것은?

보기

- 높임 표현이 적절하게 사용되지 않은 경우
- 연결 어미가 의미에 맞게 사용되지 않은 경우
- 피동 표현이 중복되어 과도한 피동이 된 경우
- 목적어에 대응하는 서술어가 잘못 생략된 경우

① 고등학생이라면 모름지기 그 정도는 다 할 줄 안다.
② 예상치 못했던 결과가 나온다면 실망할 필요가 없다.
③ 그 복지 시설은 지금 민간에 위탁 운영되어지고 있다.
④ 특별한 일이 없을 때는 텔레비전이나 라디오를 듣는다.
⑤ 이것은 어머니가 외할머니한테 생신 선물로 드린 것이다.

06

2016년 수능A, B

다음 중 문법으로 가장 정확한 문장은?

① 그는 자기가 창안한 사회 이론을 더욱 발전해 사회 문제의 해결에 기여하고자 하였다.
② 참관인 자격으로 회의에 참석한 두 사람은 눈짓을 주고받은 후 조용히 회의장을 빠져나갔다.
③ 유럽은 18세기 후반부터 약 100년 동안 생산 기술의 발달과 그에 따라 사회 조직의 큰 변화를 겪었다.
④ 이 책의 저자가 독자에게 말하려는 요점은 모름지기 사람은 남을 하여 자기를 희생할 줄도 알아야 한다.
⑤ 그의 작품들은 엇비슷해서 학생들이 작품 이름의 혼동이나 각 작품의 이야기 줄거리를 잘 기억하지 못했다.

07

2016년 7월 고3 전국연합학력평가

다음은 잘못된 문장 표현을 고쳐 쓴 것이다. 적절하지 않은 것은?

- 단어의 사용이 잘못된 경우

예 나이가 많고 작음은 큰 의미가 없다.
→ 나이가 크고 작음은 큰 의미가 없다. ………… ①

- 조사의 쓰임이 잘못된 경우

예 우리 아버지에 생신을 축하하려고 모였다.
→ 우리는 아버지의 생신을 축하하려고 모였다. ②

- 어미의 사용이 잘못된 경우

예 집에 가던지 학교에 가던지 해라.
→ 집에 가든지 학교에 가든지 해라. ………………… ③

- 문장 성분 간의 호응이 잘못된 경우

예 그것은 결코 우연한 일이었다.
→ 그것은 결코 우연한 일이 아니었다. …………… ④

- 문장 성분이 과도하게 생략된 경우

예 그녀는 노래와 춤을 추고 있다.
→ 그녀는 노래를 부르며 춤추고 있다. …………… ⑤

08

2015년 6월 고3 평가원모의평가

〈보기1〉의 ㉠~㉣ 중 〈보기2〉와 같이 문장을 수정하는 데에 반영된 것만을 있는 대로 고른 것은?

보기1

문장을 수정할 때는 아래와 같은 사항을 점검해야 한다.

㉠ 문장의 필수 성분이 다 갖추어져 있는가?
㉡ 조사가 적절하게 사용되었는가?
㉢ 어미가 적절하게 사용되었는가?
㉣ 불필요한 의미 중복 표현이 사용되지는 않았는가?

보기2

수정 전	지난여름 청소년 문화 교류단에 참여하려는 학생들은 각 지역에 청소년들과 소통하고 답사함으로써 즐거운 추억을 만들 수 있었다.
⬇	
수정 후	지난여름 청소년 문화 교류단에 참여한 학생들은 각 지역의 청소년들과 소통하고 유적지를 답사함으로써 즐거운 추억을 만들 수 있었다.

① ㉠, ㉢ ② ㉠, ㉣ ③ ㉡, ㉣
④ ㉠, ㉡, ㉢ ⑤ ㉡, ㉢, ㉣

09

2015년 9월 고3 평가원모의평가

〈자료〉와 같이 문장을 수정할 때 고려한 사항을 〈보기〉의 ㉠~㉣에서 고른 것은?

보기

㉠ 주어와 서술어의 호응
- 너희가 기억할 것은 좋은 지도자는 실패하더라도 좌절하지 않는다.
  → 너희가 기억할 것은 좋은 지도자는 실패하더라도 좌절하지 않는다는 점이다.

㉡ 부사어와 연결 어미의 호응
- 그는 아무리 돈이 많아서 그것을 쓸 줄 모른다.
  → 그는 아무리 돈이 많아도 그것을 쓸 줄 모른다.

㉢ 목적어의 누락
- 상대방의 함정에 빠진 그들은 머리를 모아 궁리하기 시작했다.
  → 상대방의 함정에 빠진 그들은 머리를 모아 탈출 방법을 궁리하기 시작했다.

㉣ 피동의 중복
- 그것은 오래전에 불려지던 노래이다.
  → 그것은 오래전에 불리던 노래이다.

자료

- 그 프로그램을 쓰면 비록 초보자일수록 누구나 쉽게 표와 그래프 등을 그려서 작성할 수 있다.
  → 그 프로그램을 쓰면 비록 초보자일지라도 누구나 쉽게 표와 그래프 등을 그려서 문서를 작성할 수 있다.

① ㉠, ㉡ ② ㉠, ㉢ ③ ㉡, ㉢ ④ ㉡, ㉣ ⑤ ㉢, ㉣

제9강
국어사

01 국어의 형성과 역사

01 국어의 계통과 형성」

① 국어의 계통

㉠ 계통상-알타이 어족

→ 이 견해는 알타이어 학자인 핀란드의 람스테트가 알타이 어족에 속하는 몽골어, 만주-퉁구스어, 튀르크 어에다가 우리 국어를 첨가시키면서 알려져 온 견해이다.

㉡ 국어를 알타이 어족에 넣는 근거[1]

- 국어에 어두 자음군이 존재했다.
- 모음 조화 현상이 있다.
- 우리말이 조사와 어미가 발달된 교착어에 속한다.
- 모음 교체 및 자음 교체가 없다.
- 관계대명사 및 접속사가 없다.

② 국어의 형성

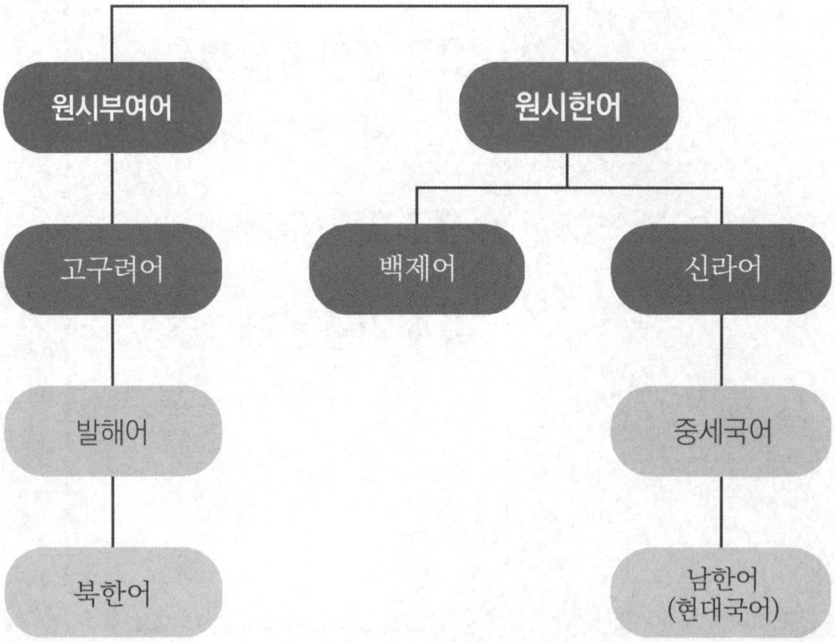

1 이기문의 견해로 국어와 알타이 제어가 가지는 공통 특징이다.

01 국어사의 시대 구분

① 국어사의 시대 구분(이기문, 1972)

시대 구분		시기	중심지역	특징
고대 국어		원시 ~ 통일 신라	경주	• 주로 한자어를 빌려서 우리말을 표기한다.
중세 국어	전기 중세 국어	고려 ~ 훈민정음 창제	개성	• 한자어의 다량 유입
	후기 중세 국어	훈민정음 ~ 임진왜란	서울	• 훈민정음 창제로 문자 체계 확립
근대 국어		임진왜란 ~ 갑오개혁	서울	• 한글 사용 범위가 넓어지고 어휘나 표기 체계 등에 많은 변화가 생겼다.
현대 국어		갑오개혁 ~ 현재	서울	

② 국어사의 시대 구분(박병채, 1989)

구분		기간
고대 국어	전기 고대 국어	~ 계림유사[1] 발간(1103)
	후기 고대 국어	계림유사 발간 ~ 훈민정음 창제(1443)
중기 국어		훈민정음 창제 ~ 임진왜란(1598)
근대 국어		임진왜란 ~ 갑오개혁(1894)
현대 국어		갑오개혁 ~ 현재

③ ①과 ②의 비교

①	②
국가의 흥망을 국어와 연결시킨 방식	문자의 유무를 국어와 연결시킨 방식
국가와 민족과 언어의 관계를 직접적으로 연결시킨 것	문자 언어와 음성 언어의 관계를 강조하고자 한 것
민족과 언어의 관계가 중요하다.	언어 자체의 관계가 중요하다.

1 '계림유사'는 송나라 때 손목이 고려 숙종 8년(1103년) 서장관(書狀官, 기록관)으로 개성에 왔다가 당시 고려의 조정제도와 풍속, 고려인들이 사용하던 어휘 3백 61개를 수집한 일종의 견문록

02 훈민정음의 제자 원리

01 제자 원리

■ 한글 자음 17자와 모음 11자가 각각 만들어진 원리.

① **초성(자음)의 제자 원리** : 상형(象刑)의 원리와 가획(加劃)의 원리에 의해 만들어졌다.

㉠ **상형(象刑)의 원리** : 발음 기관의 모양을 본떠서 기본자를 만들었다.

㉡ **가획의 원리** : 기본자에 획을 더하여 자음을 만들었다.

기본자	ㄱ	ㄴ	ㅁ	ㅅ	ㅇ
가획자	ㅋ	ㄷ	ㅂ	ㅈ	ㆆ
		ㅌ	ㅍ	ㅊ	ㅎ

② **중성(모음)의 제자 원리** : 천지인삼재(天地人三才), 즉 하늘과 땅과 사람의 형상을 본떠(**상형의 원리**) 기본자 '•, ㅡ, ㅣ'를 만들었다. 그리고 이 기본자들을 조합(**합용의 원리**)하여 나머지 글자들을 만들었다.

상형	기본자	초출자	재출자
하늘의 둥근 모양을 본뜸.	•	• + ㅡ → ㅗ ㅣ + • → ㅏ ㅡ + • → ㅜ • + ㅣ → ㅓ	ㅣ + ㅗ → ㅛ ㅣ + ㅏ → ㅑ ㅣ + ㅜ → ㅠ ㅣ + ㅓ → ㅕ
땅의 평평한 모양을 본뜸.	ㅡ		
사람이 서 있는 모양을 본뜸.	ㅣ		

③ **종성의 제자 원리** : 종성부용초성(終聲復用初聲)

→ 훈민정음 종성의 제자 원리(制字原理)로서, 종성의 글자는 특별한 글자를 만들지 않고 초성(初聲)으로 쓰이는 글자를 다시 사용한다는 것을 이른다.

02 자음 체계

조음 위치 \ 조음 방법	전청(全淸)[1]	차청(次淸)[2]	불청불탁(不淸不濁)[3]	전탁(全濁)[4]
아음(牙音, 어금닛소리)	ㄱ	ㅋ	ㆁ	ㄲ
설음(舌音, 혓소리)	ㄷ	ㄷ	ㄴ	ㄸ
순음(脣音, 입술소리)	ㅂ	ㅍ	ㅁ	ㅃ
치음(齒音, 잇소리)	ㅅ			ㅆ
	ㅈ	ㅊ		ㅉ
후음(喉音, 목구멍소리)	ㆆ	ㅎ	ㅇ	ㆅ
반설음(半舌音, 반혓소리)			ㄹ	
반치음(半齒音, 반잇소리)			ㅿ	

❖ 이체자(異體字)

■ 국어 자음 중 '상형의 원리'와 '가획의 원리'를 따르지 않고 만들어진 글자. 이체자는 '근본 원리가 다른 글자'라는 의미로 'ㆁ, ㅿ, ㄹ'이 여기에 속한다.

03 모음 체계

시기	단모음	비고	
후기 중세 국어	ㅣ, ㅡ, ㅓ, ㅜ, ㅗ, ㆍ, ㅏ	7개	
근대 국어	ㅣ, ㅔ, ㅐ, ㅡ, ㅓ, ㅜ, ㅗ, ㅏ	8개	'ㆍ'가 17세기에 소멸되고, 'ㅔ, ㅐ'는 18세기에 생겼다.
현대 국어	ㅣ, ㅔ, ㅐ, ㅚ, ㅟ, ㅡ, ㅓ, ㅜ, ㅗ, ㅏ	10개	'ㅚ, ㅟ'가 19세기 말에 생겼다.

❖ 중세 국어의 이중 모음

ㅑ, ㅕ, ㅛ, ㅠ, ㅘ, ㅝ, ㆎ, ㅚ, ㅔ, ㅚ, ㅟ, ㅢ

❖ 'ㆍ(아래아)'의 위치에 따른 모음의 성질

양성 모음		음성 모음	
• 'ㅡ'의 위쪽 • 'ㅣ'의 오른쪽	ㅏ, ㅗ, ㅑ, ㅛ	• 'ㅡ'의 아래쪽 • 'ㅣ'의 왼쪽	ㅓ, ㅜ, ㅕ, ㅠ

1 온전히 맑은 소리. 훈민정음의 초성 체계 가운데 'ㄱ', 'ㄷ', 'ㅂ', 'ㅅ', 'ㅈ', 'ㆆ' 따위에 공통되는 음성적 특질을 이르는 말. 현대 음성학의 무성 자음에 해당한다.

2 다음으로 맑은 소리. 훈민정음의 초성 체계 가운데 'ㅋ', 'ㅌ', 'ㅍ', 'ㅊ', 'ㅎ' 따위에 공통되는 음성적 특질을 이르는 말.

3 맑지도 흐리지도 않은 소리. 훈민정음의 초성 체계 가운데 'ㆁ', 'ㄴ', 'ㅁ', 'ㅇ', 'ㄹ', 'ㅿ' 따위에 공통되는 음성적 특질을 이르는 말. 현대 음성학의 유성 자음에 해당한다.

4 흐린 소리. 훈민정음의 초성 체계 가운데 'ㄲ', 'ㄸ', 'ㅃ', 'ㅆ', 'ㅉ', 'ㆅ' 따위에 공통되는 음성적 특질을 이르는 말. 훈민정음의 17초성에는 포함되지 않으나, 동국정운의 23자모에는 포함된다.

03 확인문제

01 **국어의 계통상 나타나는 특징에 대한 설명으로 적절하지 않은 것은?**

① 말의 첫머리에 두 개 이상의 자음이 쓰였다.
② 양성 모음은 양성 모음끼리, 음성 모음은 음성 모음끼리 어울리는 현상이 있다.
③ 조사와 어미가 발달되어 있다.
④ 하나의 어근 안에 있는 모음이 바뀌어 문법 기능이나 의미, 품사 따위가 달라지는 현상이 존재한다.
⑤ 관계대명사나 접속사가 존재하지 않는다.

02 **〈보기〉는 '자음'의 제자 원리이다. 이에 대한 설명으로 적절하지 않은 것은?**

보기

기본자	ㄱ	ㄴ	ㅁ	ㅅ	ㅇ
가획자	ㅋ	ㄷ	ㅂ	ㅈ	ㆆ
		ㅌ	ㅍ	ㅊ	ㅎ

① 기본자는 발음 기관의 모양을 본떠서 만들었다.
② 가획자는 기본자에 획을 더하여 만들었다.
③ 훈민정음 창제 당시 한글의 자음은 14자이다.
④ 'ㄱ'은 'ㄴ'과 달리 획을 더하여 만든 자음이 하나만 존재한다.
⑤ 'ㅅ'은 'ㅇ'과 같이 획을 더하여 만든 자음이 두 개 존재한다.

03 **'모음'의 제자 원리에 대한 설명으로 적절하지 않은 것은?**

① 모음도 자음과 마찬가지로 상형의 원리에 따라 만들었다.
② 기본자인 '•, ㅡ, ㅣ'는 하늘과 땅과 사람의 형상을 본떠서 만들었다.
③ 훈민정음 창제 당시 한글의 모음은 11자이다.
④ 초출자는 기본자인 '•'와 'ㅡ, ㅣ'를 조합하여 만들었다.
⑤ 재출자는 초출자에 획을 더하여 만들었다.

04 **후기 중세 국어의 자음 체계에 대한 이해로 적절하지 않은 것은?**

① 현대 국어에는 없는 'ㆆ, ㆁ, ㅿ, ㆅ'와 같은 자음들이 있었군.
② '전청'은 현대 국어의 예사소리와 같은 것이겠군.
③ '차청'은 현대 국어의 거센소리와 같은 것이겠군.
④ '전탁'은 현대 국어의 된소리와 같은 것이겠군.
⑤ '불청불탁'은 현대 국어의 비음에 해당하는 것이겠군.

05 **국어의 모음 체계에 대한 설명으로 적절하지 않은 것은?**

① 후기 중세 국어의 단모음은 기본자와 초출자로 구성되어 있다.
② 후기 중세 국어에서 근대 국어로 넘어가면서 큰 변화는 'ㆍ'의 소멸이다.
③ 'ㅔ'와 'ㅐ'는 후기 중세 국어 당시 이중 모음이었다.
④ 'ㅚ'와 'ㅟ'는 근대 국어 당시 이중 모음이었다.
⑤ 현대 국어의 단모음은 후기 중세 국어에서 모음 4개의 변화가 일어난 결과이다.

04 기출문제

01

2015년 수능B

〈보기1〉의 학생 의견과 관련된 한글의 제자 원리를 〈보기2〉에서 찾아 바르게 짝지은 것은? [3점]

보기1

학습 활동 : 오늘날 우리가 한글을 사용하면서 생각한 바를 각자 정리하여 발표해 봅시다.

- ○ 학생1 : 'ㄱ'의 글자 모양이 그 소리를 낼 때 혀뿌리가 목구멍을 막는 모양과 관련된다니 한글은 정말 대단해요.
- ○ 학생2 : 휴대 전화 자판 중에는 'ㆍ, ㅡ, ㅣ'를 나타내는 3개의 자판만으로 모든 모음자를 입력하는 것도 있어서 참 편리해요.
- ○ 학생3 : 〈예사소리〉—〈거센소리〉—〈된소리〉의 관계가 〈A〉—〈A에 획 추가〉—〈AA〉로 글자 모양에 나타나 있어서 참 체계적인 문자인 것 같아요.
- ○ 학생4 : 'ㅁ'과 'ㅁ'에 획을 추가해서 만든 자음자들은 'ㅁ' 모양을 공통으로 포함하고 있는데, 이때 포함된 'ㅁ' 모양은 이들 자음자들의 공통된 소리 특징을 반영한 것이에요.
- ○ 학생5 : 한글은 음절 단위로 모아쓰기를 하면서도 받침 글자를 따로 만들지 않았어요. 만약 그렇지 않았다면 지금보다 글자 수가 훨씬 많아졌을 거요.

보기2

한글의 제자 원리

가. 초성자와 중성자의 기본자는 상형의 원리로 만들었다.
나. 기본자에 가획하여 새로운 초성자를 만들었다.
다. 초성자를 나란히 써서 또 다른 초성자로 사용하였다.
라. 기본자 외의 8개 중성자는 기본자를 합하여 만들었다.

① 학생1 - 가, 나 ② 학생2 - 다, 라
③ 학생3 - 나, 다 ④ 학생4 - 나, 라
⑤ 학생5 - 가, 라

제10강
국어의 변천

01 고대 국어

01 표기

① 고유 명사의 표기

- 고대 국어 시기 우리 조상들은 한자를 사용하여 우리말을 기록한다.
- 사람 이름이나 지명 등의 고유 명사를 우리말식으로 표기한다.
- 한자의 음과 뜻을 빌려 우리말을 표기한다.
- 음차 : 차자 표기에서, 한자의 음을 빌려 우리말을 표기하는 일.
- 훈차 : 차자 표기에서, 한자의 뜻을 빌려 우리말을 표기하는 일.

> 素那(或云金川) 白城郡蛇山人也
>
> -《삼국사기》 권 제47
>
> (현대어 풀이)
>
> 소나(素那)[또는 금천(金川)이라고 한다.]는 백성군(白城郡) 사산(蛇山) 사람이다.

음차	훈차
'소나'라는 이름을 표기하기 위해 그 음을 빌려와 '素那'로 적는다. * 素 : 흴 소, 那 : 어찌 나	'소나'라는 이름을 표기하기 위해 그 뜻을 빌려와 '金川'로 적는다. * 金 : 쇠 금, 川 : 내 천

② 향찰

- 향찰 : 한자의 음과 뜻을 빌려 국어 문장 전체를 적은 표기법

夜入伊遊行如可 야입이유행여가	夜 밤 야	入 들 입	伊 저 이	遊 놀 유	行 니(갈) 행	如 다 여	可 옳을 가

➜ 실질적인 의미를 가진 부분은 한자의 뜻을, 형식적(문법적)인 의미를 가진 부분(조사와 어미)은 한자의 음을 빌려 우리말 문장 전체를 표기한다.

③ 이두, 구결

- 이두 : 한자를 국어의 문장 구성법에 따라 고치고 이에 토를 붙인 것이다.
- 구결 : 한문을 읽을 때 그 뜻이나 독송(讀誦)을 위하여 각 구절 아래에 달아 쓰던 문법적 요소(조사나 어미)를 통틀어 이르는 말.

❖ 고유 명사 표기와 향찰 표기의 차이점

고유 명사 표기	향찰 표기
인명이나 지명 등 단어 하나만을 국어식으로 적는 표기 방식	우리말 문장 전체를 종합적으로 표기하던 방식. ■ 실질 형태소 : 주로 한자의 뜻을 빌린다. ■ 형식 형태소 : 주로 한자의 음을 빌린다.

02 음운

- 예사소리와 거센소리 두 계열이 존재했으나, 된소리는 발달하지 않은 것으로 짐작된다.

03 문법

- 주격 조사로 '가'가 쓰이지 않고 '이'만 쓰이는 등 중세 국어와 더 가깝고 현대 국어와는 더 먼 모습이었을 것으로 짐작된다.

04 어휘

- 점차 한자어가 늘어나기는 했으나 지금보다는 고유어가 더 많이 쓰였을 것으로 짐작된다.

02 중세 국어

■ **중세 국어** : 고려의 건국에서 조선 전기까지의 국어. 고려의 건국으로 언어의 중심지가 경주에서 개성으로 옮겨졌으며 다시 조선이 건국되어 그 중심지가 한양으로 변화하게 된다.

■ 중세 국어 시기에는 '훈민정음'이 창제되어 비로소 우리말을 전면적으로 표기할 수 있게 된다.

01 표기

① 현대 국어 표기법과 달리 원형을 밝히지 않고 소리 나는 대로 적는 **이어적기**를 한다.

> 불·휘기·픈남·ᄀᆞᆫᄇᆞᄅᆞ·매아니 :뮐·ᄊᆡ곶 :됴·코여·름·하ᄂᆞ·니
>
> -《용비어천가》 제2장, 세종 29년(1447년)
>
> **(현대어 풀이)**
>
> 뿌리가 깊은 나무는 바람에 아니 움직이므로, 꽃 좋고 열매 많아지니

➜ '기픈', 'ᄇᆞᄅᆞ매'에서 원형을 밝히지 않고 소리 나는 대로 적는 이어적기를 한다.

❖ **표기법의 종류**

이어적기 (연철)	한 음절의 종성을 다음 자의 초성으로 이동하여 적는 표기법. '말ᄊᆞᆷ이'를 '말ᄊᆞ미'로 쓰는 것 따위.
끊어적기 (분철)	여러 형태소가 연결될 때 그 각각을 음절이나 성분 단위로 밝혀 적는 표기법.
거듭적기 (혼철)	형태소의 모음 사이에서 나는 자음을 각각 앞 음절의 종성으로 적고 뒤 음절의 초성으로 적는 표기법.

② 받침으로는 'ㄱ, ㄴ, ㄷ, ㄹ, ㅁ, ㅂ, ㅅ, ㆁ'의 8개 자음만을 적는다.

➜ **팔종성가족용법(八終聲可足用)** : 초성 8자(ㄱ,ㄴ,ㄷ,ㄹ,ㅁ,ㅂ,ㅅ,ㆁ)만 받침으로 사용해도 가히 족하다는 규정으로 종성부용초성에 대한 구체적인 규정이라 할 수 있다. 이 규정에 따른 표기는 『훈민정음 해례』나 『언해』에 나타난다. 훈민정음 창제 당시에는 원칙이 '종성부용초성'이었고, '8종성가족용'이 허용되었다.

원칙	허용
곶	곳
깊고	깁고
사ᄆᆞᆾ디	사ᄆᆞᆺ디

02 음운

① 현대 국어에는 없는 자음 'ᄫ', 'ᅀ', 'ᅙ'과 모음 'ㆍ' 등이 존재한다. 'ᄫ'은 훈민정음 창제 직후 소멸되었다.

예 고ᄫᅡ서(>고와서), 아ᅀᆞ(>아우), 훈민정ᅙᅳᆷ(훈민정음), ᄒᆞ다(>하다)

② 'ㅂ'계(ㅳ, ㅄ, ㅶ, ㅷ)와 'ㅄ'계(ㅴ, ㅵ)의 어두 자음군이 존재한다. 이들은 대부분 근대 국어 시기에 된소리로 바뀌었다.

예 ᄡᆞᆯ(>쌀, 米), ᄣᅢ(>때, 時)

❖ 어두 자음군

단어의 첫머리에 오는 둘 또는 그 이상의 자음의 연속체. 중세 국어의 'ᄭᅮᆷ'의 'ㅺ', 'ᄯᅡ(地)'의 'ㅼ', 'ᄲᅳᆯ'의 'ㅽ', 'ᄠᅳᆮ'의 'ㅳ', 'ᄡᆞᆯ'의 'ㅄ', 'ᄢᅮᆯ'의 'ㅴ', 'ᄣᅢ'의 'ㅵ' 따위

③ 'ㆍ'가 있어서 현대 국어보다 모음 조화가 비교적 잘 지켜졌다.

예 ᄒᆞ야

④ 성조(聲調)가 있었고 그것이 방점(傍點)으로 표기되었다.

➜ 성조는 글자의 왼쪽에 방점을 찍어 음의 높낮이를 표시한 것으로, 16세기 말엽에 완전히 소멸되었다.

종류	개수	소리
평성	0	낮은 소리
거성	1	높은 소리
상성	2	처음은 낮고 나중이 높은 소리
입성	0~2	종성이 'ㄱ, ㄷ, ㅂ, ㅅ'으로 끝나는 음절은 빨리 끝을 닫음.

예 나랏·말 :ᄊᆞ·미(>나라의 말이)

03 문법

① 주체 높임, 객체 높임, 상대 높임을 모두 선어말 어미를 통해 표현한다.

㉠ 주체 높임 선어말 어미 '-시-, -샤-'가 사용된다.

ⓐ **-시-** : 자음 어미 앞에서

예 가시니

ⓑ **-샤-** : 모음 어미 앞에서 사용한다.

예 가샤오ᄃᆡ

㉡ 객체 높임 선어말 어미 '-ᄉᆞᆸ-, -ᄌᆞᆸ-, -ᅀᆞᆸ-'이 사용된다.

ⓐ -ᄉᆞᆸ- : 어간 끝소리가 'ㄱ, ㅂ, ㅅ, ㅎ'일 때

예 막ᄉᆞᆸ거늘

ⓑ -ᄌᆞᆸ- : 어간의 끝소리가 'ㄷ, ㅌ, ㅈ, ㅊ'일 때

예 듣ᄌᆞᆸ고

ⓒ -ᅀᆞᆸ- : 어간의 끝소리가 울림소리일 때

예 보ᅀᆞᆸ건대

❖ 객체 높임 선어말 어미 '-ᄉᆞᆸ-, -ᄌᆞᆸ-, -ᅀᆞᆸ-'이 모음 앞에서는 'ᄉᆞᇦ, ᄌᆞᇦ, ᅀᆞᇦ'으로 바뀐다.

예 부텻긔 반ᄌᆞᄫᆞᆯ 고지라

㉢ 상대 높임 선어말 어미 '-이-'가 사용된다

ⓐ -이- : 평서형일 때

예 ᄒᆞᄂᆞ이다

ⓑ -잇- : 의문형일 때

예 ᄒᆞᄂᆞ니잇가

② 주격 조사는 주로 '이'가 사용된다. (주격 조사 '이'는 환경에 따라 '이, ㅣ, 영형태(Ø)'로 실현된다.)

㉠ **이** : 자음 뒤에서

예 말ᄊᆞ미(말ᄊᆞᆷ+이)

㉡ **ㅣ** : 모음 'ㅣ' 또는 반모음 'ㅣ' 이외의 모음 뒤에서

예 부톄(부텨+ㅣ)

㉢ **영형태(Ø)** : 모음 'ㅣ' 또는 반모음 'ㅣ' 뒤에서

예 불휘(불휘+Ø)

③ 목적격 조사는 'ᄋᆞᆯ/ᄅᆞᆯ, 을/를, ㄹ'로 실현된다.

㉠ ᄋᆞᆯ/ᄅᆞᆯ : 선행 체언이 자음으로 끝날 때

예 바ᄇᆞᆯ(밥+ᄋᆞᆯ), ᄠᅳ들(ᄠᅳᆮ+을)

㉡ 을/를 : 선행 체언이 모음으로 끝날 때

예 나ᄅᆞᆯ(나+ᄅᆞᆯ), 너를(너+를)

㉢ ㄹ : 선행 체언이 모음으로 끝날 때

예 머릴(머리+ㄹ)

④ 관형격 조사는 'ᄋᆡ/의' 계열과 'ㅅ'계열이 존재한다

㉠ 'ᄋᆡ/의' 계열

ⓐ 평칭의 유정 명사일 때

예 사ᄉᆞᄆᆡ(사ᄉᆞᆷ+ᄋᆡ) 갗 → 사슴의 가죽

거부븨(거붑+의) 터리 → 거북의 털이

㉡ 'ㅅ' 계열

ⓐ 높임의 유정 명사일 때

예 부텻(부텨+ㅅ) 모미 → 부처의 몸이

ⓑ 무정 명사일 때

예 나못(나모+ㅅ) 불휘 → 나무의 뿌리

⑤ 호격 조사로 높임의 뜻을 나타내는 '하'가 있었다.

예 님금**하** 아ᄅᆞ쇼셔

⑥ 주어가 1인칭일 때는 선어말 어미 '-오-'가 나타난다.

예 닐고라(닑+**오**+라)

⑦ 의문문 표현

㉠ **설명 의문문** : 의문사에 대한 대답을 요구하는 설명 의문문은 체언 뒤에 바로 의문 보조사 '고/오'가 붙거나, '-뇨', '-료' 등의 종결 어미에 의해 실현된다.

예 이 엇던 사ᄅᆞᆷ**고**

므슴 마ᄅᆞᆯ 니ᄅᆞᄂᆞ**뇨**

㉡ **판정 의문문** : 가부(可否)를 묻는 판정 의문문은 체언 뒤에 바로 의문 보조사 '가/아'가 붙거나, '-녀', '-려' 등의 종결 어미에 의해 실현된다.

예 이 ᄯᆞ리 너희 죵**가**

져므며 늘구미 잇ᄂᆞ**녀**

04 어휘

① 한자어가 침투하여 고유어와의 경쟁이 계속되었다.

예 뫼-산(山), 슈룹-우산(雨傘)

② 한자어 이외에도 몽골어, 여진어 등에서 어휘가 차용되기도 하였다.

예 보라매, 숑골매

❖ 문자의 운용

연서(連書)	훈민정음에서, 순경음(脣輕音)을 표기하기 위하여 순음자(脣音字) 밑에 'ㅇ'을 이어 쓰는 일. 'ㅱ', 'ㅸ', 'ㆄ', 'ㅹ' 따위가 있다.
병서(竝書)	훈민정음에서, 초성자 두 글자 또는 세 글자를 가로로 나란히 붙여 쓰는 일. 각자 병서 'ㄲ, ㄸ' 따위와 합용 병서 'ㄺ, ㅴ' 따위가 있다.
부서(附書)	훈민정음에서, 중성(中聲)인 모음은 초성(初聲)의 아래나 오른쪽에 붙여 쓰는 일
성음(成音)	훈민정음에서, 낱글자(음운)는 반드시 합해져야 음절이 된다는 규정

❖ 단어의 의미 변화

축소	의미 영역이 좁아지는 경우 예 얼굴 : 모습 〉 낯
확대	의미 영역이 넓어지는 경우 예 박 : 표주박 〉 여러 가지 그릇
이동	다른 것으로 바뀌는 경우 예 어리다 : 어리석다 〉 나이가 적다

03 근대 국어

- 17세기 초에 이르면 우리말은 점차 현대 국어와 가까운 모습을 보이게 된다.
- 한글 사용이 점차 확대되어 일상적인 언어생활과 문학 작품의 창작 등에도 한글이 광범위하게 사용된다. 한글이 가장 광범위하게 활용된 분야는 언간(諺簡)이라는 편지글이다.

01 표기

① 받침으로 8종성을 적던 중세 국어와 달리 7종성만을 적는다.

예 ᄀᆞᆺᄒᆞᆫ(같은)

→ **7종성법** : 'ㄱ, ㄴ, ㄹ, ㅁ, ㅂ, ㅅ, ㆁ'의 자음으로 모든 받침을 표기할 수 있다는 종성법. 8종성에서 7종성으로 줄어든 이유는 17세기 말부터 'ㄷ'과 'ㅅ'의 받침이 구별되지 않아 'ㄷ'을 'ㅅ'으로 통일하여 표기했기 때문이다.

② 중세의 이어적기 표기가 현대의 끊어적기 표기로 가는 과도기로 거듭적기 표기가 나타난다.

예 니믈(이어적기)>님믈(거듭적기)>님을(끊어적기)

02 음운

① 'ㅿ'이 16세기부터 약화되다가 없어진다.

예 ᄆᆞᅀᆞᆯ〉ᄆᆞ올〉ᄆᆞ을〉마을, 어버ᅀᅵ〉어버이

② 'ㆁ'이 종성에서만 나타나고 표기도 'ㅇ'으로 바뀐다.

예 바ᅌᅩᆯ〉방올(방울)

③ 'ㅂ'계, 'ㅄ'계 어두 자음군이 사라지면서 된소리로 바뀐다.

예 ᄣᅢ〉ᄯᅢ(때), ᄠᅳᆮ〉ᄯᅳᆮ(뜻)

④ 거센소리되기와 된소리되기가 나타났다.

예 고키리〉코키리(코끼리), 곶〉곷(꽃)

⑤ **두음법칙의 변화** : 모음 'ㅣ'나 반모음 'ㅣ'앞에 오는 어두의 'ㄴ'이 탈락되기 시작한다.

예 님금〉임금

⑥ 17~18세기에 구개음화가 점진적으로 나타났다.

예 티다〉치다

⑦ 종성에서 발음되는 자음의 종류가 7개(ㄱ, ㄴ, ㄷ, ㄹ, ㅁ, ㅂ, ㅇ)로 줄어들었다.

⑧ 중세 국어 당시 이중 모음이었던 'ㅐ, ㅔ'가 단모음화하여 8개의 단모음 체계(ㅡ, ㅣ, ㅏ, ㅓ, ㅗ, ㅜ, ㅐ, ㅔ)가 됨. 19세기에는 'ㅚ, ㅟ'의 단모음화가 일어난다.

⑨ 'ㆍ'가 점차 음가를 잃게 된다. 'ㆍ'가 16세기부터 둘째 음절 이하에서 주로 'ㅡ'로 바뀌고, 18세기 무렵 첫째 음절에서 'ㅏ'로 바뀐다.('ㆍ'의 소멸로 모음 조화가 문란해진다.)
예 ᄀᆞᄅᆞ치다〉ᄀᆞ르치다〉가르치다

⑩ 원순 모음화가 일어난다
→ **원순 모음화** : 양순음 'ㅂ·ㅃ·ㅍ·ㅁ' 다음에서 평순 모음 'ㅡ'가 원순 모음 'ㅜ'로 바뀌는 음운 현상. 중세국어 '믈[水]·블[火]·플[草]'이 17세기 말엽 이후 '물·불·풀'로 바뀐 따위.

⑪ 성조가 사라져 더 이상 방점을 표기하지 않는다.

03 문법

① 주격 조사 '가'가 생겨나서 '이'와 구별되어 사용된다.
예 비가 올 거시니(배가 올 것이니)

② 주어가 1인칭일 때 선어말 어미 '-오-'가 기능을 잃게 된다.

③ **불규칙 활용** : 'ㅿ'이 사라지면서 'ㅅ'불규칙 활용으로 변한다.
예 지ᅀᅥ〉지어

④ 객체 높임 선어말 어미 '-ᄉᆞᆸ-, -ᄌᆞᆸ-, -ᅀᆞᆸ-'이 화자의 겸양을 나타내는 선어말 어미 '-ᄉᆞ오-, -ᄌᆞ오-, -오-'로 변화한다.

⑤ 과거 시제 선어말 어미 '-앗-, -엇-'이 확립된다.

04 어휘

① 한자어가 점차 늘어가고 고유어와 한자어의 경쟁이 계속되며, 고유어가 사라지기도 한다.
예 ᄀᆞᄅᆞᆷ>강(江), 뫼>산(山)

② 근대 문물이 도입되면서 외래어의 유입이 많아진다.

04 확인문제

01 **〈보기〉에 나타난 중세 국어의 특징으로 적절하지 <u>않은</u> 것은?**

> **보기**
>
> 나·랏 :말ᄊᆞ·미 中듕國·귁·에 달·아 文문字·ᄍᆞᆼ·와·로 서르 ᄉᆞᄆᆞᆺ·디 아니ᄒᆞᆯ·ᄊᆡ ·이런 젼·ᄎᆞ·로 어·린 百·ᄇᆡᆨ姓·셩·이 니르·고·져 ·ᄒᆞᇙ ·배 이·셔·도 ᄆᆞ·ᄎᆞᆷ :내 제 ·ᄠᅳ·들 시·러 펴·디 :몯ᄒᆞᇙ ·노·미 하·니·라
>
> 〈세종어제훈민정음 서문〉 중에서

① 표기는 소리 나는 대로 적는 이어적기 방식을 택하고 있다.
② '종성부용초성'의 원칙에 따라 적은 받침을 찾을 수 있다.
③ 어두에 두 개 이상의 자음군이 사용되고 있다.
④ 현대국어에는 없는 방점이 쓰이고 있다.
⑤ 현대국어에는 없는 자음 'ㆆ'과 모음 '•'이 사용되고 있다.

02 **〈보기〉를 통해 알 수 있는 중세 국어의 특징으로 적절하지 <u>않은</u> 것은?**

> **보기**
>
> 千世(천 세) 우희 미리 定(정)ᄒᆞ샨 漢水(한수) 北(북)에 累仁開國(누인 개국)ᄒᆞ샤 卜年(복년)이 ᄀᆞᇫ업스시니 聖神(성신)이 니ᅀᆞ샤도 敬天勤民(경천근민)ᄒᆞ샤ᅀᅡ 더욱 구드시리이다. 님금하 아ᄅᆞ쇼셔 洛水(낙수)예 山行(산행) 가 이셔 하나빌 미드니잇가.
>
> 〈용비어천가 125장〉

① '우희'에서 '우'의 종성에는 'ㅎ'이 늘 붙어있는 체언이었음을 알 수 있다.
② '니ᅀᆞ샤도'를 통해서 볼 때, '니ᇫ다'는 규칙 활용하는 단어임을 확인할 수 있다.
③ '구드시리이다'를 통해서 볼 때, 중세국어에서는 'ㆁ'이 초성에도 사용되었음을 확인할 수 있다.
④ '님금하'의 '하'는 아랫사람을 부를 때 쓰는 호격 조사에 해당된다.
⑤ '하나빌'의 'ㄹ'은 선행 체언이 모음으로 끝날 때 사용된 목적격 조사에 해당된다.

03 **〈보기〉의 ⓐ와 ⓑ에 해당하는 것을 순서대로 묶어놓은 것은?**

> **보기**
>
> ㉠ 이 : 자음 뒤에서
> ㉡ ㅣ : 모음 'ㅣ' 또는 반모음 'ㅣ' 이외의 모음 뒤에서
> ㉢ 영형태(∅) : 모음 'ㅣ' 또는 반모음 'ㅣ' 뒤에서
>
> ⓐ<u>**불휘**</u> 기픈 남ᄀᆞᆫ　　ⓑ<u>**ᄉᆡ미**</u> 기픈 ᄆᆞᄅᆞᆫ

① ㉠, ㉡　② ㉠, ㉢　③ ㉡, ㉠　④ ㉡, ㉢　⑤ ㉢, ㉠

04 〈보기〉를 통해 알 수 있는 중세 국어의 특징으로 적절하지 <u>않은</u> 것은?

보기

王薦의 아비 病이 되어늘 王薦이 바ᄆᆡ 하ᄂᆞᆳ긔 비ᄉᆞᄫᆞᄃᆡ 내 나ᄒᆞᆯ 더러 아비ᄅᆞᆯ 주어지이다 ᄒᆞ더니 아비 주겟다가 ᄭᆡ야 닐오ᄃᆡ ᄒᆞᆫ 神人이 날ᄃᆞ려 닐오ᄃᆡ 네 아ᄃᆞ리 孝道ᄒᆞᆯᄊᆡ 하ᄂᆞᆳ 皇帝 너를 열두 나ᄒᆞᆯ 주시ᄂᆞ다 ᄒᆞ더라

(현대어 풀이) 왕천의 아버지가 병이 심하거늘 왕천이 밤에 하늘께 빌기를 내 나이를 덜어 아버지를 주고 싶습니다 하더니 아버지가 죽어 있다가 깨어 이르기를 한 신이 나더러 이르기를 네 아들이 효도하므로 하늘 황제가 너를 열두 살을 주신다 하더라.

- 「효자도」, 〈삼강행실도〉 중에서

① '주시ᄂᆞ다'에는 주체 높임 선어말 어미 '-시-'가 사용되고 있다.
② '비ᄉᆞᄫᆞᄃᆡ'에는 객체 높임 선어말 어미 '-ᄉᆞᆸ-'이 사용되고 있다.
③ '주어지니이다'에는 상대 높임 선어말 어미 '-이-'가 사용되고 있다.
④ '주시ᄂᆞ다'에 사용된 '-시-'는 현대국어에서도 그대로 사용되고 있다.
⑤ '비ᄉᆞᄫᆞᄃᆡ'에서 높이는 대상은 '王薦(왕천)의 아비'이다.

[5-6] 다음 글을 읽고 물음에 답하시오.

홍ᄉᆡᆨ이 거록ᄒᆞ야 븕은 긔운이 하ᄂᆞᆯ을 ᄯᅱ노더니 이랑이 소ᄅᆡᄅᆞᆯ ㉠<u>**놉히**</u> ᄒᆞ야 나를 불러 져긔 믈밋ᄎᆞᆯ 보라 웨거ᄂᆞᆯ 급히 눈을 드러보니 ㉡<u>**믈밋**</u> 홍운을 헤앗고 큰실오리 ㉢<u>ᄀᆞᆺᄒᆞᆫ</u> 줄이 ㉣<u>**븕기**</u> 더옥 긔이ᄒᆞ며 긔운이 진홍 ᄀᆞᆺᄒᆞᆫ 것이 ᄎᆞᄎᆞ 나 손바닥 너ᄇᆡ ᄀᆞᆺᄒᆞᆫ 것이 그믐밤의 보ᄂᆞᆫ ㉤<u>**ᄉᆞᆺ불빗**</u>ᄀᆞᆺ더라

(현대어 풀이) 홍색이 거룩하여 붉은 기운이 하늘을 뛰놀더니, 이랑이 소리를 높이 하여 나를 불러, "저기 물 밑을 보라." 외치거늘, 급히 눈을 들어 보니, 물 밑 홍운을 헤치고 큰 실오라기 같은 줄이 붉기가 더욱 기이하며, 기운이 진홍 같은 것이 차차 나와 손바닥 넓이 같은 것이 그믐밤에 보는 숯불 빛 같더라.

- 〈의유당관북유람일기〉 중에서

05 윗글을 통해 확인할 수 있는 근대 국어의 특징으로 적절하지 <u>않은</u> 것은?

① 받침으로 'ㄷ'을 제외한 7개의 자음만 적고 있음을 알 수 있다.
② '하ᄂᆞᆯ을', '나를', '보ᄂᆞᆫ' 등에서 알 수 있듯이 모음 조화가 파괴되고 있음을 확인할 수 있다.
③ '븕기'에서 알 수 있듯이 명사형 어미 '-기'가 사용되고 있음을 확인할 수 있다.
④ '믈밋ᄎᆞᆯ'을 통해서 볼 때, 거듭적기 표기법이 사용되고 있음을 확인할 수 있다.
⑤ 한자어와 고유어의 경쟁에서 고유어가 점차 늘고 한자어가 사라지는 것을 확인할 수 있다.

06 ㉠~㉤ 중, 근대 국어 당시 받침 적기 방식이 현대 국어와 같은 것은?

① ㉠ ② ㉡ ③ ㉢ ④ ㉣ ⑤ ㉤

07 〈보기〉를 통해 알 수 있는 근대 국어만의 특징으로 적절한 것은?

보기

중세국어 : 구룸·ᄢᅵᆫ :뫼히 ᄀᆞ·리디 아·니·호ᄆᆞᆯ 幸·히 너·기노·라

- 〈두시언해〉 초간본

근대국어 : 구룸 ᄢᅵᆫ 뫼히 ᄀᆞ리지 아니 호ᄆᆞᆯ 幸히 너기노라

- 〈두시언해〉 중간본

(현대어 풀이) 구름 낀 산이 가리지 아니함을 다행스레 여긴다.

① 근대 국어 시기에 구개음화 현상이 발생하였음을 알 수 있다.
② 명사형 전성 어미 '-옴-'이 사용되고 있음을 확인할 수 있다.
③ 'ㅎ'종성 체언이 나타났음을 확인할 수 있다.
④ 주격 조사로 '이' 대신 '가'가 사용되고 있음을 확인할 수 있다.
⑤ 과거 시제 선어말 어미가 쓰이고 있음을 알 수 있다.

05 기출문제

01

2015년 3월 고3 전국연합학력평가

㉠~㉤을 현대 국어와 비교한 내용으로 적절하지 <u>않은</u> 것은?

> **보기**
>
> [중세 국어] ㉠**<u>부톄</u>** 目連(목련)이ᄃᆞ려 ㉡**<u>니ᄅᆞ샤ᄃᆡ</u>**
> [현대 국어] 부처가 목련에게 이르시되
>
> [중세 국어] 耶輸(야수)ㅣ ㉢**<u>부텻</u>** 使者(사자) 왯다 ㉣**<u>드르시고</u>**
> [현대 국어] 야수가 부처의 사자가 왔다는 말을 들으시고
>
> [중세 국어] 내 ᄯᆞᆯ 勝鬘(승만)이 聰明(총명)ᄒᆞ니 부텨옷 ㉤**<u>보ᅀᆞᄫᆞ면</u>**
> [현대 국어] 내 딸 승만이 총명하니 부처만 뵈면
>
> -『 석보상절 』-

① ㉠ : 모음으로 끝나는 체언에 주격 조사 'ㅣ'가 결합했다는 점에서 현대 국어와 차이가 있다.
② ㉡ : 고유어에서 두음 법칙이 적용되었다는 점에서 현대 국어와 공통적이다.
③ ㉢ : 관형격 조사로 'ㅅ'이 쓰였다는 점에서 현대 국어와 차이가 있다.
④ ㉣ : 주체를 높이는 선어말 어미가 쓰였다는 점에서 현대 국어와 공통적이다.
⑤ ㉤ : 객체를 높이는 선어말 어미가 쓰였다는 점에서 현대 국어와 차이가 있다.

02

2015년 4월 고3 전국연합학력평가

〈보기〉의 ㉠~㉤에서 알 수 있는 중세 국어의 특징으로 적절하지 <u>않은</u> 것은?

> **보기**
>
> ㉠**<u>雙鵰(쌍조)ㅣ</u>** ᄒᆞᆫ 사래 ㉡**<u>ᄢᅦ니</u>** 絶世(절세) 英才(영재)ᄅᆞᆯᅀᅡ 邊人(변인)이 拜伏(배복)㉢**<u>ᄒᆞᅀᆞᄫᆞ니</u>**
>
> [현대어 풀이]
>
> 두 마리 독수리가 한 살에 꿰이니, 절세의 영재를 변방의 사람들이 절하며 복종하니
>
> 雙鵲(쌍작)이 ᄒᆞᆫ ㉣**<u>사래</u>** ㉤**<u>디니</u>** 曠世(광세) 奇事(기사)ᄅᆞᆯ 北人(북인)이 稱頌(칭송)ᄒᆞᅀᆞᄫᆞ니
>
> [현대어 풀이]
>
> 두 마리 까치가 한 살에 떨어지니, 세상에 없는 기이한 일을 북녘 사람들이 칭송하니
>
> -「용비어천가(龍飛御天歌)」〈제23장〉-

① ㉠을 보니 모음으로 끝난 체언 뒤에 목적격 조사로 'ㅣ'가 사용되었군.
② ㉡을 보니 음절의 초성에서 두 개 이상의 자음이 사용되었군.
③ ㉢을 보니 'ㅿ', 'ㅸ', 'ㆍ' 등 현대 국어에서는 사용되지 않는 문자가 사용되었군.
④ ㉣에서 양성 모음 'ㅏ'와 'ㅐ'가 어울리는 것을 보니 모음 조화가 지켜졌군.
⑤ ㉤에서 'ㅣ' 앞의 'ㄷ'이 'ㅈ'으로 변하지 않은 것을 보니 구개음화 현상이 나타나지 않았군.

03

2015년 7월 고3 전국연합학력평가

[가]에 들어갈 내용으로 적절하지 않은 것은?

학습 자료	중세 국어의 '-ᄉᆞᆸ-/-ᄌᆞᆸ-/-ᅀᆞᆸ-'은 객체 높임의 의미를 나타내는 선어말 어미이다. 주체 높임은 선어말 어미 '-시-', 상대 높임은 선어말 어미 '-이-'를 사용하여 나타냈다. 또한 높임의 뜻을 가진 어휘로 높임이 실현되기도 했다. [중세 국어] 聖子ᄅᆞᆯ 내㉠<u>시</u>니㉡<u>이</u>다 [현대 국어] (하늘이) 聖子(성자)를 내셨습니다. [중세 국어] 世솅尊존ㅅ 安한否블 묻㉢<u>ᄌᆞᆸ</u>고 [현대 국어] 世尊(세존)의 安否(안부)를 여쭙고 [중세 국어] ㉣<u>진지</u> 오ᄅᆞᆯ 제 반ᄃᆞ시 [현대 국어] 진지 올릴 때 반드시
학습 활동	㉠~㉣을 현대 국어와 비교하여 정리해 보자. ([가])

① ㉠ : 주체인 '聖子(성자)'를 높이는 '-시-'가 쓰인다는 점에서 현대 국어와 같다.

② ㉡ : 상대를 높이는 '-이-'가 쓰인다는 점에서 현대 국어와 차이가 있다.

③ ㉢ : 객체를 높이는 '-ᄌᆞᆸ-'이 쓰인다는 점에서 현대 국어와 차이가 있다.

④ ㉣ : '밥'을 높여서 이르는 말을 사용하고 있다는 점에서 현대 국어와 같다.

⑤ ㉠+㉡ : 주체와 상대에 대한 높임이 함께 나타난다는 점에서 현대 국어와 같다.

04

2015년 10월 고3 전국연합학력평가

〈보기〉의 중세 국어 자료에 나타나는 특징을 탐구한 내용으로 적절하지 않은 것은? [3점]

보기

善쎤慧휑 ㉠ <u>니ᄅᆞ샤ᄃᆡ</u> 五옹百ᄇᆡᆨ ㉡ <u>銀은도ᄂᆞ로</u> 다ᄉᆺ 줄기ᄅᆞᆯ 사아지라
俱궁夷잉 묻ᄌᆞᄫᆞ샤ᄃᆡ ㉢ <u>므스게</u> ㉣ <u>ᄡᅳ시리</u>
善쎤慧휑 ㉤ <u>對됭答답ᄒᆞ샤ᄃᆡ</u> 부텻긔 받ᄌᆞ보리라

- '월인석보' 권 1(1459년) -

[현대어 풀이]
선혜가 <u>이르시되</u> "오백 <u>은돈으로</u> 다섯 줄기를 사고 싶다."
구이가 물으시되 <u>"무엇에 쓰시리?"</u>
선혜가 <u>대답하시되</u> "부처께 바치리라."

① ㉠을 통해 두음 법칙이 적용되지 않았음을 알 수 있군.

② ㉡을 통해 조사가 결합할 때 모음조화가 지켜졌음을 알 수 있군.

③ ㉢을 통해 이어 적기가 사용되었음을 알 수 있군.

④ ㉣을 통해 초성자의 서로 다른 자음을 가로로 나란히 붙여 쓰는 방식이 사용되었음을 알 수 있군.

⑤ ㉤을 통해 객체를 높이는 선어말 어미가 사용되었음을 알 수 있군.

05

2016년 7월 고3 전국연합학력평가

〈보기〉의 중세 국어 자료에서 나타난 특징을 탐구한 내용으로 적절하지 않은 것은?

> **보기**
>
> [중세 국어]
>
> 나라히 파망(破亡)ᄒᆞ·니 :뫼·콰 ᄀᆞ·ᄅᆞᆷ :뿐 잇·고
> ·잣 ·앉 **보·ᄆᆡ** **·플와** 나모 :뿐 기·펫도·다
> 시절(時節)·을 감탄(感嘆)·호니 고·지 ·눉므를 **ᄡᅳ·리게** ·코
> 여·희여·슈믈 슬후니 :새 **ᄆᆞᅀᆞ·ᄆᆞᆯ** :놀래ᄂᆞ·다
> 봉화(烽火)ㅣ :석·**ᄃᆞ·ᄅᆞᆯ** 니·세시·니
> 지·빗 음서(音書)·ᄂᆞᆫ 만금(萬金)·이 ·ᄉᆞ도·다
>
> \- 초간본 『분류두공부시언해』 중에서 -
>
> [현대어 풀이]
>
> 나라가 망하니 산과 강만 있고
> 성 안의 **봄에** **풀과** 나무만이 깊어 있도다.
> 시절을 감탄하니 꽃이 눈물을 **뿌리게** 하고
> 헤어져 있음을 슬퍼하니 새가 **마음을** 놀라게 한다.
> 봉화가 석 **달을** 이어지니
> 집의 편지는 만금보다 값지도다.

① '보·ᄆᆡ'는 현대 국어의 '봄에'에 대응하는 것을 보니 끊어 적기를 하였군.

② '·플와'가 현대 국어의 '풀과'에 대응하는 것을 보니 방점이 쓰였군.

③ 'ᄡᅳ·리게'가 현대 국어의 '뿌리게'에 대응하는 것을 보니 단어의 첫머리에 서로 다른 자음이 함께 사용되었군.

④ 'ᄆᆞᅀᆞ·ᄆᆞᆯ'이 현대 국어의 '마음을'에 대응하는 것을 보니 현대 국어에서 사용되지 않는 'ㅿ', '·'가 사용되었군.

⑤ '·ᄃᆞ·ᄅᆞᆯ'이 현대 국어의 '달을'에 대응하는 것을 보니 모음 조화가 지켜졌군.

2017년 3월 고3 전국연합학력평가

[6~7] 다음을 읽고 물음에 답하시오.

> 15세기 국어의 모음 조화는 형태소 내부와 경계에서 비교적 잘 지켜졌다. 한 형태소 내의 모음들을 살펴보면 'ㅏ, ㅗ, ·' 등의 양성 모음은 양성 모음끼리, 'ㅓ, ㅜ, ㅡ' 등의 음성 모음은 음성 모음끼리 어울렸다. 중성 모음 'ㅣ'는 양성 모음과 어울리기도 하고, 음성 모음과 어울리기도 하였다. 또 어근과 접사가 결합하여 단어가 형성되거나 체언에 조사가 연결될 때, 용언 어간에 어미가 연결될 때에도 조사나 어미의 첫 모음은 그에 선행하는 모음과 같은 성질의 모음이 연결되었다. 예를 들어, 목적격 조사는 그에 선행하는 명사의 모음에 따라 'ᄋᆞᆯ/을, ᄅᆞᆯ/를' 중 하나가 선택되었고, '-ᄋᆞᆫ/-은', '-옴/-움', ㉠**'-아/-어'와 같은 어미도 선행하는 어간의 모음에 따라 규칙적으로 선택되었다**. 다만, 조사 '도', '와/과'나 어미 '-고', '-더-' 등은 모음 조화가 적용되지 않았다.
>
> 그런데 16세기부터 모음 조화는 약화되기 시작하였다. 이는 '·'의 소실과 관계가 있다. 16세기에는 둘째 음절 이하에서의 '·'가 소실되면서 주로 'ㅡ'에 합류하였다. 첫째 음절에서의 '·'는 여전히 양성 모음이었으나, 둘째 음절 이하에서는 '·' 대신 음성 모음인 'ㅡ'가 쓰인 것이다. 이러한 변화로 체언에 연결되는 'ᄋᆞᆫ/은', 'ᄋᆞᆯ/을', 'ᄋᆡ/의' 등의 조사는 점차 '은', '을', '의' 등으로 통일되었고, 모음 조화를 지키던 '사ᄉᆞᆷ'과 같은 단어들은 '사슴'과 같이 모음 조화를 어기는 형태가 되고 말았다.
>
> 이후 18세기에 첫째 음절에서의 '·'가 주로 'ㅏ'에 합류하면서 '·'는 완전히 소실되었고, 국어의 모음 체계는 큰 변화를 겪게 되었다. 그리고 이러한 변화는 모음 조화가 약화되는 또 다른 요인으로 작용했다.
>
> 현대 국어에서는 모음 조화가 형태소 내부와 경계에서 지켜지지 않는 경우가 많다. 다만 '촐랑촐랑', '출렁출렁'과 같은 음성 상징어에서나 ㉡**일부 용언의 어간 뒤에 '-아/-어' 계열의 어미가 결합할 때 모음 조화가 이루어지는 모습을 확인할 수 있다**.

06

㉠과 ㉡을 모두 확인할 수 있는 예로 적절하지 않은 것은?

	15세기 국어		현대 국어	
	용언 어간	활용형	용언 어간	활용형
①	알-	아라	알-	알아
②	먹-	머거	먹-	먹어
③	ᄭᆡ오-	ᄭᆡ와	깨우-	깨워
④	ᄡᅳ-	ᄡᅥ	쓰-	써
⑤	ᄀᆞᄃᆞᆨᄒᆞ-	ᄀᆞᄃᆞᆨᄒᆞ야	가득하-	가득하여

07

윗글을 읽고, 〈보기〉를 이해한 내용으로 적절하지 않은 것은?

보기

(가)

겨스레 소옴 둔 **오ᄉᆞᆯ** 닙디 아니 ᄒᆞ고 녀르메 서늘ᄒᆞᆫ ᄃᆡ 가디 아니 ᄒᆞ며 **ᄒᆞᄅᆞ** ᄡᆞᆯ 두 호ᄫᆞ로ᄡᅥ **쥭을** 밍ᄀᆞᆯ오 소곰과 **ᄂᆞᄆᆞᆯᄒᆞᆯ** 먹디 아니 **ᄒᆞ더라**

- 『 내훈 』(1447년)에서 -

[현대어 풀이]

겨울에 솜 든 옷을 입지 아니하고 여름에 서늘한 데 가지 아니하며 하루 쌀 두 홉으로써 죽을 만들고 소금과 나물을 먹지 아니하더라.

(나)

타락과 **초와** 쟝과 소금과 계ᄌᆞ ᄀᆞᄅᆞ와 **파과** 마ᄂᆞᆯ과 부ᄎᆡ와 기름과 댓무우과 외와 가지 등 여러가지 **ᄂᆞ믈**과 ᄃᆞᆰ긔 알과

- 『 박통사언해 』(1677년)에서 -

[현대어 풀이]

타락과 식초와 장과 소금과 겨자 가루와 파와 마늘과 부추와 기름과 당근과 오이와 가지 등 여러 가지 나물과 닭의 알과

① 15세기에는 한 단어 내에서 모음 조화가 잘 지켜졌음을 (가)의 '겨슬'과 'ᄒᆞᄅᆞ'를 통해 확인할 수 있군.
② 15세기에는 체언에 목적격 조사가 결합할 때 모음 조화가 지켜졌음을 (가)의 '오ᄉᆞᆯ'과 '쥭을'을 통해 확인할 수 있군.
③ 용언 어간에 '-더-'가 결합할 때에는 모음 조화가 적용되지 않았음을 (가)의 'ᄒᆞ더라'를 통해 확인할 수 있군.
④ 17세기에는 모음 조화의 약화에 따라 조사 사용에 혼란이 있었음을 (나)의 '초와'와 '파과'를 통해 확인할 수 있군.
⑤ 둘째 음절의 'ㆍ'가 'ㅡ'로 변하였음을 (가)의 'ᄂᆞᄆᆞᆶ'과 (나)의 'ᄂᆞ믈'을 통해 확인할 수 있군.

2016년 10월 고3 전국연합학력평가

[8] 다음 글을 읽고 물음에 답하시오.

[대화]

학생 A : '볍씨'는 '벼'와 '씨'가 결합한 말이잖아? 그런데 왜 '벼씨'가 아니라 '볍씨'야?

학생 B : 그러고 보니 '살'과 '고기'가 결합한 말도 'ㄱ'이 'ㅋ'으로 바뀌어서 '살코기'로 쓰이고 있어.

학생 A : 그렇구나. 왜 두 말이 어울릴 적에 'ㅂ' 소리나 'ㅎ' 소리가 덧나는 경우가 있는 것일까?

[자료]

현대 국어와 달리 15세기 국어에서는 어두에 두 개 이상의 서로 다른 자음, 즉 어두 자음군이 올 수 있었다. 그러한 자음군 중 맨 앞의 'ㅂ'은 당시에는 실제로 발음되었을 것으로 추정된다. 이 'ㅂ'은 훗날 탈락하였으나 과거에 만들어진 복합어 속에 그 흔적이 남아 있는 경우가 있다. 가령, 현대 국어의 '벼+씨→볍씨'에서 'ㅂ'이 생겨나는 이유는 'ᄡᅵ>씨'의 변화와 관련이 있다. 15세기에는 'ᄡᅵ'의 어두에 'ㅂ'이 있었는데, 당시 '벼+ᄡᅵ→벼ᄡᅵ'가 만들어진 후 나중에 'ᄡᅵ'의 어두에 있는 'ㅂ'이 앞 형태소의 받침 자리로 가서 붙어 '볍씨'와 같은 어형이 생성되었다. 'ᄡᅵ>씨'에서 보듯이 훗날 단일어에서는 'ㅂ'이 탈락하였다. 그러나 복합어 속에서는 'ㅂ'이 탈락되지 않고 그대로 남아 있는 경우가 현대 국어에서 확인된다.

15세기 국어에는 체언 종성에 'ㅎ'을 가진 단어들이 존재했는데, 이를 'ㅎ' 종성 체언이라고 한다. 이 'ㅎ' 역시 훗날 탈락하였으나 과거에 만들어진 단어 속에 그 흔적이 남아 있는 경우가 있다. 대표적인 'ㅎ' 종성 체언이었던 'ᄉᆞᆶ'을 살펴보자. 'ㅎ' 종성 체언은 단독형으로 쓰일 때는 'ㅎ'이 실현되지 않았으나 'ᄉᆞᆶ+이→ᄉᆞᆯ히'처럼 모음으로 시작하는 말 앞에서는 연음이 되어 나타났다. 현대 국어의 '살+고기→살코기'에서 'ㄱ'이 'ㅋ'으로 바뀌는 이유 역시 'ᄉᆞᆶ>살'의 변화와 관련이 있다. 'ㅎ' 종성 체언은 'ㄱ, ㄷ, ㅂ'으로 시작하는 말과 결합할 때 'ㅎ' 종성이 뒤에 오는 'ㄱ, ㄷ, ㅂ'과 결합하여 'ㅋ, ㅌ, ㅍ'으로 축약되어 나타났다. 즉 'ᄉᆞᆶ'이 '고기'와 결합한 말이 만들어질 때 'ㅎ'이 'ㄱ'과 결합하여 축약되었으므로 '살코기'와 같은 어형이 생성된 것이다. 현대 국어에서 단일어의 'ㅎ' 종성은 대체로 소멸하였으나 '살코기' 외에도 복합어 속에서 'ㅎ'이 탈락하지 않고 그대로 남아 있는 경우가 더 있다.

08

위 '대화'와 '자료'에 대한 이해로 적절하지 않은 것은?

① 15세기 국어에서 'ᄡᅵ'의 어두에 있는 'ㅂ'은 실제로 발음이 되었을 것으로 추정되는군.

② 15세기 어두 자음군 중 맨 앞의 'ㅂ'은 단일어에서 훗날 탈락하였군.

③ 15세기 국어의 'ㅎ' 종성 체언은 모음으로 시작하는 말 앞에서는 'ㅎ'이 실현되지 않았겠군.

④ 현대 국어에는 어두에 두 개 이상의 서로 다른 자음이 오는 말이 존재하지 않는군.

⑤ 현대 국어의 '살코기'에서 'ㅋ'은 'ㅎ' 종성 체언의 흔적이 단어에 남아 있는 것이군.

2017년 4월 고3 전국연합학력평가

[9] 다음을 읽고 물음에 답하시오.

화자가 어떤 대상에 대하여 높임의 태도를 나타내는 문법 기능을 높임법이라 한다. 높임법은 높임이나 낮춤의 대상이 누구냐에 따라 주체 높임법, 객체 높임법, 상대 높임법으로 나누어진다.

주체 높임법은 화자가 문장의 주어인 서술의 주체에 대하여 높임의 태도를 나타내는 방법이다. 현대 국어에서는 선어말 어미 '-시-'를 통해 높임이 실현되는 것이 가장 일반적인 형태이지만, '주무시다'와 같은 특수한 어휘나 조사 '께서'에 의해 주체 높임법이 실현되기도 한다. 중세 국어의 경우에도 주로 '-시-'와 특수한 어휘가 사용된다는 점에서 현대 국어와 유사하다.

객체 높임법은 문장의 목적어나 부사어가 지시하는 대상, 곧 서술의 객체에 대하여 높임의 태도를 나타내는 방법이다. 현대 국어에서는 '드리다'와 같은 특수한 어휘나 조사 '께' 등을 통해 실현된다. 중세 국어의 경우에는 대표적으로 객체 높임 선어말 어미 '-ᅀᆞᆸ-'을 통해 객체 높임이 실현되었으며, '-ᅀᆞᆸ-'은 앞뒤의 음운적 환경에 따라 '-ᅀᆞᆸ-, -ᄌᆞᆸ-, -ᅀᆞᇦ-, -ᅀᆞᄫᆞ-, -ᄌᆞᇦ-'으로 실현되기도 하였다. 또한 현대 국어와 같이 특수한 어휘들이 사용되어 객체 높임이 실현되기도 하였다.

상대 높임법은 화자가 청자인 상대방에 대하여 높이거나 낮추어 말하는 법을 일컫는다. 현대 국어에서 상대 높임법은 종결 표현에 의해 실현된다. 중세 국어의 경우에는 종결 표현이나 상대 높임 선어말 어미 '-이-, -잇-' 등을 통해 실현되었다.

09

윗글을 바탕으로 〈보기〉를 이해한 내용으로 적절하지 않은 것은?

보기

- 仁義之兵(인의지병)을 遼左(요좌)ㅣ ㉠**깃ᄉᆞᄫᆞ니**

[현대어 풀이] 인의의 군대를 요동 사람들이 기뻐하니

- 聖孫(성손)이 ㉡**一怒(일노)ᄒᆞ시니** 六百年(육백년) 天下(천하)ㅣ 洛陽(낙양)애 ㉢**올ᄆᆞ니이다**

[현대어 풀이] 성손(무왕)이 한번 노하시니 육백 년의 천하가 낙양으로 옮아간 것입니다.

- 聖宗(성종)ᄋᆞᆯ ㉣**뫼셔** 九泉(구천)에 가려 하시니

[현대어 풀이] 성스러운 어른을 모시고 저승에 가려 하시니

- 하ᄂᆞᆯ히 駙馬(부마) 달애샤 두 孔雀(공작)일 ㉤**그리시니이다**

[현대어 풀이] 하늘이 부마를 달래시어 두 공작을 그리신 것입니다.

-「용비어천가(龍飛御天歌)」-

① ㉠은 현대 국어와는 달리, 선어말 어미 '-ᄉᆞᆸ-'을 사용하여 목적어가 지시하는 대상을 높이고 있다고 할 수 있다.
② ㉡은 현대 국어와 마찬가지로 선어말 어미 '-시-'를 사용하여 '聖孫(성손)'을 높이고 있다고 할 수 있다.
③ ㉢은 현대 국어와는 달리, 청자를 높이기 위해 '-이-'라는 선어말 어미가 사용되었다고 할 수 있다.
④ ㉣은 현대 국어와 마찬가지로 서술의 주체를 높이기 위해 특수한 어휘가 사용된 것이라고 할 수 있다.
⑤ ㉤은 선어말 어미 '-시-'와 '-이-'를 사용하여 각각 문장의 주체와 청자인 상대방을 모두 높이고 있다고 할 수 있다.

10

2017년 7월 고3 전국연합학력평가

〈보기〉를 바탕으로 중세 국어의 특징을 탐구한 내용으로 적절하지 않은 것은?

보기

㉠**나랏** 말ᄊᆞ미 中듕國귁에 달아 文문字ᄍᆞᆼ와로 서르 ᄉᆞᄆᆞᆺ디 아니ᄒᆞᆯᄊᆡ 이런 젼ᄎᆞ로 어린 百ᄇᆡᆨ姓셩이 ㉡**니르고져** 홇 ㉢**배** 이셔도 ᄆᆞᄎᆞᆷ내 제ᄠᅳ들 시러 ㉣**펴디** 몯홇 노미 하니라 내 ㉤**이ᄅᆞᆯ** 爲윙ᄒᆞ야 어엿비 너겨 새로 스믈여듧 字ᄍᆞᆼᄅᆞᆯ ᄆᆡᇰᄀᆞ노니 사ᄅᆞᆷ마다 ᄒᆡᅇᅧ 수ᄫᅵ 니겨 날로 ᄡᅮ메 便뼌安한킈 ᄒᆞ고져 홇 ᄯᆞᄅᆞ미니라

[현대어 풀이]
우리나라의 말이 중국과 달라 문자와 서로 통하지 아니하여서 이런 까닭으로 어리석은 백성이 말하고자 하는 바가 있어도 마침내 제 뜻을 능히 펴지 못하는 사람이 많다. 내가 이것을 위하여 가엾게 여겨 새로 스물여덟 자를 만드니, 모든 사람들로 하여금 쉽게 익혀 날마다 쓰는 데 편하게 하고자 할 따름이다.

① ㉠의 'ㅅ'은 현대 국어의 '의'에 해당하는 관형격 조사로 쓰였군.
② ㉡의 '-고져'는 현대 국어의 '-고자'에 해당하는 연결 어미로 쓰였군.
③ ㉢의 'ㅣ'는 주격 조사로, 모음으로 끝나는 체언에 결합했음을 알 수 있군.
④ ㉣과 현대 국어의 '펴지'를 비교해 보니 '-디'에서는 구개음화가 확인되지 않는군.
⑤ ㉤의 'ᄅᆞᆯ'은 목적격 조사로, 자음으로 끝나는 체언에 결합했음을 알 수 있군.

11

2018년 3월 고3 전국연합학력평가

〈보기〉의 (가)에 들어갈 내용으로 적절하지 않은 것은?

보기

학습 활동	다음 자료를 보고, 중세 국어의 조사에 대해 탐구해 보자.
학습 자료	ㄱ. **ᄃᆞ리** 즈믄 ᄀᆞᄅᆞ매 **비취요미** 곧ᄒᆞ니라 (달이 천 개의 강에 비침과 같으니라) ㄴ. **네** 후(後)에 **부톄** ᄃᆞ외야 (네가 후에 부처가 되어) ㄷ. **부텻** 모미 여러 **가짓** 상(相)이 ᄀᆞᄌᆞ샤 (부처의 몸이 여러 가지의 상이 갖춰져 있으시어) ㄹ. **사ᄉᆞᄆᆡ** 등과 **도ᄌᆞᄀᆡ** 입과 눈 (사슴의 등과 도적의 입과 눈) ㅁ. 사ᄅᆞᄆᆡ **모몰** 득(得)ᄒᆞ고 **부텨를** 맛나 잇ᄂᆞ니 (사람의 몸을 득하고 부처를 만나 있으니)
활동 결과	(가)

① ㄱ의 'ᄃᆞ리'와 '비취요미'에서 '이'가 각각 주격 조사와 부사격 조사로 사용되었다.

② ㄴ의 '네'에서 'ㅣ'가 주격 조사로, '부톄'에서 'ㅣ'가 보격 조사로 사용되었다.

③ ㄷ의 '부텻'과 '가짓'에서 'ㅅ'이 모두 관형격 조사로 사용되었다.

④ ㄹ의 '사ᄉᆞᄆᆡ'와 '도ᄌᆞᄀᆡ'에는 'ᄋᆡ'가 각각 기준과 조건을 나타내는 부사격 조사로 사용되었다.

⑤ ㅁ의 '모몰', '부텨를'에는 형태가 다른 목적격 조사가 사용되었다.

2017년 10월 고3 전국연합학력평가

[12] 다음 글을 읽고 물음에 답하시오.

현대 국어에서 사동 표현은 주동문의 동사나 형용사 어근에 사동 접미사 '-이-, -히-, -리-, -기-, -우-, -구-, -추-'가 붙거나, '-게 하다'에 의해 만들어진다.

서술어가 형용사나 자동사인 주동문을 사동문으로 바꿀 때, 주동문의 주어가 사동문의 목적어가 되며 사동문의 주어가 새로 도입된다. 이는 주동문 (ㄱ)과 사동문 (ㄴ)을 살펴보면 알 수 있는데, 서술어의 자릿수에도 변화가 일어난다.

(ㄱ) 얼음이 녹는다.
(ㄴ) 아이들이 얼음을 녹인다.

한편 서술어가 타동사인 주동문을 사동문으로 바꿀 때, 주동문의 주어는 사동문의 부사어가 되고 주동문의 목적어는 그대로 사동문의 목적어가 되며 사동문의 주어가 새로 도입된다. 이는 주동문 (ㄷ)과 사동문 (ㄹ)을 살펴보면 알 수 있는데, 서술어의 자릿수에도 변화가 일어난다.

(ㄷ) 영희가 책을 읽었다.
(ㄹ) 선생님께서 영희에게 책을 읽히셨다.

한편 주동문의 동사나 형용사 어근에 사동 접미사가 붙은 사동사에 의한 사동을 단형 사동이라 하고, '-게 하다'에 의한 사동을 장형 사동이라 한다. 사동을 일으키는 주체가 사동 행위를 받는 대상의 행위에 함께 참여하는 의미를 표현하는 경우를 직접 사동이라 하고 그렇지 않은 경우를 간접 사동이라 하는데, 단형 사동은 맥락에 따라 직접 사동과 간접 사동의 두 가지 의미를 모두 표현할 수 있으나 장형 사동은 간접 사동의 해석만을 허용한다.

15세기 국어에서 사동 범주는 주동문의 동사나 형용사 어근에 사동 접미사 '-이-, -히-, -기-, -오-/-우-, -호-/-후-, -ᄋᆞ-/-으-'가 붙어서 만들어지거나 현대 국어의 '-게 하다'에 해당하는 '-게 ᄒᆞ다'에 의해 만들어졌다.

12

윗글을 바탕으로 〈보기〉의 ㉠~㉤을 이해한 내용으로 적절하지 않은 것은? [3점]

> **보기**
>
> ○ [15세기 국어] ᄀᆞᄅᆞ매 ᄇᆡ 업거늘 ㉠**얼우시고**
> [현대 국어] 강에 배가 없으므로 (강물을) 얼리시고
>
> ○ [15세기 국어] 목수믈 ㉡**일케 ᄒᆞ야뇨**
> [현대 국어] 목숨을 잃게 하였는가
>
> ○ [15세기 국어] 比丘란 노피 ㉢**안치시고**
> [현대 국어] 비구는 높이 앉히시고
>
> ○ [15세기 국어] 나랏 小民을 ㉣**사ᄅᆞ시리잇가**
> [현대 국어] 나라의 백성들을 살리시겠습니까
>
> ○ [15세기 국어] 투구 아니 ㉤**밧기시면**
> [현대 국어] 투구를 아니 벗기시면

① ㉠은 동일한 어근에 결합하는 사동 접미사가 15세기 국어와 현대 국어에서 다른 경우가 있음을 보여 주는군.

② ㉡은 현대 국어의 '-게 하다'에 해당하는 15세기 국어의 '-게 ᄒᆞ다'가 쓰인 모습을 보여 주는군.

③ ㉢은 15세기 국어에서 어근과 사동 접미사가 결합된 형태를 소리 나는 대로 적었다는 점에서 현대 국어와는 다른 양상을 보여 주는군.

④ ㉣은 현대 국어에서 쓰이지 않는 사동 접미사가 15세기 국어에서 쓰인 양상을 보여 주는군.

⑤ ㉤은 15세기 국어와 현대 국어에서 어근 형태가 달라짐에 따라 어근에 결합하는 사동 접미사가 달라진 양상을 보여 주는군.

2018년 4월 고3 전국연합학력평가

[13] 다음 글을 읽고 물음에 답하시오.

> 문장은 주어와 서술어 관계가 한 번 나타나는 홑문장과 두 번 이상 나타나는 겹문장으로 나뉘는데, 겹문장에는 이어진문장과 안은문장이 있다.
>
> 이어진문장은 둘 이상의 문장이 연결 어미에 의해 대등하게 혹은 종속적으로 결합된 문장을 말한다. 대등하게 이어진 문장은 앞뒤 문장이 '나열', '대조' 등의 대등한 의미 관계를 가지며, '-고', '-지만' 등의 연결 어미에 의해 이어진다. 종속적으로 이어진 문장은 앞 문장이 뒤 문장의 원인, 조건, 목적 등의 의미를 가지며, '-아서/-어서', '-(으)면', '-(으)러' 등의 연결 어미에 의해 이어진다.
>
> 한 문장이 하나의 성분처럼 기능하는 다른 문장을 안고 있을 때 그것을 안은문장이라 하고, 이때 하나의 성분처럼 기능하는 문장을 안긴문장이라 한다. 안긴문장에는 명사절, 관형절, 부사절, 서술절, 인용절이 있다. 명사절은 '-(으)ㅁ', '-기'가 붙어 만들어지며 문장 안에서 조사와 결합하여 주어, 목적어, 부사어와 같은 다양한 기능을 한다. 관형절은 '-(으)ㄴ', '-는', '-(으)ㄹ' 등이 붙어 뒤의 체언을 꾸민다. 부사어처럼 용언을 수식하는 기능을 하는 부사절은 '-이', '-게', '-도록' 등이 결합하여 이루어진다. 그리고 절 전체가 서술어의 기능을 하는 서술절은 다른 절들과 달리 특별한 표지(標識)가 붙지 않는다. 끝으로 다른 사람의 말이나 자신의 생각 등을 인용한 것을 인용절이라고 하는데, 문장을 그대로 인용하는 직접 인용절에는 '라고'나 '하고'와 같은 조사가, 말하는 사람의 표현으로 바꾸어 인용하는 간접 인용절에는 '고'와 같은 조사가 쓰인다. 한편 안긴문장의 한 요소가 안은문장의 요소와 동일한 경우 생략될 수 있으며, 하나의 안긴문장 안에 또 다른 문장이 안기기도 한다.
>
> 중세국어의 문법 자료에서도 겹문장이 확인된다. 이어진문장은 현대국어와 마찬가지로 둘 이상의 문장이 연결 어미에 의해 결합되는데, 현대국어에 사용되지 않는 어미가 붙어 성립되기도 하였다. 안은문장의 경우 명사절이 '-옴/-움'이나 '-디', '-기'에 기대어 나타났으며, 관형절은 '-(으)ㄴ' 외에 'ㅅ'에 기대어 나타나는 경우가 있었다. 그리고 부사절은 현대국어와 유사한 방식으로 나타났으며, 인용절이나 서술절은 조사나 어미와 같은 표지 없이 나타났다.

13

윗글을 바탕으로 〈보기〉를 탐구한 내용으로 적절하지 않은 것은?

> **보기**
>
> (가)
>
> **[중세]** ᄆᆞᅀᆞᆯ히 멀면 乞食ᄒᆞ디 어렵고
>
> **[현대어 풀이]** 마을이 멀면 걸식하기 어렵고
>
> -「석보상절」-
>
> (나)
>
> **[중세]** 이 東山ᄋᆞᆫ 남기 됴ᄒᆞᆯᄊᆡ 노니논 ᄯᅡ히라
>
> **[현대어 풀이]** 이 동산은 나무가 좋으므로 내가 노니는 땅이다.
>
> -「석보상절」-
>
> (다)
>
> **[중세]** 불휘 기픈 남ᄀᆞᆫ ᄇᆞᄅᆞ매 아니 뮐ᄊᆡ 곶 됴코 여름 하ᄂᆞ니
>
> **[현대어 풀이]** 뿌리가 깊은 나무는 바람에 아니 흔들리므로 꽃이 좋고 열매가 많으니
>
> -「용비어천가」-

① (가)의 ‘乞食ᄒᆞ디’를 보니 중세 국어에서는 현대 국어와 달리 명사절을 만들 때 ‘-디’가 사용되었군.

② (나)의 ‘남기 됴ᄒᆞᆯᄊᆡ’가 ‘이 東山ᄋᆞᆫ’의 서술어로서 기능하는 것을 보니 중세 국어에서도 서술절이 사용되었음을 알 수 있군.

③ (다)의 ‘곶 됴코’를 보니 중세 국어에서도 대등하게 이어진 문장을 만들 때 ‘-고’를 사용하였음을 짐작할 수 있군.

④ (가)의 ‘ᄆᆞᅀᆞᆯ히 멀면’과 (다)의 ‘불휘 기픈’을 보니 ‘-(으)ㄴ’이 붙어 관형절이 되었음을 짐작할 수 있군.

⑤ (나)의 ‘됴ᄒᆞᆯᄊᆡ’와 (다)의 ‘뮐ᄊᆡ’를 보니 현대 국어와 형태는 다르지만 문장을 종속적으로 연결해 주는 표지가 사용되었군.

2018년 7월 고3 전국연합학력평가

[14] 다음 글을 읽고 물음에 답하시오.

단어를 이루는 형태소 중에 실질적인 의미를 나타내는 중심 부분을 어근이라고 하는데, 어근이 두 개 이상 결합한 단어를 합성어라고 한다.

합성어는 형성 방법과 종류가 매우 다양하다. 그 중 국어의 일반적인 단어 배열법에 따라 어근을 결합한 합성어를 통사적 합성어라 하고, 그렇지 않은 것을 비통사적 합성어라고 한다. 예를 들어, 명사와 명사가 결합한 ‘논밭’, 용언의 관형사형과 명사가 결합한 ‘굳은살’, 용언의 연결형과 용언의 어간이 결합한 ‘스며들다’ 등은 국어 문장에서 흔히 나타나는 배열법으로서 통사적 합성어에 해당한다. 반면에 용언의 어간이 명사에 직접 결합한 ‘덮밥’, 용언의 어간과 어간이 연결 어미 없이 결합한 ‘오르내리다’ 등은 국어의 문장 구성 방식에 없는 단어 배열법으로 비통사적 합성어에 해당한다.

이러한 단어 합성법은 중세 국어에서도 찾아볼 수 있다. 명사와 명사가 결합한 ‘바ᄂᆞ실(바느실)’, 용언의 관형사형과 명사가 결합한 ‘져므니(젊은이)’, 용언의 연결형과 용언의 어간이 결합한 ‘니러셔다(일어서다)’ 같은 통사적 합성어와 ‘빌먹다(빌어먹다)’와 같이 용언의 어간과 어간이 연결 어미 없이 결합한 비통사적 합성어가 그러한 예이다.

한편 중세 국어에서 ‘ᄠᅱ다’와 ‘놀다’의 합성어 형태로는 비통사적으로 결합한 ‘ᄠᅱ놀다’ 하나만 확인되고 있는데 현대 국어에는 비통사적 합성어인 ‘뛰놀다’와 통사적 합성어인 ‘뛰어놀다’의 두 가지 합성어 형태가 모두 쓰이는 것을 확인할 수 있다. 이와 반대로 현대 국어에는 하나의 합성어 형태로만 쓰이는 단어가 중세 국어에는 두 가지 합성어 형태로 모두 쓰였던 경우도 찾아볼 수 있다.

14

윗글을 바탕으로 〈보기〉의 자료에 나타난 중세 국어의 합성어를 탐구한 내용으로 적절하지 <u>않은</u> 것은? [3점]

보기

(가) 賈餗이 슬허 **<u>눈므를</u>** 내요ᄃᆡ 〈번역 소학〉
[현대 국어] 가속이 슬퍼 눈물을 흘리되

(나) ᄒᆞᆯᄀᆡ 어울워 **<u>즌ᄒᆞᆯᄀᆞᆯ</u>** ᄆᆡᆼᄀᆞ라 〈능엄경언해〉
[현대 국어] 흙에 어울러 진흙을 만들어

(다) 그듸 가아 **<u>아라듣게</u>** 니르라 〈석보상절〉
[현대 국어] 그대가 가서 알아듣게 말하라.

(라) 그지업슨 소리 世界예 **<u>솟나디</u>** 몯ᄒᆞ면 〈월인석보〉
[현대 국어] 끝이 없는 소리가 세계에 솟아나지 못하면

(마) ᄯᅡ하셔 **<u>소사나신</u>** … 菩薩 摩訶薩이 〈석보상절〉
[현대 국어] 땅에서 솟아나신 … 보살 마가살이

① (가)의 '눈믈'은 현대 국어의 '눈물'과 같이 통사적 합성어로 볼 수 있겠군.
② (나)의 '즌ᄒᆞᆰ'은 현대 국어의 '진흙'과 달리 비통사적 합성어로 볼 수 있겠군.
③ (다)의 '아라듣다'는 현대 국어의 '알아듣다'와 같이 통사적 합성어로 볼 수 있겠군.
④ (라)의 '솟나다'는 현대 국어의 '솟아나다'와 달리 비통사적 합성어로 볼 수 있겠군.
⑤ (라), (마)를 보니 현대 국어의 '솟아나다'는 중세 국어에서 두 가지 합성어의 형태로 모두 쓰였다고 볼 수 있겠군.

2018년 10월 고3 전국연합학력평가

[15] 다음 글을 읽고 물음에 답하시오.

중세 국어에서는 주체나 객체로 표현되는 인물이 신분이나 지위가 높은 경우, 대개 그 인물을 직접적으로 높여 표현하였다. 그런데 어떤 때에는 현대 국어의 간접 높임에서처럼 높임의 대상이 되는 인물의 신체 부분, 소유물, 생각 등을 높임으로써 실제 높여야 할 인물을 간접적으로 높이기도 하였다.

(1) 太子(태자)ㅣ 東門(동문) 밧긔 **<u>나가시니</u>**
(태자께서 동문 밖에 나가시니)
(2) 부텻 누니 비록 **<u>ᄇᆞᆯᄀᆞ시나</u>**
(부처의 눈이 비록 밝으시나)

(1)의 '-시-'와 (2)의 '-ᄋᆞ시-'는 모두 현대 국어의 '-(으)시-'처럼 주체를 높이기 위한 선어말 어미이다. 그러나 (1)과 (2)에 쓰인 '-(ᄋᆞ)시-'의 쓰임에는 차이가 있다. 즉 (1)에서는 주체인 '太子(태자)'를 직접적으로 높이고 있지만, (2)에서는 '부텨'의 신체 부분인 '눈'을 주체 높임 선어말 어미를 통해 높임으로써 실제 높이고자 하는 대상인 '부텨'를 간접적으로 높이고 있다.

한편 현대 국어에서는 객체 높임을 나타내기 위해 주로 '모시다', '뵙다' 등의 특수 어휘를 활용하지만 중세 국어에서는 주로 객체 높임 선어말 어미를 활용하였다.

(3) 너희 스승을 **<u>보ᄉᆞᆸ고져</u>** ᄒᆞ노니
(너희 스승을 뵙고자 하나니)
(4) 부텻 教化(교화)ᄅᆞᆯ **<u>돕ᄉᆞᆸ고</u>**
(부처의 교화를 돕고)

(3)의 '-ᄉᆞᆸ-'과 (4)의 '-ᄉᆞᆸ-'은 중세 국어의 객체 높임 선어말 어미이다. (3)과 (4)는 모두 객체 높임 선어말 어미를 통해 객체에 해당하는 인물을 높이고 있다는 공통점이 있지만, 그 인물을 직접적으로 높이느냐 간접적으로 높이느냐에 차이가 있다. 즉 (3)에서 '-ᄉᆞᆸ-'은 객체인 '스승'을 직접적으로 높이는 데 비해, (4)에서 '-ᄉᆞᆸ-'은 '教化(교화)'를 높임으로써 실제 높이고자 하는 대상인 '부텨'를 간접적으로 높이고 있다.

15

윗글을 바탕으로 하여 〈보기〉의 ㄱ~ㅁ을 이해한 내용으로 적절하지 않은 것은?

보기

ㄱ. 王(왕)ㅅ 일후믄 **濕波(습파)ㅣ러시니**
(왕의 이름은 습파이시더니)

ㄴ. 님긊 恩私(은사)를 **갑ᄉᆞᆸ고져**
(임금의 은사를 갚고자)

ㄷ. 龍王(용왕)이 世尊(세존)ᄋᆞᆯ **보ᄉᆞᆸ고**
(용왕이 세존을 뵙고)

ㄹ. 太子(태자)ㅣ 講堂(강당)애 **모도시니**
(태자께서 강당에 모으시니)

ㅁ. 諸佛(제불)을 **供養(공양)ᄒᆞᅀᆞᆸ게** ᄒᆞ쇼셔
(제불을 공양하게 하소서)

① ㄱ에서는 '-시-'를 통해 '일훔'을 높임으로써 '王(왕)'을 간접적으로 높이고 있군.
② ㄴ에서는 '-ᄉᆞᆸ-'을 통해 '恩私(은사)'를 높임으로써 '님금'을 간접적으로 높이고 있군.
③ ㄷ에서는 '-ᄉᆞᆸ-'을 통해 '世尊(세존)'을 높임으로써 '龍王(용왕)'을 간접적으로 높이고 있군.
④ ㄹ에서는 '-시-'를 통해 '太子(태자)'를 직접적으로 높이고 있군.
⑤ ㅁ에서는 '-ᅀᆞᆸ-'을 통해 '諸佛(제불)'을 직접적으로 높이고 있군.

2019년 3월 고3 전국연합학력평가

[16] 다음 글을 읽고 물음에 답하시오.

현대 국어에서는 음절의 종성에서 실제로 발음되는 소리가 제한되어 있다. 음절의 종성에 마찰음, 파찰음이 오거나 파열음 중 된소리나 거센소리가 오면 모두 예사소리 'ㄱ, ㄷ, ㅂ'으로 교체되고, 음절의 종성에 자음군이 올 때는 한 자음이 탈락한다. 그런데 모음으로 시작하는 형식 형태소가 뒤에 오면 앞 음절의 종성에 있던 자음이 곧바로 연음된다. 이렇게 연음되어 뒤 음절의 초성에서 소리 나는 자음은 제 음가대로 발음된다.

연음이 일어나는 조건이 갖추어지더라도 다른 현상이 일어나 제 음가대로 발음이 되지 않는 경우도 있다. 가령, 'ㄷ, ㅌ'으로 끝나는 말 뒤에 'ㅣ'로 시작하는 형식 형태소가 오면 'ㄷ, ㅌ'이 'ㅈ, ㅊ'으로 변하는 구개음화가 일어난다. 또한 용언 어간 말음 'ㅎ'은 모음으로 시작하는 형식 형태소가 뒤에 오면 연음되지 않고 탈락한다. 용언 어간 말음 'ㅎ' 뒤에 'ㄱ, ㄷ, ㅈ'으로 시작하는 어미가 오면 'ㅎ'과 'ㄱ, ㄷ, ㅈ'이 거센소리로 축약되는데 이를 통해 용언 어간 말음 'ㅎ'이 존재함을 간접적으로 알 수 있다.

[A]

연음과 음운 변동에 대한 지식을 활용하여 중세 국어 자료를 검토해 보면 현대 국어에서 찾아보기 어려운 형태의 단어를 발견할 수 있다. 예를 들어, 현대 국어에서는 'ㅎ'을 말음으로 가진 체언을 찾아보기 어렵다. 그러나 중세 국어 자료를 살펴보면 '돓(돌)', '나랗(나라)'와 같이 'ㅎ'을 말음으로 가진 체언을 확인할 수 있다.

중세 국어 시기에는 체언 말음 'ㅎ'이 모음으로 시작하는 조사와 결합하면 '나라히'와 같이 연음되어 나타나는 것을 확인할 수 있다. 또한 'ㅎ'을 말음으로 가진 체언이 '과', '도'와 같은 조사와 결합하면 'ㅎ'이 뒤에 오는 'ㄱ, ㄷ'과 축약되어 'ㅋ, ㅌ'으로 나타났는데, 이를 통해서 'ㅎ'의 존재를 간접적으로 확인할 수 있다. 하지만 어떤 체언이 'ㅎ'을 말음으로 가지고 있다고 하더라도, 그 체언이 단독으로 쓰이거나 관형격 조사 'ㅅ'과 결합하여 쓰였을 때는 'ㅎ'이 실현되지 않아서 'ㅎ'을 말음으로 가지지 않은 체언과 구별되지 않았다. 해당 체언이 연음이나 축약이 일어나는 자리에 쓰인 사례를 검토해야 체언 말음 'ㅎ'의 존재 여부를 알 수 있다.

16

[A]를 참조하여 〈보기〉의 ⓐ~ⓔ를 분석한 것으로 적절한 것은?

보기

[학습 목표]

중세 국어 자료를 통해 체언 '하놇'에 대해 탐구한다.

[중세 국어 자료]

- ⓐ **하ᄂᆞᆯ히** ᄆᆞᅀᆞᄆᆞᆯ 뮈우시니 (하늘이 마음을 움직이게 하시니)
- ⓑ **하ᄂᆞᇙ** 光明中에 드러 (하늘의 광명 가운데에 들어)
- ⓒ **하ᄂᆞᆯ** 셤기ᅀᆞᆸ돗 ᄒᆞ야 (하늘 섬기듯 하여)
- ⓓ **하ᄂᆞᆯ토** 뮈며 (하늘도 움직이며)
- ⓔ **하ᄂᆞᆯ콰** ᄯᅡ콰ᄅᆞᆯ 니르니라 (하늘과 땅을 이르니라)

① ⓐ에서는 연음되어 음운의 개수에 변동이 없지만, ⓓ에서는 음운 변동이 일어나 음운의 개수가 줄어들었음을 알 수 있다.
② ⓑ에서는 'ㅎ'이 다른 음운으로 교체되었음을 알 수 있고, ⓒ에서는 'ㅎ'이 실현되지 않았다.
③ ⓑ에서는 체언 말음 'ㅎ'의 존재를 알 수 있지만, ⓓ에서는 체언 말음 'ㅎ'의 존재를 알 수 없다.
④ ⓑ와 ⓒ에서 동일한 체언이 단독으로 쓰일 때, 서로 다른 형태로도 실현되었음을 알 수 있다.
⑤ ⓓ와 ⓔ에서 체언에 현대 국어에 존재하지 않는 조사 '토', '콰'가 결합했음을 알 수 있다.

2019년 4월 고3 전국연합학력평가

[17] 다음 글을 읽고 물음에 답하시오.

하나의 형태소가 환경에 따라 다르게 나타나기도 하는데, 그 모습들을 이형태라고 한다. 이형태가 성립하기 위해서는 하나의 형태소가 다른 모습으로 나타나더라도 그 의미가 서로 동일해야 한다. '이'와 '가'는 주어의 자격을 나타내는 조사로 그 의미가 서로 동일하다. 하지만 의미의 동일성만으로는 이형태를 구분하기 힘든 경우가 있다. 이럴 때는 각각의 형태가 상보적 분포를 보이는지 확인하면 이형태인지를 알 수 있다. 주격 조사 '이'는 자음 뒤에만 나타나고 주격 조사 '가'는 모음 뒤에만 나타나므로, 이 두 형태가 나타나는 음운 환경은 서로 겹치지 **않는**다. 따라서 '이'와 '가'는 상보적 분포를 보이고, 의미가 동일하기 때문에 이형태 관계에 있다. 이형태는 음운 환경에 따라 다른 모습으로 나타나는 경우가 많은데 이를 음운론적 이형태라고 한다. '막았다'의 '-았-'과 '먹었다'의 '-었-'은 앞말 모음의 성질이 양성인지 음성인지에 따라 형태가 결정되므로 음운론적 이형태이다. 이와 달리 음운론적으로 설명할 수 없는 예외적인 환경에서 나타나는 이형태를 형태론적 이형태라고 한다. '하였다'의 '-였-'은 '하-'라는 특정 형태소와 어울려서 음운론적으로 설명할 수 없는 경우이므로, '-였-'은 '-았- / -었-'과 형태론적 이형태의 관계에 있다.

이형태는 중세 국어에서도 나타났는데 현대 국어와 차이점을 보이기도 했다. 현대 국어에서 부사격 조사 '에'는 이형태가 존재하지 않는다. 하지만 중세 국어에서는 앞말 모음의 성질에 따라 이형태가 존재했다. 앞말의 모음이 양성 모음일 때는 '애'가, 음성 모음일 때는 '에'가, 단모음 '이' 또는 반모음 'ㅣ'일 때는 '예'가 사용되었다.

17

윗글을 참고할 때, 〈보기〉의 ⓐ~ⓓ에 들어갈 말로 적절한 것은?

보기

○ **탐구 자료**

[중세 국어] 狄人(적인)ㅅ 서리(ⓐ) 가샤
[현대 국어] 오랑캐들의 사이에 가시어

[중세 국어] 世尊(세존)이 象頭山(상두산)(ⓑ) 가샤
[현대 국어] 세존께서 상두산에 가시어

[중세 국어] 九泉(구천)(ⓒ) 가려 하시니
[현대 국어] 저승에 가려 하시니

○ **탐구 내용**

ⓐ~ⓒ는 부사격 조사로, 앞말 모음의 성질에 따라 상보적 분포를 보인다. 따라서 ⓐ~ⓒ는 (ⓓ) 이형태의 관계라고 할 수 있다.

	ⓐ	ⓑ	ⓒ	ⓓ
①	예	애	에	음운론적
②	예	에	애	형태론적
③	애	에	예	음운론적
④	애	예	에	형태론적
⑤	에	애	예	음운론적

2019년 7월 고3 전국연합학력평가

[18] 다음 글을 읽고 물음에 답하시오.

용언은 문장에서 사용될 때 다양한 모습으로 변화한다. 이때 변하지 않고 고정된 부분을 어간이라고 하고, 그 뒤에 붙어서 변화하는 부분을 어미라고 한다. 어간에 다양한 어미들이 결합하는 것을 활용이라고 하는데, '씻다'처럼 활용할 때 어간이나 어미의 기본 형태가 유지되거나, '쓰다'처럼 활용할 때 기본 형태가 달라진다 해도 그 현상을 일반적인 음운 규칙으로 설명할 수 있으면 이를 규칙 활용이라고 한다.

반면 특정한 환경이나 조건에서 불규칙적으로 어간이나 어미의 형태 변화가 일어나는 것은 불규칙 활용이라고 한다. 불규칙 활용은 '싣다'와 같은 'ㄷ' 불규칙, '젓다'와 같은 'ㅅ' 불규칙, '돕다'와 같은 'ㅂ' 불규칙, '푸다'와 같은 '우' 불규칙처럼 어간이 바뀌는 경우, '하다'와 같은 '여' 불규칙처럼 어미가 바뀌는 경우, '파랗다'와 같은 'ㅎ' 불규칙처럼 어간과 어미가 모두 바뀌는 경우로 구분할 수 있다.

현대 국어에서 기본 형태가 달라지는 용언의 규칙 활용과 불규칙 활용은 중세 국어 용언의 활용과 밀접한 관련이 있다. 중세 국어에서도 단모음과 단모음이 결합할 때 하나의 모음이 탈락하는 현상이 활발하게 일어났다. 대표적으로 '쓰다'가 '써'처럼 활용하는 'ㅡ' 탈락이 있는데 이는 현대 국어의 'ㅡ' 탈락에 대응한다.

또한 중세 국어에서 '싣다'의 어간이 자음으로 시작하는 어미 앞에서는 '싣-', 모음으로 시작하는 어미 앞에서는 '실-'로 교체되는 현상은 현대 국어의 'ㄷ' 불규칙으로 이어진다. '돕다'와 '젓다' 역시 자음으로 시작하는 어미 앞에서는 어간의 기본 형태를 유지하지만, 그 외의 경우에는 '돟-'과 '젛-'으로 교체된다. 이러한 교체는 'ㅸ'이 'ㅏ' 또는 'ㅓ' 앞에서 반모음 'ㅗ̆/ㅜ̆[w]'로 변화하거나 'ㆍ' 또는 'ㅡ'와 결합하여 'ㅗ' 또는 'ㅜ'로 바뀌어 현대 국어에서 'ㅂ' 불규칙으로 나타난다. 그리고 'ㅿ'은 소실되어 현대 국어에서 'ㅅ' 불규칙으로 나타난다. 또한 어간이거나 어간의 일부인 'ᄒᆞ-'에 모음으로 시작하는 어미가 결합할 때 어미가 '-아'가 아닌 '-야'로 나타나는 것은 현대 국어의 '여' 불규칙으로 이어진다.

18

윗글을 바탕으로 〈보기〉를 이해한 내용으로 적절하지 않은 것은? [3점]

보기

(가) 중세 국어
- ○ 부텻 德을 놀애 지서
- ○ 人生 즐거븐 쁘디
- ○ 一方이 변ᄒᆞ야

(나) 현대 국어
- ○ 부처의 덕(德)을 노래로 지어
- ○ 인생(人生) 즐거운 뜻이
- ○ 일방(一方)이 변하여

① (가)의 '지서'는 '짓다'의 어간이 모음으로 시작하는 어미 앞에서 '짓-'으로 교체되는 현상을 보여 주는군.
② (가)의 '즐거븐'은 '즐겁다'의 어간이 모음으로 시작하는 어미 앞에서 '즐겋-'으로 교체되는 현상을 보여 주는군.
③ (가)의 '지서'가 (나)에서 '지어'로 나타나는 것은 'ㅿ'이 소실된 결과이군.
④ (가)의 '즐거븐'이 (나)에서 '즐거운'으로 나타나는 것은 'ㅸ'이 탈락한 결과이군.
⑤ (가)의 '변ᄒᆞ야'와 (나)의 '변하여'는 모두 활용을 할 때 어미의 기본 형태가 달라진 것이군.

2019년 10월 고3 전국연합학력평가

[19] 다음 글을 읽고 물음에 답하시오.

관형사형 어미는 용언의 어간에 붙어 용언이 관형사와 같은 기능을 수행하게 하는 어미이다. 현대 국어에서 관형사형 어미는 '-(으)ㄴ', '-는', '-(으)ㄹ' 등으로, 이들이 용언의 어간에 붙으면 관형절이 만들어진다. 일반적으로 관형절은 '관계 관형절'과 '동격 관형절'로 분류된다. 수식을 받는 체언이 관형절 속의 한 성분으로 쓰일 수 있으면 관계 관형절이고, 그렇지 않으면 동격 관형절이다. 한편 동격 관형절은 관형절이 만들어지는 과정에서 원래 문장의 종결 어미가 그대로 유지되는 관형절과, 그렇지 않은 관형절로 다시 나눌 수 있다.

중세 국어에서도 현대 국어에서처럼 관형절을 관계 관형절과 동격 관형절로 구분할 수 있다. 중세 국어의 대표적인 관형사형 어미는 '-(ᄋᆞ/으)ㄴ'과 '-(ᄋᆞ/으)ㄹ'로, 각각 과거 시제와 미래 시제를 나타내는 것과 관련된다. 또한 관형절에서 현재 시제는 동사의 경우 '-ㄴ' 앞에 선어말 어미 '-ᄂᆞ-'를 붙여 나타냈다. 예컨대 '八婇女의 기론 찻므리 모ᄌᆞ랄씨(팔채녀가 길은 찻물이 모자라므로)'에서 '八婇女의 기론'은 사건시가 발화시보다 앞서는 시제가 나타난 관계 관형절이고, '주글 싸ᄅᆞ미어니(죽을 사람이니)'에서 '주글'은 발화시가 사건시보다 앞서는 시제가 나타난 관계 관형절이다. 그리고 '本來 求ᄒᆞᄂᆞᆫ ᄆᆞᅀᆞᆷ 업다이다(본래 구하는 마음 없었습니다)'에서 '本來 求ᄒᆞᄂᆞᆫ'은 발화시와 사건시가 일치하는 시제가 나타난 동격 관형절이다.

한편 중세 국어에서는 현대 국어에서와 달리 '-ㄴ'이 명사절을 이끄는 경우도 있었다. 곧 '-ㄴ'이 붙은 절 뒤에 절의 수식을 받는 체언이 없는 상태로, '그듸 혼 조초(그대 한 것 좇아)'에서 '그듸 혼'을 예로 들 수 있다. '혼'[ᄒᆞ-+-오-+-ㄴ]에서 선어말 어미 뒤에 쓰인 '-ㄴ'은 '~ㄴ 것' 정도로 해석된다. 더불어 '威化 振旅ᄒᆞ시ᄂᆞ로(위화도에서 군대를 돌이키신 것으로)'에서처럼 명사절을 이끄는 '-ㄴ' 뒤에 조사가 붙은 경우도 있었다. 'ᄒᆞ시ᄋᆞ로'[ᄒᆞ-+-시-+-ㄴ+ᄋᆞ로]는 '-ㄴ' 바로 뒤에 부사격 조사가 붙어 있는 예이다.

19

윗글을 바탕으로 a~c를 탐구한 내용으로 적절하지 않은 것은?

a. 福이라 **호ᄂᆞᆯ**[ᄒᆞ-+-오-+-ㄴ+ᄋᆞᆯ] 나ᅀᆞ라
(복이라 한 것을 바치러)

b. 智慧 너비 **비췰**[비취-+-ㄹ] 느지오
(지혜가 널리 비칠 조짐이오)

c. 法 **즐기논**[즑-+-이-+-ᄂᆞ-+-ㄴ] ᄆᆞᅀᆞ미 잇던댄
(법 즐기는 마음이 있더라면)

① a의 '호ᄂᆞᆯ'에서 조사가 어미 '-ㄴ' 바로 뒤에 붙어 있음을 확인할 수 있군.
② a의 '호ᄂᆞᆯ'에서 '-ㄴ'은 '~ㄴ 것'으로 해석되며 명사절을 이끄는 기능을 하고 있음을 확인할 수 있군.
③ b의 '비췰'에서 '-ㄹ'을 통해 발화시가 사건시보다 앞서는 시제가 나타나 있음을 확인할 수 있군.
④ b와 c에서 관형절의 수식을 받는 체언이 절 뒤에 드러나 있음을 확인할 수 있군.
⑤ b와 c에 있는 관형절은 수식을 받는 체언이 관형절 속에서 한 성분으로 쓰일 수 있는 특징이 있음을 확인할 수 있군.

20

2015년 6월 고3 평가원모의평가

〈보기1〉을 참고할 때, 〈보기2〉의 ㉠~㉢에 들어갈 말로 적절한 것은?

보기1

중세 국어 체언 중에는 'ㅎ'을 끝소리로 가진 것들이 있다. 이러한 체언을 'ㅎ' 종성 체언이라고 하는데 조사가 뒤따를 경우에 다음과 같이 나타난다.

뒤따르는 조사	'ㅎ'종성 체언의 실현 양상
모음으로 시작하는 조사	'ㅎ'은 뒤따르는 모음에 이어 적는다. 예 : [ᄯᅡ히] (ᄯᅡᇂ+이) 즐어늘 (땅이 질거늘)
'ㄱ, ㄷ'으로 시작하는 조사	'ㅎ'은 뒤따르는 'ㄱ', 'ㄷ'과 어울려 'ㅋ', 'ㅌ'으로 나타난다. 예 : [ᄯᅡ토] (ᄯᅡᇂ+도) 뮈더니 (땅도 움직이더니)
관형격 조사 'ㅅ'	'ㅎ'이 나타나지 않는다. 예 : 다ᄅᆞᆫ [ᄯᅡᆺ] (ᄯᅡᇂ+ㅅ) 風俗은 (다른 땅의 풍속은)

보기2

중세 국어	현대 국어
[㉠] (나랗+ᄋᆞᆯ) 아ᅀᆞ 맛디고	나라를 아우에게 맡기고
[㉡] (긿+ㅅ) 네거리에	길의 네거리에
[㉢] (않+과) 밧	안과 밖

	㉠	㉡	㉢
①	나라ᄒᆞᆯ	긼	안콰
②	나라ᄒᆞᆯ	긿	안과
③	나라ᄒᆞᆯ	긿	안콰
④	나라ᄋᆞᆯ	긿	안과
⑤	나라ᄋᆞᆯ	긼	안콰

21

2015년 9월 고3 평가원모의평가

〈자료〉에 나타난 중세 국어의 특징을 탐구한 내용으로 적절하지 않은 것은?

> **자료**
>
> [중세 국어] 五欲ᄋᆞᆫ 누네 됴ᄒᆞᆫ 빗 보고져 귀예 됴ᄒᆞᆫ 소리 듣고져 고해 됴ᄒᆞᆫ 내 맏고져 이베 됴ᄒᆞᆫ 맛 먹고져 모매 됴ᄒᆞᆫ 옷 닙고져 ᄒᆞᆯ 씨라
>
> -『석보상절』
>
> [현대어 풀이] 오욕은 눈에 좋은 빛 보고자, 귀에 좋은 소리 듣고자, 코에 좋은 냄새 맡고자, 입에 좋은 맛 먹고자, 몸에 좋은 옷 입고자 하는 것이다.

① '五欲ᄋᆞᆫ'이 '오욕은'에 대응되는 것을 보니, 보조사 'ᄋᆞᆫ'이 있었군.
② '누네 됴ᄒᆞᆫ 빗 보고져'가 '눈에 좋은 빛 보고자'에 대응되는 것을 보니, '네 됴ᄒᆞᆫ 빗'은 목적어로 쓰였군.
③ '귀예'가 '귀에'에 대응되는 것을 보니, 부사격 조사 '예'가 있었군.
④ '됴ᄒᆞᆫ'이 '좋은'에 대응되는 것을 보니, '됴ᄒᆞᆫ'은 용언의 관형사형이었군.
⑤ '먹고져'가 '먹고자'에 대응되는 것을 보니, '-고져'는 종결 어미로 쓰였군.

2016년 6월 고3 평가원모의평가

[22~23] 다음은 용언의 활용에 관한 탐구 활동과 자료이다. 〈대화1〉과 〈대화2〉는 학생의 탐구 활동이고, 〈자료〉는 학생들이 수집한 학술 자료이다. 물음에 답하시오.

<대화 1>

A : '(길이) 좁다'와 '(이웃을) 돕다'는 어간의 끝이 'ㅂ'으로 같잖아? 그런데 '좁다'는 '좁고', '좁아'로 활용하고 '돕다'는 '돕고', '도와'로 활용하여, 모음으로 시작하는 어미 앞에서의 활용형이 달라.

B : 그러고 보니 '(신을) 벗다'와 '(노를) 젓다'도 어간의 끝이 'ㅅ'으로 같은데, '벗다'는 '벗어'로 활용하고 '젓다'는 '저어'로 활용해서, 모음으로 시작하는 어미 앞에서의 활용형이 달라.

A : 그렇구나. 어간의 끝이 같은데도 왜 이렇게 다르게 활용하는 걸까? 우리 한번 같이 자료를 찾아보고 답을 알아볼래?

<자료>

현대 국어 '좁다'와 '돕다'의 15세기 중엽의 국어에서의 활용형을 보면, '좁다'는 '좁고', '조바'처럼 자음과 모음으로 시작하는 어미 앞 모두에서 어간이 '좁-'으로 나타난다. 그러나 '돕다'는 자음으로 시작하는 어미 앞에서는 '돕고'처럼 어간이 '돕-'으로, 모음으로 시작하는 어미 앞에서는 '도ᄫᅡ'처럼 어간이 '도ᇦ-'으로 나타난다. 다음으로 현대 국어 '벗다'와 '젓다'의 15세기 중엽의 국어에서의 활용형을 보면, '벗다'는 '벗고', '버서'처럼 자음과 모음으로 시작하는 어미 앞 모두에서 어간이 '벗-'으로 나타난다. 그러나 '젓다'는 자음으로 시작하는 어미 앞에서는 '젓고'처럼 어간이 '젓-'으로, 모음으로 시작하는 어미 앞에서는 '저ᅀᅥ'처럼 어간이 '저ᇫ-'으로 나타난다. 당시 국어의 음절 끝에는 'ㄱ, ㄴ, ㄷ, ㄹ, ㅁ, ㅂ, ㅅ, ㆁ'의 8개의 소리가 올 수 있었기에 '돕고'의 'ㅂ'과 '젓고'의 'ㅅ'은 각각 'ㅸ'이 'ㅂ'으로 교체되고 'ㅿ'이 'ㅅ'으로 교체된 것을 표기한 것이다. 그리고 '도ᄫᅡ'와 '저ᅀᅥ'는 'ㅸ'과 'ㅿ'이 뒤 음절의 첫소리로 연음된 것을 표기한 것이다.

그런데 'ㅸ', 'ㅿ'은 15세기와 16세기를 지나면서 소실

되었다. 먼저 'ᄫ'은 15세기 중엽을 넘어서면서 '도ᄫᅡ>도와', '더ᄫᅥ>더워'에서와 같이 'ㅏ' 또는 'ㅓ' 앞에서는 반모음 'ㅗ/ㅜ[w]'로 바뀌었고, '도ᄫᆞ시니>도오시니', '셔ᄫᅳᆯ>셔울'에서와 같이 'ㆍ' 또는 'ㅡ'가 이어진 경우에는 모음과 결합하여 'ㅗ' 또는 'ㅜ'로 바뀌었으나, 음절 끝에서는 이전과 다름없이 'ㅂ'으로 나타났다. 다음으로 'ㅿ'은 16세기 중엽에 '아ᅀᆞ>아ᄋᆞ', '저ᅀᅥ>저어'에서와 같이 사라졌으며, 음절 끝에서는 이전과 다름없이 'ㅅ'으로 나타났다. 이런 변화를 겪은 말 중에 '셔울', '도오시니', '아ᄋᆞ'는 18~19세기를 거쳐 '서울', '도우시니', '아우'로 바뀌어 오늘날에 이르렀다.

<대화 2>

A : 자료를 보니 'ᄫ', 'ㅿ'이 사라지면서 '도ᄫᅡ'가 '도와'로, '저ᅀᅥ'가 '저어'로 활용형이 바뀌었네.

B : 그럼 '(고기를) 굽다'가 '구워'로 활용하고, '(밥을) 짓다'가 '지어'로 활용하는 것도 같은 거겠네!

A : 맞아. 그래서 현대 국어에서는 '굽다'하고 '짓다'가 불규칙 활용을 하게 된 거야.

22

위 탐구 활동과 자료에 대한 이해로 적절하지 않은 것은?

① 현대 국어의 '도와', '저어'와 같은 활용형은 어간의 형태가 달라지는 불규칙 활용에 해당하는군.

② 15세기 국어의 '도ᄫᅡ'가 현대 국어에서 '도와'로 나타나는 것은 'ᄫ'이 어간 끝에서 'ㅂ'으로 바뀐 결과이군.

③ 15세기 국어의 '저ᅀᅥ'가 현대 국어에서 '저어'로 나타나는 것은 'ㅿ'의 소실로 어간의 끝 'ㅿ'이 없어진 결과이군.

④ 15세기 국어의 '돕고'와 현대 국어의 '돕고'는, 자음으로 시작하는 어미 앞에서 어간의 모양이 달라지지 않았군.

⑤ 15세기 국어의 '젓고'와 현대 국어의 '젓고'는, 자음으로 시작하는 어미 앞에서 어간의 모양이 달라지지 않았군.

23

위 탐구 활동과 자료에 따라, 현대 국어 용언들의 15세기 중엽 이전과 17세기 초엽에서의 활용형을 바르게 추정한 것은?

		15세기 중엽 이전			17세기 초엽		
		-게	-아/-어	-ᄋᆞᆫ/-은	-게	-아/-어	-ᄋᆞᆫ/-은
①	(마음이) 곱다	곱게	고ᄫᅡ	고ᄫᆞᆫ	곱게	고와	고온
②	(선을) 긋다	긋게	그ᅀᅥ	그ᅀᅳᆫ	긋게	그서	그슨
③	(자리에) 눕다	눕게	누ᄫᅥ	누ᄫᅳᆫ	눕게	누워	누은
④	(머리를) 빗다	비ᇫ게	비서	비슨	빗게	비서	비슨
⑤	(손을) 잡다	잡게	자ᄫᅡ	자ᄫᆞᆫ	잡게	자바	자ᄇᆞᆫ

24

2016년 9월 고3 평가원모의평가

〈보기〉의 밑줄 친 부분에서 알 수 있는 중세 국어의 문법적 특징을 설명한 것으로 적절하지 않은 것은?

보기

(가) **하ᄂᆞᆳ** 벼리눈 ᄀᆞᆮ 디니이다 〈용비어천가〉
(현대어 풀이 : 하늘의 별이 눈과 같이 떨어집니다.)

(나) 王이 부텨를 **請ᄒᆞᅀᆞᄫᆞ쇼셔** 〈석보상절〉
(현대어 풀이 : 왕이 부처를 청하십시오.)

(다) 어마니ᄆᆞᆯ **아라보리로소니잇가** 〈월인석보〉
(현대어 풀이 : 어머님을 알아보겠습니까?)

(라) **내** 이ᄅᆞᆯ 위ᄒᆞ야 〈훈민정음언해〉
(현대어 풀이 : 내가 이를 위해서)

(마) 그 믈 **미틔** 金몰애 잇ᄂᆞ니 〈월인석보〉
(현대어 풀이 : 그 물 밑에 금모래가 있는데)

① (가) : 무정 명사에 결합되는 관형격 조사 'ㅅ'이 쓰였다.

② (나) : 객체를 높이는 선어말 어미 '-ᅀᆞᇦ-'이 쓰였다.

③ (다) : 판정 의문문의 '-아' 계열 의문형 어미가 쓰였다.

④ (라) : 모음으로 끝나는 체언 뒤에 주격 조사 'ㅣ'가 쓰였다.

⑤ (마) : 높이지 않는 유정 명사에 결합되는 관형격 조사 '의'가 쓰였다.

25

2017년 6월 고3 평가원모의평가

〈보기1〉을 참고할 때, 〈보기2〉의 ㉮~㉰에 들어갈 말로 적절한 것은?

보기1

일반적으로 중세 국어에서는 서술격 조사가 앞에 결합하는 체언의 끝소리에 따라 달리 나타났다.

먼저 체언의 끝소리가 자음일 때 '이'가 나타났다.

◦ 샹녜 쓰ᄂᆞᆫ 힛 일후미라(일훔+이라) (보통 쓰는 해의 이름이다)

체언의 끝소리가 모음 '이'이거나 반모음 'ㅣ'일 때는 아무런 형태가 나타나지 않았다.

◦ 牛頭는 쇠 머리라(머리+라) (우두는 소의 머리이다)

그리고 체언의 끝소리가 모음 '이'도, 반모음 'ㅣ'도 아닌 모음일 때는 'ㅣ'가 나타났다.

◦ 生佛은 사라 겨신 부톄시니라(부텨+ㅣ시니라) (생불은 살아 계신 부처이시다)

보기2

◦ 齒ᄂᆞᆫ [㉮](치는 이이다)
◦ 所ᄂᆞᆫ [㉯](소는 바이다)
◦ 樓는 [㉰](는 다락이다)

	㉮	㉯	㉰
①	니이라	바이라	다락라
②	니라	배라	다락ㅣ라
③	니이라	바라	다락ㅣ라
④	니라	배라	다라기라
⑤	니ㅣ라	바이라	다라기라

26

2017년 9월 고3 평가원모의평가

〈보기1〉의 중세 국어의 특징을 바탕으로 〈보기2〉의 ⓐ~ⓓ를 탐구하는 활동을 수행하였다. 학생들이 탐구한 내용으로 적절하지 않은 것은? [3점]

보기1

㉠ 설명 의문문과 판정 의문문에서 쓰이는 종결 어미가 서로 달랐다.
㉡ 체언에 결합하는 조사의 형태는 모음 조화에 따라 결정되었다.
㉢ 높임의 호격 조사로서 현대 국어에 없는 형태가 있었다.
㉣ 선어말 어미의 결합 순서가 현대 국어와 다른 경우가 있었다.
㉤ 듣는 이를 높이기 위한 선어말 어미가 사용되었다.

보기2

ⓐ 므슴 **마ᄅᆞᆯ** **니ᄅᆞᄂᆞ뇨** [무슨 말을 말하느냐?]
ⓑ 져므며 늘구미 **잇ᄂᆞ녀** [젊으며 늙음이 있느냐?]
ⓒ 虛空과 **벼를** **보더시니** [허공과 별을 보시더니]
ⓓ **世尊하** 내 堂中에 이셔 몬져 如來 **보ᅀᆞᆸ고** [세존이시여, 내가 집 안에서 먼저 여래 뵙고]

① ⓐ의 '니ᄅᆞᄂᆞ뇨'와 ⓑ의 '잇ᄂᆞ녀'를 비교해 보면, ㉠을 확인할 수 있군.
② ⓐ의 '마ᄅᆞᆯ'과 ⓒ의 '벼를'을 비교해 보면, ㉡을 확인할 수 있군.
③ ⓓ의 '世尊하'를 보면, ㉢을 확인할 수 있군.
④ ⓒ의 '보더시니'를 보면, ㉣을 확인할 수 있군.
⑤ ⓓ의 '보ᅀᆞᆸ고'를 보면, ㉤을 확인할 수 있군.

2018년 6월 고3 평가원모의평가

[27] 다음 글을 읽고 물음에 답하시오.

국어에서 '-(으)ㅁ'이나 '-이'가 결합된 단어들 중에 형태는 같으나 품사가 다른 경우가 있다. 예를 들어 명사 '걸음'과 동사의 명사형 '걸음', 명사 '높이'와 부사 '높이'가 그러하다. 이는 용언에 결합하는 명사 파생 접미사 '-(으)ㅁ'과 명사형 전성 어미 '-(으)ㅁ'의 형태가 같고, '높다' 등의 일부 형용사에 결합하는 명사 파생 접미사 '-이'와 부사 파생 접미사 '-이'의 형태가 같기 때문이다.

이들의 품사를 구별하기 위해서는 각 단어의 다음과 같은 문법적 특징을 고려해야 한다. 명사는 서술격 조사가 결합하는 경우를 제외하고는 서술어로 쓰일 수 없고, 관형어의 수식을 받는다. 반면 ㉠**동사나 형용사는 명사형이라 하더라도 문장이나 절에서 서술어로 쓰이고**, 부사어의 수식을 받는다. 그리고 부사는 격조사와 결합할 수 없고 다른 부사어나 서술어 등을 수식한다.

한편 이들 '-(으)ㅁ'과 '-이'가 중세 국어에서는 그 쓰임에 따라 형태가 다르기 때문에 일반으로 그 형태만으로 품사를 구별할 수 있다. 현대 국어의 두 가지 '-(으)ㅁ'은 중세 국어의 명사 파생 접미사 '-(ᄋᆞ/으)ㅁ'과 명사형 전성 어미 '-옴/움'에 각각 대응한다. 이러한 구별은 'ᄒᆞᆫ **거름** 나ᅀᅩ **거룸**(한 **걸음** 나아가도록 **걸음**)'에서 확인된다. '걷-'과 달리, 마지막 음절의 모음이 양성 모음인 어근이나 용언 어간에는 모음 조화에 따라 '-(ᄋᆞ)ㅁ'과 '-옴'이 각각 결합한다.

앞서 말한 현대 국어의 두 가지 '-이' 역시 중세 국어의 명사 파생 접미사 '-ᄋᆡ/의'와 부사 파생 접미사 '-이'에 각각 대응한다. 이러한 구별은 '나못 **노ᄑᆡ**(나무의 **높이**)'와 '**노피** ᄂᆞᄂᆞᆫ 져비(**높이** 나는 제비)'에서 확인된다. '높-'과 달리, 마지막 음절의 모음이 음성 모음인 어근에는 모음 조화에 따라 명사 파생 접미사 '-의'가 결합한다. 그런데 부사 파생 접미사는 '-이' 하나여서 모음 조화에 상관없이 '-이'가 결합한다.

27

윗글을 바탕으로 추론한 내용 중 적절하지 않은 것은?

① '됴ᄒᆞᆫ 여름 여루미(좋은 열매 열림이)'에서 '여름'과 '여룸'의 형태를 보니, 이 둘의 품사가 다르겠군.

② '거름'과 '거룸'의 형태를 보니, '거름'은 파생 명사이고 '거룸'은 동사의 명사형이겠군.

③ '거룸'과 '노ᄑᆡ'의 모음 조화 양상을 보니, 중세 국어 '높-'에는 '-움'이 아니고 '-옴'이 결합하겠군.

④ '노ᄑᆡ'와 '노피'의 형태를 보니, '노ᄑᆡ'는 파생 부사이고 '노피'는 파생 명사이겠군.

⑤ 중세 국어의 형용사 '곧다', '굳다'가 부사 파생 접미사 '-이'와 결합할 때, 그 형태가 모음 조화에 따라 달라지지 않겠군.

28

2018년 9월 고3 평가원모의평가

〈보기〉의 ㉠과 ㉡에 들어갈 말로 바르게 짝지어진 것은?

보기

중세 국어에서는 객체를 높이기 위해 선어말 어미를 사용했는데, 이 선어말 어미는 음운 조건에 따라 다음과 같이 다양한 형태로 실현되었다.

어간 말음 조건	형태	용례
'ㄱ, ㅂ, ㅅ, ㅎ'일 때	-ᄉᆞᆸ-	돕ᄉᆞᆸ고
'ㄷ, ㅈ, ㅊ'일 때	-ᄌᆞᆸ-	묻ᄌᆞᆸ고
모음이나 'ㄴ, ㅁ, ㄹ'일 때	-ᅀᆞᆸ-	보ᅀᆞᆸ고

객체 높임 선어말 어미 뒤에 모음으로 시작하는 어미가 오면, 객체 높임 선어말 어미는 '-ᄉᆞᄫ-, -ᄌᆞᄫ-, -ᅀᆞᄫ-'으로 실현되었다.

• 아래 문장에서 객체 높임의 대상은 (㉠)이다.
 - 王(왕)이 부텻긔 더옥 敬信(경신)ᄒᆞᆫ ᄆᆞᅀᆞᄆᆞᆯ 내ᅀᆞᄫᅡ
 [왕이 부처께 더욱 공경하고 믿는 마음을 내어]

• 어간 '듣-'과 어미 '-ᄋᆞ며' 사이에 객체 높임 선어말 어미가 결합하면 다음과 같이 활용했다.
 - 내 아래브터 부텻긔 이런 마ᄅᆞᆯ 몯 (㉡)
 [내가 예전부터 부처께 이런 말을 못 들으며]

	㉠	㉡
①	王(왕)	듣ᄌᆞᄫᆞ며
②	王(왕)	듣ᄉᆞᄇᆞ며
③	부텨	듣ᄌᆞᄫᆞ며
④	부텨	듣ᄌᆞᄇᆞ며
⑤	ᄆᆞᅀᆞᆷ	듣ᅀᆞᄫᆞ며

29

2019년 6월 고3 평가원모의평가

〈보기〉의 ㉠~㉢에 들어갈 말로 적절한 것은?

보기

중세 국어에서는 의문문의 종류에 따라 종결 어미나 보조사가 달리 쓰인다. 예를 들면 용언의 어간에 어미가 결합하여 서술어가 될 때 판정 의문문에서는 종결 어미 '-녀', 설명 의문문에서는 종결 어미 '-뇨'가 쓰인다. 반면, 체언에 보조사가 결합하여 서술어가 될 때 판정 의문문에서는 보조사 '가', 설명 의문문에서는 보조사 '고'가 쓰인다. 그런데 주어가 2인칭일 때에는 의문문의 종류와 관계없이 종결 어미 '-ㄴ다'가 쓰인다. 중세 국어 의문문의 예는 아래와 같다.

◦ 이 일후미 (㉠)
[이 이름이 무엇인가?]
◦ 네 엇뎨 아니 (㉡)
[네가 어찌 안 가는가?]
◦ 그듸ᄂᆞᆫ 보디 (㉢)
[그대는 보지 않는가?]

	㉠	㉡	㉢
①	므스고	가ᄂᆞ뇨	아니ᄒᆞᄂᆞᆫ다
②	므스고	가ᄂᆞᆫ다	아니ᄒᆞᄂᆞᆫ다
③	므스고	가ᄂᆞ뇨	아니ᄒᆞᄂᆞ녀
④	므스가	가ᄂᆞᆫ다	아니ᄒᆞᄂᆞᆫ다
⑤	므스가	가ᄂᆞ뇨	아니ᄒᆞᄂᆞ녀

2019년 9월 고3 평가원모의평가

[30~31] 다음 글을 읽고 물음에 답하시오.

(1) 영수는 서울에서/서울에 산다.
(2) 민수는 방에서/ *방에 공부하고 있다.
(3) 학교에서 체육 대회를 열었다.

(1)에서는 '에'와 '에서'를 다 쓸 수 있는데, 왜 (2)에서는 '에서'를 쓰고 '에'는 쓸 수 없을까? 또 왜 (3)에서는 '에서'를 주격 조사로 쓸 수 있을까?

'에'와 '에서'는 모두 '장소'를 의미하는 말에 붙지만, (1)에서 '서울'은 '에'가 붙어 위치를 나타내는 [지점]의 의미가 되고, '에서'가 붙어 행위를 하거나 일이 발생하는 [공간]의 의미가 된다. 즉, 똑같은 장소라도 지점으로 인식되면 '에'를 쓰고, 공간으로 인식되면 '에서'를 쓴다. (2)에서 '방에'를 쓸 수 없는 이유는 '공부'라는 행위를 하는 장소인 '방'은 지점이 아니라 공간의 의미를 가져야 하기 때문이다. 이렇듯 '에'와 '에서'의 쓰임이 구분되는 것은 '에서'의 중세 국어 형태인 '에셔'의 형성 과정에 기인한다.

중세 국어에서는 부사격 조사 '애/에/예, ᄋᆡ /의'와 '이시다(현대 국어 '있다')'의 활용형인 '이셔'가 결합된 말들이 줄어서 '애셔/에셔/예셔, ᄋᆡ셔/의셔'가 되었다. 그런데 이들은 본래 '이시다'를 포함하므로, 그 의미상 어떤 공간 속에 있음을 전제한다. 따라서 '애셔/에셔/예셔, ᄋᆡ셔/의셔' 앞의 명사는 공간으로 인식되었다. 그런데 이렇게 새로운 형태가 만들어졌지만 중세 국어에서는 현대 국어와 달리 이 새로운 형태가 쓰일 자리에 '애/에/예, ᄋᆡ/의'가 쓰이는 경우가 많았다. 이는 '애/에/예, ᄋᆡ/의'가 현대 국어의 '에'와 '에서'의 쓰임을 모두 지니고 있었음을 의미한다.

한편, '애셔/에셔/예셔, ᄋᆡ셔/의셔' 앞의 명사가 어떤 구성원으로 이루어진 공간이나 집단을 나타내면, 그 공간이나 집단 속에 있는 구성원의 행위를 그 공간이나 집단의 행위로 표현하는 것이 가능해진다. 그에 따라 중세 국어에서 '애셔/에셔/예셔, ᄋᆡ셔/의셔'가 주격 조사로도 쓰인 경우가 있다. 이들은 현대 국어의 '에서'로 이어지는데 (3)과 같은 예에서 그러한 쓰임을 확인할 수 있다.

현대 국어의 '에서'가 주격 조사로 쓰일 때에는 '에서' 앞에 공간이나 집단을 나타내는 명사가 오고 유정 명사는 올 수 없다. 부사격 조사 '에'에 '서'가 붙은 '에서'가 주격 조사로 쓰인 것처럼 부사격 조사 '께'에 '서'가 붙은

'께서'도 주격 조사로 쓰인다. '께서'의 중세 국어 형태인 부사격 조사 'ᄭᅴ셔' 역시 'ᄭᅴ'와 '셔'가 결합하여 형성되었는데, 근대 국어를 거치면서 주격 조사로 변화하여 현대 국어의 '께서'로 이어졌다. 중세 국어의 '에셔', 현대 국어의 '에서'와 달리 중세 국어의 'ᄭᅴ셔', 현대 국어의 '께서'는 높임의 유정 명사 뒤에 나타난다.

30

윗글의 내용과 일치하는 것은?

① 중세 국어에서 '에' 앞의 명사는 공간의 의미를 나타낼 수 있었다.
② 현대 국어에서 '에' 앞에 붙을 수 있는 명사는 '에서' 앞에 붙을 수 없다.
③ 중세 국어의 '애/에/예'는 'ᄋᆡ/의'와 달리 주격 조사로 쓰일 수 있었다.
④ 현대 국어 '에서'의 중세 국어 형태인 '에셔'에서 '셔'는 지점의 의미를 나타냈다.
⑤ 중세 국어 '에셔'가 주격 조사로 쓰일 수 있었던 이유는 '에셔' 앞에 유정 명사가 오기 때문이다.

31

윗글을 바탕으로 〈보기〉를 이해한 내용으로 적절하지 않은 것은?

보기

현대 국어의 예

㉠ 그 지역에서 공룡 화석이 발견되었다.
㉡ 정부에서 홍수 대책안을 발표하였다.
㉢ 할머니께서 저녁 늦게 식사를 하셨다.

중세 국어의 예

㉣ 一物이라도 그위예셔 다 아ᅀᆞᄆᆞᆯ 슳노라
(물건 하나라도 관청에서 다 빼앗음을 슬퍼하노라.)
㉤ 부텨ᄭᅴ셔 十二部經이 나시고
(부처님으로부터 12부의 경이 나오고)

① ㉠ : 공간을 의미하는 '그 지역'에 주격 조사 '에서'가 붙었군.
② ㉡ : 집단을 의미하는 '정부'에 주격 조사 '에서'가 붙었군.
③ ㉢ : 높임의 유정 명사인 '할머니'에 주격 조사 '께서'가 붙었군.
④ ㉣ : '그위예셔'는 '그위'에 주격 조사 '예셔'가 붙었군.
⑤ ㉤ : 높임의 유정 명사인 '부텨'에 부사격 조사 'ᄭᅴ셔'가 붙었군.

32

2015년 수능B

[가]에 들어갈 내용으로 적절하지 않은 것은?

학습 자료	[중세 국어] ㉠부텻 마ᄅᆞᆯ ㉡듣ᄌᆞᄫᆞᄃᆡ [현대 국어] 부처의 말씀을 듣되 [중세 국어] 닐굽 ㉢거르믈 거르샤 ㉣니ᄅᆞ샤ᄃᆡ [현대 국어] 일곱 걸음을 걸으시며 이르시되 [중세 국어] 니르고져 홇 ㉤배 이셔도 [현대 국어] 이르고자 할 바가 있어도
학습 활동	㉠~㉤을 현대 국어와 비교한 후 공통점과 차이점을 정리해 보자. ([가])

① ㉠ : 관형격 조사로 'ㅅ'이 쓰였다는 점에서 현대 국어와 차이가 있다.
② ㉡ : 객체를 높이는 선어말 어미가 쓰였다는 점에서 현대 국어와 차이가 있다.
③ ㉢ : 어근의 원형을 밝혀 적었다는 점에서 현대 국어와 공통적이다.
④ ㉣ : 주체를 높이는 선어말 어미가 쓰였다는 점에서 현대 국어와 공통적이다.
⑤ ㉤ : 모음으로 끝나는 체언에 주격 조사 'ㅣ'가 결합했다는 점에서 현대 국어와 차이가 있다.

33

2016년 수능B

〈보기〉를 바탕으로 중세 국어의 특징을 탐구한 내용으로 적절하지 않은 것은?

보기

王(왕)이 니ᄅᆞ샤ᄃᆡ 大師(대사) ㉠**ᄒᆞ샨** 일 아니면 뉘 혼 거시 잇고 ㉡**仙人(선인)이** ᄉᆞᆲ보ᄃᆡ 大王(대왕)하 이 ㉢**南堀(남굴)ㅅ** 仙人(선인)이 ᄒᆞᆫ ᄯᆞᄅᆞᆯ 길어 내니 양ᄌᆞ 端正(단정)ᄒᆞ야 ㉣**世間(세간)애** ㉤**쉽디** 몯ᄒᆞ니 그 ᄯᆞᆯ ᄒᆞᇙ ㉥**時節(시절)에** 자최마다 ㉦**蓮花(연화) ㅣ** 나ᄂᆞ니이다

-「석보상절」-

[현대어 풀이]

왕이 이르시되 “대사 하신 일 아니면 누가 한 것입니까?” 선인이 아뢰되 “대왕이시여, 이 남굴의 선인이 한 딸을 길러 내니 모습이 단정하여 세상에 (모습을 드러내기가) 쉽지 못하니 그 딸 움직일 시절에 자취마다 연꽃이 납니다.”

① ㉠에서는 주체인 ‘대사’를 높이기 위한 선어말 어미가 쓰였군.

② ㉡의 ‘이’와 ㉦의 ‘ㅣ’는 격 조사의 종류가 달라서 서로 다른 형태로 나타난 것이군.

③ ㉢을 보니 ‘ㅅ’은 현대 국어의 ‘의’에 해당하는 관형격 조사로 쓰였군.

④ ㉣과 ㉥을 보니 모음 조화에 따라 형태를 달리하는 부사격 조사가 있었군.

⑤ ㉤과 현대 국어의 ‘쉽지’를 비교해 보니 ‘-디’에서는 구개음화가 확인되지 않는군.

34

2017년 수능

〈학습 활동〉의 (가)에 들어갈 내용으로 적절한 것은?

학습 활동

동사는 목적어 필요 여부에 따라 타동사와 자동사로 구분된다. ⓐ와 ⓑ를 보고, 중세 국어 ‘열다’, ‘흩다’의 타동사, 자동사로서의 쓰임과 이에 대응하는 현대 국어 동사들의 쓰임을 비교하여 그 변화를 탐구해 보자.

ⓐ

[중세 국어] 큰 ᄆᆞᅀᆞᄆᆞᆯ **여러**
[현대 국어] 큰 마음을 **열어**

[중세 국어] 自然히 ᄆᆞᅀᆞ미 **여러**
[현대 국어] 자연히 마음이 **열리어**

ⓑ

[중세 국어] 번게 구르믈 **흐터**
[현대 국어] 번개가 구름을 **흩어**

[중세 국어] 散心은 **흐튼** ᄆᆞᅀᆞ미라
[현대 국어] 산심은 **흩어진** 마음이다.

탐구 결과 : ⓐ와 ⓑ를 보니, ______(가)______.

① 중세 국어 ‘열다’, ‘흩다’는 타동사로만 쓰였고,현대 국어 ‘열다’, ‘흩다’도 타동사로만 쓰인다.

② 중세 국어 ‘열다’, ‘흩다’는 자동사로만 쓰였고,현대 국어 ‘열다’, ‘흩다’도 자동사로만 쓰인다.

③ 중세 국어 ‘열다’, ‘흩다’는 타동사 및 자동사로 쓰였고, 현대 국어 ‘열다’, ‘흩다’는 타동사로만 쓰인다.

④ 중세 국어 ‘열다’, ‘흩다’는 타동사 및 자동사로 쓰였고, 현대 국어 ‘열다’, ‘흩다’는 자동사로만 쓰인다.

⑤ 중세 국어 ‘열다’, ‘흩다’는 타동사 및 자동사로 쓰였고, 현대 국어 ‘열다’, ‘흩다’도 타동사 및 자동사로 쓰인다.

2019년 수능

[35] 다음 글을 읽고 물음에 답하시오.

국어사적 사실이 현대 국어의 일관되지 않은 현상을 이해하는 데 도움이 되는 경우가 많다. 예를 들어 'ㄹ'로 끝나는 명사 '발', '솔', '이틀'이 '발가락', '소나무', '이튿날'과 같은 합성어들에서는 받침 'ㄹ'의 모습이 일관되지 않는데, 이를 이해하기 위해서는 이들 단어의 옛 모습을 알아야 한다.

'소나무'에서는 '발가락'에서와는 달리 받침 'ㄹ'이 탈락하였고, '이튿날'에서는 받침이 'ㄹ'이 아닌 'ㄷ'이다. 모두 'ㄹ' 받침의 명사가 결합한 합성어인데 왜 이러한 차이를 보이는 것일까? 현대 국어에는 받침 'ㄹ'이 'ㄷ'으로 바뀌거나, 명사와 명사가 결합할 때 'ㄹ'이 탈락하는 규칙이 없기 때문에 이러한 차이는 현대 국어의 규칙만으로는 설명할 수 없다.

'발가락'은 중세 국어에서 대부분 '밠 가락'으로 나타난다. 중세 국어에서 'ㅅ'은 관형격 조사로 사용되었으므로 '밠 가락'은 구로 파악된다. 이는 '밠 엄지 가락(엄지발가락)'과 같은 예를 통해 잘 알 수 있다. 이후 'ㅅ'은 점차 관형격 조사의 기능을 잃고 합성어 내부의 사이시옷으로만 흔적이 남았는데, 이에 따라 중세 국어 '밠 가락'은 현대 국어 '발가락[발까락]'이 되었다.

[A] '소나무'는 중세 국어에서 명사 '솔'에 '나무'의 옛말인 '나모'가 결합하고 'ㄹ'이 탈락한 합성어 '소나모'로 나타난다. 중세 국어에서는 현대 국어와 달리 명사와 명사가 결합하여 합성어가 될 때 'ㄴ, ㄷ, ㅅ, ㅈ' 등으로 시작하는 명사 앞에서 받침 'ㄹ'이 탈락하는 규칙이 있었기 때문에 '솔'의 'ㄹ'이 탈락하였다.

'이튿날'은 중세 국어에서 자립 명사 '이틀'과 '날' 사이에 관형격 조사 'ㅅ'이 결합한 '이틄 날'로 많이 나타나는데, 이 'ㅅ'은 '이틄 밤', '이틄 길'에서의 'ㅅ'과 같은 것이다. 중세 국어에서 '이틄 날'은 '이틋 날'로도 나타났는데, 근대 국어로 오면서는 'ㄹ'이 탈락한 합성어 '이틋날'로 굳어지게 되었다. 이와 함께 'ㅅ'이 관형격 조사의 기능을 잃어 가고, 받침 'ㅅ'과 'ㄷ'의 발음이 구분되지 않게 되었다. 이에 따라 「한글 맞춤법」에서는 '이틋날'의 표기와 관련하여 "끝소리가 'ㄹ'인 말과 딴 말이 어울릴 적에 'ㄹ' 소리가 'ㄷ' 소리로 나는 것"으로 보아 이를 '이튿날'로 적도록 했다. 그러나 이때의 'ㄷ'은 'ㄹ'이 변한 것으로 설명되지 않으므로 중세 국어 '뭀 사ᄅᆞᆷ'에서 온 '뭇사람'에서처럼 'ㅅ'으로 적는 것이 국어의 변화 과정을 고려한 관점에 부합한다고 할 수 있다.

35

[A]를 바탕으로 〈보기〉의 '자료'를 탐구한 내용으로 적절하지 않은 것은? [3점]

보기

[탐구 주제]

◦ '숟가락'은 '젓가락'과 달리 왜 첫 글자의 받침이 'ㄷ'일까?

[자료]

중세 국어의 예	
• 술 자ᄇᆞ며 져 논ᄂᆞ니(숟가락 잡으며 젓가락 놓으니) • 숤 긑(숟가락의 끝), 졋 가락 긑(젓가락 끝), 수져 (수저) • 물(무리), 뭀 사ᄅᆞᆷ(뭇사람, 여러 사람)	
근대 국어의 예	**현대 국어의 예**
• 숫가락 장ᄉᆞ(숟가락 장사) • 뭇사ᄅᆞᆷ(뭇사람)	• *술로 밥을 뜨다 • 숟가락으로 밥을 뜨다 • 밥 한 술

※ '*'는 문법에 맞지 않음을 나타냄.

① 중세 국어 '술'과 '져'는 중세 국어 '이틀'처럼 자립 명사라는 점에서 현대 국어 '술'과는 차이가 있군.

② 중세 국어 '술'과 '져'의 결합에서 'ㄹ'이 탈락한 합성어가 현대 국어 '수저'로 이어졌군.

③ 중세 국어 '술'과 '져'는 명사를 수식할 때, 중세 국어 '이틀'이나 '물'과 같이 모두 관형격 조사 'ㅅ'이 결합할 수 있었군.

④ 근대 국어 '숫가락'이 현대 국어에 와서 '숟가락'으로 적히는 것은, 국어의 변화 과정을 고려한 관점에 부합하지 않는다는 점에서 '이튿날'의 경우와 같군.

⑤ 현대 국어 '숟가락'과 '뭇사람'의 첫 글자 받침이 다른 이유는 중세 국어 '숤'과 '뭀'이 현대 국어로 오면서 'ㄹ'이 탈락한 후 남은 'ㅅ'의 발음이 서로 달랐기 때문이군.

36

2020년 수능

〈보기1〉의 ㉠~㉢에 해당하는 예만을 〈보기2〉에서 고른 것은?

보기1

중세 국어의 주격 조사는 음운 조건에 따라 '이', '∅(영형태)', 'ㅣ'로 실현되었다.

- 자음 다음에는 '이'가 나타났다. ··························· ㉠
  - 예 바비(밥+이) [밥이]
- 모음 '이'나 반모음 'ㅣ' 다음에는 '∅(영형태)'로 실현되어, 나타나지 않았다. ······································· ㉡
  - 예 활 쏘리(활 쏠 이+∅) [활 쏠 이가], 새(새+∅) [새가]
- 모음 '이'와 반모음 'ㅣ' 이외의 모음 다음에는 'ㅣ'가 나타났다.
  - 예 쇠 (쇼+ㅣ) [소가]
- 음운 조건에 관계없이 생략되기도 했다. ··············· ㉢
  - 예 곶 됴코 [꽃 좋고], 나모 셋ᄂᆞᆫ [나무 서 있는]

보기2

ⓐ : **나리** 져므러 [날이 저물어]

ⓑ : **太子** 오ᄂᆞ다 드르시고[태자 온다 들으시고]

ⓒ : 내해 **ᄃᆞ리** 업도다[개천에 다리가 없도다]

ⓓ : **아ᄃᆞ리** 孝道ᄒᆞ고 [아들이 효도하고]

ⓔ : **孔子ㅣ** 드르시고 [공자가 들으시고]

① ㉠ : ⓐ, ⓓ ② ㉠ : ⓐ, ⓔ ③ ㉡ : ⓑ, ⓒ
④ ㉡ : ⓑ, ⓓ ⑤ ㉢ : ⓒ, ⓔ

37

2020년 6월 고3 평가원모의평가

〈학습 활동〉을 수행한 결과로 적절하지 않은 것은?

학습 활동

현대 국어와 달리 중세 국어의 관형격 조사에는 여러 형태가 있다. 선행 체언이 무정물일 때는 'ㅅ'이 쓰이고, 유정물일 때는 모음 조화에 따라 'ᄋᆡ', '의' 등이 쓰인다. 다만 유정물이라도 존칭의 대상일 때는 이들 대신 'ㅅ'이 쓰인다. 이를 참고하여 선행 체언과 후행 체언이 관형격 조사로 연결되었을 때의 모습을 아래 표의 ㉠~㉤에 채워 보자.

선행 체언	아바님 (아버님)	그력 (기러기)	아ᄃᆞᆯ (아들)	수플 (수풀)	등잔 (등잔)
후행 체언	겯 (곁)	목 (목)	낳 (나이)	가온ᄃᆡ (가운데)	기름 (기름)
적용 모습	㉠	㉡	㉢	㉣	㉤

① ㉠ : 아바니믜(아바님+의) 겯
② ㉡ : 그려긔(그력+의) 목
③ ㉢ : 아ᄃᆞᄅᆡ(아ᄃᆞᆯ+ᄋᆡ) 낳
④ ㉣ : 수픐(수플+ㅅ) 가온ᄃᆡ
⑤ ㉤ : 등잜(등잔+ㅅ) 기름

38

2020년 9월 고3 평가원모의평가

〈보기〉에 대한 이해로 적절한 것은?

보기

나·랏 **:말ᄊᆞ·미** 中듕國·귁·에 달·아 文문字·ᄍᆞᆼ·와·로 서르 ᄉᆞᄆᆞᆺ·디 아·니ᄒᆞᆯ·ᄊᆡ ·이런 젼·ᄎᆞ·로 어·린 百·ᄇᆡᆨ姓·셩·이 니르·고·져 **·ᄒᆞᇙ ·배** 이·셔·도 ᄆᆞ·ᄎᆞᆷ:내 제 ·ᄠᅳ·들 시·러 펴·디 :몯ᄒᆞᇙ ·노·미 **하·니·라** ·내 **·이·ᄅᆞᆯ** 爲·윙·ᄒᆞ·야 :어엿·비 너·겨 **·새·로** ·스·믈여·듧 字·ᄍᆞᆼ·ᄅᆞᆯ ᄆᆡᇰ·ᄀᆞ노·니 :사ᄅᆞᆷ:마·다 **:ᄒᆡ·ᅇᅧ** :수·비 니·겨 ·날·로 **·ᄡᅮ·메 便뼌安한·킈 ᄒᆞ·고·져** ᄒᆞᇙ ᄯᆞᄅᆞ·미니·라

- 『훈민정음』 언해, 세조 5년(1459) -

○ 현대어 풀이

우리나라의 말이 중국과 달라 문자와 서로 통하지 아니 하여서 이런 까닭으로 어리석은 백성이 말하고자 하는 바가 있어도 마침내 제 뜻을 능히 펴지 못하는 사람이 많다. 내가 이를 위하여 가엾게 여겨 새로 스물여덟 자를 만드니, 모든 사람들로 하여금 쉽게 익혀 날마다 쓰는 데 편하게 하고자 할 따름이다.

① ':말ᄊᆞ·미'와 '·ᄒᆞᇙ ·배'에 쓰인 주격 조사는 그 형태가 동일하군.
② '하·니·라'의 '하다'는 현대 국어의 동사 '하다'와 품사가 동일하군.
③ '·이·ᄅᆞᆯ'과 '·새·로'에는 동일한 강약을 표시하는 방점이 쓰였군.
④ ':ᄒᆡ·ᅇᅧ'와 '便뼌安한·킈 ᄒᆞ·고·져'에는 모두 피동 표현이 쓰였군.
⑤ '·ᄡᅮ·메'에는 '사용하다'라는 의미를 지닌 동사 '쓰다'가 쓰였군.

39

2021 수능

〈보기〉의 ㉠과 ㉡에 들어갈 말로 적절한 것은?

보기

학 생 : 현대 국어와는 달리 중세 국어의 'ㅔ', 'ㅐ'가 이중 모음이었다는 근거가 궁금해요.

선생님 : 'ㅔ', 'ㅐ'로 끝나는 체언과 결합하는 조사의 형태가 무엇인지 (가)를 참고하여 (나)를 살펴보면 알 수 있단다.

(가)

체언의 끝소리	조사의 형태	예
자음	이라	**지비라**[집이다]
단모음 '이'나 반모음 'ㅣ'	∅라	**ᄉᆞᅀᅵ라**[ᄉᆞᅀᅵ(사이)이다] **불휘라**[불휘(뿌리)이다]
그 밖의 모음	ㅣ라	**젼ᄎᆡ라**[젼ᄎᆞ(까닭)이다] **곡되라**[곡도(꼭두각시)이다]

(나)

今(금)은 **이제라**[이제이다], 下(하)ᄂᆞᆫ **아래라**[아래이다]

학 생 : (가)의 [㉠]에서처럼 (나)의 '이제'와 '아래'가 [㉡] 형태의 조사를 취하는 것을 보니 'ㅔ', 'ㅐ'가 반모음 'ㅣ'로 끝나는 이중 모음이었음을 알 수 있어요.

	㉠	㉡
①	지비라	이라
②	ᄉᆞᅀᅵ라	∅라
③	불휘라	∅라
④	젼ᄎᆡ라	ㅣ라
⑤	곡되라	ㅣ라

알앤비
RNB

패턴국어 문법

- 심화편 -

- 해설과 정답 -

RNB
알앤비

패턴국어 문법

- 심화편 -

- 해설과 정답 -

01 언어와 인간

확인문제 본문 17~18쪽

01 ⑤ 02 ① 03 ① 04 ④ 05 ⑤
06 ⑤

01 ⑤

정답 해설

〈보기〉의 대화를 통해서 볼 때, A는 B가 근무하는 병원에서 치료를 받았었다는 것을 알 수 있다. 따라서 B는 병원 의사이다. A는 B가 운동화를 사러 왔다고 말하는 것으로 볼 때 신발 가게에서 일하는 사람임을 알 수 있다. 그러므로 두 사람 모두에 대해 알 수 있는 것은 직업이다.

오답 체크

둘의 대화에서 지역, 계층, 연령, 성별은 드러나지 않는다.

02 ①

정답 해설

언어의 분절성은 연속적으로 이루어져 있는 자연의 세계를 불연속적인 것으로 끊어서 표현하는 언어의 특성이다. 계절은 연속적으로 이어져 있는 자연의 세계인데, 그것을 봄, 여름, 가을, 겨울의 불연속적인 세계로 끊어서 표현했기 때문에 선택지 ①은 분절성에 해당된다.

오답 체크

②는 국가권력의, ③은 우리 아파트단지의, ⑤는 독도의 구성 요소를 나타낸 것이고, ④는 영어와 우리말의 표현 차이를 나타낸 것이다.

03 ①

정답 해설

〈보기〉는 언어의 추상성을 설명하는 내용이다. 서로 다른 개별적이고 구체적인 대상들 사이에서 공통되는 속성을 추출하는 과정을 추상화 과정이라 하고, 이를 통해 형성된 것을 개념이라고 한다.

오답 체크

② 정의: 어떤 말이나 사물의 뜻을 명백히 밝혀 규정함. 또는 그 뜻.

③ 구체화: 구체적으로 되게 함. 또는 구체적으로 됨.

⑤ 형상화: 추상적인 것을 구체적인 형상으로 나타냄.

04 ④

정답 해설

전문적인 지식이나 새로운 개념을 표현하는 데 흔히 이용되는 것은 고유어가 아니라 한자어와 외래어이다.

05 ⑤

정답 해설

〈보기〉에서 우리말 '내가 어제 산 책'을 분석해 보면, '내가 어제 산'은 관형절로 뒤에 오는 '책'이라는 명사를 꾸미고 있다. 반면, 영어에서는 'which' 이하의 절이 앞에 있는 'the book'을 수식하고 있는 것을 알 수 있다. 따라서 〈보기〉를 통해 알 수 있는 영어와 다른 우리말의 특징은 꾸미는 말이 꾸밈을 받는 말 앞에 온다는 것이다.

오답 체크

①~④는 모두 국어의 특징이다.

06 ⑤

정답 해설

연속적으로 이루어져 있는 세계를 불연속적인 것으로 끊어서 표현하는 언어의 성질은 분절성이다. 체계성은 언어의 각 요소가 무질서하게 존재하지 않고 일정한 원리에 따라 조직되어 있는 성질을 말한다.

02 음운론(음운)

확인문제

본문 44~50쪽

01 ③	02 ⑤	03 ②	04 ④	05 ①
06 ④	07 ③	08 ⑤	09 ⑤	10 ④
11 ⑤	12 ②	13 ②	14 ②	15 ⑤
16 ③	17 ⑤	18 ⑤		

01 ③

정답 해설

혀의 앞뒤 / 입술의 모양 / 혀의 높이	전설 모음		후설 모음	
	평순	원순	평순	원순
고모음	ㅣ	ㅟ	ㅡ	ㅜ
중모음	ㅔ	ㅚ	ㅓ	ㅗ
저모음	ㅐ		ㅏ	

'금새'에서 '금세'로 고쳐쓸 때의 변화는 'ㅐ'가 'ㅔ'로 바뀐 것이다. 따라서 여기서 떠올려야 할 것은 모음 체계표이다. 위의 표에서 확인할 수 있듯이 달라진 것은 저모음에서 중모음으로 바뀌었다는 것이다. 따라서 정답은 '혀의 높이'이다.

오답 체크

① 'ㅐ'와 'ㅔ'는 모두 전설 모음이기 때문에 혀의 앞뒤 위치는 바뀌지 않는다.

② 'ㅐ'와 'ㅔ'는 모두 평순 모음이기 때문에 입술의 모양은 바뀌지 않는다.

④, ⑤ 소리의 길이와 억양 모두 달라지지 않는다.

02 ⑤

정답 해설

[ㅔ]가 [ㅗ]보다 혀가 낮은 위치에서 발음되는 것이 아니라 둘은 모두 중모음에 해당되기 때문에 같은 위치에서 발음된다.

오답 체크

① [ㅏ]는 후설 모음이고 [ㅣ]는 전설 모음이기 때문에 [ㅏ]는 [ㅣ]보다 혀의 뒤에서 발음된다.

② [ㅔ]는 중모음이고 [ㅐ]는 저모음이기 때문에 [ㅔ]는 [ㅐ]보다 혀가 높은 위치에서 발음된다.

③ [ㅜ]와 [ㅡ]는 모두 고모음이기 때문에 [ㅜ]는 [ㅡ]와 혀가 같은 높이에서 발음된다.

④ [ㅜ]와 [ㅗ]는 모두 후설 모음이기 때문에 혀의 뒤에서 발음된다.

03 ②

정답 해설

조음 위치 / 조음 방법			두 입술	윗잇몸 혀끝	센입천장 혓바닥	여린입천장 혀 뒤	목청 사이
			입술소리	혀끝소리	센입천장 소리	여린입천장 소리	목청소리
안울림 소리	파열음	예사소리	ㅂ	ㄷ		ㄱ	
		된소리	ㅃ	ㄸ		ㄲ	
		거센소리	ㅍ	ㅌ		ㅋ	
	파찰음	예사소리			ㅈ		
		된소리			ㅉ		
		거센소리			ㅊ		
	마찰음	예사소리		ㅅ			ㅎ
		된소리		ㅆ			
울림 소리	비음		ㅁ	ㄴ		ㅇ	
	유음			ㄹ			

이 문제를 풀기 위해서는 먼저 자음 체계표를 떠올려야 한다. ⓐ는 파열음으로 입술소리에 해당하고, ⓒ는 파찰음으로 센입천장소리에 해당한다. 따라서 ⓐ와 ⓒ는 조음 방법과 조음 위치가 모두 다르다.

오답 체크

① ⓐ는 파열음으로 입술소리에 해당하고, ⓑ는 파열음으로 혀끝소리에 해당한다. 따라서 ⓐ와 ⓑ는 조음 방법은 같으나 조음 위치는 다르다.

③ ⓑ는 파열음으로 혀끝소리에 해당하고, ⓒ는 파찰음으로 센입천장소리에 해당한다. 따라서 ⓑ와 ⓒ는 조음 방법과 조음 위치가 모두 다르다.

④ ⓑ는 파열음으로 혀끝소리에 해당하고, ⓓ는 마찰음으로 혀끝소리에 해당한다. 따라서 ⓑ와 ⓓ는 조음 위치는 같으나 조음 방법은 다르다.

⑤ ⓒ는 파찰음으로 센입천장소리에 해당하고, ⓓ는 마찰음으로 혀끝소리에 해당한다. 따라서 ⓒ와 ⓓ는 조음 방법과 조음 위치가 모두 다르다.

04 ④

정답 해설

'언니는 할머니께 선물했다.'에서 '언'은 ㉰, '니'는 ㉯, '는'은 ㉱, '할'은 ㉱, '머'는 ㉯, '니'는 ㉯, '께'는 ㉯, '선'은 ㉱, '물'은 ㉱, '을'은 ㉰, '했'은 ㉱, '다'는 ㉯로 이루어져 있다. 따라서 〈보기〉의 밑줄 친 문장에 사용된 음절을 이루는 방법은 ㉯, ㉰, ㉱ 세 가지이다.

05 ①

정답 해설

〈보기〉에서 '키읔만'이 [키윽만]으로 될 때는 음절의 끝소리규칙이 일어나고, [키윽만]에서 [키응만]으로 될 때는 비음화가 일어난다. 이와 음운 변동이 같은 것은 선택지 ①번 '앞마당'이다. '앞마당'에서 [압마당]으로 될 때 음절의 끝소리규칙이 일어나고, [압마당]에서 [암마당]으로 될 때 비음화가 일어난다.

오답 체크

② '물난리'는 유음화가 두 번 일어나서 [물랄리]로 발음된다.

③ '독립'은 '독'의 'ㄱ'과 '립'의 'ㄹ'이 서로 영향을 주고받아서 비음화가 일어나는데, 발음은 [동닙]으로 한다.

④ '맏며느리'는 '며'의 'ㅁ'의 영향을 받아 '맏'의 'ㄷ'이 'ㄴ'으로 바뀌는 비음화 현상이 일어난다.

⑤ '법률'은 '법'의 'ㅂ'과 '률'의 'ㄹ'이 서로 영향을 주고받아서 비음화가 일어나고 발음은 [범뉼]로 한다.

06 ④

정답 해설

〈보기〉의 ⓐ와 ⓑ에 해당하는 것으로 알맞게 짝지어진 것은 선택지 ④번이다. '밥을'에서 '을'은 조사로서 형식형태소에 해당한다. 이럴 때는 '밥'의 'ㅂ'이 연음되어 [바블]로 발음된다. 그리고 '겉옷'에서 '옷'은 실질형태소에 해당한다. 이럴 때 '겉'은 먼저 음절의 끝소리규칙에 따라 [걷]으로 발음되고 '옷'도 음절의 끝소리규칙에 따라 [옫]으로 발음된다. 그런 다음 [걷]의 'ㄷ'이 연음되어 최종적인 발음은 [거돋]으로 된다.

오답 체크

① '꽃에'와 '앞에'의 '에'는 모두 형식형태소로 ⓐ의 경우에 해당한다.

② '입위'의 '위'와 '옷안'의 '안'은 모두 실질형태소로 ⓑ에 해당한다.

③ '밖에'의 '에'는 형식형태소에 해당한다.

07 ③

정답 해설

'긁는'은 유음화 현상이 일어나지 않는다. '긁는'은 [극는]으로 되면서 자음군단순화가 일어나고, [극는]이 [긍는]으로 되면서 비음화 현상이 일어난다.

오답 체크

① '난로'는 '로'의 'ㄹ'의 영향을 받아 '난'의 'ㄴ'이 'ㄹ'로 바뀌는 유음화에 해당한다.

② '광한루'는 '루'의 'ㄹ'의 영향을 받아 '한'의 'ㄴ'이 'ㄹ'로 바뀌는 유음화에 해당한다.

④ '줄넘기'는 '줄'의 'ㄹ'의 영향으로 '넘'의 'ㄴ'이 'ㄹ'로 바뀌는 유음화에 해당한다.

⑤ '닳는'은 〈보기〉의 [붙임] 규정에 따라 [달는]으로 자음군단순화가 일어난 다음, '달'의 'ㄹ'의 영향을 받아 '는'의 'ㄴ'이 'ㄹ'로 바뀌어 최종 발음은 [달른]이 된다.

08 ⑤

정답 해설

'밭이랑'의 '이'는 조사나 접미사가 아니므로 〈보기〉에서 설명하는 구개음화에 해당하지 않는다. '밭이랑'은 먼저 '밭'의 'ㅌ'이 'ㄷ'으로 바뀌는 음절의 끝소리규칙이 일어나고, '밭'과 '이랑'이 합쳐진 합성명사이기 때문에 이 둘이 합쳐질 때 'ㄴ'첨가가 일어난다. 따라서 [받니랑]으로 발음되는데, 이는 다시 '받'의 'ㄷ'이 '니'의 'ㄴ'의 영향을 받아 'ㄴ'으로 바뀌는 비음화 현상이 일어나서 최종적인 발음은 [반니랑]이 된다.

오답 체크

① '해돋이'의 '이'는 접미사이기 때문에 '돋'의 'ㄷ'이 'ㅈ'으로 바뀌어 [해도지]로 발음되는 구개음화에 해당한다.

② '낱낱이'의 '이'는 조사이기 때문에 '낱'의 'ㅌ'이 'ㅊ'으로 바뀌어 [난나치]로 발음되는 구개음화 현상이 일어난다.

③ '벼훑이'의 '이'는 접미사이기 때문에 '훑'의 'ㅌ'이 'ㅊ'으로 바뀌어 [벼훌치]로 발음되는 구개음화에 해당한다.

④ '닫히다'는 〈보기〉의 [붙임] 규정에 따라 '닫'의 'ㄷ' 뒤에 접미사 '히'가 결합되어 있기 때문에 [다치다]로 발음하는 구개음화 현상이 일어난다.

09 ⑤

정답 해설

'굶기다'의 '기'는 어미가 아니라 접미사이기 때문에 〈보기〉의 규정에 해당하지 않는다. 따라서 된소리되기는 일어나지 않기 때문에 자음군단순화만 적용되어 [굼기다]로 발음한다.

오답 체크

① '신다'는 어간 받침 'ㄴ' 뒤에 결합되는 어미 '다'의 첫소리가 'ㄷ'이기 때문에 된소리되기가 일어나서 [신따]로 발음한다.

② '껴안다'는 어간 받침 'ㄴ' 뒤에 결합되는 어미 '다'의 첫소리가 'ㄷ'이기 때문에 된소리되기가 일어나서 [껴안따]로 발음한다.

③ '앉다'는 어간 받침 'ㄴ(ㄵ)' 뒤에 결합되는 어미 '다'의 첫소리가 'ㄷ'이기 때문에 된소리되기가 일어나서 [안따]로 발음한다.

④ '더듬다'는 어간 받침 'ㅁ' 뒤에 결합되는 어미 '다'의 첫소리가 'ㄷ'이기 때문에 된소리되기가 일어나서 [더듬따]로 발음한다.

10 ④

정답 해설

〈보기〉의 음운 변동 현상은 'ㅣ'모음 역행동화에 해당한다. 따라서 [메기다]는 표준어로도 표준발음으로도 인정되지 않는다.

오답 체크

① 〈보기〉의 'ㅣ'모음 역행동화는 '기'의 'ㅣ'모음의 영향을 받아 후설 모음인 'ㅓ'가 전설 모음인 'ㅔ'로 바뀌기 때문에 전설 모음화에 해당한다.

② 〈보기〉의 'ㅣ'모음 역행동화는 결정적 변동이 아니라 말하는 사람의 편의에 따라 일어나는 수의적 변동에 해당한다.

③ '머' 뒤에 오는 '기'의 'ㅣ'모음의 영향을 받아 '머'의 'ㅓ'가 'ㅔ'로 바뀌기 때문에 동화의 방향에서 볼 때 역행동화에 해당한다.

⑤ 뒤에 오는 'ㅣ'모음의 영향으로 앞에 오는 'ㅓ'가 'ㅔ'로 바뀌는 음운 현상이다.

11 ⑤

정답 해설

선택지 ⑤번의 '슬기로와서'는 표준어가 아니다. 표준어는 '슬기로워서'로 모음 조화가 지켜지지 않는 단어 중 하나이다.

오답 체크

① '깡충깡충'은 모음 조화가 파괴된 형태가 표준어이다.

② '가까웠다'는 모음 조화가 파괴된 형태가 표준어이다.

③ '중얼중얼'은 모음 조화가 잘 지켜지고 있는 단어이다.

④ '고와서'는 모음 조화가 잘 지켜지고 있는 단어이다.

12 ②

정답 해설

'밟는'은 ㉡에 따라 먼저 자음군단순화가 일어나 [밥는]으로 바뀌고, '밥'의 'ㅂ'이 '는'의 'ㄴ'의 영향을 받아 'ㅁ'으로 바뀌는 비음화가 일어나서 최종적인 발음은 [밤:는]이다.

오답 체크

① '넓적하다'는 ㉢에 따라 [넙쩌카다]로 발음해야 한다.

③ '넓다'는 ㉠에 따라 [널따]로 발음해야 한다.

④ '맑게'는 ㉤에 따라 [말께]로 발음해야 한다.

⑤ '늙지'는 ㉣에 따라 [늑찌]로 발음해야 한다.

13 ②

정답 해설

'3연대'는 〈보기〉의 '다만' 규정에 따라 'ㄴ(ㄹ)'음을 첨가하여 발음하지 않는다. 따라서 [사면대]라고 발음하면 된다.

오답 체크

① '삯일'은 앞 단어의 끝이 자음이고 뒤 단어의 첫음절이 '이'이기 때문에 ㉠에 따라 [상닐]로 발음해야 한다. 여기에는 'ㄴ'첨가 이외에 자음군단순화와 비음화현상이 나타난다.

③ '물약'은 'ㄹ' 받침 뒤에 첨가되는 'ㄴ' 음은 [ㄹ]로 발음해야 한다는 [붙임1] 규정에 따라 [물략]으로 발음해야 한다.

④ '서울역'은 'ㄹ' 받침 뒤에 첨가되는 'ㄴ' 음은 [ㄹ]로 발음해야 한다는 [붙임1] 규정에 따라 [서울력]으로 발음해야 한다.

⑤ '잘 입다'는 두 단어를 이어서 한 마디로 발음하는 경우에도 이에 준한다는 [붙임2] 규정에 따라 [잘립따]로 발음해야 한다.

14 ②

정답 해설

'뱃속'은 사이시옷 다음에 'ㅅ'으로 시작하는 단어가 왔기 때문에 ㉠에 따라 발음해야 한다. '툇마루'는 사이시옷 뒤에 'ㅁ'이 결합되는 경우에 해당되기 때문에 ㉡에 따라 발음해야 한다. 따라서 정답은 ②번이다.

오답 체크

'샛길', '빨랫돌', '고갯짓'은 사이시옷 다음에 'ㄱ, ㄷ, ㅈ'으로 시작하는 단어가 왔기 때문에 ㉠에 따라 발음해야 한다. 그리고 '베갯잇', '깻잎', '뒷윷', '도리깻열'은 사이시옷 뒤에 '이' 음이 결합되는 경우에 해당하기 때문에 [ㄴㄴ]으로 발음해야 한다. '아랫니'는 사이시옷 뒤에 'ㄴ'이 결합되는 경우에 해당되기 때문에 ㉡에 따라 발음해야 한다.

15 ⑤

정답 해설

〈보기〉의 교체, 탈락, 축약이 모두 일어나는 단어는 선택지 ⑤번 '넓죽하다'이다. '넓죽하다'는 먼저 [넙죽하다]로 되면서 자음군단순화가 일어난다. 자음군단순화는 탈락에 해당한다. 다음으로 [넙죽하다]가 [넙쭉하다]로 되면서 된소리되기가 일어난다. 된소리되기는 교체에 해당한다. 마지막으로 [넙쭉하다]에서 [넙쭈카다]로 최종 발음되는데 여기서는 'ㄱ'과 'ㅎ'이 합쳐져서 'ㅋ'으로 변하는 축약이 일어난다. 따라서 '넓죽하다'는 교체, 탈락, 축약이 모두 일어나는 단어이다.

오답 체크

① '넓히다'는 'ㅂ'과 'ㅎ'이 합쳐져서 'ㅍ'으로 변하는 축약이 일어난다. 따라서 최종 발음은 [널피다]이다.

② '값없다'는 자음군단순화와 된소리되기가 나타난다. 따라서 탈락과 교체의 음운 변동이 일어나고 최종 발음은 [가법따]이다.

③ '흙냄새'는 자음군단순화와 비음화가 나타난다. 따라서 탈락과 교체의 음운 변동이 일어나고 최종 발음은 [흥냄새]이다.

④ '직행열차'는 'ㄱ'과 'ㅎ'이 합쳐져서 'ㅋ'으로 변하는 축약과 'ㄴ' 첨가가 나타난다. 따라서 최종 발음은 [지캥녈차]로 한다.

16 ③

정답 해설

'싫어도'는 자음군단순화와 연음이 일어난다. 따라서 두 음운이 합쳐져서 하나의 음운이 되는 축약 현상은 나타나지 않는다. 최종 발음은 [시러도]이다.

오답 체크

① '밝히다'는 'ㄱ'과 'ㅎ'이 합쳐져 'ㅋ'으로 변하는 축약이 나타난다.

② '꽂히다'는 'ㅈ'과 'ㅎ'이 합쳐져 'ㅊ'으로 변하는 축약이 일어난다.

④ '옷 한 벌'은 음절의 끝소리규칙과 축약의 음운 변동이 일어난다. 최종 발음은 [오탄벌]이다.

⑤ '꽃 한 송이'는 음절의 끝소리규칙과 축약의 음운 변동이 일어난다. 최종 발음은 [꼬탄송이]이다.

17 ⑤

정답 해설

'밭머리'에는 양쪽이 서로 닮아서 두 소리가 다 바뀌는 현상은 나타나지 않는다. '밭머리'는 먼저 음절의 끝소리규칙이 일어나서 [받머리]로 발음되고 '받'의 'ㄷ'이 '머'의 'ㅁ'을 닮아서 'ㄴ'으로 바뀌는 비음화가 일어난다. 따라서 최종 발음은 [반머리]가 된다.

오답 체크

① '밭'에서 '받'으로, 다시 '받'에서 '반'으로 변할 때 음절의 끝자음이 바뀌는 음운 변동이 일어난다.

② '받'의 'ㄷ'이 '머'의 'ㅁ'의 영향을 받아 'ㄴ'으로 바뀌는 변동이므로 역행동화에 해당한다.

③ 받침과 그 뒤에 오는 자음이 함께 변하는 것이 아니라 받침만 바뀌는 것이므로 부분 동화에 해당한다.

④ '밭머리'는 음절의 끝소리규칙과 비음화가 일어나기 때문에 이 두 음운 변동은 모두 교체에 해당한다.

18 ⑤

정답 해설

'잇몸'은 '이'와 '몸'으로 된 순수한 우리말 합성어이다. 그리고 뒷말의 첫소리 'ㅁ' 앞에서 'ㄴ' 소리가 덧나는 경우에 해당한다.

오답 체크

① '햇볕'은 순 우리말로 된 합성어로 뒷말의 첫소리가 된소리로 나는 경우에 해당한다.

② '제삿날'은 한자어와 순 우리말로 된 합성어로 뒷말의 첫소리 'ㅁ' 앞에서 'ㄴ' 소리가 덧나는 경우에 해당한다.

③ '댓잎'은 순 우리말로 된 합성어로 뒷말의 첫소리 모음 앞에서 'ㄴㄴ' 소리가 덧나는 경우에 해당한다.

④ '아랫방'은 한자어와 순 우리말로 된 합성어로 뒷말의 첫소리가 된소리로 나는 경우에 해당한다.

기출문제

본문 51~69쪽

01 ②	02 ④	03 ④	04 ③	05 ⑤
06 ⑤	07 ⑤	08 ①	09 ③	10 ④
11 ③	12 ③	13 ④	14 ①	15 ①
16 ④	17 ④	18 ②	19 ②	20 ④
21 ①	22 ③	23 ④	24 ②	25 ②
26 ⑤	27 ①	28 ①	29 ①	30 ④
31 ②	32 ③	33 ⑤	34 ③	35 ⑤
36 ⑤	37 ②	38 ③	39 ④	40 ④

01 ②

정답 해설

〈보기〉의 '옷하고'는 [옫하고]에서 음절의 끝소리 규칙, [오타고]에서 거센소리되기의 음운 변동이 일어난다. 따라서 이는 교체(ⓐ)와 축약(ⓓ)에 해당한다. '홑이불'은 [혼니불]에서 음절의 끝소리규칙과 ㄴ첨가, [혼니불]에서 비음화의 음운 변동이 일어난다. 따라서 이는 교체(ⓐ)와 첨가(ⓒ)에 해당한다.

02 ④

정답 해설

㉣의 조건은 'ㄺ'이 모음으로 시작된 조사나 어미, 접미사와 결합되는 경우인데 '밝기'는 'ㄺ'이 모음으로 시작된 어미와 결합한 경우가 아니므로 ㉣의 예에 해당하지 않는다. '밝기[발끼]'는 용언의 어간 말음 'ㄺ'은 'ㄱ' 앞에서 [ㄹ]로 발음한다는 ㉡규정에 해당한다.

오답 체크

③ '밝혔다[발켜따]'에는 'ㄱ'과 'ㅎ'이 합쳐져 'ㅋ'으로 바뀌는 거센소리되기(축약)와 'ㅆ'이 'ㄷ'으로 바뀌는 음절의 끝소리규칙(교체)이 일어난다.

⑤ '밝는다[방는다]'에는 'ㄺ'이 'ㄱ'으로 되면서 자음군단순화(탈락)가 일어나고 'ㄱ'이 'ㄴ'의 영향을 받아 'ㅇ'으로 바뀌는 비음화(교체)가 일어난다.

03 ④

정답 해설

'맨입[맨닙]'에서는 'ㄴ'첨가의 음운 변동이 일어난다. 자료에서 'ㄴ'첨가(첨가)가 일어나는 단어는 '논일[논닐], 나뭇잎[나문닙], 늦여름[는녀름]'이다. 이중에서 '나뭇잎[나문닙], 늦여름[는녀름]'은 음절의 끝소리규칙과 비음화가 함께 일어난다. '설날[설랄]'과 '좋은[조은]'에서는 유음화(교체)와 'ㅎ'탈락(탈락)의 음운 변동이 일어난다. 이 음운 변동이 함께 일어나는 단어는 자료에서 '닳는[달른]'이다. '닳는'에서는 자음군단순화(탈락)와 유음화(교체)가 함께 일어난다. 따라서 정답은 '논일[논닐]'과 '닳는[달른]'이 묶여있는 ④이다.

오답 체크

③ '칼날[칼랄]'은 유음화(교체)의 음운 변동이 일어난다.

04 ③

정답 해설

'꽃망울'은 받침 'ㅊ'이 'ㅁ' 앞에서 [ㄴ]으로 발음되어 [꼰망울]로 발음된다. 따라서 18항이 적용되었다는 설명은 타당하지만, 23항에는 해당되지 않으므로 적절하지 않은 설명이다.

오답 체크

① 받침 'ㅍ'이 'ㄴ, ㅁ' 앞에서 [ㅁ]으로 발음한다고 했으므로 '앞마당'이 18항이 적용되어 [암마당]으로 발음된다는 설명은 적절하다.

② 23항에서 받침 'ㅈ' 뒤에 연결되는 'ㄱ'은 된소리로 발음한다고 했으므로 '늦가을[늗까을]'로 발음된다는 설명은 적절하다.

④ 18항에 '맞먹다'는 'ㅈ'이 'ㅁ' 앞에서 'ㄴ'으로 발음하고, 23항에서 'ㄱ' 뒤에 연결되는 'ㄷ'은 된소리로 발음한다고 했으므로 [만먹따]로 발음된다.

⑤ '홑낚시'는 18항에 따라 'ㅌ'이 'ㄴ' 앞에서 'ㄴ'으로 발음하고, 23항에서 'ㄱ' 뒤에 연결되는 'ㅅ'은 된소리로 발음한다고 했으므로 [혼낙씨]로 발음된다.

05 ⑤

정답 해설

ㄱ은 음절의 끝소리 규칙(교체), ㄴ은 자음군 단순화(탈락), ㄷ은 거센소리되기(축약)의 예이다. ⑤의 '핥다 → [할따]'의 음운 변동 현상은 자음군 단순화(탈락)와 된소리되기(교체)이다. 따라서 탈락은 일어나지만 축약은 일어나지 않기 때문에 적절하지 않은 설명이다.

오답 체크

① '꽃 → [꼳]'은 음절의 끝소리 규칙(교체)이기 때문에 ㄱ의 예로 적절하다.

② '넋 → [넉]'은 자음군 단순화(탈락)이기 때문에 ㄴ의 예로 적절하다.

③ '놓지 → [노치]'는 거센소리되기(축약)이기 때문에 ㄷ의 예로 적절하다.

④ '첫해 → [처태]'는 음절의 끝소리 규칙(교체)과 거센소리되기(축약)이기 때문에 ㄱ과 ㄷ의 음운 변동이 모두 일어나는 예로 적절하다.

06 ⑤

정답 해설

'여닫이'의 '여-'는 '열다'의 어간 '열-'이 '닫다'와 합성되면서 'ㄹ'이 탈락한 경우로 제28항에 해당한다. 따라서 'ㄹ'소리를 'ㄷ'으로 적은 것이 아니다.

오답 체크

① '칼날'을 [칼랄]이라고 발음하지만 제27항에 의거하여 '칼날'로 표기한다.
② '소나무'는 제28항에 의거하여 '솔나무'라고 표기하지 않는다.
③ '마소'는 제28항에 의거하여 '말소'라고 표기하지 않는다.
④ '아드님'은 제28항에 의거하여 '아들님'이라고 표기하지 않는다.

07 ⑤

정답 해설

'사랑할수록'은 '사랑하다'의 어간 '사랑하-'에 '-ㄹ'로 시작하는 어미 '-ㄹ수록'이 결합한 경우이므로 제27항 [붙임] 규정을 적용하여 [사랑할쑤록]이라고 발음해야 한다.

오답 체크

① '꽃다발'은 제23항의 규정에 따라 [꼳따발]로 발음해야 한다.
② '껴안고'는 제24항 규정에 따라 [껴안꼬]로 발음해야 한다.
③ '옮기다'의 '-기-'는 사동 접미사이기 때문에 제24항 [다만] 규정에 따라 [옴기다]로 발음해야 한다.
④ '갈 데가'는 제27항 규정에 따라 [갈떼가]로 발음해야 한다.

08 ①

정답 해설

〈보기〉의 ㉠은 음절의 끝소리 규칙을 겪은 후에 비음화가 되는 경우이고, ㉡은 자음군 단순화를 겪은 후 비음화가 되는 경우이다. 이에 해당하는 것은 선택지 ①이다. '깎는'은 [깍는]으로 음절의 끝소리 규칙이 일어난 다음 비음화 현상이 일어나서 [깡는]으로 발음된다. '흙만'은 [흑만]으로 자음군 단순화가 일어난 다음 비음화 현상이 일어나서 [흥만]으로 발음된다.

오답 체크

② '끝물'은 [끋물]로 음절의 끝소리 규칙이 일어난 다음 비음화 현상이 일어나서 [끈물]로 발음한다. '앉자'는 [안자]로 자음군 단순화만 일어날 뿐 비음화는 일어나지 않는다.
③ '듣는'은 [든는]으로 비음화 현상만 일어난다. '읊는'은 [읍는]으로 자음군 단순화와 음절의 끝소리 규칙이 일어난 다음 비음화가 일어나서 [음는]으로 발음된다.
④ '숯내'는 [숟내]로 음절의 끝소리 규칙이 일어난 다음 비음화 현상이 일어나서 [순내]로 발음된다. '닳은'은 [달은]으로 'ㅎ' 탈락이 일어난 다음 받침 'ㄹ'이 연음되어 [다른]으로 발음된다.
⑤ '앞마당'은 [압마당]으로 음절의 끝소리 규칙이 일어난 다음 비음화가 일어나서 [암마당]으로 발음된다. '값이'는 'ㅅ'이 연음이 된 후 된소리로 바뀌어 [갑씨]로 발음된다.

09 ③

정답 해설

'낫다'는 활용할 때 '낫다[낟따], 나아[나아]'와 같이 음운의 교체와 탈락 현상이 일어난다. 이에 비해 '낳다'는 '낳다[나타], 낳아[나아]'와 같이 음운의 축약과 탈락 현상이 일어난다. 따라서 '낫다'와 '낳다'가 활용할 때 공통적으로 일어나는 음운 변동은 '탈락'이 된다. 그리고 활용의 유형을 보면, '낫다'는 '낫고, 낫지, 나아서, 나으니'와 같이 어간의 'ㅅ'이 탈락하므로 불규칙 활용을 한다. 따라서 '낫다'는 활용할 때 일어나는 음운 탈락이 표기에 반영되는 단어이다. 한편, '낳다'는 '낳고, 낳지, 낳아서, 낳으니'와 같이 규칙 활용을 하는 단어로, 어간의 형태가 변화하지 않는다. 따라서 '낳다'는 활용할 때 일어나는 음운 탈락이 표기에 반영되지 않는 단어이다. 이상의 내용을 정리하면, (가)에는 '탈락'이, (나)에는 불규칙 활용이면서 표기에 반영됨을 나타내는 기호 ©가, (다)에는 규칙 활용이면서 표기에 반영되지 않음을 나타내는 기호 Ⓑ가 들어가게 되어 정답은 ③이 된다.

10 ④

정답 해설

'집일'은 제29항에 따라 'ㄴ' 소리가 첨가되고, 제18항에 따라 비음화 현상이 일어나서 [짐닐]로 발음된다. 따라서 '집일'을 로마자로 표기하려면 표준 발음법 제18항, 제29항에 대한 이해가 필요하다.

오답 체크

① '덮이다'는 [더피다]로 발음되므로, 표준 발음법 제13항에 대한 이해가 필요하다.
② '웃어른'은 [우더른]으로 발음되므로, 표준 발음법 제15항에 대한 이해가 필요하다.
③ '굳이'는 [구지]로 발음되므로, 표준 발음법 제17항에 대한 이해가 필요하다.

⑤ '색연필'은 제29항에 따라 'ㄴ' 소리가 첨가되고, 제18항에 따라 비음화 현상이 일어나서 [생년필]로 발음되므로, 표준 발음법 제18항, 제29항에 대한 이해가 필요하다.

11 ③

정답 해설

'입문하여[임문하여]'는 비음화 현상이 일어난다. 이에 대한 예로 '집문서[짐문서]'와 '맏누이[만누이]'는 적절하다.

오답 체크

① '옮겨서[옴겨서]'는 자음군 단순화가 일어난다. 이에 대한 예로 '굶기다[굼기다]'는 적절하지만, '급하다[그파다]'는 거센소리되기에 해당하므로 적절하지 않다.
② '굳이[구지]'는 구개음화 현상이 일어나는데, 이에 대한 예로 '미닫이[미다지]'는 적절하지만, '뻗대다[뻗때다]'는 된소리되기에 해당하므로 적절하지 않다.
④ '더듬지[더듬찌]'는 된소리되기에 해당하는데, 이에 대한 예로 '껴안다[껴안따]'는 적절하지만 '꿈같이[꿈가치]'는 구개음화 현상이기 때문에 적절하지 않다.
⑤ '듬직한[듬지칸]'은 거센소리되기가 일어나는데, 이에 대한 예로 '굽히다[구피다]'는 적절하지만, '한여름[한녀름]'은 'ㄴ 첨가'에 해당하기 때문에 적절하지 않다.

12 ③

정답 해설

a. '쁠다'의 어두에 있는 'ㅂ'이 앞 형태소의 받침 자리로 가서 붙어 '휩쓸다'의 어형이 생성되었을 것이라는 점에서, ㉠에 해당하는 예로 적절하다. b. '쌀'의 어두에 있는 'ㅂ'이 앞 형태소의 받침 자리로 가서 붙어 '햅쌀'의 어형이 생성되었을 것이라는 점에서, ㉠에 해당하는 예로 적절하다. d. '안ㅎ'의 'ㅎ'이 '밝'의 'ㅂ'과 결합하여 'ㅍ'으로 축약되었을 것이라는 점에서, ㉡에 해당하는 예로 적절하다.

오답 체크

c. '수꿩'에서 'ㅎ' 종성 체언의 'ㅎ'의 흔적을 찾을 수 없어 ㉡에 해당하는 예로 보기 어렵다. e. '들뜨다'에서 어두 자음군 맨 앞의 'ㅂ'의 흔적을 찾을 수 없어 ㉠에 해당하는 예로 보기 어렵다.

13 ④

정답 해설

㉣ '묻히고'는 어간 '묻-'의 'ㄷ' 뒤에 형식 형태소 '-히-'가 올 경우에 해당되기 때문에 'ㄷ'이 '-히-'의 'ㅎ'과 결합하여 [ㅌ]이 된 후 구개음화 현상이 일어나 [ㅊ]으로 교체되어 [무치고]로 발음되므로 적절한 설명이다.

오답 체크

① ㉠은 '붙-'에 형식 형태소인 접미사 '-이-'와 관형사형 어미 '-ㄴ'이 결합된 단어이다. 따라서 '붙-'은 접미사의 모음 'ㅣ'와 만나 구개음화 현상이 일어나므로 적절하지 않다.
② ㉡의 '-이'는 형식 형태소이고, '낱'의 받침 'ㅌ'은 형식 형태소 '-이'와 만나 [ㅊ]으로 발음되는 구개음화 현상이 일어나므로 적절한 설명이 아니다.
③ ㉢에서 '이랑'은 모음 'ㅣ'로 시작하는 실질 형태소이므로 구개음화는 일어나지 않고 음절의 끝소리 규칙, 'ㄴ'첨가, 그리고 비음화가 일어나서 최종 발음은 [반니랑]이 된다.
⑤ ㉤에서 '이불'은 모음 'ㅣ'로 시작되는 실질 형태소이므로, 구개음화 현상이 일어나지 않는다. '홑이불'은 음절의 끝소리 규칙, 'ㄴ'첨가, 그리고 비음화가 일어나서 최종 발음은 [혼니불]이 된다.

14 ①

정답 해설

'깎다[깍따]'는 음절의 끝소리 규칙(교체)과 된소리되기(교체)가 일어나기 때문에 한 가지 유형만 나타나는 경우에 해당한다.

오답 체크

② '막일[망닐]'은 'ㄴ'첨가와 비음화(교체)가 일어나므로 두 가지 유형이 나타나는 경우에 해당한다.
③ '색연필[생년필]'은 'ㄴ'첨가와 비음화(교체)가 일어나므로 두 가지 유형이 나타나는 경우에 해당한다.
④ '값하다[가파다]'는 자음군단순화(탈락)와 거센소리되기(축약)가 일어나므로 두 가지 유형이 나타나는 경우에 해당한다.
⑤ '설익다[설릭따]'는 'ㄴ'첨가와 유음화(교체)가 일어나므로 두 가지 유형이 나타나는 경우에 해당한다.

15 ①

정답 해설

용언의 어간 '밭-' 뒤에 모음으로 시작하는 형식 형태소인 '-은'이 왔기 때문에 '밭-'의 'ㅌ'이 연음되어 [바튼소리]로 발음해야 한다.

오답 체크

② '낱으로'에서 '으로'는 형식 형태소이기 때문에 [나트로]라고 발음하지만, '낱알'에서 '알'은 실질 형태소이기 때문에 [나

달]로 발음해야 한다.

③ '앞어금니'에서 '어금니'는 실질 형태소이기 때문에 '앞'에 음절의 끝소리 규칙이 적용된 다음 연음이 되어 [아버금니]로 발음된다.

④ '겉웃음'에서 '웃-'은 실질 형태소이고, '-음'은 형식 형태소이기 때문에 '겉'과 '웃-'에 음절의 끝소리 규칙이 적용된 다음 연음이 되어 [거두슴]으로 발음된다.

⑤ '밭을'에서 '을'은 형식 형태소이기 때문에 '밭'의 'ㅌ'이 곧바로 연음되어 [바틀]로 발음된다.

16 ④

정답 해설

'낱낱이'에서 'ㅌ'이 'ㄴ'으로 발음될 때 음절의 끝소리 규칙과 비음화가 일어나며, '첫여름'에서 'ㅅ'이 'ㄴ'으로 발음될 때도 음절의 끝소리 규칙과 비음화가 일어난다. 따라서 두 경우에서 일어나는 음운 교체의 횟수는 같다.

오답 체크

① '첫여름[천녀름]'에서는 'ㄴ'첨가가 나타나지만 '낱낱이[난나치]'에서는 첨가 현상이 나타나지 않는다.

② '넋두리[넉뚜리]'에서는 자음군단순화(탈락)와 된소리되기(교체)가 나타나고, '입학식[이팍씩]'에서는 거센소리되기[축약]와 된소리되기[교체]가 나타난다. 따라서 공통적으로 나타나는 음운의 변동은 탈락이 아니라 교체이다.

③ '입학식[이팍씩]'에서 'ㅂ'과 'ㅎ'이 합쳐져 'ㅍ'으로 된 것은 거센소리되기로 축약이 맞지만, '낱낱이[난나치]'에서 'ㅌ'이 '이'모음 앞에서 'ㅊ'으로 바뀐 것은 구개음화로 교체에 해당한다.

⑤ '넋두리[넉뚜리]'에서 'ㄳ'이 'ㄱ'으로 바뀌는 것은 자음군단순화이고, '입학식[이팍씩]'에서 'ㅅ'이 'ㅆ'으로 바뀌는 것은 된소리되기이다. 따라서 이때 일어나는 음운 변동의 횟수는 한 번으로 같다.

17 ④

정답 해설

'(바닥에) 앉을수록'과 '(몸을) 기댈 곳이'에서의 된소리되기는 모두 ㉣에 따른 것이다. '(바닥에) 앉을수록'은 '-(으)ㄹ'로 시작되는 어미의 경우에 해당하고, '(몸을) 기댈 곳이'는 관형사형 '-(으)ㄹ' 뒤에 연결되는 'ㄱ'이 된소리로 발음되는 경우이다.

오답 체크

① 국밥[국빱], 삶고[삼꼬]

② 꽃다발[꼳따발], 핥지만[할찌만]

③ 읊조리다[읍쪼리다], 먹을지언정[머글찌언정]

⑤ 훑다[훌따], 떠날지라도[떠날찌라도]

18 ②

정답 해설

'닿소[다:쏘]'와 '좋소[조:쏘]'에서 받침 'ㅎ' 뒤에 'ㅅ'이 오는 경우에는 'ㅎ'이 탈락하고 'ㅅ'이 'ㅆ'으로 바뀌는 된소리되기가 일어난다. 따라서 이 두 단어에는 탈락과 교체의 음운 변동이 일어난다.

오답 체크

① 거센소리되기(축약) 'ㅎ'+'ㄱ,ㄷ,ㅈ' → 'ㅋ,ㅌ,ㅊ'

③ '놓는[논는]'과 '쌓네[싼네]'는 음절의 끝소리 규칙과 비음화가 나타나기 때문에 교체가 두 번 일어난다.

④ '않는[안는]'과 '많네[만:네]'는 받침 'ㄶ' 뒤에 'ㄴ'이 오는 경우에 'ㅎ'탈락이 일어난다.

⑤ '낳은[나은], 놓아[노아], 쌓이다[싸이다]'에서 어간 받침 'ㅎ' 뒤에 모음으로 시작하는 형식 형태소가 오는 경우 'ㅎ'탈락이 일어난다.

19 ②

정답 해설

'놓기[노키]'는 용언 어간 '놓-'과 어미 '-기'가 결합된 말로 용언 어간 말음 'ㅎ' 뒤에 'ㄱ'으로 시작하는 어미가 와서 'ㅎ'과 'ㄱ'이 거센소리 'ㅋ'으로 축약된 것이다. 이는 밑줄 친 ㉣의 적절한 예이다.

오답 체크

① '한몫[한목]'을 발음할 때, 종성에 있는 자음군에서 자음 하나가 탈락하므로 ㉡이 일어난다.

③ '끓지[끌치]'를 발음할 때, 용언 어간 말음의 'ㅎ'과 뒤에 오는 어미의 'ㅈ'이 거센소리 'ㅊ'으로 축약되므로 ㉣이 일어난다.

④ '값할[가팔]'을 발음할 때, 종성의 자음군에서 자음 하나가 탈락하므로 ㉡이 일어난다. 'ㅂ'과 'ㅎ'의 축약이 일어나지만 용언 어간 말음 'ㅎ' 뒤에 'ㄱ, ㄷ, ㅈ'으로 시작하는 어미가 결합할 때 일어나는 축약은 아니다.

⑤ '맞힌[마친]'을 발음할 때, 'ㅈ'과 'ㅎ'의 축약이 일어나지만 용언 어간 말음 'ㅎ' 뒤에 'ㄱ, ㄷ, ㅈ'으로 시작하는 어미가 결합할 때 일어나는 축약은 아니다.

20 ④

정답 해설

㉠ '집안일'은 [지반닐]로 발음되며, 'ㄴ'첨가로 음운의 수가 늘

없기 때문에 〈보기〉에서 'B'로 분류된다. ㉡ '좋은'은 [조은]으로 발음되며, 'ㅎ'이 탈락하여 음운의 수가 줄었고 새로운 음운이 없기 때문에 〈보기〉에서 'C'로 분류된다. ㉢ '않고'는 [안코]로 발음되며, 축약으로 음운의 수가 줄었고 새로운 음운 'ㅋ'이 있기 때문에 〈보기〉에서 'D'로 분류된다. ㉣ '같이'는 [가치]로 발음되며, 구개음화로 음운의 수에 변화는 없기 때문에 〈보기〉에서 'A'로 분류된다. ㉤ '난로'는 [날로]로 발음되며, 유음화로 음운의 수에 변화는 없기 때문에 〈보기〉에서 'A'로 분류된다. ㉥ '옮는'은 [옴는]으로 발음되며, 'ㄹ'이 탈락하여 음운의 수가 줄었고 새로운 음운이 없기 때문에 〈보기〉에서 'C'로 분류된다.

21 ①

정답 해설

'산란기'는 [살란기]로 발음되므로 역행적 유음화가 일어나고, '표현력'은 [표현녁]으로 발음되므로 'ㄹ'의 비음화가 일어난다.

오답 체크

② '줄넘기'는 [줄럼끼]로 발음되므로 순행적 유음화가 일어나고, '입원료'는 [이붠뇨]로 발음되므로 'ㄹ'의 비음화가 일어난다.
③ '결단력'은 [결딴녁]으로 발음되고, '생산량'은 [생산냥]으로 발음되므로 모두 'ㄹ'의 비음화가 일어난다.
④ '의견란'은 [의견난]으로 발음되고, '향신료'는 [향신뇨]로 발음되므로 모두 'ㄹ'의 비음화가 일어난다.
⑤ '대관령'은 [대괄령]으로 발음되므로 역행적 유음화가 일어나고, '물난리'는 [물랄리]로 발음되므로 순행적 유음화와 역행적 유음화가 모두 일어난다.

22 ③

정답 해설

'밟힌'은 'ㅂ'과 'ㅎ'이 'ㅍ'으로 축약되는 현상이 일어나 [발핀]으로 발음된다. 그리고 '숱한'은 'ㅌ'이 'ㄷ'으로 바뀌는 음절의 끝소리 규칙과, 'ㄷ'과 'ㅎ'이 'ㅌ'으로 축약되는 현상이 일어나 [수탄]으로 발음된다. '밟힌', '숱한' 모두 음운 변동의 결과 전체 음운의 개수가 1개 줄어든다.

오답 체크

① '밭일'에서 뒷말의 초성은 '이'모음이고 앞말의 종성은 'ㅌ'이다. 여기서 먼저 일어나는 음운 변동은 '밭'의 'ㅌ'이 'ㄷ'으로 바뀌는 음절의 끝소리 법칙이 일어나고, '일'에서는 'ㄴ'이 첨가되어 [닐]로 발음된다. 그런 다음 'ㄷ'이 'ㄴ'과 조음 방법이 같아지는 비음화가 일어난다.
② '밭일'에서 '일'은 실질 형태소이기 때문에 '밭'의 'ㅌ'이 곧바로 연음되지 않고 음절의 끝소리 규칙이 적용된 다음 연음되어 [반닐]로 발음된다.
④ '밟힌'은 'ㅂ'과 'ㅎ'이 'ㅍ'으로 축약되는 현상이 일어나 [발핀]으로 발음된다. '굳혔다'는 'ㄷ'과 'ㅎ'이 축약되는 현상이 일어나서 'ㅌ'으로 되고 'ㅌ'이 반모음 'ㅣ'의 영향을 받아 'ㅊ'으로 바뀌는 구개음화가 일어나기 때문에 교체에 해당한다. 따라서 두 단어에서 공통적으로 나타나는 음운의 변동은 축약이다.
⑤ 거센소리되기가 먼저 일어난 후 구개음화가 일어나는 것은 '굳혔다'이고, '숱한'은 'ㅌ'이 'ㄷ'으로 바뀌는 음절의 끝소리 규칙이 먼저 일어난 후 'ㄷ'과 'ㅎ'이 'ㅌ'으로 축약되는 현상이 일어난다.

23 ④

정답 해설

'뽑+느라'가 [뽐느라]로 발음되는 것은 동화이다. 왜냐하면 'ㅂ'이 'ㄴ'의 영향을 받아 'ㄴ'과 조음 방법이 같은 비음인 'ㅁ'으로 바뀌는 비음화가 일어나기 때문이다.

오답 체크

① '듣+고'가 [듣꼬]로 발음되는 것은 동화가 아니다. 이는 특정한 환경에서 예사소리가 된소리로 바뀌어 발음되는 현상인 된소리되기로, 파열음인 받침 'ㄷ' 뒤에 오는 어미의 첫소리 'ㄱ'을 된소리로 발음한 것이다.
② '놓+고'가 [노코]로 발음되는 것은 동화가 아니다. 이는 'ㅎ'과 'ㄱ'이 합쳐져 'ㅋ'으로 되는 거센소리되기로 축약에 해당한다.
③ '훑+네'가 [훌레]로 발음되는 것은 동화이다. 먼저 겹받침 중 'ㅌ'이 탈락하는 자음군단순화가 나타나고 받침 'ㄹ'의 영향을 받아 'ㄴ'이 'ㄹ'로 바뀌는 유음화가 일어나기 때문이다.
⑤ '넓+더라'가 [널떠라]로 발음되는 것은 동화가 아니다. 이는 특정한 환경에서 예사소리가 된소리로 바뀌어 발음되는 현상인 된소리되기로, 어간 받침 'ㄼ' 뒤에 결합되는 어미의 첫소리 'ㄷ'을 된소리로 발음한 것이다.

24 ②

정답 해설

'흙까지[흑까지]'는 겹받침 중 'ㄹ'이 탈락하는 자음군단순화에 해당한다. '값싸다[갑싸다]'는 겹받침 중 'ㅅ'이 탈락하고, '닭똥[닥똥]'은 겹받침 중 'ㄹ'이 탈락하는 자음군단순화이다. 따라서 '값싸다[갑싸다]', '닭똥[닥똥]' 등과 '흙까지[흑까지]'는 동일한 음운 변동이 일어난다.

오답 체크

① '밥하고[바파고]'는 'ㅂ'과 'ㅎ'이 합쳐져 'ㅍ'이 되는 거센소리되기에 해당한다. '먹히다[머키다]'는 'ㄱ'과 'ㅎ'이 합쳐져 'ㅋ'이 되는 거센소리되기이지만, '목걸이[목꺼리]'는 'ㄱ'이 'ㄲ'으로 교체되는 된소리되기에 해당한다.

③ '잡고[잡꼬]'는 'ㄱ'이 'ㄲ'으로 교체되는 된소리되기이다. '굳세다[굳쎄다]'는 'ㅅ'이 'ㅆ'으로 교체되는 된소리되기이지만, '솜이불[솜니불]'은 'ㄴ'첨가이다.

④ '듣는다[든는다]'는 'ㄷ'이 'ㄴ'의 영향을 받아 'ㄴ'으로 바뀌는 비음화에 해당한다. '겁내다[검내다]'는 'ㅂ'이 'ㄴ'의 영향을 받아 'ㅁ'으로 바뀌는 비음화이지만, '맨입[맨닙]'은 'ㄴ'첨가이다.

⑤ '칼날[칼랄]'은 'ㄴ'이 'ㄹ'의 영향을 받아 'ㄹ'로 바뀌는 유음화에 해당한다. '잡히다[자피다]'는 'ㅂ'과 'ㅎ'이 합쳐져 'ㅍ'이 되는 거센소리되기에 해당한다. 그리고 '설날[설랄]'은 'ㄴ'이 'ㄹ'의 영향을 받아 'ㄹ'로 바뀌는 유음화에 해당한다.

25 ②

정답 해설

'솥이나'를 [소치나]로 발음하는 것은 '이나'가 조사이기 때문에 ㉠에 따라 발음한 것이다.

오답 체크

① '같이'를 [가치]로 발음하는 것은 '같이'의 '-이'가 조사가 아니라 접미사이기 때문에 ㉠이 아니라 ㉡를 따른 것이다.

③ '팥이다'를 [파치다]로 발음하는 것은 '이다'가 조사이기 때문에 ㉠에 따라 발음한 것이다.

④ '받히다'를 [바치다]로 발음하는 것은 받침 'ㄷ' 뒤에 접미사 '히'가 결합되어 '티'를 이루는 것은 [치]로 발음해야 한다는 ㉢을 따른 것이다.

⑤ '붙이다'를 [부치다]로 발음하는 것은 받침 'ㅌ'이 접미사의 모음 'ㅣ'와 결합되는 경우에 [ㅊ]으로 바꾸어서 뒤 음절 첫소리로 옮겨 발음해야 한다는 ㉡을 따른 것이다.

26 ⑤

정답 해설

'잃지[일치]'는 자음이 축약되는 거센소리되기가 나타나지만, '긁고[글꼬]'는 겹받침 중 'ㄱ'이 탈락하고, 어미의 첫소리 'ㄱ'이 'ㄲ'으로 교체되는 된소리되기가 일어난다.

오답 체크

① '값도[갑또]'에는 겹받침 중 'ㅅ'이 탈락하는 자음군단순화가 일어난다. '맑네[망네]'에도 겹받침 중 'ㄹ'이 탈락하는 자음군단순화가 일어난다.

② '입니[임니]'에는 'ㅂ'이 'ㄴ'의 영향을 받아 'ㅁ'으로 바뀌는 비음화 현상이 나타난다. '맑네[망네]'와 '꽃말[꼰말]'에도 비음화 현상이 나타나는데, 비음이 아닌 자음(ㄱ, ㄷ)이 각각 비음(ㄴ, ㅁ)의 영향을 받아 비음(ㅇ, ㄴ)으로 바뀌는 음운의 변동이 일어난 것이다.

③ '물약[물략]'에서는 첨가로 생겨난 'ㄴ'이 'ㄹ'의 영향을 받아 'ㄹ'로 교체되는 유음화가 나타난다.

④ '팥죽[팓쭉]'에는 'ㅌ'이 'ㄷ'으로 바뀌는 음절의 끝소리 법칙이 일어난다. '낮일[난닐]'에서는 'ㅈ'이 'ㄷ'으로, '꽃말[꼰말]'에서는 'ㅊ'이 'ㄷ'으로 바뀌는 음절의 끝소리 법칙이 일어난다.

27 ①

정답 해설

'흙하고[흐카고]'는 먼저 겹받침 중 'ㄹ'이 탈락하는 자음군단순화가 일어나고, 'ㄱ'과 'ㅎ'이 합쳐져 'ㅋ'으로 축약되는 거센소리되기가 일어난다. 따라서 음운의 개수는 두 개 줄었다.

오답 체크

② '저녁연기[저녕년기]'는 먼저 'ㄴ'첨가가 일어나고, 'ㄱ'이 'ㄴ'의 영향을 받아 'ㅇ'으로 교체되는 비음화가 일어난다. 따라서 첨가와 교체가 일어나 음운의 개수는 한 개 늘었다.

③ '부엌문[부엉문]'은 먼저 'ㅋ'이 'ㄱ'으로 교체되는 음절의 끝소리 규칙이 일어나고, 'ㄱ'이 'ㅁ'의 영향을 받아 'ㅇ'으로 교체되는 비음화가 일어난다. '볶는[봉는]'은 먼저 'ㄲ'이 'ㄱ'으로 교체되는 음절의 끝소리 규칙이 일어나고, 'ㄱ'이 'ㄴ'의 영향을 받아 'ㅇ'으로 교체되는 비음화가 일어난다. 따라서 '부엌문[부엉문]'과 '볶는[봉는]'은 각각 교체가 두 번 일어나고 음운의 개수는 변하지 않았다.

④ '얹지[언찌]'는 먼저 겹받침 중 'ㅈ'이 탈락하는 자음군단순화가 일어나고, 'ㅈ'이 'ㅉ'으로 교체되는 된소리되기가 일어난다. '묽고[물꼬]'는 겹받침 중 'ㄱ'이 탈락하는 자음군단순화가 일어나고, 'ㄱ'이 'ㄲ'으로 교체되는 된소리되기가 일어난다. 따라서 '얹지[언찌]'와 '묽고[물꼬]'는 탈락과 교체가 일어나 음운의 개수가 각각 한 개 줄었다.

⑤ '넓네[널레]'는 먼저 겹받침 중 'ㅂ'이 탈락하는 자음군단순화가 일어나고, 'ㄴ'이 'ㄹ'의 영향을 받아 교체되는 유음화가 일어난다. '밝는[방는]'은 먼저 겹받침 중 'ㄹ'이 탈락하는 자음군단순화가 일어나고, 'ㄱ'이 'ㄴ'의 영향을 받아 교체되는 비음화가 일어난다. 따라서 '넓네[널레]'와 '밝는[방는]'은 탈락과 교체가 일어나고 음운의 개수는 각각 한 개 줄었다.

28 ①

정답 해설

'도매가격[도매까격]'은 '도매'와 '가격'이 모두 한자어이고, '도맷값[도매깝]'은 한자어와 고유어가 결합되어 있다. 따라서 이는 ⓑ의 조건이 차이가 나서 사이시옷 표기 여부가 갈린 예이다.

오답 체크

② '전세방[전세빵]'은 '전세'와 '방'이 모두 한자어이고, '아랫방[아래빵]'은 고유어와 한자어가 결합되어 있다. 따라서 이는 ⓑ의 조건이 차이가 나서 사이시옷 표기 여부가 갈린 예이다.

③ '버섯국[버섣꾹]'은 '버섯'과 '국'이 합성 명사로 앞말이 자음으로 끝났고, '조갯국[조개꾹]'은 '조개'와 '국'의 합성 명사로 앞말이 모음으로 끝났다. 따라서 이는 ⓒ의 조건이 차이가 나서 사이시옷 표기 여부가 갈린 예이다.

④ '인사말[인사말]'은 '인사'와 '말'의 합성 명사로 앞말 끝소리에 'ㄴ'소리가 덧나지 않고, '존댓말[존댄말]'은 '존대'와 '말'의 합성 명사로 앞말 끝소리에 'ㄴ'소리가 덧난다. 따라서 이는 ⓓ의 조건이 차이가 나서 사이시옷 표기 여부가 갈린 예이다.

⑤ '나무껍질[나무껍찔]'에서 '껍질'의 첫소리는 원래 된소리이고, '나뭇가지[나무까지]'에서 '[까지]'는 '가지'의 첫소리인 'ㄱ'이 된소리 'ㄲ'으로 바뀌어 발음된 것이다. 따라서 이는 ⓓ의 조건이 차이가 나서 사이시옷 표기 여부가 갈린 예이다.

29 ①

정답 해설

'긁는'의 비표준 발음은 자음군단순화로 'ㄱ'이 탈락한 다음, 'ㄴ'이 'ㄹ'의 영향을 받아 'ㄹ'로 교체되는 유음화가 나타난 것이다. 그리고 '짧네'의 표준 발음은 자음군단순화로 'ㅂ'이 탈락한 다음, 'ㄴ'이 'ㄹ'의 영향을 받아 'ㄹ'로 교체되는 유음화가 나타난 것이다. 따라서 ⓐ에는 유음화가 들어가야 한다. '긁는'의 표준 발음은 'ㄹ'이 탈락하는 자음군단순화 후, 'ㄱ'이 'ㄴ'의 영향을 받아 'ㅇ'으로 교체되는 비음화가 나타난 것이다. 그리고 '짧네'의 비표준 발음은 'ㄹ'이 탈락하는 자음군단순화 후, 'ㅂ'이 'ㄴ'의 영향을 받아 'ㅁ'으로 교체되는 비음화가 나타난 것이다. 따라서 ⓑ에는 비음화가 들어가야 한다. '끊기고'의 표준 발음은 'ㅎ'과 'ㄱ'이 합쳐져 'ㅋ'으로 축약되는 거센소리되기가 나타난 것이고, '뚫지'의 표준 발음은 'ㅎ'과 'ㅈ'이 합쳐져 'ㅊ'으로 축약되는 거센소리되기가 나타난 것이다. 따라서 ⓒ에는 거센소리되기가 들어가야 한다.

30 ④

정답 해설

'풀잎[풀립]'은 'ㄴ'첨가와 'ㅍ'이 'ㅂ'으로 교체되는 음절의 끝소리 규칙, 그리고 첨가된 'ㄴ'이 'ㄹ'의 영향을 받아 'ㄹ'로 교체되는 유음화가 나타난다. '벼훑이[벼훌치]'는 겹받침 중 'ㅌ'이 뒤에 오는 'ㅣ'모음의 영향을 받아 'ㅊ'으로 교체되는 구개음화가 나타난다. 따라서 '풀잎[풀립]'은 음운의 개수가 한 개 늘었지만, '벼훑이[벼훌치]'는 음운의 개수에 변화가 없다.

오답 체크

① '풀잎[풀립]'은 'ㄴ'첨가, 음절의 끝소리 규칙, 유음화가 일어나고, '읊네[음네]'는 겹받침 중 'ㄹ'이 탈락하는 자음군단순화와 'ㅍ'이 'ㅂ'으로 교체되는 음절의 끝소리 규칙, 그리고 교체된 'ㅂ'이 'ㄴ'의 영향을 받아 'ㅁ'으로 교체되는 비음화가 나타난다. 따라서 음운 변동이 각각 세 번씩 일어났다는 설명은 적절하다.

② 인접한 자음과 조음 방법이 같아지는 음운 변동은 '풀잎[풀립]'에서는 유음화가, '읊네[음네]'에서는 비음화가 나타난다.

③ '풀잎[풀립]'에서 첨가된 음운은 'ㄴ'이고, '읊네[음네]'에서 탈락된 음운은 'ㄹ'로 서로 다르다.

⑤ '풀잎[풀립]'에서는 첨가된 'ㄴ'이 'ㄹ'의 영향을 받아 'ㄹ'로 교체되는 유음화가 나타나고, '벼훑이[벼훌치]'는 겹받침 중 'ㅌ'이 뒤에 오는 'ㅣ'모음의 영향을 받아 'ㅊ'으로 교체되는 구개음화가 나타난다.

31 ②

정답 해설

'안팎을'에서 '을'은 조사로 형식 형태소이기 때문에 '팎'의 'ㄲ'은 음절의 끝소리 규칙을 적용하지 않고 연음하여 [안파끌]로 발음하면 된다.

오답 체크

① '찰흙이'의 '이'는 조사로 형식 형태소이기 때문에 자음군 단순화를 적용하지 않고 겹받침 중 뒤 자음을 연음하여 [찰흘기]로 발음하면 된다.

③ '넋이'의 '이'는 조사로 형식 형태소이기 때문에 자음군 단순화를 적용하지 않고 겹받침 중 뒤 자음을 연음하고 된소리되기를 적용하여 [넉씨]로 발음하면 된다. 부정확한 발음 [너기]는 자음군단순화를 적용하고 연음을 한 것이다.

④ '끝을'의 '을'은 조사로 형식 형태소이기 때문에 받침 'ㅌ'을 연음하여 [끄틀]로 발음하면 된다. 여기에 구개음화는 나타나지 않는다.

⑤ '숲에'의 '에'는 조사로 형식 형태소이기 때문에 받침 'ㅍ'을

연음하여 [수페]로 발음하면 된다. 여기에 거센소리되기는 일어나지 않는다.

32 ③

정답 해설

두 개의 단모음이 합쳐져 이중 모음이 되는 경우는 ㉡과 ㉢이다. ㉡은 'ㅣ'와 'ㅓ'가 합쳐져 'ㅕ'가 됐고, ㉢은 'ㅜ'와 'ㅓ'가 합쳐져 'ㅝ'가 되었다.

오답 체크

㉠은 단모음 사이에 반모음 'ㅣ'가 첨가된 경우이고, ㉣은 두 개의 단모음 중 하나('ㅓ')가 없어진 경우이다.

33 ⑤

정답 해설

'밟는[밤는]'은 먼저 'ㄹ'이 탈락하는 자음군단순화가 일어나고, 'ㅂ'이 'ㄴ'의 영향을 받아 'ㅁ'으로 교체되는 비음화가 일어난다. 따라서 받침 말음의 원칙을 지키기 위해 ㉠이 적용된 것은 맞지만, ㉡은 적용되지 않았다.

오답 체크

① '읽다[익따]'는 'ㄹ'이 탈락하는 자음군단순화가 일어났기 때문에 ㉠이 적용되었다.

② '옮는[옴는]'은 'ㄹ'이 탈락하는 자음군단순화가 일어났기 때문에 ㉠이 적용되었다.

③ '닦지[닥찌]'는 'ㄲ'이 'ㄱ'으로 교체되는 음절의 끝소리 규칙이 일어났기 때문에 ㉡이 적용되었다.

④ '읊기[읍끼]'는 'ㄹ'이 탈락하는 자음군단순화가 일어난 다음, 'ㅍ'이 'ㅂ'으로 교체되는 음절의 끝소리 규칙이 일어났기 때문에 ㉠과 ㉡이 모두 적용되었다.

34 ③

정답 해설

'깊다 → [깁따]'에서처럼 음절의 끝소리 규칙이 나타나는 예로는 ㉢과 ㉣이다. '숯도[숟또]'에서 'ㅊ'이 'ㄷ'으로, '옷고름[옫꼬름]'에서 'ㅅ'이 'ㄷ'으로, '닦는[당는]'에서 'ㄲ'이 'ㄱ'으로, '부엌문[부엉문]'에서 'ㅋ'이 'ㄱ'으로 교체되는 음절의 끝소리 규칙이 일어난다.

오답 체크

① 축약이 일어나는 예는 ㉠뿐이다. '옳지[올치]'에서 'ㅎ'과 'ㅈ'이 합쳐져 'ㅊ'으로, '좁히다[조피다]'에서 'ㅂ'과 'ㅎ'이 합쳐져 'ㅍ'으로 되는 축약이 일어난다. ㉡은 'ㅎ'을 끝소리로 가지는 어간이 모음으로 시작하는 어미나 접미사 앞에서 'ㅎ'이 탈락하는 것이다.

② 된소리되기가 나타나는 예는 ㉢과 ㉤이다. ㉠은 거센소리되기이다.

④ '겉모양[건모양]'에서 'ㅌ'이 'ㄴ'과 조음 위치가 같아진 것이 아니라, 'ㅌ'은 'ㄴ'과 원래 조음 위치가 같다. ㉣도 마찬가지로 '닦는[당는]'에서 'ㄲ'과 'ㅇ', '부엌문[부엉문]'에서 'ㅋ'과 'ㅇ'은 각각 서로 같은 위치에서 발음된다.

⑤ '앉고[안꼬]'에서처럼 받침 자음의 일부가 탈락하는 자음군단순화가 일어나는 예는 ㉤이다. '읽지[익찌]'에서는 'ㄹ'이, '훑거나[훌꺼나]'에서는 'ㅌ'이 탈락한다. ㉣의 '닦는[당는]'과 '부엌문[부엉문]'은 모두 음절의 끝소리 규칙과 비음화만 나타날 뿐 자음군단순화는 일어나지 않는다.

35 ⑤

정답 해설

'닭+하고[다카고]'는 '닭'에서 'ㄹ'이 탈락하는 자음군단순화가 일어난 다음, 'ㄱ'과 'ㅎ'이 합쳐져 'ㅋ'으로 축약되는 거센소리되기가 나타난다. 따라서 〈보기〉에서 적용된 내용은 ⓑ와 ⓔ이다.

오답 체크

① '여덟+이'는 ⓐ가 적용된 것이기 때문에 [여더리]가 아니라 [여덜비]로 발음해야 한다.

② '몫+을'은 ⓐ가 적용된 것이기 때문에 겹받침의 뒤엣것만을 뒤 음절 첫소리로 연음하면 되는데, 'ㅅ'의 경우는 'ㅆ'으로 발음한다고 했으므로 [목슬]이 아니라, [목쓸]로 발음해야 한다.

③ '흙+만'은 ⓑ와 ⓒ가 적용된 것이기 때문에 자음군단순화가 일어난 다음 비음화가 일어난다. 따라서 [흑만]이 아니라 [흥만]으로 발음해야 한다.

④ '값+까지'는 ⓑ가 적용되는 것은 맞지만, ⓓ는 겹받침 뒤 음절의 첫소리가 된소리('ㄲ')이기 때문에 적용되지 않는다. 따라서 '값+까지'는 ⓑ만 적용하여 [갑까지]로 발음하면 된다.

36 ⑤

정답 해설

〈보기〉의 (가)는 교체 중 음절의 끝소리 규칙에 관한 설명이고, (나)는 탈락 중 자음군단순화에 대한 설명이다. '읊고[읍꼬]'는 먼저 겹받침 중 'ㄹ'이 탈락하는 자음군단순화가 일어나고 'ㅍ'이 'ㅂ'으로 교체되는 음절의 끝소리 규칙이 일어난다. 그리고 'ㄱ'이 'ㄲ'으로 교체되는 된소리되기가 일어난다.

따라서 '읊고[읍꼬]'에는 (가)와 (나) 모두에 해당하는 음운 변동이 나타난다.

오답 체크

① '꽂힌[꼬친]'에는 'ㅈ'과 'ㅎ'이 합쳐져 'ㅊ'으로 축약되는 된소리되기가 일어난다.

② '몫이[목씨]'에는 겹받침 중 뒤의 자음인 'ㅅ'이 뒤 음절의 첫소리로 연음된 다음 된소리되기가 일어나서 'ㅆ'으로 바뀐다.

③ '비옷[비옫]'에는 받침 'ㅅ'이 'ㄷ'으로 교체되는 음절의 끝소리 규칙이 일어난다. 따라서 (나)가 아니라 (가)에 해당하는 음운 변동이 있다.

④ '않고[안코]'에는 'ㅎ'과 'ㄱ'이 합쳐져 'ㅋ'으로 축약되는 된소리되기가 일어난다.

37 ②

정답 해설

㉠ '흙일[흥닐]'에는 'ㄹ'이 탈락하는 자음군단순화가 일어난 다음, 둘째 음절 첫소리에 'ㄴ'이 첨가되고, 그 'ㄴ'의 영향을 받아 첫째 음절의 받침 'ㄱ'이 'ㅇ'으로 교체되는 비음화가 나타난다.

㉡ '닳는[달른]'에는 'ㅎ'이 탈락하는 자음군단순화가 일어난 다음, 첫째 음절 받침인 'ㄹ'의 영향을 받아 뒤 음절 첫소리 'ㄴ'이 'ㄹ'로 교체되는 유음화가 나타난다.

㉢ '발야구[발랴구]'에는 둘째 음절 첫소리에 'ㄴ'이 첨가되고, 첫째 음절 받침인 'ㄹ'의 영향을 받아 뒤 음절 첫소리 'ㄴ'이 'ㄹ'로 교체되는 유음화가 나타난다.

이상에서 볼 때, ㉠~㉢에 공통으로 일어난 음운 변동은 첨가가 아니라 교체이다.

오답 체크

① ㉠에는 3회, ㉡과 ㉢에는 각각 2회의 음운 변동이 나타나므로 맞는 설명이다.

③ ㉠에는 탈락과 첨가가 일어나기 때문에 음운의 개수에는 변화가 없다.

④ ㉡과 ㉢에는 각각 2회의 음운 변동이 나타나므로 맞는 설명이다.

⑤ ㉠과 ㉢에서 첨가된 음운은 모두 'ㄴ'으로 같다.

38 ③

정답 해설

[A]에서 최소 대립쌍들을 찾아 음운들을 추출해보면, '쉬리'의 '쉬'와 '소리'의 '소'에서 'ㅟ'와 'ㅗ'가, '마루'의 '마'와 '머루'의 '머'에서 'ㅏ'와 'ㅓ'가, '구실'의 '실'과 '구슬'의 '슬'에서 'ㅣ'와 'ㅡ'가 추출됨을 확인할 수 있다. 따라서 추출된 음운들을 [B]에서 확인하면, 고모음 3개, 중모음 2개, 저모음 1개, 전설 모음 2개, 후설 모음 4개, 평순 모음 4개, 원순 모음 2개인 것을 확인 할 수 있다.

39 ④

정답 해설

'국물[궁물]'에서의 [궁]은 'ㄱ'이 'ㅇ'으로 교체되는 음절의 끝소리 규칙이 일어난 결과이고, 음절 유형은 '국[국]'과 마찬가지로 '자음+모음+자음'이다.

오답 체크

① '밥상[밥쌍]'에서의 [쌍]은 'ㅅ'이 'ㅆ'으로 교체된 된소리되기의 결과이고, 음절 유형은 '상[상]'과 마찬가지로 '자음+모음+자음'이다.

② '집일[짐닐]'에서의 [닐]은 'ㄴ'첨가의 결과이고, 음절 유형은 '일[일]'과 달리 '자음+모음+자음'이다.

③ '의복함[의보캄]'에서의 [캄]은 축약의 결과이고, 음절 유형은 '함[함]'과 마찬가지로 '자음+모음+자음'이다.

⑤ '화살[화살]'에서의 [화]는 탈락의 결과이고, 음절 유형은 '활[활]'과 달리 '자음+모음'이다.

40 ④

정답 해설

'견디-+-어서'가 [견뎌서]로 발음될 때에는 'ㅣ'와 'ㅓ'가 합쳐져 'ㅕ(j+ㅓ)'로 되는 음운 변동이 일어난다. 여기서 용언 어간의 단모음 'ㅣ'가 '-어'로 시작하는 어미와 결합할 때 반모음 'j'로 교체되는 것을 확인할 수 있다. 따라서 ④는 ㉮에 들어갈 말로 적절하다.

오답 체크

① '뛰-+-어'가 [뛰여]로 발음될 때에는 반모음 'j'가 첨가되는 현상이 일어난다.

② '차-+-아도'가 [차도]로 발음될 때에는 단모음 'ㅏ'가 탈락되는 현상이 일어난다.

③ '잠그-+-아'가 [잠가]로 발음될 때에는 단모음 'ㅡ'가 탈락되는 현상이 일어난다.

⑤ '키우-+-어라'가 [키워라]로 발음될 때에는 단모음 'ㅜ'가 반모음 'w'로 교체되는 현상이 일어난다. 따라서 이것은 반모음 'j'로 교체되는 예가 아니므로 ㉮에 들어갈 말로 적절하지 않다.

03 형태론(단어)

확인문제 본문 91~96쪽

01 ⑤	02 ④	03 ②	04 ⑤	05 ①
06 ④	07 ⑤	08 ③	09 ⑤	10 ②
11 ④	12 ③	13 ④	14 ⑤	15 ④

01 ⑤

정답 해설

〈보기〉에 제시된 문장에서 의존 형태소이면서 실질 형태소인 것은 용언의 어간인 '먹-'이다.

오답 체크

① 모두 자립 형태소이면서 실질 형태소이다.

② 모두 자립 형태소이면서 실질 형태소이다.

③ 모두 의존 형태소이면서 형식 형태소이다.

④ '이'는 관형사로 자립 형태소이면서 실질 형태소이다. 나머지는 모두 의존 형태소이면서 형식 형태소이다.

02 ④

정답 해설

파생어에서 어근에 붙는 접사는 접두사와 접미사가 있다. 그 중에서 접미사는 어근의 품사를 바꾸기도 한다. 따라서 바꿀 수 없다는 설명은 틀린 것이다.

오답 체크

③ 파생어에서 어근의 앞에 붙는 접사를 접두사라고 하고 뒤에 붙는 접사를 접미사라고 한다.

03 ②

정답 해설

〈보기〉의 밑줄 친 '높이'는 기본형이 '높다'이다. 여기에 접미사 '-이'가 붙어서 만들어진 단어이다. '높다'는 품사가 형용사인데, 접미사 '-이'가 붙어서 부사가 된 예이다. 이와 같이 접미사가 품사를 바꾸는 것은 '걸음'이다. 이는 '걷다'라는 동사에 접미사 '-음'이 붙어서 명사 '걸음'이 된 것이다.

오답 체크

① '달리기'는 부사 '빨리'의 꾸밈을 받기 때문에 서술성이 있다. 따라서 '-기'는 접미사가 아닌 명사형 어미이고 '달리기'의 품사는 동사이다.

③ '웃음'은 부사어 '멋쩍게'의 꾸밈을 받기 때문에 서술성이 있다. 따라서 '-음'은 접미사가 아닌 명사형 어미이고 '웃음'의 품사는 동사이다.

④ '빠짐'은 부사 '깊이'의 꾸밈을 받기 때문에 서술성이 있다. 따라서 '-ㅁ'은 접미사가 아닌 명사형 어미이고 '빠짐'의 품사는 동사이다.

⑤ '춤'은 부사 '잘'의 꾸밈을 받기 때문에 서술성이 있다. 따라서 '-ㅁ'은 접미사가 아닌 명사형 어미이고 '춤'의 품사는 동사이다.

04 ⑤

정답 해설

'보릿고개'는 '보리'와 '고개'가 합쳐져 만들어진 합성어이다. 그런데 이 말에는 '보리'와 '고개'의 뜻은 사라지고, '지난날, 묵은 곡식은 떨어지고 보리는 아직 여물지 않아 농촌의 식량 사정이 가장 어려운 음력 4~5월을 이르던 말'로 쓰였다. 따라서 '보릿고개'는 어근과 어근이 결합하여 제3의 의미를 생성하는 융합 합성어에 해당한다.

오답 체크

① '손발'은 '손'과 '발'의 본래 뜻이 유지되는 병렬 합성어이다.

② '돌다리'는 앞 어근의 의미가 뒤 어근에 종속되어 나타나는 종속 합성어이다.

③ '오가다'는 '오다'와 '가다'의 본래 뜻이 유지되는 병렬 합성어이다.

④ '소나무'는 앞 어근의 의미가 뒤 어근에 종속되어 나타나는 종속 합성어이다.

05 ①

정답 해설

저것(대명사, 체언), 우리(대명사, 체언), 그(관형사, 수식언), 을(조사, 관계언), 한(관형사, 수식언), 의(조사, 관계언), 나아간다(동사, 용언), 꼭(부사, 수식언), 손(명사, 체언), 푸르게(형용사, 용언), 까지(조사, 관계언), 바로(부사, 수식언), 하나(수사, 체언), 넘는다(동사, 용언)

이상에서 확인할 수 있듯이 '체언, 수식언, 용언'의 개수 각각 4개, 4개, 3개이다.

06 ④

정답 해설

〈보기〉의 '네로'처럼 고유 명사에 해당하는 것은 '경복궁'이다. 고유 명사는 특정 대상을 다른 개체와 구별하여 붙인 이름이다.

오답 체크

①, ②, ③, ⑤는 모두 공통된 특성을 지닌 대상들을 아울러 대표하는 이름인 보통 명사이다.

07 ⑤

정답 해설

가: 주격 조사, 에서: 부사격 조사, 의: 관형격 조사

을: 목적격 조사, 요: 보조사(상대 높임)

이상에서 확인할 수 있듯이 '요'는 상대 높임을 나타내는 보조사이고, 나머지는 모두 격조사에 해당한다.

08 ③

정답 해설

'만'대신 '를'을 쓰더라도 앞에 나오는 체언 '사과'가 문장 속에서 목적어로 쓰이는 데에는 변함이 없다. 따라서 '만'대신 '를'을 쓴다고 해서 기능상의 변화가 생기는 것은 아니다.

오답 체크

① 앞말과 다른 말의 문법적 관계를 표시하는 것은 격조사에 해당한다. ㉠에서 '에게'는 부사격 조사, '을'은 목적격 조사에 해당한다.

② ㉡에서 '는'과 '만'은 앞말에 붙어 특별한 의미를 더해주는 보조사에 해당한다.

④ ㉢의 '와'는 접속 조사로 둘 이상의 단어나 구 따위를 같은 자격으로 이어 주는 구실을 한다.

⑤ ㉠~㉢에 있는 밑줄 친 말은 모두 조사로 체언 옆에 붙어 있다.

09 ⑤

정답 해설

㉤과 ㉥에 밑줄 친 단어는 성질이 같은 단어가 아니다. '의도'를 뜻하는 '-려'나 '목적'을 뜻하는 어미 '-러'와 함께 쓰일 수 있으면 동사이고, 그렇지 못하면 형용사이다. 따라서 ㉤은 동사이고, ㉥은 형용사이다.

오답 체크

① 주어의 동작이나 작용(과정)을 나타내는 것은 동사이다. ㉠의 '가다'는 동작을 나타내므로 동사에 해당한다.

② 사물의 성질이나 상태를 나타내는 것은 형용사이다. 따라서 사물의 성질이나 상태를 나타내는 '작다'는 형용사이다.

③ 기본형에 현재 시제 선어말 어미 '-는-/-ㄴ-'과 결합할 수 있으면 동사이고, 결합할 수 없으면 형용사이다. 따라서 ㉠의 '가다'에는 현재시제선어말어미 '-ㄴ-/-는-'이 붙지만, ㉡의 '작다'에는 붙지 않는다. 그래서 ㉠의 '가다'는 동사이고, ㉡의 '작다'는 형용사이다.

④ 동사는 명령형 어미 '-어라'와 청유형 어미 '-자'와 결합할 수 있는 데 반하여, 형용사는 이러한 어미와 결합할 수 없다. 따라서 ㉢의 먹다는 동사이고, ㉣의 작다는 형용사이다.

10 ②

정답 해설

'짓고'의 기본형인 '짓다'의 활용 형태를 보면, '짓고, 짓지, 지어, 지으면' 등과 같이 불규칙 활용을 하는 것을 확인할 수 있다. 따라서 '짓다'는 ㅅ불규칙 용언에 해당한다.

오답 체크

①, ③, ④, ⑤의 밑줄 친 단어들은 모두 규칙 활용을 하는 용언들이다.

11 ④

정답 해설

어미의 모양만 바뀌는 경우는 ④번의 밑줄 친 단어인 '이르러서야'이다. '이르러서야'의 기본형은 '이르다'인데 이것의 활용 형태를 보면, '이르니, 이르러'와 같이 불규칙적으로 활용하는 것을 볼 수 있는데, 이 경우는 어미만 모양이 변하는 것을 확인할 수 있다. '이르다'에 어미 '-어'가 붙어 활용될 때, 이 '-어'가 '-러'로 바뀌는 것을 확인할 수 있다.

오답 체크

① '묻다'는 ㄷ불규칙으로 어간의 모양만 바뀌는 경우에 해당한다.

② '이르다'는 '르'불규칙으로 어간의 모양만 바뀌는 경우에 해당한다.

③ '일렀다'의 기본형인 '이르다'는 '르'불규칙으로 어간의 모양만 바뀌는 경우에 해당한다.

⑤ '누르다'는 '르'불규칙으로 어간의 모양만 바뀌는 경우에 해당한다.

12 ③

정답 해설

㉢의 '바로'는 그 뒤에 오는 '너'를 꾸미는 체언 수식 부사에 해당한다. 그런데 '바로'는 위치를 달리할 경우 의미가 달라지게 된다. 따라서 의미가 변하지 않는다는 설명은 적절하지 않다.

오답 체크

① ㉠의 '참'이라는 부사는 뒤에 오는 '많이'라는 또 다른 부사를 꾸미는 것을 확인할 수 있다.

② ㉠의 '많이'는 '내리네'를 수식하고, ㉡의 '너무'는 '바빴어요'를 수식한다. 따라서 두 단어 모두 용언을 수식하고 있음을 확인할 수 있다.

④ ㉣의 '과연'은 문장 부사로서 뒤에 오는 문장 전체를 수식하는 부사이다.

⑤ ㉤의 '및'은 '그리고', '그 밖에', '또'의 뜻으로, 문장에서 같은 종류의 성분을 연결할 때 쓰는 말이다.

13 ④

정답 해설

선택지 ④에서 밑줄 친 '여기'는 모두 대명사에 해당한다. 따라서 품사의 통용에 해당되지 않는다.

오답 체크

① '너만큼'의 '만큼'은 조사이고, '할 만큼'의 '만큼'은 의존 명사에 해당한다.

② '경제적 성장'의 '경제적'은 관형사이고, '경제적인 성장'의 '경제적'은 명사에 해당한다.

③ '다섯이다'의 '다섯'은 수사이고, '다섯 사람'의 '다섯'은 관형사에 해당한다.

⑤ '그가'의 '그'는 대명사이고, '그 사람'의 '그'는 관형사에 해당한다.

14 ⑤

정답 해설

㉳는 아버님 집의 앞마당에 있는 소나무이고, ㉴는 운동장가에 있는 소나무이다. 따라서 ㉳와 ㉴는 동일한 대상을 가리키는 말이 아니다.

오답 체크

① ㉵는 선배가 자기 자신을 가리키는 말이므로 ㉮와 동일인에 해당한다.

② 선배의 '취미'는 시간 날 때마다 배드민턴을 자주 하는 것이고 '이것'이 지시하는 것 또한 시간 날 때마다 배드민턴을 자주 하는 것이다.

③ ㉱와 ㉲는 모두 A를 가리키는 말이다.

④ ㉶는 앞에 나오는 ㉵('아버님')를 가리키는 3인칭 재귀대명사에 해당한다.

15 ④

정답 해설

㉣의 '순식간'과 ㉤의 '방법'은 명사인 것이 맞지만, ㉢의 '제법'은 명사가 아니라 부사이다.

오답 체크

① ㉠의 '에서' 다음에 온 '는'은 보조사에 해당한다.

② ㉠의 '부터'는 어떤 일이나 상태 따위에 관련된 범위의 시작임을 나타내는 보조사이다.

③ ㉠의 '에서'는 단체를 나타내는 명사 뒤에 붙어 앞말이 주어임을 나타내는 격 조사이고, ㉡의 '에서'는 앞말이 행동이 이루어지고 있는 처소의 부사어임을 나타내는 격 조사이다.

⑤ ㉢의 '이다'도 용언처럼 활용하는 것이 특징이다. ㉣의 '이야'와 ㉤의 '이었다'는 모두 '이다'가 활용된 형태이다.

기출문제 본문 97~118쪽

01 ④	02 ④	03 ①	04 ⑤	05 ④
06 ①	07 ⑤	08 ④	09 ①	10 ③
11 ④	12 ③	13 ④	14 ③	15 ②
16 ③	17 ③	18 ④	19 ④	20 ④
21 ①	22 ①	23 ①	24 ①	25 ②
26 ③	27 ②	28 ①	29 ④	30 ⑤
31 ④	32 ②	33 ③	34 ④	35 ③
36 ④	37 ④	38 ①	39 ②	40 ③
41 ⑤	42 ④	43 ④	44 ②	

01 ④

정답 해설

〈보기〉의 세 단어를 분석해 보면, '줄이다'의 경우 파생어이므로 어간 '줄이-'가 '줄-'(어근)+'-이-'(접사)로 이루어져 있고, '힘들다'의 경우 합성어이므로 어간 '힘들-'이 '힘'(어근)+'들-'(어근)로 이루어져 있으며, '오가다'의 경우 어간 '오가-'가 '오-'(어근)+'가-'(어근)로 이루어져 있다. 따라서 ㉠~㉢에 들어갈 내용이 알맞게 묶여있는 것은 선택지 ④번이다.

02 ④

정답 해설

'꾀보'는 접미사 '-보'에 의해 의미가 더해지는 것은 맞지만, 품사는 달라지지 않는다. 왜냐하면, 명사 '꾀'에 접미사 '-보'가 붙은 '꾀보'도 명사이기 때문이다.

03 ①

정답 해설

㉠의 '칠'은 단위를 나타내는 의존명사인 '개월'과 함께 쓰이고 있으므로 수관형사이다. ㉮의 '다섯'과 ㉯의 '팔'은 각각 단위를 나타내는 의존명사인 '판', '년'과 함께 쓰이고 있으므로 수관형사이다. 그러나 ㉰와 ㉱는 단위를 나타내는 의존명사와 함께 쓰이지 않으므로 수사이다.

4 ⑤

정답 해설

보조사는 격 조사와 결합할 때 격 조사 뒤에만 붙을 수 있다는 설명은 적절하지 않다. 〈보기〉의 '빵만으로'에서 부사격 조사 '으로' 앞에 보조사 '만'이 온 것을 확인할 수 있다.

오답 체크

① 〈보기〉의 첫째 문장과 둘째 문장에서 알 수 있듯이 격 조사 자리에 보조사가 올 수도 있다.

② 〈보기〉의 셋째 문장에서 확인할 수 있듯이 '국수' 다음에 목적격 조사 '를'이 생략되어 있다.

③ 〈보기〉의 첫째 문장과 둘째 문장에서 알 수 있듯이 앞에 오는 말에 받침이 있으면 조사 '은', '을'이 쓰이고, 받침이 없으면 조사 '는', '가'가 쓰였다.

④ 〈보기〉의 넷째 문장에서 알 수 있듯이 '어서요'의 '요'는 보조사로 부사인 '어서' 뒤에 붙어 있음을 확인할 수 있다.

05 ④

정답 해설

'읽어도 보았다.'는 본용언 '읽어' 뒤에 조사 '도'가 붙은 경우이므로, 앞말에 조사가 붙으면 그 뒤에 오는 보조 용언은 띄어 써야 하기 때문에 '읽어도보았다.'는 띄어쓰기에 맞지 않는 것이다.

오답 체크

① '꺼져 갔다'에서 앞말 '꺼져'는 '끄(다)'와 '지(다)'가 합쳐진 합성 동사이므로 앞말이 합성 동사인 경우에 그 뒤에 오는 보조 용언은 띄어 써야 한다는 원칙에 따라 '꺼져 갔다'로 띄어 쓰면 된다.

② '밀어내 버렸다'에서 앞말 '밀어내'도 '밀(다)'와 '내(다)'가 합쳐진 합성 동사이므로 '밀어내 버렸다'로 띄어 쓰면 된다.

③ '덤벼들어 보아라'에서 앞말 '덤벼들어'도 '덤비(다)'와 '들(다)'가 합쳐진 합성 동사이므로 '덤벼들어 보아라'로 띄어 쓰면 된다.

⑤ '기록해 두었다'는 앞말 '기록해'가 '기록(어근)'과 '-하다(접미사)'로 이루어진 파생어이므로 '기록해 두었다'처럼 띄어 써도 되고 '기록해두었다'와 같이 붙여 써도 된다.

06 ①

정답 해설

'어느새'는 '어느(관형사)'와 '새(명사)'가 결합되어 새로운 품사인 부사가 된 말이므로, [A]의 사례로 볼 수 없다.

오답 체크

② '남달랐다'는 형용사로, '남(명사)'과 '다르다(형용사)' 중 나중 어근인 '다르다'의 품사를 따른 것이다.

③ '늦잠'은 명사로, '늦-(형용사 어간)'과 '잠(명사)' 중 나중 어근인 '잠'의 품사를 따른 것이다.

④ '낯선'은 '낯설다'의 관형사형으로 품사는 형용사이다. 이는

'낮(명사)'과 '설다(형용사)' 중 나중 어근인 '설다'의 품사를 따른 것이다.

⑤ '하루빨리'는 부사로, '하루(명사)'와 '빨리(부사)' 중 나중 어근인 '빨리'의 품사를 따른 것이다.

07 ⑤

정답 해설

'처럼'은 (체언 뒤에 붙어) 모양이 서로 비슷하거나 같음을 나타내는 격 조사이다.

오답 체크

① '라도'는 체언과 결합하여 그것이 썩 좋은 것은 아니나 그런 대로 괜찮음을 나타내는 보조사이다. 그것이 최선의 것이 아니라 차선의 것임을 나타낸다.

② '야'는 체언과 결합하여 강조의 뜻을 나타내는 보조사이다.

③ '는'은 어미와 결합하여 대조나 강조의 뜻을 나타내는 보조사이다.

④ '만'은 부사와 결합하여 강조의 뜻을 나타내는 보조사이다.

08 ④

정답 해설

㉠은 용언의 어간 '살-'과 명사형 어미 '-기'가 결합한 것이고, 부사어 '홀로'의 수식을 받고 있으며 '살-'은 서술하는 기능을 유지하고 있다. ㉡은 용언의 어간 '자-'와 명사형 어미 '-ㅁ'이 결합한 것이고, 부사어 '충분히'의 수식을 받고 있으며 '자-'는 서술하는 기능을 유지하고 있다. ㉢은 어근 '얼-'에 접사 '-음'이 결합한 명사로서 '시원한'이라는 관형어의 수식을 받는다. ㉣은 어근 '놀-'에 접사 '-이'가 결합한 명사로서 '건전한'이라는 관형어의 수식을 받는다. ㉤은 용언의 어간 '아름답-'에 명사형 어미 '-기'가 결합한 것이고, 부사어 '매우'의 수식을 받는다. 따라서 ⓐ, ⓑ가 사용된 예로 구분해 보면, ⓐ가 사용된 예는 ㉠, ㉡, ㉤이고 ⓑ가 사용된 예는 ㉢, ㉣이다.

09 ①

정답 해설

'껍질째'는 '껍질'이라는 명사에 '-째'라는 접사가 붙어 '껍질 그대로 또는 전부'라는 의미가 되므로 바르게 쓰였다.

오답 체크

② '앉아 있는 상태 그대로 있다.'라는 의미로 쓰인 것이므로 의존 명사 '채'가 쓰여 '앉은 채로'라고 써야 한다.

③ '똑똑한 척 꾸미는 거짓 태도나 모양'이라는 의미로 쓰인 것이므로 의존 명사 '체'가 쓰여 '똑똑한 체'라고 써야 한다.

④ '살아 있는 상태 그대로'라는 의미로 쓰인 것이므로 의존 명사 '채'가 쓰여 '산 채'라고 써야 한다.

⑤ '죽은 척 꾸미는 거짓 태도나 모양'을 의미하는 것이므로 의존 명사 '체'가 쓰여 '죽은 체를 했다'라고 써야 한다.

10 ③

정답 해설

㉢의 '집어먹었다'는 국어사전에 단어로 등재되어 있는 합성 동사이므로 두 용언을 붙여 쓴 것이다. 만일 각각의 용언이 모두 주어와 호응하고 있다면 띄어 써야 한다. 따라서 선택지 ③은 틀린 설명이다.

오답 체크

① ㉠의 '집어먹었다'는 사전 검색 결과 두 번째 뜻에 해당되는 단어로 합성 동사이다. 따라서 두 용언을 붙여 써야 한다.

② ㉡의 '잊어 먹었다'는 앞의 용언만으로는 문장이 성립되지만, 뒤의 용언만으로는 문장이 성립되지 않기 때문에 원칙에 따라 두 용언을 띄어 쓴 것이다.

④ ㉣의 '집어 먹었다'는 각각의 용언이 주어와 호응하고 두 용언 사이에 다른 문장 성분이 올 수 있으므로 띄어 쓴 것이다.

⑤ ㉤의 '잊어먹었다'는 앞의 용언만으로는 문장이 성립되지만, 뒤의 용언만으로는 문장이 성립되지 않기 때문에 원칙에 따라 두 용언을 띄어 써야 하지만 붙여 쓰는 것도 허용하기 때문에 붙여 쓴 결과이다.

11 ④

정답 해설

ⓐ에 조사는 '까지', '는', '을', '도'가 있으며, ⓑ에는 '께서', '로', '를'이 있다. 따라서 조사는 ⓐ에 4개, ⓑ에는 3개가 있다.

오답 체크

① ⓐ에서 문장의 서술어는 '모르고 있다'이고 주어는 '아무도'이다. 따라서 '아무'가 문장에서 주어의 기능을 하는 체언이라는 설명은 적절하다.

② '온갖'은 뒤에 오는 체언인 '재료'를 수식하는 수식언(관형사)이다.

③ 말하는 이의 놀람이나 느낌, 부름, 응답 따위를 나타내는 품사가 감탄사이므로 ⓒ의 '네'처럼 말하는 이의 응답을 나타내는 단어도 감탄사이다.

⑤ 가변어는 ⓐ에 2개('모르고', '있다'), ⓑ에도 2개('곱게', '빛

으셨다')가 있다. '곱게'는 용언(형용사)인 '곱다'가 '고와', '고우니'처럼 활용되는 형태이므로 가변어이다.

12 ③

정답 해설

'식구 모두가 여행을 떠났다.'에서 '모두'는 '일정한 수효나 양을 기준으로 하여 빠짐이나 넘침이 없는 전체'를 의미하며 품사는 명사에 해당한다. '그릇에 담긴 소금을 모두 쏟았다.'에서 '모두'는 '일정한 수효나 양을 빠짐없이 다'를 의미하는 부사이고 품사는 용언인 '쏟았다'를 수식하는 부사이다. 따라서 두 예문에 쓰인 '모두'는 ㉠에 해당하는 예로 적절하다.

오답 체크

① '둘에 다섯을 더하면 일곱이다.'에서 '일곱'은 수사이고, '여기에 사과 일곱 개가 있다.'에서 '일곱'은 뒤에 오는 의존 명사 '개'를 꾸며 주는 관형사이다.
② '너 커서 무엇이 되고 싶니?'에서 '커서'는 동사이고, '가구가 커서 방에 들어가지 않는다.'에서 '커서'는 형용사이다.
④ '나를 처벌하려면 법대로 해라.'에서 '대로'는 조사이고, '큰 것은 큰 것대로 따로 모아 두다.'에서 '대로'도 조사이다.
⑤ '모두 같이 학교에 갑시다.'에서 '같이'는 부사이고, '얼음장같이 차가운 방바닥이 생각난다.'에서 '같이'는 조사이다.

13 ④

정답 해설

㉣은 동사 어근과 명사 어근을 결합하여 만든 비통사적 합성어다. 따라서 명사 어근에 접사를 결합하여 만든 파생어라는 설명은 틀린 설명이다.

오답 체크

① ㉠에서 '오이', '껍질', '칼'은 명사 어근이다. 명사와 명사의 결합은 일반적인 문장 형성 방식과 부합하기 때문에 통사적 합성어라는 설명은 적절하다.
② ㉡에서 '깎작깎작', '사각사각'은 부사 어근, '칼'은 명사 어근이다. 부사가 명사를 수식하는 것은 일반적인 문장 형성 방식과 부합하지 않기 때문에 비통사적 합성어라는 설명은 적절하다.
③ ㉢에서 '까-', '깎-'은 동사 어근, '-개'는 접미사이다. 따라서 파생어라는 설명은 적절하다.
⑤ ㉤에서 '박박', '쓱쓱'은 부사 어근, '-이'는 접사이다. 따라서 파생어라는 설명은 적절하다.

14 ③

정답 해설

'겹겹이'는 어근 '겹'과 '겹'이 결합한 데 접미사 '-이'가 결합하였으며, 명사에서 '여러 겹으로'라는 의미의 부사로 품사가 바뀌었으므로 적절한 설명이다.

오답 체크

① '군것질'은 어근 '것'에 접두사 '군-'이 결합된 파생어에 접미사 '-질'이 결합된 것이며 품사가 바뀌지 않았으므로 적절하지 않은 설명이다.
② '바느질'은 어근 '바늘'에 접미사 '-질'이 결합된 것이며 품사가 바뀌지 않았으므로 적절하지 않은 설명이다.
④ '다듬이'는 '다듬다'라는 동사에서 어근에 해당하는 '다듬-'에 접미사 '-이'가 결합되어 동사에서 명사로 품사가 바뀐 것이므로 적절하지 않은 설명이다.
⑤ '헛웃음'은 '웃다'라는 동사의 어근에 해당하는 '웃-'에 접미사 '-음'이 결합되어 동사에서 명사로 품사가 바뀐 후 접두사 '헛-'이 결합되었으므로 적절하지 않은 설명이다.

15 ②

정답 해설

본동사와 본동사는 띄어 써야 하므로 '주고 갔다'로 띄어 써야 한다.

오답 체크

① 어미는 어간과 붙여 써야 하므로 적절한 설명이다.
③ 형용사는 앞말과 띄어 써야 하므로 적절한 설명이다.
④ 의존 명사는 앞말과 띄어 써야 하므로 적절한 설명이다.
⑤ 조사는 앞말과 붙여 써야 하므로 적절한 설명이다.

16 ③

정답 해설

'보살피다'는 '보다'의 어간 '보-'가 연결 어미 없이 용언 '살피다'에 바로 결합한 비통사적 합성어이다.

오답 체크

① '어깨동무'는 명사 '어깨'와 명사 '동무'가 결합한 합성 명사로 통사적 합성어이다.
② '건널목'은 용언 '건너다'의 어간과 관형사형 어미 '-ㄹ'이 결합한 용언의 관형사형이 명사 '목'과 결합한 합성 명사로 통사적 합성어이다.
④ '여닫다'는 용언 '열다'와 용언 '닫다'가 연결 어미 없이 결합한 합성 동사로 비통사적 합성어이다.

⑤ '검버섯'은 용언 '검다'의 어간 '검-'이 연결 어미 없이 명사 '버섯'과 바로 결합한 합성 명사로 비통사적 합성어이다.

17 ③

정답 해설

'넓다'는 형용사이고, '넓히다'는 동사이므로 품사가 달라지고, '(방이) 넓다'에서 '(방을) 넓히다'로 문장 구조가 달라진다. '팔다'와 '팔리다'는 모두 동사이므로 품사가 달라지지 않고, '(책을) 팔다'에서 '(책이) 팔리다'로 문장 구조가 달라진다.

오답 체크

① '깎다'와 '깎이다'는 모두 동사로 품사가 바뀌지 않고, '(풀을) 깎다'에서 '(풀이) 깎이다'로 문장 구조가 달라진다. '밟다'와 '밟히다'는 모두 동사로 품사가 바뀌지 않고, '(발을) 밟다'에서 '(발이) 밟히다'로 문장 구조가 달라진다.

② '밝다'는 형용사이고, '밝히다'는 동사이므로 품사가 달라지고, '(불이) 밝다'에서 '(불을) 밝히다'로 문장 구조가 달라진다.

④ '높다'는 형용사이고, '높이다'는 동사이므로 품사가 달라지고, '(굽이) 높다'에서 '(굽을) 높이다'로 문장 구조가 달라진다.

⑤ '낮다'는 형용사이고, '낮추다'는 동사이므로 품사가 달라지고, '(음이) 낮다'에서 '(음을) 낮추다'로 문장 구조가 달라진다. '밀다'와 '밀치다'는 모두 동사로 품사가 바뀌지 않고, '(문을) 밀다'에서 '(문을) 밀치다'로 문장 구조가 달라지지 않는다.

18 ④

정답 해설

의미를 가진 가장 작은 말의 단위를 형태소라고 한다. 형태소는 자립성의 유무에 따라 자립 형태소와 의존 형태소로 나뉘고, 실질적 의미의 유무에 따라 실질 형태소와 형식 형태소로 나뉜다. 밑줄 친 '묻-/물-', '-었-/-았-', '는/은'은 모두 반드시 다른 말과 결합하여 쓰이는 의존 형태소들이다. 또한 이들은 음운 환경에 따라 형태가 바뀐다. '묻-'은 자음으로 시작하는 어미 앞에 나타나고, '물-'은 모음으로 시작하는 어미 앞에 나타난다. 어미 '-었-/-았-'은 어간 끝음절의 모음에 따라 형태가 바뀌고, 조사 '는/은'은 결합하는 앞말의 끝음절에 받침이 있는가, 없는가에 따라 형태가 바뀐다. 그리고 '-었-/-았-', '는/은'은 실질적 의미 없이 문법적인 의미를 나타내는 형식 형태소이고, '묻-/물-'은 실질적 의미를 나타내는 실질 형태소이다. 그리고 조사 '는/은'은 의존 형태소이지만, 단어의 자격을 가진다.

19 ④

정답 해설

㉤과 ㉦은 손아랫사람을 부를 때 쓰는 호격 조사로 그 의미가 서로 동일하다. ㉤은 모음 뒤에만 쓰이고, ㉦은 자음 뒤에만 쓰이므로 ㉤과 ㉦은 서로 상보적 분포를 보이는 음운론적 이형태 관계라고 할 수 있다. 따라서 ④는 ㉤과 ㉦이 형태론적 이형태 관계라고 했으므로 적절하지 않은 설명이다.

오답 체크

① ㉠과 ㉢은 서로가 나타나는 음운 환경이 겹치지 않고 상보적 분포를 보이며 의미가 동일하기 때문에 음운론적 이형태에 해당한다.

② ㉡과 ㉥은 서로 상보적 관계가 아니기 때문에 이형태의 관계가 아니다.

③ '하여라'의 '-여라'는 '하-'라는 특정 형태소와 어울려서 음운론적으로 설명할 수 없는 경우이므로, '-여라'는 '-아라 / -어라'와 형태론적 이형태의 관계에 있다.

⑤ '잡아라'의 '-아라'와 '주어라'의 '-어라'는 앞말 모음의 성질이 양성인지 음성인지에 따라 형태가 결정되므로 음운론적 이형태이다.

20 ④

정답 해설

㉠ '들르다'는 '들르- + -어'가 '들러'로 나타나 '따르다'와 마찬가지로 활용할 때 어간에서 'ㅡ'가 탈락하는 규칙 활용이다. ㉡ '푸르다'는 모음으로 시작하는 어미와 결합할 때 어미 '-어'가 '-러'로 바뀌는 불규칙 활용에 해당한다. ㉢ '묻다[問]'는 모음으로 시작하는 어미와 결합할 때 어간이 '물-'로 교체되는 불규칙 활용에 해당한다.

오답 체크

①, ② '잠그다'와 '다다르다'는 '잠가'와 '다다라'로 활용하므로 규칙 활용을 하는 용언이지만, ㉡과 ㉢이 적절하지 않다.

③, ⑤ '부르다'와 '머무르다'는 '불러'와 '머물러'로 활용하므로 불규칙 활용에 해당한다.

21 ①

정답 해설

ㄱ의 '그곳'은 어떤 처소를 지시하는 대명사이지만, ㄴ의 '그'는 뒤의 '사람'을 수식하는 지시 관형사이다.

오답 체크

② ㄱ의 '아주'와 ㄴ의 '잘'은 모두 용언 앞에 놓여서 그 뜻을 한정하는 부사에 해당한다.

③ ㄱ의 '구울'(굽다)은 'ㅂ' 불규칙 용언, ㄷ의 '지어'(짓다)는 'ㅅ' 불규칙 용언이다. 즉 ㄱ의 '구울'과 ㄷ의 '지어'는 모두 용언의 어간이 불규칙적으로 활용되는 동사에 해당한다.

④ ㄱ의 '쉽게'(쉽다)와 ㄷ의 '멋진'(멋지다)은 모두 어떤 대상의 성질이나 상태를 나타내는 형용사에 해당한다.

⑤ ㄴ의 '가'는 주격 조사, ㄷ의 '에서'는 부사격 조사이다. ㄴ의 '가'와 ㄷ의 '에서'는 모두 앞말과 다른 말과의 문법적인 관계를 나타내는 격 조사에 해당한다.

22 ①

정답 해설

국어사전 정보를 활용하여 조사 '과'에 대해 탐구하는 문제이다. ①의 경우 '그는 낯선 사람과 잘 사귄다.'의 '과'는 '일 따위를 함께 함을 나타내는 격 조사'이므로 이 예문은 〈보기〉의 ㉠이 아니라 ㉡에 넣는 것이 적절하다.

오답 체크

② '그는 형님과 고향에 다녀왔다.'에서 '과'는 형님과 고향에 다녀오는 일을 함께 함을 나타내는 격 조사이므로 ㉡에 넣을 수 있는 예문으로 적절하다.

③ '과 [1]'은 받침이 있는 체언 뒤에 붙어 그 체언을 부사어로 만들어 주는 부사격 조사이다. 따라서 ㉢에는 '격 조사'라는 말이 들어가는 것이 적절하다.

④ 조사 '이랑'은 '과'와 의미와 쓰임이 유사한 말이다. 실제로 '과 [1]'과 '과 [2]'가 쓰인 자리에 '이랑'을 넣어 보면 의미나 쓰임에 거의 차이가 없음을 알 수 있다.

⑤ 조사 '와'는 '과'의 이형태로, '과'가 받침 있는 체언 뒤에 붙는 것과 달리 '와'는 받침 없는 체언 뒤에 붙는다는 차이가 있을 뿐 의미에는 차이가 없다.

23 ①

정답 해설

'군데'는 '낱낱의 곳을 세는 단위'로 자립 명사가 아니라 의존 명사이다. 따라서 ㉠의 예로는 적절하지 않다.

오답 체크

② '그릇'은 '음식이나 물건 따위를 담는 기구를 통틀어 이르는 말'을 의미하며 자립 명사로서 단위를 나타내고 있다.

③ '덩어리'는 '크게 뭉쳐서 이루어진 것'을 의미하며 자립 명사로서 단위를 나타내고 있다.

④ '숟가락'은 '밥이나 국물 따위를 떠먹는 기구'를 의미하며 자립 명사로서 단위를 나타내고 있다.

⑤ '발자국'은 '발로 밟은 자리에 남은 모양'을 의미하며 자립 명사로서 단위를 나타내고 있다.

24 ①

정답 해설

'뛰노는(뛰놀다)'는 '뛰다'의 어간 '뛰-'와 '놀다'가 합쳐진 말로 국어의 일반적인 문장 구성 방식과 다른 비통사적 합성어에 해당한다.

오답 체크

② '몰라볼(몰라보다)'은 '모르다'의 활용형인 '몰라'와 '보다'가 합쳐진 말로 국어의 일반적인 문장 구성 방식과 같은 통사적 합성어이다.

③ '타고난'은 '복이나 재주, 운명 따위를 선천적으로 지니다.'의 의미인 '타다'에 연결어미 '-고'가 붙어 '나다'와 합쳐진 말로 국어의 일반적인 문장 구성 방식과 같은 통사적 합성어이다.

④ '지난달'은 '지나다'에 관형사형 전성어미 '-ㄴ'이 붙어 명사 '달'과 합쳐진 말로 '관형어+체언'의 구성으로 국어의 일반적인 문장 구성 방식과 같은 통사적 합성어이다.

⑤ '굳은살'은 '굳다'에 관형사형 전성어미 '은'이 붙어 명사 '살'과 합쳐진 말로 '관형어+체언'의 구성으로 국어의 일반적인 문장 구성 방식과 같은 통사적 합성어이다.

25 ②

정답 해설

'눈웃음'은 직접 구성 요소 '눈'과 '웃음'으로 이루어진 합성어이다. 그리고 '웃음'은 직접 구성 요소 '웃-'과 '-음'으로 이루어진 파생어이다. 따라서 '눈웃음'은 '그 직접 구성 요소 중 하나가 파생어인 합성어이다.'라는 설명은 적절하다.

오답 체크

① '나들이옷'은 직접 구성 요소 '나들이'와 '옷'으로 이루어진 합성어이다. 그리고 '나들이'는 '나들다'의 어간 '나들-'과 접미사 '-이'로 이루어진 파생어이다. 그리고 '나들다'는 직접 구성 요소 '나다'와 '들다'로 이루어진 합성어이다. 따라서 '나들이옷'은 직접 구성 요소 중 하나가 파생어인 합성어이다.

③ '드높이다'는 직접 구성 요소 '드-'와 '높이다'로 이루어진 파생어이다. 그리고 '높이다'는 '높다'의 어간 '높-'과 접미사 '-이-'로 이루어진 파생어이다. 따라서 '드높이다'는 직접 구성 요소 중 하나가 파생어인 파생어이다.

④ '집집이'는 직접 구성 요소 '집집'과 접미사 '-이'로 이루어진 파생어이다. '집집'은 '집'과 '집'으로 이루어진 합성어이다.

따라서 '집집이'는 직접 구성 요소 중 하나가 합성어인 파생어이다.

⑤ '놀이터'는 직접 구성 요소 '놀이'와 '터'로 이루어진 합성어이다. '놀이'는 '놀다'의 어간 '놀-'과 접미사 '-이'로 이루어진 파생어이다. 따라서 '놀이터'는 직접 구성 요소 중 하나가 파생어인 합성어이다.

26 ③

정답 해설

㉢의 '먹었겠니'에서 과거 시제를 나타내는 '-었-'이 선어말 어미로 쓰이고, 의문형 종결 어미 '-니'가 어말 어미로 쓰인 것은 맞다. 하지만 이때 '-겠-'은 주체의 의지가 아니라 화자의 추측을 나타내는 선어말 어미이다.

오답 체크

① ㉠ 심었구나: 심-(어간) + -었-(과거 시제 선어말 어미) + -구나(감탄형 종결 어미)

② ㉡ 청소하는: 청소하-(어간) + -는(관형사형 전성 어미, 현재 시제를 나타냄.)

④ ㉣ 읽은: 읽-(어간) + -은(관형사형 전성 어미, 과거 시제를 나타냄.)

⑤ ㉤ 불겠지만: 불-(어간) + -겠-(추측의 선어말 어미) + -지만(대등적 연결 어미)

27 ②

정답 해설

지문에서 설명한 단어 형성 방법의 사례는 합성 명사들 중 뒤에 오는 말의 품사가 모두 명사인 경우와 앞말과 뒷말의 일부 음절만 따서 만들어진 명사들이다. 〈보기〉에서 이에 해당되는 것은 'ㄷ'과 'ㅁ'이다. 'ㄷ'은 '사범'과 '대학'의 첫 음절만 따서 만들어진 말이 '사대'임을 나타내주는 예이고, 'ㅁ'은 명사 '비빔'과 명사 '냉면'이 결합하여 만들어진 합성 명사가 '비빔냉면'임을 보여주는 예이다.

오답 체크

ㄱ의 '선생님'은 '선생(어근)'과 '-님(접미사)'으로 이루어진 파생어이다.

ㄴ의 '개살구'는 '개-(접두사)'와 '살구(어근)'로 이루어진 파생어이다.

ㄹ의 '점잔'은 형용사 '점잖다'에서 온 말로 품사는 명사이다. '점잖다'는 '젊지 아니하다'가 줄어서 된 말이다.

28 ①

정답 해설

㉠ 명사가 아닌 품사들로만 이루어진 합성 명사는 '잘못'이다. '잘못'은 부사 '잘'과 부사 '못'으로 이루어진 합성 명사이다.

오답 체크

② '새것'은 관형사 '새'와 의존 명사 '것'으로 이루어진 합성 명사이다.

③ '요사이'는 관형사 '요'와 명사 '사이'로 이루어진 합성 명사이다.

④ '오늘날'은 명사 '오늘'과 명사 '날'로 이루어진 합성 명사이다.

⑤ '갈림길'은 명사 '갈림'과 명사 '길'로 이루어진 합성 명사이다.

29 ④

정답 해설

㉠에 해당하는 예로만 묶인 것은 선택지 ④이다. '도움'은 명사형으로 품사는 동사이며 앞 절에서 서술어로 쓰였다. '믿음'은 명사형으로 품사는 동사이며 앞 절에서 서술어로 쓰였다. 그리고 부사어 '온전히'의 꾸밈을 받고 있다.

오답 체크

① '앎'은 명사형으로 품사는 동사이며 앞 절에서 서술어로 쓰였다. 그리고 부사어 '많이'의 꾸밈을 받고 있다. '슬픔'은 명사로 관형어 '격한'의 꾸밈을 받고 있다.

② '볶음'은 명사로 관형어인 '멸치'의 꾸밈을 받고 있다. '기쁨'은 명사형으로 품사는 형용사이며 절 속에서 서술어에 해당한다. 그리고 부사어 '몹시'의 꾸밈을 받고 있다.

③ '묶음'은 명사로 관형어 '큰'의 꾸밈을 받고 있다. '춤'은 명사형으로 품사는 동사이며 앞 절의 서술어에 해당한다.

⑤ '울음'은 명사로 절 속에서 주어로 쓰였다. '웃음'은 명사형으로 품사는 동사이며 절 속에서 서술어에 해당한다. 그리고 부사어 '밝게'의 꾸밈을 받고 있다.

30 ⑤

정답 해설

'즐거운'의 기본형은 '즐겁다'로 품사는 형용사에 해당한다. '즐거운'은 '즐겁다'에 관형사형 전성어미 '-(으)ㄴ'이 붙어 뒤에 오는 명사 '기억'을 수식하는 관형어이다.

오답 체크

① '옛날, 사진, 기억'은 명사로 체언에 해당하며 활용하지 않는다.

② '보니, 떠올랐다'는 동사로 용언에 해당하며 활용한다.
③ '하나'는 수사로 체언에 해당하며 활용하지 않는다.
④ '을, 가'는 조사로 관계언에 해당하며 활용하지 않는다.

31 ④

정답 해설

ⓓ의 '있다'와 '없다'는 '존재', '소유'와 같이 상태의 의미를 나타내므로 형용사로 쓰이고 있다. 따라서 동사로 쓰이고 있다는 선택지 ④의 설명은 틀린 설명이다. 동사로 쓰이는 경우는 '한 장소에 머묾'의 의미일 경우이다.

오답 체크

⑤ '크다'와 '길다'는 상태를 나타내는 형용사이다. '나무가 쑥쑥 큰다.'의 '크다'와 '머리카락이 잘 긴다.'의 '길다'는 상태의 변화를 나타내는 동사이다.

32 ②

정답 해설

'떠넘기다'는 직접 구성 요소 '뜨다'와 '넘기다'로 이루어진 합성어이다. 그리고 '넘기다'는 직접 구성 요소 어근 '넘-'과 접사 '-기-'로 이루어진 파생어이다. 따라서 '떠넘기다'는 어간이 3개 이상의 구성 요소로 이루어져 있고, 직접 구성 요소가 먼저 어근과 어근으로 분석되는 합성어이다.

오답 체크

① '내리치다'는 직접 구성 요소 '내리다'와 '치다'로 이루어진 합성어이다. 따라서 ㉡에는 해당되지만, ㉠에는 해당되지 않는다.
③ '헛돌다'는 직접 구성 요소 접사 '헛-'과 어근 '돌-'로 이루어진 파생어이다. 따라서 ㉠과 ㉡ 어디에도 해당되지 않는다.
④ '오가다'는 직접 구성 요소 어근 '오-'와 어근 '가-'로 이루어진 합성어이다. 따라서 ㉡에는 해당되지만, ㉠에는 해당되지 않는다.
⑤ '짓밟히다'는 직접 구성 요소 접사 '짓-'과 '밟히다'로 이루어진 파생어이다. 그리고 '밟히다'는 직접 구성 요소 어근 '밟-'과 접사 '-히-'로 이루어진 파생어이다. 따라서 ㉠에는 해당되지만, ㉡에는 해당되지 않는다.

33 ③

정답 해설

'은'과 '는'은 조사이고, '듣-'과 '들-'은 용언의 어간이며, '-았-'과 '-었-'은 선어말 어미이다. 이들은 모두 반드시 다른 말과 결합해야만 쓰일 수 있는 의존형태소이다. 그리고 '은'과 '는'은 앞말의 받침 유무에 따라, '듣-'과 '들-'은 뒤에 오는 어미가 자음이냐 모음이냐에 따라, 그리고 '-았-'과 '-었-'은 앞에 오는 어간이 양성모음으로 끝났느냐 음성모음으로 끝났느냐에 따라 그 형태가 바뀐다. 따라서 반드시 다른 말과 결합하여 쓰이고 음운 환경에 따라 그 형태가 바뀐다는 선택지 ③의 설명은 적절하다.

오답 체크

① '은'과 '는'은 조사로 단어의 자격이 있지만, '듣-'과 '들-', '-았-'과 '-었-'은 단어의 자격이 없다.
② '은'과 '는'만 단어의 자격이 있고, '듣-'과 '들-'만 실질적인 의미를 지닌다.
④ 음운 환경에 따라 형태가 바뀌는 것은 맞지만, 실질적 의미를 나타내는 것은 '듣-'과 '들-'만이기 때문에 틀린 설명이다.
⑤ '듣-'과 '들-'은 실질적 의미를 나타내는데 모두 문법적 의미를 나타낸다고 했으므로 틀린 설명이다.

34 ④

정답 해설

㉣에는 합성어이면서 어법에 맞도록 한 단어들이 들어가야 한다. '옷소매(옷+소매)'와 '밥알(밥+알)'은 모두 합성어로 어법에 맞게 적은 단어들이다.

오답 체크

① ㉠에는 파생어이면서 소리대로 적은 단어들이 들어가야 한다. '이파리(잎+아리)'는 ㉠에 들어갈 단어로 적절하지만, '얼음(얼+음)'은 파생어로 어법에 맞도록 적은 단어이기 때문에 ㉢에 들어가야 한다.
② ㉡에는 합성어이면서 소리대로 적은 단어들이 들어가야 한다. '마소(말+소)'는 ㉡에 들어갈 단어로 적절하지만, '낮잠(낮+잠)'은 합성어로 어법에 맞도록 적은 단어이기 때문에 ㉣에 들어가야 한다.
③ ㉢에는 파생어이면서 어법에 맞도록 적은 단어들이 들어가야 한다. '웃음(웃+음)'은 ㉢에 들어갈 단어로 적절하지만, '바가지(박+아지)'는 파생어로 소리대로 적은 단어이기 때문에 ㉠에 들어가야 한다.
⑤ ㉤에는 파생어이면서 소리대로 적으면서 동시에 어법에 맞도록 적은 단어가 들어가야 한다. '꿈(꾸+ㅁ)'은 ㉤에 들어갈 단어로 적절하지만, '사랑니(사랑+이)'는 합성어로 소리나는 대로는 적었지만 어법에 맞도록 적지는 않았기 때문에 ㉤에 들어갈 단어로는 적절하지 않다.

35 ③

정답 해설

ⓒ에서 '놀이'는 동사의 어근에 접미사 '-이'가 붙어서 품사가 명사로 바뀌었기 때문에 '놀이' 속의 '놀-'은 서술어로 기능하지 못한다. 따라서 선택지 ③은 적절한 설명이다.

오답 체크

① ⓐ에서 '비워'의 기본형은 '비우다'이고 어간은 '비우-'이다. '시간이 빈다.'에서 '비다'의 어간은 '비-'이다. 따라서 '비워'의 어간과 '빈다'의 어간은 서로 다르다.

② ⓑ에서 '높이'는 형용사 '높다'의 어근 '높-'에 접미사 '-이'가 붙어서 된 단어로 품사는 뒤에 오는 '나는(날다)'을 꾸며주기 때문에 부사이다.

④ ⓓ에서 '끓였다'의 어근에 붙은 접미사 '-이-'는 모든 동사에 자유롭게 결합한다고 했으나 지문에서는 접미사가 모든 동사나 형용사에 자유롭게 결합하는 것은 아니라고 했으므로 적절하지 않은 설명이다.

⑤ ⓔ에서 '오시기'의 '-시-'는 주체 높임을 나타내는 선어말어미로 '오-'와 '-기' 사이에 끼어든 형태소이기는 하지만 품사는 명사가 아니라 동사이다. 왜냐하면 '오시기'의 앞에 오는 부사 '일찍'이 '오시기(오시다)'를 꾸며주기 때문에 '오시기' 속의 '오-'는 서술어로 기능을 한다.

36 ④

정답 해설

'숨겼다'는 '숨다'라는 동사에 사동접미사 '-기-'가 붙어 만들어진 사동사이다. '감겼다'는 '감다'라는 타동사에 피동접미사 '-기-'가 붙어 만들어진 피동사이다. 따라서 '숨겼다'와 '감겼다'는 각각 ㉠과 ㉡의 예로 적절한 것이다.

오답 체크

① '울렸다'는 동사 '울다'에 사동접미사 '-리-'가 붙어 만들어진 사동사이고, '돌렸다'는 동사 '돌다'에 사동접미사 '-리-'가 붙어 만들어진 사동사이다. 따라서 '울렸다'는 ㉠의 예로 적절하지만, '돌렸다'는 ㉡의 예로 적절하지 않다.

② '놓인다'는 동사 '놓다'에 피동접미사 '-이-'가 붙어 만들어진 피동사이고, '남겼다'는 동사 '남다'에 사동접미사 '-기-'가 붙어 만들어진 사동사이다. 따라서 '놓인다'와 '남겼다' 모두 ㉠과 ㉡의 예로 적절하지 않다.

③ '눌렸다'는 동사 '누르다'에 피동접미사 '-리-'가 붙어 만들어진 피동사이고, '찢겼다.'는 '찢다'라는 타동사에 피동접미사 '-기-'가 붙어 만들어진 피동사이다. 따라서 '눌렸다'는 ㉠의 예로 적절하지 않고, '찢겼다'는 ㉡의 예로 적절하다.

⑤ '날렸다'는 동사 '날다'에 사동접미사 '-리-'가 붙어 만들어진 사동사이고, '맡겼다'는 동사 '맡다'에 사동접미사 '-기-'가 붙어 만들어진 사동사이다. 따라서 '날렸다'는 ㉠의 예로 적절하지만, '맡겼다'는 ㉡의 예로 적절하지 않다.

37 ④

정답 해설

'깨뜨리는'은 동사 '깨다'의 어간 '깨-'에 접미사 '-뜨리다'가 붙어 만들어진 파생어이다. 따라서 ㉣의 예가 아니라 ㉢의 예에 해당한다.

38 ①

정답 해설

<보기>의 자료는 '누구'가 어휘화되는 과정을 보여주고 있다. (가)의 중세 국어에서는 '누', (나)의 근대 국어에서는 '누고/누구', (다)의 현대 국어에서는 '누구'로 일련의 변화를 확인할 수 있다. 따라서 (가)에서 미지칭의 인칭 대명사의 형태가 '누', '누고', '누구'라고 설명한 것은 적절하지 않다. (가)에서 미지칭의 인칭 대명사의 형태는 '누'이다.

오답 체크

④ (가)에서 미지칭 인칭 대명사는 '누'로 '누(체언)+고(보조사)' 또는 '누(체언)+구(보조사)'의 결합 형태였다가 (나)에서는 이 결합 형태가 '누고+고' 또는 '누구+고'처럼 새로운 단어가 되었다.

39 ②

정답 해설

<보기>의 단어들을 ㉠~㉢에 따라 구분해보면, 'ㄹ'이 탈락하지 않은 '쌀가루(쌀+가루)'와 '솔방울(솔+방울)'은 ㉠에 해당하고, 'ㄹ'이 탈락한 '무술(물+술)'과 '푸나무(풀+나무)'은 ㉡에 해당되며, 'ㄹ'이 'ㄷ'으로 바뀐 '섣달(설+달)'은 ㉢에 해당된다. 따라서 ㉠~㉢에 해당되는 것을 순서대로 제시한 것은 선택지 ②번 '솔방울, 푸나무, 섣달'이다.

40 ③

정답 해설

ⓓ의 '남은'과 ⓕ의 '찬'은 모두 동사로 그것에 쓰인 어미 '-(으)ㄴ'은 둘 다 모두 ㉡에 해당한다. 따라서 선택지 ③의 설명은 적절하다.

오답 체크

① ⓐ의 '뜬'은 동사이고 그것에 쓰인 어미 '-(으)ㄴ'은 과거 시제에 해당한다. 따라서 '뜬'은 ㉠이 아니라 ㉡에 해당한다.

② ⓑ의 '부르던'은 동사이고, ⓒ의 '푸르던'은 형용사이다. 그리고 그 각각에 쓰인 어미 '-던'은 모두 과거 시제를 나타낸다. 따라서 ⓒ의 '푸르던'은 ㉢에 해당하지만, ⓑ의 '부르던'은 ㉢에 해당하지 않는다.

④ ⓔ의 '읽는'은 동사이고 그것에 쓰인 어미 '-는'은 현재 시제이기 때문에 ㉡에 해당한다는 설명은 틀린 설명이다.

⑤ ⓖ의 '빠른'은 형용사이고 그것에 쓰인 어미 '-(으)ㄴ'은 현재 시제를 나타낸다. 따라서 ⓖ의 '빠른'은 ㉢에 해당하는 것이 아니라 ㉠에 해당한다.

41 ⑤

정답 해설

3문단에서 '둘 이상의 구성 성분으로 이루어진 표제어에는 가장 나중에 결합한 구성 성분들 사이에 붙임표가 한 번만 쓰인다.'라는 진술을 확인할 수 있다. 따라서 '논둑길'의 표제어는 '논-둑-길'이 아니라 '논둑-길'임을 알 수 있다. 그러므로 '논둑-길'를 통해 '논둑'과 '길'이 가장 나중에 결합했다는 것을 확인할 수 있다. 따라서 표제어를 '논-둑-길'로 표시한 것은 틀린 설명이다.

오답 체크

① '맨발'에서 '맨-'은 접두사이다. 2문단에서 접사에는 붙임표가 쓰여 표제어가 된다고 했으므로 적절한 설명이다.

② '나만 비를 맞았다.'에서 격 조사로 쓰인 것은 목적격 조사 '를'이다. 2문단에서 조사는 자립적으로 쓰이지 않지만 단어이므로 그 앞에 붙임표가 쓰이지 않는다고 했으므로 표제어 '를'에서 뜻풀이를 확인할 수 있기 때문에 적절한 설명이다.

③ '저도 학교 앞에 삽니다.'에 쓰인 동사 '삽니다'의 뜻풀이는 '삽니다'의 어간인 '살-'과 어미 '-다'가 결합한 기본형 '살다'에서 확인할 수 있다. 따라서 적절한 설명이다.

④ 복합어 '앞-집'에서 '복합어의 붙임표는 구성 성분들을 반드시 붙여 써야 한다'고 3문단에 언급되어 있으므로 적절한 설명이다.

42 ④

정답 해설

〈보기〉의 '자주'는 '같은 일을 잇따라 잦게'라는 뜻풀이에서도 알 수 있듯이 어원이 되는 용언 '잦다'와 의미적 연관성은 지니고 있으나 접미사 '-우(잦-+-우)'가 쓰인 경우이므로 현대 국어에서 새로운 단어를 만들지 못하는 접미사가 결합한 경우에 해당한다. 한편, '조차', '차마', '부터'는 각각 '좇다', '참다', '붙다'의 본뜻과 의미가 멀어진 것이므로 ㉠에 해당한다. 따라서 정답은 '조차', '차마', '부터'가 묶여있는 ④번이다.

43 ④

정답 해설

'새해맞이'의 '새해'는 관형사 '새'가 후행하는 명사 '해'를 수식하는 것으로 분석된다. 또한 '새해맞이'는 '새해를 맞이하는 일'이라는 의미를 나타내므로 단어의 구성 요소들이 의미상 목적어와 서술어의 관계를 이룬다.

'한몫하다'의 '한몫'은 관형사 '한'이 후행하는 명사 '몫'을 수식하는 것으로 분석되고, '한몫하다'는 '한몫을 하다'라는 의미를 나타내므로 단어의 구성 요소들이 의미상 목적어와 서술어의 관계를 이룬다. 따라서 정답은 이 두 단어가 묶여있는 ④번이다.

오답 체크

'두말없이'의 '두말'은 관형사 '두'가 후행하는 명사 '말'을 수식하는 것으로 분석된다. 그리고 '두말없이'는 '이러니저러니 불평을 하거나 덧붙이는 말이 없이'라는 의미를 나타내므로 단어의 구성 요소들이 의미상 주어와 서술어의 관계를 이룬다.

'숨은그림찾기'의 '숨은'은 동사 '숨다'의 어간 '숨-'에 관형사형 전성어미 '-은'이 결합하여 이루어진 관형어로 후행하는 명사 '그림'을 수식하는 것으로 분석된다. 그리고 '숨은그림찾기'는 단어의 구성 요소들이 의미상 목적어와 서술어의 관계를 이룬다.

44 ②

정답 해설

'거르-+-어서→걸러서'는 '르 불규칙 활용'에 해당하지만, '푸르-+-어→푸르러'는 '러 불규칙 활용'에 해당한다. 따라서 '푸르-+-어→푸르러'는 ⓑ의 활용의 예로 적절하지 않다.

오답 체크

① '담그-+-아→담가', '예쁘-+-어도→예뻐도'는 둘 다 'ㅡ 탈락'에 해당한다.

③ '갈-+-(으)ㄴ→간'과 '살-+-니→사니'는 둘 다 'ㄹ 탈락'에 해당한다.

④ '하얗-+-았던→하얬던', '동그랗-+-아→동그래'는 둘 다 'ㅎ 불규칙 활용'에 해당한다.

⑤ '젓-+-어→저어', '긋-+-은→그은'은 둘 다 'ㅅ 불규칙 활용'에 해당한다.

04 문장론(문장)

확인문제 본문 148~155쪽

01 ④	02 ③	03 ⑤	04 ②	05 ⑤
06 ③	07 ④	08 ④	09 ③	10 ②
11 ③	12 ③	13 ①	14 ⑤	15 ④
16 ①	17 ⑤	18 ⑤	19 ③	20 ⑤

01 ④

정답 해설

〈보기〉의 문장은 종속적으로 이어진 문장이다. 이와 같은 것은 선택지 ④번이다. '눈이 와도'가 앞절이고, '반드시 갈게요.'가 뒤절이다. 뒤절의 주어는 생략되어 있다.

오답 체크

① 대등하게 이어진 문장

② 서술절('키가 크시다.')을 안은문장

③ 부사절('소리도 없이')을 안은문장

⑤ 관형절('내가 입던')을 안은문장

02 ③

정답 해설

〈보기〉의 문장은 관형절을 안은 문장이다. 관형절에 해당하는 '어제 도서관에서 빌려 온'은 문장 속에서 관형어의 기능을 한다. 따라서 부사어의 기능을 한다는 설명은 틀린 설명이다.

오답 체크

④ 절 속의 주어는 문장 전체의 주어인 '나는'과 일치하기 때문에 생략되었다.

⑤ 문장 전체의 목적어는 '책을'이고, 절 속의 목적어도 '책을'이다. 따라서 중복을 피하기 위해 절 속의 목적어는 생략되었다.

03 ⑤

정답 해설

(가)와 (나) 모두 인용절의 주어는 문장 전체의 주어와 일치하기 때문에 생략할 수 있다.

오답 체크

① (가)에서 인용절은 '"나 지우 좋아해."라고'이고, (나)에서 인용절은 '자기가 지우를 좋아한다고'이다.

② (가)에서 '라고'는 직접 인용을 나타내는 조사이다.

③ (나)에서 '고'는 간접 인용을 나타내는 조사이다.

④ 직접 인용절에서의 주어는 '나'였지만 간접 인용절에서는 '자기가'와 같이 주어가 다른 형태로 바뀌어 나타난다.

04 ②

정답 해설

'눈이 와서 길이 막힌다.'는 종속적으로 이어진 문장이다. 이 문장에서 앞 절 '눈이 와서'를 뒤 절 사이에 넣어도 문장의 의미는 같다.

오답 체크

① ㉠~㉣은 모두 앞 절과 뒤 절의 의미가 종속적인 관계에 있는 문장이다.

③ ㉡에서 생략된 문장 성분은 뒤 절의 주어이다. ㉢에서 생략된 문장은 앞 절과 뒤 절의 주어이다.

④ ㉡에서 앞 절과 뒤 절의 의미 관계는 '의도'가 아니라 '조건'이다.

⑤ ㉢에서 앞 절과 뒤 절의 의미 관계를 나타내주는 표지는 '-고'가 아니라 '-려고'이다.

05 ⑤

정답 해설

㉠에서 서술어 '같다'는 '나이와'라는 부사어를 반드시 필요로 하고, ㉡에서는 서술어 '줄게'는 '너에게'라는 부사어를 반드시 필요로 하고, ㉢에서는 서술어 '삼고 있다'는 '신조로'라는 부사어를 반드시 필요로 하고, ㉣에서 서술어 '어울린다'는 '청바지와'라는 부사어를 반드시 필요로 하고, ㉤에서 서술어 '넣었다'는 '종목에'라는 부사어를 반드시 필요로 한다.

오답 체크

① ㉡은 홑문장이 아니고, '어제 산'이라고 하는 관형절을 안은 문장이다.

② 주어가 생략되어 있는 문장은 ㉡뿐이다.

③ ㉡, ㉢, ㉤의 서술어는 세 자리 서술어이다.

④ ㉠, ㉣의 서술어는 두 자리 서술어이다.

06 ③

정답 해설

㉢에서 '줄게'의 주체에 해당하는 주어는 생략되어 있다. '인형은'은 의미상 목적어에 해당한다.

오답 체크

① ㉠에서 '인형을'은 목적어로 문장에서 꼭 필요한 성분이다.

② ㉡의 '인형'은 조사 없이 체언 단독으로 문장 속에서 목적어

의 역할을 한다.

④ ㉣의 뒤 절에는 '그만두었다'의 목적어에 해당하는 '학교를'이 생략되어 있다.

⑤ ㉤에서 '가라앉지를 않았다.'는 문장 전체의 서술어에 해당하고 본용언과 보조용언으로 이루어져 있다. 그리고 본용언에 붙어있는 '를'은 목적격 조사가 아니라 앞말을 강조하는 보조사이다.

07 ④

정답 해설

㉢의 '암흑이'와 ㉣의 '암흑으로'는 서로 문장 성분이 다르지만, 문장에서 꼭 필요한 성분이다. '암흑이'는 보어이고, '암흑으로'는 부사어이다.

오답 체크

① ㉠은 관형절을 안은 문장이고, ㉡~㉣은 모두 종속적으로 이어진 문장이다.

② ㉠에서 목적어는 '비를'이고, ㉡에서 목적어는 '재료를'과 '찌개를'이다.

③ ㉢과 ㉣은 ㉢의 '암흑이'와 ㉣의 '암흑으로'가 문장 성분만 다를 뿐 문장의 의미는 같다.

⑤ ㉠의 '좋아한다' 주어와 목적어를, ㉡의 '만드셨다'는 주어와 목적어를, ㉢의 '된다'는 주어와 보어를, ㉣의 '된다'는 주어와 부사어를 필요로 하는 두 자리 서술어이다.

08 ④

정답 해설

ⓓ의 '다른'은 용언의 관형사형이 아니라 관형사가 그대로 관형어가 된 예이다.

오답 체크

① ⓐ의 '정치적'은 뒤의 '중립성'이라는 명사를 꾸며주는 관형사에 해당한다.

② ⓑ의 '우리'는 대명사로 체언 단독으로 관형어가 된 예이다.

③ ⓒ의 '독서의'는 체언에 관형격 조사 '의'가 붙어서 이루어진 관형어에 해당한다.

⑤ ⓔ에서 '어제 간'은 관형절로 문장 속에서는 관형어로 쓰인다.

09 ③

정답 해설

일반적으로 부사어는 자리의 이동이 자유롭지만, ㉢에서 '오직'은 뒤에 오는 체언을 수식하는 부사어이기 때문에 자리 이동이 자유롭지 않다. 그리고 ㉠의 '빨리도'는 자리 이동이 자유로운 부사어이다.

오답 체크

① 부사어는 보조사와도 결합한다. ㉠의 '빨리도'는 부사어 '빨리'에 보조사 '도'가 결합하여 만들어진 부사어이다.

② '모름지기'는 문장 부사어로 위치 이동이 자유롭다. 일반적으로 '모름지기'와 같이 문장 전체를 꾸미는 부사어들은 자리 이동이 자유롭다.

④ '부사어'는 관형어와는 달리 홀로 쓰일 수 있다. 관형어는 뒤에 반드시 체언이 와야 하지만 ㉣의 '다'와 같이 부사어는 홀로 쓰일 수 있다.

⑤ 부사어는 꾸미는 대상이 다양한데, ㉠의 '빨리도'처럼 용언을 꾸미는 경우, ㉡의 '모름지기'처럼 문장 전체를 꾸미는 경우, ㉢의 '오직'처럼 체언을 꾸미는 등 꾸미는 대상이 다양하다.

10 ②

정답 해설

②의 '엄마'는 명사로 체언에 해당한다. 이렇게 체언의 단독 형태로 문장 속에서 독립어의 기능을 한다.

오답 체크

① '음'은 무엇을 수긍한다는 뜻으로 내는 소리에 해당하는 감탄사이다. 이 말은 감탄사 단독 형태로 문장에서 독립어의 기능을 한다.

③ '여보'는 명사로 착각할 수 있지만, 명사가 아니라 감탄사이다. 부부 사이에서 서로를 부르는 말인 이 말은 감탄사 단독 형태로 문장에서 독립어의 기능을 한다.

④ '아뿔싸'는 일이 잘못되었거나 미처 생각하지 못했던 것을 뒤늦게 깨달았을 때 가볍게 내는 말로 감탄사에 해당한다.

⑤ '두껍아'는 체언에 호격 조사가 결합된 형태로 문장 속에서 독립어로 쓰였다.

11 ③

정답 해설

㉠은 수사 의문문으로 특별한 설명이나 대답을 요구하는 의문문이 아니라, 서술, 명령, 감탄, 강조 등의 효과를 나타내는 의문문이다. 그에 해당하는 것은 선택지 ③번이다. '누가 그 일을 못하겠어?'는 그 일을 잘 할 수 있다는 의미의 서술이다.

오답 체크

① 긍정이나 부정의 대답을 요구하는 판정 의문문이다.

② 듣는 이에게 설명하는 대답을 요구하는 설명 의문문이다.

④ 판정 의문문

⑤ 설명 의문문

12 ③

정답 해설

㉢은 자습시간에 떠드는 아이들에게 요구하는 말이므로 조용히 해야 할 주체는 화자가 아니라 '아이들'이다.

오답 체크

① ㉠과 같은 명령문에서 주어는 청자로 한정된다.

② 일반적으로 청유문에서 주어는 ㉡과 같이 화자와 청자를 함께 포함한다. '우리'가 화자와 청자가 모두 포함됨을 나타내는 근거이다.

④ ㉠의 서술어 '해라'의 목적어는 '공부'이고, ㉡의 서술어인 '먹자'의 목적어는 '수제비'이다.

⑤ 명령문과 청유문에서 서술어는 반드시 동사만 올 수 있다. 따라서 ㉠의 '해라', ㉡의 '먹자', ㉢의 '하자'는 모두 동사이다.

13 ①

정답 해설

㉠의 '요'는 '아빠'를 높이는 상대 높임 보조사에 해당한다. 문장의 끝에 오기 때문에 종결어미로 착각하는 경우가 많은데 어미가 아니라 보조사이다.

오답 체크

② ㉡의 '계시다'는 주체인 '어머니'를 높이고 있다.

③ ㉢의 '드리다'는 객체인 '할머니'를 높이고 있다.

④ ㉣의 '이구나'는 상대인 '너'를 높이는 표현이 아니라 낮추는 표현이다.

⑤ ㉤의 '모시다'는 객체인 '할머니'를 높이고 있다.

14 ⑤

정답 해설

㉠~㉢의 발화시는 모두 같다. 다만, 사건시가 서로 다를 뿐이다.

오답 체크

① ㉠~㉢의 시제는 모두 화자의 발화시를 기준으로 삼고 있다.

② ㉠의 사건시는 '어제'라는 부사에서 알 수 있듯이 과거이다.

③ ㉡은 사건시와 발화시가 일치하는데 그 근거는 '지금'이라는 현재를 나타내는 부사이다.

④ ㉢의 시제는 발화시를 기준으로 보면, '내일'에서 알 수 있듯이 미래이다. 하지만, 사건시를 기준으로 보면, 말하는 이가 말하는 시점은 과거가 된다.

15 ④

정답 해설

㉣에서 '-던'은 서술격 조사에 붙은 것이 아니라, '읽다'의 어간에 붙어서 과거 시제가 실현되고 있는 것이다.

오답 체크

① ㉠은 시간 표시 부사어 '어제'와 선어말 어미 '-았-'을 통해 과거 시제가 실현되고 있다.

② ㉡은 회상을 나타내는 선어말 어미 '-더-'를 통해 과거 시제가 실현되고 있다.

③ ㉢은 관형사형 어미 '-ㄴ'과 선어말 어미 '-었-'을 통해 과거 시제가 실현되고 있다.

⑤ ㉤에 사용된 선어말 어미 '-았었-'은 현재와 단절된 훨씬 이전의 과거 사건을 나타낸다.

16 ①

정답 해설

〈보기〉는 동작의 진행을 나타내는 현재 시제이다. 이와 같은 것은 선택지 ①번이다.

오답 체크

② 동작의 완료를 나타내는 완료상에 해당한다.

③ 동작의 완료를 나타내는 완료상에 해당한다.

④ '-었-'은 과거 시제를 나타내는 선어말 어미이다.

⑤ '겼'에 들어 있는 '-었-'은 과거 시제를 나타내는 선어말 어미이다.

17 ⑤

정답 해설

피동문의 서술어도 두 자리 서술어이다. 피동문의 서술어인 '물렸다'가 필요로 하는 성분은 주어인 '주인이'와 부사어인 '개에게'이다.

오답 체크

① 능동문의 주어인 '개가'는 피동문에서 부사어인 '개에게'로 바뀌었다.

② 능동문의 목적어인 '주인을'은 피동문에서 주어인 '주인이'로 바뀌었다.

③ 피동문의 '물렸다'는 능동문의 '물었다'에 피동 접미사 '-리-'가 붙어 만들어진 것이다.

④ '한테'는 '에게'의 뜻으로 쓰이는 부사격 조사로 '에게'보다 구어적 표현이다. 따라서 피동문의 부사어에 쓰인 '에게'는 대신에 '한테'를 쓸 수 있다.

18 ⑤

정답 해설

'채우다'는 '차다'에 사동 접미사 두 개(-이-+-우-)가 붙어서 만들어진 사동사이다.

오답 체크

① 주동문의 주어 '물이'는 사동문의 목적어인 '물을'이 되었다.
② 사동문의 주어 '동생이'는 주동문에는 없는 것이 새롭게 도입된 것이다.
③ 주동문의 부사어 '유리잔에'는 사동문에서도 그대로 유지되었다.
④ 주동문의 서술어 '찼다'는 주어('물이')와 부사어('유리잔에')를 필요로 하는 두 자리 서술어이다. 반면, 사동문의 서술어 '채웠다'는 주어('동생이')와 목적어('물을')와 부사어('유리잔에')를 필요로 하는 세 자리 서술어이다.

19 ③

정답 해설

짧은 부정문은 긴 부정문으로 바꾸어도 문장의 의미가 달라지지 않는다.

오답 체크

① ㉠과 ㉡은 부정 부사 '못'과 '안'을 사용하여 만든 짧은 부정문이다.
② ㉢과 ㉣은 부정 용언 '~지 못하다'와 '~지 아니하다'를 사용하여 만든 긴 부정문이다.
④ 일반적으로 '못' 부정문은 능력 부정을, '안' 부정문은 의지 부정을 나타낸다.
⑤ 명령문과 청유문에서는 '마/마라, 말자'를 사용한다.

20 ⑤

정답 해설

㉡의 '먹는다'와 ㉣의 '맡겼다'는 모두 목적어를 필요로 하지만, '먹는다'는 주어('닭이')와 목적어('모이를')를 필요로 하는 두 자리 서술어이고, '맡겼다'는 주어('사장은')와 부사어('직원에게')와 목적어('임무를')를 필요로 하는 세 자리 서술어이다.

오답 체크

① 국어 문장에서 주어와 서술어는 항상 있어야 하는 필수 성분이다.
② ㉠의 '활짝'은 수의적 부사어에 해당한다.
③ ㉡의 '먹는다'는 두 자리 서술어이므로 ㉡에서 필요하지 않은 문장 성분은 하나도 없다.
④ ㉢의 '아닙니다'는 주어('나는')와 보어('보호자가')를 필요로 하는 두 자리 서술어이다. 여기에서 '아닙니다' 대신 '되었다'를 넣어도 주어('나는')와 보어('보호자가')가 꼭 필요한 성분이라는 데에는 변함이 없다.

기출문제

본문 156~178쪽

01 ③	02 ⑤	03 ④	04 ②	05 ⑤
06 ⑤	07 ②	08 ④	09 ④	10 ②
11 ①	12 ①	13 ②	14 ④	15 ①
16 ⑤	17 ①	18 ⑤	19 ③	20 ①
21 ⑤	22 ⑤	23 ②	24 ④	25 ④
26 ⑤	27 ①	28 ②	29 ③	30 ①
31 ②	32 ①	33 ⑤	34 ④	35 ⑤
36 ①	37 ④	38 ⑤	39 ②	40 ④
41 ③	42 ③	43 ④	44 ①	45 ②
46 ①				

01 ③

정답 해설

㉢의 경우, 능동문과 피동문 모두 여러 가지로 해석되는 의미를 가지지 않으므로 능동문과 달리 피동문이 여러 가지 의미로 해석되는 문장의 사례로 볼 수 없다.

오답 체크

① ㉠의 능동문에서는 '눈이 세상을 덮는 동작'이 연상되는 것에 비해, 피동문에서는 그런 동작이 잘 드러나지 않는다.
② ㉠에서 능동문의 주어 '눈이'는 피동문의 부사어 '눈에'로 나타나고, ㉡에서 능동문의 주어 '학생이'는 피동문의 부사어 '학생에게'로 나타난다.
④ '날리다'는 목적어를 가지지 않는 자동사인 '날다'에서 파생된 경우이다.
⑤ '날씨'가 바뀌는 행위는 자연적인 것으로서 문장의 의미 자체가 상황 의존성을 강하게 가져 동작성을 표현하기 어려우므로, 대응하는 능동문을 상정하기가 어렵다.

02 ⑤

정답 해설

㉢에서 생략된 문장 성분은 안은문장의 목적어인 '빵을'이다. 하지만 ㉣에서 생략된 문장 성분은 없다. 따라서 ㉢과 달리 ㉣에서 생략된 문장 성분은 안은문장의 목적어라는 설명은 틀린 것이다.

오답 체크

① ㉠은 명사절로 안은문장의 목적어로 사용되었다.

② ㉡은 명사절로 안은문장의 부사어로 사용되었다.

③ ㉢은 관형절로 안은문장의 목적어로 사용된 '빵'을 수식하고 있다.

④ ㉡의 주어는 안은문장의 주어인 '친구는'과 일치하지만, ㉣의 주어는 '우리가'로 안은문장의 주어인 '그는'과 다르다.

03 ④

정답 해설

ㄱ은 주어와 서술어의 관계가 한 번만 나타나지만, ㄴ은 주어와 서술어의 관계가 두 번 이상 나타나는 겹문장에 해당한다. ㄴ은 '창문이 아주 많다.'는 서술절을 안은 문장이다. 따라서 선택지 ④는 적절하지 않은 설명이다.

오답 체크

① ㄱ에서 보어인 '대학생이'가 있고, ㄷ에는 보어가 없다.

② ㄴ에는 목적어가 없고, ㄹ에는 목적어인 '부자를'과 '사람을'이 있다.

③ ㄱ에는 부사어인 '마침내'가 있고, ㄴ에도 부사어 '아주'가 있다. ㄷ과 ㄹ에는 부사어가 없다.

⑤ ㄷ에는 명사절인 '그가 정당했음'이 전체 문장 속에 안겨 있고, ㄹ은 앞 절과 뒤 절이 대등하게 이어진 문장이다.

04 ②

정답 해설

ㄴ은 행동 주체의 의지를 부정하는 문장이 아니라 '해가 비치다'는 객관적 사실을 부정하는 표현이며, 긴 부정문뿐만 아니라 짧은 부정문이 모두 가능하다.

오답 체크

④ ㄹ에서 '결코'는 반드시 부정 서술어와 함께 쓰여야 하는 부사이다.

05 ⑤

정답 해설

ㄴ에서의 안긴 문장은 '지훈이가 성실하고 눈이 크다는'의 관형절이다. 이 절 안에는 목적어가 없다.

오답 체크

① ㄴ에서 전체 문장의 서술어 역할을 하는 것은 '알고 있었다'가 맞지만, ㄱ에서 전체 문장의 서술어 역할을 하는 것은 '크다'가 아니라 서술절에 해당하는 '눈이 크다.'이다.

② ㄱ은 서술절 '눈이 크다.'를 안고 있는 문장으로 겹문장에 해당한다.

③ ㄴ에서 '성실하고'의 주어는 '지훈이가'이고 '크다'의 주어는 '눈이'이다.

④ ㄴ의 안긴문장 '지훈이가 성실하고 눈이 크다'는 대등하게 이어진 문장이다.

06 ⑤

정답 해설

⑤의 '그 사람과 나는 오래 전부터 서로 사귀어 왔다.'에는 '과'가 사용되었지만, 이 문장은 두 개의 홑문장, 즉 '그 사람은 오래 전부터 서로 사귀어 왔다.'와 '나는 오래 전부터 서로 사귀어 왔다.'로 분리되지 않는다. 이 문장에 쓰인 '과'는 행위의 상대임을 나타내는 부사격 조사로, 〈보기〉의 설명대로 서술어가 '사귀어 왔다' 하나이므로 이 문장은 이어진 문장이 아니라 홑문장이다.

오답 체크

① '나는 시를 좋아한다.'와 '나는 소설을 좋아한다.'가 각각 결합된 이어진 문장이다.

② '그녀는 집에서 공부했다.'와 '그녀는 도서관에서 공부했다.'가 결합된 이어진 문장이다.

③ '고향의 산은 예전 그대로였다.'와 '고향의 하늘은 예전 그대로였다.'가 결합된 이어진 문장이다.

④ '성난 군중이 앞문으로 들이닥쳤다.'와 '성난 군중이 뒷문으로 들이닥쳤다.'가 결합된 이어진문장이다. 이렇게 두 문장이 결합할 때 쓰인 '와/과'는 접속 조사이다.

07 ②

정답 해설

㉡의 주어 '나는'의 서술어는 '기다렸고'이고, ㉣은 '기다렸고'의 목적어 역할을 하는 명사절이므로 ㉣을 '나는'의 서술어라고 진술한 것은 적절하지 않다.

오답 체크

③ ㉡은 명사절을 안은문장이고, ㉢은 관형절을 안은문장이다. 따라서 '주어-서술어'의 관계가 두 번 이상 나타난다.

⑤ ㉤은 관형절로 문장에서 뒤에 오는 '책'을 수식하는 관형어 역할을 한다.

08 ④

정답 해설

ㄷ의 안긴문장의 주어는 '동생이'이고 안은문장의 주어는 '오빠가'로 서로 다르다. ㅁ의 안긴문장의 주어는 '누나가'이고 안

은문장의 주어도 '누나가'이다. 따라서 ㄷ과 ㅁ의 안긴문장의 주어가 각각의 안은문장의 주어와 다르다는 설명은 적절하지 않다.

오답 체크

① ㄱ의 안긴문장인 '그가 이 사건의 범인임'은 명사절로 안은 문장에서 주어로 쓰였고, ㄴ의 안긴문장인 '언니가 빵을 먹은'은 관형절로 안은문장에서 관형어로 쓰였다.
② ㄴ의 안긴문장인 '언니가 빵을 먹은'은 관형절로 안은문장에서 관형어로 쓰였고, ㄷ의 안긴문장인 '동생이 가게에서 산'은 관형절로 안은문장에서 관형어로 쓰였다.
③ ㄴ은 안긴문장 속에 생략된 필수 성분이 없다. 하지만 ㄷ은 안긴문장 속에 필수 성분인 목적어 '빵을'이 생략되어 있다.
⑤ ㄹ의 안긴문장인 '집에 가기'는 안은문장에서 목적어로 쓰였고, ㅁ의 안긴문장인 '집에 가기'는 안은문장에서 부사어로 사용되었다.

09 ④

정답 해설

㉣에서 '선생님'은 주체가 아니라 말하는 상대이다. 여기에서 주체는 '제(나)'이다. 여기서는 상대인 '선생님'을 높이는 데에 '-습니다'를 사용하고 있다.

오답 체크

① ㉠에서 '계시다'는 주체를 직접 높일 때 사용하는 특수 어휘이다.
② ㉡에서 '드리다'는 객체를 높이는 데에 사용하는 특수 어휘이다.
③ ㉢에서는 주체인 '할아버지'를 높이기 위해 높임을 나타내는 주격 조사 '께서'와 주체높임 선어말 어미 '-시'를 사용하고 있다.
⑤ ㉤에서는 상대인 '아버지'를 높이는 데에 격식체 중 하십시오체에 해당하는 '-습니다'를 사용하고 있다.

10 ②

정답 해설

㉡의 '살았다'는 주어인 '글이'만을 필수적으로 요구하는 한 자리 서술어이다.

오답 체크

① ㉠의 '살았다'는 주어 '불씨가'만을 필수적으로 요구하는 한 자리 서술어이다.
③ ㉢의 '살았다'는 주어인 '그는'과 목적어인 '벼슬을'을 필수적으로 요구하는 두 자리 서술어이다.
④ ㉣의 '놓았다'는 주어인 '그는'과 목적어인 '일손을'을 필수적으로 요구하는 두 자리 서술어이다.
⑤ ㉤의 '놓았다'는 주어인 '형은'과 목적어인 '책을', 그리고 부사어인 '위에'를 필수적으로 요구하는 세 자리 서술어이다.

11 ①

정답 해설

[학습활동]에 제시된 문장에서 문장 전체의 서술어는 '알려 줬다'이고, 그것의 주어는 '그녀가'이다. 그리고 명사절 속의 서술 기능을 하는 '받았음'의 주어는 '제자가'이다. 마지막으로 관형절 속에서 서술 기능을 하는 '아끼던'의 주어는 '그가'이다. 따라서 ㉠~㉢에 순서대로 들어갈 말은 '그녀가', '제자가', '그가'이다.

12 ①

정답 해설

〈보기2〉의 문장 '아버지는 허리가 아프셔서 한영이가 아버지 대신 할아버지를 뵙고 왔습니다.'에서 '아프셔서'의 '-시-'를 통해 높여야 할 대상인 '아버지'의 신체 일부분, 즉 '허리'를 간접적으로 높이는 주체 높임이 실현되었다. 그리고 '왔습니다'에서는 말하는 상대를 높이기 위해 '-습니다'를 사용했다. 또한 '뵙고'를 통해서는 목적어가 지시하는 대상인 '할아버지'를 높이는 객체 높임이 실현되었다.

13 ②

정답 해설

㉢은 ㉠이 관형절인 '철수가 산책을 한'의 형태가 되어 ㉡에 안겨서 만들어진 관형절을 안은문장이다. 이 안기는 과정에서 ㉠의 부사어 '공원에서'가 ㉡의 주어인 '공원은'과 중복이 되어 생략되었다.

14 ④

정답 해설

㉢에서는 '신임'과 '장관'이 결합해 명사구를 이루고 여기에 조사가 붙어 주어가 이루어졌다. ㉣에서는 '새'와 '컴퓨터'가 결합해 명사구를 이루고 여기에 조사가 붙어 주어가 이루어졌다.

오답 체크

① ㉠의 주어인 '나도'는 '대명사+조사'의 형태이고, ㉡의 주어인 '바깥이'는 '명사+조사'의 형태이다.

② ㉠의 주어는 '나도'이고 ㉢의 주어는 '장관은'인데, 여기에 쓰인 조사는 격조사가 아니라 보조사로, 이처럼 보조사가 붙은 형태로 주어가 나타나기도 한다.

③ ㉡에서 서술어는 '어둡다'로 형용사이기 때문에 주어인 '바깥이'는 동작의 주체가 아니다.

⑤ ㉣에서 주어는 '컴퓨터가'로 한 번 쓰였다. '고물이'는 주어가 아니라 보어이다.

15 ①

정답 해설

(가)와 (나)에서 앞 절과 뒤 절의 사건들은 모두 과거에 일어났다. 그런데 (나)의 앞 절에는 과거 시제 선어말 어미 '-었-'이 사용된 반면에 (가)의 앞 절에는 어간 '먹-'에 바로 어미 '-다가'가 결합하여 시제 선어말 어미가 나타나고 있지 않다.

오답 체크

② (가)와 (다)의 앞 절에는 시제 선어말 어미가 없지만, 뒤 절의 시제가 과거이므로 과거로 해석된다.

③ (가)와 (라)의 앞 절에는 과거 시제 선어말 어미 '-았-/-었-'이 쓰이지 않았다.

④ (나)에서는 찌개를 끓이는 행위가 끝나고 찌개를 식히는 행위가 일어났으며, (다)에서는 종이를 접는 행위가 끝나고 종이를 주머니에 넣는 행위가 일어났다.

⑤ (라)에서는 두 사건의 인과 관계를 '-아서/-어서'가 나타내 주고 있지만, (다)에서는 두 사건이 인과 관계로 해석되지 않는다.

16 ⑤

정답 해설

㉢은 단형 사동으로 직접 사동과 간접 사동의 두 가지 의미를 모두 표현할 수 있으나, ㉣은 장형 사동으로 간접 사동의 해석만 가능하다. 따라서 ㉣은 ㉢과 달리 직접 사동과 간접 사동의 의미 모두로 해석될 수 있다는 설명은 적절하지 않다.

오답 체크

① ㉠을 '아이들이'를 주어로 삼는 단형 사동문으로 바꾸면, '아이들이 얼음 위에서 팽이를 돌린다.'와 같이 된다. 이렇게 바뀔 때, ㉠의 주어 '팽이가'는 목적어인 '팽이를'로 바뀐다.

② ㉠에서 '돈다'는 한 자리 서술어이지만, 단형 사동문의 서술어인 '돌린다'는 두 자리 서술어이다.

③ ㉡을 '선생님께서'를 주어로 삼는 단형 사동문으로 바꾸면, '선생님께서 그 일을 지원이이게 맡겼다.'와 같이 된다. 그러면 ㉡의 주어인 '지원이가'는 부사어 '지원이에게'로 바뀐다.

④ ㉡에서 '맡았다'는 두 자리 서술어이지만, 단형 사동문의 서술어인 '맡겼다'는 세 자리 서술어이다.

17 ①

정답 해설

㉠에서 '내 친구의 것이다'는 '내 친구의 것'이라는 구에 '이다'라는 서술격 조사가 붙어 주어인 '자전거는'을 서술하고 있으나 주어와 서술어의 관계가 나타나지 않으므로 안긴문장이 아니다. ㉢에서 '손가락이 길다'는 '손가락이'라는 주어와 '길다'라는 서술어를 갖추고 있으면서 문장 전체의 주어인 '영수는'을 서술하고 있으므로 서술어의 기능을 하는 안긴문장에 해당한다.

오답 체크

② ㉠의 '내가 빌린'은 관형절로 뒤에 오는 체언인 '자전거'를 수식하는 안긴문장이고, ㉣의 '마을에 사는'은 주어인 '사람들이'가 생략된 관형절로 뒤에 오는 체언인 '사람들'을 수식하는 안긴문장이다.

③ ㉡의 '공연이 시작되기'는 안긴 문장으로, 이 문장에서 부사어는 나타나지 않는다. ㉢의 '피아노를 잘 치는'은 안긴 문장으로, 이 문장에서 '잘'은 부사어에 해당하며, '손가락이 누구보다 길다'는 안긴 문장으로, 이 문장에서 '누구보다'는 부사어에 해당한다.

④ ㉡의 '공연이 시작되기'는 명사인 '전'을 꾸며 주는 관형어의 기능을 하는 안긴문장이다. ㉣의 '파수꾼이 마을에 사는 사람들을 속였음'은 명사절로 안긴 문장으로 조사 '이'와 결합하여 문장에서 주어의 기능을 하고 있다.

⑤ ㉢의 '피아노를 누구보다 잘 치는'은 주어인 '영수가'가 생략되어 있는 안긴문장이고, ㉣의 '마을에 사는'은 주어인 '사람들이'가 생략되어 있는 안긴문장이다.

18 ⑤

정답 해설

ㄴ에는 '소리도 없이'라는 안긴문장(부사절)은 '그가 사라졌음'이라는 명사절에 안겨 있다. 그러나 ㄷ의 경우 '운동장을 달리는'이라는 안긴문장(관형절)과 '발밑을 조심하'라는 안긴문장(인용절)이 있으나 각각의 안긴문장 안에 또 다른 문장이 안겨 있는 것이 아니므로 적절하지 않은 설명이다.

오답 체크

① ㄱ은 '아이가 먹기'라는 명사절에 '에'라는 부사격 조사가 붙어 부사어로 기능하고 있으므로 적절한 설명이다.

② ㄴ은 '소리도 없이'라는 부사절이 뒤에 오는 용언 '사라졌음'

을 수식하고 있으므로 적절한 설명이다.

③ '발밑을 조심하라고'에서 '고'는 간접 인용을 나타내는 조사이므로 적절한 설명이다.

④ ㄱ의 '잘 다져진'과 ㄷ의 '운동장을 달리는'은 모두 뒤에 오는 체언을 수식하는 관형절로, '잘 다져진'에는 주어인 '음식이'가 '운동장을 달리는'에는 주어인 '나는'이 생략되어 있다.

19 ③

정답 해설

ⓐ에서는 주체 높임 선어말 어미 '-시-'를 사용해 '치아'를 높임으로써 '할아버지'를 간접적으로 높이고 있다. ⓑ에서는 객체 높임을 나타내기 위한 특수 어휘 '모시다'를 사용해 '고모님'을 높이고 있다. ⓒ에서는 주체 높임 선어말 어미 '-시-'를 사용해 '아버지'를 직접적으로 높이고 있다. ⓓ에서는 주체 높임 선어말 어미 '-시-'를 사용해 '생각'을 높임으로써 '그분'을 간접적으로 높이고 있다. 'ⓑ'에는 객체 높임이 나타나 있고, 'ⓐ, ⓒ, ⓓ'에는 주체 높임이 나타나 있으므로, '학생 2'는 객체에 해당하는 인물을 높이는가의 여부를 분류의 기준으로 삼았음을 알 수 있다.

20 ①

정답 해설

㉠의 '지루하다 못해 졸리다'에서 '못해'는 지루하다는 상태에 미치지 않음을 의미하는 것이 아니라, 지루함의 상태가 극에 달해 지루함을 넘어 졸린 상태에 이른 것을 뜻하므로 '지루하다'의 상태에 미치지 않았다는 것도, 뒷말을 부정하고 있다는 것도 모두 적절하지 않다.

오답 체크

② 부정 표현 중에서 '능력'이나 '그 밖의 다른 상황'으로 인한 부정을 표현하는 '못' 부정문은 부사 '못'을 활용하거나 용언 '못하다'에 의해 실현되는 것이 일반적이다. 따라서 ㉡에서는 '자전거를 탄다'의 부정문으로 '못 탄다'와 '타지 못한다' 모두가 가능하다는 것을 나타내고 있다.

③ 명령문의 부정 표현에서는 '안' 부정과 '못' 부정이 아닌 '말다' 부정을 사용한다.

④ 서술어가 형용사인 경우에는 능력 부정의 의미 없이 '어떠한 대상이 기준에 이르지 못함'을 나타내며, 부정 부사가 아니라 부정 용언을 사용하는 것이 자연스럽다.

⑤ ㉤에서 '분명히'는 '했다', '하지 않았다' 모두와 호응을 이루지만 '결코'는 '하지 않았다'와만 호응을 이룬다. 이를 통해 반드시 부정 표현과 함께 쓰여야 하는 부사가 있다는 것을 알 수 있다.

21 ⑤

정답 해설

'흰 눈이 내립니다.'에서 '흰'의 '-ㄴ'은 현재의 상태를 나타내는 관형사형 어미이므로 '-ㄴ-'이 아니라, '-ㄴ' ②의 예문으로 추가해야 한다.

오답 체크

① '간다'를 보면 '-ㄴ-'은 종결 어미 '-다'의 앞에 붙을 수 있음을 확인할 수 있다. '짠'의 '-ㄴ'과 '유명한'의 '-ㄴ'은 뒤에 다른 어미가 붙을 수 없다.

② '간다'는 '가신다'로, '짠'은 '짜신'으로, '유명한'은 '유명하신'으로 쓸 수 있다.

③ '짠'은 '옷'을 수식하고, '유명한'은 '성악가'를 수식하는 관형어 구실을 하고 있다.

④ '간다'와 '유명한'은 현재 시제를 나타내고, '짠'은 과거 시제를 나타냄을 확인할 수 있다.

22 ⑤

정답 해설

㉯의 안긴문장 '부상을 당한'은 관형절로 문장에서 관형어의 기능을 하고, ㉰의 안긴문장 '성적이 많이 오르기'는 명사절로 문장에서 목적어의 기능을 한다.

오답 체크

① ㉮의 명사절 '그 사람이 범인임' 속에는 관형어('그')가 한 개 있다.

② ㉮에서 명사절 '그 사람이 범인임'은 문장에서 주어의 기능을 한다.

③ ㉯에서 관형절인 '부상을 당한' 속에는 '선수는'이라는 주어가 생략되어 있다.

④ ㉰의 안긴문장 '성적이 많이 오르기'에는 부사어 '많이'가 있지만, ㉮의 안긴문장 '그 사람이 범인임'에는 부사어가 없다.

23 ②

정답 해설

㉡은 파생 접사 '-이-'가 붙어 만들어진 사동문이며, 서술어 '녹였다'는 주어와 목적어를 필요로 하는 두 자리 서술어이다. ㉢의 서술어 '보았다'는 주어와 목적어를 필요로 하는 두 자리 서술어이다.

오답 체크

① ㉠은 피동문이 아니며, 서술어 '녹았다'는 주어를 필요로 하는 한 자리 서술어이다. ㉣의 서술어 '보였다'는 주어를 필

요로 하는 한 자리 서술어이다.

③ ㉡은 피동문이 아니라 사동문이며, 서술어 '녹였다'는 주어와 목적어를 필요로 하는 두 자리 서술어이다. ㉣의 서술어 '보였다'는 주어를 필요로 하는 한 자리 서술어이다.

④ ㉣은 사동문이 아니라 피동문이며, ㉣의 서술어 '보였다'는 주어를 필요로 하는 한 자리 서술어이다. ㉡의 서술어 '녹였다'는 주어와 목적어를 필요로 하는 두 자리 서술어이다.

⑤ ㉣은 사동문이 아니라 피동문이며, ㉣의 서술어 '보였다'는 주어를 필요로 하는 한 자리 서술어이다. ㉢의 서술어 '보았다'는 주어와 목적어를 필요로 하는 두 자리 서술어이다.

24 ④

정답 해설

㉣의 '선생님께서 ~ 읽히셨다.'는 접사에 의한 사동 표현이고 '선생님께서 ~ 읽게 하셨다.'는 '-게 하다'에 의한 사동 표현인데, 이는 모두 '선생님께서 철수에게 책을 읽도록 시키는' 간접 사동의 의미로만 해석된다.

오답 체크

① ㉠의 '낮춘다'는 '낮다'라는 형용사에 사동 접사 '-추-'가 결합된 사동사이다.

② ㉡은 주동문이 사동문으로 바뀔 때 서술어가 주어와 목적어를 요구하는 두 자리 서술어에서 주어와 목적어, 그리고 부사어를 요구하는 세 자리 서술어로 바뀌었다.

③ '이삿짐이 방으로 옮다'로 쓸 수 없으므로 ㉢의 경우 대응하는 주동문을 만들 수가 없다는 이해는 적절하다.

⑤ ㉤에서 자동사가 서술어로 사용된 주동문의 주어 '아기가'는 사동문에서 목적어로, 타동사가 서술어로 사용된 주동문의 주어 '철수가'는 사동문에서 부사어로 바뀌었다.

25 ④

정답 해설

'힘찬'(㉠)은 '함성이 힘차다.'로부터 만들어진 관계 관형절이다. 수식을 받는 체언 '함성'이 관형절 속에서 주어로 쓰일 수 있기 때문이다. '형이 조사한'(㉢)은 '형이 자료를 조사하다.'로부터 만들어진 관계 관형절이다. 수식을 받는 체언 '자료'가 관형절 속에서 목적어로 쓰일 수 있기 때문이다. '자동차가 전복된'(㉡)은 '자동차가 전복되다.'로부터 만들어진 동격 관형절이다. 그리고 관형절이 만들어지는 과정에서 원래 문장의 종결 어미가 그대로 유지되지 않는 관형절이다. '내가 그 일을 한다는'(㉣)은 '내가 그 일을 한다.'로부터 만들어진 동격 관형절이다. 그리고 관형절이 만들어지는 과정에서 원래 문장의 종결 어미가 그대로 유지되는 관형절이다. 따라서 〈보기〉의 [탐구 자료]를 [탐구 과정]에 따라 바르게 분류한 것은 선택지 ④이다.

26 ⑤

정답 해설

〈보기〉의 ㉠과 달리 ⑤는 '일부는 버스를 이용하면서 일부는 지하철을 이용한다'가 의미적으로 어색하다는 점에서 '-(으)며'를 '-(으)면서'로 교체할 수 없고, 앞뒤 문장의 주어 '일부는'의 '일부'가 서로 다른 집단을 지칭한다는 점에서 앞뒤 문장의 주어가 서로 같다고 보기도 어렵다. 따라서 ⑤의 '-(으)며'는 '앞뒤 문장의 동작이 동시에 일어남'의 의미를 지니는 것이 아니라, '두 가지 이상의 동작이나 상태를 나열'하는 의미를 지닌다.

오답 체크

①~④는 모두 앞 문장과 뒤 문장의 주어가 서로 같다는 점, '-(으)며'를 '-(으)면서'로 교체하여 쓸 수 있다는 점에서 '-(으)며'가 '앞뒤 문장의 동작이 동시에 일어남'을 나타내는 예문으로 적절하다.

27 ①

정답 해설

서술어 '되다'의 문형 정보를 추출해 보면, 주어는 '나라는', '지갑이'이고, 부사어는 '대부분', '산으로', '요즘에', '가죽으로'이다. 이 부사어들 중 필수적 부사어는 '산으로'와 '가죽으로'이다. 여기서 주어를 제외하면 문형 정보 【…으로】를 추출할 수 있다.

오답 체크

② 서술어 '넘어가다'의 문형 정보를 추출해 보면, 주어는 '모두', '자기가'이고, 부사어는 '속임수에', '아무렇지 않게', '꾀에', '자연스럽게'이다. 이 부사어들 중 필수적 부사어는 '속임수에'와 '꾀에'이다. 여기서 주어를 제외하면 문형 정보 【…에】를 추출할 수 있다.

③ 서술어 '다투다'의 문형 정보를 추출해 보면, 주어는 '나는', '그는'이고, 부사어는 '언니와', '때문에', '누군가와', '한밤중에'이다. 이 부사어들 중 필수적 부사어는 '언니와'와 '누군가와'이다. 여기서 주어를 제외하면 문형 정보 【…와】를 추출할 수 있다.

④ 서술어 '딸리다'의 문형 정보를 추출해 보면, 주어는 '지갑이', '단어장이'이고, 부사어는 '가방에', '사은품으로', '책에', '부록으로'이다. 이 부사어들 중 필수적 부사어는 '가방에'와 '책에'이다. 여기서 주어를 제외하면 문형 정보 【…에】를 추출할 수 있다.

⑤ 서술어 '빠지다'의 문형 정보를 추출해 보면, 주어는 '때가', '물이'이고, 부사어는 '옷에서', '깨끗하게', '청바지에서', '허옇게'이다. 이 부사어들 중 필수적 부사어는 '옷에서'와 '청

바지에서'이다. 여기서 주어를 제외하면 문형 정보 【…에서】를 추출할 수 있다.

28 ②

정답 해설

〈보기〉의 ㉡ '소포가 도착했다고 들었다.'의 직접 구성 요소는 '소포가 도착했다고'와 '들었다'로 분석된다.

오답 체크

① ㉠의 '목소리가 곱다'는 서술절로 ㉠의 직접 구성 요소에 해당한다.
④ ㉣의 '그가 익명의 기부자임'는 명사절로 전체 문장 속에서 주어의 기능을 한다. 따라서 '그가 익명의 기부자임이'는 ㉣의 직접 구성 요소에 해당한다.
⑤ ㉤의 '인생은 짧고 예술은 길다는'은 뒤에 오는 '말'을 꾸며 주는 관형절에 해당한다. 따라서 '인생은 짧고 예술은 길다는 말은'은 ㉤의 직접 구성 요소에 해당한다.

29 ③

정답 해설

관형절 '두 사람이 어제 헤어진'을 완결된 문장으로 바꾸면, '두 사람이 어제 공원에서 헤어졌다.'가 된다. 밑줄 친 '공원'이 바뀐 문장에서는 부사어 '공원에서'로 사용되었다. 따라서 밑줄 친 '공원'은 바뀐 문장에서 ㉡이 아니라 ㉢의 기능을 한다. 두 번째 예시 문장에서 관형절 '어제 부모님이 시키신'을 완결된 문장으로 바꾸면, '어제 부모님이 나에게 일을 시키셨다.'가 된다. 여기서 밑줄 친 '일'은 바뀐 문장에서 목적어 '일을'로 사용되었다. 따라서 밑줄 친 '일'은 바뀐 문장에서 ㉡의 기능을 한다.

오답 체크

① 첫 번째 예시 문장에서 관형절 '어제 결혼한'을 완결된 문장으로 바꾸면, '그들은 어제 결혼했다.'가 된다. 밑줄 친 '그들'은 바뀐 문장에서 주어 '그들은'으로 사용되었다. 따라서 ㉠의 기능을 하는 예로 적절하다. 두 번째 예시 문장에서 관형절 '누나를 많이 닮은'을 완결된 문장으로 바꾸면, '친구는 누나를 많이 닮았다.'가 된다. 밑줄 친 '친구'는 바뀐 문장에서 주어 '친구는'으로 사용되었다. 따라서 ㉠의 기능을 하는 예로 적절하다.
② 첫 번째 예시 문장에서 관형절 '나무로 된'을 완결된 문장으로 바꾸면, '탁자는 나무로 되어 있다.'가 된다. 밑줄 친 '탁자'는 바뀐 문장에서 주어 '탁자는'으로 사용되었다. 따라서 ㉠의 기능을 하는 예로 적절하다. 두 번째 예시 문장에서 관형절 '시대에 뒤떨어진'을 완결된 문장으로 바꾸면, '생각이 시대에 뒤떨어졌다.'가 된다. 밑줄 친 '생각'은 바뀐 문장에서 주어 '생각이'로 사용되었다. 따라서 ㉠의 기능을 하는 예로 적절하다.
④ 첫 번째 예시 문장에서 관형절 '친구가 나에게 준'을 완결된 문장으로 바꾸면, '친구가 나에게 옷을 줬다.'가 된다. 밑줄 친 '옷'은 바뀐 문장에서 목적어 '옷을'로 사용되었다. 따라서 ㉡의 기능을 하는 예로 적절하다. 두 번째 예시 문장에서 관형절 '털실로 짠'을 완결된 문장으로 바꾸면, '누나는 털실로 장갑을 짰다.'가 된다. 밑줄 친 '장갑'은 바뀐 문장에서 목적어 '장갑을'로 사용되었다. 따라서 ㉡의 기능을 하는 예로 적절하다.
⑤ 첫 번째 예시 문장에서 관형절 '아이들이 운동장에서 공을 찬'을 완결된 문장으로 바꾸면, '아이들이 주말에 운동장에서 공을 찼다.'가 된다. 밑줄 친 '주말'은 바뀐 문장에서 부사어 '주말에'로 사용되었다. 따라서 ㉢의 기능을 하는 예로 적절하다. 두 번째 예시 문장에서 관형절 '관중이 쓰레기를 남긴'을 완결된 문장으로 바꾸면, '관중이 경기장에 쓰레기를 남겼다.'가 된다. 밑줄 친 '경기장'은 바뀐 문장에서 부사어 '경기장에'로 사용되었다. 따라서 ㉢의 기능을 하는 예로 적절하다.

30 ①

정답 해설

〈보기〉의 직접 인용문을 간접 인용문으로 바꿀 때, ⓐ에는 '오늘', ⓑ에는 '있으라고', ⓒ에는 '자기의', ⓓ에는 '남기라'가 들어가야 한다. 따라서 이렇게 짝지어진 선택지 ①이 정답이다.

31 ②

정답 해설

㉢에는 서술어의 기능을 하는 안긴문장이 없다. ㉣에서 문장에서 서술어의 기능을 하는 서술절 '값이 비싸다.'가 있다.

오답 체크

① ㉠에는 체언 '봄'을 수식하는 관형절 '따뜻한'이 있다. ㉡에는 체언 '친구'를 수식하는 관형절 '내가 만난'이 있다.
③ ㉠은 명사절 '따뜻한 봄이 빨리 오기' 속에 부사어 '빨리'가 있다. ㉡은 서술절 '마음이 정말 착하다.' 속에 부사어 '정말'이 있다.
④ ㉠에서 관형절 '따뜻한' 속에는 주어 '봄이'가 생략되어 있다. ㉣에서 관형절 '그가 시장에서 산' 속에는 목적어 '배추를'이 생략되어 있다.
⑤ ㉢의 '엄마가 모르게'는 부사절로 문장 속에서 부사어의 기능을 한다. ㉣의 '그가 시장에서 산'은 관형절로 문장 속에서 관형어의 기능을 한다.

32 ①

정답 해설

㉠의 첫 번째 예문의 '-겠-'은 과거의 사건을, 두 번째 예문의 '-겠-'은 현재의 사건을 추측하는 데에 쓰이고 있다.

오답 체크

② ㉡의 두 번째 예문의 '-았-'은 과거 시제가 아니라, 이야기하 는 시점에서 볼 때 미래의 사건이나 일을 이미 정하여진 사실인 양 말할 때 쓰는 어미이다.

③ ㉢의 두 번째 예문에서 '-ㄹ'은 과거의 사건을 나타낼 때 쓰이고 있다.

④ ㉣의 두 번째 예문에 쓰인 '-ㄴ-'은 현재 시제가 아니라 미래의 사건을 나타낼 때 쓰이고 있다.

⑤ ㉤의 첫 번째 예문에서 형용사 '작다'는 시제를 나타내는 선어말 어미 없이 현재 시제를 나타내고 있다.

33 ⑤

정답 해설

㉤에 쓰인 '-더-'는 꿈속의 일이나 무의식중에 일어난 일이 아니라 과거의 사건에 대한 진술이므로 ㉤의 예로 적절한 문장이 아니다.

오답 체크

① ㉠의 '-더-'는 미래의 일이라도 그것을 안 시점이 과거이기 때문에 ㉠의 예로 적절한 문장이다.

② ㉡의 '-더-'는 본인만이 직접 느껴 알 수 있는 감정을 나타내는 형용사 '놀랍다'가 서술어로 쓰였기 때문에 ㉡의 예로 적절한 문장이다.

③ ㉢의 '-더-'는 의문문으로 본인만이 직접 느껴 알 수 있는 감정을 나타내는 형용사 '밉다'가 서술어로 쓰였기 때문에 ㉢의 예로 적절한 문장이다.

④ ㉣의 '-더-'는 수사 의문문에서 본인만이 직접 느껴 알 수 있는 감정을 나타내는 형용사 '기쁘다'가 서술어로 쓰였기 때문에 ㉣의 예로 적절한 문장이다.

34 ④

정답 해설

㉣에서 안긴문장은 '내가 늘 쉬던'으로 관형절에 해당한다. 그리고 이 절 속에서 생략된 문장 성분은 부사어 '공원에서'이다.

오답 체크

① ㉠에서 안긴문장은 '자식이 건강하기'로 명사절에 해당하며, 여기에서 생략된 문장 성분은 없다.

② ㉡에서 안긴문장은 '연락도 없이'로 부사절에 해당하며, 여기에서 생략된 문장 성분은 없다.

③ ㉢에서 안긴문장은 '자신의 판단이 옳았음'로 명사절에 해당하며, 여기에서 생략된 문장 성분은 없다.

⑤ ㉤에서 안긴문장은 '아주 어려운'로 관형절에 해당하며, 여기에서 생략된 문장 성분은 주어 '과제가'이다.

35 ⑤

정답 해설

⑤의 ㉠에 쓰인 '쓸렸다'는 피동사로 쓰였고, ㉡에 쓰인 '쓸렸다'는 사동사로 사용되었다. 따라서 선택지 ⑤는 ㉠과 ㉡에 해당하는 예로 적절한 문장끼리 묶여있다.

오답 체크

① ①의 ㉠에 쓰인 '갈렸다'는 피동사로 쓰였고, ㉡에 쓰인 '갈렸다'는 사동사로 사용되었다. 하지만, ㉡의 '갈렸다'는 〈보기〉의 [학습활동]에 제시된 '갈다'의 의미가 아니라, '쟁기나 트랙터 따위의 농기구나 농기계로 땅을 파서 뒤집다.'의 의미이다. 따라서 ①의 ㉡에 쓰인 '갈렸다'는 예로 적절하지 않다.

② ②의 ㉠과 ㉡에 쓰인 '깎였다'는 모두 피동사로 쓰였다. 하지만 ㉡의 '깎였다'는 〈보기〉의 [학습활동]에 제시된 '깎다'의 의미가 아니라, '체면이나 명예를 상하게 하다.'의 의미이다. 따라서 ②의 ㉡에 쓰인 '깎였다'는 예로 적절하지 않다.

③ ③의 ㉠과 ㉡에 쓰인 '묻혔다'는 모두 사동사로 사용되었다. 따라서 ③의 ㉠에 쓰인 '묻혔다'는 예로 적절하지 않다.

④ ④의 ㉠에 쓰인 '물렸다'는 사동사로 쓰였고, ㉡에 쓰인 '물렸다'는 피동사로 사용되었다. 따라서 선택지 ④는 ㉠과 ㉡에 해당하는 예로 적절하지 않다.

36 ①

정답 해설

선택지 ①은 관형절 '(날씨가) 추운'을 안은 문장이다. 따라서 명사절을 안은 문장으로는 적절하지 않다.

오답 체크

② 관형절 '(동생이) 얼음을 먹는'을 안은 문장으로 적절한 예문이다.

③ 부사절 '(동생은) 추위와 상관없이'를 안은 문장으로 적절한 예문이다.

④ 인용절 '날씨가 춥다고'를 안은 문장으로 적절한 예문이다.

⑤ 두 문장이 대등적 연결어미 '~지만'으로 이어진 문장이다.

37 ④

정답 해설

선택지 ④의 '-았-'은 과거에 일어난 사건의 결과 상태가 현재까지 지속되고 있음을 나타내는 것이 아니라, 사건이나 상태가 과거의 것임을 나타내는 경우이다. 따라서 선택지 ④는 ⓑ가 아니라 ⓐ에 해당하는 예로 적절하다.

38 ⑤

정답 해설

㉠의 안긴문장 '내가 노래 부르기'에는 목적어 '노래'가 있지만, ㉡의 안긴문장 '이 지역 토양이 벼농사에 적합함'에는 목적어가 없다.

오답 체크

① ㉠에는 부사어가 없다. 하지만 ㉡에는 부사어 '벼농사에'가 있다.
② ㉠에는 명사절 '내가 노래 부르기'가 안겨 있고, ㉡에는 명사절 '이 지역 토양이 벼농사에 적합함'이 안겨 있다.
④ ㉠의 안긴문장 속에는 목적어가 있고, ㉡의 안긴문장 속에는 관형어와 부사어가 있다.

39 ②

정답 해설

선택지 ②는 서술어의 자릿수가 잘못됐기 때문에 비문인 것이 아니라, 주어 '문제는'과 서술어 '많다'가 호응을 하지 않기 때문에 비문인 것이다.

오답 체크

① '요청했다'는 주어, 부사어, 목적어를 꼭 필요로 하는 세 자리 서술어이다. 따라서 부사어 '정부에'를 추가한 것이다.
③ '소개하였다'는 주어, 목적어, 부사어를 꼭 필요로 하는 세 자리 서술어이다. 따라서 부사어 '누나에게'를 추가한 것이다.
④ '삼아'는 주어, 목적어, 부사어를 꼭 필요로 하는 세 자리 서술어이다. 따라서 목적어 '일을'을 추가한 것이다.
⑤ '어두울(어둡다)'은 주어, 부사어를 꼭 필요로 하는 두 자리 서술어이다. 따라서 부사어 '지리에'를 추가한 것이다.

40 ④

정답 해설

선택지 ④의 '-고 있-'은 두 가지 의미가 아니라 '안경을 벗은 상태가 지속되고 있음'만을 의미하는 것으로 해석된다.

오답 체크

① '-고 있-'은 양치질을 하는 동작이 진행되고 있음을 나타낸다.
② '-고 있-'은 오해하고 있는 상태가 지속되고 있음을 나타낸다.
③ '-고 있-'은 알고 있는 상태가 지속되고 있음을 나타낸다.
⑤ '-고 있-'은 ⓐ와 ⓑ 두 가지 의미로 모두 해석될 수 있다.

41 ③

정답 해설

부사어 '너무'가 수식하는 것은 서술어 '샀다'가 아니라, 관형사 '헌'이다.

오답 체크

① 부사절 '눈이 부시게'는 문장 속에서 부사어의 기능을 한다.
④ '닮았다'는 두 자리 서술어로 주어 '영이는'과 부사어 '엄마와'를 필요로 하고, '읽는다'는 두 자리 서술어로 주어 '영이는'과 목적어 '책을'을 필요로 한다.
⑤ ㉠의 '재로'는 부사어이고 ㉡의 '재가'는 보어이지만 '되었다'가 두 자리 서술어이기 때문에 ㉠의 '재로'와 ㉡의 '재가'는 문장에서 꼭 필요한 성분이다.

42 ③

오답 체크

ⓒ에서 '별을'은 안은문장의 목적어인 것은 맞지만, 안긴문장의 목적어는 아니다. 안긴문장 '반짝이는'에는 주어 '별이'가 생략되어 있고 목적어는 없다.

오답 체크

① '삼았다'는 주어 이외에 목적어 '위기를'과 부사어 '기회로'를 필요로 하는 세 자리 서술어이다.
② '바다가'는 문장 전체의 주어로 서술어 '파랗다'와 호응한다. '눈이'는 부사절의 주어로 절 속의 서술어 '부시게(부시다)'와 호응한다.
④ ⓐ의 '좋은'과 ⓒ의 '반짝이는'은 모두 절 속의 서술어이다.
⑤ ⓑ의 '눈이 부시게'는 부사절로 문장 속에서 부사어의 기능을 하며 문장 전체의 서술어인 '파랗다'를 수식하는 기능을 한다. ⓒ의 '반짝이는'은 관형절로 문장 속에서 관형어의 기능을 하며 뒤에 오는 체언 '별'을 수식하는 기능을 한다.

43 ④

정답 해설

'과일 좀 드리고'에서 '드리-'는 대상은 '할아버지'임을 알 수 있다. 따라서 화자는 문장의 '객체'인 할아버지를 높이고 있다. 일반적으로 객체높임법에서 객체가 되는 대상은 문장에서 목적어나 부사어이다. 여기서는 '할아버지께'라는 부사어가 생략되어 있음을 알 수 있다.

오답 체크

① '할아버지께서 방에 계셨구나'에서 주격 조사 '께서'를 통해 화자는 문장의 주체인 '할아버지'를 높이고 있다.
② '할아버지께서 방에 계셨구나'에서 '계시다'는 문장의 주체를 직접 높이는 특수 어휘에 해당한다. 따라서 여기서는 화자가 특수 어휘 '계시다'를 통해 문장의 주체인 '할아버지'를 높이고 있다.
③ '-구나'는 화자가 새롭게 알게 된 사실에 주목함을 나타내는 감탄형 종결 어미로, 이를 통해 화자가 '할아버지께서 방에 계신다는 사실'을 새롭게 알게 되었음을 부각하고 있다.
⑤ '-렴'은 해라할 자리에 쓰여, 부드러운 명령이나 허락을 나타내는 종결 어미로, 이를 통해 화자가 청자에게 할아버지께 과일을 드리고 오는 행동을 요구하고 있음을 알 수 있다.

44 ①

정답 해설

㉠이 서술어인 문장은 '주기적으로 운동하기가 건강의 첫걸음이다'인데, 이 문장에서 '주기적으로 운동하기'는 명사절로 주격 조사 '가'와 함께 쓰여 주어의 기능을 한다.

오답 체크

② ㉡이 서술어인 문장은 '그것을 꾸준하게 실천하(다)'인데, 여기에는 명사절이 존재하지 않는다.
③ ㉢이 서술어인 문장은 '그것을 꾸준하게 실천하기 원하(다)'인데, 이 문장에서 '그것을 꾸준하게 실천하기'는 명사절로 문장에서 부사어가 아니라 목적어로 쓰이고 있다.
④ ㉣이 서술어인 문장은 '(계획(을) 세우기가) 제대로 되(다)'인데, 여기에서 '계획(을) 세우기'는 명사절로 문장에서 보어가 아니라 주어로 쓰이고 있다.
⑤ ㉤이 서술어인 문장은 '제대로 된 계획 세우기가 선행되어야 하(다)'인데, 여기에서 '제대로 된 계획 세우기'는 명사절로 관형어가 아니라 주어의 기능을 한다.

45 ②

정답 해설

ⓑ에서는 부사 '아주'가 관형사 '옛'을 수식하는 부사어로 쓰였다. 부사는 주로 용언을 수식하는 기능을 하지만, 때에 따라 관형사나 다른 부사 등도 수식한다.

오답 체크

① ⓐ는 명사 '빵'이 보조사 '은'과 결합하여 목적어로 쓰인 것이다.
③ ⓒ는 명사 '어른'이 조사와 결합 없이 보어로 쓰인 것이다.
④ ⓓ는 명사 '장미'에 서술격 조사 '이다'가 결합하여 서술어로 쓰인 것이다.
⑤ ⓔ는 수 관형사 '세'가 의존 명사 '마리'를 수식하는 관형어로 쓰인 것이다. '세'는 관형사이지, 수사가 아니다.

46 ①

정답 해설

ⓐ는 관형사형 전성 어미 '-는'이 쓰인 관형절로 뒤에 오는 명사 '예보'를 꾸며 주고 있다. 인용절에는 조사 '라고, 고'가 쓰인다.

오답 체크

② ⓑ는 '공원이 많고 거리가 깨끗하-'에 관형사형 전성 어미 '-(으)ㄴ'이 결합하여 관형절로 쓰이고 있다.
③ ⓒ는 '바람이 거세지고 어둠이 내리-'에 명사형 전성 어미 '-기'가 결합하여 명사절로 쓰이고 있다.
④ ⓓ는 명사형 전성 어미 '-음'이 결합한 명사절이며, 목적격 조사 '을'과 결합하여 주성분인 목적어로 쓰이고 있다.
⑤ ⓔ는 관형사형 전성 어미 '-는'이 결합한 관형절이다. 조사와의 결합 없이, 뒤에 오는 명사 '들판'을 수식하는 부속 성분인 관형어로 쓰이고 있다.

05 의미론(의미)

확인문제 본문 194~196쪽

01 ③	02 ③	03 ③	04 ④	05 ⑤
06 ④	07 ⑤	08 ③		

01 ③

정답 해설

㉡의 '배'는 긴 물건 가운데의 볼록한 부분을 의미하고, ㉢의 '배'는 사람이나 짐 따위를 싣고 물 위로 떠다니도록 나무나 쇠 따위로 만든 물건을 의미한다. 따라서 ㉡과 ㉢은 동음이의어에 해당한다.

오답 체크

① ㉠의 '배'와 ㉡의 '배'는 동음이의어가 아니라 다의어의 관계에 있다.

② ㉠은 ㉢~㉤과 다의어 관계가 아니라 동음이의어의 관계에 있다.

④ ㉡은 ㉣~㉤과 다의어 관계가 아니라 동음이의어의 관계에 있다.

⑤ ㉢은 ㉣~㉤과 다의어 관계가 아니라 동음이의어의 관계에 있다.

02 ③

정답 해설

상호 배타적으로 양분하는 관계: ㉠

상대적 정도 개념의 양 극단을 나타내는 관계: ㉢, ㉣

상호 의존적으로 반대 방향을 나타내는 관계: ㉡, ㉤

03 ③

정답 해설

㉡과 ㉣은 유의 관계가 아니라 반의 관계에 있다.

04 ④

정답 해설

〈보기〉는 능동문과 피동문이 유의문을 구성하는 예이다. 능동문 ㉠을 기본 문장으로 ㉡은 피동 접미사가 붙은 유형이고, ㉢은 '-어지다'가 붙은 유형인데, 이들의 궁극적인 의미는 동일하다. 그러나 이들 간에는 의미 차이가 느껴지기도 한데, ㉠에서는 주어인 '포수'가 능동적으로 '토끼'를 잡는 의미임에 비해서, ㉡과 ㉢에서는 '토끼'의 의지와 상관 없이 '포수'에게 잡힌다는 느낌이 든다. 특히, ㉢의 '-어지다'형은 '토끼'가 '포수'에 의해서 '토끼'의 의지와 상관 없이 '포수'에게 잡힌다는 의미가 ㉡의 피동사형보다 강하게 느껴진다. 따라서 ㉠~㉢은 강조하고자 하는 의미가 각각 차이가 있음을 알 수 있다.

오답 체크

① ㉠은 능동문이고 ㉡은 피동 접미사가 붙은 피동사가 있는 피동문이다. 따라서 ㉠과 ㉡의 의미가 동일하다고 볼 수 없다.

② ㉡은 ㉠을 풀어쓴 문장이 아니라 능동문인 ㉠을 피동문인 ㉡으로 바꿔 쓴 것이다.

③ ㉢은 ㉡을 풀어쓴 문장이 아니라 피동 접미사가 붙은 문장을 '-어지다'가 붙은 문장으로 바꿔놓은 것이다.

⑤ ㉠~㉢은 묶음의 원리가 의미에 영향을 미친 것이 아니라 능동문과 피동문에서 각각 강조하고자 하는 바에 따라 의미가 달라지는 것이다.

05 ⑤

정답 해설

㉠~㉣의 의미 차이는 배열에 따른 것이 아니라 부정 표현 '못'과 '안'의 사용에 따른 것이다. ㉠과 ㉡, ㉢과 ㉣은 유의 관계에 있기 때문에 의미 차이가 없고, ㉠과 ㉢, ㉡과 ㉣은 의지 부정과 능력 부정의 관계이기 때문에 의미의 차이가 있다.

06 ④

정답 해설

㉣은 중의적인 문장이 아니다. 따라서 동생이 더 좋아하는 대상은 '배'이다.

오답 체크

③ ㉢은 중의적인 문장으로 '나와 철수'가 영희를 만난 경우와 내가 '철수와 영희'를 만난 경우 두 가지 중의적인 의미가 있다.

07 ⑤

정답 해설

〈보기〉는 비유적 용법이나 완곡어법 등에 자주 사용되는 동안 해당 단어의 의미에 대한 인식이 변화하면서 단어의 의미까지 변화하게 된 경우로 심리적 원인에 해당한다.

오답 체크

① 언어적 원인: 하나의 단어가 다른 단어와 자주 인접하여 나타남으로써 그 의미까지 변화된 경우를 지칭함.

② 역사적 원인: 단어가 가리키는 대상은 변모하였음에도 불

구하고 단어는 그대로 남아 있는 경우 필연적으로 그 단어에 의미 변화가 일어나는 것을 지칭함. 다시 말하면, 과거에는 존재했었으나 지금은 없는 실체를 지칭하는 단어가 지금에도 사용될 때 나타나는 것을 뜻함.

③ 사회적 원인: 일반적인 단어가 특수 사회 집단에서 사용되거나 반대로 특수 집단에서 사용되던 단어가 일반 사회에서 사용됨으로써 의미에 변화가 일어나는 경우를 말함. 즉 단어 의미가 특수화하거나 일반화하는 것을 뜻함.

④ 단어의 의미 변화 유형에 문화적 원인은 따로 설정되어 있지 않다.

08 ③

정답 해설

중세국어에서 '어리다'는 '어리석다'라는 의미인데, 현대국어에서 '어리다'는 '(나이가) 어리다"의 의미이다. 따라서 이것은 의미 변화 중 의미의 이동에 해당한다.

오답 체크

①, ②, ④, ⑤는 모두 의미 변화에 해당되는 단어가 아니다.

기출문제

본문 197~209쪽

01 ③	02 ②	03 ⑤	04 ④	05 ④
06 ⑤	07 ③	08 ④	09 ①	10 ②
11 ②	12 ③	13 ①	14 ③	15 ①
16 ③	17 ⑤	18 ②	19 ①	20 ①
21 ⑤	22 ⑤	23 ②	24 ③	

01 ③

정답 해설

'소금의 무게를 저울에 달아 보았다.'에서 '달다'는 '(…을 …에) 저울로 무게를 헤아리다.'는 뜻이므로, '물건을 일정한 곳에 걸거나 매어 놓다.'라는 뜻인 '달다1' ㉠의 용례로 추가하기에는 적절하지 않다.

오답 체크

① 동음이의어는 사전에 별개의 표제어로 등재된다.

② 〈보기〉에 제시된 서술어의 활용 정보에 따르면, '달다1'과 '달다2'는 모두 연결 어미 '-니'가 결합되면 어간의 'ㄹ'이 탈락하면서 '다니'로 활용된다.

⑤ 〈보기〉에서 '달다1'은 주어 외에 부사어 '…에'와 목적어 '…을'을 필수적으로 요구하는 서술어이고, '달다2'는 주어 외에 필수적으로 요구하는 문장 성분이 없는 서술어이다.

02 ②

정답 해설

'약을 사 먹으라고 누나가 나에게 돈을 주다.'의 '주다'는 '주다 [1]②'에 해당하는 것이 아니라, '물건 따위를 남에게 건네어 가지거나 누리게 하다.'의 의미인 '주다[1]①'에 해당하므로 적절하지 않다.

오답 체크

① '주다[1]①'은 '물건 따위를 남에게 건네어 가지거나 누리게 하다.'의 의미이므로, 반의어는 '다른 사람이 주거나 보내오는 물건 따위를 가지다.'의 의미인 '받다[1]①'이다.

③ '아무렇지도 않게 내뱉은 말이 다른 사람에게 상처를 주다.'의 '주다'는 '좋지 아니한 영향을 미치게 하다.'의 의미인 '주다[1]③'에 해당하므로 적절한 용례이다.

④ '받다[1]②'의 용례는 '날아오는 공을 받다.'의 의미이므로 반의어로 '던지다'를 넣을 수 있다.

⑤ '받다[1]③'의 용례는 '따끈한 차를 찻잔에 받다.'이므로 ㉣에 들어갈 내용은 '…을 …에'임을 알 수 있다.

03 ⑤

정답 해설

'배1', '배2', '배3'가 모두 사전에 각각 등재되는 것은 맞지만, 서로 의미적 연관성이 있다는 설명은 적절하지 않다. 이들은 서로 의미가 다른 동음이의어의 관계에 있다.

04 ④

정답 해설

'ㄹ'의 첫 번째 예문을 보면 '속'이 신체에 대해 쓰였으므로, '속'이 추상적인 대상을 가리킬 때 쓰인다는 설명은 적절하지 않다.

오답 체크

① 'ㄱ'을 보면 '속'과 '안'은 '건물 {속/안}으로 들어가다.'와 같이 공통적으로 쓰인다는 점에서 '사물이나 영역의 내부'라는 공통 의미를 지닌 유의어라 할 수 있다.

② 'ㄴ'을 보면 시간적 범위를 나타낼 때는 '속'이 아니라, '안'이 쓰이는 것을 확인할 수 있다.

③ 'ㄷ'처럼 사람의 마음이나 태도 등을 나타내는 관용구에는 '안'이 아니라 '속'이 쓰이는 것을 확인할 수 있다.

⑤ 'ㅁ'의 첫 번째 예문에서는 '속'과 '겉'의 대립 관계를, 두 번째 예문에서는 '안'과 '바깥'의 대립 관계를 확인할 수 있으므로, '속'은 '겉'과 반의 관계를, '안'은 '바깥'과 반의 관계를 형성한다고 할 수 있다.

05 ④

정답 해설

〈보기〉의 사전 자료를 통해 '크다'[II]는 주어만을 요구하지만 '크다'[II]의 사동사인 '키우다'는 주어 외에도 목적어(【…을】)를 요구한다는 것을 알 수 있다. 따라서 '크다'[II]는 사동사로 바뀌면 서술어의 자릿수가 하나 늘어난다는 서술은 적절하다.

오답 체크

① 동음이의어는 사전에 별개의 표제어로 기술하는데, 〈보기〉에서 '크다'[I]과 '크다'[II]는 하나의 표제어 안에 기술되어 있다. 따라서 '크다'[I]과 '크다'[II]는 동음이의어 관계가 아니다.

② '크다'[I] 뜻의 반의어로는 '작다'가 가능하지만, '크다'[II] 뜻의 반의어로는 가능하지 않다.

③ '키가 몰라보게 컸구나.'에서 '컸구나'는 '동식물이 몸의 길이가 자라다.'라는 뜻으로 쓰이고 있으므로, '키가 몰라보게 컸구나.'는 '크다'[II]의 용례에 해당한다.

⑤ '크다'는 어미 '-어'가 결합하면 어간 '크-'의 모음이 탈락하지만, '키우다'는 어미 '-어'가 결합하여 '키워'가 되기 때문에 어간 '키우-'의 끝의 모음이 탈락하지 않는다.

06 ⑤

정답 해설

'뻔하다'에서 '뻔'은 (어미 '-을' 뒤에 쓰여) 어떤 일이 자칫 일어날 수 있었으나 그렇게 되지 아니하였다는 뜻을 나타내는 의존 명사이다. 따라서 '물에 빠질 뻔하다.'의 '뻔하다'는 '-하다02②'의 용례가 아니라, '-하다02④'의 용례이다.

오답 체크

② '하다01[2]'는 보조 용언으로 혼자는 쓰이지 못하고 본용언 다음에 붙어서 사용된다.

③ '-하다02'는 접미사로 모두 앞 단어에 붙어 품사를 바꾸는 기능을 하고 있다.

④ '새 옷을 한 벌 했다.'의 '했다(하다)'는 입을 것 따위를 장만하다는 의미로 사용되고 있다.

07 ③

정답 해설

사전의 활용 정보를 보면, '이르다¹'은 '이르러, 이르니'와 같이 활용되며, '이르다²'와 '이르다³'은 '일러, 이르니'와 같이 활용됨을 알 수 있다. 따라서 '이르다¹'은 어미의 기본 형태가 달라지는 '러'불규칙 용언임을 알 수 있고, '이르다²'와 '이르다³'은 어간의 기본 형태가 달라지는 '르'불규칙 용언임을 알 수 있다.

오답 체크

① 다다르다 「1」 목적한 곳에 이르다. 「2」 어떤 수준이나 한계에 미치다.

④ '이르다¹'과 '이르다²'는 동사이고, '이르다³'은 형용사이다.

08 ④

정답 해설

문맥상 '수밖에'의 '밖에'는 〈보기 1〉의 2의 의미로 쓰인 것으로 조사이기 때문에 체언과 붙여 써야 한다. 따라서 선택지 ④의 설명은 적절하지 않다.

오답 체크

① 출입문을 넘어선 복도 쪽을 지칭하는 것이므로 적절하다.

② 문맥상 '며칠 밖에 남지 않았다'는 '며칠 이외에는 시간이 남지 않았다'라는 의미이므로 조사인 '밖에'는 붙여 쓰는 것이 적절하다.

③ '뜻밖에도 아쉬움이 더 크다'라는 것은 자신의 예상과는 달리 아쉬움이 더 크다는 의미이기 때문에 '뜻밖에도'는 유의어인 '의외로'로 바꿔쓸 수 있으므로 적절하다.

⑤ '기대 밖의 선물'에 쓰인 '밖'은 '일정한 한도나 범위에 들지 않는 나머지 다른 부분이나 일.'의 의미로 사용되었으므로 적절하다.

09 ①

정답 해설

㉠은 '-겠-' 뒤에 붙어 쓰인 의문을 나타내는 종결 어미에 해당하므로 <보기 1>의 '-지2「1」'이 아니라 '-지3'에 해당한다.

오답 체크

② ㉡은 의존명사로 눈길을 걷기 시작해서 현재까지를 의미하므로 '지1'에 해당한다.

③ ㉢은 과거 시제 선어말 어미 '-었-' 뒤에 붙어 쓰인 종결 어미에 해당하므로 적절하다.

④ ㉣은 앞뒤의 사실이 서로 상반되는 것으로 적절하다.

⑤ ㉤은 쓰레기 버리는 행위를 금지하려 할 때 쓰이는 연결 어미이므로 적절하다.

10 ②

정답 해설

㉠은 수량을 나타내는 말 앞에 쓰여 '대략'의 뜻을 지닌 '한01[4]'이므로 관형사이고, ㉤은 조건의 뜻을 나타내는 '한02[2]'이므로 명사이다.

오답 체크

① '한 이불'을 덮고 잔다는 것은 '같은 이불'을 덮고 잔다는 의미이므로 ㉡은 '한01[3]'이다.

③ ㉡은 '한01[3]', ㉣은 '한02[1]'로, '한01'과 '한02'는 별개의 표제어로 기술되었으므로 동음이의어 관계이다.

④ ㉢의 '한'은 뒤에 오는 체언 '걸음'에 수량의 의미를 더한 경우이므로 '한01[1]'에 해당한다. 따라서 '한'을 뒤에 오는 '걸음'과 띄어 써야 한다.

⑤ '한 친구'와 '한 마을'의 '한'은 모두 '어떤'의 의미로 쓰였으므로 둘 다 '한01[1]'에 해당한다.

11 ②

정답 해설

(가)의 '대로[10]-(1)'은 '앞에 오는 말에 근거하거나 달라짐이 없다.'는 의미를 나타내고 있고, (나)의 '대로[6]-(4)'는 '서로 구별되게 따로따로'의 의미를 나타내고 있다. 따라서 두 말의 쓰임은 유사하지 않다는 것을 알 수 있다.

오답 체크

① (가)의 '대로[10]'의 용례인 '법대로', '큰 것대로', (나)의 '대로[6]'의 용례인 '명령대로', '펼쳐놓은대로', '생각나는대로', '그들대로'의 띄어쓰기를 볼 때, 모두 '대로'를 앞말과 붙여 썼음을 알 수 있다.

③ (가)의 '대로[1]'은 의존 명사, '대로[10]'은 조사, (나)의 '대로[6]'은 불완전 명사(의존 명사)임을 볼 때, 모두 문장의 첫머리에 쓰일 수 없는 말임을 알 수 있다.

④ (가)의 '대로[1]', '대로[10]'과 (나)의 '대로[6]'은 모두 하나의 표제어에 두 가지 이상의 뜻이 있는 말임을 확인할 수 있다.

⑤ '너는 너대로 나는 나대로 길을 가다.'의 '대로'는 (가)와 (나)의 뜻풀이와 용례를 살펴볼 때, (가)에서는 조사, (나)에서는 명사임을 알 수 있다.

12 ③

정답 해설

하의어들이 상의어의 의미를 이어받아 상의어를 의미적으로 함의하지만, 상의어는 하의어를 의미적으로 함의하지 못한다. 따라서 '악기'는 '기구'를 의미적으로 함의하고, '북'은 '악기'를 의미적으로 함의한다.

오답 체크

② 하의어는 상의어보다 의미 자질이 많다. 따라서 '북'은 '타악기'의 하의어이므로 상의어 '타악기'의 의미 자질인 [두드림]이라는 의미 자질을 하나 더 갖는다.

④ '타악기'는 '기구'의 하의어이고, '심벌즈'는 '타악기'의 하의어이다. '타악기'와 '심벌즈'가 '구기'의 공하의어이려면 '타악기'와 '심벌즈' 사이에 비양립 관계가 성립해야 하는데 그렇지 않으므로 이 둘은 '구기'의 공하의어가 아니다.

⑤ 하의어는 상의어보다 의미 자질 개수가 많다고 했으므로 적절한 설명이다.

13 ①

정답 해설

'북극'과 '남극'은 지구의 양극 중 하나이므로 '북극'과 '남극'은 '극'의 공하의어로 비양립 관계가 성립하며, 서로 상보적 반의 관계에 있다. 따라서 ㉠과 ㉡을 모두 만족시키는 것은 선택지 ①번이다.

오답 체크

② '여름'과 '겨울'은 '계절'의 하의어로 ㉠은 만족시키지만, 둘

은 상보적 반의 관계에 있지 않기 때문에 ㉡은 만족시키지 못한다.

③ '펭귄'과 '갈매기'는 '새'의 공하의어로 볼 수 있지만, '새'가 이들 중 둘로 양분되는 것이 아니므로 ㉡을 만족시키지 못한다.

④ '여름'은 '계절'의 하의어이므로 ㉠을 만족시키지 못한다.

⑤ '개'와 '갈매기'는 '동물'의 공하의어로 볼 수 있지만, '동물'이 이들 중 둘로 양분되는 것이 아니므로 ㉡을 만족시키지 못한다.

14 ③

정답 해설

지금의 '돼지'는 과거의 '돝'과 같은 개념이고, 예전의 '도야지'는 돼지의 새끼를 나타내는 말이다. 따라서 지금의 '돼지'와 '예전'의 '도야지'가 나타내는 개념은 다르다.

오답 체크

① '예전'의 '도야지'에 해당하는 개념은 지금 사라지지 않았다. 예전 '도야지'에 해당하는 개념은 '어린 돼지'를 뜻한다. 그 개념은 있으나 딱히 부를 만한 고유어 단어가 없어서 어휘적 빈자리가 생기는 것이다.

② '도야지'는 돼지 중에서도 어린 돼지를 말한다. 따라서 '돝'이 '도야지'의 하의어라고 할 수 없다.

④ 지금의 '어린 돼지'에 해당하는 어휘는 예전부터 있었다. '도야지'가 바로 예전에 '어린 돼지'의 의미로 쓰인 말이다.

⑤ 지금은 예전의 '도야지'를 나타내는 고유어 단어가 존재하지 않아서 어휘적 빈자리가 생겼다.

15 ①

정답 해설

ㄱ: 두 번째, 세 번째 사위에 대한 개념이 존재하지만 그것을 부를 만한 고유어 단어가 없어서 빈 칸에는 '둘째 사위', '셋째 사위'라고 해서 앞에 수관형사를 넣은 구를 통해 어휘적 빈자리를 채우고 있다. 따라서 이는 지문에 나온 방식을 사용하고 있는 경우이다.

ㄴ: 꿩의 새끼를 부르는 말을 몰라 고유어 '꺼병이'를 찾아서 사용했다고 했다. 그런데 이 예는 아예 어휘적 빈자리라고 할 수 없다. 어휘적 빈자리는 개념은 있지만 그에 해당하는 고유어가 없어야 한다. 그런데 여기서는 그런 말이 없는 것이 아니라 존재는 하지만 몰라서 못 쓰고 있었던 경우이다. 따라서 이 예는 아예 어휘적 빈자리에 해당하는 사례라고 할 수 없다.

ㄷ: '금성'은 '샛별'과 '개밥바라기'라는 고유어가 존재한다. 따라서 어휘적 빈자리를 따질 만한 경우가 되지 않는다.

16 ③

정답 해설

㉠에 쓰인 '뿌리'는 주변적 의미로 쓰였고, ㉡에 쓰인 '뿌리'는 중심적 의미로 쓰였다.

오답 체크

① ㉡에 쓰인 '별'은 주변적 의미로 쓰였는데, 이는 위대한 업적을 남긴 대가를 비유적으로 이를 때 쓰는 말이다.

② ㉡에 쓰인 '번개'는 주변적 의미로 쓰였는데, 이는 동작이 아주 빠르고 날랜 사람이나 사물을 비유적으로 이를 때 쓰는 말이다.

④ ㉡에 쓰인 '태양'은 주변적 의미로 쓰였는데, 이는 매우 소중하거나 희망을 주는 존재를 비유적으로 이를 때 쓰는 말이다.

⑤ ㉡에 쓰인 '이슬'은 주변적 의미로 쓰였는데, 이는 '눈물'을 비유적으로 이르는 말이다.

17 ⑤

정답 해설

㉤에 들어갈 말은 '더하다[2]②'가 아니라, '더하다[1]'이다.

오답 체크

② '더하다[2]①'의 예문 '둘에 셋을 더하면 다섯이다.'을 보면, 서술어 '다섯이다'가 꼭 필요로 하는 것은 부사어 '둘에'와 목적어 '셋을'이기 때문에 ㉡에는 '【…에 …을】'이 들어가야 함을 알 수 있다.

③ 문형정보를 통해 볼 때, ㉢에는 【…에 …을】에 맞는 문장이 들어가야 하므로 '그의 등장은 영화에 재미를 더했다.'라는 문장은 예문으로 적절하다.

④ ㉣에 들어갈 문장은 '더하다'가 한 자리 서술어이므로 꼭 필요로 하는 성분인 주어만 있으면 된다.

18 ②

정답 해설

'매일같이 지하철을 타다'에서 '같이'는 앞말이 나타내는 그때를 강조하는 격 조사이므로 '같이[2]①'의 용례가 아니라 '같이[2]②'의 용례에 해당한다.

오답 체크

① '같이[1]'은 부사로 쓰였고, '같이[2]'는 부사격 조사로 쓰였다.

③ '같이-하다'는 실질 형태소 '같이[1]'과 접사 '-하다'가 결합하여 이루어진 파생어로 복합어에 해당한다. '-하다'는 '의성·의태어 이외의 일부 성상 부사 뒤에' 붙어 동사나 형용

사를 만드는 접사이다.

④ '같이하다'의 문형 정보를 보면, 【(…과)…을】로 되어 있다. 여기에서 '…과'는 올 수도 있고 오지 않을 수도 있기 때문에 '같이하다'는 부사어와 목적어를 같이 필요로 할 수도 있고, 목적어만 필요로 할 수도 있다. 따라서 '같이하다'는 두 자리 서술어로도 쓰일 수 있고, 세 자리 서술어로도 쓰일 수 있다.

⑤ '같이하다①'과 '같이하다②'의 문형정보를 보면, 모두 유사어에 '함께하다'가 있음을 확인할 수 있다. 따라서 적절한 설명이다.

19 ①

정답 해설

㉠의 '낮다'는 중심적 의미로 아래에서 위까지의 높이가 기준이 되는 대상이나 보통 정도에 미치지 못하는 상태에 있다는 뜻이고, ㉡의 '낮다'는 주변적 의미로 품위, 능력, 품질 따위가 바라는 기준보다 못하거나 보통 정도에 미치지 못하는 상태에 있다는 의미이다.

오답 체크

② ㉠과 ㉡의 '크다'는 모두 주변적 의미로 쓰였다. ㉠은 가능성 따위가 많다는 의미이고, ㉡은 몸이나 마음으로 느끼는 어떤 일의 영향, 충격 따위가 보통 정도를 넘다는 의미이다.

③ ㉠은 주변적 의미로 쓰였고, ㉡은 중심적 의미로 쓰였다. ㉠과 ㉡은 모두 너비가 크다는 의미이다.

④ ㉠과 ㉡의 '좁다'는 모두 주변적 의미로 쓰였다. ㉠과 ㉡은 모두 마음 쓰는 것이 너그럽지 못하다는 의밍다.

⑤ ㉠은 주변적 의미로 쓰였고, ㉡은 중심적 의미로 쓰였다. ㉠은 일의 규모, 범위, 정도, 중요성 따위가 비교 대상이나 보통 수준에 미치지 못하다는 의미이고, ㉡은 길이, 넓이, 부피 따위가 비교 대상이나 보통보다 덜하다는 의미이다.

20 ①

정답 해설

표제어의 뜻풀이가 추가(「10」)된 것은 맞지만, 다의어의 중심적 의미가 수정된 것은 아니다.

오답 체크

② 사전의 개정 전에는 '김-밥[김ː밥]'만이 표준 발음이었으나, 개정 후 '김-밥[김ː빱]'이 추가로 인정되어 기존의 표준 발음과 함께 제시되어 있으므로 적절한 설명이다.

③ 사전의 개정 전에는 '내음'이 '냄새'의 방언이었으나, 개정 후에는 표준어로 제시되고 있음을 확인할 수 있다.

④ 사전의 개정 전에는 '태양계'의 뜻 중 '9개의 행성'이, 개정 후에는 '8개의 행성'으로 수정된 것을 통해 과학적 정보가 반영되었음을 확인할 수 있다.

⑤ 사전의 개정 전에는 없던 '스마트폰'이라는 말이 개정 후에는 새롭게 표제어로 제시되어 있음을 확인할 수 있다.

21 ⑤

정답 해설

〈보기〉를 활용하여 국어사전을 만든다고 했으므로 ⓐ에 들어갈 표제어는 '밭게'의 기본형인 '밭다'나 부사 '바투' 중 하나이다. 그런데 표제어 ⓐ의 뜻으로 제시된 [1]과 [2]를 볼 때 부사임을 알 수 있다. 따라서 ⓐ에 들어갈 표제어는 부사 '바투'이다. 그리고 '바투'가 '두 대상이나 물체의 사이가 썩 가깝게'의 뜻으로 쓰인 예문으로 ⓑ에 들어갈 문장은 ㉣이다. ⓒ에 들어갈 '시간이나 공간이 다붙어 몹시 가깝다.'의 의미로 사용된 '밭다'가 쓰인 문장은 ㉠이다. 이상을 정리해 볼 때, ⓐ~ⓒ에 들어갈 말이 알맞게 짝지어진 것은 선택지 ⑤번이다.

22 ⑤

정답 해설

'눈이 나빠져서 안경의 도수를 올렸다'에서의 '눈'은 주변 의미로 사용되었기 때문에 확장된 '눈'의 의미가 기존 의미보다 구체적인 것이 아니라 추상성이 강화된 것이다.

오답 체크

① 제시된 지문에서 '중심 의미는 일반적으로 주변 의미보다 언어 습득의 시기가 빠르다'고 했으므로 적절한 설명이다.

② 제시된 지문에서 '중심 의미는 일반적으로 주변 의미보다 사용 빈도가 높다'고 했으므로 적절한 설명이다.

③ 제시된 지문에서 '다의어의 의미들은 서로 관련성을 갖는다'고 했는데, '결론에 이르다'와 '포기하기에는 아직 이르다'에서 '이르다'는 다의어의 관계가 아니라, 동음이의어의 관계이기 때문에 이 두 의미는 중심 의미와 주변 의미의 관계로 볼 수 없다는 설명은 적절하다.

④ 제시된 지문에서 '주변 의미로 사용되었을 때는 문법적 제약이 나타나기도 한다'고 했으므로 적절한 설명이다.

23 ②

정답 해설

첫 번째 '빚쟁이'의 의미는 채권자이고, 두 번째 '빚쟁이'의 의미는 채무자이다. 첫 번째 '금방'의 의미는 과거를 가리키고, 두 번째 '금방'의 의미는 미래를 가리킨다. 〈보기〉에 제시된

‘돈’은 모두 화폐를 의미한다. 그리고 〈보기〉에 제시된 ‘뒤’는 모두 미래를 가리킨다. 이상에서 볼 때, ㉠에 해당하는 것은 ‘빚쟁이’와 ‘금방’이다.

24 ③

정답 해설

‘수세미’는 그릇을 닦을 때 쓰이기도 하던 특정 식물을 지칭하는 기존의 의미에 오늘날에는 공장에서 만들어져 나오는 일반적인 의미의 ‘설거지 도구’라는 새로운 의미가 더해진 사례이다. 그러나 ‘총각’은 ‘머리를 땋아 갈라서 틀어 맴’이라는 기존의 의미는 사라지고 오늘날에는 ‘결혼하지 않은 성년 남자’라는 의미로 변화된 사례이다.

06 화용론(담화)

확인문제 본문 217~218쪽

01 ③ 02 ⑤ 03 ④ 04 ④

01 ③

정답 해설

발화자가 ‘교실 창문이 열린 창가에 앉은 사람에게’ ‘교실이 좀 추운 것 같지 않니?’라고 묻는 것은 교실이 추운지 안 추운지의 여부를 묻는 것이 아니라, 창문이 열려서 교실이 추우니까 창문 좀 닫아달라는 의미로 말한 것이다. 따라서 발화자가 발화의 의도와 관련된 언어 형식을 쓰지 않고 화자의 의도를 드러내고 있으므로 간접 발화에 해당한다.

오답 체크

①, ②, ④, ⑤는 모두 발화의 형식과 화자의 의도가 일치하는 직접 발화이다.

02 ⑤

정답 해설

담화의 기능에 일탈 행위를 감시하는 행위는 해당되지 않는다. 선택지에 제시되어 있지 않은 담화의 기능 하나는 일정한 행위를 하겠다고 약속하는 기능이다.

정답 해설

① 정보제공: 무엇에 대한 정보나 지식을 전달하는 기능
② 호소: 상대의 마음을 움직여 무엇인가를 하도록 유도 하는 기능
③ 선언: 세상일에 어떤 새로운 사태를 불러일으키는 기능
④ 사교: 친근감이나 감사, 미안함 등 심리적 상태를 표현하는 기능

03 ④

정답 해설

엄마의 첫 번째 대화는 ‘민호’에게 일어날지도 모르는 예기치 않은 상황을 대비하기 위한 말이 아니라, 어제 9시 뉴스 일기예보에서 오늘 오후에 비가 온다고 했던 일기예보를 근거로 한 것이다.

오답 체크

① 민호의 첫 번째 대화 중 ‘하늘이 구름 한 점 없이 맑은데요.’라는 부분을 통해 확인할 수 있다.

② ‘엄마’가 전날 저녁에 일기예보를 시청한 것은 ‘민호’로 하여금 우산을 챙겨가는 데 영향을 준 것이다.

③ ‘민호’의 첫 번째 대화는 사전에 ‘엄마’와 전날 저녁 일기예보를 공유하지 못한 데서 오는 반응이다.

⑤ ‘민호’의 두 번째 대화에서 ‘민호’가 버스에 우산을 놓고 내리면 어떻게 하나라고 걱정하는 것은 ‘지난번처럼’에서 확인할 수 있듯이 과거의 경험에서 비롯된 것이다.

04 ④

정답 해설

<보기>의 대화 주제는 취미 생활이다. 이런 주제에서 벗어난 말을 하고 있는 사람은 ‘종민’이다. 종민이가 말한 ‘나는 키우던 고양이를 버리는 사람들이 제일 싫어.’는 대화의 주제인 취미 생활과는 전혀 관련이 없는 내용이다.

기출문제 본문 219~223쪽

01 ①	02 ③	03 ④	04 ②	05 ⑤
06 ③	07 ⑤	08 ⑤		

01 ①

정답 해설

㉠의 ‘그것’은 대용 표현으로 사용된 지시 대명사로서, 담화 맥락 안에서 ‘영희가 말도 없이 책을 가져갔다’는 사실을 가리키고 있다.

오답 체크

② ㉡의 ‘자기’는 B가 앞서 언급한 ‘영희’를 도로 나타내기 위해 사용한 재귀 대명사이다.

③ ㉢의 ‘아무나’는 화자가 불특정 대상을 가리키기 위해 사용한 부정칭 대명사이다.

④ ㉣의 ‘누구’는 지시 대상을 정확히 모르고 있어서 사용한 미지칭 대명사이다.

⑤ ㉤의 ‘거기’는 담화 맥락 상 A가 앞서 언급한 ‘교실’을 가리키기 위해 사용한 지시 대명사이다.

02 ③

정답 해설

㉢에서 문장의 객체인 ‘할아버지’에 대해 ‘모시고’라는 특수 어휘를 사용하여 높임을 실현하고 있으므로 조사를 통해 높임을 실현하고 있다는 설명은 적절하지 않다.

오답 체크

① ㉠에서 화자인 ‘혜연’이 자신을 기준으로 대상인 ‘할머니’를 파악하여 지칭어인 ‘할머니’를 사용하고 있으므로 적절하다.

② ㉡에서 문장의 주체인 ‘어머니’는 화자인 ‘삼촌’이 높여야할 대상이므로 특수한 어휘 ‘계시다(계시니)’를 통해 높임을 실현하고 있으므로 적절하다.

④ ㉣에서 화자인 ‘삼촌’이 청자인 ‘혜연’을 기준으로 대상인 ‘어머니’를 파악하여 지칭어인 ‘어머니’를 사용하고 있으므로 적절하다.

⑤ ‘-아요’는 어미로 ((끝음절의 모음이 ‘ㅏ, ㅗ’인 용언의 어간 뒤에 붙어)) 해요할 자리에 쓰여, 설명 · 의문 · 명령 · 청유의 뜻을 나타내는 종결 어미이다. 어미 ‘-아’와 보조사 ‘요’가 결합한 말이다. 그래서 학생들은 보조사 ‘요’만 보고 보조사로 끝났으니까 종결어미를 통해 높임을 실현한 것이 아니라고 생각할 수 있다. 하지만, <보기1>에서 ‘높임 표현

은 청자나 담화 속 주체와 객체의 높임 관계를 고려하여 어미, 조사, 어휘 등을 적절하게 사용해야 한다.'라고 했듯이 조사, 어미 등을 적절히 이용해서 비격식체의 종결어미인 '-아요'를 만들어서 높임법을 실현하고 있으므로 적절한 설명이다.

03 ④

정답 해설

㉣에서 소연은, 학교에 늦은 지연에게 학교에 빨리 가라고 명령하려는 의도를 '가라'는 명령형 종결 표현을 통해 지연에게 전달하고 있으므로 화자의 의도와 종결 표현을 일치시키지 않고 있다고 진술한 것은 적절하지 않다.

04 ②

정답 해설

'저기'는 지시 대명사가 아니라 표현을 완곡하게 하기 위해 사용한 감탄사에 해당한다.

05 ⑤

정답 해설

⑤의 '어디 보자.'는 표면상 청유형 종결 어미 '-자'를 사용한 청유문처럼 보인다. 하지만 이어지는 A의 발화 '내가 다 챙겼나?'와 B의 발화 '거기서 혼자 뭐 해요.'를 통해, 이는 청자에게 하는 말이 아니라 A가 혼자서 하는 말임을 알 수 있다. 즉, 화자가 청자에게 함께 행동할 것을 요청하는 것이 아니라, 화자 혼자 행동하는 것이다. 따라서 이는 ㉠의 예로 적절하지 않다.

오답 체크

① '괜찮다면, 우리 여기서 잠깐 기다릴래요?'는 의문문이지만 화자 A가 청자 B에게 기다리는 행위를 함께 하자고 요청하고 있는 것이다. 이는 화자가 청자에게 대답을 요청하는 의문문이 아니라, 행동을 요청하는 의문문이다. 따라서 이는 ㉠의 예로 적절한 문장이다.

② '한번 보세.'는 청유문으로, 화자 A는 청자 B에게 다친 곳을 보여줄 것을 요청하고 있다. 따라서 이는 ㉠의 예로 적절한 문장이다.

③ '먼저 좀 내립시다.'는 청유문으로, 화자 A는 청자 B에게 내린다는 정보를 전달하면서 동시에 자신이 내릴 수 있도록 비켜줄 것을 요청하고 있다. 따라서 이는 ㉠의 예로 적절한 문장이다.

④ '저 혹시, 모자를 벗어 주실 수 있을까요?'는 의문문으로, 화자 A는 청자 B에게 모자를 벗어 주기를 요청하고 있다. 이는 화자가 청자에게 대답을 요청하는 의문문이 아니라, 행동을 요청하는 의문문이다. 따라서 이는 ㉠의 예로 적절한 문장이다.

06 ③

정답 해설

ⓐ의 '우리'는 '나경'이를 가리킨다. ⓑ의 '우리'는 '수빈, 나경, 세은'을 가리킨다. ⓒ의 '우리'는 '수빈'이를 가리킨다. ⓓ의 '우리'는 '세은, 나경'을 가리킨다. ⓔ의 '우리'는 '수빈, 나경, 세은'을 가리킨다. 따라서 가리키는 대상이 같은 것끼리 묶인 것은 ⓑ와 ⓔ가 묶인 선택지 ③이다.

07 ⑤

정답 해설

㉥은 화자와 청자를 제외한 제삼자가 맞지만, ㉧은 청자인 '아들'이기 때문에 제삼자가 아니다. 따라서 적절한 설명이 아니다.

오답 체크

① ㉠과 ㉥은 모두 청자인 '아들'의 관점에서 화자인 '엄마'가 사용한 지칭어이다.

② ㉠과 ㉦은 현재 담화 상황에 참여하고 있는 '엄마'와 '아들'이므로 적절한 설명이다.

③ '저거'는 '저것'의 준말로 지시 대명사이다. 여기서 ㉡과 ㉢은 '옷 가게 광고판'이라는 동일한 대상을 가리킨다.

④ ㉣이 속해 있는 '아들'의 대화와 ㉤이 속해 있는 '엄마'의 대화를 살펴보면, ㉣과 ㉤이 동일한 날이라는 것을 알 수 있다.

08 ⑤

정답 해설

ⓕ의 '거기'는 영선의 발화에 언급된 '작년에 같이 갔던 수목원'을 대신하는 대용 표현이다. 따라서 지시 표현이라는 설명은 틀린 설명이다.

오답 체크

① ⓐ는 내용상 '주말 나들이 장소 정하기'라는 주제와 유기적인 관련을 맺고 있지 않아서 담화의 완결성을 떨어뜨리고 있다.

② ⓑ의 '거기'는 영선의 발화에 언급된 '놀이동산'을 대신하는 대용 표현이다.

③ ⓒ의 '여기'와 ⓓ의 '거기'는 형태는 다르지만 선희가 보여

준 사진에 등장하는 '해수욕장'이라는 동일한 장소를 가리킨다.

④ ⓔ의 '그리고'는 두 발화를 병렬적으로 연결할 때 쓰는 접속 부사이다.

07 국어 어문 규정

확인문제 본문 240~242쪽

01 ④	02 ④	03 ③	04 ②	05 ⑤
06 ⑤	07 ①	08 ②	09 ⑤	10 ③
11 ⑤	12 ⑤			

01 ④

정답 해설

어법에 맞도록 한다는 것은 한글 맞춤법을 두고 한 것이지 표준 발음을 어떻게 하느냐를 두고 말하는 것은 아니다. 따라서 '같이'를 [가치]로 발음하는 것은 맞지만, 이것이 어법에 맞도록 하는데 근거를 두고 있다는 설명은 적절하지 않다.

오답 체크

① 표음주의(表音主義): 맞춤법에서, 같은 낱말일지라도 다르게 발음되면 소리나는 대로 적어야 한다는 주장.

② 표의주의(表意主義): 맞춤법에서, 단어를 어법에 맞도록 적어야 한다는 주장.

③ '설거지'는 소리대로 적는 것을 근거로 표기한 것이다.

⑤ '앞으로'는 명사 '앞'과 조사 '으로'가 합쳐진 것으로 우리말에서 조사와 어미는 그 형태를 밝혀 적도록 하고 있기 때문에 '아프로'로 하지 않고 '앞으로'라고 표기한다.

02 ④

정답 해설

'된소리'에 대한 표기는 한글맞춤법 제3장 소리에 관한 것에 언급되어 있는데, '된소리'는 소리 나는 대로 적는다고 제시되어 있다. '불규칙 용언'은 한글맞춤법 제4장 형태에 관한 것에 언급되어 있는데, '불규칙 용언'은 소리 나는 대로 적는다고 제시되어 있다.

오답 체크

① '접미사'는 한글맞춤법 제4장 형태에 관한 것에 언급되어 있는데, '접미사'는 원형을 알 수 있는 것은 그것을 밝혀 적지만, 그 뜻을 알기 어려운 것은 원형을 밝히지 않는다고 제시되어 있다.

② '두음법칙'에 대한 표기는 한글맞춤법 제3장 소리에 관한 것에 언급되어 있는데, '두음법칙'은 소리 나는 대로 적는다고 제시되어 있다. '접두사'는 한글맞춤법 제4장 형태에 관한 것에 언급되어 있는데, '접두사'는 원형을 알 수 있는 것은 그것을 밝혀 적지만, 그 뜻을 알기 어려운 것은 원형을

밝히지 않는다고 제시하고 있다.

③ '합성어'는 한글맞춤법 제4장 형태에 관한 것에 언급되어 있는데, '합성어'는 원형을 알 수 있는 것은 그것을 밝혀 적지만, 그 뜻을 알기 어려운 것은 원형을 밝히지 않는다고 제시하고 있다. '구개음화'에 대한 표기는 한글맞춤법 제3장 소리에 관한 것에 언급되어 있는데, '구개음화'는 본래의 형태를 밝혀 적도록 한다고 제시되어 있다.

⑤ '조사와 어미'는 한글맞춤법 제4장 형태에 관한 것에 언급되어 있는데, '조사와 어미'는 의미를 나타내는 표의주의를 지향하는 원칙에 따라 체언 및 어간을 밝혀 적는다고 제시하고 있다.

03 ③

정답 해설

'문열이'는 '문(門) + 열-[開] + -이'의 단어 형성 과정에서 기원한 단어이다. 이때의 '문'은 '자궁문(子宮門)'을 가리키는 말로 '문열이', 즉 '무녀리'는 본래 '암컷의 생식기를 열고 맨 먼저 나온 새끼'라는 의미에서 출발한 말이다. '무녀리'는 어미 배에서 맨 처음 나온 새끼가 한배의 다른 새끼들에 비해 유난히 작고 허약하다는 사실에서 '말과 행동이 덜떨어진 못난 사람'을 비유적으로 이르게 되었는데 현대 국어에서는 주로 이 의미로 사용된다. 현대 국어에서는 이미 '문을 열고 나온 생명체'라는 의미로 쓰이지 않게 되었다고 보아 전체를 하나의 형태소로 처리한다. 따라서 이 말은 원형을 밝히지 않고 소리 나는 대로 적고 있다.

오답 체크

① '높이'는 '높다'의 어간 '높-'에 접미사 '-이'가 붙어 만들어진 말로 원형을 밝혀 적고 있다.

② '해돋이'는 합성어 '해돋다'에 점미사 '-이'가 붙어 만들어진 말로 원형을 밝혀 적고 있다.

④ '뛰놀다'는 '뛰다'와 '놀다'가 합쳐져 만들어진 합성어로 원형을 밝혀 적고 있다.

⑤ '새카맣다'는 '카(가)맣다'에 접두사 '새-'가 붙어 만들어진 파생어로 원형을 밝혀 적고 있다.

04 ②

정답 해설

한글맞춤법 제6장 그 밖의 것에 보면, '-이, -히' 양쪽으로 소리 나는 것은 '-히'로 적도록 하고 있는데, '솔직히, 과감히, 고요히'와 같은 단어들이 그에 해당한다.

오답 체크

① '고히'는 '정성을 다하여'라는 부사인 '고이'가 올바른 표기이다.

③ 이 문장에서는 '지긋이'는 '슬며시 힘을 주는 모양'이라는 뜻의 부사 '지그시'가 바른 표기이다. '지긋이'는 '나이가 비교적 많아 듬직하게'의 뜻을 지닌 말로 '그는 나이가 지긋이 들어 보인다.'와 같이 쓰인다.

④ '더우기'는 '그러한 데다가 더'의 뜻을 지닌 '더욱이'가 올바른 표기이다.

⑤ '부딛쳐'는 '무엇과 무엇이 힘 있게 마주 닿게 되거나 마주 대게 되다. 또는 닿게 되거나 대게 되다.'의 뜻을 지닌 '부딪다'의 피동사'인 '부딪히다'가 맞는 표기이다. '부딪치다'는 '부딪다'를 강조하여 이르는 말이다.

05 ⑤

정답 해설

'무'는 '무우'가 표준어라고 생각하는 경우들이 종종 있는데, '무우'는 표준어가 아니고 '무'가 표준어이다. '무'는 원래 두 음절이었는데, 현대 국어에서는 '무우'가 줄어든 말 '무'가 더 널리 쓰이고 있다. 그래서 '무'가 표준어가 되었다. 이는 본말은 잘 쓰지 않고 준말이 널리 쓰이는 경우에 따른 결과이다.

오답 체크

① 상추쌈

② 주책없이

③ 호루라기

④ 위층

06 ⑤

정답 해설

'봉선화'와 함께 복수 표준어로 쓰이는 것은 '봉숭화'가 아니라 '봉숭아'이다.

오답 체크

①, ②, ③, ④는 모두 복수 표준어에 해당한다.

07 ①

정답 해설

'발'은 가늘고 긴 대를 줄로 엮거나, 줄 따위를 여러 개 나란히 늘어뜨려 만든 물건으로 주로 무엇을 가리는 데 쓴다. 이것은 신체의 일부인 '발'과 달리 길게 발음한다.

오답 체크

②, ③, ④, ⑤는 모두 신체의 일부로 짧게 발음한다.

08 ②

정답 해설

겹받침 'ㄺ, ㄻ, ㄿ'의 경우 어말 또는 자음 앞에서 각각 뒤에 있는 [ㄱ, ㅁ, ㅂ]으로 발음한다. 다만, 용언의 어간 말음 'ㄺ'은 'ㄱ'앞에서 앞에 있는 'ㄹ'로 발음한다. 따라서 '늙다'는 [늑따]로 발음해야 한다.

오답 체크

① 겹받침 'ㄾ, ㄼ'의 경우 앞의 'ㄹ'만 발음하는 게 원칙이다. 다만, '넓죽하다[넙쭈카다], 넓둥글다[넙뚱글다], 밟다[밥따]' 용언에서만은 예외적으로 뒤의 'ㅂ'을 발음한다.

④ '흙 위'는 받침 다음에 모음으로 시작하는 실질형태소가 올 때의 경우이기 때문에 먼저 자음군단순화가 일어나고 다음으로 연음이 된다. 따라서 '흙 위'의 최종 발음은 [흐귀]이다.

⑤ '맑는'은 자음군단순화가 일어난 다음 비음화가 일어나는데, 최종 발음은 [망는]이다.

09 ⑤

정답 해설

외래어는 원어에 가깝게 쓰면 좋겠지만 오래전에 들어와 널리 쓰이고 있는 외래어를 다시 원어의 발음과 유사하게 표기법을 바꿀 경우 국어의 현실을 반영하지 못할 수 있기 때문에 이미 굳어진 외래어 표기는 관용을 따르도록 한다고 정하고 있다. 따라서 'radio'는 '레이디오'로 적지 않고, '라디오'로 적는다.

10 ③

정답 해설

외래어는 마찰음 [s]가 들어가는 단어는 표기에서 된소리를 쓰지 않기 때문에 'message'도 '메씨지'로 쓰지 않고 '메시지'로 표기한다.

오답 체크

① '외래어 표기법' 제3장 제1절 제1항 '무성 파열음 ([p], [t], [k])'은 다음과 같은 원칙에 따라 표기한다.
첫째, 짧은 모음 다음의 어말 무성 파열음([p], [t], [k])은 받침으로 적는다.
둘째, 짧은 모음과 유음·비음([l], [r], [m], [n]) 이외의 자음 사이에 오는 무성 파열음 ([p], [t], [k])은 받침으로 적는다.
셋째, 위 경우 이외의 어말과 자음 앞의 [p], [t], [k]는 '으'를 붙여 적는다. 따라서 'cake'은 '케익'이 아니라 '케이크'라고 표기한다.

② 'target'의 발음은 [tάːrgit]이기 때문에 외래어 표기도 '타겟'이 아니라 '타깃'이다.

④ 외래어 표기법은 국어에서 현재 사용하고 있는 24자모만을 사용하도록 하고 있는데, 이것은 [f, v, ʃ, ʧ, ɔ, ʌ]처럼 국어에 없는 외국어 소리를 적기 위하여 별도의 문자를 만들지 않겠다는 의미이다. 'flash'는 '플래쉬'가 아니라 '플래시'로 표기한다.

⑤ 'placard'의 발음은 [plǽkaːrd]이기 때문에 외래어 표기도 '플랜카드'가 아니라 '플래카드'가 맞는 표기이다.

11 ⑤

정답 해설

현행 로마자 표기법은 전자법이 아니라 전사법을 따르고 있다.

12 ⑤

정답 해설

국어의 로마자 표기는 국어의 표준 발음법에 따라 적는 것을 원칙으로 하지만 음운의 변동 중 된소리되기는 국어의 로마자 표기법에 반영하지 않는다. 따라서 '압구정'은 'Apkkujeong'이 아니라 'Apgujeong'으로 표기해야 한다.

기출문제

본문 243~249쪽

01 ②	02 ③	03 ④	04 ③	05 ②
06 ④	07 ①	08 ④	09 ⑤	10 ①
11 ①	12 ②	13 ①	14 ⑤	

01 ②

정답 해설

자음을 첫소리로 가지고 있는 음절의 'ㅢ'가 'ㅣ'로 소리 나는 경우가 있더라도, 소리 나는 대로 적지 않고 본 모양인 'ㅢ'를 밝혀 적도록 규정한 것은 그 본 모양을 밝혀 어법에 맞도록 적은 것이므로 ㉡에 해당한다.

오답 체크

① 'ㄷ, ㅌ'이 구개음화되어 'ㅈ, ㅊ'으로 발음되더라도, 그 기본 형태를 밝히어 'ㄷ, ㅌ'으로 적도록 규정한 것은 ㉡에 해당한다.

③ 체언을 조사와 구별하여 적는 것은 그 본 모양을 밝혀 어법에 맞도록 적는 것이기 때문에 ㉡에 해당한다.

④ 어간에 명사화 접미사 '-이'나 '-음'이 결합하여 된 단어라고 해도, 그 어간의 본뜻과 멀어진 것은 어간 형태소의 뜻이 유지되고 있지 않기 때문에 원형을 밝혀 적을 필요가 없어서 소리 나는 대로 적도록 규정하고 있으므로 ㉠에 해당한다.

⑤ 둘 이상의 단어가 어울리거나 접두사가 붙어서 이루어진 말은 각각 그 원형을 밝히어 적는다고 했으므로 이는 어법에 맞도록 적는 것이기 때문에 ㉡에 해당한다.

02 ③

정답 해설

'나날'은 준첩어, '겹겹'은 첩어이기 때문에 ㉮에 해당한다. 또한 '오뚝'과 '일찍'은 부사이므로 ㉯에 해당하고, '즐겁-'은 'ㅂ' 불규칙 용언의 어간이기 때문에 ㉰에 해당한다. 이상과 같이 분류되어 묶인 것은 선택지 ③이다.

03 ④

정답 해설

'넘다'에서 파생된 '너머'는 어간의 원형인 '넘-'을 밝히어 적지 않은 것이다. '너머'는 동사 '넘다'에 '-이'나 '-음/-ㅁ' 이외의 모음으로 시작된 접미사 '-어'가 붙어서 명사로 바뀐 것으로 그 어간의 원형을 밝히어 적지 않고 있다. 따라서 ㉢을 따른 것이기 때문에 적절한 설명이다.

오답 체크

① '맞다'에서 파생된 '마중'은 어간의 원형을 밝히어 적지 않은 것으로 '-이'나 '-음/-ㅁ' 이외의 모음으로 시작된 접미사가 붙어서 다른 품사로 바뀐 것이므로 ㉢에 따른 것이다.

② '걷다'에서 파생된 '걸음'은 어간의 원형을 밝히어 적은 것으로 ㉠에 따른 것이다.

③ '막다'에서 파생된 '마개'는 어간의 원형을 밝히어 적지 않은 것으로 '-이'나 '-음/-ㅁ' 이외의 모음으로 시작된 접미사가 붙어서 다른 품사로 바뀐 것이므로 ㉢에 따른 것이다.

⑤ '놀다'에서 파생된 '노름'은 어간의 원형을 밝히어 적지 않은 것으로 어간에 '-음'이 붙어서 명사로 바뀐 것이므로 ㉡에 따른 것이다.

04 ③

정답 해설

'희망'은 〈보기1〉의 표준 발음법 '제5항 다만 3'에 따라 '희'는 자음을 첫소리로 가지고 있는 음절이므로 'ㅢ'는 [ㅣ]로 발음해야 한다. 따라서 [히망]이 표준 발음이다.

오답 체크

① '가져야'는 〈보기1〉의 표준 발음법 '제5항 다만 1'에 따라 [가저야]로 발음하는 것이 맞다.

② 〈보기1〉의 표준 발음법 '제5항 다만 4'에 따라 '협의'의 '의'는 [ㅣ]로 발음하는 것도 허용하므로 [혀비]로 발음하는 것도 맞다.

④ 〈보기1〉의 표준 발음법 '제5항 다만 2'에 따라 '지혜'의 '혜'는 '예, 례' 이외의 'ㅖ'이기 때문에 [지헤]라고 발음하는 것이 맞다.

⑤ 〈보기1〉의 표준 발음법 '제5항 다만 4'에 따라 '우리의'의 '의'는 조사이므로 [ㅔ]로 발음하는 것도 허용하기 때문에 [우리에]라고 발음해도 된다.

05 ②

정답 해설

'서울'이라는 체언과 결합하고 있다는 점과 후배가 선배에게 대답하는 말이라는 점을 고려하면, ㄴ의 밑줄 친 '요'는 청자에게 존대의 뜻을 나타내는 보조사 '요'에 해당한다고 볼 수 있다. 따라서 ㄴ의 밑줄 친 '요'를 연결형의 '이요'로 바꾸어 적는 것은 적절하지 않다.

오답 체크

① 종결형에서 사용되는 어미 '-오'는 [요]로 발음할 수 있으므로, ㄴ의 '이오'는 [이요]로 발음할 수 있다.

③ 종결형에서 사용되는 어미 '-오'는 하오체의 종결 어미이므로, ㄷ의 밑줄 친 문장은 하오체의 문장에 해당한다.

④ ㄹ에는 하오체가 쓰이고 있어서 ㄹ의 밑줄 친 '요'는 '-이오'가 모음으로 끝나는 체언('영화') 뒤에서 줄어 쓰인 형태에 해당한다.

⑤ ㅁ에는 해요체가 쓰이고 있어서 ㅁ의 밑줄 친 '요'는 둘 다 체언과 결합하여 청자에게 존대의 뜻을 나타내는 보조사에 해당한다고 볼 수 있다.

06 ④

정답 해설

'귀머거리'는 동사 '귀먹다'의 어간 '귀먹-'에 접미사 '-어리'가 붙어서 명사가 된 말로, 어간에 '-이'나 '-음' 이외의 모음으로 시작된 접미사가 붙어서 다른 품사로 바뀐 것은 그 어간의 원형을 밝히어 적지 아니한다는 규정, 제19항 [붙임] 규정을 적용한 것이기 때문에 ㉣의 규정을 적용했다는 설명은 적절하지 않다.

오답 체크

① '다듬이'는 동사 '다듬다'의 어간 '다듬-'에 접미사 '-이'가 붙어서 명사가 된 것으로 〈보기〉의 제19항에 따라 그 어간의 원형을 밝히어 적은 것이기 때문에 규정 ㉠을 적용한 것이라는 설명은 적절하다.

② '마개'는 동사 '막다'의 어간 '막-'에 접미사 '-애'가 붙어서 명사가 된 것으로 〈보기〉의 제19항 [붙임]에 따라 어간의 원형을 밝히어 적지 않은 것이기 때문에 규정 ㉡을 적용한 것이라는 설명은 적절하다.

③ '삼발이'는 명사 '삼발' 뒤에 '-이'가 붙어서 된 말로 〈보기〉의 제20항에 따라 명사의 원형을 밝히어 적었기 때문에 규정 ㉢을 적용한 것이라는 설명은 적절하다.

⑤ '덮개'는 동사 '덮다'의 어간 '덮-'에 자음으로 시작된 접미사 '-개'가 붙어서 된 말로 〈보기〉의 제21항에 따라 그 어간의 원형을 밝히어 적었기 때문에 규정 ㉤을 적용한 것이라는 설명은 적절하다.

07 ①

정답 해설

〈보기〉에서 국어를 로마자로 표기할 때는 국어의 표준 발음법에 따라 적는 것을 원칙으로 한다고 했다. '독립문'과 '대관령'의 표준 발음은 각각 [동님문]과 [대괄령]이다. 따라서 〈보기〉의 표기 일람에 따라 각각 'Dongnimmun'과 'Daegwallyeong'로 적으면 된다.

08 ④

정답 해설

예사소리인 파열음 뒤에서 일어나는 된소리되기는 예외 없이 일어나는 음운 변동이다. 따라서 '국수'로 적더라도 발음은 [국쑤]로 하게 된다. 이 점을 고려하여 한글 맞춤법에서는 '국수, 몹시'와 같은 단어를 제5항 '다만' 규정에 따라 된소리를 밝혀 적지 않도록 하고 있다. 따라서 선택지 ④는 적절한 설명이다.

오답 체크

① 두 모음 사이에 예사소리가 오면 예외 없이 된소리가 된다는 설명은 적절하지 않다. 〈보기〉의 한글맞춤법 제5항에서도 뚜렷한 까닭 없이 된소리가 일어나는 조건으로 '두 모음 사이'를 제시하고 있다.

② 예사소리인 파열음 뒤에서 일어나는 된소리되기는 규칙적인 현상이다. 따라서 규칙성을 찾을 수 없다는 설명은 적절하지 않다.

③ '딱닥'으로 적어도 발음은 예외 없이 [딱딱]이 된다. 그러나 한글맞춤법 제5항의 '다만' 규정과 제13항에 '딱딱'으로 표기하도록 하고 있다. 따라서 '딱딱'을 '딱닥'으로 적으면 표준 발음이 [딱닥]이 될 수도 있다는 설명은 적절하지 않다.

⑤ '잔뜩'은 부사이며, 한글맞춤법 제5항에 'ㄴ,ㄹ,ㅁ,ㅇ' 받침 뒤에서 뚜렷한 까닭 없이 된소리가 나는 단어로 제시되어 있다.

09 ⑤

정답 해설

'얹지만'의 된소리되기는 어간 받침 'ㄵ' 뒤에 결합되는 어미의 첫소리가 'ㅈ'이기 때문에 〈보기〉의 ㉠에 따른 것이다. 그리고 '앉을수록'의 된소리되기는 '-(으)ㄹ'로 시작되는 어미의 경우에도 그 뒤에 연결되는 예사소리 'ㅅ'은 된소리로 발음해야 한다는 〈보기〉의 ㉢ 규정을 따른 것이다.

오답 체크

① '삼고'에서의 된소리되기는 ㉠에 따른 것이지만, '품을 적에'의 된소리되기는 관형사형 '-(으)ㄹ' 뒤에 예사소리 'ㅈ'이 연결되는 경우이므로 〈보기〉의 ㉢에 따른 것이다.

② '넓거든'에서의 된소리되기는 ㉡에 따른 것이 맞지만, '얇을지라도'에서의 된소리되기는 '-(으)ㄹ'로 시작되는 어미의 경우 그 뒤에 연결되는 예사소리 'ㅈ'은 된소리로 발음해야 한다는 〈보기〉의 ㉢ 규정을 따른 것이다.

③ '신겠네요'에서의 된소리되기는 어간 받침 'ㄴ' 뒤에 결합되는 어미의 첫소리가 'ㄱ'이기 때문에 ㉠에 따른 것이고, '밟지도'에서의 된소리되기는 어간 받침 'ㄼ' 뒤에 결합되는 어미의 첫소리가 'ㅈ'이기 때문에 ㉡에 따른 것이다.

④ '훑던'에서의 된소리되기는 ㉡에 따른 것이 맞지만, '비웃을지언정'에서의 된소리되기는 '-(으)ㄹ'로 시작되는 어미의 경우 그 뒤에 연결되는 예사소리 'ㅈ'은 된소리로 발음해야 한다는 〈보기〉의 ㉢ 규정을 따른 것이다.

10 ①

정답 해설

'쐬어라'는 '쐬-'와 '-어라'가 결합된 것이므로 '쐐라'로 줄어들 수 있다. 따라서 '쐬라'로 줄어들 수 있다는 설명은 적절하지 않다.

오답 체크

② 선생님께서 말씀하신 맞춤법 규정은 '어간 모음 'ㅚ' 뒤에 '-어'가 붙어서 'ㅙ'로 줄어지는 것은 'ㅙ'로 적는다.'는 것이므로 '괴-'와 '-느냐'가 결합될 때는 '어'가 없기 때문에 '괘느냐'라는 말이 나올 수가 없다.

③ '좼도'의 '좼'는 어간 모음 '죄-' 뒤에 '-어'가 붙어 줄어진 것이기 때문에 맞는 표현이다.

④ '봬서'의 '봬'는 어간 모음 '뵈-' 뒤에 '-어'가 붙어 줄어진 것이기 때문에 맞는 표현이다.

⑤ '쇠-'와 '-더라도'가 결합될 때는 '어'가 없기 때문에 '쇄더라도'로 적으면 틀린 것이 된다.

11 ①

정답 해설

㉠의 '아니요'는 '아니오'로 적어야 한다. 왜냐하면, 종결형에서 사용되는 어미 '-오'는 '요'로 소리 나는 경우가 있더라도 그 원형을 밝혀 '오'로 적어야 한다는 〈보기〉 ⓐ의 규정에 따른 것이다. 따라서 ㉠의 '아니요'를 맞춤법에 맞게 표기할 때 적용되는 원칙은 ⓐ이다.

오답 체크

㉡의 '가지요'에서 '요'는 종결어미 '-지' 뒤에 덧붙은 보조사이다. 이에 대해 규정한 것은 〈보기〉의 ⓒ 규정이다.

㉢의 '설탕이요'에서 '이요'는 연결형에서 사용되는 연결 어미이다. 이 연결 어미 '이요'는 서술격 조사 '이다'가 활용한 것으로, 이에 대해 규정한 것은 〈보기〉의 ⓑ 규정이다.

12 ②

정답 해설

'부치다'는 '어떤 문제를 다른 곳이나 다른 기회로 넘기어 맡기다.'라는 의미를 갖고 있는 말로 표준어에 해당한다.

오답 체크

① 엇저녁 → 엊저녁

③ 적쟎은 → 적잖은

④ 깍뚜기 → 깍두기

⑤ 넙적하게 → 넓적하게

13 ①

정답 해설

㉠에서 일어난 음운 변동은 'ㅌ' 다음에 '이' 모음의 영향으로 'ㅌ'이 'ㅊ'으로 바뀌는 구개음화에 해당한다. 그리고 '같이'의 발음 [가치]는 'gachi'에서 알 수 있듯이 로마자 표기에 반영되었다. '팜밭이'에서도 'ㄷ' 다음에 '이' 모음의 영향을 받아 'ㄷ'이 'ㅈ'으로 바뀌는 구개음화가 일어난다.

오답 체크

② ㉡ '잡다'에서 일어난 음운 변동은 된소리되기이고 'japda'에서 알 수 있듯이 로마자 표기에 반영되지 않았다. 그리고 '삭제'에서도 파열음 'ㄱ' 뒤에 온 예사소리 'ㅈ'이 된소리로 바뀌는 된소리되기가 일어난다.

③ ㉢ '놓지'에서 일어난 음운 변동은 거센소리되기이고 'nochi'에서 알 수 있듯이 로마자 표기에 반영되었다. 그러나 '닳아'에서 일어난 음운 변동은 'ㅎ'을 끝소리로 가지는 어간은 모음으로 시작하는 어미나 접미사 앞에서 'ㅎ'이 탈락하는 'ㅎ'탈락에 해당한다. 따라서 '놓지'와 '닳아'에서 일어나는 음운 변동은 서로 다르므로 적절한 설명이 아니다.

④ ㉣ '맨입'에서 일어난 음운 변동은 'ㄴ'첨가이고 'maennip'에서 알 수 있듯이 로마자 표기에 반영되었다. 따라서 반영되지 않았다고 했으므로 틀린 설명이다. 그리고 '한여름'에서도 일어난 음운 변동은 'ㄴ'첨가에 해당한다.

⑤ ㉤ '백미'에서 일어난 음운 변동은 비음화이고 'baengmi'에서 알 수 있듯이 로마자 표기에 반영되었다. 따라서 반영되지 않았다고 했으므로 틀린 설명이다. 그리고 '밥물'에서도 일어난 음운 변동은 비음화에 해당한다.

14 ⑤

정답 해설

㉠의 '보다'는 서로 차이가 있는 것을 비교하는 경우, 비교의 대상이 되는 말에 붙어 '~에 비해서'의 뜻을 나타내는 격 조사이다. 따라서 앞에 있는 명사에 붙여 써야 한다. ㉢의 '밖에'는 '그것 말고는', '그것 이외에는'의 뜻을 나타내는 보조사이다. 따라서 앞에 있는 대명사에 붙여 써야 한다. ㉣의 '만큼'은 앞말과 비슷한 정도나 한도임을 나타내는 격 조사이다. 따라서 앞에 있는 명사에 붙여 써야 한다.

오답 체크

한편, ㉡의 '뿐'은 '다만 어떠하거나 어찌할 따름'이라는 뜻을 나타내는 의존 명사로, 앞말과 띄어 써야 한다. '뿐'이 체언이나 부사어 뒤에 붙어 조사로 쓰이는 경우도 있는데, 이때에는 '그것만이고 더는 없음' 또는 '오직 그렇게 하거나 그러하다는 것'이라는 뜻을 나타낸다.

08 바른 국어 생활

확인문제 본문 263~266쪽

01 ④	02 ⑤	03 ①	04 ④	05 ①
06 ②	07 ⑤	08 ①	09 ④	10 ④
11 ④	12 ②	13 ⑤	14 ①	

01 ④

정답 해설

겹받침 'ㄺ, ㄻ, ㄿ'의 경우 어말 또는 자음 앞에서 각각 뒤에 있는 [ㄱ,ㅁ,ㅂ]으로 발음한다. 따라서 '밝지'의 'ㄺ' 받침의 발음은 [ㄱ]으로 발음한다. 한편, 용언의 어간 말음 'ㄺ'은 'ㄱ'앞에서 앞에 있는 'ㄹ'로 발음한다. 따라서 '묽게'의 'ㄺ' 받침의 발음은 [ㄹ]로 발음한다.

오답 체크

① '맑고'는 ㉡에 따라 [말꼬]로 발음해야 한다. '맑지'는 ㉠에 따라 [막찌]로 발음해야 한다.
② '흙위'는 ㉠에 따라 'ㄺ' 받침의 발음을 [ㄱ]으로 발음한 다음, 연음하여 [흐귀]로 발음한다.
③ '닭장'과 '닭고기'는 ㉠에 따라 각각 [닥짱]과 [닥꼬기]로 발음해야 한다.
⑤ '읽고'는 ㉡에 따라 [일꼬]로 발음해야 한다. '읽다'는 ㉠에 따라 [익따]로 발음해야 한다.

02 ⑤

정답 해설

〈보기〉에서 겹받침의 뒤음절이 'ㅅ'일 때는 된소리로 발음한다고 했으므로 '값이'는 [갑시]가 아니라 [갑씨]로 발음해야 한다.

오답 체크

①, ②, ③, ④는 모두 겹받침 다음에 모음으로 시작된 조사나 어미와 결합하는 경우이기 때문에 뒤에 자음만을 뒤음절 첫 자리로 옮겨 발음한다.

03 ①

정답 해설

'살쪄서'는 ㉠에 따라 용언의 활용에서 나타나는 경우이기 때문에 이중모음이 아니라 단모음으로 발음한다.

오답 체크

② '희망'은 ㉡에 따라 반드시 [히망]으로 발음해야 한다.
③ '금괴'는 ㉢에 따라 이중모음으로도 발음할 수 있다고 했으므로 [금궤]로도 발음할 수 있는 것이지 반드시 [금궤]로 발음해야 하는 것은 아니다.
④ '경례'는 ㉣에 따라 [경레]로 발음할 수도 있는 것이지 반드시 그렇게 발음해야 하는 것은 아니다.
⑤ '의의'는 ㉤에 따라 [의이]로도 발음할 수 있는 것이지 반드시 그렇게 해야 하는 당위 규정은 아니다.

04 ④

정답 해설

〈보기〉의 ㉡은 유음화에 해당한다. '신라'도 ㉡에 따라 [실라]로 발음해야 한다.

오답 체크

①, ② 〈보기〉의 ㉠은 비음화의 규칙 중 하나이다. '종로'와 '남루'는 모두 ㉠의 예에 해당되기 때문에 각각 [종노]와 [남누]로 발음해야 한다.
③ '칼날'은 유음화에 해당하기 때문에 ㉡에 따라 [칼랄]로 발음해야 한다.
⑤ '공권력'은 ㉡의 조건이기는 하지만 유음화가 일어나지 않고 비음화가 일어나는 특이한 경우에 해당한다.

05 ①

정답 해설

〈보기〉의 단어처럼 'ㄴ첨가'와 '비음화'가 일어나는 단어들로 묶여있는 것은 ①번이다. '삯일'은 '삯일 → [삭닐] → [상닐]'로, '꽃잎'은 '꽃잎 → [꼳닙] → [꼰닙]'으로, '색연필'은 '색연필 → [색년필] → [생년필]'로 음운의 변동이 일어난다.

오답 체크

② '담요'와 '식용유'는 'ㄴ첨가'만 일어난다.
③ '솜이불'은 'ㄴ첨가'만 일어난다.
④ '영업용'은 '영업용 → [영업뇽] → [영엄뇽]'에서 확인할 수 있듯이 'ㄴ첨가'와 '비음화'가 일어난다.

06 ②

정답 해설

'발자국'의 '발'은 신체의 일부이기 때문에 짧은 소리로 발음한다.

오답 체크

①, ③, ④, ⑤는 모두 〈보기〉의 원칙에 따라 밑줄 친 말을 긴소리로 발음한다.

07 ⑤

정답 해설

㉠에서 어법에 맞도록 한다는 것은 원형을 밝혀 적는다는 것이기 때문에 이에 해당되는 단어는 '믿음'이다. '믿다'의 어간 '믿-'에 접미사 '-(으)ㅁ'이 결합하여 만들어진 단어이기 때문에 어간과 어미의 형태를 밝혀적고 있다.

오답 체크

① '거름'은 '걸다'의 어간 '걸-'에 접미사 '-(으)ㅁ'이 결합하여 만들어진 파생어이다. 따라서 형태적으로 '거름'은 소리나는 대로 적은 것이다.

② '노름'은 '놀다'의 어간 '놀-'에 접미사 '-(으)ㅁ'이 결합하여 만들어진 파생어이다. 따라서 형태적으로 '노름'은 소리나는 대로 적은 것이다.

③ '지붕'은 명사 '집'에 접미사 '-웅'이 결합하여 만들어진 파생어이다. 따라서 형태적으로 '지붕'은 소리나는 대로 적은 것이다.

④ '마중'은 '맞다'의 어간 '맞-'에 접미사 '-웅'이 결합하여 만들어진 파생어이다. 따라서 형태적으로 '마중'은 소리나는 대로 적은 것이다.

08 ①

정답 해설

'녘'은 의존명사로 어떤 때의 무렵이나 어떤 방향·지역을 가리키는 말이다. '동틀 녘, 황혼 녘'과 같이 쓰인다.

오답 체크

② '멋있거나 멋을 잘 부리는 사람'의 의미로 쓰인 것은 '멋쟁이'가 아니라 '멋쟁이'이다.

③ '물건 따위가 아주 오래되어 낡다. 일, 지식 따위가 아주 오래되어 시대에 뒤떨어진 데가 있다.'는 뜻의 단어는 '케케묵다'가 아니라 '케케묵다'이다.

④ 위와 아래의 구분이 있는 말은 뒤에 오는 말이 된소리나 거센소리로 시작하면 사이시옷을 넣지 않는다. 따라서 '윗층'이 아니라 '위층'이 맞는 표현이다.

⑤ '두말할 것 없이, 당연히, 틀림없이 언제나, 일상적으로'의 뜻을 지닌 단어는 '으례'가 아니라 '으레'이다.

09 ④

정답 해설

의존 명사로 '신, 버선, 장갑, 방망이 등의 한 벌을 세는 단위'는 '개'가 아니라 '켤레'이다.

오답 체크

① '강추위'에서 '강'은 '매우 센' 또는 '호된'의 뜻을 더하는 접두사이다.

② '골라내다'는 여럿 가운데서 어떤 것을 골라서 따로 집어내다는 뜻을 지닌 단어이다. '골라내기'의 '-기'는 명사형 전성어미에 해당한다.

③ '계시다'는 '있다'의 높임말로 주체를 직접 높일 때 사용하는 단어이다.

⑤ '일을 하느라고 힘을 들이고 애를 씀. 또는 그런 어려움'을 뜻하는 단어는 '수고'이다. 따라서 아래 사람이 윗사람에게 쓰는 단어로는 부적당하다.

10 ④

정답 해설

중복된 단어나 문장 성분 간 호응이 되지 않는 등의 문법에 맞지 않는 부분이 없는, 자연스러운 문장은 선택지 ④번이다.

오답 체크

① 비슷한 단어인 '우선'과 '먼저'가 중복되어 나타난다.

② 비슷한 뜻의 '예상치 못한'이라는 말과 '갑작스러운'이라는 말이 중복되어 나타나므로 자연스럽지 못한 문장이다.

③ '죽기를 각오한다'는 말과 '결사적으로'라는 말이 중복되어 나타나므로 자연스럽지 못한 문장이다.

⑤ 의미가 비슷한 '무기력하게 늘어져'와 '활력이 떨어지고'가 중복되어 나타나므로 자연스럽지 못한 문장이다.

11 ④

정답 해설

'불려지던'은 '불리다'라는 피동 표현에 '-어지다'까지 붙여서 만든 이중 피동이다. 이중 피동의 표현은 문장에서 지양해야 한다.

12 ②

정답 해설

'-ㄹ런지'는 틀린 표현이고, '-ㄹ는지'가 맞는 표현이다. '-ㄹ는지'는 (('이다' 의 어간, 받침 없는 용언의 어간, 'ㄹ' 받침인 용언의 어간 또는 어미 '-으시-' 뒤에 붙어)) 뒤 절이 나타내는 일과 상관이 있는 어떤 일의 실현 가능성에 대한 의문을 나타내는 연결 어미. 그 의문의 답을 몰라도, 그 의문의 답을 모르기 때문에 따위의 의미를 나타낸다. 그리고 하게할 자리나 해할 자리에 두루 쓰여, 어떤 불확실한 사실의 실현 가능성에 대한 의문을 나타내는 종결 어미로 쓰인다.

오답 체크

① '빌리다'는 어떤 일을 하기 위해 기회를 이용하다는 뜻을 지닌 단어이다. 이것의 활용 형태는 '빌려'인데, '빌어'로 착각

하는 경우가 종종 있다.

③ 햇빛: 해의 빛, 햇볕: 해에서 내리쬐는 뜨거운 기운

④ '괴팍(乖愎)하다'에서 '팍'의 한자는 '愎'인데 이 독음이 '퍅'이다. 그래서 '괴퍅하다'로 혼동하는 경우가 있는데, '괴팍하다'가 맞는 표현이다.

⑤ '한창'은 가장 활기 있고 왕성하게의 뜻을 지닌 부사이다. 이와 헷갈리는 단어가 '한참'인데, 이는 시간이 상당히 지나는 동안의 뜻을 지닌 명사이다.

13 ⑤

정답 해설

'아직'은 어떤 일이나 상태가 끝나지 아니하고 지속되고 있음을 나타내는 말이다. 따라서 이 문장에서는 부정 서술어와는 어울릴 수가 없다. '~ 기다리고 있다.'로 해야 맞는 표현이다.

오답 체크

특정한 부사어가 특정한 서술어를 요구하는 예들이 있는데, 다음 각 선택지의 문장들에 쓰인 단어가 그 예이다.

① '과연 ~ 구나'

② '도대체 ~ 이냐'

③ '차마 ~ 않다'

④ '반드시 ~ 하겠다, 해야한다'

14 ①

정답 해설

학교의 뒤쪽에 은행이 있으면, 은행의 앞쪽에는 학교가 있어야 하는데 의미론적으로 모순이 되는 문장이다.

기출문제 본문 267~270쪽

01 ⑤	02 ④	03 ⑤	04 ①	05 ①
06 ②	07 ①	08 ④	09 ③	

01 ⑤

정답 해설

'착한 너의 후배를 나한테 빨리 소개해 주었으면 좋겠다.'라는 문장에는 불필요하게 중복된 의미가 나타나지 않으므로 ㉤의 적절한 사례라고 볼 수 없다.

오답 체크

① 주어('말은')와 서술어('행동하자')가 호응하지 않으므로 ㉠의 사례로 적절하다.

② '비단'은 부정하는 서술어와 호응하여 '다만, 오직'의 뜻으로 쓰이는 말이다. 제시된 예문은 부사어('비단')와 서술어('나쁜 이었다')가 호응하지 않으므로 ㉡의 사례로 적절하다.

③ 제시된 예문에서 '두었다'는 주어, 목적어, 부사어('…에')를 필요로 하는 세 자리 서술어이다. 그런데 서술어가 필요로 하는 부사어가 부적절하게 생략되었으므로 ㉢의 사례로 적절하다.

④ '짐'에 대한 서술어('싣다' 등)가 부적절하게 생략된 경우이므로 ㉣의 사례로 적절하다.

02 ④

정답 해설

'윤서가 여행에서 돌아왔다고 민수가 말한 시점'이 '아침'이 되도록 수정해야 하므로, 이를 표현하기 위해서는 '민수는 윤서가 여행에서 돌아왔다고 아침에 말했다.'고 수정하면 된다.

오답 체크

① '현우는 새로 산 옷을 입고 있다.'는 문장은 '입은 상태의 지속'의 의미도 포함하므로, 옷을 입는 동작이 진행중임만을 나타내려면 '현우는 새로 산 옷을 입고 있는 중이다.'라고 수정해야 한다.

② '영철이는 지수보다 야구 경기를 더 좋아한다.'는 문장은 '지수가 야구 경기를 좋아하는 것보다 영철이가 야구 경기를 더 좋아한다.'는 의미도 포함하기 때문에, '영철이가 더 좋아하는 것은 지수가 아니라 야구 경기임.'을 나타내기 위해서는 '영철이는 지수를 좋아하는 것보다 야구 경기를 더 좋아한다.'고 수정해야 한다.

③ '친구들이 약속 장소에 다 나오지 않았다.'는 문장은 '모두 나오지 않음.'의 의미 또한 포함하기 때문에, '친구들이 일부만 참석함'을 나타내기 위해서는 '친구들이 약속 장소에

다는 나오지 않았다.'고 수정해야 한다.

⑤ '그는 네게 장미와 튤립 두 송이를 주었다.'는 문장은 '장미 한 송이와 튤립 한 송이'의 의미와 '장미 두 송이와 튤립 두 송이'의 의미 또한 포함하므로 '받은 꽃의 개수가 세 송이임'을 표현하기 위해서는 '그는 내게 장미 한 송이와 튤립 두 송이를 주었다.'고 수정해야 한다.

03 ⑤

정답 해설

'인사 발령이 나서 가게 되었다'의 '가다'는 '직책이나 자리를 옮기다'의 의미로 필수적 부사어 '[…(으)로] / […에/에게]'를 요구한다. 예를 들면, '인사 발령이 나서 기획부로 가게 되었다.'의 '기획부로'와 같은 필수적 부사어가 있어야 한다. '급히'는 필수적 부사어가 아니다.

오답 체크

① 부사 '절대로'로는 부정 서술어와 어울리고, '반드시'는 긍정 서술어와 어울린다.

② 형용사 '알맞다'가 뒤에 오는 명사를 꾸며줄 때 어미가 '-은' 또는 '-ㄴ'으로 바뀐다. 따라서 적절한 활용 형태는 '알맞은'이다.

③ '장점'이라는 말이 불필요하게 중복되어 있기 때문에 뒤에 오는 '장점'을 삭제해야 한다.

④ '어제'는 과거를 나타내는 시간 표시 부사어이기 때문에 서술어 '오지 않습니다'와는 어울리지 않는다. 따라서 서술어에 과거 시제를 나타내는 선어말 어미 '-았-'을 넣어 '오지 않았습니다'로 수정해야 한다.

04 ①

정답 해설

㉠은 부정 표현의 범위가 특정되지 않아서 문장이 중의성을 가지는 경우이다. '않았다'를 '못했다'로 바꾸어도 중의성은 해소되지 않는다.

오답 체크

② '현규와 숙희는 어제 결혼하였다.'는 문장은 '현규와 숙희가 각각 결혼했다.'는 의미도 포함되므로 '현규와 숙희가 부부가 되었다.'는 의미가 되게 하려면 '현규와 숙희는'을 '현규는 숙희와'로 수정해야 한다.

③ '선생님의'를 '선생님을 그린'으로 수정하면 '그림 속의 인물이 선생님'이라는 의미가 된다.

④ '아버지께서 귤과 사과 두 개를 가져오셨다.'는 문장은 '귤 한 개와 사과 한 개'의 의미와 '귤 두 개와 사과 두 개'의 의미 또한 포함하므로 '과일 세 개 중 두 개가 사과'라는 의미로 표현하기 위해서는 '귤과 사과 두 개'를 '귤 한 개와 사과 두 개'로 수정해야 한다.

⑤ '표정이 밝은 사람은 그녀'라는 의미로 문장을 수정하려면, '밝은 표정으로'를 '사람들에게'의 뒤로 옮겨 '인사했다'를 수식하도록 한다. 그러면 '인사했다'의 주체가 '그녀'이므로 '표정이 밝은 사람이 그녀'라는 의미가 된다.

05 ①

정답 해설

'모름지기'는 '~해야 한다'와 호응하므로, 선택지 ①은 '고등학생이라면 모름지기 그 정도는 다 할 줄 알아야 한다.' 정도로 수정되어야 바른 문장이 된다. 하지만 성분 간 호응 문제는 〈보기〉에서 제시한 '문법적으로 바르지 않은 문장 유형' 중 어디에도 해당하지 않는다.

오답 체크

② '예상치 못한 결과가 나오더라도 실망할 필요가 없다.'와 같이 수정할 수 있는 문장이기 때문에 〈보기〉의 '연결어미가 의미에 맞게 사용되지 않은 경우'에 해당한다.

③ '그 시설은 지금 민간에 위탁 운영되고 있다.'와 수정할 수 있기 때문에 〈보기〉의 '피동 표현이 중복되어 과도한 피동이 된 경우'에 해당한다.

④ '특별한 일이 없을 때는 텔레비전을 보거나 라디오를 듣는다.'와 같이 수정할 수 있기 때문에 〈보기〉의 '목적어에 대응하는 서술어가 잘못 생략된 경우'에 해당한다.

⑤ '어머니'에게 '외할머니'는 높임의 대상이므로 서술어 '드린'에 맞춰 높임의 격 조사 '께'를 써야 한다는 점에서 〈보기〉의 '높임 표현이 적절하게 사용되지 않은 경우'에 해당한다.

06 ②

정답 해설

선택지 ②의 문장에서 '두 사람은'이 주어이고, '주고받은'과 '빠져나갔다'가 서술어이다. 따라서 이 문장은 주어와 서술어가 호응을 이루며 의미도 정확하게 드러내고 있는 문장이다.

오답 체크

① '그는'은 주어이고, '발전해'와 '기여하고자 하였다'가 서술어이다. 서술어 중 '발전해'는 주어 '그는'과 호응을 이루지 않는다. 따라서 이 문장은 정확한 문장이 아니다. 이 문장은 '그는 자기가 창안한 사회 이론을 발전시켜 사회 문제의 해결에 기여하고자 하였다.' 정도로 수정해야 한다.

③ '큰 변화'는 '겪었다'와 호응하지만, '생산 기술의 발달'은 '겪었다'와 호응을 이루지 않는다. 이 문장은 '유럽은 18세기 후반부터 약 100년 동안 생산 기술의 발달에 따른 사회 조

직의 큰 변화를 겪었다.' 정도로 수정해야 한다.

④ 주어 '요점은'과 서술어 '알아야 한다'가 호응을 이루지 않는다. 따라서 이 문장은 서술어 '알아야 한다'를 '알아야 한다는 것이다'로 수정해야 정확한 문장이 된다.

⑤ '작품 이름의 혼동이나'가 서술어 '기억하지 못했다'와 호응을 이루지 않는다. 따라서 이 문장은 '그의 작품들은 엇비슷해서 학생들이 작품 이름을 혼동하거나 각 작품의 이야기 줄거리를 잘 기억하지 못했다.'로 수정해야 한다.

07 ①

정답 해설

'나이가 작다'는 잘못된 표현이다. '나이'는 크기의 개념이 아닌 수량이나 정도의 개념이기에 '크고 작음'이 아니라 '많고 적음'으로 고쳐, '나이가 많고 적음은 큰 의미가 없다.'라고 수정해야 한다.

오답 체크

③ '-던지'는 막연한 의문이 있는 채로 그것을 뒤 절의 사실이나 판단과 관련시키는 데 쓰는 연결 어미이다. 하지만, '-든지'는 나열된 동작이나 상태, 대상들 중에서 어느 것이든 선택될 수 있음을 나타내거나 실제로 일어날 수 있는 여러 가지 중에서 어느 것이 일어나도 뒤 절의 내용이 성립하는 데 아무런 상관이 없음을 나타내는 연결 어미이다.

④ '결코'는 부정 서술어와 호응하는 부사어이다. 따라서 서술어 '일이었다'를 '일이 아니었다'로 수정해야 한다.

⑤ 목적어 '노래를'과 서술어 '추고 있다'는 호응하지 않는다. 따라서 과도하게 생략된 서술어 '부르다'를 추가하여 '그녀는 노래를 부르며 춤을 추고 있다.'로 수정해야 한다.

08 ④

정답 해설

〈보기2〉에서 수정 전과 후 달라진 부분은 '참여하려는→참여한', '지역에→지역의', '답사함으로써→유적지를 답사함으로써'이다. 이와 같이 문장을 수정하는데 〈보기1〉에서 반영된 것을 살펴보면, 먼저 '참여하려는→참여한'은 적절하게 사용되지 않은 어미를 수정한 결과이고, '지역에→지역의'는 적절하게 사용되지 않은 조사를 수정한 결과이며, '답사함으로써→유적지를 답사함으로써'는 문장의 필수 성분인 목적어('유적지를')가 갖추어져 있지 않은 것을 수정한 결과이다. 따라서 〈보기1〉중 〈보기2〉와 같이 문장을 수정하는 데에 반영된 것은 ㉠, ㉡, ㉢이다.

09 ③

정답 해설

〈자료〉에서 수정 후 달라진 부분은 '비록 초보자일수록 → 비록 초보자일지라도', '작성할 수 있다 → 문서를 작성할 수 있다'이다. 이와 같이 문장을 수정하는데 〈보기〉에서 반영된 것을 살펴보면, 먼저 '초보자일수록 → 초보자일지라도'는 부사어 '비록'과 연결 어미 '-ㄹ수록'이 호응하지 않는 것을 수정한 결과이고, '작성할 수 있다 → 문서를 작성할 수 있다'는 목적어 '문서를'이 누락된 것을 수정한 결과이다. 따라서 〈보기〉의 것들 중 〈자료〉와 같이 문장을 수정하는 데에 반영된 것은 ㉡과 ㉢이다.

09 국어사

확인문제 본문 276~277쪽

01 ④ 02 ③ 03 ⑤ 04 ⑤ 05 ⑤

01 ④

정답 해설

하나의 어근 안에 있는 모음이 바뀌어 문법 기능이나 의미, 품사 따위가 달라지는 현상을 '모음교체'라고 하는데, 이는 인도유럽 어족에 주로 나타난다. 영어의 'ring, rang, rung', 'foot, feet' 따위를 그 예로 들 수 있다.

오답 체크

① 중세 국어에서는 어두자음군(말의 첫머리에 쓰인 두 개 이상의 자음)이 존재했었다.

② 모음조화

③ 국어는 조사와 어미의 종류가 많다는 것만 보더라도 그 쓰임이 발달되어 있다는 것을 생각할 수 있다.

⑤ 국어는 영어와 달리 관계대명사나 접속사가 존재하지 않는다.

02 ③

정답 해설

훈민정음 창제 당시 한글의 자음은 기본자와 가획자 이외에 이체자(ㆁ, ㅿ, ㄹ)가 있기 때문에 총 17자이다.

03 ⑤

정답 해설

모음의 초출자는 기본자 'ㆍ, ㅡ, ㅣ'를 조합(합용의 원리)하여 만들었고, 재출자는 'ㅣ'모음과 초출자를 조합하여 만들었다. 획을 더하여 만든 것은 자음이다.

오답 체크

① 자음의 기본자는 발음 기관의 모양을 본떠서 만들었고, 모음의 기본자는 천지인삼재(天地人三才), 즉 하늘과 땅과 사람의 형상을 본떠서 만들었다. 따라서 자음과 모음 모두 상형의 원리에 따라 만들었다.

③ 한글 모음은 'ㆍ, ㅡ, ㅣ, ㅗ, ㅏ, ㅜ, ㅓ, ㅛ, ㅑ, ㅠ, ㅕ' 총 11개이다.

④ 기본자와 달리 초출자는 합용의 원리에 따라 기본자를 조합하여 만들었다.

04 ⑤

정답 해설

불청불탁 중에서 'ㆁ, ㄴ, ㅁ'은 비음에 해당하지만, 'ㅇ, ㄹ, ㅿ'은 해당되지 않는다.

05 ⑤

정답 해설

후기 중세 국어의 단모음은 'ㅣ, ㅡ, ㅓ, ㅜ, ㅗ, ㆍ, ㅏ'이고, 현대 국어의 단모음은 'ㅣ, ㅔ, ㅐ, ㅡ, ㅓ, ㅜ, ㅗ, ㅏ, ㅚ, ㅟ'이다. 두 시기의 모음을 비교해 보면, 후기 중세 국어의 단모음 'ㆍ'가 소멸됐고, 후기 중세 국어에는 없던 모음 4개('ㅔ, ㅐ, ㅚ, ㅟ')가 추가되었다. 사라지거나 생성되는 등 변화가 일어난 모음은 총 5개이다.

오답 체크

① 후기 중세 국어의 단모음은 기본자와 추출자를 합쳐 총 7개이다.('ㆍ, ㅡ, ㅣ, ㅗ, ㅏ, ㅜ, ㅓ')

② 후기 중세 국어에서 근대 국어로 넘어가면서 큰 변화는 17세기에 'ㆍ'가 소멸된 것이다.

③ 'ㅔ, ㅐ'는 18세기 근대 국어 시기에 새롭게 단모음으로 추가되었다.

④ 현대 국어에서 단모음에 해당하는 'ㅚ'와 'ㅟ'는 근대 국어 당시에는 이중 모음이었다.

기출문제

본문 278쪽

01 ③

01 ③

정답 해설

'학생1' : 이 학생이 언급한 'ㄱ은 혀뿌리가 목구멍을 막는 모양과 관련된다.'는 것은 '가'의 '상형의 원리로 만들었다'와 관련이 있다.

'학생2' : 이 학생이 말한 휴대 전화 자판 중에는 'ㆍ, ㅡ, ㅣ'를 나타내는 3개의 자판만으로 모든 모음자를 입력한다는 것은 '라'와 관련이 있다. 기본자('ㆍ, ㅡ, ㅣ') 외의 8개 중성자(ㅏ, ㅑ, ㅓ, ㅕ, ㅗ, ㅛ, ㅜ, ㅠ)는 기본자를 합하여 만들었다.

'학생3' : 이 학생이 말한 '〈예사소리〉-〈거센소리〉-〈된소리〉'의 관계가 〈A〉-〈A에 획 추가〉-〈AA〉인 것은 예사소리를 기본자라고 봤을 때, 거센소리는 기본자에 획 추가를 한 것이고, 된소리는 기본자를 나란히 쓴 것에 해당한다. 따라서 이것은 〈보기2〉의 '나'와 '다'에 해당한다.

'학생4' : 이 학생이 말한 'ㅁ', 'ㅁ'에 획 추가, 'ㅁ'과 공통된 소리의 특징은 〈보기2〉의 '나'와 관련이 있다.

'학생5' : 이 학생이 언급한 '받침 글자를 따로 만들지 않았다'는 것은 받침 글자를 따로 만들지 않고 초성을 다시 종성에 사용했다고 하는 '종성부용초성'의 원칙을 뜻한다. 하지만, 〈보기2〉에는 이 원칙에 대한 내용이 제시되어 있지 않다.

이상에서 볼 때, 〈보기1〉의 학생 의견과 관련된 〈보기2〉의 한글 제자 원리가 바르게 짝지어진 것은 선택지 ③이다.

10 국어의 변천

확인문제

본문 289~291쪽

01 ② **02** ④ **03** ⑤ **04** ⑤ **05** ⑤
06 ④ **07** ①

01 ②

정답 해설

'종성부용초성(終聲復用初聲)'은 훈민정음에서, 종성은 초성을 다시 사용한다는 원칙인데, 〈보기〉에서 이 원칙에 따라 적은 받침은 보이지 않는다.

오답 체크

① ':말ᄊᆞ·미'에서 보이는 것처럼 이어적기 방식이 사용되고 있다.

③ '·ᄠᅳ·들'에서 확인할 수 있듯이 어두에 두 개 이상의 자음군이 사용되고 있다.

④ 중세 국어에는 성조(聲調)가 있었고 그것이 방점(傍點)으로 표기되었다. 성조는 글자의 왼쪽에 방점을 찍어 음의 높낮이를 표시한 것으로, 16세기 말엽에 완전히 소멸되었다.

⑤ 중세 국어에는 현대 국어에는 없는 자음 'ㅸ', 'ㅿ', 'ㆆ'과 모음 'ㆍ' 등이 존재했다. 'ㅸ'은 훈민정음 창제 직후 소멸되었다.

02 ④

정답 해설

'님금하'의 '하'는 아랫사람을 부를 때 쓰는 호격 조사가 아니라, 중세 국어 당시 높임의 뜻을 나타내는 호격 조사로 사용되었다.

오답 체크

② 'ᄂᆡᇫ다'는 그 활용 형태가 '니ᅀᆞ샤도'인 것으로 볼 때, 변하지 않은 것을 확인할 수 있다. 따라서 규칙 활용하는 단어임을 알 수 있다.

03 ⑤

정답 해설

'불휘'는 모음 'ㅣ' 또는 반모음 'ㅣ'를 포함하고 있기 때문에 뒤에 주격 조사의 형태가 영형태로 나타난다. '식미'는 자음으로 끝나는 말 뒤에 오는 주격 조사이기 때문에 '이'의 형태이다. 따라서 ⓐ와 ⓑ에 해당하는 것을 순서대로 묶어놓은 것은 선택지 ⑤번이다.

04 ⑤

정답 해설

'비ᄉᆞᄫᅩᄃᆡ'에서 높이는 대상은 '王薦(왕천)의 아비'가 아니라 객체인 '하ᄂᆞᆳ'이다. '비ᄉᆞᄫᅩᄃᆡ'에 쓰인 'ᄫᆞ'이 객체 높임을 나타내는 선어말 어미에 해당한다.

05 ⑤

정답 해설

한자어가 점차 늘어가고 고유어와 한자어의 경쟁이 계속되며, 고유어가 사라지기도 하는 것이 근대 국어의 특징이다.

06 ④

정답 해설

'븕기'는 현대 국어에서도 '붉기'에서 알 수 있는 바와 같이 받침이 'ㄺ'으로 변함이 없다.

오답 체크

① '놉히'는 현대 국어에서 '높이'로 적고 있는 것에서 알 수 있듯이 받침이 현대 국어와 달리 'ㅂ'인 것을 확인할 수 있다.
② '물밋'은 현대 국어에서 '물 밑'으로 적고 있는 것에서 알 수 있듯이 받침이 현대 국어와 달리 'ㅅ'인 것을 확인할 수 있다.
③ 'ᄀᆞᆺᄒᆞᆫ'는 현대 국어에서 '같은'으로 적고 있는 것에서 알 수 있듯이 받침이 현대 국어와 달리 'ㅅ'인 것을 확인할 수 있다.
⑤ '슛불빗'은 현대 국어에서 '숯불 빛'으로 적고 있는 것에서 알 수 있듯이 받침이 현대 국어와 달리 'ㅅ'인 것을 확인할 수 있다.

07 ①

정답 해설

중세 국어의 'ᄀᆞ리디'가 근대 국어에서는 'ᄀᆞ리지'로 나타나는 것으로 볼 때, 근대 국어 시기에 구개음화 현상이 발생하였음을 알 수 있다.

오답 체크

② '아니ᄒᆞ몰'에서 확인할 수 있듯이 중세국어와 근대국어 모두에서 명사형 전성어미 '-옴-'이 사용되고 있음을 알 수 있다.
③ '뫼히'에서 확인할 수 있듯이 중세국어와 근대국어 모두에서 'ㅎ'종성 체언이 나타났음을 알 수 있다.
④ '뫼히'에서 확인할 수 있듯이 근대국어에서 아직 주격 조사 '가'가 사용되고 있지 않다는 것을 알 수 있다.
⑤ 과거 시제 선어말 어미의 쓰임을 확인할 수 없다.

기출문제

본문 292~316쪽

01 ②	02 ①	03 ①	04 ⑤	05 ①
06 ⑤	07 ④	08 ③	09 ④	10 ⑤
11 ④	12 ⑤	13 ④	14 ②	15 ③
16 ①	17 ①	18 ④	19 ⑤	20 ①
21 ⑤	22 ②	23 ①	24 ⑤	25 ④
26 ⑤	27 ④	28 ③	29 ②	30 ①
31 ①	32 ③	33 ②	34 ③	35 ⑤
36 ①	37 ①	38 ⑤	39 ③	

01 ②

정답 해설

모음 'ㅣ'와 결합한 어두의 'ㄴ'('니ᄅᆞ샤ᄃᆡ')이 탈락하지 않고 있으므로 두음 법칙이 적용된 예라고 보기 어렵다. 그러나 현대 국어('이르시되')에서는 두음 법칙이 적용되고 있으므로 현대 국어와 차이가 있다고 하겠다.

오답 체크

① 모음으로 끝나는 체언('부텨')에 주격 조사가 '가'가 아니라 'ㅣ'가 사용되고 있다는 점에서 현대 국어와 차이가 있다.
③ '부텨' 다음에 관형격 조사로 '의'가 아니라 'ㅅ'이 쓰였다는 점에서 현대 국어와 차이가 있다.
④ 문장의 주어인 '야수'를 높이기 위해 선어말 어미 '-시-'를 사용하고 있다는 점에서 현대 국어와 공통적이다.
⑤ 문장의 목적어인 '부텨'를 높이기 위해 선어말 어미 '-ᅀᆞᆸ-'을 사용하고 있다는 점에서, 객체 높임의 선어말 어미가 없는 현대 국어와 차이가 있다.

02 ①

정답 해설

㉠은 문장의 주어이고 주격조사 'ㅣ'가 사용되었으므로 목적격조사가 사용되었다는 설명은 적절하지 않다. 중세국어에서 목적격조사는 'ᄋᆞᆯ/ᄅᆞᆯ, 을/를'이 사용되었다.

오답 체크

② ㉡의 'ᄢᅦ니'에서 'ᄢ'는 세 개의 자음으로 이루어져 있으므로 음절의 초성에서 두 개 이상의 자음이 사용되었다는 설명은 적절하다.
③ ㉢의 'ㅿ', 'ㅸ', 'ㆍ'는 현대 국어에서 사용되지 않으므로 적절한 설명이다.
④ 모음조화는 양성 모음은 양성 모음끼리, 음성 모음은 음성 모음끼리 어울리는 현상이다. 'ㅏ'와 'ㅐ'는 양성 모음이므

로 ㉣이 모음조화가 지켜졌다는 설명은 적절하다.

⑤ 구개음화는 'ㄷ, ㅌ'이 'ㅣ'와 만나서 'ㅈ, ㅊ'으로 바뀌는 현상이므로 ㉤에서 구개음화 현상이 나타나지 않았다는 설명은 적절하다.

03 ①

정답 해설

㉠은 주체 높임 선어말 어미 '-시-'이다. 이 '-시-'는 목적어 '聖子(성자)'를 높이는 것이 아니라 주체인 '하늘'을 높이고 있다. 따라서 적절한 설명이 아니다.

오답 체크

② '-이-'는 상대 높임을 나타내는 선어말 어미이므로 그 쓰임이 현대 국어와 다르다는 설명은 적절하다.

③ 중세 국어의 객체 높임은 선어말 어미 '줍'을 통해 실현되지만, 현대 국어에서는 높임의 뜻을 가진 특수 어휘 '여쭙다'를 통해서 실현되기 때문에 그 쓰임에 있어 서로 차이가 있다는 설명은 적절하다.

④ '진지'는 현대 국어와 중세 국어에서 모두 '밥'의 높임말로 사용되고 있다는 점에서 공통이기 때문에 맞는 설명이다.

⑤ 현대 국어에서 주체 높임 선어말 어미 '-시-'와 상대 높임을 나타내는 종결어미 '-습니다'가 함께 나타나듯이 중세 국어에서도 주체 높임 선어말 어미 '-시-'와 상대 높임을 나타내는 선어말 어미 '-이-'가 함께 쓰이고 있다는 점에서 공통이기 때문에 맞는 설명이다.

04 ⑤

정답 해설

㉣에는 객체를 높이기 위한 선어말 어미가 아니라 주체 '선혜'를 높이기 위한 선어말 어미인 '-시(샤)-'가 사용되었다.

오답 체크

① 모음 'ㅣ'에 결합된 'ㄴ'이 그대로 있는 것을 통해서 볼 때 현대 국어와 달리 두음법칙이 적용되지 않았음을 알 수 있다.

② 체언 '은돈'의 둘째음절 'ㅗ'가 양성 모음이고 거기에 결합한 조사('ᄋᆞ로')도 양성 모음이므로 모음 조화가 지켜졌음을 알 수 있다.

③ 'ᄆᆞᅀᆞᆨ'은 현대 국어 '무엇'의 옛말이다. 따라서 'ᄆᆞᄉᆞ게'는 대명사 'ᄆᆞᅀᆞᆨ'에 조사 '에'가 결합하여 이어적기를 한 것이다.

④ 중세 국어에서는 어두에 2개 이상의 자음이 사용되었는데, 'ᄡᅳ시리'에도 어두에 자음 'ㅄ'이 사용된 것을 확인할 수 있다. 이는 병서법의 하나로 서로 다른 자음을 가로로 나란히 붙여 쓰는 방식인 합용병서이다.

05 ①

정답 해설

'보ᄆᆡ'는 끊어 적기가 아니라, 명사 '봄'에 조사 'ᄋᆡ'가 결합하여 이어 적기를 한 것이다. 따라서 적절하지 않은 설명이다.

오답 체크

② '·플·와'에는 현대 국어와 달리 글자의 왼쪽에 방점이 찍혀있는 것을 알 수 있다.

③ 'ᄡᅳ·리게'의 어두에는 서로 다른 자음이 함께 사용된 것을 확인할 수 있다. 이는 병서법 중 합용병서에 해당한다.

④ 'ᄆᆞᅀᆞᆷ'에는 현대 국어에는 쓰이지 않은 'ㅿ'와 'ㆍ'이 사용되었음을 확인할 수 있다.

⑤ 'ᄃᆞᆯ롤'은 체언 '돌'과 조사 '올'의 결합으로 이루어져 있는데, 체언에 쓰인 모음 'ㆍ'과 조사에 쓰임 모음 'ㆍ'이 모두 양성 모음이기 때문에 모음 조화가 지켜진 것을 확인할 수 있다.

06 ⑤

정답 해설

15세기 국어에서는 양성 모음으로 끝난 어간에 붙는 연결 어미 '-아'가 'ᄒᆞ-' 뒤에서 '-야'로 바뀌었다. 현대 국어에서도 '하-' 뒤에서는 '-여'가 나타난다. 활용형을 구성하는 모음의 조합을 보면 'ᄀᆞ득ᄒᆞ야'는 모음 조화를 지키고 있으나, 현대 국어의 '가득하여'는 모음 조화를 지키고 있지 않으므로, ㉠과 ㉡을 모두 확인할 수 있는 예로 적절하지 않다.

오답 체크

① 15세기 국어와 현대 국어에서 용언 어간 '알-'의 모음이 양성 모음이므로 어미 '-아'가 선택된 것이다. '아라'는 '알아'를 이어적기한 것이다.

② 15세기 국어와 현대 국어에서 용언 어간 '먹-'의 모음이 음성 모음이므로 어미 '-어'가 선택된 것이다. '머거'는 '먹어'를 이어적기한 것이다.

③ 15세기 국어에서는 'ᄻᆡ오-'의 끝음절 모음이 양성 모음이므로 어미 '-아'가 선택된 것이고, 현대 국어에서는 '깨우-'의 끝음절 모음이 음성 모음이므로 어미 '-어'가 선택된 것이다. 따라서 모두 모음 조화를 지킨 사례로 적절하다.

④ 15세기 국어에서 용언 어간 '쓰-'의 끝음절 모음이 음성 모음이므로 어미 '-어'가 선택된 것이고, 현대 국어에서도 '쓰-'의 끝음절 모음이 음성 모음이므로 어미 '-어'가 선택된 것이다. 따라서 모두 모음 조화를 지킨 사례로 적절하다.

07 ④

정답 해설

제시된 지문에서 조사 '와/과'는 모음 조화가 적용되지 않았다고 했다. '와/과'의 모음은 'ㅘ'로 동일하므로 모음 조화가 적용되는 이형태가 아니다. 따라서 17세기에 모음 조화의 약화에 따라 조사 사용에 혼란이 있었음을 '초와'와 '파과'를 통해 확인하는 것은 적절하지 않다.

오답 체크

① '겨슬'의 'ㅕ'와 'ㅡ'는 음성 모음에 해당하고, 'ᄒᆞᄅᆞ'의 'ㆍ'는 양성 모음이다. 따라서 한 단어 내에서 모음 조화가 잘 지켜졌음을 확인할 수 있다.

② '오ᄉᆞᆯ'은 체언 '옷'에 목적격 조사 'ᄋᆞᆯ'이 결합한 것이고, '쥭을'은 체언 '쥭'에 목적격 조사 '을'이 결합한 것이다. '오ᄉᆞᆯ'은 양성 모음끼리 결합한 것이고, '쥭을'은 음성 모음끼리 결합한 것이므로 체언에 목적격 조사가 결합할 때 모음 조화가 지켜졌음을 확인할 수 있다.

③ 'ᄒᆞ더라'에서 '-더-'가 양성 모음을 지닌 'ᄒᆞ-' 뒤에 결합되어 있는 것으로 보아 용언 어간에 '-더-'가 결합할 때에는 모음 조화가 적용되지 않았음을 확인할 수 있다.

⑤ 'ᄂᆞᇧ'과 'ᄂᆞ믈'의 차이는 둘째 음절의 'ㆍ'가 'ㅡ'로 변한 것이다. 이는 둘째 음절 이하에서의 'ㆍ'가 소실되면서 'ㅡ'에 합류한 결과이다.

08 ③

정답 해설

'ㅎ' 종성 체언은 제시된 지문의 〈자료〉에서 모음으로 시작하는 말 앞에서는 연음이 되어 나타났다고 했으므로 모음으로 시작하는 말 앞에서는 'ㅎ'이 실현되었음을 알 수 있다.

오답 체크

① 제시된 지문의 〈자료〉에서 '어두 자음군 중 맨 앞의 'ㅂ'은 당시에는 실제로 발음되었을 것으로 추정된다.'는 사실을 통해 적절한 설명임을 알 수 있다.

② 어두 자음군 중 맨 앞의 'ㅂ'은 훗날 탈락하였다는 진술과 훗날 단일어에서는 'ㅂ'이 탈락하였다는 진술을 통해 그 사실을 확인할 수 있다.

④ 현대 국어와 달리 15세기 국어에는 어두에 두 개 이상의 서로 다른 자음이 올 수 있었다는 진술을 통해 적절한 설명임을 확인할 수 있다.

⑤ 'ㅎ'이 뒤에 오는 'ㄱ'과 결합하여 축약됐으므로 '살코기'의 어형이 생성된 것이라는 진술을 통해 적절한 설명임을 확인할 수 있다.

09 ④

정답 해설

㉣('뫼셔')은 서술의 주체가 아니라, 객체인 '聖宗(성종)'을 높이기 위해 사용된 특수한 어휘이므로 적절하지 않은 설명이다.

오답 체크

① ㉠에는 객체를 높이기 위해 현대 국어에서 사용하지 않는 객체 높임 선어말 어미 '-ᅀᆞᆸ'을 사용하여 목적어가 지시하는 대상인 '인의지병'을 높이고 있기 때문에 적절한 설명이다.

② ㉡에는 문장의 주어인 '聖孫(성손)'을 높이기 위해 선어말 어미 '-시-'가 사용되었고, 현대 국어에서도 선어말 어미 '-시-'를 통해 주체 높임이 실현된다고 했으므로 적절한 설명이다.

③ ㉢에는 상대방을 높이기 위해 선어말 어미 '-이-'가 사용되었고, 현대 국어에서는 종결 표현에 의해 상대 높임이 실현된다고 했으므로 적절한 설명이다.

⑤ ㉤에는 동작의 주체인 '하ᄂᆞᇂ'을 높이기 위해 주체 높임 선어말 어미 '-시-'와 상대방을 높이기 위해 상대 높임 선어말 어미 '-이-'가 사용되었기 때문에 적절한 설명이다.

10 ⑤

정답 해설

㉤의 '롤'은 목적격 조사로, 자음으로 끝나는 체언이 아니라 모음으로 끝나는 체언과 결합했음을 확인할 수 있다. 따라서 적절한 설명이다.

오답 체크

① '나랏'의 'ㅅ'은 관형격 조사로 현대 국어의 '의'에 해당하기 때문에 적절한 설명이다.

② 중세 국어의 '-고져'는 현대 국어의 '-고자'에 해당하는 연결 어미이기 때문에 적절한 설명이다.

③ ㉢은 '바+ㅣ'의 결합구조로 이루어진 말로 여기서 'ㅣ'는 주격 조사로 모음으로 끝나는 체언 '바'에 결합하고 있기 때문에 적절한 설명이다.

④ 구개음화는 'ㄷ, ㅌ'이 '이' 모음의 영향을 받아 각각 'ㅈ, ㅊ'으로 바뀌는 현상인데, 중세 국어 당시의 표기 형태를 보면 '펴디'이기 때문에 구개음화가 일어나지 않았음을 알 수 있다.

11 ④

정답 해설

'사ᄉᆞ미'는 체언 '사ᄉᆞᆷ'과 관형격 조사 'ᄋᆡ'가 결합한 결과이며, 뒤에 오는 체언 '등'을 꾸며 주는 관형어이다. '도ᄌᆞᄀᆡ'는 체언 '도ᄌᆞᆨ'과 관형격 조사 'ᄋᆡ'가 결합한 결과이며, 뒤에 오는 체언 '입'을 꾸며 주는 관형어이다.

오답 체크

① 'ᄃᆞ리'는 '돌'에 주격 조사 '이'를 붙인 것이다. '비취요미'는

'비취욤'에 '이'를 붙인 것으로 이때 '이'는 다른 대상과 비교하는 의미를 나타내는 부사격 조사이다.

② '네'는 '너'에 주격 조사 'ㅣ'를 붙인 것이고, '부톄'는 '부텨'에 보격 조사 'ㅣ'를 붙인 것이다.

③ '부텻'은 체언 '부텨'와 관형격 조사 'ㅅ'이 결합한 결과이며, 뒤에 오는 '몸'을 꾸며 주는 관형어이다. '가짓'은 체언 '가지'와 관형격 조사 'ㅅ'을 결합한 결과이며, 뒤에 오는 '상(相)'을 꾸며 주는 관형어이다.

⑤ '모물'은 체언 '몸'과 목적격 조사 '올'을 결합한 결과이고, '부텨를'은 체언 '부텨'와 목적격 조사 '를'을 결합한 결과이다. 따라서 형태가 다른 목적격 조사를 사용하고 있다는 설명은 적절하다.

12 ⑤

정답 해설

어근 형태가 15세기에는 '밧-'이고 현대에는 '벗-'으로 서로 다름에도 불구하고 두 어근에 결합하는 사동 접미사는 '-기-'로 동일함을 알 수 있다. 따라서 어근에 결합하는 사동 접미사가 달라지는 양상을 보여준다는 설명은 적절하지 않다.

오답 체크

① '얼-'이라는 동일한 어근에 대해 15세기 국어에서는 사동 접미사로 '-우-'가 결합되고 현대 국어에서는 '-리-'가 결합됨을 확인할 수 있다.

② ㉡에서 '일케'는 현대 국어의 '잃게'에 해당한다. 그러므로 ㉡은 현대 국어의 '-게 하다'에 해당하는 15세기 국어의 '-게 ᄒᆞ다'가 쓰인 모습을 보여 준다고 말할 수 있다.

③ 어근 '앉-'과 사동 접미사 '-히-'의 결합형에 대한 표기가 15세기 국어에서는 소리 나는 대로 적은 '안치-'인 반면 현대 국어에서는 '앉히-'라는 점을 확인할 수 있다.

④ 현대 국어와 달리 사동 접미사 '-ᄋᆞ-'가 15세기 국어에서는 쓰였음을 확인할 수 있다.

13 ④

정답 해설

(가)의 'ᄆᆞᅀᆞᆯ히 멀면'에서 '-ㄴ'은 관형사형 전성 어미가 아니라 종속적 연결 어미에 해당한다. 따라서 (가)의 문장이 관형절을 안은 문장이 아니라 종속적으로 이어진 문장임을 알 수 있다.

오답 체크

① (가)의 '乞食ᄒᆞ디'가 현대어 풀이의 '걸식하기'에 해당하는 것으로 볼 때, '-디'에 기대어 명사절이 되었으므로 적절한 설명이다.

② (나)의 '이 東山ᄋᆞᆫ 남기 됴ᄒᆞᆯᄊᆡ'는 '이 동산은 나무가 좋으므로'라는 현대어 풀이로 볼 때, '남기 됴ᄒᆞᆯᄊᆡ'가 '이 東山ᄋᆞᆫ'의 서술어로서 기능하고 있으므로 적절한 설명이다.

③ (다)의 '곶 됴코'는 '꽃이 좋고'라는 현대어 풀이로 볼 때 (다)의 문장이 대등하게 이어진 문장임을 알 수 있다. '됴코'는 '둏다'의 어간 '둏-'에 대등적 연결 어미 '-고'가 결합한 결과이다.

⑤ (나)의 '됴ᄒᆞᆯᄊᆡ'의 현대어 풀이 '좋으므로'와 (다)의 '뮐ᄊᆡ'의 현대어 풀이 '흔들리므로'를 통해 현대 국어와 형태는 다르지만, 문장을 종속적으로 연결해주는 '-ㄹᄊᆡ'가 사용되었음을 확인할 수 있다.

14 ②

정답 해설

(나)의 '즌ᄒᆞᆰ'은 '즐다'의 관형사형 '즌'이 명사 'ᄒᆞᆰ'과 결합한 통사적 합성어로서 현대 국어의 '진흙'과 동일한 방법으로 합성된 것이다.

오답 체크

① (가)의 '눈믈'은 명사 '눈'과 명사 '믈'이 결합하여 이루어진 말로 현대 국어의 '눈물'과 같이 통사적 합성어에 해당한다.

③ (다)의 '아라듣다'는 용언 '알다'와 연결 어미 '-아' 그리고 용언 '듣다'가 결합한 통사적 합성어로 현대 국어의 '알아듣다'와 동일한 방법으로 합성된 것이다.

④ (라)의 '솟나다'는 용언 '솟다'와 용언 '나다'가 연결 어미 없이 바로 결합한 비통사적 합성어인데, 현대 국어의 '솟아나다'는 연결 어미 '-아'와 함께 결합한 통사적 합성어로 쓰이고 있으므로 현대 국어와 다르게 합성된 것이가.

⑤ (라)와 (마)를 통해 현대 국어의 '솟아나다'가 중세 국어에서는 비통사적 합성어인 '솟나다'와 통사적 합성어인 '소사나다'의 두 가지 형태로 모두 쓰였을 것이라고 볼 수 있다.

15 ③

정답 해설

'보ᅀᆞᆸ고'에는 객체 높임 선어말 어미 '-ᅀᆞᆸ-'이 사용되었다. '-ᅀᆞᆸ-'은 '世尊(세존)'을 직접적으로 높이고 있으므로, '龍王(용왕)'을 간접적으로 높이고 있다는 설명은 적절하지 않다.

오답 체크

① 선어말 어미 '-시-'를 통해 주체인 '王(왕)'을 간접적으로 높이고 있다.

② 선어말 어미 '-ᅀᆞᆸ-'을 통해 객체인 '님금'을 간접적으로 높이고 있다.

④ 선어말 어미 '-시-'를 통해 주체인 '太子(태자)'를 직접적으로 높이고 있다.

⑤ 선어말 어미 '-숩-'을 통해 객체인 '諸佛(제불)'을 직접적으로 높이고 있다.

16 ①

정답 해설

ⓐ에서는 '하놇'에 조사 '이'가 붙어 '하놀히'로 연음되었으므로 음운의 개수에 변동이 없다. 그러나 ⓑ에서는 '하놇'의 말음인 'ㅎ'과 뒤에 오는 '도'의 'ㄷ'이 'ㅌ'으로 축약되어 '하놀토'로 나타났으므로, 음운의 개수가 줄어들었다.

오답 체크

② '하놄'과 '하놀' 모두 'ㅎ'은 실현되지 않았으며, '하놄'에서 'ㅅ'은 관형격 조사이다.

③ '하놄'에서는 'ㅎ'이 실현되지 않았기 때문에 그 존재를 알 수 없지만, '하놀토'에서 'ㅌ'은 '하놇'의 말음인 'ㅎ'과 뒤에 오는 조사 '도'의 'ㄷ'이 축약되어 나타난 것이므로, 'ㅎ'의 존재를 알 수 있다.

④ '하놄'은 관형격 조사 'ㅅ'이 결합한 것으로, 'ㅎ'이 실현되지 않았고, '하놀'은 체언 단독으로 쓰여 'ㅎ'이 실현되지 않았다. 따라서 서로 다른 형태로 실현되었다는 설명은 적절하지 않다.

⑤ '하놀토, 하놀콰'에서 '토'와 '콰'는 '하놇'에 조사 '도, 과'가 결합하여 'ㅎ'과 'ㄷ, ㄱ'이 축약되어 나타난 결과이다. 따라서 '토'와 '콰'가 현대 국어에 존재하지 않는 조사라는 설명은 적절하지 않다.

17 ①

정답 해설

ⓐ의 앞말 모음이 '이'이므로 ⓐ에는 '예'가, ⓑ의 앞말 모음이 양성 모음이므로 ⓑ에는 '애'가, ⓒ의 앞말 모음이 음성 모음이므로 ⓒ에는 '에'가 들어가는 것이 적절하다. ⓐ ~ ⓒ는 모두 부사격 조사로, 앞말 모음의 성질에 따라 상보적 분포를 보이므로 음운론적 이형태의 관계라고 할 수 있다.

18 ④

정답 해설

'ㅸ'은 'ㅏ' 또는 'ㅓ' 앞에서는 반모음 [w]로 변화하고, 'ㅡ'와 결합하여서는 'ㅜ'로 바뀌었으므로 '즐거븐'은 현대 국어의 '즐거운'으로 나타난 것이다.

오답 체크

① '지서'는 '짓다'의 어간이 모음으로 시작하는 어미 앞에서 '짓-'으로 교체된 활용형이다.

② '즐거븐'은 '즐겁다'의 어간이 모음으로 시작하는 어미 앞에서 '즐겋-'으로 교체된 활용형이다.

③ 현대 국어의 '지어'는 중세 국어의 '지서'에서 'ㅿ'이 소실되어 나타난 결과이다.

⑤ 중세 국어 '변ᄒᆞ야'와 현대 국어 '변하여'는 활용할 때 모음으로 시작하는 어미가 결합하여 어미의 기본 형태가 달라진 것이다.

19 ⑤

정답 해설

수식을 받는 체언이 관형절 속의 한 성분으로 쓰일 수 있는 관형절은 관계 관형절이다. 그러나 b와 c에 있는 관형절은 관계 관형절이 아니다. b의 '늦'이나 c의 'ᄆᆞᅀᆞᆷ'은 관형절의 수식을 받는 체언인데, 이들은 관형절 속의 한 성분으로 쓰일 수 없기 때문이다.

오답 체크

① a의 '호놀[ᄒᆞ-+-오-+-ㄴ+ᄋᆞᆯ]'에서 조사 'ᄋᆞᆯ'이 어미 '-ㄴ' 바로 뒤에 붙어 있음을 확인할 수 있다.

② a의 '호놀[ᄒᆞ-+-오-+-ㄴ+ᄋᆞᆯ]'은 '한 것을'으로 해석된다. 따라서 '-ㄴ'은 '~ㄴ 것'으로 해석할 수 있으며 명사절을 이끄는 기능을 하고 있음을 확인할 수 있다.

③ b의 '비췰[비취-+-ㄹ]'에서 '-ㄹ'을 통해 발화시가 사건시보다 앞서는 미래 시제가 나타나 있음을 확인할 수 있다.

④ b에서는 '늦', c에서는 'ᄆᆞᅀᆞᆷ'이 관형절의 수식을 받는 체언임을 확인할 수 있다.

20 ①

정답 해설

㉠ : 'ㅎ' 뒤에 모음으로 시작하는 조사가 올 경우는 'ㅎ'을 뒤따르는 모음에 이어적어야 한다. 따라서 ㉠에는 '나라홀'이 들어가면 된다.

㉡ : 'ㅎ' 다음에 뒤따르는 조사가 관형격 조사 'ㅅ'일 경우는 'ㅎ'이 나타나지 않는다. 따라서 ㉡에는 '깂'이 들어가면 된다.

㉢ : 'ㅎ' 다음에 'ㄱ'으로 시작하는 조사가 올 경우 'ㅎ'은 'ㄱ'과 어울려 'ㅋ'으로 나타난다. 따라서 ㉢에는 '안콰'가 들어가면 된다.

21 ⑤

정답 해설

다섯 가지 욕구[五欲]를 설명하는 각 문장의 마지막에서 반복되는 '홀 씨라'가 생략되었음을 감안하면, '먹고져'의 '-고져'는 종결 어미가 아니라 연결어미로 쓰였음을 확인할 수 있다. 대응되는 현대어 풀이 '먹고자'에서 '-고자'는 어떤 행동을 할 의도나 욕망을 가지고 있음을 나타내는 연결 어미이다.

오답 체크

① '五欲ᄋᆞᆫ'의 현대어 풀이는 '오욕은'인데, 이때의 '은'은 문장 속에서 어떠한 대상이 화제임을 나타내는 보조사이다. 따라서 '五欲ᄋᆞᆫ'의 'ᄋᆞᆫ'은 보조사임을 알 수 있다.

② 현대어 풀이의 '눈에 좋은 빛'은 목적격 조사 '을'이 생략된 '보고자'의 목적어이다. 따라서 이에 대응하는 중세 국어 '누네 됴ᄒᆞᆫ 빛' 역시 목적격 조사가 생략된 '보고져'의 목적어임을 알 수 있다.

③ '귀예'의 현대어 풀이는 '귀에'인데, 이때의 '에'는 앞말이 목표나 목적 대상의 부사어임을 나타내는 격 조사이다. 따라서 중세 국어 '귀예'의 '예'는 부사격 조사임을 알 수 있다.

④ 현대어 풀이의 '좋은'은 용언 '좋다'가 관형사형으로 활용한 형태이다. 따라서 이에 대응하는 중세 국어 '됴ᄒᆞᆫ' 역시 용언 '둏다'가 관형사형으로 활용한 형태임을 알 수 있다.

22 ②

정답 해설

중세 국어 '도ᄫᅡ'가 현대 국어 '도와'로 나타나는 것은 'ㅸ'이 어간 끝에서 'ㅂ'으로 바뀐 것이 아니라, 'ㅸ'이 'ㅏ' 앞에서 반모음 'ㅗ̆'로 바뀌었기 때문이다.

오답 체크

① 현대 국어 '돕다'와 '젓다'에 어미 '아'와 '어'가 붙어 활용된 형태인 '도와'와 '저어'는 어미는 변하지 않고 어간의 형태만 달라지는 불규칙 활용에 해당한다.

③ 중세 국어에서 '젓다'는 '저ᅀᅥ'에 알 수 있듯이 규칙 활용되었다. 여기에서 '저ᇫ다'로 표기하지 않고 '젓다'로 표기한 이유는 중세 국어 당시 음절 끝에는 8개의 소리만 올 수 있었기 때문에 'ㅿ'이 'ㅅ'으로 교체된 것이다. 그러나 현대 국어에서 '젓다'는 '저어'에서 알 수 있듯이 불규칙 활용되고 있다. 이는 'ㅿ'의 소실로 어간의 끝 'ㅿ'이 없어진 결과이다.

④ '돕다'는 현대 국어와 중세 국어에서 모두 자음으로 시작하는 어미 앞에서 어간의 형태가 변하지 않는다.

⑤ '젓다'는 현대 국어와 중세 국어에서 모두 자음으로 시작하는 어미 앞에서 어간의 형태가 변하지 않는다.

23 ①

정답 해설

'곱다'는 중세 국어에서 자음으로 시작하는 어미 앞에서 어간의 모양이 달라지지 않았기 때문에 그 활용 형태는 '곱게'이다. 하지만 모음으로 시작하는 어미 앞에서는 그 형태가 달라져서 '고ᄫᅡ', '고ᄫᆞᆫ'과 같이 활용되었다. 한편, 17세기 초엽에는 자음으로 시작하는 어미 앞에서는 15세기 중엽 이전과 마찬가지로 어간의 모양이 달라지지 않았기 때문에 그 활용 형태는 '곱게'이다. 그러나 모음으로 시작하는 어미 앞에서는 'ㅸ'이 15세기 중엽을 지나면서 소실되어 'ㅏ' 또는 'ㅓ' 앞에서 반모음 'ㅗ̆/ㅜ̆'로 변했기 때문에 '곱다'는 '고와'의 형태로 활용되었다. 그리고 'ㆍ' 또는 'ㅡ'가 이어진 경우에는 'ㅗ' 또는 'ㅜ'로 바뀌었기 때문에 '고온'의 형태로 활용되었다.

오답 체크

② '긋다'는 'ㅿ'의 소실로 17세기 초엽 '그어'와 '그은'의 형태로 활용되었다.

③ '눕다'는 'ㅸ'의 소실로 17세기 초엽 'ㆍ' 또는 'ㅡ'가 이어진 경우에는 'ㅗ' 또는 'ㅜ'로 바뀌었기 때문에 '누워'와 '누운'으로 활용되었다. 따라서 '누운'이 아니라 '누은'이라고 한 부분은 적절하지 않다.

④ '빗다'는 15세기 중엽 이전에 음절 끝에서는 8개의 소리만 올 수 있었기 때문에 '비ᇫ게'가 아니라 '빗게'로 표기하였다. 그리고 모음으로 시작하는 어미 앞에서는 '비ᅀᅥ'와 '비ᅀᅳᆫ'에서처럼 '비ᇫ-'의 형태로 나타난다. 따라서 '비ᅀᅥ'와 '비ᅀᅳᆫ'이 아니라 '비서'와 '비슨'이라고 한 것은 적절하지 않다.

⑤ '잡다'는 현대 국어에서와 마찬가지로 15세기 중엽 이전에도 자음과 모음으로 시작하는 어미 앞 모두에서 어간이 '잡-'으로 나타나는 규칙 활용을 하였기 때문에 '자ᄫᅡ'와 '자ᄫᆞᆫ'이 아니라 '자바'와 '자ᄇᆞᆫ'의 형태로 활용되었다.

		15세기 중엽 이전			17세기 초엽		
		-게	-아/-어	-ᄋᆞᆫ/-은	-게	-아/-어	-ᄋᆞᆫ/-은
②	(선을) 긋다	굿게	그ᅀᅥ	그ᅀᅳᆫ	굿게	그어	그은
③	(자리에) 눕다	눕게	누ᄫᅥ	누ᄫᅳᆫ	눕게	누워	누운
④	(머리를) 빗다	빗게	비ᅀᅥ	비ᅀᅳᆫ	빗게	비서	비슨
⑤	(손을) 잡다	잡게	자바	자ᄇᆞᆫ	잡게	자바	자ᄇᆞᆫ

24 ⑤

정답 해설

(마)의 '미틔'에 쓰인 '의'는 관형격 조사가 아니라 처소를 나타내는 부사격 조사에 해당한다.

오답 체크

① '하ᄂᆞᆳ 벼리'에 해당하는 현대어 풀이가 '하늘의 별이'임을 감안할 때, 'ㅅ'은 현대 국어의 '의'와 마찬가지로 관형격 조사로 사용되었음을 알 수 있다.

② (나)에서는 객체인 '부텨'를 높이기 위해 객체 높임 선어말 어미인 '-ᅀᆞᆸ-'이 사용되었음을 알 수 있다.

③ (다)는 현대어 풀이로 볼 때 판정 의문문임을 알 수 있다.

그리고 종결 어미는 '-가'에 알 수 있듯이 '-아' 계열의 의문형 어미가 사용되었음을 확인할 수 있다.

④ (라)는 '나'라고 하는 체언 뒤에 주격 조사 'ㅣ'가 결합한 형태인 '내'가 사용되었음을 확인할 수 있다.

25 ④

정답 해설

㉮에는 체언 '니'의 끝소리가 '이'이기 때문에 아무런 형태가 나타나지 않는다. 따라서 '니라'가 들어가면 된다. ㉯에는 체언 '바'의 끝소리가 모음 '이'나 반모음 'ㅣ'가 아닌 모음이기 때문에 'ㅣ'가 나타난다. 따라서 '바+ㅣ라'의 결합 형태인 '배라'가 들어가면 된다. ㉰에는 체언 '다락'의 끝소리가 자음이기 때문에 '이'가 나타난다. 따라서 '다락+이라'의 결합 형태인 '다라기라'가 들어가면 된다.

26 ⑤

정답 해설

ⓓ의 '보숩고'에서 '숩'은 객체인 '如來'를 높이기 위한 선어말 어미이다. 따라서 듣는 이를 높이기 위한 선어말 어미가 사용되었다는 ㉤의 설명은 적절하지 않다.

오답 체크

① ⓐ는 설명 의문문이고 여기에 쓰인 종결 어미는 '-뇨'이다. ⓑ는 판정 의문문이고 여기에 쓰인 종결 어미는 '-녀'이다. 이를 통해 ㉠을 확인할 수 있다.

② ⓐ의 '마롤'에서 체언 '말'이 양성 모음이기 때문에 조사도 양성 모음인 '롤'이 선택되었다. ⓑ의 '벼를'에서 체언 '별'이 음성 모음이기 때문에 조사도 음성 모음인 '를'이 선택되었다. 이를 통해 ㉡을 확인할 수 있다.

③ ⓓ의 '世尊하'에서 '하'는 높임의 호격 조사이다. 이는 현대 국어에는 없는 형태이다.

④ ⓒ에서 중세 국어 '보더시니'와 현대 국어 '보시더니'는 과거 회상을 나타내는 선어말 어미 '더'와 주체를 높이는 선어말 어미 '-시-의 결합 순서가 서로 다르다.

27 ④

정답 해설

'노퓌'는 제시된 지문에서 확인할 수 있듯이 관형어 '나못'의 꾸밈을 받기 때문에 파생 명사에 해당한다. 한편, '노피'는 제시된 지문에서 서술어에 해당하는 'ᄂᆞᆫ'을 꾸미는 것으로 보았을 때 파생 부사에 해당한다.

오답 체크

① 중세 국어에서 명사 파생 접미사와 명사형 전성 어미는 그 형태가 구별되기 때문에 관형어 '됴ᄒᆞᆫ'의 꾸밈을 받는 '여름'은 명사이고, '여룸'은 동사의 명사형에 해당한다.

② 중세 국어에서 명사 파생 접미사('-(ᄋᆞ/으)ㅁ')와 명사형 전성 어미('-옴/움')는 그 형태가 구별되기 때문에 '거름'은 명사이고 '거룸'은 동사의 명사형이다.

③ 중세 국어에서는 모음 조화가 잘 지켜졌기 때문에 중세 국어 '높-'에는 양성 모음에 해당하는 '-옴'이 결합한다.

⑤ 중세 국어에서 부사 파생 접미사는 '-이' 하나여서 모음조화에 상관없이 '-이'가 결합한다. 따라서 '곧다'와 '굳다'는 모두 부사 파생 접미사는 '-이'와 결합하여 각각 '고디'와 '구디'가 된다.

28 ③

정답 해설

일반적으로 객체 높임의 대상은 문장 속에서 목적어나 부사어로 쓰인다. 제시된 문장에서 이 대상에 해당하는 것은 부사어로 사용된 '부텨'이다. 그리고 어간 '듣-'과 어미 '-ᄋᆞ며' 사이에 들어갈 객체 높임 선어말 어미는 어간의 말음이 'ㄷ'이고 선어말 어미 뒤에 모음으로 시작하는 어미 '-ᄋᆞ며'가 오기 때문에 '줗'이다. 따라서 이의 표기 형태는 이어적기에 따라 '듣ᄌᆞᄫᆞ며'가 된다. 이상의 설명에서 볼 때, ㉠에는 '부텨', ㉡에는 '듣ᄌᆞᄫᆞ며'가 들어가야 하므로 정답은 ③이다.

29 ②

정답 해설

설명 의문문에서는 보조사 '고'가 쓰이기 때문에 ㉠에는 '므스고'가 들어가야 한다. 그리고 〈보기〉의 설명에서 주어가 2인칭일 때에는 의문문의 종류와 관계없이 종결 어미 '-ㄴ다'가 쓰인다고 했으므로 ㉡과 ㉢에는 모두 종결 어미 '-ㄴ다'가 결합한 형태인 '가는다'와 '아니ᄒᆞᆫ다'가 와야 한다.

30 ①

정답 해설

제시된 지문을 보면 '중세 국어에서는 현대 국어와 달리 이 새로운 형태가 쓰일 자리에 '애/에/예, ᄋᆡ/의'가 쓰이는 경우가 많았다. 이는 '애/에/예, ᄋᆡ/의'가 현대 국어의 '에'와 '에서'의 쓰임을 모두 지니고 있었음을 의미한다.'고 되어 있다. 따라서 중세 국어의 '에' 앞에는 '공간'이든 '지점'이든 모두 쓸 수 있었기 때문에 적절한 설명이다.

오답 체크

② 제시된 지문의 첫 번째 문장('(1) 영수는 서울에서/서울에 산다.')에서 알 수 있듯이 사용할 수 있기도 하다.

③ 제시된 지문, '그에 따라 중세 국어에서 '애셔/에셔/예셔, 이셔/의셔'가 주격 조사로도 쓰인 경우가 있다.'에서 알 수 있듯이 '이셔/의셔'도 주격 조사로 사용된 경우가 있다고 했으므로 적절한 설명이다.

④ 제시된 지문, '그런데 이들은 본래 '이시다'를 포함하므로, 그 의미상 어떤 공간 속에 있음을 전제한다. 따라서 '애셔/에셔/예셔, 이셔/의셔' 앞의 명사는 공간으로 인식되었다.'에서 확인할 수 있듯이 '셔'가 '이시다'의 활용형인 '이셔'에서 왔기 때문에 '지점'이 아니라 '공간'을 의미한다는 것을 알 수 있다.

⑤ 제시된 지문, '중세 국어의 '에셔', 현대 국어의 '에서'와 달리 중세 국어의 '씌셔', 현대 국어의 '께서'는 높임의 유정 명사 뒤에 나타난다.'에서 '에셔'와 달리 '씌셔'는 유정 명사 뒤에 나타난다고 했기 때문에 '에셔' 앞에는 유정 명사가 올 수 없다. 따라서 적절하지 않은 설명이다.

31 ①

정답 해설

㉠의 '그 지역'에 붙은 '에서'는 주격 조사가 아니라 부사격 조사이다. 이 문장에서 서술어는 '발견되었다'이고 이것의 주체는 '공룡 화석'이다. 따라서 이 문장의 주어는 '그 지역에서'가 아니라 '공룡 화석이'이다.

오답 체크

② ㉡에서 서술어 '발표하였다'의 주체는 '정부'이기 때문에 '정부에서'는 주어에 해당한다. 따라서 '에서'는 주격 조사가 맞다.

③ 제시된 지문에서 '께서'는 높임의 유정 명사 뒤에 나타난다고 했으므로 맞는 설명이다.

④ ㉣에서 '빼앗음'의 주체는 '관청'이기 때문에 그 옆에 붙은 '에서'는 주격 조사에 해당한다. 따라서 중세 국어 '그위예셔'의 '예셔'는 주격 조사가 맞다.

⑤ ㉤에서 서술어 '나오고'의 주체는 '경전'이기 때문에 주어는 '경전이'이다. 따라서 '부처님으로부터'에 해당하는 중세 국어 '부텨께셔'는 부사어이기 때문에 '께셔'는 부사격 조사에 해당한다.

32 ③

정답 해설

'거르믈'은 어근의 원형을 밝혀 적은 것이 아니라 소리나는 대로 적은 것이다. 어근의 원형을 밝혀 적으면 '걸음을'과 같이 적어야 한다.

오답 체크

① 중세 국어 '부텻'의 'ㅅ'은 관형격 조사로 현대 국어에는 쓰이지 않는다.

② 중세 국어에는 현대 국어에는 없는 객체 높임 선어말 어미가 사용되었다. '듣ᄌᆞᄫᆞᆫ'의 'ᄌᆞᇦ'이 객체인 '부텨'를 높이는 객체 높임 선어말 어미이다.

④ '니ᄅᆞ샤ᄃᆡ'의 '샤'는 주체를 높이는 선어말 어미이다. 현대 국어에서도 주체 높임 선어말 어미 '시'가 사용되고 있음을 확인할 수 있다. 따라서 적절한 설명이다.

⑤ '배'는 체언 '바'에 주격 조사 'ㅣ'가 결합한 형태이다. 따라서 현대 국어('바가')와 달리 중세 국어에서는 주격 조사 'ㅣ'가 사용되었음을 알 수 있다.

33 ②

정답 해설

㉡의 '이'와 ㉦의 'ㅣ'는 형태는 다르지만 모두 주격 조사에 해당한다. 따라서 격 조사의 종류가 달라서 서로 다른 형태로 나타났다는 설명은 적절하지 않다.

오답 체크

① ㉠에는 주체인 '대사'를 높이기 위한 선어말 어미 '샤'가 사용되었다.

③ ㉢에는 현대 국어에는 없는 관형격 조사 'ㅅ'이 사용되었다. 현대 국어에는 관형격 조사 '의'가 존재한다.

④ 중세 국어 당시에는 모음 조화가 잘 지켜졌다. ㉣에서는 체언('世間(세간)')의 끝 음절 모음이 양성 모음이기 때문에 조사 '애'가 결합되었고, ㉥에서는 체언('時節(시절)')의 끝 음절 모음이 음성 모음이기 때문에 '에'가 결합되었다. 따라서 모음 조화에 따라 부사격 조사의 형태가 달리 나타났다는 설명은 적절하다.

⑤ 구개음화는 'ㄷ, ㅌ'이 '이' 모음의 영향을 받아 구개음인 'ㅈ, ㅊ'으로 바뀌는 음운 변동을 말한다. 중세 국어 당시에는 '쉽디'의 'ㄷ'처럼 구개음화 현상이 일어나지 않은 형태를 취하고 있다.

34 ③

정답 해설

ⓐ의 중세 국어 문장에서 '여러(열어)'는 목적어를 필요로 하는 타동사와 목적어가 없는 자동사로 모두 사용되었지만, 현대 국어의 경우 '마음을 열어'에서 '열어'는 타동사로 쓰였고, '마음이 열리어'에서 '열리어'는 피동형 자동사로 쓰였다. 따라서 중세 국어 '열다'는 타동사와 자동사로 쓰였고, 현대 국어 '열다'는 타동사로만 쓰였다는 것을 알 수 있다.

ⓑ의 중세 국어 문장에서 '흐터(흩어)', '흐튼(흩은)'에서 보듯 '흩다'는 여러 형태로 활용되며 타동사와 자동사로 모두 사용되었다. 하지만, 현대 국어의 경우 '구름을 흩어'에서는 '흩어'가 타동사로 사용되었고, '흩어진 마음이다'에서 '흩어진'은 피

동형 자동사로 쓰였다. 따라서 중세 국어 '흗다'는 타동사와 자동사로 모두 쓰였고, 현대 국어 '흩다'는 타동사로만 쓰였다는 것을 알 수 있다.

35 ⑤

정답 해설

제시된 지문, '이와 함께 'ㅅ'이 관형격 조사의 기능을 잃어 가고, 받침 'ㅅ'과 'ㄷ'의 발음이 구분되지 않게 되었다.'를 통해서 볼 때, 중세 국어 '숤'과 '뭀'이 현대 국어로 오면서 'ㄹ'이 탈락한 후 '숫'과 '뭇'으로 되는 과정에서 'ㅅ'의 발음이 서로 다른 것은 아니다. 따라서 'ㅅ'의 발음이 서로 달랐기 때문에 현대 국어 '숟가락'과 '뭇사람'의 첫 글자 받침이 다르다는 설명은 적절하지 않다.

오답 체크

① 〈보기〉의 '자료'에서 '술'과 '져'는 관형어의 꾸밈이 없이 단독으로 쓰일 수 있는 자립 명사이다. '이틀' 또한 제시된 지문을 보면 자립 명사임을 확인할 수 있다. 하지만, 현대 국어에서 '술'은 '밥 한 술'에서처럼 '술'을 꾸며주는 관형어가 있어야 하기 때문에 자립 명사가 아니다.

② 제시된 지문, '중세 국어에서는 현대 국어와 달리 명사와 명사가 결합하여 합성어가 될 때 'ㄴ, ㄷ, ㅅ, ㅈ' 등으로 시작하는 명사 앞에서 받침 'ㄹ'이 탈락하는 규칙이 있었기 때문에 '솔'의 'ㄹ'이 탈락하였다.'를 통해서 볼 때, 중세 국어 '술'과 '져'의 결합에서 'ㄹ'이 탈락한 합성어가 현대 국어 '수저'로 이어졌다는 설명은 적절하다.

③ 〈보기〉의 '자료'에 나온 '숤 귿(숟가락의 끝)'과 '졋 가락(젓가락)'에서 확인할 수 있듯이 모두 관형격 조사 'ㅅ'이 결합되어 있다.

④ 제시문에서 '뭀'을 '뭇'으로 적는 것이 국어의 변화 과정을 고려한 관점에 부합한다고 설명하고 있기 때문에 '숫가락'이 '숟가락'으로 적히는 것은 국어의 변화 과정을 고려한 관점에 부합하지 않는다고 할 수 있다. 이는 '이틀날'이 '이튿날'로 적히는 것에서도 마찬가지이다.

36 ①

정답 해설

㉠: ⓐ의 '나리(날+이)'와 ⓓ의 '아ᄃᆞ리(아ᄃᆞᆯ+이)'는 자음 다음이므로 '이'가 나타났다.

㉡: ⓒ의 'ᄃᆞ리(다리+∅)'는 모음 '이' 다음이므로 나타나지 않았다.

㉢: ⓑ의 '太子(태자)'는 음운 조건에 관계없이 생략된 경우이다. ⓔ의 '孔子ㅣ(공자+ㅣ)'는 모음 '이'와 반모음 'ㅣ' 이외의 모음('아') 다음이기 때문에 'ㅣ'가 나타났다.

37 ①

정답 해설

선행 체언인 '아바님(아버님)'은 유정물이다. 하지만 유정물이라도 존칭의 대상일 때는 관형격 조사로 'ㅅ'이 쓰인다고 했으므로 ㉠에는 관형격 조사 'ㅅ'이 쓰인 '아바닚 곁'이 들어가야 한다.

오답 체크

② 선행 체언인 '그력(기러기)'이 존칭의 대상이 아닌 유정물이고 음성 모음이 쓰였기 때문에 관형격 조사 '의'가 쓰인다.

③ 선행 체언인 '아ᄃᆞᆯ(아들)'이 존칭의 대상이 아닌 유정물이고 양성 모음이 쓰였기 때문에 관형격 조사 'ᄋᆡ'가 쓰인다.

④ 선행 체언인 '수플(수풀)'이 무정물이기 때문에 관형격 조사 'ㅅ'이 쓰인다.

⑤ 선행 체언인 '등잔(등잔)'이 무정물이기 때문에 관형격 조사 'ㅅ'이 쓰인다.

38 ⑤

정답 해설

'ᄡᅮ메'는 'ᄡᅳ-+-움+에'로 분석되는데, 여기서 '-움'은 명사형 전성어미이다. 'ᄡᅳ-'는 'ᄡᅳ다'의 어간이며 'ᄡᅳ다'는 현대어로 '사용하다'라는 의미이다.

오답 체크

① '말ᄊᆞ미'는 '말ᄊᆞᆷ+이'로, '흜 배'의 '배'는 '바+ㅣ'로 분석된다. 따라서 주격 조사의 형태가 다르다는 것을 알 수 있다. 중세 국어에서 주격 조사는 자음 뒤에서는 '이'가, 모음 'ㅣ'나 반모음 'ㅣ'를 제외한 모음 뒤에서는 'ㅣ'가 사용되었다.

② 중세 국어에서 '하다'는 현대 국어에서 '많다'에 해당한다. 따라서 품사는 동사가 아니라 형용사이다.

③ 방점은 강약이 아니라 성조(소리의 높낮이)를 나타내는 기능을 한다.

④ ':ᄒᆡ·ᅇᅧ'와 '便뼌安ᅙᅡᆫ·킈 ᄒᆞ·고·져'는 현대어로 '하여금'과 '편하게 하고자'에 해당한다. 따라서 이 둘은 모두 피동표현이 아니라 사동표현이다.

39 ③

정답 해설

(가)의 '불휘라'는 '불휘+∅라'로 분석되는데, 체언의 끝소리가 반모음 'ㅣ'로 끝나는 이중 모음(ㅟ)이기 때문에 '∅라'가 결합한 것이다. (나)의 '이제라, 아래라' 역시 '∅라'가 결합한 것이다. 따라서 'ㅔ, ㅐ'가 반모음 'ㅣ'로 끝나는 이중 모음이었음을 확인할 수 있다.

오답 체크

① '지비라'는 '집+이라'로 분석되며, 체언의 끝소리가 자음일 때에 '이라'가 결합한 예이다.

② 'ᄉᆞᅀᅵ라'는 'ᄉᆞᅀᅵ+∅라'로 분석되며, 체언의 끝소리가 단모음 '이'일 때에 '∅라'가 결합한 예이다.

④ '쪈ᄎᆡ라'는 '쪈ᄎᆞ+ㅣ라'로 분석되며, 체언의 끝소리가 '그 밖의 모음'에 해당하는 'ㆍ'일 때에 'ㅣ라'가 결합한 예이다.

⑤ '곡되라'는 '곡도+ㅣ라'로 분석되며, 체언의 끝소리가 '그 밖의 모음'에 해당하는 'ㅗ'일 때에 'ㅣ라'가 결합한 예이다.